現代形容詞用法辞典

新装版

飛田良文・浅田秀子 著

東京堂出版

はしがき

日本人が日本語を使って話したり聞いたり書いたり読んだりするときには、その言葉の意味を正確に把握し理解していなければならない。本来、言葉のひとつひとつについては、国語辞典がその意味や用法をくわしく記述する役割をになうはずであるが、現実には語数・ページ数などの制約があり、国語辞典によって言葉のひとつひとつの意味・用法を精密に知ることはむずかしい現状である。

日本語学の分野では、近年、意味の研究が盛んになり、基礎語や動詞については特に著しい。しかし、形容詞・副詞をはじめとする修飾語のはたらきをする言葉については、これまでその意味を記述する試みがほとんどなされていない。本書は、日本語の形容詞を網羅し、その一語一語について意味・用法を客観的に記述した最初のものである。

一方、目を世界に転ずれば、世は国際化の時代である。外国人に日本語を教える日本語教育が叫ばれ、外国人の日本語学習者の数は年々うなぎのぼりに増えている。ところが、実際に日本語教育にたずさわってみると、日本語の運用能力が高まったからといって、コミュニケーションに対する障害はそう簡単には解消しない。留学生たちは、日本語による授業・日常会話をほぼ完全に理解できるほど日本語レベルが高くても、いくら説明してもわかってくれないことが往々にしてある。彼らの行動やその基本にある考え方にわれわれが首をひねる場面も少なくない。

こういう外国人との、ものの考え方の違いによるトラブルは、日本語教師だけの問題ではない。国家間の交渉から同じ下宿に住む留学生とのトラブルにいたるまで、日本人全体の問題なのである。

これらの原因の最も大きなものとして、日本人は、外国人のものの考え方を理解しようと努力するばかりで、みずからの文化やものの考え方を積極的に外国へ向けて発信しようとする意志も方法も、今までは欠けていたことがあげられる。人に教えるには、まず自分が十分に理解していなければならない。日本人がある事物をどう見るかは、それをどんな言葉で説明しているかを分析することによって明らかになる。すなわち、日本人が事物を説明している言葉……修飾語（形容詞・副詞など）の意味・用法を精密に分析し記述していくことが、日本人の文化やものの考え方を解明することになるのである。

本書は、日本語研究および日本語教育の基礎として、形容詞の意味・用法を精密に記述した最初のものである。と同時に、国際交流の場において日本人の文化やものの考え方を外国へ向けて発信していくための布石でもある。

本書は、このような認識を同じくする著者が基本方針を話し合い、草稿を浅田が執筆し、飛田が綿密な校閲・修正を加え、さらに両者で検討のうえ完成したものである。表現は、できるだけ専門用語を使わずに平易を期した。本書によって日本語そのものの研究がますます発展するとともに、日本人の文化や心が外国人に理解され、スムーズなコミュニケーションと国際交流が行われることを願うものである。

最後に、東京堂出版の菅原洋一氏にはいろいろ御世話になった。記して感謝の意を表する。

平成三年五月三十日

飛田良文
浅田秀子

現代形容詞用法辞典◉目　次

凡　例

一　本書における「形容詞」は、学校文法でいう形容詞・形容動詞・連体詞・連語・慣用句、動詞の打消し形を対象とし、その中から一〇一〇語を選定した。

二　「形容詞」の一語一語については、意味・用法・イメージ・ニュアンス、類義語との相違、関連語句を各項目ごとにくわしく記述した。

三　見出し語の配列は五十音順である。

四　各見出し語には、見出し、用例文、解説、参照項目の欄をもうけた。

(1)　見出しは、ひらがな表記、漢字表記、ローマ字表記を掲げた。漢字表記は日常目にするもので、常用漢字にはかぎらない。ローマ字表記はヘボン式を採用した。

(2)　用例文は、その語の意味・用法を網羅するよう作例によって示し、大きな意味区分ごとに分類した。また、「形容詞」そのものだけでなく、「―さ」「―み」「―げ」などの派生語や、「―ない・―ません」など丁寧形のあるものは、適宜用例として採用した。

(3)　【解説】での意味・用法は、用例文の分類にしたがって記述し、特にその語に暗示されている心理やニュアンスを、日本人共通の評価である七段階のイメージ、キーワードの組み合わせ、類義語との比較により明示した。詳細は「本書の特色と使い方」参照。

(4)　参照項目は、反対語・類義語、造語成分や複合語など、本書に掲載されている関連語をすべて掲げた。

五　巻末の付録には、次のものを掲げた。

(1)　現代形容詞イメージ一覧

(2)　下接要素による分類語構成表

(3)　索引

「形容詞」から日本文化を解明する

日本人の国際化という言葉は、聞かれない日がないくらいわれわれの耳に親しいものとなった。そのために、外国人に日本語を教え、それと同時に日本人のものの考え方や感じ方――広い意味での日本文化を伝えていこうとする考えも、すでに社会の中に定着しつつある。

しかし、現実に日本語教育や日本文化の発信ということが、これらの社会常識にみあうくらいに実行され達成されているかというと、必ずしもそうは言えない。それどころか、国際社会でも日常生活レベルでも、外国人とのトラブルはたえまなく起こっている。

その最も大きな原因の一つは、外国人に日本語や日本文化を伝えるための方法が確立されていないこと、そして何より、われわれ自身が日本文化というものを客観的に認識していないことにある。人に教えるにはまず自分が十分に理解していなければならない。これは日本語教師だけの問題ではない。日本人全体の問題なのである。留学生や外国人労働者の増えた今日、外国人と接触する機会はわれわれの身近にいくらでもあるのだから。

本書は、われわれ日本人の文化とはどのようなものか、その特色は何かを客観的に解明しようとする新しい試みである。

■修飾語を手がかりに日本文化を解明する

ひとくちに日本文化を解明すると言っても、何を手がかりにするかによって、さまざまなアプローチのしかたがある。われわれは以前から、日本語教育にたずさわる者として、日本語それ自身のなかに日本文化そのものが表れているという確信をいだいていた。その証拠に、日本語は語彙《ごい》数が豊富なだけでなく、表現形式が多様であり、言語以外の手段（たとえば身振りなど）に頼らなくてもコミュニケーションが十分成り立つからである。

それでは、日本語のどこに日本文化が表れているかというと、これは日本語を外国語に翻訳するときのことを考えると明らかである。

「主語ガ（ハ）述語ダ（スル）」という文は客観的事実に比較的近いので、そのまま外国語に翻訳することが可能である。「女が歩く」という文をA woman walks.という文に置き換えることは可能である。ところが、この主語や述語に説明する言葉（修飾語）がついて、「あだっぽい女がしゃなりしゃなりと歩く」という文になると、とたんに翻訳ができなくなってしまう。これはなぜだろうか。

「あだっぽい」や「しゃなりしゃなりと」という修飾語には、対象のどういう状態を「あだっぽい」や「しゃなりしゃなりと」という言葉で表すかという、日本人共通の歴史的なものの見方が反映されている。言い換えれば、日本文化そのものがこれら修飾語の中に凝縮されているのである。だからこそ、「あだっぽい女がしゃなりしゃなりと歩く」を外国語に翻訳するのがむずかしいのである。ここにヒントがある。

すなわち、日本文化を探るにはこれら修飾語を手がかりにすればよいのである。日本人は、どういう状態をどういう言葉で説明するか、そのときにどんな気持ちをこめているか、これらを客観的に記述することができれば、日本文化を客観的に認識し、外国へ向けて発信していくというひとつの道が開けるのではなかろうか。

日本語表現

〔修飾語A〕あだっぽい　女が〔主語〕　〔修飾語B〕しゃなりしゃなりと　歩く。〔述語〕

- 修飾語A・修飾語B：日本人共通の文化
- 主語・述語：客観的事実

■形容詞・副詞は日本民族の文化の宝庫である

修飾語とひとくちに言っても、主語を説明する修飾語Aと述語を説明する修飾語Bでは、構成される品詞からして異なる。日本語の場合やっかいなことに、この両方に用いられるもの、片方だけに用いられるもの、述語にもなれるものなどがあり、英語の形容詞・副詞のようなはたらきの区分による品詞分けでないので、記述のしかたがむずかしい。学校文法によれば、日本語の修飾語A・修飾語Bのはたらきをする言葉は、次のような品詞で構成されている。

修飾語A……形容詞・形容動詞・連体詞・連語
修飾語B……副詞・形容詞・形容動詞・連語

形容詞や副詞に代表される修飾語には、日本文化が凝縮されている。言い換えれば、形容詞・副詞は日本民族の文化の宝庫なのである。

本書は、日本文化の宝庫としての修飾語をとりあげるもので、本来ここに掲げてあるすべての品詞を対象とすべきではあるが、紙幅《しふく》の制約もあり、おもに修飾語Aのはたらきをする言葉（形容詞・形容動詞・連体詞・連語――本書では便宜上一括して「形容詞」と呼ぶことにする）をとりあげ、そのひとつひとつについて、意味・用法を精密に記述し、その内部にある日本文化を探ろうとするものである。修飾語Bを代表する副詞については、別の機会にゆずる。

■日本文化はどのように内蔵されているか

そもそも、日本文化は「形容詞」の中にどのように内蔵されているかといえば、それは次のようになると考えられる。

すなわち、「形容詞」の意味は、大きく分けて二層の構造をしており、中心には「意味の核」がある。これは、場面や状況、使用者のそのときの心理に影響されることが少ない固着した部分で、知的・客観的に記述することが可能であり、外国語に翻訳しても誤解の少ない部分である。

この「意味の核」の中には、本来的な意味ともいうべき知的概念のほか、色彩・温度・大小などの意味のジャンル、文章中で用いるか日常会話か、また俗語かといった文体上の特色、述語で用いるか修飾語で用いるかといった文法上の用法、だれがだれ(何)に対して用いるかといった使用者・対象の制限などの要素が含まれる。

「意味の核」の外層に「意味の肉」の部分がとりまいている。じつはこの部分こそ「形容詞」としての特色をなす部分で、「形容詞」には日本文化が内蔵されていると言う場合には、「形容詞」の意味としてこの「意味の肉」を念頭においているのである。

この「意味の肉」は、「意味の核」を実際に表現するに際して、日本人がどのようなイメージをいだくか、どのようなニュアンスで用いるか、そこにこめられる心理はどのようなものかという、きわめて情緒的な色あいの濃いものであって、日本人共通の文化はここに内蔵されており、客観的に記述したり外国語に翻訳したりすることがむずかしい部分である。

「形容詞」の意味

	意味の核	意味の肉
内容	知的概念 意味のジャンル 文体上の特色 文法上の用法 使用者・対象の制限	イメージ ニュアンス 暗示されている心理 (日本人共通の文化)
	翻訳可能	翻訳不可能

「意味の核」と「意味の肉」はたとえて言えば、桃の実のようなものである。桃の実の中心には固着した種子があり、これなくして桃は成り立たない。「意味の核」はこの種子に相当する。しかし、われわれが桃の価値を認め味わうときに必要なのは、種子ではなくてまわりの果肉の部分である。「意味の肉」がこの果肉に相当する。「形容詞」の存在意義も味わいも、この「意味の肉」にこそあるのである。

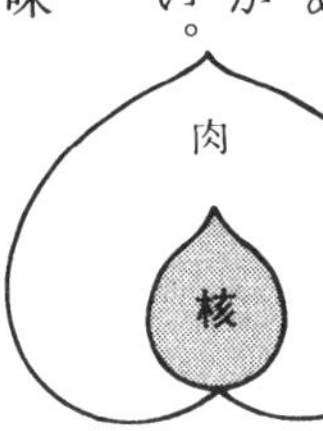

「あさましい」「きまずい」「こころぐるしい」「りちぎ」など、日本文化の特徴を最もよく示す「形容詞」の意味を記述するには、この「意味の肉」の存在を認めなければ、とうてい不可能である。

語によっては、「意味の核」が複数個あるものもある。これには「あらい」「おもい」「たかい」などの、いわゆる多義語の「形容詞」が入る。また「意味の核」と「意味の肉」の割合も、「核」が大きくて「肉」の薄いもの（「あかい」「うすい」「しずか」など）や、「核」と「肉」の境界が定かでなく、全体に「肉」のような味わいのあるもの（「あさましい」「きらびやか」「みみっちい」など）があり、一概に「形容詞」と言っても、さまざまな特色をもった語が存在することがわかる。

本書の特色と使い方

本書は、現代日本語の「形容詞」（形容詞・形容動詞・連体詞・連語を指す）を一〇一〇語選定して五十音順に配列し、そのそれぞれについて、紙幅《しふく》の許すかぎり豊富な用例を掲げ、その意味・用法・イメージ・ニュアンス、類義語との相違、関連語句について個々にくわしく記述したものである。

意味の記述にあたっては、漢字表記や既成の文法による意味区分によらず、できるだけ日本語としての「形容詞」そのものの意味を分析して、直接記述するよう心がけた。そのため、意味の区分や記述の方法において、従来の国語辞典と異なっている点が多々ある。

一　見出し語の選定について

すでに述べたとおり、日本文化を内蔵する典型的な言葉という意味での「形容詞」を選定することに努めた。なかでも、これまで単語と認められなかったために、国語辞典ではあまりかえりみられることのなかった連語・複合語、動詞の打消し形（「あきたりない」「かなわない」「わからない」「にべもない」「にっちもさっちもいかない」「おしもおされもしない」など）は積極的に採用した。

また、日常の会話やテレビドラマなどに頻出し、慣れ親しんでいる俗語（「やばい」「ださい」「がめつい」「けったくそわるい」など）や使用者が多いと思われる方言的な語（「あほくさい」「おかったるい」「ぼろい」など）も、記述できる範囲でできるだけとりあげるよう努めた。

さらに、他の語について形容詞を作る造語成分（「―らしい」「―がましい」「―ぽい」「―たらしい」など）も個別にとりあげた。これらは従来の学校文法において、接尾語扱いされたり助動詞扱いされたりして文法上の位置が定まっていなかったため、まとまった解説があまりほどこされなかった語群である。

これらの成分を使った複合形容詞のうちの代表的なもの（「おとこらしい」「みれんがましい」「あかっぽい」「みじめったらしい」など）は単語として見出しにとりあげたが、それ以外のものは、これらの成分をとりあげることで、「形容詞」全体をカバーできるようにした。

一方、漢語の形容動詞は数が膨大なうえ、概念そのものを表す名詞との区分が明確でなく、日本文化を内蔵していると思われる可能性が低いので、大部分は省略した。

また、いわゆる「こそあど」言葉も割愛した。これらは多品詞にわたって体系づけられているので、「形容詞」だけを分離して記述する意味が薄い。そして何より、「こんな」「そういう」などの語は、それだけでは指示される具体的な内容がわからないので、「意味の核」のない言葉になっているからである。

二　見出し語の表記について

一で選定した「形容詞」を、ひらがなで表記した。同じような意味で、同じように使われると思われる別の語形は、併記して示した。これらのうち、意味・用法に多少の違いがあるものは、「解説」の中で説明してある。

三　漢字表記について

文芸作品や文書などで目にする機会があると思われる漢字表記を掲げた。必ずしも「常用漢字表」の音訓にはよっていない。

また、複数の漢字表記が通用していて、それらの漢字の違いによって意味を区分することがある語（「熱い・暑い」「尊い・貴い」など）についても、漢字表記を併記するにとどめ、漢字表記の違いによって語そのものを分類することはしていない。これは、漢字表記の違いと「形容詞」の語としての意味区分とは、必ずしも厳密には一致しないからである。ただし、これらについては、「解説」の中で、一般的な傾向としてどの漢字を使うという形でふれておいた。

四　ローマ字表記について

日本語学習者の便宜をはかるため、ヘボン式つづり方によるローマ字の見出しを掲げた。

五　例文について

当該「形容詞」の意味を典型的に表すと考えられる用例を、「話す・聞く・書く・読む」のすべての面にわたって検討し、できるだけ多くの意味・用法を示せるよう、紙幅《しふく》の許すかぎり数多く作例した。このとき、例文の使用状況がわかるよう、できるだけ主語・述語のそろった作例を心がけ、内容が不明確になりがちな「この・そんな」などの指示語の使用は慎重に制限した。

用例文は、当該「形容詞」の述語・修飾語・独立語としての用例をそろえ、語によっては、「―さ」「―み」などの語尾をもつ派生語の名詞の用例や、「―ない」の丁寧形である「―ません」の用例を加えたところもある。

文芸作品からの採録は意識的に避けた。これは、本書の目的のひとつである、日本人共通の文化を探るためには、作家個人の特殊なものの見方や感じ方が反映されている可能性の高い文芸作品の用例は不適当だからである。

これと反対に、ことわざ・標語・慣用句・CM・民謡からは、積極的に採録するようにした。これらは、不特定多数の民衆によって使用され、日本人共通の文化を最も典型的に内蔵していると思われるからである。

例文中の当該語は、原則としてすべてひらがな書きとし、目だたせるために太字にした。ただし、現代語用法などではカタカナ書きにしたものもある。

現代の日常会話においては、「かわいい」「スバラシー」「スルドイ」などのように、「形容詞」を感動詞的に用いて、特定のニュアンスをこめる用法が少なくない。本書においては、現代語に特有の意味・用法は積極的にとりあげるよう努めた。例文の(1)・(2)などの意味区分は、次項の解説中の(1)・(2)などと対応している。

六　解説について

「形容詞」の意味を、「意味の核」と「意味の肉」に区別して記述する姿勢を貫いた。まず、「意味の核」にあたるもので分類し、(1)・(2)などで示した。これらは、前項の例文の(1)・(2)などの区分と対応する。

「意味の核」にあたる部分は、「解説」の最初に、「□を表す形容詞。……の様子を表す。修飾語として用いられる。大人の女性について用いるのが普通である」などという形で記述されている。

最もあいまいで説明しにくい「意味の肉」を記述するにあたっては、次の三つの方法を用いた。

①　イメージ表記

日本語の「形容詞」には、「あさましい」「うつくしい」などのように、どんな人がどんな場面で用いても、評価の一定している語がたくさんある。「あさましい」ではどんな場面でどんな人が用いても、ほめている意味にはならず、必ず慨嘆《がいたん》し嫌悪《けんお》しているニュアンスがあるから、評価はマイナスである。「うつくしい」はこの反対にプラスである。

　これに対して、「たかい」「あつい（暑・熱）」などのように、使用する人や状況によって評価が揺れるものもある。従来、形容詞に関して「評価」という言葉を持ち出して説明をするしかたはあるにはあったが、「たかい」や「あつい」のように使用者や状況による個々の条件に左右されるものまで、プラスマイナスの評価を決めてしまっていることが多く、必ずしも客観的なものとは言えなかった。

　本書では、その場の状況に関係なく、日本人ならだれしも同じような評価をもつもの＝日本人共通の評価を「形容詞」のもつ「イメージ」と名づけ、便宜的に下表の七段階に区分して示した。

　右の例で言えば、「あさましい」は「マイナスイメージの語」、「うつくしい」は「プラスイメージの語」、「たかい」「あつい」は「プラスマイナスのイメージはない」ということになる。

本文中の表現	程度
プラスイメージの語	＋＋＋
ややプラスイメージの語	＋＋
ややプラスよりのイメージの語	＋
プラスマイナスのイメージはない	0
ややマイナスよりのイメージの語	－
ややマイナスイメージの語	－－
マイナスイメージの語	－－－

② 類義語との比較

類義語と比較して「形容詞」の意味をくわしく分析していこうとする試みは従来からあったが、その多くは、類義語のいくつかを意味の共通するものでグループにし、その違いを記述しようとするものであった。ところが、現実には「形容詞」の類義関係は、多義語になればなるほど複雑な対応をしており、単純なグループ化は不可能である。

　そこで本書では、当該の意味（(1)・(2)のレベル）で似ている語をそのつど紹介し、比較していく方法をとった。これは、一語一語個別に記述して初めて可能なことである。類義語との比較のしかたとしては、次の三つの記号と方法を用いて、例文を比較した。

○……使える用例。
×……使えない用例。
?……ふつう使わないだろうと思われる用例。

(a) 当該語が使えない例文を、類義語を使って言い換える。
(b) 類義語が使えない例文を、当該語を使って言い換える。
(c) 当該語も類義語も両方使える全く同じ例文を掲げ、両者の意味・ニュアンスの違いを記述する。

ことに、(c)の、全く同じ例文を掲げ、当該部分だけを当該語と類義語とに置き換えて、その意味・ニュアンス、暗示されている心理の違いを記述する方法は、本書で初めて試みた、記述の大きな特色のひとつをなすものである。これによって、客観的な記述のむずかしい「形容詞」の意味・ニュアンスを、かなり正確に把握することができるようになった。

③ ニュアンスや心理を表すキーワードの設定

「形容詞」の「意味の肉」は、桃の実の味わいが甘味や酸味などの味の要素が複雑にからまりあってできた味であるのと同様で、もともと制約のあることばというものを使って説明するのがむずかしい、日本人の心理やものの考え方の反映された部分である。

そこで、この「意味の肉」にあたる部分を解説するのに、要素としていくつかのキーワードを設定し、これらを組み合わせて、複雑な「意味の肉」の味わいを説明しようと試みた。

解説文や類義語との比較の説明文の中に、「□□の暗示をもつ、□□のニュアンスを含む」という表現がある。この□□にあたる部分が、そのキーワードである。このキーワードには、日本人の心理を表す単語を特に選定し(索引の項目として収録)、これらのキーワードがどのように組み合わされて、「意味の肉」にどのような味わいを付け加えているのかを分析しようと試みた。おもなキーワードは次のとおりである。

調和・適合・不遜《ふそん》・尊大・尊敬・謙遜《けんそん》・丁寧《ていねい》・愛情・賞賛・感嘆・感動・慨嘆・怒り・侮蔑《ぶべつ》・嫉妬《しっと》・あきれ・驚き・憎悪《ぞうお》・嫌悪《けんお》など

また、心理以外にも、「意味の肉」を記述するのに特徴的な、日本文化に関連する用語もキーワードとして設定した。たとえば次のようなものである。

外見・内面・幼児性・義理・縁・恩・恥・人間関係・他人の目など

七 参照項目について

各語の最後には、⇩の後に当該語と関連する参照項目を掲げた。この参照項目には、当該語の類義語・反対語のほか、当該語を使った複合語または造語成分で、本書に収録されているものはすべて紹介した。

「形容詞」の複雑な意味の実態に即した関連語が、明確にわかるようになっている。

八　巻末の付録について

①　現代形容詞イメージ一覧

本書に掲載されたすべての見出し語について、その意味区分（(1)・(2)のレベル）ごとのイメージを一覧表化したものである。十一などの記号は、**六**①「イメージ表記」に従ってある。この一覧表によって、日本人はどのようなイメージをいだいて「形容詞」を用いているか、その全体像を把握することができる。

②　下接要素による分類語構成表

本書に掲載された見出し語中で、下接部分に同一の語形をもつものをグループにして分類し、それぞれを五十音順に配列した。「―ぽい」「―らしい」「―やか」などの語尾をもつ語や、「○×○×しい」の形をもつ形容詞など、語形と語構成の面から日本語形容詞を研究するのに有益である。

③　索引

本書に掲載されたすべての見出し語、関連語、関連項目を五十音順に配列して、索引とした。この索引の大きな特徴は、見出し語と項目の区別をつけ、項目のそれぞれに文体、主体・対象、意味ジャンル、キーワードのマークを付したことである。

すなわち、見出しとして掲げられている語の見出しページは太字の数字にした。それ以外のページ、および見出し以外に本文中に登場する語は、細字で掲載してある。

項目の先頭についているマークの内容は次のとおり。

……「文章語・日常会話・俗語・方言」など、文体に関する項目。

……「男性・女性・子供・弱者」など、使用者・対象などの人間に関する項目。

……「大小・温度・色彩・新旧」など、意味のジャンルに関する項目。

……「賞賛・感動・怒り・他人の目」など、「意味の肉」でキーワードと呼んだ、心理やニュアンス・文化に関する項目。

これらのマークをたよりに語を探すと、たとえば、俗語の「形容詞」、女性や子供に使う「形容詞」、色彩を表す「形容詞」、賞賛の暗示を含む「形容詞」など、従来の国語辞典では不可能な立体的な角度から、日本語の「形容詞」を類別して分析することができる。

日本人の感情や心理・文化を客観的に記述していくのは非常にむずかしい。しかし、本書で示した方法で「形容詞」の意味を分析していくことによって、これらに直接ふれることができるのである。

【参考文献】

「日本国語大辞典」日本大辞典刊行会編　小学館　一九八四年（縮刷版）

「広辞苑」新村出編　岩波書店　一九八九年（第三版）

「日本語大辞典」梅棹忠夫・金田一春彦・阪倉篤義・日野原重明監修　講談社　一九八九年

「大辞林」松村明・三省堂編修所編　三省堂　一九八九年

「学研国語大辞典」金田一春彦・池田弥三郎編　学習研究社　一九七八年

「三省堂国語辞典」見坊豪紀主幹　金田一京助・金田一春彦・柴田武編　三省堂　一九八六年（第三版）

「新明解国語辞典」山田忠雄主幹　金田一京助・柴田武・山田明雄編　三省堂　一九八九年（第四版）

「例解新国語辞典」林四郎編修代表　野元菊雄・南不二男・国松昭編著　三省堂　一九九〇年（第三版）

「岩波国語辞典」西尾実・岩淵悦太郎・水谷静夫編　岩波書店　一九八八年（第四版）

「角川新国語辞典」山田俊雄・吉川泰雄編　角川書店　一九九〇年（九〇版）

「新潮国語辞典—現代語・古語」久松潜一監修　山田俊雄・築島裕・小林芳規編　一九八四年（新装改訂版）

「現代国語例解辞典」林巨樹監修　尚学図書編　小学館

一九八九年（初版）

「福武国語辞典」樺島忠夫・植垣節也・曽田文雄・佐竹秀雄編　福武書店　一九八九年

＊＊＊

「プログレッシブ和英中辞典」近藤いね子・高野フミ編　小学館　一九八八年

「ライトハウス和英辞典」小島義郎・竹林滋編　研究社　一九八八年

「コンプリヘンシブ和英中辞典」長谷川潔・堀内克明・桃沢力・山村三郎編　旺文社　一九八九年（重版）

「ニュー・アンカー和英辞典」山岸勝榮・郡司利男編　学習研究社　一九九一年

＊＊＊

文化庁「外国人のための基本語用例辞典　第二版」文化庁、一九八七年

「日本語百科大事典」金田一春彦・林大・柴田武編　大修館書店　一九八八年

「日本語尾音索引」田島毓堂・丹羽一彌共著　笠間書院　一九八九年（普及版）

「類語国語辞典」大野晋・浜西正人著　角川書店　一九九〇年（四版）

「類語活用辞典」磯貝英夫・室山敏昭編　東京堂出版　一九八九年

「基礎日本語辞典」森田良行著　角川書店　一九八九年

＊＊＊

「ことばの意味——辞書に書いていないこと」1〜3　柴田武・國廣哲彌他著　平凡社　一九七六〜八二年

「形容詞の意味・用法の記述的研究」国立国語研究所　秀英出版　一九七二年

「動詞・形容詞問題語用例集」国立国語研究所　秀英出版　一九七一年

現代形容詞用法辞典

あ 行

あいいれない［相容れない］ Aiirenai

① 金もうけは彼の芸術的良心とは**あいいれない**。
② 資本主義は全体主義とは**あいいれない**ものだ。
③ 我々の利益と君たちの利益は**あいいれない**ようだ。
④ 彼の主張は世の風潮《ふうちょう》と**あいいれなかっ**た。

【解説】 一般に「AとB(と)はあいいれない」の形をとり、AとBが相反《あいはん》し、一致せず、調和しない様子を表す。プラスマイナスのイメージはない。A、Bは抽象語(句)の場合が多い。

× 本とノートは相容れないものだ。
○ 君とぼくは相容れない。

この例では「君」対「ぼく」の人間全体の比較ではなく、「君(の立場・考え・主義)」対「ぼく(の立場・考え・主義)」という図式が考えられる。

AとBの関係は、①異質のもの、②同次元のもの、③全く反する同質のもの、④BがAを包含《ほうがん》するものがある。④の逆――AがBを包含するものについては、「あいいれない」はやや用いにくい。

? 時流はぼくの考えとは相容れない。

あえて使ったとしても、「時流のほうがぼくの考えよりスケールが小さい」という包含関係が暗示されるので、はなはだ不遜《ふそん》な表現として受け取られる可能性を生む。

「あいいれない」は「そぐわない」に似ているが、「そぐわない」が一定の範囲《はんい》に適合しないというニュアンスがあるのに対して、「あいいれない」は二個のものが互いに相反するというニュアンスがある。

× この言葉はぼくの気持ちと相容れない。
→この言葉はぼくの気持ちにそぐわない。

⇩「そぐわない」

あいくるしい［愛くるしい］ Aikurushii

① 彼女は**あいくるしい**子供を連れていた。
② 少女の**あいくるしい**笑顔《えがお》に思わずほほえむ。
③ その少女の口元は**あいくるしかっ**た。

【解説】 子供・少女などの愛すべき様子を表す。プラスイメージの語。対象は、子供・少女などのほか、その子供・少女に属するもの(笑顔・口元など)もくる。対象への強い心理的な傾斜を示し、「思わず抱きしめて(食べて)しまいたくなるような」など、対象の独占《どくせん》を望むような表現をしばしば伴《ともな》う。

愛情をもよおさせる点では同じでも、動物・植物・物などには用いにくい。ただし、花などは、少女の笑顔などを暗示させる擬人法《ぎじんほう》になることがあるので、小さい花などにはまれに用いられる可能性がある。しかしこの場合には、用法の広い「かわいらしい」「かわいい」などを用いるほうがより一般的である。

？ 愛くるしい子犬(コスモス・消しゴム)。
→かわいらしい子犬。
→かわいいコスモス(消しゴム)。

大人に対して使われることは少ない。これは対象の年齢の問題というよりは、この語が、対象のもつ外見の幼児性に対する愛情を表すからだと考えられる。したがって、年齢が幼《おさな》くても体の大柄な子供については、あまり用いられない。

？ 愛くるしい有閑《ゆうかん》マダムが歩いてくる。
→かわいい有閑マダムが歩いてくる。

⇨「あいらしい」「かわいい」「かわいらしい」

あいひとしい ［相等しい・相均しい］ Aihitoshii

① 三辺の長さが**あいひとしい**三角形をかく。
② 正方形の四つの角《かく》は互いに**あいひとしい**。

【解説】 異同を表す形容詞。複数のものが互いに全く同じである様子を表す。プラスマイナスのイメージはない。ほとんど数学などの専門分野にしか用いられないかたい文章語。日常会話として「互いに等しい」状態を表現したいときは、ふつう次のように言うことが多い。

？ 君の文房具はぼくのとみんな相等しい。
→君の文房具はぼくのとみんな同じだ。
？ 今日の最高・最低気温は、昨日のと相等しい。
→今日の最高・最低気温は、昨日のと全く同じだ。

「互いに等しい」という表現は、複数のものを対等に扱って比較しているが、「全く(みんな)同じだ」という表現は、一方を基準《きじゅん》として、それにいちいち合わせて比較するというニュアンスの違いがある。

⇨「おなじ」「ひとしい」

あいらしい ［愛らしい］ Airashii

① **あいらしい**子供が歩いている。
② **あいらしい**口元にほほえみが浮かんだ。
③ 花嫁の髪にさした小花が**あいらしかっ**た。

【解説】 愛すべき様子であることを表す。プラスイメージの語。弱いもの、小さいもの、美しいものへの傾倒《けいとう》の心を表す。「かわいらしい」と意味も用法も似ているが、日常会話としては「かわいらしい」が一般的で、「あいらしい」はやや文章語的である。「あいくるしい」よりは、対象への心理的な傾斜《けいしゃ》の度合が少なく、やや客観的である。全く同じ文脈で「あいらしい」と「あいくるしい」

が用いられると、次のようなニュアンスの違いを生ずる。

愛らしい子供。（子供の外見がかわいらしい）
愛くるしい子供。（思わず抱きしめたくなるほどだ）

「あいらしい」は、対象が動物・植物のときは用いられる可能性がある。無生物のときは、擬人法《ぎじんほう》を除いてふつうは用いない。その場合「かわいい」を使うのが一般的である。

？ 愛らしい子犬(花)。→かわいらしい子犬(花)。
× 愛らしい消しゴム。→かわいい消しゴム。

⇩「あいくるしい」「かわいらしい」「かわいい」

あえか **Aeka**

① 暗い谷間に**あえか**なスズランが咲いていた。
② 彼は最後まで**あえか**な希望を抱《いだ》いていた。
③ 霧にけぶる山麓《さんろく》は**あえか**に美しい。

【解説】 濃淡の程度が非常に低い様子を表す。プラスイメージの語。ややかたい文章語で、日常会話に用いられることは少ない。例のように修飾語として用いられることが多く。述語として用いられることはまれである。

× その花はあえかだった。

「あえか」は、はっきり見えないだけでなく、それが美しいことを合わせて表現する語であって、はっきり認識できないものを美とする日本文化の特徴を示す語である。意味としては「かすか」「ほのか」「はかない」などに近いが、「かすか」「ほのか」「はかない」よりも、対象をさらに美的に評価するニュアンスがある。

⇩「かすか」「ほのか」「はかない」

あえない ［敢えない］ **Aenai**

① 彼は**あえない**最期《さいご》を遂げた。
② 彼らの大胆な試みも**あえなく**終わった。

【解説】 予想や期待に比べて、結果が簡単・貧弱《ひんじゃく》でものたりない様子を表す。ややマイナスイメージの語。「□□はあえない(あえなかった)」のように、述語に用いられることはまれで、例のように修飾語を作ることが多い。

「あっけない」「はかない」「もろい」がやや客観的な表現であるのに対して、「あえない」には対象に対するなんらかの思い入れがあり、より主観的な表現となっている。対象に対する思い入れの程度によって、同情・哀惜《あいせき》・侮《ぶ》蔑《べつ》などのニュアンスがこもる。

①の「あえない最期」は慣用句で、彼がもう少し持ちこたえて生きながらえるかという予想に反して、簡単に死んでしまったことに対する失望の気持ちがこもる。

文章中では「あえなくなる(＝死ぬ)」という表現もあるが現代語的でなく、日常会話にはほとんど登場しない。

⇩「あっけない」「はかない」「もろい」

あおい［青い・蒼い・碧い］Aoi

(1)① モルジブの**あおい**空、**あおい**海。（CM）
② 彼女は**あおい**目をしている。
③ 君は**あおい**ものをもっと食べなくちゃいけない。
④ 山のもみじはまだ**あおかっ**た。
⑤ 足をぶつけたら、**あおい**あざが残った。
⑥ 今夜の月は**あおい**。
(2)① 彼女はその知らせを聞いて**あおく**なった。
② どうしたの、顔が**あおい**よ。
(3)① 彼はまだまだ**あおい**。
② 君のすることはまだ**あおい**よ。
③ 奴がそう言ったんだって？　**あおいあおい**。

【解説】　色彩を表す最も基本的な形容詞の一つ。意味は大別《たいべつ》して三つある。

(1)　色彩があおい様子を表す。プラスマイナスのイメージはない。この「あおい」色は、ブルー(①②)はもとよりグリーン(③④)をも含み、植物の葉について「あおい」というときは、例外なくグリーンを意味する。③は、食物の中の「あおいもの」であるから、緑色野菜の意味である。⑤では、あおみを帯びた暗色《あんしょく》を意味する。⑥は、月の色があおみを帯びて白く見えることを言い、空気が澄《す》んで気温が低い状態のときに起こる。満月のように光が明るく拡散するのではなく、輪郭《りんかく》のくっきりした月が冷気の中にさえざえと見える様子がイメージできる。

(2)　顔色などが一時的に血色《けっしょく》(あかみ)を失って白っぽくなっている様子を表す。マイナスイメージの語。血の赤色は生命の象徴ともいえるから、そのあかみを失っていることは、とりもなおさずマイナスイメージにつながる。ただし、一時的に不健康な状態であることを暗示し、長期的な不健康状態を指すことは少ない。

？　父は長い闘病生活で顔があおい。
→父は長い闘病生活で顔があおじろい。

(3)　未熟な果実の色があおいことから、考え方や人間としての成長が未熟な状態である様子を表す。マイナスイメージの語。かなり俗語的なニュアンスをもち、会話中に用いられることが多く、かたい文章中にはまず用いられない。ほとんどの場合「まだ」という副詞を伴《ともな》って述語で用いられ、単独で用いられるときは、③のように感動詞的に用いることが多い。名詞を修飾する場合には、マイナスイメージをより強調した「あおくさい」を使うのが一般的である。

？　君の青い考えはもう聞きあきた。
→君の青くさい考えはもう聞きあきた。

⇨「あおくさい」「あおぐろい」「あおじろい」「あおっぽい」「うすあおい」

あおくさい［青臭い］Aokusai

(1)① 昔のトマトは**あおくさかっ**たもんだ。
② この野菜ジュースは**あおくさく**てとても飲めない。
(2)① 彼らは**あおくさい**議論を年中ぶっていた。
② 君の意見はまだまだ**あおくさい**よ。

【解説】 においを表す形容詞。
(1) 青草のようなにおいのする様子を表す。ややマイナスよりのイメージの語。草が生《お》い茂《しげ》るにおい（俗にいう草いきれ）をよいにおいと受け取るか、悪いにおいと受け取るかによっても、だいぶイメージが変わる。ただし、「～くさい」はもともとマイナスイメージを表す語尾であるから、「あおくさい」が積極的にプラスイメージに受け取られるような使われ方は少ない。
(2) 未熟な果実の色があおいことから、考え方や人間としての成長が未熟な状態である様子を表す。マイナスイメージの語。①のように名詞にかかる修飾語として用いられることが多く、②のような言い切りの例は少ない。この場合は「あおい」を用いるほうが普通である。副詞「まだ（まだまだ）」を伴《ともな》うことが多いのは、「あおい」(3)と同様である。「あおい」の(3)よりさらにはっきりした侮《ぶ》蔑《べっ》の暗示がある。
⇨「あおい」「あおっぽい」「－くさい」

あおぐろい［青黒い・黝い］Aoguroi

① その馬の毛色は、鋼鉄のように**あおぐろかっ**た。
② なぐられて目のまわりが**あおぐろい**あざになった。
③ 女は寝不足で**あおぐろく**むくんだ顔をしていた。

【解説】 色彩があおみを帯びたくろい色をしている様子を表す。原則としてプラスマイナスのイメージはない。対象にとって「あおぐろい」色が好ましい状態かどうかで、イメージが決まる。
①は青毛《あおげ》の馬を言い、あおみを帯びた地肌に黒色の被《ひ》毛《もう》が生えるので、日光に照りはえて濃紺色《のうこんしょく》に見えることがあり、非常に美しい。②は肌色に比べて暗色《あんしょく》である様子を表し、③は新陳代謝が悪くなり、血色《けっしょく》（あかみ）を失って、やや汚れたような病的な色あいをしている様子を表す。
「あおい」が非常に幅のある色調を指し、比喩《ひゆ》的《てき》な用法もあるなど、かなり抽象度の高い語であるのに対して、「あおぐろい」の指す色調は一定の幅にとどまり、比喩的な用法ももたない。
× 彼の考えは青黒い。
→彼の考えは（まだ）青い。
⇨「あおい」「くろい」

あおじろい［青白い・蒼白い］Aojiroi

① **あおじろい**月の光を浴《あ》びて立ちつくす。
② 彼は闘病生活が長くて、顔が**あおじろい**。
③ **あおじろい**インテリなんかに用はない。

【解説】 色彩があおみを帯びたしろい色をしている様子を表す。ややマイナスよりのイメージの語。

①の月の光の例は、「あおい月」における「あおい」と似た色を示すが、それよりやや明るさがあり、そのために白っぽく見える様子を言う。冷たさを感じさせる色である。

②③は基本的に同じ意味で、顔色が血色《けっしょく》（あかみ）を失って不健康に白く見える様子を表すが、「顔があおい」における「あおい」(2)よりも、ある状態がゆっくりとまたは長期間続いていることが暗示されている。この「あおじろさ」には、日焼けしていない（できない）ために「しろい」要素があるからである。したがって「あおじろい」顔色からは、長期間不健康な状態であることがうかがわれ、急の知らせなどで顔が「あおく」なるのとは異なる。

× 彼女はその知らせを聞いて青白くなった。
→彼女はその知らせを聞いて青くなった。

③は②からさらに一歩進んで、「a戸外《とがい》に出ず机に向かってばかりいて、b行動力に欠けるインテリ」という意味である。「あおじろい」が直接的にはaを意味するので、間接的にbを暗示することになるのである。これも日焼けしていないという前提があるので、「あおい」に置き換えられない。

日焼けしていない白さを表す点で、「あおじろい」は「なまじろい」（なまっちろい）にも似ているが、「なまじろい」は白さについての不快な感想（侮蔑《ぶべつ》・気味悪さなど）を含む点が異なる。

? 青白い学生に何がわかる。
→なまっちろい学生に何がわかる。

⇨「あおい」「なまじろい」「しろい」

あおっぽい［青っぽい・蒼っぽい］Aoppoi

(1)① たしか犯人は**あおっぽい**セーターを着ていました。
② 下生《したば》えの間に**あおっぽい**葉がちらほら見えた。
(2)① お見かけ通りの**あおっぽい**浪人《ろうにん》です。

【解説】 (1) 色彩があおみを帯びて見える様子を表す。プラスマイナスのイメージはない。「～ぽい」は「～のように見える」という意味の、形容詞を作る語尾。見る者の感覚を表し、「あおい」の程度を低めるはたらきをする。「あお」の色の幅はブルーのみならずグリーンをも含む幅広いものである。「あおっぽい」は、本来「あおい」ものにも、そうでないものにも使える。

「あおっぽい」は、目の前にはっきり提示されているものに対しては用いない。「あおい」は指す色調の幅が広く、はっきり見えるものに対しては「あおい」と断定できるので、「あおっぽい」とわざわざ視覚を経由《けいゆ》した表現にする必要がないからである。①は、すでに逃走してしまった犯人の服装を記憶をたどりながら述べ、②は葉がちらりと見える状態を述べていて、どちらも眼前にはっきり提示されていない状態である。

× 彼女は青っぽい顔をしている。
→彼女は青い顔をしている。

(2) いかにも未熟であるように見える様子を表す。マイナスイメージの語。「あおい」(3)よりも外見の未熟さが強調される。ただし、この用法は、現代日常語としてはあまり用いられない。

⇨「あおい」「あおくさい」「－ぽい」

あかい［赤い・紅い・赫い］**Akai**

(1)① 犬小屋の屋根を**あかく**塗った。
② 山のもみじが見事に**あかい**。
③ そのトマトはやがて熟して**あかく**なるだろう。
④ 夕日が西の空を**あかく**染めた。
⑤ 西向きの部屋のたたみが**あかく**焼けている。
⑥ 強い紫外線と乾燥で、髪が傷《いた》んで**あかく**なった。
⑦ 彼女は恥ずかしさに**あかく**なった。
⑧ 酔いがさめず、まだ顔が**あかい**。
(2)① 彼女は**あかい**気炎《きえん》をあげた。
(3)① 彼は**あかい**思想の持ち主だ。
② 大学へ入ってから、あの男は**あかく**なったようだ。

【解説】 色彩を表す最も基本的な形容詞の一つ。

(1) 色彩があかい様子を表す。プラスマイナスのイメージはない。実際の色調には非常に幅があり、赤(①②)、緑に近いもの(③)、黄色に近いもの(④)、茶色に近いもの(⑤)、黒に近いもの(⑥)、血色《けっしょく》(⑦⑧)など、さまざまの色を指す抽象度の高い語である。

(2) (1)から進んだ意味で、「あかい気炎をあげる」という慣用句で用いられ、女性が勇ましい様子を表す。プラスマイナスのイメージはない。

(3) 革命旗が赤色であるところから派生した意味で、共産主義思想をもっている、急進的である様子を表す。「あかい」が比喩的《ひゆてき》に使われるのは、(3)の意味のときだけである。人間について、共産主義思想をもっているという意味で用いる場合には、「あかい」でなく「赤」(しばしば「アカ」とカタカナ書きされる)という名詞を用いる。

× あの男は赤い。→あの男はアカだ。

(3)の場合には、共産主義者が「アカ」と呼ばれて弾圧されてきた歴史的背景があり、マイナスイメージを伴《ともな》うことが多い。ただし、思想の自由が憲法で保証された今日では、ほとんど用いられなくなっている。

⇩「あかっぽい」「あかきいろい」「あかぐろい」

あかきいろい ［赤黄色い］ **akakiiroi**

① 夜鳴《よな》きそばの屋台に**あかきいろい**灯《ひ》が見えた。

② 夏のキツネは**あかきいろい**毛をしている。

【解説】 色彩があかみを帯びたきいろい色をしている様子を表す。プラスマイナスのイメージはない。かなり具体的な意味内容をもち、色の性質上、灯火・動植物などに用いられることが多い。

⇩「あかい」「きいろい」

あかぐろい ［赤黒い］ **Akaguroi**

① なぐられた痕《あと》が**あかぐろい**あざになって残った。

② 日に焼けた肌は**あかぐろかっ**た。

【解説】 色彩があかみを帯びたくろい色をしている様子を表す。プラスマイナスのイメージはない。人体・動物など自然の物の色に対して使われることが多い。具体的な色彩を表し、比喩的《ひゆてき》な用法はない。

⇩「あかい」「くろい」

あかっぽい ［赤っぽい・紅っぽい・赫っぽい］ **Akappoi**

① 彼の家は遠くからだと**あかっぽく**見える。

② **あかっぽい**レンガの壁がどこまでも続く。

【解説】 色彩があかみを帯びて見える様子を表す。プラスマイナスのイメージはない。「～ぽい」は「～のように見える」という意味の、形容詞を作る語尾。「あか」は指す色調の幅が広い。本来あかいものにも、そうでないものにも用いられる。

ただし、「あかっぽい」色は「あかい」色よりもあかみの程度が低く、どちらかといえばあかく見える色という程度の色彩を指す(②)。また、眼前に提示されたはっきりした色に対しては用いられない。

× 彼は酔って赤っぽい顔をしていた。
→彼は酔って赤い顔をしていた。

⇩「あかい」「ーぽい」

あかぬけた・あかぬけした ［垢抜けた・垢抜けした］ **Akanuketa・Akanukeshita**

① 彼女は**あかぬけした**身なりをしていた。

② 彼のセンスはなかなか**あかぬけした**ものだ。

③ 新人作家にしては**あかぬけた**文体だ。

【解説】　身なり・服装・態度などが都会ふうで、洗練されている様子を表す。プラスイメージの語。具体物の外見について用いられることが多く、③のような例は少ない。

「あかぬけた」は「洗練された」に似ているが、世なれて都会ふうであるというニュアンスが強く、「洗練された」よりも賞賛の暗示が少ない（疑惑《ぎわく》・意外・不可解の暗示を含むことさえある）。全く同じ文脈で「あかぬけた」と「洗練された」が用いられると、次のようなニュアンスの違いを生ずる。

彼女のあかぬけた態度にみんな目を見張った。
（いつもの彼女に似合わず都会ふうで素敵だ）
彼女の洗練された態度にみんな目を見張った。
（彼女の都会ふうの態度がすばらしい）

「あかぬけた」は「かっこいい」にも似ているが、「かっこいい」が物についても用いられるのに対して、「あかぬけた」はおもに人に関するものについて用いられる点が異なる。

？　彼の車はあかぬけている。
↓彼の車はかっこいい。

また、「かっこいい」のほうが意味がより尖鋭的《せんえいてき》になり、若い人に好んで用いられる。

⇩「かっこいい」「あかぬけない」

あかぬけない・あかぬけのしない ［垢抜けない・垢抜けのしない］ Akanukenai・Akanukeno-shinai

① やっぱり田舎者《いなかもの》のやることは**あかぬけない**ね。
② 少女は**あかぬけのしない**服を着て上京してきた。

【解説】　前項の打消し。身なり・服装・態度などが田舎ふうで、洗練されていない様子を表す。マイナスイメージの語。「やぼったい」「どろくさい」に近いが、やや客観的で侮蔑《ぶべつ》の暗示は少ない。若い人の間では「かっこわるい」が広く用いられ、「あかぬけない」はあまり用いられない。また会話では、意味も語調も強い「ださい」にとってかわられる傾向にある。

何よ、そのあかぬけない服は。
↓何よ、そのださい服は。

⇩「どろくさい」「やぼったい」「かっこわるい」「ださい」「いなかくさい」

あからさま Akarasama

① 彼女は**あからさま**に不平を鳴らした。
② 彼の違法行為はあまりにも**あからさま**だった。
③ 奴の**あからさま**な侮蔑《ぶべつ》の態度は許せない。

【解説】　物事が本性（元の姿）のまま表面に現れている様子を表す。マイナスイメージの語。本性が隠されていず、はっきり提示されていることに不快を感じている表現であって、何事もはっきり言及《げんきゅう》せず、ほのめかしたり暗示したりすることにプラスの評価を与える日本文化ならではの語である。

「あからさま」は「あらわ」「ろこつ」などに近いが、「あらわ」には不快の暗示が少なく、やや客観的であり、「ろこつ」は「あからさま」よりもさらに悪意が感じられ、本来隠すべきものをわざと表面に現すことに対する嫌悪《けんお》が暗示されている。

× 短い上着を脱ぐと両腕があからさまになった。
→短い上着を脱ぐと両腕があらわになった。

あからさまな皮肉。（誰の目にも明らかな皮肉）
露骨な皮肉。（悪意に満ちた皮肉）

⇩「あらわ」「ろこつ」

あかるい［明るい］Akarui

(1)① 雨がやんで空が**あかるく**なってきた。
② 今出発すれば、**あかるい**うちに着けるでしょう。
③ 満月が**あかるく**輝いている。
④ もっと**あかるい**所で本を読みなさい。
⑤ 夜は**あかるい**通りを通って帰りなさいね。
⑥ 彼女は**あかるい**グリーンのワンピースを着ていた。
⑦ 春になって売場にも**あかるい**色の服が増えた。

(2)① この店の人たちは、いつも**あかるくて**親切です。
② 彼女は**あかるく**はずんだ声で電話してきた。
③ わが社の先ゆきの見通しは**あかるい**。
④ これは我々の計画にとって**あかるい**材料だ。

(3)① 私たちは**あかるい**政治を求めているんです。
② 公正で**あかるい**選挙こそ、真の民主主義の基本だ。
③ 犯罪をなくして町を**あかるく**しよう。

(4)① 彼はこのあたりの地理に**あかるい**。
② 法律に**あかるい**人に相談したほうがいいよ。

【解説】 明暗を表す最も基本的な形容詞の一つ。抽象的・具体的に明度《めいど》の高い様子を表す（↔くらい）。プラスイメージの語。意味は四つに大別される。

(1) 光が十分ある様子を表す。光の種類は、太陽（①②）、月（③）、灯火（④⑤）などがある。光源そのものの光度《こうど》についても（③）、光源の照らす面の照度《しょうど》についても（①④⑤）使える。②は「表があかるい時間内に」という意味で、太陽の光のある時間の幅を示している。⑥⑦は(1)の派生的な意味で、「あかるい□□」という名詞にかかる修飾語の形をとり、□□に色名（または単に「色」）がくる。□□という色に濁《にご》りがなく、黒みを帯びていなくて、純度が高い様子を表す。

(2) ①は人間の性格にこだわりがなく快活である様子を表す。②は快活な性格を反映したような快活な声という意味である。③④は将来・前途《ぜんと》に希望がもてる様子であることを表す。現代語では、「あかるい性格」をしばしば「ネアカ」(↔ネクラ)というが、「ネアカ」のほうが「あかるい性格」といったときより、軽薄な暗示を伴《ともな》いやすい。

(3) すみずみにまで光が当たって陰《かげ》がないことから、不正がなく公明正大である様子を表す。政治(①)・選挙(②)・治安《ちあん》(③)などを説明するのによく用いられる。

(4) 「□□にあかるい」という表現をとり、「□□をよく知っている、□□に精通している」という意味を表す。□□に入る語は抽象語句であることが多い。

? 彼はスターに明るい。

→彼はスターの情報(プライバシー)に明るい。

この「あかるい」は「くわしい」に似ているが、「くわしい」が細部にいたるまでよく知っているという個々の知識の存在を暗示するのに対して、「あかるい」は漠然《ばくぜん》と物事に精通していることを暗示するにとどまる。

A 彼はその道に明るい。

B 彼はその道に詳しい。

Aの文は、ふつう「その道」を地理上の具体的な道とは考えず、技芸・専門分野などの抽象的な意味にとる。Bの文の「その道」は、具体物も抽象的なものも両方考えられる。

⇩「くわしい」「くらい」「うすあかるい」

あきたりない・あきたらない

[飽き足りない・飽き足らない] **Akitarinai・Akitaranai**

① この計画には**あきたりない**ところがある。

② 私は彼の説明では**あきたりない**。

③ 食欲が異常に昂進《こうしん》して、三度の食事ではとうてい**あきたらなかっ**た。

【解説】 動詞「あきたりる・あきたる」の打消し。物や状態が不十分で満足できない様子を表す。ややマイナスイメージの語。「ものたりない」や「くいたりない」に近い意味をもつが、「ものたりない」「くいたりない」より満足すべき状態に対する欲求が強い(③など)。全く同じ文脈で「あきたりない」と「ものたりない」が用いられると、次のようなニュアンスの違いを生ずる。

三度の食事ではとうてい飽きたりない。
(満足できないからもっと食べたい)

三度の食事ではとうていものたりない。
(まだまだ空腹だ)

⇩「くいたりない」「ものたりない」「おかったるい」

あきっぽい

[飽きっぽい] **Akippoi**

① 彼は**あきっぽい**性格だね。

② 彼女は何をやらせても**あきっぽく**て長続きしない。

【解説】 人の性格が飽《あ》きがちで、根気がない様子を表す。マイナスイメージの語。「〜ぽい」は動詞の連用形について、「〜しがちである」という意味の形容詞を作る語尾。「あきやすい」よりも、さらにマイナスイメージが強調される語である。

「あきっぽい」は「あきやすい」に比べて、その人の性格全体を評するニュアンスが強く、特定の分野に飽きがちであることを意味することは少ない。

？ 奴は勉強に飽きっぽい。→奴は勉強に飽きやすい。

⇩「あきやすい」「ーぽい」

あきやすい ［飽き易い］ Akiyasui

① この年ごろの子供は一つの遊びに**あきやすい**。

② 彼は物事に**あきやすい**性格だ。

【解説】 人の性格が飽《あ》きがちで、根気がない様子を表す。マイナスイメージの語。ふつう「□□にあきやすい」という形をとり、ある人が□□という分野において根気のない性格であることを表す。したがって、人の性格全体を抽象的に表すことはまれで、その場合には「あきっぽい」を用いることが多い。

？ 君は飽きやすいね。→君は飽きっぽいね。

⇩「あきっぽい」「ーやすい」

あきらか ［明らか］ Akiraka

① 両者の間には**あきらか**な違いがある。

② 彼のミスは誰の目にも**あきらか**だった。

③ 所信を**あきらか**にする。

④ やがて決裂するのは、火を見るよりも**あきらか**だ。

【解説】 事柄が誰にでもわかるように明瞭《めいりょう》である様子を表す。プラスマイナスのイメージはない。④の「火を見るよりもあきらか」は慣用句で、「客観的にみてまちがいない」という意味である。

「あきらか」のポイントは誰にでもわかる客観性にあり、主観的な保証や確信を暗示する「たしか」と異なる。したがって、自分の意見を述べるときに「あきらか」を用いると、客観的に見ている(すでに客観性がある)というニュアンスになり、場合によっては一方的な不遜《ふそん》な表現に受け取られることがある。

君は明らかにまちがってるよ。
(すでに証拠がある)

君は確かにまちがってるよ。
(話者が主観的にまちがっていると信じている)

また「あきらか」は「さだか」にも似ているが、「さだか」は話者の感覚に基づく確信を暗示する。

？ 霧のため彼の顔は明らかには見えなかった。

→霧のため彼の顔は定かには見えなかった。

⇨「たしか」「さだか」「まぎれもない」

あくどい Akudoi

(1)① 彼は巧みにたちまわって**あくどく**もうけた。

② あの商人は**あくどい**。

③ そんな**あくどい**冗談はよせ。

(2)① 若い娘が**あくどい**化粧をしても似合わないよ。

② この料理の味は**あくどくて**嫌いだ。

【解説】 (1) 手口・方法・性格などが、度を超えて悪質な様子を表す。マイナスイメージの語。対象に対する執着《しゅうちゃく》の強さを示し、その執着には悪意の存在が暗示される。

「あくどい」は「えげつない」に似ているが、「えげつない」には方法・やり方などの下品さが強調されるニュアンスがある。

(2) 色・味などが濃すぎて不快な様子を表す。マイナスイメージの語。「くどい」よりもさらに嫌悪感《けんおかん》が強く、マイナスイメージの語。

全く受け入れる余地のない状態であることを表す。ただし、色や味をもっている主体そのものを主語にとることは少なく、「□□の色は(味は)」というように、□□の性質(色・味)を明示することが多い。

? このソースはあくどい。

→このソースはくどい(しつこい)。

→このソースの味はあくどい。

「あくどい」は「どぎつい」に近い意味をもつが、「どぎつい」が単に対象の性質の濃厚さに視点をあてた語であるのに対して、「あくどい」には「悪意を感じさせるほどの濃厚さ」があり、「どぎつい」よりもさらに嫌悪感が強く出る。全く同じ文脈で「あくどい」と「どぎつい」が用いられると、次のようなニュアンスの違いを生ずる。

あくどい冗談。(悪意を感じさせて不快だ)

どぎつい冗談。(刺激が濃厚すぎて不快だ)

⇨「えげつない」「くどい」「しつこい」「どぎつい」「どくどくしい」「あこぎ」

あこぎ [阿漕] Akogi

① あの会社が短期間にあんなにでかくなったのは、**あこぎ**な商売をしてもうけたからだ。

② ライバル会社を社員のスキャンダルで蹴落《けお》とすなんて、あんまり**あこぎ**じゃないか。

【解説】 非常に悪質な様子を表す。マイナスイメージの語。名詞にかかる修飾語(①)で用いられることが多く、述語(②)にもなるが、述語にかかる修飾語にはならない。やや古風なニュアンスのある語で、現代の若い人たちはあまり用いない傾向にある。非常に悪質な手段を使って金をもうけるという状況で用いられることが多い。

「あこぎ」は「あくどい」や「えげつない」に似ているが、「あくどい」では対象の性質が濃厚であることを暗示し、背景に悪事があるとはかぎらない。「えげつない」では度を超した欲望の発露《はつろ》に対する不快感を暗示する。全く同じ文脈で「あこぎ」と「あくどい」「えげつない」が用いられると、次のようなニュアンスの違いを生ずる。

　あこぎな商人。
（犯罪に近い悪事によってもうける）
あくどい商人。
（金銭に異常に執着《しゅうちゃく》してもうける）
えげつない商人。
（金を得ることに貪欲《どんよく》で恥を感じない）

⇩「あくどい」「えげつない」

あさい［浅い］Asai

(1)①危ないから**あさい**所で泳ぎなさい。
②この皿は**あさく**てスープがよそえない。
③大木だったが掘ってみたら案外根は**あさかっ**た。
④しっかりしろ。傷は**あさい**ぞ。
(2)①その程度の知識では理解が**あさい**。
②まだ経験が**あさい**からそんな高度な技術は無理だ。
③老人は眠りが**あさく**夜中にしばしば目をさます。
④二人は**あさから**ぬ仲であった。
(3)①彼は入社してから日が**あさい**。
②会社は五年前の創立で、まだ歴史が**あさい**のです。
③春まだ**あさい**日。
(4)①彼女は**あさい**緑色の服を着ていた。
②こんな濃い青でなく、もっと**あさい**色です。

【解説】　深浅《しんせん》を表す最も基本的な形容詞の一つ（↕ふかい）。意味は大別して四つある。
(1)　空間的に、ある基準面からの垂直方向の距離が短い様子を表す。プラスマイナスのイメージはない。①は海・川・プールなどの水の水面からの深さ、②は容器の縁《ふち》からの深さを示す。③は地表から深くない距離の所に存在するという意味で、やや派生的な意味である。④は傷の皮膚からの深さの程度が少ないという意味である。
(2)　理解・経験・眠り・感情など、抽象的なものの程度が少ない様子を表す。ややマイナスイメージの語。①②は理解・経験が十分でない様子を表す。③は熟睡《じゅくすい》できないという意味である。④の「あさからぬ仲」は慣用句で、恋愛関係にある様子を表す。「深い仲」というほどではない仲、あるいは「深い仲」を婉曲《えんきょく》に言った言い方であって、反対の「あさい仲」という言い方はない。
(3)　時間があまり経過していない様子を表す。プラスマイナスのイメージはない。「日があさい」「歴史があさい」などの表現がよく用いられ、「月(年)があさい」とは言わない。③は早春の日のことを言う。「□□はまだあさい」と言うとき、□□に入る季節としては春が最も一般的で、その他の季節が入ることは非常にまれである。これは、一年の始まりを春と考えるからである。

(4) 色が薄い様子を表す。プラスマイナスのイメージはない。この色はなんでもよいわけではなく、おもに青・緑系統の色について言うことが多い。青・緑系統以外の色のときは「うすい」を用いる。

× 浅い黄色のドレス。
→薄い黄色のドレス。

「あわい」も似た意味を表すが、「あわい」が感覚的な程度の低さを暗示するのに対して、「あさい」はより客観的で、計量できるような程度の低さを表す。

⇩「うすい」「あわい」「ふかい」

あさぐろい［浅黒い］**Asaguroi**

① **あさぐろく**日焼けしたたくましい肌。

② その娘は色が**あさぐろく**あまり美人ではなかった。

【解説】 色彩を表す形容詞。肌・顔色などが日に焼けて、ややくろみを帯びている様子を表す。原則としてプラスマイナスのイメージはなく、文脈によってイメージが決まる。①は男性のたくましさのうかがわれるプラスのイメージがある。②は若い娘の肌が白くないというマイナスのイメージがある。用法は限定されていて、日焼けした顔色や皮膚の色などにかぎって用いられる。顔色や皮膚以外のものの色がくろみを帯びているときには、「くろっぽい」「うすぐろい」などを用いるのが普通である。

? 肉を浅黒い紙に包む。
→肉を黒っぽい(薄黒い)紙に包む。

日焼け以外の原因で顔や皮膚の色がくろみを帯びているときには、「あさぐろい」は用いない。

× 坑夫《こうふ》はすすで浅黒い顔をして上がってきた。
→坑夫はすすで薄黒い(薄汚れた)顔をして上がってきた。

⇩「くろい」「くろっぽい」「うすぐろい」「くらい」

あざとい **Azatoi**

(1) ① 彼は**あざとい**商売を続けていた。

(2) ① こういう**あざとい**表現は好きになれない。

【解説】 (1) 手口・方法などがあくどく、貪欲《どんよく》である様子を表す。マイナスイメージの語。関西方言から共通語化した語であって、現代語としてはあまり一般的には用いられない。

あざとい商売。
→あくどい(悪賢い)商売。

(2) 故意に多くの労力や能力をかけているのが不快な様

子を表す。マイナスイメージの語。労力や能力を傾けたその結果を、いかにも価値がありそうに見せることについての嫌悪感《けんおかん》を表す。非常に複雑な意味をもつので、日常的には「わざとらしい」「もってまわった」など、意味のはっきりした別の表現を用いることが多い。

あざとい表現。
→わざとらしい(もってまわった)表現。

⇩「あくどい」「わるがしこい」「わざとらしい」

あさはか［浅はか］Asahaka

① 彼女の行動はまったく**あさはか**だった。
② **あさはか**な考えにとらわれる。

【解説】 思慮がたりず、考えが十分でない様子を表す。マイナスイメージの語。「おろか」「ばか」にも近いが、「おろか」や「ばか」が頭の働きの鈍さや知能のたりなさを暗示する一般的な状態を評する語であるのに対して、「あさはか」は判断や見通しの甘さなど、その場かぎりの状態についての評価である点が異なり、その人のふだんの知能や能力の低さには言及《げんきゅう》しない。

? どうして君はそんなに浅はかなんだ。
→どうして君はそんなにばかなんだ。

⇩「おろか」「ばか」

あさましい［浅ましい］Asamashii

① 立ったまま手づかみで食べるなんて**あさましい**。
② 彼は財産目当てに結婚するような**あさましい**男だ。
③ 地獄におちて**あさましい**姿をさらすのでしょう。

【解説】 他人の被害を考えることなく、自己の欲望に忠実に振舞うのが不快な様子を表す。マイナスイメージの語。食欲・金銭欲・性欲などの欲望の発露《はつろ》に対する激しい嫌悪《けんお》を表す語であるが、この嫌悪感は、自分の欲望に忠実に振舞うことを他人の目はどう見るかという社会性に裏づけられており、他人の目を非常に気にするという日本文化の特徴をきわめてよく表した語である。

すなわち、全く同じ行為・姿に対しても、これを「あさましい」と表現するかどうかは、見る人の目によるわけで、その意味できわめて主観的でもある。ただし、その主観性は個人の差によるというよりは、文化の差によると言ったほうがよい。

③では、具体的にどんな欲望かは示されていない。むしろ、人間から社会性(虚栄・体裁《ていさい》をつくろうこと)がとれてしまって、本能むきだしになった状態――この状態を日本文化ではマイナスイメージに受け取る――を「あさましい姿」と表現するのである。

「あさましい」は「さもしい」にも似ているが、「さもしい」がおもに物欲についての嫌悪感を表すのに対して、「あさましい」は人間の根源的《こんげんてき》な本性の露出について用いられるので、用法が広い。

× 立ったまま手づかみで食べるなんてさもしい。

また、「あさましい」は「みっともない」にも近いが、「みっともない」が他人の目が気になる状態をやや客観的に表現した語であるのに対して、「あさましい」は「みっともない」行為に対する主観的な嫌悪感を表現する点が異なる。

? 下着が見えていて浅ましいわね。
→下着が見えていてみっともないわね。

⇩「さもしい」「みっともない」「はしたない」「なさけない」「なげかわしい」

あざやか［鮮やか］ Azayaka

(1)① 彼女は**あざやか**な赤いコートを着ていた。
② 木々の緑が目に**あざやか**だ。
③ あの日のことは今も**あざやか**に覚えています。
(2)① 彼の**あざやか**な手並みには皆が感心している。
② 探偵は**あざやか**に事件を解決してみせた。

【解説】 (1) 光や色などが周囲からきわだっていて、美しい印象を残す様子を表す。プラスイメージの語。不変の状態のものについて用いられることはまれで、瞬間的な印象に基づくことが多い。

× 目にあざやかないす。
○ 目にあざやかなまぼろし。

(2) 技術ややり方がきわだってすぐれている様子を表す。プラスイメージの語。ただし、一回の技術ややり方の結果について評することが多く、途中段階やその技術の平均的水準を意味することは少ない。そのときは、「みごと」「すばらしい」などを用いるのが普通である。

? 彼はあざやかな腕をもっている。
→彼は見事な(すばらしい)腕をもっている。

周囲からきわだった印象を与える点で、「あざやか」は「めざましい」に似ているが、「めざましい」がおもに活動や行動について用いられるのに対して、「あざやか」は瞬間的な印象や動作《どうさ》の結果について用いられる点が異なる。

× 最近のガンの研究は進歩があざやかだ。
→最近のガンの研究は進歩が目覚ましい。

⇩「みごと」「すばらしい」「めざましい」

あじけない［味気無い］ Ajikenai

① 都会の**あじけない**生活にはもうあきあきした。
② 彼らは結婚生活を**あじけなく**感じはじめていた。
③ 単身《たんしん》赴任者《ふにんしゃ》の夕食なんてまことに**あじけない**。

【解説】 生活・雰囲気などに魅力がなく、失望をさそう様子を表す。マイナスイメージの語。人生や生活に味わいを求めているのだが、それが得られないところから、概嘆《がいたん》の暗示がある。「あじけない」が、うまみのない飲食物の具体的な味の表現として用いられることは少ない。

？ この煮物は味気ないね。

→この煮物はうまみがないね(うまくないね)。

「あじけない」は「つまらない」に似ているが、「つまらない」がするべきことの見つからない退屈さを暗示するのに対して、「あじけない」はそういう状態を概嘆する心理にポイントがある。

？ 日曜日は一日することがなくて味気ない。

→日曜日は一日することがなくてつまらない。

⇨「つまらない」「そっけない」

あせくさい ［汗臭い］ Asekusai

① 男は**あせくさい**シャツを脱いだ。

② ふとんを長いこと干さなかったので**あせくさい**。

【解説】 体や衣服などが、汗で不快なにおいのする様子を表す。マイナスイメージの語。「〜くさい」は「〜のにおいがする」という意味の、形容詞を作る語尾。具体的に汗のにおいがするという意味で用いられ、比喩《ひゆ》的《てき》な用法はもたない。

⇨「−くさい」

あたたかい・あったかい ［暖かい・温かい］ Atatakai・Attakai

(1) ① この冬は**あたたかい**ね。

② **あたたかい**風呂の中でのんびりと手足をのばした。

③ こんな寒い日は**あったかい**スープが飲みたい。

④ 彼女は**あたたか**そうな毛皮のコートを着ていた。

(2) ① ボーナスが出たから今日はふところが**あったかい**。

(3) ① 彼女は**あたたかい**心の持ち主だ。

② 難民を**あたたかく**出迎える。

③ 彼は**あたたかい**家庭で育った。

【解説】 温度に関する基本的な形容詞の一つ。「あったかい」は「あたたかい」よりも俗語的な表現で、日常会話によく用いられる。

(1) 空気・水などの温度が適度に高い様子を表す。プラスイメージの語。絶対的な温度にはあまり関係しない。人間の感覚として快い温度を表す。「あたたかい」ものは原則として空気と水(液体)であるが、④のように、それを着るとあたたかく感じるために、そのものの性質として「あたたかい」を使うこともある。

温度に対する快感が問題であるから、同じ気温についても夏感じる場合と冬感じる場合とで、表現が異なることがある。

A？　夏のあたたかい日差し。

B○　春のあたたかい日差し。

Aの例がおかしいのは、「日差し」が本来熱を感じさせるものであるので、「夏の日差し」が快さを暗示する「あたたかい」とうまく合わないためである。

(2)　金銭が十分にある様子を表す。ややプラスイメージの語。ほとんど「ふところがあたたかい」という慣用句で用いられる。

(3)　心・性格・雰囲気が温和で理解がある様子を表す。プラスイメージの語。「やさしい」よりも思いやりが深く、理解ある様子が暗示される。全く同じ文脈で「あたたかい」と「やさしい」が用いられると、次のようなニュアンスの違いを生ずる。

あたたかい人柄。

（人情味にあふれていてよく理解してくれる）

やさしい人柄。

（態度がおだやかでよくいたわってくれる）

⇨「あついII」「さむい」「つめたい」「すずしい」「やさしい」「なまあたたかい」

あだっぽい［仇っぽい・婀娜っぽい］Adappoi

① ホステスが**あだっぽい**流し目を送る。

② 彼女はなかなか**あだっぽい**。

【解説】　女性に性的な魅力のある様子を表す。プラスイメージの語。「なまめかしい」よりも、洗練されていて粋《いき》な感じがある。また「あだっぽい」で表現される女性は、一定以上の年齢であることが原則で、少女などについて用いられることは少ない。芸者やホステスのように、性的な魅力を職業上の必要で身につけたような（プロの）女性について用いることが多く、ほとんど誰に対しても用いられる「いろっぽい」と区別される。

？　役者のあだっぽい身のこなし。

→役者のいろっぽい身のこなし。

⇨「いろっぽい」「あでやか」「なまめかしい」「つやっぽい」「―ぽい」

あたらしい［新しい］Atarashii

(1) ① **あたらしい**年の始めを祝う。

② こちらが**あたらしい**先生です。

③ 引っ越しと同時に家具を全部**あたらしく**した。

④ **あたらしい**法律は来年の四月に公布される。

(2) ① このキャベツは**あたらしい**。

② まだ皆の記憶に**あたらしい**事件。

(3) ① この人は年のわりに考えが**あたらしい**。

【解説】　新旧を表す最も一般的な形容詞の一つ（↔ふる

い）。

(1) 物事や考えなどが今までにない様子を表す。プラスマイナスのイメージはない。対象は具体物も抽象的なものも、幅広くとれる。客観的な表現で、特定の感想は含まれていない。

(2) 時間があまり経過していない様子を表す。ややプラスイメージの語。①は取れてまもないという意味、②の「記憶にあたらしい」は慣用句で、「つい最近あった」ということを言い換えたものである。

(1)(2)の「あたらしい」は「あらた」に似ているが、「あらた」がすでにあるものへの累加《るいか》・訂正の暗示をもつのに対して、「あたらしい」は過去に同類のものが存在しなかったり、時間が経過していなかったりすることを暗示する点で異なる。全く同じ文脈で「あたらしい」と「あらた」が用いられると、次のようなニュアンスの違いを生ずる。

新しい法律。（同類の法律は今までにない）
あらたな法律。
（過去の法律を補足・訂正する内容の法律）
新しい卵を冷蔵庫から取り出す。
（買ってまもない卵を取り出す）
あらたな卵を冷蔵庫から取り出す。
（前の卵は使ってしまったので、もう一つ取り出す）

？ ノーカウントでサーブを新しく打ち直す。
→ノーカウントでサーブをあらたに打ち直す。

(3) 進歩的である様子を表す。プラスイメージの語。古いものにとらわれず、積極的に未知のものと関わる様子をプラスに評価した語である。客観的な意味を表し、特定の感想は含まれていない。また、若い人の間では、新奇《しんき》さがより尖鋭《せんえい》である暗示をもつ「なうい」（ナウい）を用いることも多い。

⇨「あらた」「なうい」「ことあたらしい」「なまあたらしい」「まあたらしい」「みみあたらしい」「めあたらしい」「まっさら」「ふるい」

あたらない ［当たらない］ Atarana i

① 彼女に子供がいたからって驚くには**あたらない**。
② 君が遠慮するには**あたらない**ことだ。

【解説】 動詞「あたる」の打消し。「あたる」の意味を打消す他に、例のように「〜にはあたらない」の形で「〜する必要はない」という意味を表す。プラスマイナスのイメージはない。日常会話の中で相手の行為について、「〜する必要はない」という不必要や抑制《よくせい》を表す意味で用いられ、自分の行為や第三者の行為について言うことはない。

× ぼくが自分で行くにはあたらない。

→ぼくが自分で行く必要はない。
？ マスコミが大騒ぎするにはあたらない。
→マスコミが大騒ぎする必要はない。

「およばない」に似ているが、「およばない」が話者の主観的な判断としての不必要を暗示するのに対して、「あたらない」は客観的な情勢判断としての不必要を暗示するという違いがある。全く同じ文脈で「あたらない」と「およばない」が用いられると、次のようなニュアンスの違いを生ずる。

彼女に子供がいたからって驚くにはあたらない。
（若く見えるが年齢はかなりいっているのだから）
彼女に子供がいたからって驚くには及ばない。
（彼女はそうとうのプレーガールらしいから）

⇨「およばない」

あついI ［厚い・篤い］ Atsui

(1)① 机の上に**あつい**辞書が置いてあった。
② ようかんを**あつく**切る。
③ 彼女の化粧は**あつく**て感じがよくない。
④ この国は選手層が**あつい**ので有名だ。
⑤ **あつい**毛皮のコートを着る。
⑥ 奴は面《つら》の皮が**あつい**。
(2)① 彼はキリスト教を**あつく**信仰している。
② 君への信任は**あつい**よ。
③ 彼は人情に**あつい**。
④ 私たちは**あつい**もてなしに感激した。
⑤ **あつく**御礼申し上げます。
(3)① **あつい**病《やまい》の床《とこ》に臥した。

【解説】 (1)（ふつう「厚い」と書く） ものの一面から他の面までの距離が長い様子、奥ゆきがある様子を表す（↕うすい）。プラスマイナスのイメージはない。

①～③は物理的なもののあつさを言う。この場合、あつさの絶対的な基準はない。そのものに予想される平均的なあつさに比べて奥ゆきが大きいという意味になる。したがって、あつさ一センチの焼豚《チャーシュー》は十分に「あつい」が、同じ一センチのサケの切り身は「あつく」ない。④はこれらから派生した意味で、選手層という抽象的な層のあつさを言う。また、⑤のように一面から他面への距離だけでなく、全体的な触感《しょっかん》を言うこともある。⑥の「面の皮があつい」は慣用句で、「ずうずうしい」「恥を知らない」という意味になる。

(2) 心情の程度・度合が大きい様子を表す。ややプラスイメージの語。言い切りになる場合は、「□□があつい」「□□にあつい」と二つの助詞をとれる。④のような場合は、より意味のはっきりした「てあつい」を用いることが多い。

→私たちは手厚いもてなしに感激した。

(3)（ふつう「篤い」と書く）病気が重い様子を表す。ややマイナスよりのイメージの語。ただしこの意味は現代語的でなく、①のようにかたい文章の中でのみ用いられる。

「あついI」は平板型《へいばんがた》の語アクセントをもち、次項の「あついII」と区別される。

⇨「てあつい」「あつぼったい」「ぶあつい」「うすい」

あついII［熱い・暑い］Atsui

(1) ① ぼくは夏は**あつい**ほうが好きだ。

② きょうは特別に**あつい**。

③ エアコンの屋外《おくがい》ファンの風は**あつい**。

④ 疲れたから**あつい**風呂に入りたい。

⑤ 興奮して顔が**あつく**なった。

⑥ 真夏の**あつい**午後に飲む**あつい**煎茶《せんちゃ》のうまさは格別だ。

(2) ① 故郷への**あつい**愛情を詩にする。

② アイドル歌手に**あつく**なる。

③ 二人は**あつい**仲です。

【解説】 温度に関する最も基本的な形容詞の一つ（↔さむい・つめたい）。中高型《なかだかがた》の語アクセントをもつ。気温について用いる場合にはふつう「暑い」と書き、その他の場合にはふつう「熱い」と書く。

(1) 温度がある限度を超えて高い様子を表す。原則としてプラスマイナスのイメージはない。対象は、空気（①〜③）、水（④）、物（⑤）などがある。「あたたかい」が快さを示す温度であるのに対して、「あつい」は温度がある限度を超えて高いことだけを意味する（⑥）。ただし、気温について「あつい」を用いた場合には、「ある限度＝適温」となるので、それを超えることは不快になり、ややマイナスよりのイメージの語になることが多い（②）。

(2) 感情とくに愛情が高揚している様子を表す。プラスマイナスのイメージはない。②は①から派生した意味で、「□□にあつくなる」という表現をとり、「□□に対して感情的にたかぶる、□□を熱狂的に好む」という意味になる。③の「あつい仲」は慣用句で、恋愛関係にあることを意味する。「おあつい」のように「お」をかぶせて、親愛の情を増す言い方もある。

⇨「さむい」「つめたい」「あたたかい」「すずしい」「おあつい」「むしあつい」「ねつっぽい」

あつかましい［厚かましい］Atsukamashii

① 初めは断っておいて今さら紹介してくれだなんて、**あつかましい**ったらありゃしない。

② 彼は**あつかましく**も、のこのことあがりこんだ。

③ **あつかましい**お願いで恐縮ですが、一万円貸していただけませんか。

【解説】 恥じる気持ちや遠慮がなく、人の迷惑をかまわず行動するのを不快に思う様子を表す。マイナスイメージの語。行為自体の無遠慮さには関係しない。その行為を受ける側、あるいは見る側の不快感(被害者意識)を表す語である。

× 裸で表を歩くなんて厚かましい。

→裸で表を歩くなんてみっともない(恥ずかしい)。

③の「あつかましいお願いで恐縮ですが」は、ほとんど慣用句となった言い方で、人にものを頼むときのマクラ(前置き)である。「すみませんが」「もうしわけありませんが」などと全く同じ意味をもち、本当に自分で自分の行為を無遠慮だと思っているかどうかには関係しない。

「あつかましい」は、「ずうずうしい」に似ているが、「ずうずうしい」のほうがやや客観的で、他人の行為について用いることが多く、行為の無遠慮ぶりがより強調されるのに対して、「あつかましい」の不快感にはあきれや怒りの暗示のある点が異なる。全く同じ文脈で「あつかましい」と「ずうずうしい」が用いられると、次のようなニュアンスの違いを生ずる。

厚かましい男。(あまりに無遠慮で腹が立つ)

ずうずうしい男。(人の迷惑をかえりみない様子だ)

⇨「みっともない」「はずかしい」「ずうずうしい」「いけずうずうしい」「おくめんもない」「ぶしつけ」「ふてぶてしい」「おしつけがましい」

あつくるしい [暑苦しい] Atsukurushii

① ゆうべは**あつくるしく**て眠れなかった。

② この部屋は窓が小さくて**あつくるしい**。

③ その髪型は**あつくるしく**ていけない。

【解説】 気温や湿度が高くて不快に思う様子を表す。マイナスイメージの語。気候そのものが暑苦しいとき(①)にも、その他の環境・条件で人が暑苦しさを感じるとき(②③)にも用いられる。「あついII」よりも、さらに不快感が強調される。高温多湿である日本の気候を非常によく表現した語だと言える。

⇨「あついII」「ねぐるしい」「くるしい」

あっけない [呆気ない] Akkenai

① あまりに**あっけない**勝利で感動しなかった。

② 休暇は**あっけなく**終わった。

【解説】 予想や期待に反して簡単・貧弱《ひんじゃく》で、ものたりない様子を表す。ややマイナスイメージの語。予想外の簡単な結末についての失望の気持ちがこもる。①では、もう少し白熱した試合を予想していたのだが、意外に簡単に勝負がついたために失望して感動しなかったという意味で、勝利に対する失望ではなく、勝利のしかたについての失望である。②は、休暇を有意義に、あるいは多忙に過ごしたために、非常に短く感じたという意味で、休暇そのものの多少には関係しない。「ものたりない」にも似ているが、「あっけない」のほうが失望の気持ちが強く出る。

⇨「ものたりない」「あえない」「つまらない」

あつぼったい［厚ぼったい］Atsubottai

① 彼は**あつぼったい**オーバーを着て現れた。
② 喧嘩《けんか》してなぐられた唇が**あつぼったく**腫《は》れた。

【解説】厚みがあって重いように感じる様子を表す。ややマイナスイメージの語。「あついI」よりもさらに量感が強調される。その意味では「ぶあつい」に近いが、「あつぼったい」では、量の多いことが不快感を伴《ともな》って表現される。②では腫れて厚みの出た唇が不快であることが暗示されている。ただし、目で見ての不快感を表現するので、自分の目で見えないものについては、あまり用いられない。

？ 寝不足で、どうもまぶたが厚ぼったい。
→寝不足で、どうもまぶたが腫れぼったい。

⇨「あついI」「ぶあつい」「はれぼったい」

あてつけがましい［当て付けがましい］Atetsukegamashii

① 金のないおれの前で宝石をちゃらちゃらさせるなんて、**あてつけがましい**女だ。
② 独り者の前で亭主といちゃいちゃするなんて、そんな**あてつけがましい**ことはできませんわ。

【解説】相手が不快に思うようなことを、故意に皮肉って言ったり行ったりするように見える様子を表す。マイナスイメージの語。「あてつける」の派生語である。「あてつける」は、相手が不快に思うようなことを、わざと皮肉って言ったり行ったりするという意味である。「〜がましい」は、「いかにも〜のように見える」という意味の、形容詞を作る語尾。

「あてつける」は、相手に対する故意（しばしば悪意の暗示がある）の行為である点にポイントがあり、それが不快感の原因である。「あてつけがましい」は、いかにもあてつけているように見えるという意味だから、自分の行為を反省する場合にも用いられる（②）。その場合、悪意があるように見えるのがいやだという反省になり、行為そのものの反省ではないことが多い。

「あてつけがましい」は「ひにくっぽい」に似ているが、「ひにくっぽい」はやや間接的な表現で、悪意の暗示も少ない。

✕ 金のないおれの前で宝石をちゃらちゃらさせるなんて、皮肉っぽい女だ。

⇩「ひにくっぽい」「いやみったらしい」「わざとらしい」「―がましい」

あでやか［艶やか］Adeyaka

① 彼女の振袖姿《ふりそですがた》はじつに**あでやか**だった。

② 結婚式場は**あでやか**な雰囲気につつまれている。

【解説】 派手で美しい様子を表す。プラスイメージの語。①のように、女性の外見が派手で輝くような美しさについて言うことが多く、②のように無生物について用いる場合でも、①のようなニュアンスを含んでいることが多い。「あでやか」は外側に見えるものについて用いられることが一般的で、目に見えない内面についでは用いられない。

○ 彼女はあでやかなほほえみを浮かべた。

✕ 彼女はいつもあでやかな気持ちをもっていた。

「あでやか」は「はなやか」に似ているが、清楚《せいそ》な美しさというより、濃厚な性的魅力をもった美しさの暗示がある。

？ 会場にはあでやかな装飾がほどこされていた。

→会場には華やかな装飾がほどこされていた。

○ 会場にはあでやかな芸者衆が並んでいた。

女性の性的な魅力を表す意味で「あでやか」は「あだっぽい」に似ているが、「あだっぽい」が芸者やホステスなど、おもに職業上の必要で性的魅力を身につけた女性について用いられることが多いのに対して、「あでやか」はほとんどどんな女性についても用いられ、「あだっぽい」より上品なニュアンスをもつ。全く同じ文脈で「あでやか」と「あだっぽい」が用いられると、次のようなニュアンスの違いを生ずる。

あでやかな和服姿。
（振袖や小紋《こもん》などの和服で美しい）
あだっぽい和服姿。（江戸褄《えどづま》の和服で色気がある）

⇩「はなやか」「あだっぽい」「いろっぽい」「はで」

あどけない Adokenai

① 子供の**あどけない**寝顔に見入る。

② 彼女はいつも**あどけない**話し方をする。

【解説】 子供や女性がいかにも幼く無邪気である様子を表す。プラスイメージの語。外見が子供っぽいのみならず、内面の悪意のなさがうかがわれる表現である。おもに子供について用いられることが多いが、大人に対して用いられた場合には、その人の幼児性をプラスに評価したときである（②）。プラスに評価しないとき、「あどけない」はふつうは用いない。

? 奴はいつまでもあどけなくて困る。

→奴はいつまでも子供っぽく(幼く)て困る。

「おさない」は「年齢が低い」「未熟である」という意味の最も一般的な語であって、「あどけない」よりも用法が広い。また、「あどけない」は「いとけない」にも近いが、「いとけない」は「あどけない」より文章語的で日常会話には用いられず、プラスのイメージも少ない。「いたいけ」にも似ているが、「いたいけ」は外見の幼さ、弱さのみを暗示し、内面の純粋さまでは暗示しない。

× 彼女はいつもいたいけな話し方をする。

⇩「こどもっぽい」「おさない」「いとけない」「いたいけ」「ういういしい」「やんちゃ」

あぶない [危ない] Abunai

(1) ① 台風《たいふう》の日に海で泳ぐのは**あぶない**。

② このままでは命が**あぶない**。

③ 彼は今まで何度も**あぶない**橋をわたってきた。

(2) ① もう一日お天気が続くかどうか**あぶない**ものだ。

② 決勝進出が**あぶなく**なった。

③ 不況で会社が**あぶない**。

④ うかうかしていると、部長の椅子《いす》も**あぶない**ぜ。

(3) ① 酔って足元が**あぶない**。

② 奴の保証では**あぶない**ものだ。

(4) ① **あぶなく**衝突するところだった。

② **あぶない**所を助かった。

【解説】 (1) 身体・生命の危機、または損害を受けそうで気がかりな様子を表す。ややマイナスイメージの語。具体的な危機や損害に対する危惧《きぐ》の念を表す場合(①②)と、比喩的《ひゆてき》に用いられる場合(③)がある。③の「あぶない橋をわたる」は慣用句で、危険を冒すという意味である。具体的な損害に対する危惧の念を表す場合は、語調の強い「危険」などの漢語がよく用いられる傾向にある。

(2) 将来好ましくないことが起こりそうで気がかりな様子を表す。ややマイナスイメージの語。「うたがわしい」に近いが、「うたがわしい」よりも危惧の念が強く出る。③は倒産の危機がある、④は部長という役職になれそうもないという意味である。③④の意味のときは、そのままでは「うたがわしい」に置き換えられず、次のように言葉を補う必要がある。

不況で会社があぶない。

→不況で会社の隆盛が疑わしい。

部長の椅子があぶない。

→部長の椅子が手に入るかどうか疑わしい。

(3) 不安定で信頼できない様子を表す。マイナスイメージの語。不安定なものとしては具体物(①)、抽象的なもの(②)の両方がとれる。「おぼつかない」にも似ているが、不安の暗示は少なく、強い危惧の暗示がある。全く同じ文脈で「あぶない」と「おぼつかない」が用いられると、次のようなニュアンスの違いを生ずる。

足元があぶない。(転んでけがをしそうだ)

足元がおぼつかない。(ちゃんと歩けない)

(4)　多く過去のことについて、危険な状態であったことを恐怖・安堵《あんど》などを伴《ともな》って表す。ややプラスイメージの語。「あぶなく〜だった」のように述語と呼応して用いるか、「あぶないところで〜」などの慣用句を作ることが多い。「あぶなく衝突するところだった。(でも衝突しないでよかった)」というような安堵の気持ちが含まれることが多い。

「あぶない」は「あやうい」に意味も用法もよく似ているが、「あやうい」よりも口語的である。したがって、日常生活の具体的な危険については、「あやうい」はほとんど用いられない。

⇩「あやうい」「あぶなっかしい」「うたがわしい」「おぼつかない」「やばい」

あぶなげない・あぶなげのない

[危な気無い・危な気の無い] **Abunagenai・Abunageno-nai**

①　彼の投球は全く**あぶなげなかった**。

②　本屋のような**あぶなげのない**商売なら安心ですな。

【解説】　不安に見える様子のないことを表す。ややプラスイメージの語。ただし「安全だ」という積極的な評価ではない。「あぶない」は具体的な危険に対する危惧《きぐ》が第一の意味であるが、「あぶなげない」では具体的な危険のなさについて用いることはまれで、より抽象的な「不安・危惧・疑惑《ぎわく》」などマイナス感情のなさについて用いることが多い。

？　この橋は全く危なげない。

→この橋は全く安全そう(大丈夫そう)だ。

⇩「あぶない」「あぶなっかしい」

あぶなっかしい

[危なっかしい] **Abunakkashii**

①　彼の手つきは**あぶなっかしくて**見ていられない。

②　どうも**あぶなっかしい**天気だ。かさを持っていこう。

【解説】　行為や状況などが危なく思われて、不安を感じる様子を表す。ややマイナスイメージの語。俗語的な語で、日常会話中心に用いられる。「あぶない」よりも見た目の気がかりさが強調される。②は天気がくずれそうに見えるという意味である。

⇩「あぶない」「あぶなげない」「あやうい」「たどたどしい」「おぼつかない」

あぶらっこい［脂っこい・油っこい］Aburakkoi

① 彼は**あぶらっこい**料理が好きだ。

② この作家特有の**あぶらっこい**文体が人気の秘密だ。

【解説】　おもに食物などの脂肪分が多く、濃厚な味わいをもっている様子を表す。原則としてプラスマイナスのイメージはない。①が具体的な飲食物の味について用いられた例である。②は①が比喩的《ひゆてき》に用いられた例で、人間の性質やそれを反映したもの（この場合は文体）について用いられたものである。

「あぶらっこい」は「しつこい」や「くどい」に似ているが、「しつこい」「くどい」には明確なマイナスイメージがあり、味などが濃厚であることを不快に感じている様子が表現される。

× しつこく（くどく）てうまいスッポン料理。
→油っこくてうまいスッポン料理。

⇨「しつこい」「くどい」

あほくさい・あほうくさい［阿呆臭い］Ahokusai・Ahôkusai

① こんな単純作業は**あほくさく**てやってられない。

② その不合理なこと、**あほくさい**ったらありゃしない。

【解説】　真剣に取り組むだけの価値が感じられない様子を表す。マイナスイメージの語。関西方言から共通語化した語で、俗語的である。「ばかばかしい」よりももっとはっきりした侮蔑《ぶべつ》の暗示があり、全く問題にしていない様子を表す。「ばかくさい」よりも土俗的なニュアンスがある。

「あほくさい」は「あほらしい」にも近いが、「あほらしい」のほうがやや客観的で、名詞にかかる修飾語として用いられることが多いのに対して、「あほくさい」はかなり感情的な語で、例のように述語として用いられることが多い。

あほくさい話を聞かされてうんざりだ。
→あほらしい話を聞かされてうんざりだ。

⇨「ばかばかしい」「ばかくさい」「ばからしい」「あほらしい」「－くさい」

あほらしい［阿呆らしい］Ahorashii

① バスを何時間もただ待つなんて**あほらしい**話だ。

② 彼にしては**あほらしい**ミスをしたもんだ。

【解説】　真剣に取り組むだけの価値がない様子を表す。マイナスイメージの語。関西方言から共通語化した語で、俗語的である。「ばからしい」よりももっと土俗的《どぞくてき》な侮蔑《ぶべつ》の暗示がある。「あほくさい」よりはやや客観的であって、例のように名詞にかかる修飾語として用いられることが多く、「あほらしい話だ」全体で「ばかばかしい」という意味を表す。また、対象のばかげた状態に対してあきれている様子もうかがわれ、腹立たしさは「あほくさい」より大きくない。全く同じ文脈で「あほらしい」と「あほくさい」が用いられると、次のようなニュアンスの違いを生ずる。

　こんな仕事はあほらしい。
（まじめにやるだけの価値がない）
　こんな仕事はあほくさい。
（ばかばかしくてやっていられない）

⇨「ばからしい」「あほくさい」「ばかばかしい」「ばかくさい」「－らしい」

あまい［甘い］Amai

(1) ① 夜**あまい**ものを食べると虫歯になりますよ。
② このみかんは**あまい**ね。
③ 組織に取り入って**あまい**汁を吸う。

(2) ① 関西のみそしるは**あまく**てどうも口にあわない。
② 煮物の塩加減が**あまい**。

(3) ① 気をつけよう。暗い夜道と**あまい**声。（標語）
② バラの**あまい**香りが会場いっぱいに漂《ただよ》っていた。
③ **あまい**雰囲気に酔う。

(4) ① 女子供だからって**あまく**見ちゃいけない。
② 奴は新人に**あまい**ところがある。
③ あの先生は採点が**あまい**。
④ 彼の判断が**あまかっ**たんだ。
⑤ 世の中そんなに**あまく**ないぞ。

(5) ① 三番目のねじが**あまく**なっていた。
② この写真はピントが**あまい**。
③ 撚《よ》りの**あまい**糸を使ってセーターを編む。

【解説】　味に関する基本的な形容詞の一つ。飲食物の味に関する具体的な意味と、比喩《ひゆ》的な意味とがある。

(1) 砂糖のような味がする様子を表す（↔からい）。原則としてプラスマイナスのイメージはないが、「あまい」味をよい味と受け取ることが多いので、「美味だ」「おいしい」という意味でプラスイメージをもちやすい。

①は、砂糖の味のするもの、具体的にいえば菓子類のことである。②は蜜《みつ》のような味がするという意味である。③の「あまい汁を吸う」は慣用句で、自分のものでない芳醇《ほうじゅん》な利益を得るという意味である。この場合「うまい汁を吸う」という言い方もあるが、「うまい汁」よりもさらに快感が強調される。本来受け取るはずのない利益を受け取ることは非常に快いことから、「あまい汁」という表現をするので、日本人の「あまい」味に対するプラス評価の大きさがわかるというものである。

(2) (1)から進んだ意味で、食物の塩分がたりない様子を表す(↕からい)。ややマイナスイメージの語。本来塩味が期待される食物に対して、その塩加減が十分に達していないというニュアンスがある。

(3) 音声・におい・雰囲気などが芳醇で快い様子を表す。プラスイメージの語。きわめて感覚的・主観的な表現であって、客観的な基準はない。

(4) ものごとに対する態度・姿勢に厳格さがたりない様子を表す。マイナスイメージの語。①の「あまく見る」は慣用句で、みくびる、軽く見るという意味である。(4)の意味の「あまい」の反対語は「からい」であるが、①では「からく見る」という言い方はない。②の「～にあまい」という言い方は、反対語として「～にからい」とはふつう言わず、「～にきびしい」などと言う。③の「点があまい」に対しては「点がからい」と言える。④の「判断があまい」や⑤の「あまい」に対しては「からい」とは言えない。

① あまく見る ↕ きびしく見る
② ～にあまい ↕ ～にきびしい
③ 点があまい ↕ 点がからい
④ 判断があまい ↕ 判断がきびしい
⑤ 世の中があまい ↕ 世の中がきびしい

(5) 程度が低く、不十分である様子を表す。マイナスイメージの語。満足すべき状態ではないという意味である。ただし、③の「撚りがあまい」という場合には、必ずしもマイナスイメージではなく、程度が低いというぐらいの意味である。わざと「あまく撚った糸」もある(「あまより」と言う)。

⇨「あまからい」「あまずっぱい」「あまったるい」「あまっちょろい」「うまい」「からい」「しおからい」「すっぱい」「にがい」「しぶい」「きびしい」

あまからい [甘辛い] Amakarai

① アジを**あまからく**煮つけた料理が好きだ。
② 新婚当時は貧乏で**あまから**の生活でした。

【解説】 あまみとからみの両方の味をもっている様子を表す。プラスマイナスのイメージはない。ふつう砂糖と醤油《しょうゆ》でやや濃厚につけた味について言う(テリヤキソースの味)。①のように、具体的な飲食物の味について言うことが一般的であるが、②のように比喩的《ひゆてき》に言うこともある。これは「あまい」を「幸福な」「快い」の意味に置き換え、「からい」を「不幸な」「つらい」の意味に置き換えたもので、「幸不幸があり、楽しいこともつらいこともある」という意味になる。

比喩的な意味の「あまからい」を、名詞にかかる修飾語や述語として用いることは少ない。②のように「あまから」という名詞(語幹)にして、「あまからの□□」「あまから□□」という表現にすることが多い。

? 彼の若いときは甘辛い時代だった。
? 彼の若い時代は甘辛かった。

⇨「あまい」「からい」

あまずっぱい [甘酸っぱい] Amazuppai

① **あまずっぱい**みかんをほおばった。
② 少女のからだは**あまずっぱい**においがした。
③ 少年時代の思い出は**あまずっぱい**。

【解説】 あまみとすっぱみの両方の味やにおいをもっている様子を表す。プラスマイナスのイメージはない。①のように味について言う場合、②のようににおいについて言う場合が基本的な意味である。③は比喩的《ひゆてき》な意味で、「あまい」を「幸福な」「快い」に置き換え、「すっぱい」を「悲しい」「やるせない」などの意味に置き換えたもので、「幸福であるけれども、やや悲しくやるせない」という、きわめて微妙なニュアンスを表す表現となる。

⇨「あまい」「すっぱい」

あまったるい [甘ったるい] Amattarui

(1) ① このゼリーは**あまったるく**てちっともうまくない。
② 朝から**あまったるい**ものは食べたくない。
(2) ① ポタージュなんて**あまったるい**ものは嫌いだ。
(3) ① 香水の**あまったるい**香りにふらふらした。
② 奴はいつも**あまったるい**声で話す。
(4) ① そんな**あまったるい**考えでは業界で生き残れない。
② 彼は失恋の痛手で**あまったるい**男になった。

【解説】 「あまい」味やにおいの程度が限度を超えていることを、不快に感じる様子を表す。ややマイナスイメージの語。「あまい」の(1)~(4)にそれぞれ相当する意味がある。かなり俗語的な表現なので、かたい文章中には用いられない。限度を超えたあまさといっても、きわめて主観的であり、客観的な基準はない。そのときどきによって「あまったるく」感じたり、「あまく(うまく)」感じたりするから、この語は、「あまい」のようにものの性質を表す語ではなく、人間の感覚を表す語だと言うことができる。

なお、「あまい」の(5)の意味(程度が低く不十分である様子を表す)で、「あまったるい」を使うことは少ない。

? 三番目のねじが甘ったるい。
→三番目のねじがひどく甘い(ひどくゆるい)。

⇨「あまい」

あまっちょろい [甘っちょろい] Amatchoroi

① 彼の考え方は**あまっちょろく**て話にならん。

② 奴は**あまっちょろい**男だ。

【解説】 考え方・やり方・性質などに厳格さがないことを侮蔑《ぶべつ》する様子を表す。マイナスイメージの語。俗語であって、日常会話中心に用いられる。「あまい」の(4)や「あまったるい」の(4)よりも、さらに侮蔑的なニュアンスがこもる。「あまっちょろい」には飲食物の味に関する具体的な意味はなく、すべて比喩《ひゆ》的な意味である。

× このケーキは甘っちょろい。
→このケーキは甘い（甘ったるい）。

⇨「あまい」「あまったるい」「ちょろい」

あやうい ［危うい］ Ayaui

(1) ① このままでは命が**あやうい**。
② 君子**あやうき**に近寄らず。（ことわざ）

(2) ① 決勝進出が**あやうく**なった。
② 不況で会社が**あやうい**。
③ うかうかしていると、部長の椅子《いす》が**あやうい**。

(3) ① **あやうく**衝突するところだった。
② **あやうい**所を助かった。

【解説】 「あぶない」とほぼ同じ意味をもち、ほとんどの場合置き換えられる。ただし、「あぶない」より文章語的で、日常会話に登場する機会は多くない。

(1) 身体・生命の危機、または損害を受けそうで気がかりな様子を表す。ややマイナスイメージの語。

(2) 将来好ましくないことが起こりそうで気がかりな様子を表す。ややマイナスイメージの語。

(3) 多く過去のことについて、危険な状態であったことを恐怖・安堵《あんど》などの気持ちを伴《ともな》って表す。ややプラスイメージの語。この用法の場合には、日常会話でも広く用いられる。

⇨「あぶない」「あぶなっかしい」

あやしい ［怪しい・奇しい・妖しい］ Ayashii

(1) ① あの男が**あやしい**と刑事は言った。
② 暗闇《くらやみ》に**あやしい**人影が動いた。

(2) ① 彼女には**あやしい**魅力がある。
② そのダイヤは**あやしく**輝いていた。

(3) ① 毎日勉強するって言ったって、**あやしい**もんだ。
② 彼の英語は相当に**あやしい**。
③ **あやしい**空模様になってきた。
④ 最近中国情勢が**あやしい**。

(4) ① 彼女と課長はどうも**あやしい**ね。

【解説】 人間の知恵や感覚を超えたものに対する不審《ふしん》・不安・畏怖《いふ》・恐怖などの気持ちを表す。

(1) 十分納得できず異様さを感じ、不審に思う様子を表す。マイナスイメージの語。ある程度対象を予測している場合（①）、実体をつかめない場合（②）がある。①のほうは「うたがわしい」に近いが、「あやしい」のほうがより感覚的・主観的で、具体的な証拠の存在を暗示しない。「いかがわしい」にも似ているが、「いかがわしい」が（人間の）氏素性《うじすじょう》の知れなさ、得体《えたい》の知れなさについての不審であるのに対して、「あやしい」は人知《じんち》を超えたものについての恐れの気持ちがこもっている点が異なる。

(2)　人間の知恵でははかりしれない、神秘的な様子を表す。ややプラスイメージの語。女性・装飾品などについて用いることが多い。

(3)　物事や言動が十分に信用できず、疑惑《ぎわく》をもっている様子を表す。ややマイナスイメージの語。①は信用できないという意味である。②はさらに進んで、いいかげんだという意味。③は、（現在荒天ではないが、このままいつまで晴天がもつか安心できない、）今にも雨が降りそうだという意味。④は何かよくない事件が起こりそうだという意味である。いずれも、現在の状況が将来に対して信用ならないという様子を表す。

(4)　「□□と△△はあやしい」という形をとり、□□と△△に人間が入る。男女の仲に秘密がありそうだ、恋愛関係がありそうだという様子を表す。プラスマイナスのイメージはない。ただし、実際に恋愛関係があるという様子を表す語ではなく、第三者が当事者二人を評して言う主観的な表現になっている。

⇨「うたがわしい」「いかがわしい」「うさんくさい」「いぶかしい」「おぼつかない」

あらあらしい［荒々しい］Araarashii

①　彼は怒って**あらあらしく**床を踏み鳴らした。

②　小屋の外に獣の**あらあらしい**息づかいが聞こえた。

【解説】　行為・態度などがいかにも乱暴で粗雑である様子を表す。ややマイナスイメージの語。「あらい」よりも乱暴さの程度が大きく、不快感がこもる。「あらあらしい」は「あらっぽい」にも似ているが、「あらっぽい」は見た目の乱暴さを暗示し、俗語的で侮蔑《ぶべつ》のニュアンスをもつ点が異なる。

×　獣の荒っぽい息づかいが聞こえた。

⇨「あらい」「あらっぽい」「てあら」

あらい［荒い・粗い］Arai

(1)①　今日は波が**あらい**。

②　病人の息づかいは**あらかっ**た。

③　ばかに鼻息が**あらい**じゃないか。

(2)①　この犬は気性《きしょう》が**あらい**から気をつけろ。

②　委員長は語気**あらく**つめよった。

③　うちの息子は金づかいが**あらい**。

④ まったく人づかいが**あらい**んだから。

(3) ① 目の**あらい**網を張って獲物《えもの》を待つ。

② 彼女は**あらい**しま模様のカーデガンを着ていた。

(4) ① きめの**あらい**布地をキャンバスにする。

② 手ざわりの**あらい**木綿のタオルを使う。

(5) ① コーヒーは**あらく**ひいたのが好きです。

② 波打ち際から少し上がった所の砂は**あらい**。

(6) ① ゆうべの試合運びは**あらく**て大味だった。

② こんな**あらい**仕事ではまだまだ一人前じゃないね。

【解説】 (1)(2)(ふつう「荒い」と書くもの)と(3)~(6)(ふつう「粗い」と書くもの)の二つのグループに分けられる。

(1) 動きが激しくて勢いがよい様子を表す(↔おだやか・しずか)。プラスマイナスのイメージはない。③の「鼻息があらい」は慣用句で、「強気である」「自信まんまんである」という意味を表す。

(2) 態度・性質などが乱暴である、また乱暴に何かをする様子を表す(↔おだやか)。ややマイナスイメージの語。③④の「金(人)づかいがあらい」は慣用句で、「遠慮せずに頻繁《ひんぱん》に金(人)をつかう」という意味である。このときは、金や人を使う行為の(回数の)激しさを暗示し、一回の行為の金額の高さや動員人数の多さは意味しない。

? 彼は金づかいが荒いから、先日全財産をはたいてバイオリンを一台買った。

(3) ものの表面にすきまがあって、緻密《ちみつ》でない様子を表す(↔こまかい)。プラスマイナスのイメージはない。②はしま模様の間隔が「あらい」という意味である。

(4) ものの表面に凹凸《おうとつ》があって、平らでない様子を表す(↔なめらか・きめこまかい)。プラスマイナスのイメージはない。①②のように、「□□があらい」という形で対象を明示するのが普通である。

(5) たくさんあるものの粒が大きい様子を表す(↔こまかい)。プラスマイナスのイメージはない。

(6) 細部に神経がゆきとどいていない様子を表す(↔きめこまかい)。マイナスイメージの語。

「あらい」は(1)(2)、(3)~(6)ともに客観的な意味内容をもち、特定の感想は含まれていない。

⇨「あらあらしい」「あらっぽい」「てあら」「ざつ」「おだやか」「しずか」「ざらっぽい」「まばら」「こまかい」「なめらか」「きめこまかい」

あらそえない [争えない] Arasoenai

① いくらがんばっても年は**あらそえない**ものだよ。

② あの若さであれだけの業績をあげられるとは、やはり血は**あらそえない**ね。

③ 地球環境の急速な破壊は**あらそえない**事実だ。

【解説】 「あらそう」の可能動詞「あらそえる」の打消し

だが、「あらそうことができない」という意味の他に、例のように、反対したり無視したりできないほど、明白な様子を表す。プラスマイナスのイメージはない。

①②のように「□□はあらそえない」という述語になって、□□は無視できない、□□がよい（多い、等）の意味になる場合と、③のように「あらそえない事実（証拠）」などの名詞にかかる修飾語の形で用いられ、「明白な事実」という意味になる場合とがある。①の「年はあらそえない」は「年には勝てない」「年が多いのは無視できない」という意味、②の「血はあらそえない」は「血すじがよいのは否定できない」という意味である。

「あらそう」に可能の助動詞「れる」のついた「あらそわれる」の打消し「あらそわれない」も、同様の意味で用いられるが、発音が複雑なため、最近では「あらそえない」のほうがよく用いられる傾向にある。

⇩「かなわない」

あらた［新た］Arata

① **あらた**な年が始まる。
② **あらた**に講師をやとう。
③ 来年**あらた**な法律ができる。
④ オムレツを作った後、母は目玉焼きを作るために、卵を**あらた**に二個取り出した。
⑤ この写真はいつ見ても**あらた**な感動をよびおこす。
⑥ このたび、装いも**あらた**にオープンしました。

【解説】 新旧を表す語。従来のものに付け加わったり、それが改まったりしている様子を表す。プラスマイナスのイメージはない。文章語的であるので、日常会話の中で用いられることは少ない。他の語にかかる修飾語として用いられることが普通で、述語にはあまり用いられない。⑥の「□□もあらたに」は慣用句で、「新しく□□して」という意味である。

「あらた」は「あたらしい」に似ているが、「あたらしい」が今までにない様子を表して前提を必要としないのに対して、「あらた」はすでにある前提への累加《るいか》・交替の暗示がある。全く同じ文脈で「あらた」と「あたらしい」が用いられると、次のようなニュアンスの違いを生ずる。

あらたな毛布を犬小屋に入れる。
（すでに毛布は入っていて、その他にもう一枚入れる）
新しい毛布を犬小屋に入れる。
（使用していない毛布を入れる）

⇩「あたらしい」

あらたか Arataka

① この観音様《かんのんさま》は特に霊験《れいけん》**あらたか**だと言います。
② 薬の効きめは**あらたか**で熱は一晩で下がった。

【解説】 神仏や薬の効きめが明瞭《めいりょう》な様子を表す。プラスイメージの語。神仏に関しては、祈禱《きとう》の効果としての利《り》益《やく》があるという意味で用いられ、しばしば①のように「霊験あらたか」という慣用句となる。薬について用いられた場合にも、超自然的な力としての薬の効きめを表したもので、科学的な根拠の感じられない表現になっている。神仏や薬以外に「あらたか」が用いられることはない。

× この方法は問題解決にはあらたかだった。
→この方法は問題解決には効きめがあった。

⇨「いちじるしい」

あらっぽい ［荒っぽい・粗っぽい］ Arappoi

(1)① 子供は往々にして**あらっぽい**遊びを好む。
② 彼は言葉づかいは**あらっぽい**が性格はやさしい。
(2)① 奴は仕事が**あらっぽく**ていかん。

【解説】「あらい」(1)(2)(6)について、そのように見えるという意味を表す。「〜ぽい」は「〜のように見える」という意味の、形容詞を作る語尾。「あらっぽい」は人間の行為について用いることが普通で、物については用いられない。

× 今日は波があらっぽいようだ。
→今日は波があらいようだ。

(1) いかにも勢いがよくて乱暴のように見える様子を表す。プラスマイナスのイメージはない。「〜ぽい」がつくと「あらい」の程度が下がるが、①②の例では「あらい遊び」「言葉づかいはあらいが〜」とはふつう言わず、「あらっぽい」のほうをおもに用いる。

(2) 細部に神経がゆきとどいていないように感じられる様子を表す。ややマイナスイメージの語。「あらい」(6)に相当する。「あらっぽい」は、「あらい」(3)(4)(5)に相当する意味はもたない。

× あらっぽいしま模様のセーター。
→あらいしま模様のセーター。
× この砥石《といし》は表面があらっぽい。
→この砥石は表面がざらっぽい（あらい）。
× コーヒーをあらっぽくひく。
→コーヒーをあらくひく。
（ふつうこの文は「乱暴にひく」「いいかげんにひく」という意味になる）

⇨「あらい」「あらあらしい」「てあら」「がさつ」「ざつ」「ざらっぽい」「−ぽい」

あられもない ［有られも無い］ Araremo-nai

① 彼女の**あられもない**姿にみんなびっくりした。
② 寝相《ねぞう》が悪いので**あられもない**恰好《かっこう》になってしまう。

【解説】 女性の姿や行為が恥ずべき様子であることを表

す。マイナスイメージの語。①②のように、「あられもない姿（恰好・様子）」などの名詞にかかる修飾語の形でよく用いられ、その他の形で用いられることは少ない。

？　彼女の寝姿はあられもなかった。

？　彼女はあられもなく寝ていた。

「あられもない」は女性専用で、男性や子供について用いることはまれである。封建《ほうけん》道徳的な「あるべき女性の姿＝行動が静かで節度があり、自分の欲求を通さない」をあてはめての表現と言える。

×　彼はあられもない姿でやってきた。

→彼はみっともない（恥ずかしい）姿でやってきた。

⇩「みっともない」「しどけない」「はしたない」「はずかしい」「だらしない」

あらわ［露］Arawa

①　最近の若い女性は肌も**あらわ**な姿でも平気だ。

②　教授は学生の反論を聞いて不快を**あらわ**にした。

③　彼の発言によって二人の対立が**あらわ**になった。

【解説】　物事が誰にでもわかるように表面に現れている様子を表す。ややマイナスよりのイメージの語。①の「肌もあらわな□□、肌もあらわに〜する」は慣用的に用いられる表現で、衣服におおわれていることが期待されている体の部分が、表面に見えるという意味である。その他の用法としては、「あらわに〜する」「あらわに〜なる」という形で用いられることが多い。

「あらわ」は、本来表面に出ていないことが期待される対象が、誰にでもわかるほどはっきりと表面に現れていることについて不快感を伴《ともな》って表現した語で、何事もはっきり言及《げんきゅう》せず、ほのめかしたり暗示したりすることにプラスの評価を与える日本文化ならではの語である。したがって、「あらわ」はもともと表面にはっきり提示されることが期待されているものについては、あまり用いられない。

？　自分の主張はあらわに書いたほうがいい。

→自分の主張ははっきり書いたほうがいい。

隠れているべきものが表面に現れているという意味で、「あらわ」は「あからさま」に似ているが、「あからさま」は「あらわ」よりも不快感が強く、しばしば故意の暗示を含む。

？　奴のあらわな侮蔑《ぶべつ》の態度は許せない。

→奴のあからさまな侮蔑の態度は許せない。

また「ろこつ」にも近いが、「ろこつ」は悪意に基づく行為であることを暗示する。

？　彼はぼくの失敗をあらわに皮肉った。

→彼はぼくの失敗を露骨に皮肉った。

⇩「あからさま」「ろこつ」

ありえない［有り得ない］ Arienai

① 彼が自説を曲げることはまず**ありえない**。
② 人食い人種の存在など、二十世紀の今日《こんにち》ではとうてい**ありえない**話だ。
③ わがチームの優勝はもはや**ありえなく**なった。

【解説】 動詞「ありうる」の打消し。「ありうる」は、もともと文章語中心に使われたため、「ありえる」という下一段活用の動詞にならず、変則的な下二段活用の動詞として残った。「ありえない」はその「ありうる」の未然形「ありえ」に打消しの助動詞「ない」がついた語である。

物事の実現や存在の可能性がない様子を表す。プラスマイナスのイメージはない。「ありそうもない」よりも、断定的で確信のある様子がうかがえる表現である。②の名詞を修飾する用法では、よりもったいぶった「ありうべからざる」が使われることもある。

→二十世紀の今日では全くありうべからざる話だ。

「ありえない」はややかたい語であるので、日常会話で可能性がないことを俗語的に表すときは、往々にして次のように言うことがある。

彼らの優勝はありえない。
→奴らの優勝だって？ そりゃないよ。

「ありえない」は「ありもしない」に似ているが、かなり客観的なニュアンスをもち、特定の感想は含まれていない点が、主観的な判断を暗示する「ありもしない」と異なる。

× 二十世紀の今日では全くありもしない話だ。
⇨「ありもしない」「ない」

ありがたい［有り難い］ Arigatai

(1) ① 彼の好意は涙が出るほど**ありがたい**と思う。
② お土産《みやげ》は**ありがたく**いただきました。
③ ご親切、**ありがとう**ございます。

(2) ① **ありがたい**仏の教えを守る。
② 陛下から**ありがたい**お言葉を賜《たまわ》る。

(3) ① **ありがたい**ことに、誰にも見られないですんだ。
② いまご在宅ですか。そいつは**ありがたい**。
③ ちょうど家にいるとき、**ありがたく**ない客が来た。

(4) ① 老夫婦は**ありがた**涙にくれた。
② 彼女の親切は実は**ありがた**迷惑だった。

【解説】 (1) 人に感謝する気持ちでうれしく思う様子を表す。プラスイメージの語。謝礼の挨拶語《あいさつご》としては、「ありがたい」の連用形のウ音便「ありがとう」がふつうに用いられる(③)。「かたじけない」にも似ているが、「かたじけない」は「ありがたい」より文章語的で、若い人はあまり使わない。

(2) 非常に尊く貴重である様子を表す。プラスイメージの語。この意味のときは、「ありがたい□□」という名詞にかかる修飾語の形で用いられることが多い。

　陛下からありがたくもお言葉を賜る。

右の例のようにすると、(1)の感謝する気持ちでうれしい意味になるのが普通で、(2)の尊く貴重だという意味にはならないことが多い。非常に尊く貴重である意味で右のように言いたいときは、「もったいない」を用いる。

　→陛下からもったいなくもお言葉を賜る。

(3) 好都合である様子を表す。ややプラスイメージの語。この意味では、①の「ありがたいことに～」という形で用いられることが多い。②は感動詞的に用いられた例である。③のように打消しで用いられることもあるが、この場合には「不都合な」という意味になる。

(4) 語幹《ごかん》の「ありがた」が他の名詞について、特定の意味を表す。①の「ありがたなみだ」は(1)の「ありがたい」の意味を「涙」にかぶせたもので、感謝でうれしさのあまり流す涙という意味である。②の「ありがためいわく」は(1)または(3)の「ありがたい」の意味を「迷惑」にかぶせたもので、「感謝して喜ぶべき、または都合がよいと喜ぶべきことのように見えるが、実際には迷惑になること」という非常に複雑な意味を表すことになる。「涙」「迷惑」以外の名詞に「ありがたい」が接続した語は、現代語としてはほとんど用いられない。

⇨「かたじけない」「もったいない」「おそれおおい」

ありふれた ［有りふれた］ Arifureta

① 「いい犬ですねえ」「いやあ、**ありふれた**柴犬《しばいぬ》ですよ」

② この本は**ありふれた**言い回しが多くて魅力がない。

【解説】 世間のどこにでもあり、価値が高くない様子を表す。ややマイナスよりのイメージの語。「平凡な」という意味であるが、イメージはマイナスである。

「ありふれた」は「つまらない」に近いが、「つまらない」はとりあげる価値がないことを侮蔑《ぶべつ》するニュアンスがあり、マイナスイメージが強いのに対して、「ありふれた」には侮蔑の暗示はない。

　ありふれた人間。（平凡でどこにでもいそうな人間）

　つまらない人間。（魅力が感じられない人間）

⇨「つまらない」「とるにたりない」「しがない」

ありもしない ［有りもしない］ Arimo-shinai

① 彼は**ありもしない**話を言いふらした。

② 彼女は**ありもしない**ことを言う。

【解説】 話・事柄などが存在しないという判断を表す。ややマイナスイメージの語。①②のように名詞にかかる修飾語として用いられるのが普通で、その他の修飾語としては用いられず、述語にもなりにくい。

× 彼の成功談はありもしなく荒唐無稽《こうとうむけい》だ。

？ 奴が勉強してるだって？ そりゃありもしない。

存在しないという判断を表す点では「ありもしない」は「ありえない」に近いが、「ありえない」がプラスマイナスのイメージをもたず、客観的に述べる語であるのに対して、「ありもしない」は存在しないという判断を主観的・侮蔑的に表明したにすぎず、ほんとうに存在しないかどうかの保証がない。つまり、「ありもしない」は、存在しないことを知っている(信じている)話者が、「彼・彼女」を軽蔑《けいべつ》している様子が暗示される表現になっている。全く同じ文脈で「ありもしない」と「ありえない」が用いられると、次のようなニュアンスの違いを生ずる。

彼はありもしない話をする。
(彼の話は全部うそだ。けしからん)

彼はありえない話をする。
(彼の話には信憑性《しんぴょうせい》がない)

⇩「ありえない」

あわい［淡い］**Awai**

(1)① その日彼女は**あわい**水色の服を着ていた。
② ゼリーのほんのりと**あわい**甘さが好きだ
③ 漁火《いさりび》の**あわい**光の彼方に漁船が浮かぶ。
(2)① 少年は**あわい**恋心をいだいた。
② 初恋の思い出は虹《にじ》のように**あわかっ**た。

【解説】 濃淡に関する形容詞の一つ。濃淡の程度が低いことを表す(↔こい)。「あわい」は、名詞にかかる修飾語となって「あわい□□」という形で用いられるのが最も一般的で、(2)②のような述語やその他の修飾語で用いられることは、あまり多くない。

(1) 色・味・光などの濃度が低い様子を表す。ややプラスイメージの語。「あわい」は、「うすい」と違って濃度が低いだけでなく、よく見えないことが暗示される。したがって、「あわい」色としては中間色が多く、はっきりした色や光などについてはあまり用いられない。

？ 彼女は淡い黒のワンピースを着ていた。
→彼女は薄い黒のワンピースを着ていた。

よく見えないことにおいては「あわい」は「かすか」に似ているが、「あわい」にはよく見えないものに対する期待(もっとよく見たい)があり、「あわい」状態についてプラスの評価となる点が、見えるか見えないかの境界の濃度を客観的に表すニュアンスのある「かすか」と異なる。

？ 細胞の形がレンズを通して淡く見えた。
→細胞の形がレンズを通してかすかに見えた。

(2) 感情・関心の度合や程度が低い様子を表す。プラスマイナスのイメージはない。「はかない」に似ているが、「はかない」には程度の低いことについて感傷的《かんしょうてき》に思う残念な気持ちがあり、ややマイナスイメージの語になる。「あわい」はより客観的に程度の低い様子を暗示し、思い入れや感想は少ない。全く同じ文脈で「あわい」と「はかない」が用いられると、次のようなニュアンスの違いを生ずる。

　淡い恋心をいだく。
（好意をもったという程度のあまり熱烈でない恋心）
はかない恋心をいだく。
（すぐに消《き》え失《う》せてしまいそうなたよりない恋心）

⇨「うすい」「かすか」「はかない」「ほのか」「あえか」「そこはかとない」「こい」

あわただしい［慌ただしい・遽しい］Awatadashii

(1)① 年もおしつまり**あわただしい**日々を送る。
② 彼は**あわただしく**出発した。
(2)① 政局の動向が**あわただしい**。
② 雲の流れが**あわただしかっ**た。

【解説】 (1) 心理的に落ち着かない様子を表す。ややマイナスイメージの語。物理的な忙しさというよりは、心理的に追いたてられていて、それが行動に表れているような落ち着きのなさを言う。焦燥《しょうそう》の暗示される表現である。

A 彼の仕事はいつも慌ただしい。
B 彼の仕事はいつも忙しい。

Aでは、彼はいつもせきたてられ、追いたてられて仕事をしているという意味になる。Bでは、仕事の量が多いか期日が迫っているかで、物理的に忙しく立ち働いているというニュアンスになり、心理的な焦燥感までは表されていない。

　焦燥を暗示するという点では、「あわただしい」は「せわしい」「せわしない」に似ているが、「せわしい」「せわしない」は行動の忙しさを表すのに対して、「あわただしい」は落ち着かない心理の投影された行為を表す点が異なる。

× 彼のしゃべり方は慌ただしい。
→彼のしゃべり方はせわしない（せわしい）。

落ち着かない心理を表す点では「きぜわしい」にも似ているが、「きぜわしい」は具体的な個々の行為についてはふつう用いない。

? 彼は気ぜわしく出発した。

(2) 情勢や動向が不安定で変化が激しい様子を表す。ややマイナスイメージの語。この意味のときは、「いそがしい」「せわしい」は用いられない。

⇩「いそがしい」「せわしい」「せわしない」「きぜわしい」「そそっかしい」

あわれ［哀れ・憐れ］Aware

(1) ① その悲しい光景は人々の**あわれ**を催《もよお》す。
② 戦争孤児の**あわれ**な物語に聞き入る。
③ 彼の末路《まつろ》はまことに**あわれ**だった。
④ **あわれ**にも、その子は両親をなくした。
⑤ **あわれ**をとどめるのは、残された家族であった。
(2) ① **あわれ**、彼女は娼婦《しょうふ》であった。

【解説】 (1) 同情をさそう様子を表す。プラスマイナスのイメージはない。「かわいそう」に近い意味をもつが、「かわいそう」よりも対象への心理的な傾斜《けいしゃ》が少なく、やや客観的である。

× そんなにいじめたらあわれだよ。
→そんなにいじめたらかわいそうだよ。

同情の内容としては、悲哀（①）、憐憫《れんびん》（②④）、悲惨《ひさん》（③）などがある。⑤の「あわれをとどめる」は慣用句で、同情を集めるという意味である。また、③は「みじめ」にも近いが、「みじめ」が対象に対する思い入れがなく状況を客観的に述べるのに対して、「あわれ」は状況に対する同情的な感情があり、主観性が暗示される。

× 彼女に振られてあわれな思いをした。
→彼女に振られてみじめな思いをした。

同情をさそうという意味では「あわれ」は「きのどく」にも似ているが、「きのどく」は人間と人間に関する事物について以外には用いられない。また、「きのどく」は「あわれ」よりも客観的で、対象への憐《あわ》れみはないことが多く、目上に対しても失礼でなく用いることができる。

× 気の毒な捨て犬。→あわれな捨て犬。
× それはあわれなことですね。
→それはお気の毒なことですね。

(2) 感動詞として用いられ、歓喜・愛惜《あいせき》・悲哀などの感動を表す。プラスマイナスのイメージはない。ただし、文章語の用法であって、日常会話中には登場しない。

⇩「かわいそう」「みじめ」「きのどく」「あわれっぽい」

あわれっぽい［哀れっぽい］Awareppoi

① 雨に濡《ぬ》れた子犬は**あわれっぽい**声で鳴いた。
② 彼は**あわれっぽく**訴えた。

【解説】 同情をさそう様子に見えることを表す。プラスマイナスのイメージはない。「〜ぽい」は「〜のように見える（聞こえる）」という意味の、形容詞を作る語尾。したがって、外見の「あわれさ」が強調され、実際に悲惨《ひさん》な状況にあるのかどうかは問題にしないことが多い。

？ 彼の末路《まつろ》はあわれっぽかった。

→彼の末路はあわれだった。

⇨「あわれ」「ーぽい」

いい【好い・良い・善い】Ii

(1)① 彼は**いい**時計をしている。
② たまには**いい**景色を見て気分を晴らしたい。
③ なかなか**いい**女だ。
④ あの医者は腕が**いい**。
⑤ 彼は**いい**所のお嬢さんをもらった。
⑥ 彼女は姿勢が**いい**。
⑦ あの人は**いい**人だ。
⑧ あの二人は仲が**いい**(**いい**仲だ)。
⑨ おっ、ちょうど**いい**所へ来たな。
⑩ 繊維質《せんいしつ》の食べ物は健康に**いい**。
⑪ きょうは気分が**いい**。
⑫ ああ、**いい**湯だな。
⑬ 「来週ハワイへ行くのよ」「**いい**なあ、ぼくも行きたいなあ」
⑭ 「肩をもんであげましょうか」「**いい**よ。凝《こ》ってないから」
⑮ もう**いい**かい。まあだだよ。(かくれんぼ)
⑯ 君はもう退院しても**いい**。
⑰ 友だちに相談したほうが**いい**と思う。

(2)① **いい**ですか。よく聞いてください。
② もっと呼び**いい**名前をつけたらよかったのに。

(3)① 奴が落選したんだって？ **いい**気味**いい**気味。
② 上司の失敗の後始末ばかりで、全く**いい**面《つら》の皮だ。
③ 君にだけおごるなんて、不公平も**いい**ところだ。
④ **いい**年をして、そんな恰好《かっこう》をしないでください。
⑤ 名家の御曹子《おんぞうし》が落第したんじゃ**いい**恥さらしだな。
⑥ 毎日選挙の宣伝カーがうるさくて**いい**迷惑ですよ。

【解説】 望ましい様子を表す(↔わるい)。非常に広い意味をもつ。原則としてプラスイメージの語。ただし「いい」の形では、終止形・連体形だけに用い、それ以外は「よい」の活用形を用いる。「よい」を終止形・連体形で用いたときは、「いい」よりもやや文章語的・規範的なニュアンスになる。

× それでいかろう。 →それでよかろう。(未然形)
× もっといくなる。 →もっとよくなる。(連用形)
× 私でいければ、 →私でよければ、(仮定形)

(1) さまざまの場面・状況について、望ましく好ましい様子を表す。プラスイメージの語。①は品質が上等である、高価であるという意味。②は美的にすぐれているという意味。③は美的にすぐれている、または魅力があるという意味。④は技術が優秀だという意味。⑤は由緒《ゆいしょ》があるという意味、伝統があるという意味。⑥は標準的だ、基準に合っているという意味。⑦は善良だという意味。⑧は親密だという意味。⑨は好都合だという意味。⑩は利益になる、ためになるという意味。⑪⑫は快い、快適だという意味。⑬はおもに会話で用いられ、羨望《せんぼう》の気持ちを表す。必ずしも客観的に好ましいとはかぎらない。⑭は不必要を表す。このとき、しばしば「もう」という副詞を伴《ともな》う。⑮は十分だ、満足すべき状態だという意味。⑯は「～してもいい」という形になり、許可を表す。⑰は「～したほうがいい」という形になり、選択を表す。

(1)の「いい」は、さまざまの状態について望ましいことを表すので、それぞれの場面において、より具体的な表現(別の言葉)をとることが可能である。「いい」を用いると、それらを具体的に表現することなく、ただ望ましい状態であることだけを示すことができる。したがってかなり漠然《ばくぜん》とした表現になり、「何がどのようにいい」のかを説明するのがむずかしい場合も往々にしておこる。

(2) ①の「いいですか」は、これからある一定の主張をする前に振るマクラ(前置き)のようなもので、相手の注意を喚起《かんき》する意味をもつ。したがって、その後に来る表現によってプラスマイナスのイメージが決まってくる。主張の後につけて、念を押すときにも用いられる。

こんなやり方じゃだめだぞ。いいかい。

②は動詞の連用形について、「～しやすい」「～するのが容易だ」の意味を表す。ただし、動詞の連用形はイ段(いきしちに　ひみいりい)の語尾が多いので、同音の連続を避けて、「～いい」という形より、「～よい」という形にすることが多い。

住みいい場所に引っ越す。

→住みよい場所に引っ越す。

(3) さまざまの「いい」が反語として用いられて、望ましくない様子を表すことがある。結果としてマイナスイメージの語句となる。慣用句として、それぞれの語句がまとまって反対の意味を表す。①の「いい気味」は、人の失敗を侮蔑《ぶべつ》して喜ぶ様子を表す。②の「いい面の皮」は、恥ずべき状況にあることを自嘲《じちょう》して反省する様子を表す。③の「□□もいいところ」は、□□を強調するはたらきをし、「全く□□だ」という意味を表す。④の「いい年をして」は、「高い年齢になって」という意味で、行動の自重《じちょう》を促《うなが》す表現の前によく用いられる。⑤の「いい恥さらし」は、恥ずべき状況にあることを嘲笑《ちょうしょう》する様子を表す。「いい面の皮」に似ているが、ふつう自分については用いない点、侮蔑の気持ちがこもる点が異なる。⑥の「いい迷惑」は非常な迷惑ということで、この場合の「いい」は迷惑を強調するはたらきをする。

⇨「よい」「よろしい」「やすい」「わるい」「こきみがいい」「かっこいい」「きもちいい」

いいがたい［言い難い］Iigatai

① 他人には**いいがたい**事情がある。

② 彼は笑い顔とも泣き顔ともつかぬ、いわく**いいがたい**表情をした。

【解説】　物理的・心理的に言うことがむずかしい様子を表す。プラスマイナスのイメージはない。文章語であって、日常会話にはあまり登場しない。「いいにくい」のほうがより日常語的である。また、②のように「いわくいいがたし」という慣用句となり、「言うとしてもなんと言ったらいいかむずかしい」という意味になる。

⇨「いいにくい」「ーがたい」

いいしれぬ・いいしれない［言い知れぬ・言い知れない］Iishirenu・Iishirenai

① 彼は突然**いいしれぬ**不安に襲《おそ》われた。

② 彼女の悲しみは**いいしれない**ものがあった。

【解説】　「いいしれぬ（いいしれない）□□」というように、名詞にかかる修飾語として用いられて、言いようもないほど程度が大きい様子を表す。プラスマイナスのイメージはない。「言い尽くせない」という意味であるが、文章語的で、日常会話の中ではほとんど用いられない。文芸作品などで用いられることの多い語である。

⇨「はなはだしい」

いいづらい［言い辛い］Iizurai

① RとLが多くて、とても**いいづらい**名前なのよ。

② **いいづらい**話だが、君にはもう金を貸せないよ。

【解説】　言うことがむずかしい様子を表す。プラスマイナスのイメージはない。物理的にむずかしい場合（①）と心理的にむずかしい場合（②）とがある。②の意味では、「いいにくい」を使うほうがより一般的である。

　ちょっとここでは言いづらい名前なのよ。

→ちょっとここでは言いにくい名前なのよ。

①の物理的意味のときは、「いいづらい」のほうが普通である。

⇨「いいにくい」「いいがたい」「ーづらい」

いいにくい［言い難い］Iinikui

① 面と向かってはとても**いいにくい**話なんだ。

② この言葉は正確には**いいにくい**。

【解説】　言うことがむずかしい様子表す。プラスマイナスのイメージはない。ふつう心理的な抵抗があって、言うのをはばかられるという意味になる（①）。物理的に言うことがむずかしい場合（②）は、「いいづらい」というほうが一般的である。

⇩「いいづらい」「いいがたい」「ーにくい」

いかがわしい［如何わしい］Ikagawashii

① 彼の今度の仕事はどうも**いかがわしい**ね。
② 断じて**いかがわしい**金は受け取れない。
③ 男は**いかがわしい**目的で女の跡をつけた。

【解説】 人物や行為などが正体がわからず、信用できない様子を表す。マイナスイメージの語。「あやしい」に似ているが、「あやしい」が人知《じんち》を超えたものに対する恐れの暗示を含むのに対して、「いかがわしい」はそのものの氏素性《うじすじょう》を疑うというニュアンスがあり、恐れの気持ちはない。

× 暗闇《くらやみ》にいかがわしい影が動いた。
→暗闇にあやしい影が動いた。

出所がはっきりしない金という意味で、②の「いかがわしい金」という言い方がよく使われる。この「いかがわしい」は、出所がよくわからないのみならず、悪事をして得た金ではないかという予想が働いていることを暗示する。

また、③はこれから一歩進んで、道徳的によくない、みだらだという意味を表す。

「いかがわしい」は「うたがわしい」にも似ているが、「うたがわしい」がやや客観的な疑惑《ぎわく》を表しているのに対して、「いかがわしい」ははっきりした根拠はなく、ただ漠然《ばくぜん》と疑っている様子を表す点が異なる。

⇩「あやしい」「うたがわしい」「うさんくさい」

いかつい［厳つい］Ikatsui

① 漁師《りょうし》は**いかつい**手をしていた。
② 彼は顔は**いかつい**が、根はやさしい。
③ 委員は最後まで**いかつい**態度をくずさなかった。

【解説】 かどばってやわらかみがなく頑丈《がんじょう》な様子を表す。ややマイナスイメージの語。語の性質上、男性の顔や体について用いられることが多いが、女性について用いられることも皆無《かいむ》ではない。

その女はいやにいかつい顔をしていた。

また、③のように態度がこわばっていて妥協のない様子を表すこともある。

「いかつい」は「ごつい」に似ているが、「ごつい」のほうが目に見える固さや角《かど》をよりはっきり暗示する。また、「ごつい」は物理的にかどばった様子を表すが、「いかつい」は固そうな雰囲気を表すこともできる。全く同じ文脈で「いかつい」と「ごつい」が用いられると、次のようなニュアンスの違いを生ずる。

いかつい顔。
（顔の輪郭《りんかく》・目鼻だち・表情がかどばって固い）

ごつい顔。(顔の輪郭がごつごつしている)

また、「いかつい」は「かどかどしい」にも似ているが、「かどかどしい」はおもに女性の片意地を張る性格や態度について用いられ、「いかつい」のもっている頑丈なかたさの暗示はない。

✕ 彼女はいかつく突っかかってきた。

→彼女はかどかどしく突っかかってきた。

⇩「ごつい」「かたい」「かどかどしい」

いかめしい［厳めしい］Ikameshii

① 祖父は**いかめしい**顔つきをしていた。

② 木立《こだち》の向こうに**いかめしい**門構えの邸宅があった。

③ 官邸前は終日**いかめしい**警戒がしかれた。

【解説】 威厳《いげん》があって他を圧倒する様子を表す。ややマイナスよりのイメージの語。①②のように顔つき・門構えなど、外見に現れているものについて用いられることが多い。「おごそか」に似ているが、「おごそか」は威厳のあることがプラスイメージでとらえられている。「いかめしい」には威圧的であるというニュアンスがある。

③のように、雰囲気など目に見えないものについて用いられることもある。この場合には「ものものしい」のほうがよく用いられるが、「ものものしい」が「いかにも事件がありそうな」という雰囲気を表す専用の語で、マイナスイメージであるのに対して、「いかめしい」は「きびしい」をさらに誇張《こちょう》した表現となるのにとどまる。

? 会場にはいかめしい雰囲気が漂っていた。

→会場にはおごそかな雰囲気が漂っていた。（＋）

→会場にはものものしい雰囲気が漂っていた。（－）

⇩「きびしい」「おごそか」「ものものしい」

いがらっぽい［蘞辛っぽい］Igarappoi

① たばこの煙でのどが**いがらっぽい**。

② メロンは後でのどが**いがらっぽく**なるのがいやだ。

【解説】 煙・液体などでのどの粘膜《ねんまく》が刺激される様子を表す。マイナスイメージの語。ほとんどの場合「のどが～」の形で用いられる。「えぐい」(えごい)に近いが、「えぐい」が飲食物の味そのものについて用いられることが多いのに対して、「いがらっぽい」は煙などで刺激されたのどの感じについて用いられることが多い。

✕ このクワイはいがらっぽい。

→このクワイはえごい。

また「えぐい」は視覚的なものの刺激的な感じについても用いられるが、「いがらっぽい」は視覚的なものについては用いない。

✕ 事故でつぶされた顔は、なんともいがらっぽい。

→事故でつぶされた顔は、なんともエグイ。

「むせっぽい」も、のどの不快感を表すが、もっと下の気管の不快感を暗示し、しばしば咳《せき》が出そうな暗示を伴う。また、対象の性質としても用いることがある。

× 庭のたき火がいがらっぽい。

→庭のたき火がむせっぽい。

⇨「えぐい」「むせっぽい」「ーぽい」

いきぐるしい［息苦しい］Ikigurushii

① 肺を病む彼は**いきぐるし**そうだった。

② 室内は**いきぐるしい**ほど暑かった。

③ 場内は静まりかえり**いきぐるしい**緊張が支配した。

【解説】 呼吸が十分にできず苦痛である様子を表す。マイナスイメージの語。具体的、物理的に呼吸ができない場合(①)、温度・湿度などの影響で呼吸が苦しい感じがする場合(②)、雰囲気などが張りつめていて呼吸が苦しいような感じがする場合(③)がある。③の場合は「おもくるしい」のほうがよく用いられ、「いきぐるしい」が使われるときには、「いきぐるしいほどの〜」という形で比喩《ひゆ》的に用いられることが多い。これは、「いきぐるしい」が「おもくるしい」に比べてより具体的な意味をもち、抽象度が低いためである。

場内は息苦しい緊張が支配していた。

→場内は重苦しい緊張が支配していた。

→場内は息苦しいほどの緊張が支配していた。

⇨「おもくるしい」「むなぐるしい」「くるしい」

いぎたない［寝穢い］Igitanai

① 彼は**いぎたなく**布団《ふとん》にしがみついていた。

② 昼になっても**いぎたなく**眠りこけている。

【解説】 起床《きしょう》すべきときに起きず、いつまでも眠っている様子を表す。マイナスイメージの語。文章語的な語で、現代の日常生活ではあまり用いられず、ふつうは「寝坊だ」「ねぼすけだ」などと言う。

? ずいぶんいぎたないこと。

→ずいぶん寝坊だこと。

「いぎたない」を用いるときは、例のように「いぎたなく〜」という形で述語にかかることが多く、名詞にかかる修飾語や述語では用いられない。

? 彼は低血圧でいぎたない。

→彼は低血圧で寝起きが悪い。

? あの人はいぎたない人だ。

→あの人は朝寝坊な人だ。

「いぎたない」は、起きたくないという感情を表す語ではなく、他の人が起きたくない様子を示しているのを、起きている人が批判的に評していう語である。

最近、語形の似た「いじきたない」とあやまって使われる例が増えている。
⇩「きたない」

いけずうずうしい Ikezûzûshii

① のこのこ上がりこんでくるなんて、全く**いけずうずうしい**ったらありゃしない。
② ああいう**いけずうずうしい**男は人に嫌われますな。

【解説】 あたりをはばからず無遠慮に行動するのを不快に思う様子を表す。マイナスイメージの語。無遠慮な行為に対する激しい嫌悪《けんお》感《かん》を表す語である。「ずうずうしい」よりもさらに感情的で、しかもはっきりした嫌悪が示される。「いけずうずうしい」は「ずうずうしい」より用法が狭く、人間の性格全体を評して言うことが多い。したがって、次のように行為そのものを修飾する形で用いられることは少ない。

？ 彼はいけずうずうしく頼みこんだ。
→彼はいけずうずうしくも頼みこんだ。

右のように、「いけずうずうしくも」と「も」を入れることによって、「いけずうずうしい」がその行為によって表される「彼」の人間全体を評する意味に用いられることになる。
⇩「ずうずうしい」「あつかましい」「おくめんもない」

いけすかない［いけ好かない］ Ikesukanai

① **いけすかない**野郎《やろう》だな。
② あの男の目つきはなんとなく**いけすかない**。

【解説】 おもに男性の性格や態度などを、なんとなく嫌いに思う様子を表す。マイナスイメージの語。東日本方言から出た語で、俗語的である。特にはっきりした理由があるわけではなく、漠然《ばくぜん》とした嫌悪《けんお》を表す。ただし、「きらい」よりももっと感覚的で、その場その場での瞬間的な印象として用いられ、その人の性格全体を評することは少ない。①の例でも、「きらいな男だ」と一般的に述べているわけではなく、その場の印象で「感じがよくない男だ」と言っているにすぎないので、時が移れば好きになることもありうる。
⇩「きらい」「きにくわない」「いや」「すかない」

いけない Ikenai

(1) ① 酒の飲み過ぎはからだに**いけない**よ。
② わたしのどこが**いけない**って言うの。
③ ぼく、**いけない**子だったね。
④ 飲酒運転の上に無免許ときてるから、ますます**いけない**。
⑤ ご病気ですって？ それは**いけません**ね。

⑥ 会社の経営は円高《えんだか》のあおりで**いけなく**なった。
⑦ あっ、**いけない**。忘れてた。
(2)① 彼の話し方はいつも暗くて**いけない**。
② この塀に貼《は》り紙《がみ》をしては**いけない**。
③ 君はもっと野菜を食べなくちゃ**いけない**な。
④ 十二時までに帰らなくては**いけない**。
⑤ 神経痛は冷えると**いけない**。
⑥ 主人が帰ってると**いけません**から失礼します。

【解説】 動詞「いける」の打消し。「いける」の意味を打ち消す他に、次のような意味を表す。

(1) 好ましくなく不都合な様子を表す。マイナスイメージの語。「悪い」を婉曲《えんきょく》に言う語である。「いけない」の具体的な意味としては、害がある(①)、道徳的に悪い、非難されるべきだ(②③)、不都合だ(④)、嘆かわしい(⑤)、見込みがない(⑥)などがある。⑦は感動詞的に用いられた例で、「失敗した」という意味である。

①~④は直接的な表現として「わるい」に置き換えられるが、⑤~⑦はふつうは「わるい」に置き換えられない。⑥の例では、状況がよくないという意味で「まずい」が使われることもあるが、「まずい」が現在の状況について言うニュアンスがあるのに対して、「いけない」は将来にわたる希望のなさについて言うニュアンスがある。

会社の経営は円高でいけなくなった。(将来)
会社の経営は円高でまずくなった。(現在)

また、より俗語的には「やばい」がよく用いられる。

→あっ、やばい。忘れてた。

(2) 「~ていけない」「~してはいけない」「~しなくてはいけない」「~するといけない」「~するといけないから」など、さまざまな慣用句を作る。ややマイナスよりのイメージの語。①は「彼の話し方はいつも暗い」という状況が嘆かわしいという意味。②は禁止を表す。③④は必要・義務を表す。⑤はよくない結果になるという意味を表す。⑥は条件句の形をとり、危惧《きぐ》を表す。②~④は「~してはならない」「~しなくてはならない」とも言えるが、「~ならない」のほうがより規範的・文章語的である。

⇨「わるい」「まずい」「やばい」「ならない」「だめ」「いや」

いさぎよい [潔い] Isagiyoi

① 彼は**いさぎよく**自分のミスを認めた。
② 少しも取り乱さない**いさぎよい**最期《さいご》だった。
③ もういい加減で**いさぎよく**吐いたらどうだ。

【解説】 悪びれたところがなく、卑怯《ひきょう》でない行動をとる様子を表す。プラスイメージの語。言葉の性質上、「非を認める」「責任をとる」「死ぬ」などの文脈の中で用いられることが多い。逃げ隠れしたり他の者のせいにしたりせずに、自分の非を認め責任をとる態度に、プラスの評価を与える日本文化ならではの言葉である。

「いさぎよい」は卑怯でない行動をとることについて美的な暗示があり、単に賞賛しているだけではない点で「りっぱ」と異なる。

? 彼は立派に自分のミスを認めた。

したがって、「いさぎよい」ことを相手に強要するとき（告白を求めるときなど…③）は、包み隠さず告白すること自体が美的であると言って強要するわけである。

⇩「りっぱ」

いさましい ［勇ましい］ Isamashii

① 彼は**いさましく**敵に立ち向かった。
② 彼の**いさましい**姿に皆感動した。
③ **いさましい**行進曲が聞こえてきた。
④ 彼はしばしば、場所柄をわきまえずに**いさましい**発言をする。

【解説】 勇気があって大胆に行動する様子を表す。プラスイメージの語。①が基本的な意味による使い方であるが、②のように「勇気がありそうに見える」という意味で用いられることも多い。この場合には「りりしい」に近い。姿や態度について用いられたときは、「いさましい」よりも「りりしい」のほうが美や気品が感じられ、より洗練されたニュアンスになる。
勇ましい制服姿。（勇敢そうだ）
りりしい制服姿。（勇気や潔《いさぎよ》さがあって素敵だ）
③も②に近く、いかにも勇気を鼓舞《こぶ》するようなという意味であるが、「りりしい」は外見の勇壮さを専門に言う意味があるので、この場合は「りりしい」に置き換えられない。④は①の反語的な意味で、大胆に行動することを皮肉って言う。この場合にはややマイナスイメージになる。
勇気があるという意味では「いさましい」は「おおしい」にも近いが、「おおしい」は男性の理想的性質としての勇敢さというニュアンスがあるので、女性・子供には用いられず、③④のような比喩的《ひゆてき》な用法はない。
× 雄々しい行進曲。
× 雄々しい発言。
⇩「りりしい」「おおしい」

いじきたない ［意地汚い］ Ijikitanai

① 招かれた席にもかかわらず、彼の食べっぷりは**いじきたなかっ**た。
② そんなに**いじきたなく**もうけなくてもいいだろう。
③ **いじきたない**奴だな。

【解説】 食物・金銭などに対して貪欲《どんよく》である様子を表

す。マイナスイメージの語。本来、食物と金銭というのは日本に不足していて、しかも日本人が最も強く希求してきたものである。それらに対する貪欲を嫌悪《けんお》する言葉があるというのは興味深い。貪欲を嫌悪するという意味では「あさましい」に似ているが、「あさましい」が広く欲望一般について用いられるのに対して、「いじきたない」はほとんど食欲・金銭欲に限るところが異なる。

× 人を押しのけて車に乗るなんて、意地汚い。
↓人を押しのけて車に乗るなんて、浅ましい。

③は食欲・金銭欲に代表されるような欲望に対して貪欲な男だという意味で、具体的な行為を指して言っているとはかぎらない。

「いじきたない」は「さもしい」にも似ているが、「さもしい」が行為に表れた性質・態度について全体的に評するニュアンスがあるのに対して、「いじきたない」は個々の行為についての不快な感想というニュアンスがある点で異なる。

? そんなにさもしくもうけなくてもいいだろう。

⇨「あさましい」「さもしい」「いやしい」「きたない」

いじましい Ijimashii

① ゴミ箱をあさるなんて**いじましい**真似はやめろ。
② 彼はパチンコ屋のカスリをやって**いじましく**金をためた。

【解説】 細かいことに異常に執着《しゅうちゃく》して欲望を満たす様子を表す。マイナスイメージの語。関西方言から共通語化した語。俗語的で、かたい文章中には登場しない。この欲望はおもに金銭欲・物欲であることが多く、その他の欲望について用いられることはまれである。

? 彼は人の食べ残しでもいじましく食べる。
↓彼は人の食べ残しでも意地汚く食べる。

「いじましい」は「けち」「けちくさい」や「みみっちい」に近いが、「けち」「けちくさい」が物にかぎらず吝《りん》嗇《しょく》一般を暗示し、「みみっちい」が消費・蓄財《ちくざい》の双方のスケールが異常に小さいことを暗示するのに対して、「いじましい」は細かいことに執着して金銭欲を満たすというニュアンスがあり、消費のしかたというよりは蓄財のしかたのほうに視点がある。①はゴミ箱をあさって金目のものを探し出すわけであるし、②の「パチンコ屋のカスリ」とは、金を出して玉を買わずに床に落ちている玉を拾ってゲームの元手にする者を言う。

? 彼は金の出し方がいじましい。
↓彼は金の出し方がみみっちい（けちくさい）。

また、「いじましい」は「せこい」にも似ているが、「せこい」には蓄財のしかたの抜けめなさに対する不快の暗示があるのに対して、「いじましい」は細かい点にまで執着して蓄財することへの不快と侮蔑《ぶべつ》の暗示のある点が異なる。

？　こづかいをせびるなんていじましいガキだな。
↓こづかいをせびるなんてせこいガキだな。

最近、語形の似た「いじらしい」とあやまって使われるケースが増えている。

⇩「けち」「けちくさい」「みみっちい」「せこい」

いじらしい　Ijirashii

① 涙をこらえている少女の様子は**いじらしかっ**た。
② そういう君の**いじらしい**ところにまいってるんだ。

【解説】　女性や子供など弱い者が、懸命に行動しようとするのが感動的である様子を表す。プラスイメージの語。人間を初めから強者と弱者に分けて、女性や子供を弱者とし、その行為を憐《あわ》れみをもって(上から)見て感動するというニュアンスがあり、日本文化ならではの語であって、外国語に翻訳するのがむずかしい。「いじらしい」を使えるのは、女性や子供など弱い立場の者に限られていて、男性について用いられることはほとんどない。

×　彼がじっと涙をこらえているのはいじらしかった。
↓彼がじっと涙をこらえているのはあわれだった。

弱い者の懸命な努力をプラスに評価しようとする語は、ほかに「けなげ」があるが、「けなげ」が行動を起こす精神的な強さについての評価であるのに対して、「いじらしい」は他から見て感動的である様子を強調する点が異なる。

？　病弱な両親を助けて働くいじらしい子供。
↓病弱な両親を助けて働くけなげな子供。

「いじらしい」は「いたいたしい」にも似ているが、「いたいたしい」はほとんど誰にでも用いられる。また「いたいたしい」が心に痛みを覚えて正視できない感じを表して、ややマイナスイメージの語であるのに対して、「いじらしい」は単に感動的である様子を表しイメージはプラスである。

×　彼の包帯姿はまことにいじらしい。
↓彼の包帯姿はまことに痛々しい。

⇩「あわれ」「けなげ」「いたいたしい」

いじわる・いじわるい　［意地悪・意地悪い］　Ijiwaru・Ijiwarui

① 彼は**いじわるく**人の弱みを突いてきた。
② あんまり**いじわる**をすると、嫌われるよ。
③ 「君は顔に似合わずおしとやかだね」「**いじわるね**」

【解説】　わざと人を困らせたり、いじめたりする様子や性質を表す。原則としてマイナスイメージの語。名詞にかかる修飾語として用いられるときは、「いじわるな□

□」という形が一般的で「いじわるい□□」はあまり用いない。①②が基本的な意味で、故意に人にいやがられるようなことをするという意味である。「いじわる・いじわるい」は、人にいやがられる行為の元にある悪意にポイントがあるので、人について用いることが多く、物事について用いることは擬人法《ぎじんほう》を除いてはない。

×　あの機械はその時いじわるく故障した。

→あの機械はその時運悪く（間が悪く）故障した。

③は会話の中で感動詞的にしばしば用いられる用法で、おもに女性が用いる。相手の発言が自分にとって辛辣《しんらつ》だったり不利益だったり、また逆にうれしかったりしたとき、自分の気持ちを直接表現する恥ずかしさや照れくささに耐えられず、すねている場合によく用いられる。③の例では「顔に似合わずおしとやかだね（顔からはおしとやかに見えないが、行動はおしとやかだね）」という男性の発言に対して、「顔からはおしとやかに見えない」という内容については反発し、「行動はおしとやかだ」という内容については恥ずかしさで照れくさいという二つの心理を、「いじわる」の一語で表現している。したがって、かなり複雑であまえたニュアンスがあり、必ずしもマイナスイメージにはならない。③の意味のときは、「いじわるい」という形は用いられない。

①②の通常の意味のときの「いじわる」は「いじわる」というように、「じわ」が高い中高型《なかだかがた》のアクセントになるが、③の意味のときは「いじわる」というように、「じ」だけが高く発音されることも多い。

⇩「そこいじわるい」「はらぐろい」

いそがしい［忙しい］Isogashii

(1)① 毎日仕事で**いそがしい**。

② 旅行の支度《したく》で**いそがしくて**、お会いできません。

③ **いそがしい**日々を送る。

(2)① 小鳥が巣穴へ**いそがしく**出たり入ったりしている。

② 君は**いそがしい**性格だね。

【解説】 (1) することが多くて暇な時間のない様子を表す（↔ひま）。プラスマイナスのイメージはない。「□□でいそがしい」という形をとるときは、□□に忙しい原因または理由が入ることが多い。本来プラスマイナスのイメージはないのであるが、することが多いということは、日本では暗黙《あんもく》のうちに仕事が多いことを意味するから、「忙しい→よい」というイメージを生みやすい。したがって、挨拶語《あいさつご》として「お忙しそうですね」はふつうに用いられるが、「おひまそうですね」は相手によっては侮蔑的《ぶべってき》に受け取られかねない。

「いそがしい」は、「あわただしい」「せわしい」などに近いが、「あわただしい」「せわしい」が落ち着きのない心理の暗示されるマイナスイメージの語であるのに対して、「いそがしい」は暇な時間のないことを客観的に表現する点が異なる。

× 毎日慌ただしくてけっこうですな。
↓毎日忙しくてけっこうですな。

(2) たえまなく行動する様子を表す。ややマイナスよりのイメージの語。①は行動にたえまないことを客観的に見ての表現である。②は、そういう行動などから判断して、落ち着きのない性格であるという意味になる。①は「せわしない」に近いが、「せわしない」は「いそがしい」よりももっと焦燥感《しょうそうかん》が強く、切迫した感じが出る。

⇨「あわただしい」「せわしい」「せわしない」

いたい [痛い・甚い] Itai

(1) ① ゆうべから歯が**いたい**。
② (医者が患者に)ほかに**いたい**所はありますか。
③ 毎日**いたい**注射を打たれた。

(2) ① どうやって借金を返そうかと頭が**いたい**。
② ぼくの忠告には耳が**いたい**かもしれない。
③ 彼の質問はいつも**いたい**所を突く。
④ 君の気持ちは**いたい**ほどよくわかる。

(3) ① 収入が少ないところへ、高額の保険料は**いたい**。
② 大事なところで**いたい**ミスが出た。

(4) ① 彼女の丁寧《ていねい》な手紙には**いたく**感心しました。

【解説】 (1)～(3)(ふつう「痛い」と書くもの)と(4)(ふつう「甚い」と書くもの)の二つに分けられる。

(1) 肉体的に苦痛を感じる様子を表す。マイナスイメージの語。②の「いたい所」は、医者が患者に質問するという状況でよく用いられる。肉体の一部分の痛みを言うことが普通で、全身的な苦痛を意味しないことが多い。また「いたい□□」のように名詞にかかる修飾語で用いられる場合、□□には痛みを発する肉体の一部(②)も、痛みの原因(③)も入る。

(2) 精神的に苦痛を感じる様子を表す。マイナスイメージの語。①②は慣用句で、「頭がいたい」は「困っている」、「耳がいたい」は「心にこたえる」という意味を表す。③はこれから一歩進んで、「いたい所」で「精神的に苦痛を感じる所＝弱点」という意味になる。④の「いたいほどよくわかる」も慣用句で、自分も精神的に苦痛を感じるほどよく理解できるという意味で、深い同情の気持ちを暗示する。

苦痛を感じるという意味では「いたい」は「つらい」にも似ているが、「つらい」が被害を受ける側の精神的な苦痛を表すのに対して、「いたい」はもっと直接的で肉体的な苦痛をも表せる点が異なる。

× 友人との別れが痛い。↓友人との別れがつらい。

(3) (2)からさらに進んで、被害を受ける様子を表す。マイナスイメージの語。①のように述語で用いられるほうが多いが、②のように名詞にかかる修飾語で用いられた場合には、「被害の大きい□□」という意味になる。この場合は、被害の大きいことを強調する表現として、「ていたい」を用いることが多い。

→大事なところで手痛いミスが出た。

「ひどい」も被害の大きいことを表すが、「ひどい」が程度の大きさを強調する表現であるのに対して、「いたい」では被害を受けたことにポイントがあり、やや主観的な表現になっている。

(4) 「いたく」という述語にかかる修飾語で用いられ、程度が大きい様子を表す。プラスマイナスのイメージはない。文章語的な表現なので、日常会話の中で用いられることは少なく、文章・手紙や公式の発言などの中で用いられることが多い。

⇨「ていたい」「ひどい」「つらい」「くるしい」「かたはらいたい」

いたいけ ［幼気］ Itaike

① 女は**いたいけ**な子供を連れて歩いていた。
② 少女の**いたいけ**な姿は感動をさそった。

【解説】 子供・少女などがいかにも幼くて無力そうに見える様子を表す。ややプラスイメージの語。「いたいけな□□」というように、名詞にかかる修飾語として用いられるのが普通で、述語で用いられることは少ない。

? 女の連れている子供はいたいけだった。
→女の連れている子供は幼かった。

「いたいけ」は、外見の幼さにポイントがあるので、大人や大柄な子供に対しては用いられない。「いたいけ」は「いじらしい」や「あどけない」に似ているが、「いじらしい」が見る者の感動を暗示し、「あどけない」が対象の無垢《むく》で純粋な様子を暗示するニュアンスがあるのに対して、「いたいけ」は対象の幼く無力な様子をやや客観的に暗示する。全く同じ文脈で「いたいけ」と「いじらしい」「あどけない」が用いられると、次のようなニュアンスの違いを生ずる。

いたいけな子供。(見るからに幼くて小さい)
いじらしい子供。(幼いのに感心だ)
あどけない子供。(無邪気でかわいらしい)

⇨「いじらしい」「あどけない」「おさない」「いとけない」

いたいたしい ［痛々しい］ Itaitashii

① 彼の包帯姿はまことに**いたいたしい**。
② 子供たちの手足は**いたいたしい**ほど細かった。

【解説】 見るからに痛そうな様子、また、心に苦痛を覚えて正視できない様子を表す。ややマイナスよりのイメージの語。ほとんど誰に対しても用いられ、弱い者専用の「いじらしい」と区別される。
心に苦痛を覚える点では「いたましい」にも似ているが、「いたましい」が対象に対する憐《あわ》れみや同情を主観的に表すのに対して、「いたいたしい」はやや客観的である。また、事柄に対してはふつうは用いられない。
× 痛々しい事故の光景。→いたましい事故の光景。
⇩「いたましい」「いじらしい」「むごい」「いたい」

いたがゆい ［痛痒い］ Itagayui

① きのう蚊《か》に刺されたところが**いたがゆい**。
② 昔の恋人の話を持ち出されるのは、彼には**いたがゆい**思いだった。

【解説】 痛みとかゆみの混じったような感覚を表す。ややマイナスイメージの語。①のように物理的・肉体的に痛みとかゆみの双方を感じる意味が最も一般的で、②のように精神的に苦痛や焦燥《しょうそう》を感じるという意味で用いられることは、現在ではあまり多くない。
⇩「いたい」「かゆい」

いただけない ［頂けない・戴けない］ Itadakenai

① あの酒はどうも**いただけない**。
② それは**いただけない**意見だね。

【解説】 「いただく」の可能動詞「いただける」の打消し。「いただくことができない」という意味の他に、「感心できない」「よくない」などの意味を表す。マイナスイメージの語。「よくない」「感心できない」とはっきり評価するのを避けて、婉曲《えんきょく》に表現した語である。したがって、主語によってさまざまの意味を表すことになる。①は「まずい」、②は「感心(採用)できない」などの意味を婉曲に表したものである。
⇩「まずい」「わるい」「よい」「いい」

いたたまれない ［居た堪れない］ Itatamarenai

① 彼女は嫁《とつ》ぎ先に**いたたまれなく**なって、実家に帰ってきた。
② その場に**いたたまれない**視線を浴びる。

【解説】 「いたたまる」の可能動詞「いたたまれる」の打消し。その場にとどまっていることができない、逃げ出したい気持ちを表す。ややマイナスイメージの語。とどまっていることが精神的に苦痛となるときに感じる気持ちを表すことが多く、物理的に苦痛である様子を表すことは少ない。
? 部屋が暑くていたたまれなかった。
→部屋が暑くていられなかった。

「いたたまれない」は、「いづらい」に似ているが、「いづらい」はとどまっていることがつらいという気持ちを表すだけで、実際には依然としてとどまっていることも含みうる。「いたたまれない」は、その場にとどまることの苦痛が大きいので、逃げ出してしまうことを暗示している。

親の家にはいたたまれなかった。
（とどまっている可能性はほとんどない）
親の家にはいづらかった。
（依然としてとどまっている可能性もある）

⇨「いづらい」

いたましい［痛ましい・傷ましい］Itamashii

① 彼の不幸な生《お》いたちは、なんとも**いたましい**。
② 毎日**いたましい**事故で、多くの人命が失われている。

【解説】 心に苦痛を覚えて正視できない様子を表す。ややマイナスイメージの語。「いたいたしい」にも似ているが、「いたいたしい」がおもに対象の外見の様子を評した語であるのに対して、「いたましい」はそれを見て感じる憐《あわ》れみや同情などの気持ちを表すというニュアンスの違いがある。

？ 彼はいたましく足をひきずっていた。
→彼は痛々しく足をひきずっていた。

また、「いたましい」のほうがやや抽象的であるので、事柄についても用いられる(②)。「いたましい」は「いたわしい」にも似ているが、「いたわしい」のほうが同情の気持ちがより強く出るので、「おいたわしい」の形で挨拶《あいさつ》語《ご》として用いることができる。

⇨「いたいたしい」「いたわしい」「むごい」「むごたらしい」

いたらない［至らない・到らない］Itaranai

① 彼女が悪いんじゃありません。ぼくが**いたらなかっ**たんです。
② あの子がぐれたのは君が**いたらない**せいだ。
③ 精一杯勤めますが、**いたらない**点はどうぞお許しいただきとう存じます。
④ **いたらぬ**者ですが、以後お見知りおきを。

【解説】 動詞「いたる」の打消し。「到達《とうたつ》しない」という意味の他に、「未熟である」「ゆきとどかない」という意味を表す。マイナスイメージの語。「およばない」に近いが、「いたらない」では到達すべき理想がある程度はっきりしており、そこに到達できないというニュアンスがある。また、主体としては人間がくるのが普通で、物事はこない。

× ぼくの力は至らない。→ぼくの力は及ばない。

①は離婚の記者会見などによく表れる発言で、自分が理想的な心配りをしなかったという意味である。③は会合の司会者の挨拶《あいさつ》などによく表れる発言で、会場の人々の理想に届かない点は許してほしいという挨拶語である。④は目上の人間に初めて会ったときの挨拶語で、「未熟者ですが」という卑下《ひげ》の言葉である。

「いたらない」は総じて、日常会話の挨拶や発言中に用いられることが多く、客観的な表現としてはおもに「およばない」のほうを用いる。

⇨「およばない」「うかつ」「ふつつか」

いたわしい［労しい］Itawashii

① 両親に死に別れた子供たちが**いたわしい**。

② まあ、お**いたわしい**ことで。

【解説】 憐《あわ》れみを感じる様子を表す。ややマイナスよりのイメージの語。ややかたい文章語で、文章・手紙や公式の発言、挨拶《あいさつ》などに用いられる。対象に対する同情の気持ちを表すので、②のように挨拶語として用いることができる(相手のことについての挨拶であるから、敬語の「お」を伴《ともな》う)。この用法は「いたましい」にはない。

「いたわしい」は「かわいそう」に近い意味をもつが、「かわいそう」のほうが対象に対する心理的な距離が近いので、親近感がある。したがって挨拶語として用いる場合、目上に対するときは「いたわしい」のほうが「かわいそう」より丁寧《ていねい》な感じが出る。

先生がおかわいそうだ。→先生がおいたわしい。

また、「きのどく」にも似ているが、「きのどく」のほうが同情の程度が低く、意味・用法が広い。

× 二時間も待たせていたわしいことをしたね。

→二時間も待たせて気の毒なことをしたね。

⇨「いたましい」「かわいそう」「きのどく」

いちじるしい［著しい］Ichijirushii

① 最近、彼は進境**いちじるしい**。

② 両者の間には**いちじるしい**違いがある。

③ 汚れたTシャツが彼の印象を**いちじるしく**損ねた。

【解説】 変化や差異が誰にでもわかるようにめだつ様子を表す。プラスマイナスのイメージはない。かたい文章語で、日常会話に用いられることは少ない。①の「進境いちじるしい」は慣用句で、「めだって進歩した」という意味である。

「いちじるしい」は「はなはだしい」に似ているが、「はなはだしい」が程度の大きいことを言い、外面にも内面にも用いられるのに対して、「いちじるしい」は外見に現れためだった変化・相違にポイントがあり、外に現れていないことについては用いられない。

? 彼の憂鬱《ゆううつ》は著しい。→彼の憂鬱は甚だしい。

また、「いちじるしい」は「めざましい」にも似ているが、「めざましい」が対象の行動がめだつことについてプラスの感動を表すのに対して、「いちじるしい」は感動までは表さず、様子を表すのにとどまっている点が異なる。

× 彼の活躍《かつやく》は著しかった。
→彼の活躍は目覚ましかった。

⇩「はなはだしい」「めざましい」

いづらい ［居辛い］ Izurai

① なんとなく女房《にょうぼう》の実家には**いづらい**。
② 新人には**いづらい**雰囲気がある会社だ。

【解説】 その場にとどまっていることがむずかしい様子を表す。ややマイナスイメージの語。原因が物理的な場合は少なく、たいがいは心理的にとどまることがむずかしいという意味になる。

? たばこの煙がひどくて、その部屋にはいづらい。
→たばこの煙がひどくて、その部屋にはいられない。

「いづらい」は「いたたまれない」に似ているが、「いたたまれない」が主観的にとどまることの苦痛を暗示するのに対して、「いづらい」はやや客観的で苦痛の程度も低い。したがって、「いづらい」と感じても、依然としてその場にとどまっている可能性がある。

⇩「いたたまれない」「一づらい」

いとおしい ［愛おしい］ Itooshii

(1)① わが子が**いとおしく**てならない。
(2)① 両親に死なれた子供たちが**いとおしい**。

【解説】 (1) 愛情を感じ、大切に思う様子を表す。プラスイメージの語。女性・子供について用いることが多いが、女性が男性について用いることもある。この場合、「いとおしい」は「いとしい」に非常に近い意味になる。

A 彼がこんなにいとおしく思えたことはありません。
B 彼がこんなにいとしく思えたことはありません。

「いとしい」が切実な愛情を表すのに対して、「いとおしい」を使った場合、やや保護者的(母性的)な愛情にかたむくニュアンスがある。したがって、Aの例では女性が心理的にやや優位《ゆうい》に立っていることを暗示し、Bの対等な立場に立っての愛情表現とニュアンスの上で異なる。

(2) 憐《あわ》れみを感じ、同情をさそう様子を表す。プラスイメージの語。「かわいそう」よりも深い愛情が背景にあることを暗示する。

⇩「いとしい」「かわいい」「すき」「かわいそう」

いとけない ［稚い・幼い］ Itokenai

① 未亡人は**いとけない**子供をかかえていた。

② 彼女の息子はまだ**いとけない**。

【解説】子供が幼く小さい様子を表す。プラスイメージの語。ただしかたい文章語であって、日常会話にはほとんど用いられない。「おさない」に近いが、「いとけない」には幼い者に対する愛情が暗示されており、単なる対象の性質だけを表さない。また、「あどけない」に暗示されるような無垢《むく》・無邪気のニュアンスがなく、年齢の幼いことに対する母性的な愛情を表す表現になっている。したがって、「いとけない」は子供以外に用いられることはまれで、抽象的な意味はもっていない。

？ 少女のいとけない笑顔《えがお》(しぐさ)。
→少女のあどけない笑顔(しぐさ)。

× 彼の考えはいとけない。
→彼の考えは幼い。

⇩「あどけない」「おさない」「こどもっぽい」

いとしい［愛しい］Itoshii

① 彼女は**いとしい**人の所へ去って行った。
② 子供が**いとしい**。

【解説】子供や異性に愛情を感じる様子を表す。プラスイメージの語。「こいしい」に近いが、「こいしい」が物に対しても用いられるのに対して、「いとしい」は人間専用である。

× おふくろの味がいとしい。
→おふくろの味が恋しい。

「いとしい」は「すき」(好き)にも似ているが、「すき」が嗜好《しこう》や愛情の一方的な表現であるのに対して、「いとしい」はより深い愛情の背景を暗示し、「すき」よりも愛情の程度が大きいことが多い。また、「すき」に比べて「いとしい」は文章語的な表現であって、会話の中で用いられることは少ない。

× あなたのいとしい作家は誰ですか。
→あなたの好きな作家は誰ですか。

⇩「いとおしい」「こいしい」「すき」「かわいい」

いとわしい［厭わしい］Itowashii

① 彼女には彼のしつこさが**いとわしかっ**た。
② 別れた女の**いとわしい**手紙を焼き捨てた。

【解説】不愉快《ふゆかい》でいやな様子を表す。マイナスイメージの語。かたい文章語なので、日常会話で用いられることは少ない。日常会話では、「いや」「きらい」「わずらわしい」などを用いる。

？ お前のなまいきな言い草がいとわしい。
→お前のなまいきな言い草がいやだ。
→お前のなまいきな言い草が嫌いだ。

⇩「いや」「きらい」「うとましい」「おぞましい」

いなかくさい［田舎臭い］Inakakusai

① その子は**いなかくさい**身なりをしていた。
② 長男が必ず家を継ぐだなんて**いなかくさい**考えは、好きじゃないな。

【解説】 服装・態度などが田舎《いなか》ふうで洗練されていない様子を表す。マイナスイメージの語。「～くさい」は「～の雰囲気をもっている」という意味の、形容詞を作る語尾。①のように外見の服装や態度などについて用いることが多く、②のように抽象的なものについて用いることはあまり多くない。

「やぼったい」「どろくさい」より程度が低く、侮蔑《ぶべつ》の暗示も少ない。若い人の間では、より意味がはっきりして語調の強い「ださい」が多く用いられる傾向にある。

⇨「やぼったい」「どろくさい」「ださい」「あかぬけない」「ーくさい」

いなせ［鯔背］Inase

① 今どきめずらしい、**いなせ**な兄さんだったぜ。
② しるしばんてんを**いなせ**に引っ掛けて出てきた。

【解説】 若い男性が粋《いき》で威勢がよく、清潔そうで美しい様子を表す。プラスイメージの語。もともと、江戸日本橋《にほんばし》の魚河岸《うおがし》の若い衆が、まげを鯔背銀杏《いなせいちょう》に結っていたことからできた語で、この語そのものに江戸時代の雰囲気があり、現代ではほとんど使われなくなっている。これは、この語を言い換える別の語ができたからというよりは、この語の指す様子・状態そのものが、風俗の変化に伴《ともな》って消えていっているからである。したがって、江戸時代や下町の風俗を描写した文章中、または芝居などの特殊な場面でしか用いられない。

用法としては、名詞にかかる修飾語（①）が最も一般的で、その他の修飾語（②）としても用いられるが、述語に用いられることはまれである。

いなめない［否めない］Inamenai

① 反対者が出るのは**いなめない**。
② それは**いなめない**事実だ。

【解説】 「いなむ」の可能動詞「いなめる」の打消し。プラスマイナスのイメージはない。否定できないという意味を表す。かたい文章語で、日常会話で用いることは少なく、新聞・報道などによく用いられる。「否定できない」という意味であるから、二重否定である。したがってきわめて婉曲《えんきょく》な、遠回しな表現であって、直接に断言することをはばかられる公的な場面でよく用いられる。①の例では、「反対者が出る」と言いたいところだが、断言することをはばかられるので、ぼかしたわけである。

②でいえば「明らかな事実」と言いたいところをぼかしたのである。

⇩「いけない」「だめ」

いぶかしい［訝しい］Ibukashii

①後で考えれば、彼の行動は**いぶかしく**思えた。

②小首をかしげて**いぶかしげ**な顔をした。

【解説】納得《なっとく》がいかずに不審《ふしん》に思う様子を表す。プラスマイナスのイメージはない。未知の事柄についての疑問を表す。ややかたい文章語で、日常会話で用いられることは少なく、その場合は、「不思議」「あやしい」「おかしい」などを用いる。「いぶかしい」は述語で用いることもあるが、「いぶかしく思う」という形のほうがより一般的である。また、「〜げ」という接尾語をつけて、「不審そうな」という意味を表す派生語がよく用いられる。この場合、「いぶかしそう」という形はとりにくく、あくまで文章語的な「いぶかしげ」の形のほうが多い。

「いぶかしい」は「うたがわしい」や「あやしい」に似ているが、「うたがわしい」が現在の状況を疑うことによって、対置されている事柄を暗示し、「あやしい」は人《じん》知《ち》を超えたものに対する畏怖《いふ》の暗示をもつのに対して、「いぶかしい」はもっと知的で、未知の事柄についての疑問を表し、解答への見当はついていないことが多い。全く同じ文脈で「いぶかしい」と「うたがわしい」「あやしい」が用いられると、次のようなニュアンスの違いを生ずる。

彼の行動をいぶかしく思う。
（何をしているのか納得できない）
彼の行動を疑わしく思う。
（悪いことをしているのだろう）
彼の行動をあやしく思う。
（得体《えたい》が知れなくて不審だ）

⇩「うたがわしい」「あやしい」「おかしい」

いまいましい［忌ま忌ましい］Imaimashii

①あんな軽薄な奴にだまされるなんて**いまいましい**ったらありゃしない。

②なんて**いまいましい**風なんだ。

③農民は**いまいまし**そうに、雲一つない夏空を見上げた。

【解説】非常に怒りを感じる様子を表す。マイナスイメージの語。「しゃくにさわる」に近いが、「いまいましい」のほうが怒りの程度が大きい。対象を嫌悪《けんお》することにおいては「にくたらしい」にも似ているが、「にくたらしい」が対象が不快に見えることを表現するのに対して、「いまいましい」は腹が立つことを主観的に表現しただけで、対象の実態には関係しない。
× いまいましい顔つきの子供。
→憎たらしい顔つきの子供。
「いまいましい」は「はらだたしい」にも似ているが、「はらだたしい」のほうが怒りの程度が低く、不快の心理も相対的に低い。

? なんて腹立たしい風なんだ。

⇨「にくたらしい」「はらだたしい」

いまわしい［忌まわしい］Imawashii

① あの男には**いまわしい**過去があった。
② 彼の話を聞いてなんとなく**いまわしい**予感がした。

【解説】 不吉《ふきつ》な感じがして不快な様子を表す。マイナスイメージの語。ややかたい文章語である。「いや」というよりも、もっと宗教的タブーに近いニュアンスをもつ表現で、個人の好き嫌いを超えた絶対的な嫌悪《けんお》を表す。意味の似た「いとわしい」などは個人によってそう見ない見方もできるが、「いまわしい」にはほとんど他の表現を許さない絶対悪のニュアンスがある。したがって、個人の主観的な好悪《こうお》を表現する場合には、「いまわしい」は用いられない。
× 彼女のどぎつい服がいまわしかった。
→彼女のどぎつい服がいとわしかった（いやだった）。
「いまわしい」は「まがまがしい」に似ているが、「まがまがしい」のほうが忌避感《きひかん》が強い。
⇨「いとわしい」「いや」「まがまがしい」

いや［嫌・厭・否］Iya

(1) ① じきに彼女は仕事が**いや**になった。
② あんな女の顔を見るのも**いや**だ。
③ 男は露骨《ろこつ》に**いや**な顔をした。
④ 妙に**いや**な予感がした。
⑤ **いや**な奴だなあ。
⑥ うっふん、**いやん**、ばか。
⑦ 「君の家へ行ってもいいかい？」「**いや**」
⑧ ちょっと手を出したら**いや**というほどたたかれた。
(2) ① 「この背広、あなたのですか」「**いや**、彼のです」
② 三百人、**いや**四百人以上集まったんだって。

【解説】 (1) 物事や人を不快に感ずる様子を表す。原則としてマイナスイメージの語。主観的な嫌悪《けんお》を表し、はっきりした理由はないことが多い。
①～③は「不快だ」という意味、④は「悪い」という意味である。
⑤は非常に微妙な表現で、使われる場面によってはほめ言葉になる可能性もある。必ずしも「不快」で「嫌い」とは言いきれない。ただ、単純に「いい奴だなあ」と言

ってしまうにはものたりないあくのようなものがあるとき、よく用いられる表現である。⑥は女性が恋人にあまえる場面が想像される。こういうとき、女性はしばしば「いや」を使うが、この場合は嫌悪や拒否を表さず、すねたり媚《こ》びたりしていることが多い。したがって、このときは必ずしもマイナスイメージとは言えない。

⑦は応答の言葉として用いられる例である。否定を表し「いいえ」「いけません」「だめです」というのと同じである。おもに女性・子供が使う。「いいえ」「いけません」「だめです」よりも、あまえたニュアンスがある。「だめ」が客観的な理由の存在を暗示するのに対して、「いや」は確《かく》たる理由もなく主観的に否定する点が異なる。

「君の家へ行ってもいいかい？」「いや」

（今日はなんとなく気分が悪いから）

（本当は来てほしいが素直にそう言えない）

「君の家へ行ってもいいかい？」「だめ」

（他の友だちがたずねて来るから）

（掃除していなくて部屋が汚いから）

⑧の「いやというほど～」は慣用句。程度の大きいことを表し「ひどく」という意味である。

「いや」は「きらい」に似ているが、「きらい」が一般的な嫌悪感を表すのに対して、「いや」が表す不快感はその場かぎりのものであることが多く、主体や対象を限定しない。また、「きらい」は自分以外の人についても言い切りで用いられる点が「いや」と異なる。

× いつも朝食はパンなのだが、その日に限って嫌いだった。
↓いつも朝食はパンなのだが、その日に限っていやだった。

× 君は曲がったことがいやだ。
↓君は曲がったことが嫌いだ。

(2) (1)から派生した意味で、否定の返事または接続詞となる。プラスマイナスのイメージはない。「いいえ」というのに等しい。(1)⑦に似ているが、(1)⑦の「いや」が尾高型《おだかがた》の語アクセントをもち、女性・子供専用であるのに対して、(2)の「いや」は平板型《へいばんがた》ないし頭高型《あたまだかがた》の語アクセントで、おもに男性が用いる点が異なる。

⇨「きらい」「だめ」「いけない」

いやしい［卑しい・賤しい］Iyashii

(1)① 彼は金に**いやしい**男だ。
② 老婆は片頬《かたほお》に**いやしい**笑いを浮かべた。
③ 彼女の身なりは**いやしかっ**た。
④ 人品《じんぴん》**いやしから**ぬ紳士がたずねてきた。
(2)① あの女は出が**いやしい**。

【解説】 (1) 下品でつつしみがない様子を表す。マイナスイメージの語。自分より劣った者、貧しい者に対する侮蔑《ぶべつ》の暗示をもつ語である。①は金銭に対して貪欲《どんよく》だという意味。②は露骨《ろこつ》で品の悪い笑いという意味。③はみすぼらしい、貧しいという意味である。④の「人品いやしからぬ」は慣用句で、「洗練された」「品のある」という反対の意味になる。

(2) 身分が低い様子を表す。マイナスイメージの語。ただし、現在あまり使われない表現で、ほとんど「出がいやしい」などの慣用句の中に、この意味が残っている。

「いやしい」は、もともと、身分の低い者の行動が品がなく露骨に見えることから、これを侮蔑する言葉として生まれたものである。したがって、「いやしい」を用いたときには、相手を見下す気持ちが必ず背後にあり、しかもその相手に対する強い嫌悪《けんお》がある。そのため、自分自身を評するときには用いない。

× おれ、あんないやしい恰好《かっこう》をしてたなんて。

↓おれ、あんなみっともない恰好をしてたなんて。

また、「いやしい」は「あさましい」にも似ているが、「あさましい」が欲望の発露《はつろ》に対する不快感を表すのに対して、「いやしい」にははっきりした侮蔑の気持ちのある点が異なる。「あさましい」には「□□にあさましい」という用法はない。

? 満員のバスに先を争って乗るなんて、いやしいね。

↓満員のバスに先を争って乗るなんて、あさましいね。

⇨「みっともない」「あさましい」「さもしい」

いやみったらしい ［厭味ったらしい］ **Iyamittarashii**

① 彼は**いやみったらしい**文句を並べた。

② 奴のからみ方は**いやみったらしい**。

【解説】 いかにも人を不快にさせる態度や様子であることを表す。マイナスイメージの語。「いやみ」は人に不快な感じを与える言葉や様子である。「〜たらしい」は「いかにも〜のように感じられて不快だ」という意味の、形容詞を作る語尾。日常会話で用いられ、文章中には登場しない。「いやみ」は故意に人を不快にさせることであるから、①は「わざと人を不快にさせるように聞こえる文句」という意味で、相当な悪意を感じさせる表現である。

「ひにくっぽい」にも似ているが、「ひにくっぽい」が皮肉に見えるという外見の様子を表し、皮肉の程度がやや低くなるのに対して、「いやみったらしい」は「わざといやみに思えるようにする」という悪意が感じられ、マイナスの程度が大きい。全く同じ文脈で「いやみったらしい」と「ひにくっぽい」が用いられると、次のようなニュアンスの違いを生ずる。

彼の話し方はいやみったらしい。

(いちいち癇《かん》にさわって不愉快《ふゆかい》だ)
彼の話し方は皮肉っぽい。
(核心を突いてこないで遠回しにあてつけている)

わざと人を不快にさせる点で、「いやみったらしい」は「あてつけがましい」にも似ているが、「あてつけがましい」が直接相手に攻撃を向けてくるニュアンスがあるのに対して、「いやみったらしい」はやや遠回しで、間接的に人を不快にさせるという違いがある。

? 金のないおれの前で宝石をちゃらちゃらさせるなんて、いやみったらしい女だ。
→金のないおれの前で宝石をちゃらちゃらさせるなんて、あてつけがましい女だ。

⇨「ひにくっぽい」「あてつけがましい」「―たらしい」

いやらしい［嫌らしい・厭らしい］Iyarashii

① 彼女はいつも**いやらしい**化粧をしている。
② 奴のお辞儀はばか丁寧《ていねい》で、かえって**いやらしい**。
③ 男はとたんに**いやらしい**目つきになった。
④ 彼、暗い所へ来ると**いやらしい**ことをするんです。

【解説】 不快でいやな感じである様子を表す。マイナスイメージの語。品性の下劣《げれつ》さを感じさせる表現であり、個人的な好き嫌いを表現したものではない。①~③は下品で不快だという意味であるが、④の例は特に性的でみだらだという意味になる。「いや」よりももっと不快感が強く出る表現である。

⇨「いや」「きらい」「すけべったらしい」

いらだたしい［苛立たしい］Iradatashii

① 彼の悠長《ゆうちょう》な話し方はひどく**いらだたしい**。
② 彼女は**いらだたしげ**に、ぼくの話をさえぎった。

【解説】 思うようにならなくて焦燥《しょうそう》を感じる様子を表す。マイナスイメージの語。この焦燥には怒りを伴《ともな》っている。「はらだたしい」に似ているが、「はらだたしい」には焦燥の暗示がない。また「じれったい」にも似ているが、「じれったい」には怒りの暗示がない。

? 老人の歩《あゆ》みは遅くていらだたしい。
→老人の歩みは遅くてじれったい。

⇨「はらだたしい」「じれったい」「まだるっこい」「まどろっこしい」「はがゆい」「もどかしい」

いろっぽい［色っぽい］Iroppoi

① 彼女の目つきはじつに**いろっぽい**。
② 彼は**いろっぽかっ**たので、女の子にもてた。
③ 最近とんと**いろっぽい**話がないね。

【解説】 性的な魅力がある様子を表す。プラスイメージの語。女性について用いるのが一般的だが、男性について用いることも皆無《かいむ》ではない(②)。また、③のように「女性に関する」という意味で、物事についても用いられる。

「なまめかしい」も性的な魅力を言う語だが、「いろっぽい」は「なまめかしい」の触覚的・直接的なニュアンスに比べて、かなり視覚的・抽象的なニュアンスになっていて、それによってひきおこされる性的衝動の程度も相対的に低い。

× 色っぽい春の夜、公園はアベックであふれる。
↓なまめかしい春の夜、公園はアベックであふれる。

また「いろっぽい」は「あだっぽい」にも似ているが、「あだっぽい」はほとんど女性専用である点が異なる。

⇩「なまめかしい」「あだっぽい」「いろめかしい」「つやっぽい」「―ぽい」

いろめかしい [色めかしい] Iromekashii

① 芸者さんは座り方一つとっても**いろめかしい**。
② 彼には最近とんと**いろめかしい**話がない。

【解説】 性的な魅力があるように見える様子を表す。ややプラスよりのイメージの語。「〜めかしい」は「まるで〜のように見える」という意味の、形容詞を作る語尾。①が基本的な意味である。②は一歩進んで女性に関するうわさという意味である。

「いろめかしい」は「いろっぽい」に似ているが、対象の性質を表すというよりは、それを見る側の印象を表現する語である点で、「いろっぽい」と異なる。

× 男の話をすると色っぽく思われるのがいやだわ。
↓男の話をすると色めかしく思われるのがいやだわ。

⇩「いろっぽい」「―めかしい」

いんきくさい [陰気臭い] Inkikusai

① 彼は一日**いんきくさい**部屋に閉じこもっている。
② 彼の第一印象は**いんきくさい**。

【解説】 見るからに陰気で不快な様子を表す。マイナスイメージの語。物についても人についても用いられる。「〜くさい」はにおいを意味せず、「陰気」の意味を下落させるニュアンスをもち、単に「陰気」というより侮蔑《ぶべつ》的《てき》なニュアンスになる。

「暗い」の意味もあるが、「いんきくさい」はあくまで主観的で、実際に光が少ないかどうかには言及《げんきゅう》していない点が「暗い」と異なる。

○ 彼の部屋は西日の当たる陰気くさい部屋だ。

⇩「くらい」「―くさい」

ういういしい [初々しい] Uiuishii

① 彼女は**ういういしい**若奥様ぶりを発揮した。
② 新入生の新しい制服姿はなんとも**ういういしい**。

【解説】 世間ずれしていなくて、純真な様子を表す。プラスイメージの語。意味の性質上、少女・若者、組織の新人・初心者などについて用いられることが多く、経験者・老人については用いられることはまれである。動物や物については用いられない。

？ その老婆の挨拶《あいさつ》はいかにもういういしかった。
→その老婆の挨拶はいかにも純情そうだった。

× 子犬がういういしそうに遊んでいる。
→子犬が無邪気そうに遊んでいる。

「ういういしい」は対象の外見からわかる様子について用いるのが最も一般的で、内面の新鮮さについてはふつうは用いない。

？ その若者はういういしい気持ちをもっている。
→その若者は純真な気持ちをもっている。

世間ずれしていないという意味で、「ういういしい」は「うぶ」にも似ているが、「うぶ」が内面の新鮮さ（無防備さ）を暗示するのに対して、「ういういしい」は外見の新鮮さを暗示する点が異なる。

？ 彼女はういういしいから男にだまされやすい。
→彼女はうぶだから男にだまされやすい。

⇩「うぶ」「あどけない」

うかつ ［迂闊］ Ukatsu

① 彼女がいるのに気づかないとは**うかつ**だった。
② こんな所では**うかつ**に話もできない。
③ 事情が複雑だから**うかつ**な手出しはならない。

【解説】 不注意でゆきとどかない様子を表す。ややマイナスイメージの語。②③は「うかつに～できない」「うかつな～ない」という打消しに呼応する形で用いられ、気軽には～できないという意味を表す。「うかつ」は「いたらない」などに近い意味をもつが、ある場面において不注意であることを暗示し、その人の性格全体を評することは少ない点で「いたらない」と異なる。

⇩「いたらない」

うさんくさい ［胡散臭い］ Usankusai

① 最近、**うさんくさい**人間がうろついている。
② 彼の話はどうも**うさんくさい**。

【解説】 なんとなく不審《ふしん》で気が許せない様子を表す。マイナスイメージの語。「あやしい」「うたがわしい」に近いが、「うさんくさい」ははっきりした根拠もなく、なんとなく信用がおけないと感覚的に疑うニュアンスがある。

うさんくさい人間。
（正体がわからずなんとなく不審だ）

あやしい人間。
（悪事に関係がありそうだ）

似た語に「いかがわしい」があるが、「いかがわしい」が対象の様子からその出自《しゅつじ》（由来・素性《すじょう》・出身など）を疑っているニュアンスがあるのに対して、「うさんくさい」は対象の外見がなんとなく信用がおけない様子であることを暗示し、背景にまでは言及《げんきゅう》しない点が異なる。

？　彼女の素性はうさんくさい。
→彼女の素性はいかがわしい。

⇩「あやしい」「うたがわしい」「いかがわしい」「ーくさい」

うしろぐらい ［後ろ暗い］ Ushirogurai

① 彼には何か**うしろぐらい**ことがあるに相違ない。
② 今でもその件に関しては**うしろぐらく**思っている。

【解説】　人に知られては困ることがあって、悩んでいる様子を表す。マイナスイメージの語。「人に知られては困ること」というのは、多く悪事である。したがって、申し開きの言葉として「私にはうしろぐらい点は何一つありません」などとよく使われる。悩んでいると言っても、秘密の悪事をもっていることについて悩んでいるのであって、悪事そのものに対する反省ではないことが多い。この点が、秘密の内容を反省（後悔）するニュアンスのある「うしろめたい」と異なる。

？　彼女に会うと後ろぐらい思いにかられる。
→彼女に会うと後ろめたい思いにかられる。

⇩「うしろめたい」「やましい」「くらい」

うしろめたい ［後ろめたい］ Ushirometai

① あのとき彼を助けてやればよかったと思うと、**うしろめたい**。
② 彼女には何か**うしろめたい**ことがあるらしい。

【解説】　人に隠していることがあって、それを後悔している様子を表す。ややマイナスイメージの語。秘密があることは「うしろぐらい」と同じだが、その内容を反省し、後悔する気持ちを表すのが「うしろめたい」である。また、隠していることは悪事とはかぎらない（①）。後悔の気持ちを表面に表さず、心の中で反省している様子を表す表現である。

「うしろめたい」は「やましい」に似ているが、「やましい」は第三者が主体の後悔を憶測《おくそく》する暗示があるのに対して、「うしろめたい」は主体自身の後悔を暗示する。

×　あのとき彼を助けてやればよかったと思うと、やましい。

⇩「うしろぐらい」「やましい」

うすあおい［薄青い］Usuaoi

① **うすあおい**色の絵具を塗る。
② 春の空は**うすあおい**。

【解説】 色彩を表す形容詞。あおみが薄い様子を表す。プラスマイナスのイメージはない。「あおい」はブルーからグリーンまで色調の幅が広いが、「うすあおい」というときは、ほとんど薄いブルーを意味し、薄いグリーンを意味することは少ない。

? 芽を出したばかりの薄青い若葉。
→芽を出したばかりの薄緑の若葉。

⇨「あおい」「あおっぽい」

うすあかい［薄赤い］Usuakai

① 彼女は**うすあかい**ワンピースを着ていた。
② 傷口をこするとハンカチが**うすあかく**染まった。
③ わずかの酒でも彼女の頰《ほお》は**うすあかく**なる。

【解説】 色彩を表す形容詞。あかみが薄い様子を表す。プラスマイナスのイメージはない。「あかい」は指す色調の幅が広いが、「うすあかい」では、赤(①)、茶に近いもの(②)、血色《けっしょく》(③)などが一般的で、「あかい」ほど指す色調の幅は広くない。

? 遠くに薄赤いレンガの壁が見える。
→遠くに赤っぽいレンガの壁が見える。

⇨「あかい」「あかっぽい」

うすあかるい［薄明るい］Usuakarui

① やがて、東の空が**うすあかるく**なった。
② 暗い部屋に**うすあかるい**電気がともった。

【解説】 明暗を表す形容詞。少し明るい様子を表す(↔うすぐらい)。ややプラスイメージの語。具体的な明暗を表すことが多く、抽象的な意味に用いられることは少ない。

? 彼女の笑顔《えがお》で、彼の心は薄明るくなった。
→彼女の笑顔で、彼の心は少し明るくなった。

実際の明るさとしては「うすぐらい」と大差ないが、光のあるほうにポイントがある点で「うすぐらい」と異なる。

× そんな薄明るい所で本を読むと目を悪くしますよ。
→そんな薄暗い所で本を読むと目を悪くしますよ。

⇨「あかるい」「うすぐらい」「ほのぐらい」「ほのじろい」

うすい［薄い］Usui

(1)① かまぼこを**うすく**切る。
② 春の氷は**うすい**。
③ 彼女の化粧は**うすく**てよい。
④ 玉砂利《たまじゃり》の庭に雪が**うすく**降り積もった。

⑤ 彼の唇は欧米人のように**うすい**。
⑥ ヤナギガレイは味はいいが身が**うすく**てものたんないね。

(2)
① **うすい**水色の帽子をかぶる。
② 味の**うすい**のが京風です。
③ 彼はなんとなく影が**うすい**。
④ 東京の牛乳は**うすく**てうまくない。
⑤ 彼は三十歳なのに、もうだいぶ頭が**うすい**。

(3)
① 彼は名前を呼ばれて**うすく**目を開けた。
② 片頬《かたほお》に**うす**笑いを浮かべる。

(4)
① 人情の**うすい**都会の生活に疲れた。
② そんな経営では会社再建の望みは**うすい**。
③ この子は生まれたときから縁《えん》の**うすい**子でした。
④ どうも大衆の関心が**うすく**て困る。
⑤ 有名な画家だけれど、作品の印象は**うすい**ね。

【解説】 (1) 厚みが少ない様子、奥ゆきのない様子を表す(↔あついI)。プラスマイナスのイメージはない。①～④は具体物の厚みが少ないという意味、⑤は唇の上下の幅が少ないという意味、⑥は魚の身の厚みがたりず、ものたりないという意味である。

厚みが少ないという意味では「うすい」は「ひらたい」「ひらべったい」に似ているが、「ひらたい」「ひらべったい」では厚みが少ないのみならず、横に広がっている暗示があるのに対して、「うすい」は客観的な厚みの少なさを言うだけで、広がりには言及《げんきゅう》しない。

× 彼の唇は欧米人のように平たい(平べったい)。

(2) 濃淡を表す形容詞。濃度が低い様子を表す最も一般的な語(↔こい)。プラスマイナスのイメージはない。濃淡は、①色、②味、③光などを表すが、③のように「影がうすい」という慣用句で、抽象的に「存在感がない」などの意味になることがある。このときは、ややマイナスイメージの語になる。⑤の「頭がうすい」は頭髪が少なく、地肌《じはだ》が見えるという意味である。

濃度が低いという意味では「うすい」は「おぼろげ」や「あわい」にも似ているが、「おぼろげ」や「あわい」は視覚的によく見えないことにポイントがあり、用法が限定される。

(3) 動作の程度が少ない様子を表す。プラスマイナスのイメージはない。ただし、この用法は非常に限定されていて、「目を開ける」「笑う」など少数の場合にかぎって修飾語として用いられる。また、しばしば②のように「うす□□」という語幹《ごかん》が名詞につく形でも用いられる。

(4) (2)から転じて、抽象的なものの程度が低い様子を表す。ややマイナスイメージの語。「こい」が反対語になる場合(①②)とならない場合(③～⑤)とがある。

⇨「ひらたい」「ひらべったい」「あわい」「おぼろげ」「あつい」

い I」「こい」

うすぎたない ［薄汚い］ Usugitanai

① そんな**うすぎたない**手でさわらないでください。

② 彼は**うすぎたない**手口を使って会社をのっとった。

【解説】 なんとなくよごれている様子を表す。マイナスイメージの語。はっきりよごれが目につくというわけではなく、なんとなく不潔そうな感じがするという意味である。①は具体的によごれているという意味、②は方法・やり方が公正でなく、ずるいという意味である。「きたない」や「こぎたない」よりもさらに嫌悪感《けんおかん》の強く暗示される表現になっている。②の意味のときは、「きたない」よりもさらに侮蔑的《ぶべってき》なニュアンスがこもり、「きたない」の程度は低くはならない。

× 子供同然のペットの糞《ふん》なら薄汚くないんです。
→子供同然のペットの糞なら汚くないんです。

⇨「きたない」「きたならしい」「こぎたない」

うすきみわるい ［薄気味悪い］ Usukimiwarui

① 彼は**うすきみわるい**微笑を浮かべた。

② ヨーロッパのドラキュラ伝説は**うすきみわるい**。

【解説】 なんとなく不気味な様子を表す。ややマイナスイメージの語。得体《えたい》の知れなさに対する不安や恐怖の気持ち、不快感のこもる点が、「あやしい」「うさんくさい」と区別される。「きみがわるい」よりも、さらに得体の知れない不安感が強く暗示される表現である。

⇨「きみがわるい」「あやしい」「いかがわしい」「うさんくさい」

うすぐらい ［薄暗い］ Usugurai

① あたりはすでに**うすぐらかっ**た。

② そんな**うすぐらい**所で本を読むと目を悪くしますよ。

【解説】 明暗を表す形容詞。少し暗い様子を表す(↔うすあかるい)。ややマイナスイメージの語。②では、あまり光がないことがマイナスイメージでとらえられているから、同じ程度の明るさでも「うすあかるい」には置き換えられない。「うすぐらい」は、「ほのぐらい」に似ているが、「ほのぐらい」はどの程度見えるかという点にポイントがあり、明暗そのものの表現ではない点が「うすぐらい」と異なる。

⇨「ほのぐらい」「うすあかるい」「こぐらい」「ほのじろい」「くらい」

うすぐろい ［薄黒い］ Usuguroi

① 茶碗《ちゃわん》を買ったら**うすぐろい**紙に包んでくれた。

② 何日も風呂に入らないので、顔が**うすぐろい**。

【解説】 色彩を表す形容詞。ややくろみを帯びている様子を表す。原則としてプラスマイナスのイメージはないが、②のように「くろい」ことがよごれを意味する場合は、ややマイナスよりのイメージとなる。

顔や皮膚の色が日に焼けてくろみを帯びている場合には、「あさぐろい」を用いるほうが普通である。

？ 日焼けした薄黒い肌に汗が光る。
→日焼けした浅黒い肌に汗が光る。

⇨「くろい」「あさぐろい」「くろっぽい」

うずたかい ［堆い］ Uzutakai

① 教授の書斎には本が**うずたかく**積まれていた。
② 小屋の中は**うずたかい**ごみの山であった。

【解説】 物が積み重なって高くなっている様子を表す。プラスマイナスのイメージはない。①のように動詞にかかる修飾語として用いることが多く、②のような名詞にかかる修飾語や述語の例は少ない。「たかい」よりも量感を強調した表現である。

「うずたかい」は積まれた結果としての高さや量感を表現し、行為の過程を意味しないことが多いので、動詞にかかる修飾語として用いられる場合には、「積む」にいちばんよく接続し、「載せる」などにはつきにくい。

？ 本をうずたかく載せる。

「うずたかい」は「かさだかい」に似ているが、「かさだかい」では高さとともに体積の絶対量の暗示があるので、体積が問題にならないものについて「かさだかい」は用いられない。

× 彼の部屋には埃《ほこり》がかさ高く積もっていた。
→彼の部屋には埃がうず高く積もっていた。

⇨「かさだかい」「たかい」「こだかい」

うすっぺら ［薄っぺら］ Usuppera

① 老婆は**うすっぺら**な座蒲団《ざぶとん》を差し出した。
② 彼のかばんはいつも**うすっぺら**で、何も入っていないみたいだ。
③ あいつは**うすっぺら**な男だよ。
④ 彼の知識は**うすっぺら**だからあまり信用できない。

【解説】 厚みや深みがなく、薄くて軽い様子を表す。ややマイナスイメージの語。対象は具体物(①②)の場合と人間性(③)、抽象物(④)の場合がある。薄くて重みのないことがマイナスイメージでとらえられているので、対象にとって薄いことが好ましい場合には、用いられないことが多い。

？ このおせんべいは薄っぺらでおいしい。
→このおせんべいは薄くておいしい。

「うすっぺら」は対象の厚みがなくて軽いことについて侮蔑《ぶべつ》する暗示があり、客観的な表現にはなっていない。そこで、人間に厚みや深みがなく、軽薄である様子を表すときには、「うすい」に置き換えられない。

× あいつは薄い男だよ。

知識など抽象的なものの厚みや深みがない様子をやや客観的に表すときには、「あさい」も用いられるが、全く同じ文脈で「うすっぺら」と「あさい」が用いられると、次のようなニュアンスの違いを生ずる。

薄っぺらな知識。（実際の役に立たない）
浅い知識。（知識の量が少ない）

⇨「うすい」「あさい」「ひらべったい」「うすべったい」

うすべったい［薄べったい］Usubettai

① 母はチーズを**うすべったく**切った。
② 部長のに比べるとぼくの賞与《しょうよ》の袋は**うすべったい**。

【解説】 厚みが少ない様子、奥行きがない様子を表す。ややマイナスよりのイメージの語。日常会話中心に用いられ、文章中にはあまり登場しない。例のように具体物の厚みが少ないことを強調する意味で用いられ、抽象的なものの深みのなさや濃度の低さは意味しない。

「うすべったい」は「うすっぺら」に似ているが、「うすっぺら」では厚みのないことについての侮蔑《ぶべつ》の暗示があり、ややマイナスイメージの語であるのに対して、「うすべったい」には侮蔑の暗示はない点が異なる。全く同じ文脈で「うすべったい」と「うすっぺら」が用いられると、次のようなニュアンスの違いを生ずる。

ようかんを薄べったく切る。（厚みが少ない）
ようかんを薄っぺらに切る。（けちだ）

⇨「うすい」「うすっぺら」「ひらべったい」

うすらさむい［薄ら寒い］Usurasamui

① 最近**うすらさむい**日が続いている。
② 五月だというのに**うすらさむい**。

【解説】 温度を表す形容詞。なんとなく寒い、少し寒い様子を表す。ややマイナスイメージの語。はっきりした客観的な基準はなく、体感として温度がやや低く感じることを表す。「すずしい」とは異なり、温度の低いことがマイナスイメージとしてとらえられている。

× 薄ら寒い風がここちよい。
→涼しい風がここちよい。

「うすらさむい」は「はだざむい」に似ているが、「はだざむい」でははっきりした寒さを体に感じており、「うすらさむい」よりも寒さの程度が大きいことが多い。

? 最近めっきり薄ら寒くなりました。
→最近めっきり肌寒くなりました。

また「うすらさむい」は、具体的に体に寒さを感じるときに用いることが多く、心理的に寂しい感じのときにはふつう用いない。

× 都会の孤独な生活は薄ら寒い。
→都会の孤独な生活はうそ寒い。

⇩「さむい」「すずしい」「はだざむい」「うそさむい」

うそさむい［うそ寒い］Usosamui

① 孤独な老人の死に**うそさむい**ものを感じる。
② 晩秋の朝の**うそさむい**日差し。

【解説】 なんとなく寒い様子を表す。ややマイナスよりのイメージの語。寒さの程度が低いことを表すが、温度としての寒さというよりは、心理的に寒い感じ、寂しいというニュアンスをもっている語である。②も単なる温度の低さを言っているのではなくて、その寒さが心の侘《わび》しさなどを反映した表現として使われている。したがって、物理的に温度が少し低く寒さを感じる場合には、あまり用いられない。

? うそ寒く感じたのでセーターを重ね着した。
→薄ら寒く感じたのでセーターを重ね着した。

⇩「うすらさむい」「さむい」

うたがいぶかい［疑い深い］Utagaibukai

① 彼女は**うたがいぶかい**性格だ。
② 彼は他人に対して**うたがいぶかい**。

【解説】 人が物事を信用しないで、すぐ疑う様子を表す。ややマイナスイメージの語。人間の性質を評する語である。人間の性質として、物事を素直に信じて疑わないことを、日本文化ではプラスに評価するので、すぐに信じない性格を表すこの言葉はマイナスのイメージになる。ただし、「うたぐりぶかい」に比べれば客観的な表現になっていて、非難の気持ちはないことが多い。全く同じ文脈で「うたがいぶかい」と「うたぐりぶかい」が用いられると、次のようなニュアンスの違いを生ずる。

彼女は疑い深い性格だ。（なかなか信用しない）
彼女は疑り深い性格だ。（すぐ疑って困ったものだ）

⇩「うたぐりぶかい」「―ふかい」

うたがわしい［疑わしい］Utagawashii

① 彼が一人でいたかどうか**うたがわしい**ところだ。
② 彼のアリバイはどうも**うたがわしい**。
③ **うたがわしい**情報をとりのける。
④ **うたがわしき**は罰せず。

【解説】 物事が信用できない様子を表す。マイナスイメージの語。対象はかなり理性で判断できるものが多く、真偽《しんぎ》(正邪《せいじゃ》)の判定の可能なものについて疑うというニュアンスがあり、言外にその対置《たいち》を暗示することが多い。

①は、彼が一人でいたか、いないかという二者のいずれかを選択できるもので、「一人でいた」ということに疑《ぎ》惑《わく》があり、対置として「一人でいなかった」という答えを暗示している。②は、彼にアリバイがあるかないかという二者を選択できるもので、「アリバイがある」ことに疑惑があり、対置として「アリバイがない」ことを暗示している。③はこれから一歩進んだもので、正確な情報かそうでない情報かという二者を選択でき、正確かどうか疑わしい(つまり正確でないことを暗示する)情報を排除するという意味である。④は慣用句で、被告の状況が犯人であるか犯人でないかという二者の選択の間で、犯人であることが疑わしいとき(つまり犯人でないことが暗示されるとき)は罰しないという意味である。

　信用できず、疑惑を提出するという意味では「あやしい」に似ているが、「あやしい」が本来人知《じんち》を超えたものに対する不審・不安・恐怖などの感情を表す語であるのに対して、「うたがわしい」は理性で判断できるもの、正邪の判定の可能なものについての疑惑である点が異なる。

×暗闇《くらやみ》に疑わしい影が動いた。
↓暗闇にあやしい影が動いた。

　また、不審に思う点では「いぶかしい」にも似ているが、「いぶかしい」が未知の事柄に対する疑問を表すニュアンスがあるのに対して、「うたがわしい」は二者択一の可能なものの一方を疑って他方を暗示するという疑惑である点が異なる。

×どうして勝てないのか疑わしい。
↓どうして勝てないのかいぶかしい(不思議だ)。

⇩「あやしい」「いぶかしい」「いかがわしい」「ふにおちない」「わりきれない」

うたぐりぶかい［疑り深い］Utaguribukai

① 奴はえらく**うたぐりぶかい**性格なんだ。
② そんなに**うたぐりぶかく**っちゃいけないよ。

【解説】 人が物事を信用せず、疑いやすい様子を表す。マイナスイメージの語。「うたがいぶかい」に非常に近い意味をもつが、物事を信用せず何でも疑ってかかる性質について、侮蔑《ぶべつ》や困惑《こんわく》の暗示を伴《ともな》って表現する語である。疑問の深さも、本来知る必要のないところまでかんぐって疑うというニュアンスがあり、たぶんに感情的である。したがって、「うたがいぶかい」よりもさらにはっきりしたマイナスイメージがあり、懐疑的《かいぎてき》だという意味ではあるが、けっしてほめ言葉にはならない。

　また、「うたぐりぶかい」はその人の性格全体を評して言う語であって、特定の行為について疑問をもちやすいことを意味しないことが多い。

? 彼は他人の研究の結果には疑り深い。
→彼は他人の研究の結果には疑い深い。

⇩「うたがいぶかい」「-ふかい」

うつくしい［美しい］Utsukushii

(1)① 彼の妻は**うつくしかっ**た。
② 少年は成長して**うつくしい**若者になった。
③ **うつくしい**風景を堪能《たんのう》する。
④ 彼女はその夜**うつくしく**着飾ってきた。
⑤ 合唱隊の**うつくしい**歌声で幕が開く。
(2)① 少年の**うつくしい**行いに人々は涙を流した。
② 海の向こうの彼との**うつくしい**友情は一生続いた。

【解説】 視覚的・感覚的にすぐれていて、美的である様子を表す(↔みにくい)。プラスイメージの語。対象は具体物(1)と抽象物(2)の両方がくる。美を表す最も一般的な語であるが、この語には、美的であるものに対する感動が暗示されており、単なる客観的な描写ではない。したがって、同じ対象についても、受け取る側の見方によって「うつくしい」かそうでないかが決まってくる。この見方は文化に左右されているので、何を「うつくしい」と言うかを分析していくと、日本文化の審美観《しんびかん》が明確になるはずである。

(1) 人間の外見、目に見える物、耳に聞こえる音など具体物が美的にすぐれている様子を表す。この場合には、「うつくしい」はかなり文章語的な表現となり、日常会話で具体物が美的であることを表すには「きれい」を用いることが多い。

彼の妻は美しい。→彼の奥さん、きれいだね。

ただし、「きれい」には清潔・整備・調和の暗示があるので、次のような文脈では、意味に違いが生じる。

美しい字。(美的にすぐれた字)
きれいな字。(整っていて読みやすい字)

(2) 人間の行為・心情など抽象的なものが感動をさそう様子を表す。この場合もかなり文章語的な表現になるが、「きれい」には置き換えられない。文章中では、抽象的なものが美的であることを表す表現として、さらに文章語的な「うるわしい」を用いることも多い。その場合、「うるわしい」のほうがより感動が深い表現になる。

⇩「きれい」「うるわしい」「みにくい」

うっとうしい［鬱陶しい］Uttôshii

① 毎日雨ばかりで、なんとも**うっとうしい**。
② そんな**うっとうしい**髪型はやめなさいよ。

【解説】 気分がふさいで晴れず、不快な様子を表す。マイナスイメージの語。①のように天気が晴れでないときの気分として用いることが非常に多い。このあたりも、湿度の高い気候の日本ならではの感じ方である。②は①から派生して、かぶさってくるものがあって、そのために気分がふさがれて不快である様子を表す。かぶさってくるものとしては、頭髪や眼鏡など目先をふさぐものが多い。

②の意味の「うっとうしい」は「わずらわしい」「うるさい」にも近いが、「わずらわしい」は煩雑《はんざつ》で面倒だというニュアンスがあり、対象の範囲が広く、抽象的なものもとれる点が異なる。また、「うるさい」は主体の不快な感情を直接に表現したものであるが、「うっとうしい」はより間接的で、嫌悪《けんお》の程度も低い。

? 姑《しゅうとめ》の小言がうっとうしい。
→姑の小言がわずらわしい。
? そんなうるさい髪型はやめなさいよ。
⇨「わずらわしい」「うるさい」

うとい［疎い］Utoi

(1)① 彼は世事《せじ》に**うとい**。
② 業界の内情に**うとい**人を紹介されても困る。
③ すみません、このへんの地理には**うとい**んです。
(2)① 去る者は日々に**うとし**。（ことわざ）

【解説】 (1) 物事についてよく知らず、理解が不十分である様子を表す（↔くわしい）。ややマイナスよりのイメージの語。「□□にうとい」という形で用いられることが多い。□□には抽象的なものが入るのが普通で、具体物を入れたいときには、次のように言うことが多い。

? 彼は動物にうとい。
→彼は動物の種類（生態・鳴き声）にうとい。

「うとい」は、対象とするものとの間に距離があって、感覚的に遠い暗示がある。したがって、そのものについての知識が浅いという意味ではなく、その物に対する関心が低いというニュアンスになる。①の「世事にうとい」は慣用句であるが、世間のさまざまな俗事に対して深い関心がなく、よく知らないという意味であって、本人の不勉強や能力の低さを暗示しない。

「くらい」（暗い）にもよく知らないという意味があり、①～③のどれも「くらい」に置き換えられるが、「くらい」は対象についての知識の程度が低いというニュアンスがあり、関心の低さを暗示する「うとい」とニュアンスの上で異なる。

(2) 親しみがなく疎遠《そえん》である様子を表す。プラスマイナスのイメージはない。ただし、この意味で「うとい」を使うことは現在ほとんどなく、このことわざに意味が残る程度である。別れて行った者は日に日に疎遠になっていくという意味のことわざである。

⇩「くらい」「くわしい」

うとましい［疎ましい］Utomashii

① 母親にとって継子《まま こ》は**うとましい**ものだ。

② その光景は見るも**うとましかった**。

【解説】 不愉快で遠ざけたい様子を表す。マイナスイメージの語。嫌悪《けんお》を表す語であるが、多くは目の前に提示されている具体物への嫌悪であって、抽象的なものへの嫌悪であることはまれである。その場合には「いとわしい」などを用い、もっと日常的には「いや」「きらい」などを用いる。

？ そういう考え方は私にはうとましい。

→そういう考え方は私にはいとわしい。

→そういう考え方は、ぼくはいや(嫌い)だな。

⇩「いとわしい」「いや」「きらい」「けむたい」「にくい」

うぶ［初・初心・生］Ubu

① 彼は外見に似合わず**うぶ**なところがある。

② 彼女はまったくの**うぶ**で、男にだまされやすい。

【解説】 純真で世間ずれしていない様子を表す。ややプラスよりのイメージの語。一見一人前である男女の内面の新鮮さを評する語なので、子供や老人に対してはふつうは用いない。

？ うぶな赤ん坊の笑顔《えがお》。

→無邪気な赤ん坊の笑顔。

？ 田舎《いなか》のおばあさんはうぶだ。

→田舎のおばあさんは純真(純朴)だ。

純真で世間ずれしていないということは、当然男女の恋愛についても精通していないという意味になるので、②のような文脈においては、異性との性的交渉の経験がないという意味に用いられることがある。

純粋で新鮮だという意味では「ういういしい」に近いが、「ういういしい」は対象の外見に現れた新鮮さを暗示するニュアンスがあるのに対して、「うぶ」では内面の新鮮さを暗示する点が異なる。

× エプロンをつけた新妻《にいづま》のうぶな姿。

→エプロンをつけた新妻のういういしい姿。

本来、「うぶ」は新鮮で純真だという意味であるが、最近皮肉な文脈の中で使われることが増え、次のように必ずしもプラスイメージとはいえない用法も散見《さんけん》されるようになった。

○ 君は本当にうぶで困るよ。

→君は本当に子供っぽくて(世間知らずで)困るよ。

⇩「ういういしい」「あどけない」「おさない」「こどもっぽい」

うまい【旨い・上手い・甘い・美味い】Umai

(1)① **うまい**米。**うまい**水。**うまい**酒。（CM）
② あの店のラーメンは**うまかっ**たなあ。
③ 自分ばかり**うまい**汁を吸いやがって。
④ 山の新鮮な空気が**うまい**。
(2)① 彼は絵が**うまい**。
② 彼女はピアノが**うまかっ**た。
③ 失敗がばれないように**うまく**ごまかした。
(3)① **うまい**具合に、そこへ電車が来た。
② 彼女はときどき**うまい**ことを言う。
③ そりゃあ、**うまい**考えだ。
④ あの夫婦は**うまく**いっていない。
⑤ **うまい**話には注意が必要だ。
⑥ 工程が**うまく**ないから立て直そう。

【解説】 (1) 飲食物の味がよい様子を表す（↔まずい）。プラスイメージの語。ただし、かなり俗語的な表現であり、やや乱暴でもあるので、女性はあまり使わない傾向にある。その場合は、「おいしい」がふつうに使われる。ただし、③の「うまい汁」は慣用句で、「予定外の利益」という意味になる。④は口を通過しないもの（食物でないもの）の味わいに「うまい」が用いられる数少ない例の一つである。

「うまい」は「おいしい」にほぼ置き換えられるが、動詞にかかる修飾語として用いられた場合には、(2)の「技術がたくみだ」という意味になるのが普通である。そこで、全く同じ文脈で「うまい」と「おいしい」が用いられると、次のような意味の違いを生ずる。

魚をうまく煮る。（じょうずに煮る）
魚をおいしく煮る。（味よく煮る）

また、本来飲食物と考えられていないものの味については、ふつう「うまい」は用いない。

× この水薬はなかなかうまい。
→この水薬はなかなか味がいい。

(2) 技術がたくみな様子を表す（↔へた・まずい）。プラスイメージの語。「□□がうまい」という表現をしたとき、□□には技術の結果が入る場合（①）と対象（②）が入る場合とがある。結果が入る場合は、技術そのものの巧《こう》拙《せつ》を言うのみならず、できあがった結果を賞賛するニュアンスも含む。

つまり、①では絵のかき方がうまいだけでなく、かきあがった絵が芸術的にもすぐれていることを暗示している。対象が入る場合は、技術の巧拙を言うところにポイントがあり、結果までは言及《げんきゅう》しないことが多い。②で「ピアノがうまい」ということは、「ピアノを弾く技術がうまい」ということであって、演奏された音楽の芸術性までは言及していない。③のように述語にかかる修飾語として用いられた場合は、結果を問わず技術・方法のたくみさを意味する。

技術がたくみだという意味では「じょうず」に似ているが、「じょうず」には「うまい」に暗示されている感動のニュアンスがない。そこで全く同じ文脈で「うまい」と「じょうず」が用いられると、次のようなニュアンスの違いを生ずる。

うまい絵。　（かきあがった絵がすばらしい）

じょうずな絵。　（絵のかき方がたくみだ）

一方、「じょうず」は「うまい」よりやや上品な感じのする語であって、あらたまった場面などでは「うまい」の代わりに用いられる。また「じょうず」には相手をおだてるニュアンスもあり（場合によっては侮蔑《ぶべつ》のニュアンスに転ずることもある）、丁寧語《ていねいご》の「お」をつけて「おじょうず」として挨拶語《あいさつご》に用いることができる。「うまい」には挨拶語の用法はない。

× いやあ、おうまい絵ですなあ。

→いやあ、おじょうずな絵ですなあ。

(3)　好都合で望ましい様子を表す（↔まずい）。ややプラスイメージの語。①の「うまい具合に」は「ちょうど都合よく」という意味である。②③は「ちょうどタイミングにぴったりの、ふさわしい」という意味である。④の「うまく」は非常に漠然《ばくぜん》とした望ましい状態を言う。⑤はさらに一歩進んで、簡単に金もうけできるという意味の「うまい」である。つまり、簡単に金のもうかるような話は危険だと言っているのである。⑥は打消しで用いられた例で、満足すべき状態でないという意味である。はっきり「まずい」というより婉曲《えんきょく》に表現されている。この意味ではふつう肯定文にはしない。

× この工程がうまい。

⇩「おいしい」「じょうず」「よい」「ふさわしい」「まずい」「へた」

うやうやしい ［恭しい］ Uyauyashii

① 大使は天皇に**うやうやしく**一礼した。

② **うやうやしい**態度で接する。

【解説】　敬意がこもっていて礼儀正しい様子を表す。プラスイメージの語。かたい文章語であって、日常会話ではほとんど用いられない。「丁寧《ていねい》」よりももっと尊敬度の高い語である。「れいぎただしい」に似ているが、「れいぎただしい」には対象への尊敬の暗示がない。

× 彼女の家では毎朝うやうやしく挨拶《あいさつ》する。

→彼女の家では毎朝礼儀正しく挨拶する。

⇩「れいぎただしい」

うらがなしい ［心悲しい］ Uraganashii

① 草の枯れはてた**うらがなしい**光景。
② かすかに聞こえてくる音楽が**うらがなしい**。

【解説】 なんとなく悲しい様子を表す。ややマイナスよりのイメージの語。感情を表す語としても、そういう感情をおこさせる対象の性質を示す語としても用いられる。ただし、性質を示す場合も、あくまでも主体の心理の投影された対象の性質であるので、見る目によってそうは見えないことも往々にしてある。感傷的なニュアンスのある語で、うらがなしい原因は漠然《ばくぜん》としている。

⇨「かなしい」「ものがなしい」

うらさびしい ［心寂しい・心淋しい］ Urasabishii

① **うらさびしい**山村の景色。
② 盛《さか》り場《ば》を独りで歩いているとうらさびしい。

【解説】 なんとなくさびしい様子を表す。ややマイナスよりのイメージの語。感情を表す語としても、そういう感情をおこさせる対象の性質を示す語としても用いられる。「うらがなしい」同様、見る者の心理の投影された表現になっている。

⇨「さびしい」「ものさびしい」

うらみがましい ［恨みがましい・怨みがましい］ Uramigamashii

① 彼女は別れるときも、**うらみがましい**ことを何ひとつ言わなかった。
② 彼は昔仲間はずれにされたことを、いつまでも**うらみがましく**言う。

【解説】 うらんでいるように見える様子を表す。ややマイナスイメージの語。「〜がましい」は「いかにも〜のように見える」という意味の、形容詞を作る語尾。ほんとうにうらんでいるかどうかには言及《げんきゅう》せず、あくまでも外見がそのように見える(聞こえる)ことを意味する。①は、はっきりしたうらみごとはもとより、うらみに類することも何ひとつ言わなかったという意味である。②は、うらんでいることを相手にわざと(故意に)わからせるように言うという意味で、話者に対するマイナスの評価の暗示される表現になっている。

⇨「−がましい」

うらめしい ［恨めしい・怨めしい］ Urameshii

① おれを振った彼女が**うらめしい**。
② 農民は**うらめし**そうに空を見上げた。
③ つい秘密をもらした自分の軽率《けいそつ》さが**うらめしい**。

④ **う〜ら〜め〜し〜**や。（幽霊のセリフ）

【解説】　怒り・不満などでうらみごとを言いたい様子を表す。ややマイナスイメージの語。うらみごとを言いたい対象としては、相手（①）、状況（②）、自分（③）などがある。相手や状況など、自分以外のものが対象になる場合は、怒りや憎悪《ぞうお》などの感情を伴《ともな》うことが多い。対象が自分のときは、失望や不満などを伴うことが多い。「うらめしい」は、本人のうらんでいる気持ちを主観的・一方的に表明する語であって、対象の当否《とうひ》や客観的な状況には関係しない。その最も典型的な例が④の幽霊のセリフである。

⇨「うらみがましい」「にくい」

うらやましい［羨ましい］Urayamashii

① 美人を奥さんにできて、**うらやましい**なあ。
② 遊んでてやってけるとは**うらやましい**身分だ。
③ 金持ちだってちっとも**うらやましく**なんかない。

【解説】　めぐまれた物や状況にあこがれて、自分もそうなりたいと思う様子を表す。プラスマイナスのイメージはない。②のように名詞にかかる修飾語として用いられた場合も、自分がそうなりたいと思っている身分という意味であって、あくまでも表現されているのは主体の心理である。

「ねたましい」もあこがれを暗示する語であるが、「うらやましい」には「ねたましい」に暗示される憎悪《ぞうお》のニュアンスがなく、単に自分もそうなりたいとあこがれている羨望《せんぼう》の段階にとどまっている点が異なる。

⇨「ねたましい」

うららか［麗か］Urararaka

① 春の日差しは**うららか**だ。
② この曲は午後の**うららか**な気分を表している。

【解説】　太陽が暖かく照って気持ちよい様子を表す。プラスイメージの語。天気について用いる場合（①）は、ほとんど例外なく春の天気について用いる。②は①から派生した意味で、春の「うららか」な日のように、明るくて気持ちに余裕のある様子を表す。「のどか」にも似ているが、「のどか」が心の休まる落ち着いた気分を暗示するのに対して、「うららか」は天候が晴れていて暖かい様子を暗示する点が異なる。

× うららかな田園風景。→のどかな田園風景。

⇨「のどか」

うらわかい［うら若い］Urawakai

① 彼はかたわらに**うらわかい**女性を伴《ともな》っていた。
② **うらわかい**乙女のころ。

【解説】 おもに女性の年齢がかなり若い様子を表す。プラスイメージの語。名詞にかかる修飾語として用いるのが普通で、述語やその他の修飾語で用いられることは少ない。男性や老人などには、あまり用いられない。

? うら若い青年のころ、彼は医者を夢見ていた。

「うらわかい」は、「わかい」よりもさらに新鮮でみずみずしいニュアンスがあり、純真だという暗示もある表現である。

⇨「わかい」「みずみずしい」「わかわかしい」

うるさい［煩い・五月蝿い］Urusai

(1)① 道路工事の音が**うるさく**て眠れない。
② **うるさい**、だまれ！
③ 奴のいびきはそう大きくはないが、**うるさく**てかなわない。

(2)① ハエが飛び回っていて**うるさい**。
② 伸びた前髪が**うるさい**。
③ 彼はセールスマンに**うるさく**つきまとわれた。
④ 夜遅く帰ると母親が**うるさい**。
⑤ 世間が**うるさい**から、あまり悪口も言えない。
⑥ 彼は料理に**うるさい**。
⑦ これ以上**うるさい**ことは言わないでくれ。

【解説】 (1) 音や声が不快な様子を表す。マイナスイメージの語。「そうぞうしい」に似ているが、「そうぞうしい」が単に音が複雑で大きいことを暗示するのに対して、「うるさい」は音が不快であることをよりいっそう強調した表現となっている。したがって、名詞にかかる修飾語として用いられた場合、「そうぞうしい□□」は複雑で大きな音を出す□□という意味になるが、「うるさい□□」は□□が音を出すことが不快だという意味になる。②はただ音声が大きいだけでなくて、不快であるという意志表示である。③では音量としては大きくないが、音が耳について不快だという意味になる。つまり「うるさい」は、音の大きさや質に客観的な基準がなく、聞く者の不快な心理を表現した語であると言える。

× 奴のいびきはそう大きくはないが、騒々しくてかなわない。

また「うるさい」は、瞬間的な音についてはふつう用いられず、断続的または継続する音について用いられることが多い。

× 突然うるさい音がした。→突然大きな音がした。

(2) 細かいところまで干渉されるのが不快な様子を表す。マイナスイメージの語。②は「うっとうしい」などに近い意味をもつが、「うっとうしい」よりもはっきりした嫌悪感《けんおかん》が暗示される。③は「しつこい」「わずらわしい」などに近い意味をもつ。「しつこい」は対象に対する執《しゅう》着《ちゃく》の強さを示すだけで、明らかな嫌悪感はないが、「うるさい」となると嫌悪がはっきりし、つきまとわれることの迷惑さが強調される。④は細かいことにいちいち干渉するという意味で、この場合にはより意味のはっきりした「くちうるさい」を用いることもある。

⑥は「□□にうるさい」の形をとり、□□について一家言もっている、□□について精通しているという意味になる。ただし、□□を正しく鑑賞できるというプラスの評価というよりは、□□についてよく批判するというマイナスの暗示が強い。⑦はめんどうでわずらわしいという意味になる。

「うるさい」は「やかましい」に似ているが、「やかましい」のほうがやや客観的で、不快の気持ちも「うるさい」よりはやや弱い。そこで、人の発言を制する意味で用いられた場合には、次のようなニュアンスの違いを生ずる。

うるさい！　だまれ。
(発言内容の如何《いかん》に関わらず聞きたくない)
やかましい！　だまれ。
(発言内容や声の大きさなどが不快だ)

⇨「そうぞうしい」「さわがしい」「やかましい」「けたたましい」「うっとうしい」「しつこい」「わずらわしい」「こうるさい」「くちうるさい」

うるわしい ［麗しい・美しい］ Uruwashii

(1)① みめ**うるわしい**少女に出会った。
② 彼女は**うるわしい**声の持ち主だ。
(2)① 両国の間に**うるわしい**友情がめばえた。
② 互いに道をゆずりあう**うるわしい**光景。
(3)① ご機嫌《きげん》**うるわしゅう**存じます。

【解説】 (1) 視覚的・感覚的にすぐれていて美的である様子を表す。プラスイメージの語。ただしかなり文章語的で、日常会話では「きれい」が最も一般的に用いられる。

うるわしい声ですね。↓きれいな声ですね。

「うるわしい」は多くの場合「うつくしい」に置き換えられるが、①の「みめうるわしい」のように慣用句の場合は置き換えられない。「うつくしい」に比べてより規範的で、品があり、古風な感じのする美を暗示する。

(2) 人間の行為・心情など抽象物が感動をさそう様子を表す。プラスイメージの語。この場合は「きれい」に置き換えられない。「うつくしい」も精神的な感動を表す表現となるが、「うるわしい」のほうがより感動の深い表現となる。

(3) 気分が晴れて気持ちよい様子を表す。プラスイメージの語。ただし、この意味では①の「ご機嫌～」の形でしか用いられない。現在この挨拶語《あいさつご》はほとんど用いられず、より気軽な「ご機嫌いかがですか」などの表現が好まれる。この意味のときは、「うつくしい」に置き換えられない。

⇩「うつくしい」「きれい」

うれしい［嬉しい］Ureshii

① またお会いできて**うれしい**です。
② 合格通知を受け取ったとき、とても**うれしかっ**た。
③ お手紙**うれしく**拝見しました。
④ 客が殺到して、会社は**うれしい**悲鳴をあげた。
⑤ 長男誕生の**うれしい**ニュースが届く。
⑥ **うれしい**こと言ってくれるじゃないか。

【解説】 満足すべき状況にあって心がはずむ様子を表す（↔かなしい）。プラスイメージの語。「うれしい」は、満足感が心の中からあふれてくるようなニュアンスがあり、「たのしい」に比べてはるかに主観的である。また、きわめて個人的な心理を表し、その場の雰囲気や客観的な内容などを説明する言葉としては用いない。

× 誕生パーティのうれしい雰囲気。
→誕生パーティの楽しい雰囲気。

× うれしい物語。→楽しい（おもしろい）物語。

「うれしい」は「よろこばしい」にも似ているが、「よろこばしい」がかなり客観的で冷静な表現であるのに対して、「うれしい」は主観的・瞬間的で、自己に満足感を与えるような感情をより直接に表現した語である点が異なる。

？ 喜ばしくて思わず飛び上がった。
→うれしくて思わず飛び上がった。

⑥の「うれしいこと」は個人的な喜びや満足を表す典型的な例で、自分の気に入ることという意味である。この「うれしいこと」は話者にとってのみあてはまり、客観的な好ましい事態は暗示していない。この意味のときは、「たのしい」「よろこばしい」に置き換えられない。

⇩「たのしい」「よろこばしい」

うれわしい［憂わしい］Urewashii

① 誘拐犯《ゆうかいはん》を警戒するあまり他人を頭から疑うようになるとは、**うれわしい**かぎりだ。
② このような**うれわしい**風潮は当分なくならない。

【解説】 物事が悲観すべき様子を表す。マイナスイメージの語。かたい文章語であって、日常会話で用いられることは少ない。日常的には「なげかわしい」を多く用いる。

受験戦争に明け暮れるうれわしい事態。
→受験戦争に明け暮れる嘆かわしい事態。

⇩「なげかわしい」

えがたい［得難い］Egatai

(1)① 彼が一年間にした経験はまことに**えがたい**。
② 君はぼくにとって**えがたい**友人だ。
(2)① この種《しゅ》の本は現在ではなかなか**えがたい**。

【解説】 入手することがむずかしく、価値がある様子を表す。ややプラスイメージの語。本来手に入りにくいという意味であるが、(2)①のように、具体物について獲得《かくとく》困難《こんなん》であるという意味で用いることは現在では少なく、(1)のように、獲得困難なため貴重《きちょう》であるという派生的な意味で用いられるのが一般的である。具体物について用いられる場合には、入手した後でその具体物を評して言うのが普通で、入手する前に「手に入りにくいものである」という一般論を述べるニュアンスはない。

？ この初版本は得がたい。
→この初版本は手に入りにくい。

派生的な意味の場合も同様で、(1)は貴重な経験やすばらしい友人をすでに獲得していることを言っているのであって、獲得されていなければ「えがたい」は用いない。

彼のような友人は得がたい。
（すでに獲得している）
彼のような友人はなかなか得られない。
（獲得しているかどうかについて言及《げんきゅう》しない）

⇩「－がたい」

えぐい・えごい［蘞い・刳い・醶い］Egui・Egoi

(1)① この山菜は**えぐく**て食べられない。
② くわいは**えごい**が、あの**えご**さがいいんだよ。
(2)① リアルな事故現場の写真はなんとも**エグイ**。
② ホラー映画の**エグイ**メーキャップ。

【解説】 (1) 食物のあくが強くて、のどを刺激する様子を表す。ややマイナスイメージの語。同じあくでも、山菜やくわいなど野菜系統のあくについて用いることが多く、肉類などのあくについてはふつうは用いない。

？ あくぬきをしなかったら肉がえごくなった。
→あくぬきをしなかったら肉がくどくなった。

「えぐい」は「いがらっぽい」にも近いが、「いがらっぽい」が食物によって刺激されるのどの感じを表すのに対して、「えぐい」では飲食物の味そのものを言う語であることが異なる。

× のどがえぐい。→のどがいがらっぽい。

(2) 物事が非常に刺激的である様子を表す現代語用法。マイナスイメージの語。この意味のときは「えごい」はふつう用いられず、もっぱら「えぐい」が用いられ、しばしば「エグイ」とカタカナ書きされる。刺激的である対象としては、目で見て強烈な刺激を受けるもの（災害・事故・恐怖映画など）について用いられることが多く、聴覚によるものについて用いられることはない。

　この「えぐい」は「きもちわるい」に近い意味を表すが、「きもちわるい」がどんなものについても用いられるのに対して、「えぐい」は刺激的な光景など、視覚的な刺激にかぎって用いられる点が異なる。また、「えぐい」で表現される刺激は瞬間的な不快感であって、「きもちわるい」のように継続的な不快を意味しない。

×闇の中からエグイ音が聞こえてくる。
→闇の中から気持ち悪い音が聞こえてくる。

⇩「いがらっぽい」「きもちわるい」

えげつない Egetsunai

①あいつは**えげつない**男だ。
②あんまり**えげつなく**もうけるなよ。
③同じ性描写でもこの本のは特に**えげつない**。

【解説】 人や物の性質や行動などに品がなく、度を超えていて不快な様子を表す。マイナスイメージの語。関西方言から共通語化した語で、単なる抽象的な不快感というよりは、土着的《どちゃくてき》なまなましさを伴《ともな》っている語である。「えげつない」対象としては、金銭欲・性欲などについて用いることが多い。ただし、「えげつない」の客観的な基準はなく、人について言う場合、第三者が当事者の利己的に欲望を追求するような性格や行為をマイナスに評価して言う語になっている。

　「えげつない」は「いやらしい」に似ているが、「いやらしい」は感覚的な不快を表すだけで、行為の強烈さを暗示しない。全く同じ文脈で「えげつない」と「いやらしい」が用いられると、次のようなニュアンスの違いを生ずる。

えげつない笑い。（あまりに下品で耐えがたい）
いやらしい笑い。（下品で不快だ）

度を超していて不快な点では「あくどい」にも似ているが、「あくどい」が対象への濃厚な執着《しゅうちゃく》の強さを暗示し、行為の程度によらずマイナスのイメージをもつ語であるのに対して、「えげつない」は一定の許容範囲を超える下品さを暗示し、ある限界を超えた状態について用いられることが多い。

？もらい物を百円で売るえげつない商人。
→もらい物を百円で売るあくどい商人。
→もらい物を一万円で売るえげつない商人。

⇩「いやらしい」「あくどい」「あこぎ」

えらい［偉い・豪い］Erai

(1)①ぼく、大きくなったら**えらい**人になるよ。

② 「おれがやったんだぞ」「あんたは**えらい**」
(2) ① そんな心がけでは**えらく**なれない。
② 昨日の会にはお**えらい**さんが勢ぞろいしていた。
(3) ① 足の悪い人間が駅の階段を上るのは**えらい**。
② 泣かないで我慢したのは**えらかっ**たね。
(4) ① やれやれ、**えらい**目にあった。
② **えらい**ことをしてくれたな。
(5) ① 今日はまた**えらく**寒い日だ。
② 着いてみたら故郷は**えらい**雪だった。

【解説】 (1) 人や行為が立派で、賞賛や尊敬に値する様子を表す。プラスイメージの語。ただし、賞賛や尊敬の内容は漠然《ばくぜん》としている。また、かなり俗語的で幼児語的でもある（①は子供に将来の抱負《ほうふ》をきいたときの返事）。より標準的なニュアンスを出したいときは「りっぱ」を用いる。

　ぼく、大きくなったら偉い人になるよ。
　→私は大人になったら立派な人になります。

②の「あんたはえらい」は一種の流行語で、「あなたは賞賛に値する」という意味である。ただし、まじめに賞賛するばかりではなく、茶化《ちゃか》す場合もある。またこの「えらい」には、単なる賞賛の気持ちだけで羨望《せんぼう》や感嘆の気持ちは含まれていない点が、「うらやましい」「すばらしい」と異なる。

(2) (1)から進んで、社会的地位が高い様子を表す。ややプラスイメージの語。この場合には常に尊敬や賞賛を伴《ともな》うとはかぎらない。①の例は「出世できない」という意味であり、この「えらい」は尊敬に値する高い社会的地位であるという意味である。②の「おえらいさん」は慣用句で、社会的地位の高い人々、具体的には重役・要人などを指す。ただし、この表現はかなり皮肉なニュアンスをも含み、当の重役や要人たちに対して必ずしも尊敬や賞賛の気持ちをもっていないこともありうる。

(3) 物事が簡単にはできず困難な様子を表す。プラスマイナスのイメージはない。①は「困難だ」「たいへんだ」という意味での基本的な用法である。②は子供が困難な行為をなしとげたときに、ねぎらう表現としてよく用いられる。これが賞賛の気持ちを含むと(1)の意味に近づき、プラスイメージが入ってくる。

(4) (3)から一歩進んで、困難でたいへんだ、とんでもないという意味を表す。マイナスイメージの語。「えらい□□」のように名詞にかかる修飾語の形で用いられることが多く、述語になることはない。また、かなり俗語的で、かたい文章中に用いられることは少ない。

　えらい目にあったよ。
　→私はたいへんな(つらい)目にあいました。

この「えらい」は、結果としての困難さ、たいへんさを暗示し、行為や事態の途中で用いることは少ない。①は経験してみて「えらい」と感じたのであるし、②はやってしまってから「えらい」ことが判明したのである。(4)の「えらい」は「ひどい」に似ているが、「ひどい」にある被害者意識は「えらい」にはない。

✕ 今度悪口を言ったら後でえらいぞ。

→今度悪口を言ったら後でひどいぞ。

(5) 程度がはなはだしい様子を表す。プラスマイナスのイメージはない。修飾語として用いられる。「とても」「非常に」「たいへん」と基本的に同じ意味であるが、「えらい」には誇張的《こちょうてき》なニュアンスがあり、「えらい」が修飾する状態に対してなんらかの思い入れ(驚き・慨嘆《がいたん》など)が入る。

⇨「りっぱ」「すばらしい」「ひどい」「おそろしい」「どえらい」

えんどおい [縁遠い] Endôi

(1)① 私の名前は**えんどおい**名前なんですって。

② いいお嬢さんなのにねえ、なぜか**えんどおく**って。

(2)① 大学も文科を出たから数字には**えんどおい**。

② 研究三昧《ざんまい》で金もうけには**えんどおい**生活だ。

【解説】 (1) おもに女性が結婚の相手が決まらず、いつまでも独身でいがちである様子を表す。ややマイナスよりのイメージの語。

「縁《えん》」というのは、人間と人間を結びつける人為《じんい》を超えた働きである。日本社会においては、男性が自分自身で結婚相手を探し、結婚の申込みをするのは普通であるが、特に封建《ほうけん》時代、女性がみずから男性に働きかけて結婚にこぎつけるのは一般的ではなかった。したがって、女性は男性からの働きかけ(ないし両親・親類・仲人《なこうど》の勧め)を待つだけの存在、つまり自分の意志の及ばない「縁」を受け取るだけの存在であった。そこで「えんどおい」ことが結婚の機会にめぐまれないという意味になったのである。

「えんどおい」という語には、以上のような文化的背景があるので、男性について用いられることはない。

✕ いい息子さんなのにねえ、なぜか縁遠くって。

→いい息子さんなのにねえ、なぜか縁がなくって。

また、「えんどおい」は、人為を超えた「縁」というものの存在を考えなければ結婚しない理由がつかみにくい場合について用いるのが普通で、結婚に対する明らかな障害がわかっている場合には、用いないことが多い。

？ 彼女は病弱な母親と二人暮らしで縁遠い。

→彼女は病弱な母親と二人暮らしで結婚難だ。

(2) 「□□にえんどおい」という表現で、□□に関係が薄い様子を表す。プラスマイナスのイメージはない。

□□に対して関係が薄いだけでなく、関心も薄いことが暗示されている。

⇨「うとい」「とおい」

おあつい［御熱い・御暑い］Oatsui

(1)① 彼は社長秘書と**おあつい**仲だ。

② いよう、**おあつい**御両人。

(2)① **おあつう**ございます。

【解説】 (1)（ふつう「御熱い」と書く） 男女の仲が親密で恋愛関係にあるという様子を表す。プラスマイナスのイメージはない。例のように「おあつい□□」という名詞にかかる修飾語で用いるのが普通で、その他の形で用いられることは少ない。恋愛関係を表すといっても、客観的な意味ではなく、第三者が当事者二人に親愛の情をこめて、またはひやかして言う表現となっている点が、「あついII」の(2)と異なる。

(2)（ふつう「御暑い」と書く） 「あついII」の丁寧語《ていねいご》（↔おさむい）。プラスマイナスのイメージはない。気候に関する挨拶語《あいさつご》として、ほとんど「おあつうございます」の形にかぎって用いられる。

⇨「あついII」「おさむい」

おいしい［美味しい］Oishii

(1)① 今日は**おいしい**ものが食べたいね。

② このお肉、**おいしい**わねえ。

③ 極上《ごくじょう》のステーキを**おいしく**いただきました。

④ 新鮮な山の**おいしい**空気を胸いっぱいに吸いこむ。

(2)① 昨夜、彼は**おいしい**話をもってきてくれた。

② **おいし**そうな話につられて、あやうく詐欺《さぎ》にひっかかるところだった。

【解説】 (1) 飲食物の味がよい様子を表す（↔まずい）。プラスイメージの語。「うまい」よりは丁寧《ていねい》な表現である。「おいしい」対象は飲食物が一般的であるが、④のように「賞味すべきものとしての山の新鮮な空気」なども例外としてとることができる。

(2) 自分にとって都合がよい、魅力がある、利益になる様子を表す。プラスイメージの語。「おいしい話」という形で用いられることが多く、述語や述語にかかる修飾語になることは少ない。

？ 彼の話は実においしかった。

→彼の話は実に都合がよかった。

この「おいしい」は、「うまい」に非常に近い意味になるが、「うまい話」と「おいしい話」を比べると、「おいしい話」のほうがより魅力的で誘惑的《ゆうわくてき》である暗示がある。

⇩「うまい」「まずい」

おおい［多い］Ôi

① どこへ行っても人が**おおく**てたいへんだった。
② 最近交通事故が**おおい**ね。
③（美容師が洗髪しながら）お客さまの髪は**おおい**ですね。
④ ぼくは家にいることが**おおい**。
⑤ 一つのことに熱中できない若者が**おおく**なった。
⑥ 批判の**おおく**は作者の独善についてだった。
⑦ 酒は**おおく**ても一日二合にしておきなさい。
⑧ 出席者のうち女性が男性より五人**おおかっ**た。

【解説】 数量を表す最も基本的な形容詞の一つ。数・量・回数・割合などがたくさんある様子を表す(↔すくない)。プラスマイナスのイメージはない。たくさんあるといっても、ただ漠然《ばくぜん》とした数量をとらえて絶対的判断として「おおい」と言う場合(①②)と、一定の枠組の中で相対的な数量や割合が「おおい」場合(③~⑥)がある。

①では具体的に何人いるかということではなく、漠然とした感覚で「おおい」と言っているので、同じ人数でも場所の広さや感じ方の違いで「おおい」と言わない場合も出てくる。②はしばしば交通事故の情報を得ているという意味である。

③は美容師が客の頭髪の量の平均を頭において、それに比べて「おおい」と言っている。④はこの人の持ち時間のうち、家にいる時間が「おおい」という意味である。⑤⑥も若者や批判の総体を頭において、その中の割合が「おおい」と言っている。

⑦は「おおくて~」という形をとり、⑥から一歩進んで、「最大(最多)で」という意味になる。

⑧は相対的な差を、多数のほうに視点をおいて表す。少数のほうに視点をおけば、「男性が女性より五人すくなかった」となる。

「おおい」は数量がたくさんあることを客観的に表す語であって、「ゆたか」のようなはっきりしたプラスのイメージはもっていない。また、数量がたくさんありすぎて好ましくないときには、「おびただしい」を用いる。

⇩「ゆたか」「おびただしい」「すくない」「きがおおい」「おそれおおい」

おおきい・おっきい［大きい］Ôkii・Okkii

(1)① 彼の家は**おおきい**。
② もっと**おおきい**サイズの服はありますか。
③ 三百円ですか。すいません、今**おおきい**のしかないんです。
④ 奴の声は**おっきく**てかなわん。

⑤ 彼は**おおきく**あたたかな心をもっている。
⑥ うちの**おおきい**兄さんに聞いてみるよ。
⑦ ぼうや、**おおきく**なったら何になりたい？
⑧ しばらく見ない間にずいぶん**おおきく**なったね。

(2) ① 今度の失敗では損害が**おおきかっ**た。
② 三勝十二敗と**おおきく**負け越した。
③ そのニュースは**おおきく**報道された。
④ 初回に五点取ったのは**おおきい**。
⑤ わが社にとっては**おおきい**問題だ。

(3) ① あんまり**おおきい**ことを言うなよ。
② 彼の話は**おおき**すぎて信用できないね。
③ 奴はどこへ出ても態度が**おおきい**。
④ 酒を飲むと急に気が**おおきく**なるんで困る。
⑤ 一千万とはまたずいぶん**おおきく**出たな。

【解説】　大小を表す最も基本的な形容詞の一つ（↔ちいさい）。「おっきい」は「おおきい」の俗語的な表現で、日常会話にはよく用いられる。

(1)　形態《けいたい》・数量・年齢などが大である様子を表す。プラスマイナスのイメージはない。①は形態が漠然《ばくぜん》と大であるという意味、②は手元にある服よりも相対的に「おおきい」サイズという意味である。③は買い物をする状況で慣用的に用いられる言い方で、「おおきいの」は高額《こうがく》紙幣《しへい》を意味する。「おおきい」が金額の意味において用いられるとき、反対語は「ちいさい」でなく「こまかい」を用いる。④は音量が大であるという意味。⑤は性格がおおらかで寛容であるという意味。⑤で「心がおおきい」と言うとプラスイメージの語句になる。⑥は何人かいる兄弟の中で、年上のほうの兄という意味である。⑦⑧は「おおきくなる」で成長するという意味である。

(2)　程度・影響などが深刻で重大である様子を表す。原則としてプラスマイナスのイメージはないが、程度や影響の「おおきい」ことが事態にとって結果としてプラスであるかマイナスであるかによって、語のイメージが決まってくる。

①〜③では損害や負け越し、報道の扱いの程度が大であるという意味である。④は一歩進んで、「重要な意味をもつ」「非常に有利だ」の意味になる。ただし、これも五点取った側に視点があるから「非常に有利だ」の意味が出てくるのであって、「初回に五点失ったのはおおきい」とすれば、同じ「おおきい」が「非常に不利だ」の意味になることは言うまでもない。⑤は重大な問題だという意味であり、この場合たいていは好ましくない問題というニュアンスがある。

(3)　「おおきい」を使った慣用句である。①の「おおきいことを言う」は「実力以上のことを言う」「現実的でないことを言う」という意味で、ややマイナスよりのイメージの語句である。②の「話がおおきい」も「大げさで現実味に乏《とぼ》しい」の意味でややマイナスイメージである。③の「態度がおおきい」はえらそうに振舞うというプラスのイメージはない。④の「気がおおきくなる」は「無鉄砲になる」「度胸がよくなる」という意味で、プラスの意味に用いることもあるが、多くはマイナスイメージの表現になる。⑤の「おおきく出る」は「思い切った行動をする」という意味で、自分の行動についてはふつう用いられず、相手の行動について驚きや畏怖《いふ》を伴《ともな》って用いられる表現である。プラスマイナスのイメージはない。

名詞にかかる修飾語として用いられた「おおきい」は、多くの場合「おおきな」に置き換えられるが、(1)③では「おおきなの」で高額紙幣は意味しない。また(1)⑥で「おおきな兄さん」というと、体の大きな兄を意味するのが普通になり、いちばん年長の兄を意味することは少なくなる。

大きい兄さん。（最年長の兄）

大きな兄さん。（体の大きな兄）

「おおきい」の俗語として「でかい」があるが、「おおきい」のすべての用例について「でかい」に置き換えられるとはかぎらない。(1)③では「でかい」は用いられない。(1)⑥~⑧に「でかい」を用いると、ふつうは年齢の意味にはならず、形態が大きくなったという意味になる。

⇩「おおきな」「でかい」「きがおおきい」「ちいさい」

おおきな・おっきな ［大きな］ Ôkina・Okkina

(1)① 通りの角《かど》に**おおきな**家が建った。
② もっと**おっきな**サイズの服あるかしら？
③ 彼は**おおきな**声でどなった。
④ 彼は**おおきな**あたたかい心をもっている。

(2)① 今度の失敗では**おおきな**損害を被《こうむ》った。
② そのニュースは新聞で**おおきな**扱いを受けた。
③ わが社にとっては**おおきな**問題だ。

(3)① あんまり**おっきな**ことを言うなよ。
② ミスした張本人が**おおきな**顔してやがる。
③ 半人前のくせに**おおきな**口をきく奴だ。
④ 「早く結婚したら？」「**おおきな**御世話」

【解説】「おおきい」の、名詞を修飾する用法に、ほぼ似たような意味で用いられる語（↔ちいさな）。プラスマイナスのイメージはない。「おおきい」の(1)~(3)の意味にそれぞれ対応するが、「おおきい」に比べると意味の幅が狭く、具体的な大小についての意味で用いられることが多い。たとえば、(1)においては形態《けいたい》・容量の大きいことが「おおきな」の中心の意味となり、年齢・成長などはふつう意味しない。

(3)は「おおきな」を使った慣用句である。このうち②の「おおきな顔をする」、③の「おおきな口をきく」、④の「おおきな御世話」は「おおきい」に置き換えられない。また、②③は「でかい顔(面《つら》)」「でかい口」とも言えるが、④の「でかい御世話」は用いられない。

× ミスした張本人が大きい顔してやがる。
○ ミスした張本人がでかい面してやがる。
× 半人前のくせに大きい口をきく奴だ。
○ 半人前のくせにでかい口をきく奴だ。
× 「早く結婚したら？」「大きい御世話」
× 「早く結婚したら？」「でかい御世話」

⇩「おおきい」「でかい」「ちいさな」

おおしい［雄々しい・男々しい］Ôshii

① 彼は困難に**おおしく**立ち向かった。
② 息子の**おおしい**姿に母親は涙を流した。

【解説】 おもに男性が危険や困難に対して勇気のある様子を表す。プラスイメージの語。男性の理想的な性質として勇敢《ゆうかん》さがあげられるので、男性が理想的であることを評するときに用いられる。したがって、女性や子供については用いられず、その場合は「いさましい」を用いる。また、女性や子供の弱さを強調したいときは「けなげ」を用いる。

× 彼女は困難に雄々しく立ち向かった。
→彼女は困難に勇ましく立ち向かった。
→彼女は困難にけなげに立ち向かった。

「おおしい」は「りりしい」にも近い意味をもつが、「りりしい」には外見の勇ましさに対する美的な評価があり、「おおしい」よりも外見の美しさを強調する表現となっている。

? 新郎《しんろう》はまことに雄々しい顔だちの青年だった。
→新郎はまことにりりしい顔だちの青年だった。

⇩「いさましい」「けなげ」「りりしい」

おおまか［大まか］Ômaka

① **おおまか**な見積もりを出してください。
② **おおまか**に言って、要点はこれとこれだ。
③ 父は**おおまか**な人間ですから、そんなに気にしなくてもだいじょうぶです。

【解説】 細かいことを無視して大きく扱う様子を表す（↔こまか・こまかい）。原則としてプラスマイナスのイメージはない。①②はだいたいのところという意味である。③は人の性質について用いられた例で、細かいことを気にしない性格という意味である。③の例の場合はややプラスイメージで用いられているが、「おおらか」ほどのプラスのイメージはなく、「がさつ」ほどのマイナスのイメージもない。

⇩「おおらか」「がさつ」「きがおおきい」「こまかい」

おおらか［大らか］**Ôraka**

① 良家のおぼっちゃんらしい**おおらか**な性格。
② 彼女は**おおらか**だから、きっと許してくれるさ。
③ 彼は一センチや二センチの狂いなんか**おおらか**に無視するんだ。

【解説】 心が広くて細かいことに無頓着《むとんちゃく》な様子を表す。原則としてプラスイメージの語。細かいことを気にしないですむ環境に育った人の性質について用いるのが最も基本的な意味である(①)。さらに一般化されると、寛容だという意味になる(②)。③の例はやや皮肉な意味がこもっており、ほんとうは細かく注意しなければならないことに対しても注意がゆきとどかない無神経さを揶揄《やゆ》するニュアンスがある。

「おおらか」は「おおまか」に似ているが、「おおまか」がプラスマイナスのイメージをもたず、よい意味にも悪い意味にも用いられ、対象を広くとれるのに対して、「おおらか」は人の性質にかぎって用いられ、原則としてプラスイメージの語になる点が異なる。

× おおらかに言って、要点はこれとこれだ。
→大まかに言って、要点はこれとこれだ。

⇩「おおまか」「きがおおきい」

おかしい［可笑しい］**Okashii**

(1)① 昨日の喜劇の**おかしかっ**たこと。
② 話の途中でにやにや笑うなんて、何が**おかしい**。
③ **おかしく**て**おかしく**て笑いが止まらない。
(2)① 昨夜からどうも様子が**おかしい**と思っていました。
② あの場にいた君が知らないなんて**おかしい**ぜ。
③ その服にその帽子は**おかしい**よ。
④ よく読んで**おかしい**所は直してください。
⑤ とっくにお嫁に行っててもおかし**く**ない年だね。
⑥ 彼の意見は論理的に**おかしい**。
⑦ 夜中に電話で呼び出されるなんて**おかしい**ぞ。
⑧ 職務質問に答える彼の態度は**おかしかっ**た。
⑨ あの二人、最近どうも**おかしい**ね。

【解説】 (1) 笑いたくなるように滑稽《こっけい》な様子を表す。プラスマイナスのイメージはない。「おもしろい」に近いが、「おもしろい」には興味深さが暗示されており、知的な興味が感じられる表現になっている。「おかしい」はただ滑稽で笑いをさそう様子を暗示し、興味深いというニュアンスはないことが多い。

? 歴史の授業はおかしい。
→歴史の授業はおもしろい。

また、「おかしい」が指す笑いは本能的・生理的で、意識せずにこみあげてくるような場合が多い（③など）。

(2) 人や物事が普通でなく、不審《ふしん》な様子を表す。ややマイナスイメージの語。どのように普通でないかによって、さまざまの意味を表す。

①は身体・精神の状態が普通でない、健康でないという意味。②は当然知っているべきことを知らないというのは、不審であるという意味。③～⑤はその場・状況に不適切であるという意味。特に⑤の「～してもおかしくない」は慣用句として用いられ、「当然～してもよい」という意味である。⑥は一歩進んで、「まちがっている」「正しくない」という意味。⑦⑧は「不審である」という意味。⑨は⑦⑧から一歩進んで、「男女の仲が不審だ」「恋愛関係にありそうだ」という意味である。

(2)の意味の「おかしい」は、「あやしい」に近いが、「あやしい」には人知《じんち》を超えたものに対する畏怖《いふ》や不審の暗示がある。「おかしい」は理性で納得できないというニュアンスがあり、未知のものに対する不安や畏怖のニュアンスはない点が「あやしい」と異なる。また、③～⑤の「不適切」という意味では「あやしい」は用いない。

× 暗闇《くらやみ》におかしい人影が動いた。
　→暗闇にあやしい人影が動いた。

× その服にその帽子はあやしい。

⇨「おもしろい」「あやしい」「おかしな」「かっこわるい」「いぶかしい」「おもしろおかしい」「ちゃんちゃらおかしい」

おかしがたい［犯し難い］Okashigatai

① 彼女には**おかしがたい**気品があった。

② 教会の**おかしがたい**荘厳《そうごん》さ。

【解説】 威厳があって近寄りにくく、傷つけにくい様子を表す。ややプラスよりのイメージの語。ふつう「おかしがたい□□」という名詞にかかる修飾語として用いられ、その他の形で用いられることは少ない。また、□□には抽象名詞が入ることが多く、普通名詞は入りにくい。

？ 彼女の気品は犯しがたい。

？ 彼女の気品あふれる犯しがたい顔。

「おかしがたい」は後ろにくる抽象名詞の程度を厳格に高めるニュアンスがあり、その意味で後ろにくる名詞には一定の制限がある。すなわち、厳格さ、荘厳さ、品格などに関連する名詞がくることが多く、柔軟さ、暖かさなどに関連する名詞は続きにくい。

？ 彼女の犯しがたいやさしさ（寛容さ）。

⇨「－がたい」

おかしな ［可笑しな］ Okashina

(1) ① 彼は年中**おかしな**ことを言って人を笑わせる。

(2) ① 急に天気の話をしたら**おかしな**顔をされた。

② **おかしな**素振りをしないか、注意してください。

③ 急に彼女が現れたので**おかしな**話になっちゃった。

④ **おかしな**もので、奴の顔を見たら元気が出てきた。

【解説】「おかしい」の名詞を修飾する用法の代わりに用いられる語。ただし「おかしい」のすべての意味に対応するわけではない。

(1) 笑いたくなるように滑稽《こっけい》な様子を表す。プラスマイナスのイメージはない。ただし、この意味ではあまり用いられず、ふつうは「おかしい」のほうを用いる。

(2) 人や物事が普通でなく、不審《ふしん》な様子を表す。ややマイナスイメージの語。「おかしな」を用いると、ふつう(2)の意味になるので、全く同じ文脈で「おかしい」と「おかしな」が用いられると、次のようなニュアンスの違いが生ずる。

　おかしな顔をされた。(不審そうな顔をされた)

　おかしい顔をされた。(笑いそうな顔をされた)

③④は慣用句で、「おかしい」に置き換えられない。③は話が正常に進まずに、まとまりがつかなくなったという意味、④は「不思議なもので」という意味である。

⇩「おかしい」

おかったるい Okattarui

① 昼飯がうどんだったので、どうも**おかったるい**。

② いい男だが、わが家の婿《むこ》には少々**おかったるい**ね。

③ 君には**おかったるい**仕事かもしれないが、我慢してほしい。

【解説】不十分でものたりない様子を表す。ややマイナスよりのイメージの語。関東方言的な語で、日常会話中心に用いられる。食事の量や質が不十分でものたりない場合(①)、人物・役柄・仕事など抽象的なものがものたりない場合(②③)とがある。いずれも、十分に満足できないところから不満感の暗示される語であるが、この不満は強くなく、表現としてはかなり冷静である。

　「おかったるい」は「ものたりない」や「くいたりない」に似ているが、すべて消化してなお余裕があるというニュアンスがあり、許容量としての余地を暗示する表現になっている点が、積極的な摂取《せっしゅ》の余力を暗示する「ものたりない」や「くいたりない」とニュアンスの上で異なる。①は腹具合としてまだ食物の入る余地があるという意味である。②は家柄その他を考えると、どうも満足できないという意味、③は仕事が軽くて能力に余裕があるという意味である。

したがって「おかったるい」は、対象が許容量を完全に埋めるかどうかがわかってから、またはあらかじめわかっている場合に用いられ、一般論として不十分であることを表現する場合には用いないことが多い。

？　こんな簡単な説明ではおかったるい。

→こんな簡単な説明ではものたりない。

⇩「ものたりない」「くいたりない」「あきたりない」

おくふかい［奥深い］Okufukai

① その川の源流へ通じる谷は**おくふかい**。

② 彼女の言葉に隠された**おくふかい**意味に、誰も気がつかなかった。

【解説】　入口からの奥ゆきがふかく、なかなか届かない様子を表す。プラスマイナスのイメージはない。①のように具体的に奥までの距離があるという意味と、②のように物事が深遠《しんえん》で深みがあるという抽象的な意味とがある。「ふかい」よりも空間的な距離感が強調されている語である。

⇩「―ふかい」

おくめんもない［臆面も無い］Okumemmo-nai

① 彼は自分から辞《や》めた会社へ**おくめんもなく**戻ってきた。

② 奴は誰に対しても**おくめんもなく**ゴマをする。

【解説】　恥じる気持ちやプライドがなく、無遠慮に行動する様子を表す。マイナスイメージの語。例のように「おくめんもなく～する」という述語に呼応する形で用いるのが最も一般的で、後ろにくる「～する」という行為が無遠慮で恥を知らない様子を表す。その他の形で用いることはまれである。

？　あれだけもらっておきながらまだ催促《さいそく》するなんて、臆面もない。

？　彼は臆面もない借金をした。

行為が無遠慮で恥を知らない意味では「あつかましい」や「ずうずうしい」に近いが、「おくめんもない」が修飾する行為の無遠慮さには、「あつかましい」や「ずうずうしい」の場合と違ってかなりの客観性があり、第三者の受ける被害や被害者意識には関係しない。「あつかましい」や「ずうずうしい」では、当事者の行為を見た(受けた)人の被害者意識が暗示されているが、「おくめんもない」では行為そのものの無遠慮さを暗示するのにとどまっている点が異なる。

？　彼は誰の前でも厚かましくゴマをする。

→彼は誰の前でも臆面もなくゴマをする。

？　彼は初対面の家へ臆面もなく上がりこんだ。

→彼は初対面の家へずうずうしく(厚かましく)上が

りこんだ。

また、「おくめんもない」は「ふてぶてしい」にも似ているが、「ふてぶてしい」が主体の非を認めない反抗的な態度についての嫌悪《けんお》を暗示するのに対して、「おくめんもない」は無遠慮な行為だけを暗示し、主体に非があるとはかぎらない点が異なる。全く同じ文脈で「おくめんもない」と「ふてぶてしい」が用いられると、次のようなニュアンスの違いを生ずる。

　臆面もなく文句を言う。
（もう少し遠慮したらどうだ）
　ふてぶてしく文句を言う。
（自分が悪いのに反省もしないでけしからん）

⇨「あつかましい」「ずうずうしい」「ふてぶてしい」

おくゆかしい ［奥床しい］ Okuyukashii

① 彼女の**おくゆかしい**人柄にひかれました。
② その控えめな態度はまことに**おくゆかしかっ**た。

【解説】 気品があって控えめな様子を表す。プラスイメージの語。大人の人柄や行為について、控えめで上品であることから、その内面の深さがうかがわれる、その内面に魅力を感じる様子を表す語である。したがって、自分の内面のすべてを表さないことを美徳《びとく》とする日本文化に特徴的な語だと言うことができる。

「おくゆかしい」は外見の特定の部分に対して用いられることは少なく、行為や態度にうかがわれるその人の全人格について用いられることが多い。

？ 彼女の和服姿は上品だ。
↓彼女の和服姿はおくゆかしい。

目前のひとつひとつの小さな心配りから、内面の豊かさを暗示するという表現の方法は、人間どうしの距離の近さや心理的同調性を基本にしているので、きわめて日本的である。

⇨「つつしみぶかい」「ゆかしい」「しとやか」

おこがましい ［痴がましい・烏滸がましい］ Okogamashii

① 他人が**おこがましく**口出しすべきじゃない。
② 問われて名のるも**おこがましい**が、……

【解説】 ある行為がその人に分不相応であったり、出過ぎていたりする様子を表す。マイナスイメージの語。「〜がましい」は「いかにも〜のように見える」という意味の、形容詞を作る語尾。例のように、述語または述語にかかる修飾語として用いられるのが普通で、名詞にかかる修飾語で用いられることは少ない。

？ 彼のおこがましい態度に腹を立てた。
↓彼のさしでがましい（出過ぎた）態度に腹を立てた。

①は身内の問題に対して他人が差し出口をきくのは出

過ぎているという意味である。②は慣用句となった言い方で、自分の行為につけて「～するのもおこがましいが……」という形で用いられる。これは、～という行為に際しての謙譲《けんじょう》の気持ちを表す表現であって、必ずしもその行為を出過ぎていると思っているかどうかには関係しない。

「おこがましい」は、相手の迷惑をかえりみず無遠慮に振舞うという意味で「あつかましい」に似ているが、無遠慮さの程度が「あつかましい」に比べて低く、被害者意識が暗示されない点が異なる。

× 初対面の家で泊めてくれただなんておこがましい。

→初対面の家で泊めてくれただなんて厚かましい。

また、出過ぎているという意味では「さしでがましい」にも近いが、「さしでがましい」が単なる余計なお節介《せっかい》を暗示するのに対して、「おこがましい」ではその人の分にふさわしくない、その人が当然守るべき社会的身分の枠組を超えているという明らかな規範意識が暗示されている。したがって、②の例は「さしでがましい」に置き換えられない。「おこがましい」は、分相応の行為を美徳《びとく》とする日本文化に特徴的な語である。

× 問われて名のるもさしでがましいが、……

分不相応の行為を表す語としては他に「なまいき」があるが、「なまいき」には目下の者が分不相応に振舞うことについての侮蔑《ぶべつ》と不快の暗示が強く出る。

？ 青二才のくせにおこがましい。

→青二才のくせになまいきだ。

⇨「あつかましい」「さしでがましい」「なまいき」「―がましい」

おごそか［厳か］Ogosoka

① 会長が**おごそか**に開会を宣言した。

② 教会は**おごそか**な雰囲気に満ちていた。

【解説】 近寄りにくいほど威厳があって、他を圧倒する様子を表す。ややプラスイメージの語。「いかめしい」に似ているが、「おごそか」は厳粛《げんしゅく》であることがプラスイメージでとらえられており、「いかめしい」のもっている威圧的なマイナスのイメージはない。

× 祖父が怒るとおごそかな顔になる。

→祖父が怒るといかめしい顔になる。

⇨「いかめしい」

おこりっぽい［怒りっぽい］Okorippoi

① 父は七十を過ぎて**おこりっぽく**なった。

② 彼は**おこりっぽい**性格だ。

【解説】 人の性格が腹を立てやすく、怒りがちである様子を表す。マイナスイメージの語。「～ぽい」は動詞の連用形について、「〜しがちである」という意味の形容詞を作る語尾。

「おこりっぽい」は「きむずかしい」に比べて、特にこれといった理由もなく瞬間的・衝動的に怒る性質というニュアンスが強く、怒りや不機嫌《ふきげん》さが長く続く状態は暗示されない。

？ 彼は年中怒りっぽい顔をしている。
→彼は年中気むずかしい顔をしている。

「おこりっぽい」は「きがみじかい」にも似ているが、「きがみじかい」には忍耐強くないというニュアンスのある点が「おこりっぽい」と異なる。

× 彼は怒りっぽいからバスを待っていられない。
→彼は気が短いからバスを待っていられない。

⇨「きむずかしい」「きがみじかい」「−ぽい」

おさえがたい［抑え難い］Osaegatai

① そのとき彼は**おさえがたい**衝動にかられた。
② その絵を見たい気持ちは**おさえがたかっ**た。

【解説】抑制《よくせい》することがむずかしい様子を表す。プラスマイナスのイメージはない。欲望・衝動・気持ちなど、内面におこる抽象的なものについて用いられることが多く、具体的な物をおさえることがむずかしい場合には用いられない。その場合には「おさえにくい」を用いる。

× 三番めのキーはおさえがたい。
→三番めのキーはおさえにくい。

また、「おさえがたい」は抑制することがむずかしい様子を表すだけで、結果として抑制できたのかできなかったのかまでは言及《げんきゅう》していない。

⇨「−がたい」

おさない［幼い］Osanai

(1)① 彼は**おさない**ときに戦災で両親を失った。
② 彼女の子供たちはまだ**おさない**。
(2)① 大学生にもなってそんな**おさない**考え方では困る。
② 君は人間が**おさない**から甘えがぬけないんだ。

【解説】(1) 年齢が低く、非常に若い様子を表す。プラスマイナスのイメージはない。「おさない」は年齢の低さについて客観的に表す語であって、愛情・侮蔑《ぶべつ》など特定の感情が入っていない点が「あどけない」「いとけない」「いたいけ」「たわいない」などと異なる。

× 母は言い訳を幼く信じた。
→母は言い訳をたわいなく信じた。

「おさない」は「わかい」の指す年齢よりも下の年齢を指し、相対的に年齢を比較する文中では用いられない。

× 二十歳の幼い女性。
→二十歳の若い女性。

× 息子は隣の子より三つ幼い。
→息子は隣の子より三つ小さい。

(2) 考え方や人間性などが未熟で完成されていない様子を表す。ややマイナスイメージの語。「こどもっぽい」に近いが、「こどもっぽい」は「いかにも子供のように見える」という意味で、幼児性のさまざまの要素(未熟さ、純真さなどプラスマイナスの両面を含む)を総合的に暗示する表現であるのに対して、「おさない」を使うと、幼児性のマイナス面が強調され、プラスの面は暗示されない。したがって、大人に対して「おさない」を使った場合には、どんな場合でもほめ言葉にはならない。

彼の幼い態度。 (一)
彼の子供っぽい態度。 (0)

⇨「あどけない」「いとけない」「いたいけ」「たわいない」「わかい」「こどもっぽい」「がんぜない」「やんちゃ」「おとなげない」

おさむい [御寒い] Osamui

(1) ① どうもふところが**おさむい**御様子ですな。
② 経済大国とはいうものの**おさむい**研究施設だ。
(2) ① **おさむう**ございます。

【解説】 (1) 貧弱で必要量にたりない様子を表す。マイナスイメージの語。例のように「おさむい□□」という名詞にかかる修飾語で用いるのが普通で、その他の形で用いられることは少ない。

「おさむい」は「さびしい」や「とぼしい」に似ているが、「さびしい」や「とぼしい」に比べて、かなり皮肉で揶揄《やゆ》的《てき》なニュアンスがあり、自分自身の状態について用いることはまれである。

? 給料前でふところがおさむい。
→給料前でふところがさびしい。

(2) 「さむい」の丁寧語《ていねいご》(↔おあつい)。プラスマイナスのイメージはない。ただし、この用法は非常に限定されていて、気候に関する挨拶語《あいさつご》として、ほとんど「おさむうございます」という形にかぎって用いられる。

⇨「さむい」「さびしい」「とぼしい」「おあつい」

おしい [惜しい] Oshii

(1) ① いくら無鉄砲《むてっぽう》な奴でも命は**おしい**。
② 残り少ない病床《びょうしょう》の日々が**おしく**思われる。
③ 平社員で置いておくには**おしい**男だ。
④ 一人で見るには**おしい**景色だ。
⑤ **おしい**方をなくしました。
⑥ こんないい天気の日に机にかじりついてなきゃならんとは、なんとも**おしい**ね。
⑦ こんなところでひっかかっていては時間が**おしい**。

⑧ 大切な品だが、君にあげるのなら**おしく**ない。

(2)① **おしい**ところで電車に乗りそこなった。

② わが校は一点差で**おしく**も敗れた。

③ 最後に彼に会いたかったのに**おしかっ**た。

④ あと一歩で入賞という**おしい**成績だった。

【解説】 (1) 大切で価値があるので、失うのがつらい様子を表す。プラスマイナスのイメージはない。①②は絶対的に貴重《きちょう》だという意味、③④は「平社員」「一人で見るだけ」という待遇に比べてより価値があるという相対的な意味である。⑤は葬式でよく用いられる挨拶語《あいさつご》で、故人に対するほめ言葉となっている。

⑥～⑧は①～⑤の意味から一歩進んで、手放したくない、失いたくないという様子を表す。これは対象の貴重さ、価値にはよらず、その人にとって失いがたく思われるかどうかというきわめて主観的な判断による。

(1)の「おしい」は「もったいない」に近いが、「もったいない」のほうが用法が狭く、より具体的であって、一つしかないものの失いがたさにはふつう用いない。

？ いくら無鉄砲な奴でも命はもったいない。

また、「おしい」では有効に使われないものの価値に対する愛惜《あいせき》のニュアンスが強く出るのに対して、「もったいない」では有効に使わないことへの慨嘆《がいたん》・不満の気持ちが入る点が異なる。

時間が惜しい。（失われていく時間が貴重だ）

時間がもったいない。（使わなければ損だ）

(2) わずかのところで価値のあるものを失うのは残念だという様子を表す。プラスマイナスのイメージはない。

①②のように「おしいところで～」「おしくも～」のような、述語を修飾する用法で用いられることが多い。ふつう、すでに失ってしまった対象について残念だというニュアンスで用いる。④の「おしい成績」は、あと一歩で入賞に届くところだったが、入賞できなかった残念な成績という意味である。「残念」に比べると、「あとわずかのところで～できた」という悔恨《かいこん》のニュアンスが入るぶんだけ主観的になる。

× 残念なところで電車に乗りそこなった。

惜しい成績。（入賞にわずか及ばない成績）

残念な成績。（どの程度の低さかについては言及《げんきゅう》しない）

⇨「もったいない」「なごりおしい」

おしげもない［惜し気も無い］Oshigemo-nai

① 彼は**おしげもなく**全財産を投げ出した。

② 彼女はまだ使えるノートを**おしげもなく**捨てた。

【解説】 惜しいと思うような様子がないことを表す。ややマイナスよりのイメージの語。「おしげもなく～する」

という述語に呼応する用法で用いられ、その他の形では用いられない。後ろにくる行為としては、「投げ出す」「捨てる」「使う」など消費・放棄《ほうき》に関連する行為が多い。投げ出す対象は、一定の価値があってふつうなら「おしい」と思うような物で、しかも個人の自由に分割できる物の場合が多い。

× 君は惜しげもなくごみを捨てるね。
→君はなんのためらいもなくごみを捨てるね。
? 彼はいつも惜しげもなく時間を使う。
→彼はいつもたっぷり時間を使う。
? 彼女は少年のために惜しげもなく命を投げ出した。
→彼女は少年のために躊躇《ちゅうちょ》なく命を投げ出した。

「おしげもない」は「おしみない」に非常に似ているが、「おしみない」は消費や放棄などの行為をする側に視点があるのに対して、「おしげもない」は第三者に視点のある点が異なる。

? 惜しげもない拍手を送る。
→惜しみない拍手を送る。

⇨「おしみない」「おしい」

おしつけがましい

[押し付けがましい] **Oshitsukegamashii**

① 彼の忠告は**おしつけがましく**聞こえるね。

② 彼女は**おしつけがましい**言い方をする。

【解説】 他人の迷惑をかえりみず、自分の考えなどを押しつけるように見える様子を表す。マイナスイメージの語。「おしつける」の派生語である。「〜がましい」は「いかにも〜のように見える」という意味の形容詞を作る語尾。

無理に押しつける対象は、抽象的なものであることが多く、具体物を無理に与えるという場面ではあまり用いられない。

? 彼は御歳暮《おせいぼ》を押しつけがましく置いていった。
→彼は御歳暮を無理やり置いていった。

「おしつけがましい」はいかにも無理に押しつけているように見える(聞こえる)という意味であるから、実際の行為の内容には関係せず、第三者がその行為を評して言う語である。相手の迷惑をかえりみず何かをする点では「あつかましい」に似ているが、「あつかましい」が行為者の無遠慮さについての不快感を暗示するのに対して、「おしつけがましい」は人に強制することについての不快感を暗示する点が異なる。

× 彼は押しつけがましく居座った。
→彼は厚かましく居座った。

⇨「あつかましい」「ーがましい」

おしみない ［惜しみ無い］ Oshiminai

① 親会社は**おしみなく**資金を投入した。
② 観客は**おしみない**拍手を送った。

【解説】 使いしぶることなく精一杯何かをする様子を表す。ややプラスイメージの語。例のように修飾語として用いることが多く、述語として用いられることは少ない。対象としては具体物(①)や形のないもの(②)などがあるが、個人の自由な意志で分割・調整できるものであることが原則である。

？ 部長は惜しみなく部下をこき使う。
→部長は遠慮なく部下をこき使う。

また、「おしみない」は行為者の側に立ってその行為を説明する暗示があり、第三者がその行為を見て評するニュアンスの「おしげもない」とは区別される。

？ 彼は惜しみなく金を使うんで困る。
→彼は惜しげもなく金を使うんで困る。

⇩「おしげもない」「おしい」

おしもおされもしない ［押しも押されもしない］ Oshimo-osaremo-shinai

① 彼女は**おしもおされもしない**スターだ。
② 彼はすっかり立派になって、今や**おしもおされもしない**。

【解説】 社会的身分や地位・技量などが一人前で、尊敬に値する様子を表す。プラスイメージの語。①のように名詞にかかる修飾語で用いられるのが最も一般的で、②のように述語で用いられることもあるが、その他の修飾語で用いられることは少ない。

「一人前の」「一流の」という意味であるが、ニュアンスとしては「どこから見ても恥ずかしくない」という裏側からの表現になっている。したがって、すでに十分名声を博《はく》している人物について用いられることは少なく、今まで無名であったものが、ようやく一人前になったというような状況で用いられることが多い。その場合、しばしば②のように「もう」「今や」などの副詞を伴《ともな》う。

？ 彼は押しも押されもしないノーベル賞学者だ。
→彼は立派な(超一流の)ノーベル賞学者だ。

⇩「りっぱ」

おそい ［遅い・晩い・鈍い］ Osoi

(1)① 今年は桜の開花が**おそい**。
② **おそく**なりまして、申し訳ありません。
③ 日曜日は朝**おそく**まで寝ている。
④ 三時ころ**おそい**昼食をとった。
⑤ こんな**おそい**時間に何ですか。

⑥ 主人は毎日帰りが**おそい**んです。
⑦ あとで後悔《こうかい》したって**おそい**ぞ。
⑧ 父危篤《きとく》の知らせに急いで来たのだが、**おそかった**。
(2)① 鈍行列車は**おそく**てかなわない。
② ぼくは足が**おそい**。
③ 彼女の仕事は丁寧《ていねい》だが非常に**おそい**。
④ 彼は進歩の**おそい**奴だな。
⑤ 今度の新人はのみこみが**おそい**。

【解説】 時間・速度に関する基本的な形容詞の一つ（↕はやい）。ややマイナスイメージの語。

(1) 季節・時刻などがおくれている様子を表す。①～④は基準にすべき一定の時があり、それよりおくれていることを表す。①は桜の例年の開花予想日、②は会議などの開始時刻、③は通常起床する時刻、④は通常の昼食の時刻がその基準である。

⑤⑥は特に夜について、生活時間の中で「おそい」と感じられる時刻を言う。したがって、⑤⑥の意味のときの「おそい」はかなり主観的な時刻を意味し、これらの文だけで具体的に何時ごろかを決めるのはむずかしいことが多い。

⑦⑧はこれから一歩進んで、時刻におくれた結果間に合わないという意味を表す。特に⑧の「おそかった」は、父の死にめに間に合わず、到着したときにはすでに死んでいたという意味である。

(2) 移動や進捗《しんちょく》の速度が小さく、なかなか進まない様子を表す。①②は具体的な移動速度が小さいという意味、③④は進歩や進捗度合が少ないという意味である。⑤の「のみこみがおそい」はこれらから一歩進んで、頭の回転が鈍いという意味になる。

(2)の「おそい」は絶対的な速度の小ささを表す場合は、動詞にかかる修飾語としてはふつう用いない。その場合には「ゆっくり」を用いる。相対的な速度の小ささを表す場合には、用いることができる。

？ この花は十年もかかって遅く成長する。
　→この花は十年もかかってゆっくり成長する。
○ 子供連れなのでいつもより遅く（ゆっくり）歩いた。

(2)の「おそい」は「のろい」や「とろい」に近いが、「のろい」や「とろい」には速度が小さいことに対する焦《しょう》燥《そう》の暗示があり、マイナスイメージの語になっている。「おそい」は焦燥までは暗示せず、「のろい」や「とろい」よりは客観的である。

また、「おそい」はどんな速度のものについても、「□よりおそい」と比較の文中で使うことができるが、「のろい」では絶対的な速度の小ささが暗示されるので、速いものどうしを比較する文中では用いられない。

× 音速は秒速三百四十メートルで光よりはのろい。

→音速は秒速三百四十メートルで光よりは遅い。

⇨「のろい」「とろい」「にぶい」「はやい」

おぞましい［悍ましい・鈍ましい］Ozomashii

(1)① ライオンの雄が子供を食い殺す**おぞましい**光景を見てしまった。
② あの事件のことは口にするのも**おぞましい**。
(2)① 彼女は**おぞましく**も鑑識眼《かんしきがん》がなかった。

【解説】(1) 背筋が寒くなるほど不快な感じを与える様子を表す。マイナスイメージの語。人間について用いられることはまれで、物事・状況などについて用いられる。非常に感覚的な嫌悪《けんお》を暗示し、はっきりした理由を述べられないことが多い。嫌悪感を表す語としては「いとわしい」などがあるが、「おぞましい」はそれよりずっと忌避《きひ》感《かん》が強く妥協の余地はない表現になっている。全く同じ文脈で「おぞましい」と「いとわしい」が用いられると、次のようなニュアンスの違いを生ずる。

おぞましい光景。（あまりに不快で見るのもいやだ）
いとわしい光景。（見ていると不快になる）

(2) 非常に程度が低く、問題にならない様子を表す。マイナスイメージの語。対象の能力などの程度が非常に低いことについて侮蔑《ぶべつ》の暗示がある。ただし、現代ではこの意味ではほとんど用いられない。

⇨「いとわしい」「のろわしい」「いや」

おそれおおい［恐れ多い・畏れ多い］Osoreôi

(1)① 口に出すのも**おそれおおい**ことながら、……
② 社長に直訴《じきそ》するなんて**おそれおおい**よ。
(2)① 陛下から**おそれおおい**お言葉を賜《たまわ》った。
② ここにおわすは、**おそれおおく**も、前《さき》の副将軍水戸《みと》光圀《みつくに》公にあらせられるぞ。（時代劇のセリフ）

【解説】(1) 身分の高い人に対して自分の非礼《ひれい》が恥ずかしい様子を表す。プラスマイナスのイメージはない。おもに天皇・国王など絶対的に身分の高い人に対して用いることが多いが、②の例のように、相対的に社会的地位の高い人に対してやや誇張《こちょう》して用いることもある。①の例は、この後に続く言葉のマクラ（前置き）であって、実際に発言内容を非礼だと思っているかどうかには関係せず、上位者への発言に対する控えめな謙譲《けんじょう》の気持ちを表したにすぎない。

(2) 身分の高い人の行為が非常にありがたく尊い様子を表す。プラスイメージの語。②は時代劇の決まり文句だが、存在すること自体が「おそれおおい」と言っているのである。(2)の「おそれおおい」は「ありがたい」や「もったいない」に近いが、「ありがたい」「もったいない」が行為を受け取る側の感謝や申し訳なさの気持ちに視点があるのに対して、「おそれおおい」は行為(存在)自体に視点のある点が異なる。

⇨「ありがたい」「もったいない」「やんごとない」

おそろしい［恐ろしい］Osoroshii

(1)① トラはさほど**おそろしい**動物ではない。
② 暗い夜道を一人で歩くのは**おそろしい**。
③ 昨夜、**おそろしい**目にあった。
④ 奴は敵にまわせば**おそろしい**男だ。
⑤ いちばん**おそろしい**のは油断して増長することだ。
⑥ 今からアル中では、さきゆき**おそろしい**ことだ。
⑦ その子は末**おそろしい**天才ぶりを発揮した。
⑧ 「彼女の子供、四人とも名門小学校なんですって」「**オッソロシー**」

(2)① 彼は**おそろしい**勢いで飛び出していった。
② 明治神宮前は**おそろしい**人出だった。
③ その日は**おそろしく**寒かった。

(3)① 習慣というものは**おそろしい**もので、用がなくても朝七時になると自然に目が覚めてしまうんだ。
② 執念《しゅうねん》というものは**おそろしい**もので、一日三尺しか進まない穴掘りも、五年十年と続くとやがて山一つくりぬいてしまうようになる。

【解説】 (1) 恐怖や不安を感じる様子を表す。マイナスイメージの語。①〜③は実際に感じる恐怖を表す。④〜⑦は恐怖よりは不安や警戒を表す。④は並なみならぬ実力をもっているから油断できないという意味、⑤は注意すべきことという意味、⑥は警戒または心配すべきことという意味である。⑦はこれらから一歩進んで、将来どんなすぐれた人になるか非常に期待されるという意味であって、たぶんに誇張的《こちょうてき》なニュアンスになっている。

⑧は恐怖・不安には関係なく、事態の大きさを客観的に表す現代語用法。日常会話中心に感動詞的に用いられ、かたい文章中では用いられない。しばしば例のように、「おそろしー」「オソロシー」などと長音の音引《おんび》きを使って表記される。驚きを誇張して表現する語であって、やや揶揄的《やゆてき》なニュアンスもある。

「すごい」に似ているが、「すごい」に暗示されている感動は含まれていないことが多い。また現代語用法としての「うそ」(ウッソー)にも通じるが、「ウッソー」が信じがたい驚きを暗示するニュアンスがあるのに対して、「おそろしー」では事実として認めたうえで、不賛成やごく軽い嫌悪《けんお》の気持ちをこめて驚きを表現する点で異なる。

(1)の「おそろしい」は「こわい」や「おっかない」に似ているが、「おそろしい」の表す恐怖は「こわい」「おっかない」よりも程度が高い。

また、「おそろしい」は対象のあらゆる状況について、抽象的・普遍的に用いるのが普通で、対象の特定の状況について選択的に恐怖を表す場合には、「こわい」のほうを用いる。

○ ハブは恐ろしい動物だ。

× 飛行機はときどき落ちるから恐ろしい。

↓飛行機はときどき落ちるからこわい。

(2) 程度がはなはだしく大きい様子を表す。ややマイナスよりのイメージの語。修飾語の形で用いられ、述語では用いられない。「非常な」「とても」という意味であるが、程度の大きいことを誇張して表現するニュアンスがある。

「えらい」にも程度の高いことを誇張して表現する意味があるが、「えらい」には驚き・慨嘆《がいたん》などの暗示があるのに対して、「おそろしい」は恐怖や不安などの暗示があり、程度そのものも「えらい」より高くなることが多い。

今日はおそろしく寒い。（こごえ死にそうだ）

今日はえらく寒い。（手袋がほしい）

(3) 「□□とは(□□というものは)おそろしいもので、……」という慣用句で用いられ、□□という原因によって……が起こるのがとても不思議だという意味を表す。この意味のときはプラスマイナスのイメージはない。原因と結果の因果《いんが》関係を、畏怖《いふ》の暗示を伴って表現するニュアンスがある。

⇨「こわい」「おっかない」「すごい」「はなはだしい」「えらい」「ひどい」「すえおそろしい」「そらおそろしい」「ものおそろしい」

おたかい ［御高い］ Otakai

(1) ① 彼女はいつも**おたかく**とまっている。

(2) ① こんな**おたかい**物をいただくわけにはまいりませんわ。

【解説】 (1) 高慢《こうまん》で人を見下しているような様子を表す。マイナスイメージの語。「おたかくとまる」という形で用いられるのが最も一般的で、名詞にかかる修飾語や述語で用いられることは少ない。

? 彼女の態度はおたかい。

↓彼女の態度は高慢だ。

? 彼女のおたかい態度は鼻もちならないわね。

↓彼女の高慢ちきな態度は鼻もちならないわね。

また、主体は大人の女性であることが多く、男性について用いることは少ない。子供については用いられない。

? 彼はがらにもなくおたかくとまっている。

↓彼はがらにもなくえらぶっている(高慢である)。

× その少女はおたかくとまっていた。

↓その少女はこましゃくれていた。

(2) 「たかい」の丁寧語《ていねいご》(↔おやすい)。プラスマイナスのイメージはない。日常会話の中で用いられる。

⇩「たかい」

おだやか［穏やか］Odayaka

(1)① **おだやか**な春の一日、釣を楽しんだ。
② 海は**おだやか**で波も静かだった。
③ 老後を**おだやか**に暮らす。
④ 父は**おだやか**な人柄で、声を荒だてたことはない。
⑤ 君たち、もっと**おだやか**に話し合おう。
(2)① 友人の結婚を聞いて、彼女は心中**おだやか**でなかった。
② 朝っぱらから不渡りの話とは**おだやか**でないね。

【解説】 (1) 静かで落ち着いている様子を表す。プラスイメージの語。具体物についても(①②)、人の性格や行為についても(③~⑤)用いられる。具体物の場合には、外から見て静かで荒れていない様子を表す。人の性格や行為について用いられる場合は、静かで騒ぎたてない様子を表す。

「おだやか」の指す状況は「しずか」と共通する場合が多いが、「しずか」が客観的な平静さを暗示するのに対して、「おだやか」はより主観的・気分的で、見る者を落ち着かせるような影響力をもつ暗示がある。そこで、全く同じ文脈で「おだやか」と「しずか」が用いられた場合には、次のようなニュアンスの違いを生ずる。

穏やかに話す。
(聞く者を安心させるような落ち着いた調子で話す)
静かに話す。
(小さな声でゆっくり話す)

(2) 「おだやかでない」という打消しの形で用いられ、「尋常《じんじょう》でない」「適当でない」「困惑《こんわく》している」などの意味を表す。マイナスイメージの語句。①の「心中おだやかでない(おだやかならぬものがある)」は慣用句で、「動揺している」「驚いている」などの意味になる。②の「~とはおだやかでない」は、他人の言動に接して、それがその場に不適当で問題であるという意味である。ただし、自分の感想を直接的でなく、平穏《へいおん》でない様子という客観的な表現にしているぶんだけ冷静で、当の問題や人から距離がある表現となっている。そこで、しばしば親しい者の言動に共感・反発するという状況では用いられず、目下の者の言動に目上の者が距離をおいて不適当の意を表明するという状況で用いられることが多い。

? お前が辞《や》めさせられるなんて穏やかでないね。
→お前が辞めさせられるなんてひどい(かわいそうだ)。

⇩「しずか」「しめやか」「ひそやか」「さやか」「やすらか」「ひどい」

おつ［乙］Otsu

① 若僧《わかぞう》のくせに**おつ**なことを言う。
② この煮つけはなかなか**おつ**だぜ。
③ 湯船《ゆぶね》から見る冬の月も、なかなか**おつ**なもんだよ。
④ 初めからしまいまで**おつ**にすましてやがる。
⑤ おっと、**おつ**にからんだね。

【解説】 一風《いっぷう》変わった趣がある様子を表す。ややプラスイメージの語。月並みでなくしゃれていることをプラスに評価した語である。ただし、単なる新奇《しんき》さではなく、玄人《くろうと》受けのする渋味をもっていることが暗示されているので、あまり強烈なもの、刺激の強いものについては用いられない。①は「気のきいた」「しゃれた」という意味、②は「変わった風味でうまい」という意味、③は「月並みでない趣でよい」という意味である。

④の「おつにすます」は慣用句で、ふだんはにぎやかに騒いでいる人がめずらしくおとなしく控えめであったりするときなどに用いられる。その人の性格からすれば「いつもと違う落ち着きぶり」という意味である。プラスマイナスのイメージはない。

⑤の「おつにからむ」も慣用句で、「ふだんと違って妙にからむ」「遠回しにいやみを言う」という意味になり、この場合はややマイナスよりのイメージの表現となる。

おっかない Okkanai

① 子供のころ、よく**おっかない**話を聞かされた。
② そんなに**おっかない**顔をするなよ。
③ 「こら～っ！」「**おっかねえ**」
④ そんな**おっかない**商売には手を出せないな。

【解説】 恐怖や不安を感じる様子を表す。マイナスイメージの語。日常会話中心に用いられ、かたい文章中には登場しない。「おそろしい」や「こわい」に多くの場合置き換えられるが、「おそろしい」「こわい」よりも俗語的で、恐怖の程度は低い。

また、「おそろしい」より用法が限定されていて、「警戒すべき」という意味では用いられない。

× さきゆきおっかないことだ。
→さきゆき恐ろしいことだ。

④は不安を感じるという意味であって、「あぶない」に近いが、「あぶない」よりは失敗に対する危機感にとぼしく、漠然《ばくぜん》とこわがっていることが暗示される表現である。全く同じ文脈で「おっかない」と「あぶない」が用いられると、次のようなニュアンスの違いを生ずる。

おっかない商売。（へたをすると大損をする）
危ない商売。
（大損をする危険が大きいからやめよう）

⇩「おそろしい」「こわい」「あぶない」

おてんば ［お転婆］ Otemba

① うちの娘は**おてんば**だ。

② **おてんば**な娘はお嫁のもらい手がありませんよ。

【解説】 少女や若い女性が非常に活発で、従順でない様子を表す。ややマイナスよりのイメージの語。述語か名詞を修飾する形で用いられ、述語を修飾することはまれである。一定年齢以下の女性について用いられ、大人の女性や男性について用いられることはない。

× うちの女社長はおてんばだ。
→うちの女社長は男まさりだ。

× 彼の息子はおてんばだ。
→彼の息子はやんちゃだ。

少女や若い女性が、女としてもっているべき従順さやしとやかさに欠けているという意味ではあるが、非難や侮蔑《ぶべつ》の暗示はなく、やや客観的である。

活発である意味で「おてんば」は「やんちゃ」に似ているが、「やんちゃ」が男の子や大人の幼児性についても用いられ、欲求のままに振舞うことを意味するのに対して、「おてんば」は少女の活発で落ち着かない性質について用いられる点が異なる。

× あまりおてんばばかり言うと連れていきませんよ。
→あまりやんちゃばかり言うと連れていきませんよ。

⇩「やんちゃ」

おとこくさい ［男臭い］ Otokokusai

(1) ① 男子寮は玄関を入った途端**おとこくさかった**。

② その柔道着には**おとこくさい**においがしみついていた。

(2) ① 作者の**おとこくさい**文体が魅力です。

② 彼はいかにも**おとこくさい**風貌《ふうぼう》の持ち主だ。

【解説】 (1) 男性特有のにおいのある様子を表す(↕おんなくさい)。ややマイナスイメージの語。「〜くさい」は「〜のにおいがある」という意味の形容詞を作る語尾だが、多くはマイナスイメージになる。

(2) 文体・容貌《ようぼう》など男性に関する抽象的なものが、男性的である様子を表す。原則としてプラスマイナスのイメージはない。女性に関するものについて用いられることはまれである。その場合は、「おとこっぽい」を用いる。

× 彼女の男くさい髪型。
→彼女の男っぽい髪型。

「おとこくさい」は「おとこらしい」にも似ているが、「おとこらしい」が理想の男性のもつべき性質(勇敢《ゆうかん》さ、潔《いさぎよ》さなどプラスイメージのもののみ)を備えていることを表すのに対して、「おとこくさい」は必ずしもプラスのイメージはもたず、男性のもっているさまざまの性質（勇敢さ、乱暴さなどプラスマイナスの両面を含む）を総合的・感覚的に表現した語であることが異なる。

男性らしさを感覚的に説明する意味では「おとこっぽい」にも近いが、「おとこっぽい」では観点が視覚にあり、外から見ての男性らしさを第一義とする点が「おとこくさい」と異なる。

⇨「おとこらしい」「おとこっぽい」「－くさい」

おとこっぽい［男っぽい］Otokoppoi

① 彼は**おとこっぽい**だけでなく女性にもやさしい。

② **おとこっぽい**魅力が彼女の人気の秘密だ。

【解説】 人の外見や性質がいかにも男性のように見える様子を表す（↔おんなっぽい）。ややプラスイメージの語。「～ぽい」は「～のように見える」という意味の、形容詞を作る語尾。男性・女性両方について用いられるが、男性について用いるときは、外見を評するというよりは性質・態度・言動などを評することが多い。女性について用いるときは、外見・内面双方に用いられる。

？ 彼の顔つきは男っぽい。

→彼の顔つきは男らしい。

女性について「おとこっぽい」を用いるときは、その人の男性的な性質が好ましいときであって、好ましくないときには「男みたい」などを用いる。

彼女には男っぽいところがある。（＋）

彼女には男みたいなところがある。（－）

⇨「おとこらしい」「おとこくさい」「－ぽい」

おとこらしい［男らしい］Otokorashii

① 若者は**おとこらしく**さっさと白状したらどうだ。

② **おとこらしい**顔つきをしていた。

【解説】 男性が男性の理想的な性質をもっている様子を表す（↔おんならしい）。プラスイメージの語。「～らしい」は典型的であるという意味の、形容詞を作る語尾。男性が男性としてふさわしいという意味であるので、男性以外には用いられない。男性の理想的性質としては、たくましさ、勇敢《ゆうかん》さ、潔《いさぎよ》さ、おおらかさなどがあげられる。

「おとこっぽい」に近いが、「おとこらしい」は男性専用で女性について用いることはできない。また、「おとこっぽい」よりもはっきりしたプラスのイメージがある。

× 彼女の男らしい魅力。

→彼女の男っぽい魅力。

「おとこらしい」はまた「おとこくさい」にも近いが、「おとこくさい」は必ずしもプラスのイメージをもたず、男性の悪い性質をも暗示するニュアンスがあるのに対して、「おとこらしい」は理想の男性の性質に合致《がっち》するというニュアンスがある。したがって、けなす言葉としては「おとこらしい」は用いられない。

× 彼、男らしくっていやだわ。

→彼、男くさくっていやだわ。

⇩「おとこくさい」「おとこっぽい」「−らしい」

おとなげない［大人気無い］Otonagenai

① あんな子供相手に喧嘩《けんか》するなんて**おとなげない**。

② いい年をして**おとなげない**まねはよせよ。

【解説】 大人が大人として理想的な性質をもっていない様子を表す。マイナスイメージの語。ある行為・考えなどについて、大人として当然もっているべき寛容さ、冷静さなどの性質が感じられないという意味で、大人以外については用いられない。

× この子はまだ十歳だから大人げない。

→この子はまだ十歳だから子供っぽい（幼い）。

「おとなげない」は、大人のある特定の行為・考えなどに表れたその人の性質を評した語であって、人の性格全体を表すことはない。

× 彼は大人げない人間だ。

→彼は子供っぽい人間だ。

⇩「こどもっぽい」「おさない」

おとなしい［大人しい］Otonashii

(1)① （子供に）よその家では**おとなしく**するんですよ。

② 秋田犬は大きいがとても**おとなしい**。

③ ふだんは**おとなしい**人なんですが、お酒を飲むとあばれて困るんです。

④ 鎮静剤《ちんせいざい》を注射したらやっと**おとなしく**なった。

⑤ （部下に）しばらく**おとなしく**していたほうがいいな。でないと、今度こそクビだぞ。

(2)① 彼女は**おとなしい**デザインの服を好む。

② 今年は**おとなしい**色あいがはやっているそうだ。

【解説】 (1) 性質が従順で落ち着いている様子を表す。プラスイメージの語。①は子供が従順で静かであるという意味、②は動物が従順で落ち着いているという意味、③は大人が控えめで静かであるという意味である。子供や動物について用いられたときは、はっきりプラスイメージになるが、③のように大人について用いられた場合には、「覇気《はき》がない」「精力的でない」などのニュアンスをもちやすく、使われ方によっては必ずしもプラスイメージにならない。④は活動的であばれていた者が静かになるという意味である。⑤は「おとなしくする」という形で用いられ、それまでの反抗的な活動や酒を飲んでの乱暴を自重《じちょう》するという意味である。

(1)の「おとなしい」は、表面に現れた状態としては「しずか」に近いが、「しずか」が騒がない状態を客観的に述べた語であるのに対して、「おとなしい」には従順、控えめ、素直などの暗示が加わり、かなり主観的な表現となっている点が異なる。

おとなしい人。（おだやかで自己主張をしない人）
静かな人。（大声で騒がない人）

(2) 色・柄・デザインなどがめだたない様子を表す。ややプラスイメージの語。客観的な基準はなく、特定の色や柄などを指すことは少ない。「じみ」に似ているが、「じみ」が暗さの暗示をもつのに対して、「おとなしい」はめだたないというニュアンスが強く、暗さの暗示はない。

？ 彼女は明るい黄色のじみな感じの服を着ていた。
↓彼女は明るい黄色のおとなしい感じの服を着ていた。

⇨「しずか」「おだやか」「じみ」「しおらしい」

おとなっぽい ［大人っぽい］ Otonappoi

① 彼女はまだ小学生だが**おとなっぽい**。
② 彼には**おとなっぽい**魅力がいっぱいだ。

【解説】 外見・性質や行動などが大人のように見える様子を表す（↔こどもっぽい）。ややプラスイメージの語。「〜ぽい」は「〜のように見える」という意味の、形容詞を作る語尾。「おとなっぽい」は、完全な大人について用いられることはまれで、子供かまだ大人になりきらない状態の人について用いられる。

× 父はさすがに大人っぽい考えをもっている。
↓父はさすがに大人らしい考えをもっている。

「おとなっぽい」は、子供が大人のような分別《ふんべつ》や知恵をもっている様子をプラスに評価して言う語で、マイナスに評価するときには用いられない。その場合には「なまいき」を用いる。

⇨「なまいき」「こどもっぽい」「ーぽい」

おどろおどろしい Odoroodoroshii

① 封建的《ほうけんてき》な因習《いんしゅう》が**おどろおどろしく**渦巻《うずま》いていた。
② その小説は**おどろおどろしい**印象を与える。

【解説】 不気味で異様な様子を表す。マイナスイメージの語。はっきりした根拠はなく、なんとなく感覚的に不気味でとらえどころのない異様さをもっている物について用いる。ふつう、例のように抽象的なものについて用いられ、具体物について用いられることは少ない。

？ 雨雲がおどろおどろしく流れていた。
↓雨雲が不気味に流れていた。

「おどろおどろしい」は「あやしい」にも似るが、「あやしい」のもっている疑惑《ぎわく》・不審《ふしん》のニュアンスはなく、不快な印象を主観的に表現したにとどまっている点が異なる。

✕ 彼の挙動はおどろおどろしい。
↓彼の挙動はあやしい。

「おどろおどろしい」は「きみがわるい」にも似ているが、「おどろおどろしい」のほうが不気味さ、異様さともにずっと程度が大きい。全く同じ文脈で「おどろおどろしい」と「きみがわるい」が用いられると、次のようなニュアンスの違いを生ずる。

おどろおどろしい印象。（身の毛がよだつようだ）
気味が悪い印象。（なんとなくいやだ）

⇩「あやしい」「きみがわるい」

おなじ・おなし ［同じ・同し］ Onaji・Onashi

(1)① 二人は学校も**おなじ**なら学年も**おなじ**なんだ。
② **おなじ**穴のむじな。（ことわざ）
③ **おなじ**釜《かま》の飯を食う。（ことわざ）
④ われわれは志を**おなじく**する仲間だ。
⑤ 君の時計はぼくのと**おなじ**だね。
⑥ どっちだって**おんなじ**ことだよ。
⑦ これと**おなし**のをください。
⑧ ぼくたちは境遇《きょうぐう》も学歴も**おなじ**ようなもんだ。
⑨ 幸せになりたいのは誰でも**おなじ**だ。
⑩ 今日の最高気温は昨日と**おなじ**だ。
⑪ 一メートルは百センチと**おなじ**長さです。
⑫ こんなインチキな証明書は紙きれと**おなじ**だ。
⑬ 今まで何も言ってこないのは、断ったも**おなじ**だ。

(2)① **おなし**やるなら徹底的にやれ。
② 踊る阿呆《あほう》に見る阿呆、**おなじ**阿呆なら踊らにゃ損損。（民謡）

(3)① ぼくも父親と**おなじく**ヘビースモーカーだ。
② その日、彼も**おなじく**登頂《とうちょう》に成功していた。
③ 奴も程度が低いが、その友人というのがこれまた**おなじく**なんだ。
④ 貿易会社社員A**おなじく**B。

【解説】 異同を表す基本的な形容詞の一つ。プラスマイナスのイメージはない。日常会話では、しばしば「おんなじ」「おんなし」という形でも用いられる。

(1) あるものが他のものと同一であったり、同種であったり、共通であったりする様子を表す。①~④は同一であるという意味。②③は「ひとつ□□」と言い換えられる。⑤~⑨は同種・共通であるという意味である。ただし、もともと別物であることが前提になっているので、全く共通しているというよりは、非常に類似《るいじ》していて違いが見出せないというニュアンスになる。そこで、この意味のときは、⑧のようにしばしば「おなじような～」という言い方をする。

⑩～⑬は等しい、同等だという意味である。「ひとしい」は複数のものから対等の距離を置いて双方の価値を比べているニュアンスがあるが、「おなじ」では一つを取り上げてそれを他方にいちいち比較するというニュアンスの違いがある。特に⑫⑬では「□□におなじだ」「□□もおなじだ」という言い切りの形で用いられ、「□□も同然だ」という意味になる。□□には誇張的《こちょうてき》な意味での名詞が入る(⑫では「紙きれ」、⑬では「断ったこと」)。

(2) 副詞として用いられ、「おなじ～なら」という条件句を作り、「どうせ～するならば」「どっちみち～であるならば」という意味を表す。

(3) 「おなじく」という形で用いられ、「～と同様」という意味を表す。①②は副詞的に後ろの語句を修飾している。③は一歩進んで、「おなじく程度が低い」という後の部分を省略した形で用いられている。④はさらに進んで接続詞となり、前の修飾語(貿易会社社員)を繰り返す意味をもつ。

⇩「ひとしい」

おびただしい ［夥しい］ Obitadashii

(1)① 患者は出血が**おびただしく**て手のほどこしようがなかった。

② **おびただしい**数の群衆が広場を埋めつくした。

(2)① 靴を反対にはいてしまったので、歩きにくいこと**おびただしい**。

② 昨日の事件は腹が立つこと**おびただしい**。

【解説】 (1) 数量が非常に多い様子を表す。ややマイナスよりのイメージの語。文章語的で日常会話などにはあまり用いられない。新聞・報道などによく用いられる。「おびただしい」は数量の多いことを表す点では「おおい」「たくさん」に似ているが、「おおい」や「たくさん」よりもっと数量的に大きくて、数量の多いことがマイナスにとらえられている点が異なる。したがって、好ましいものが大量にある場合には、ふつうは用いられない。

出血がおびただしい。

(多すぎて助からないかもしれない)

出血が多い。

(客観的に量を述べるのみ)

？おびただしい花が咲いていた。

↓非常にたくさんの花が咲いていた。

(2) 程度が大きくはなはだしい様子を表す。プラスマイナスのイメージはない。もっぱら「～することおびただしい」という慣用句の形で用いられ、「非常に～する」という意味になる。この「おびただしい」は意味的には

「はなはだしい」に近いが、慣用句として用いられるため置き換えられない。
　また、程度が大きいという意味で、「はなはだしい」は述語を修飾することができるが、「おびただしい」はできない。
✕ おびただしく腹が立つ。→甚だしく腹が立つ。
⇩「おおい」「はなはだしい」「かずかぎりない」「かぞえきれない」

おぼしい［思しい・覚しい］Oboshii

① 現場と**おぼしき**場所に到着した。
② 少女は母親と**おぼしい**女に手を引かれていた。

【解説】「〜とおぼしい（おぼしき）□□」という形で名詞にかかる修飾語として用いられ、「〜と思われる□□、〜と想像される□□」という意味を表す。ややマイナスよりのイメージの語。「思われる」に比べると不審《ふしん》の念がやや強く、前にくる名詞に対するうさんくささが感じられる表現である。したがって、賞賛すべき名詞が前にくる場合には、ふつう用いられない。
？ ノーベル賞学者とおぼしい人物。
　→ノーベル賞学者と思われる人物。
②の例では、女が少女の母親でない可能性も残されている。全く同じ文でも「思われる」を使うと、女が少女の母親である可能性が高まる。
　母親とおぼしい女。
（ほんとうは母親でないかもしれない）
　母親と思われる女。
（たぶん母親だろう）

おぼつかない［覚束無い］Obotsukanai

(1)① **おぼつかない**記憶をたどる。
② 患者の返事は**おぼつかなかっ**た。
③ 息子はまだ**おぼつかない**足取りでよちよち歩く。
④ 彼女の英語は**おぼつかない**。
(2)① このままでは成功は**おぼつかない**。
② 優勝はおろか入賞も**おぼつかない**記録だ。
③ 現場の早期復旧はとても**おぼつかない**。

【解説】(1) 不安定でたよりない様子を表す。ややマイナスイメージの語。①は「はっきりしない、ぼんやりしている」という意味、②③は「頼りない」という意味、④は「信頼できない」という意味である。②〜④の「おぼつかない」は、「こころもとない」に近い意味を表すが、「こころもとない」が見るものの危惧《きぐ》や不安感を暗示する語であるのに対して、「おぼつかない」はやや客観的で不安感も少ない。全く同じ文脈で「おぼつかない」と「こころもとない」が用いられると、次のようなニュアンスの違いを生ずる。

彼女の英語はおぼつかない。
（流暢《りゅうちょう》に話せない）

彼女の英語はこころもとない。
（いざというときたよりにならない）

「おぼつかない」は「たどたどしい」にも似ているが、「たどたどしい」が実際の行為の不確かさや遅さを暗示し、見る者の焦燥《しょうそう》のニュアンスもあるのに対して、「おぼつかない」は感覚的なたよりなさを暗示する点が異なる。

？　たどたどしい記憶をたどる。

(2)　物事が信用できない様子を表す。ややマイナスイメージの語。述語として用いられる。「うたがわしい」と同様、主体に懸念《けねん》を示すことによって、その反対を暗示する意味をもつ。①では不成功、②では落選、③では早期復旧不能が暗示されている。ただし、「うたがわしい」よりは客観的な疑惑《ぎわく》のニュアンスが少なく、特にはっきりした根拠もなく漠然《ばくぜん》と主観的に疑っている様子の暗示される表現となっている。全く同じ文脈で「おぼつかない」と「うたがわしい」が用いられると、次のようなニュアンスの違いを生ずる。

入賞はおぼつかない記録。
（入賞できないかもしれない）

入賞は疑わしい記録。
（記録が悪いからたぶん入賞できないだろう）

⇩「こころもとない」「たどたどしい」「うたがわしい」「あぶなっかしい」「たよりない」

おぼろげ［朧気］Oboroge

① 幼いときのことは**おぼろげ**ながら覚えている。
② 遠い木立《こだち》が**おぼろげ**に見えた。

【解説】　濃淡の程度が低い様子を表す。プラスマイナスのイメージはない。「おぼろげ」はおもに視覚によって対象を認知《にんち》しようとする暗示があり、視覚以外の感覚による認知の場合には用いられない。

×　父の心臓の鼓動《こどう》はおぼろげだった。
→父の心臓の鼓動はかすかだった。

また「おぼろげ」には、存在することは確かに知っているが、はっきり認知できないというニュアンスがあり、存在自体が疑わしいときには「かすか」などを用いる。

？　X線写真に現れたおぼろげな影。
→X線写真に現れたかすかな影。

また、「おぼろげ」には、はっきり認知できない対象についての期待（もっとよく見たい、など）は原則としてなく、この点で「あわい」「ほのか」などと異なる。

？　思い出したくない淡い（ほのかな）記憶。
→思い出したくないおぼろげな（かすかな）記憶。

⇨「かすか」「うすい」「あわい」「ほのか」「そこはかとない」

おめでたい［御目出度い・御芽出度い］Omedetai

(1)① こんな**おめでたい**日にめそめそするな。
② 御馳走《ごちそう》には**おめでたい**魚として鯛《たい》を使う。
③ 新年明けまして**おめでとう**ございます。
(2)① あいつは少々**おめでたい**奴なんだ。
② 彼は生まれつき**おめでたく**できている。

【解説】 (1)「めでたい」の丁寧語《ていねいご》。祝福すべき様子を表す。プラスイメージの語。①は「祝福すべき」という意味、②は「縁起《えんぎ》がよい」という意味である。③は連用形のウ音便で、祝福の挨拶《あいさつ》語として一般的に用いられる。
(2) 反語的な用法。人の性質がお人よしで、思慮がたりず、軽薄である様子を表す。マイナスイメージの語。物については用いられない。

× おめでたい内容の本。（ふつう(1)の意味になる）
→ばかばかしい内容の本。

人の性質について侮蔑的《ぶべってき》に皮肉って言う表現であるので、自分のことについてはふつう用いない。「ばか」「おろか」などに比べて間接的であるだけに、他人を侮蔑するニュアンスが強く出る表現である。

? あんなことを言って、おれはおめでたかった。
→あんなことを言って、おれはばかだった。

⇨「めでたい」「ばか」「おろか」

おも［主・重］Omo

① ぼくの仕事は広告と宣伝が**おも**だ。
② 観客は若い女性が**おも**だった。
③ 昼は**おも**に研究室にいます。
④ この服は**おも**に外出するとき着る。
⑤ 今日の**おも**なニュースをお伝えします。

【解説】 全体の中で重要な部分を占《し》める様子を表す。プラスマイナスのイメージはない。量的に多くの割合を占めるもの（①〜③）、優先するもの（④）、重要さの大きいもの（⑤）などの場合がある。述語（「おもだ」）または述語にかかる修飾語（副詞「おもに」）として用いられた場合には量や優先するものを表し、名詞にかかる修飾語（「おもな」）で用いられた場合には重要さを表す傾向がある。

おもい［重い］Omoi

(1)① **おもい**荷物をかついで坂道をのぼる。
② （子供を抱き上げて）ずいぶん**おもく**なったね。
③ 夜十時になるとまぶたが**おもく**てしょうがない。
④ 昨日は一日立ちっぱなしで足が**おもい**。
⑤ 飛び出した家へ戻る足取りは**おもかっ**た。
⑥ 今日は朝から頭が**おもい**。

⑦最近どうも胃が**おもい**ので医者へ行った。
⑧いやな相手に会うかと思うと気が**おもい**。
⑨このスピーカーで聞く低音は**おもく**て迫力がある。
⑩**おもい**速球が魅力の新人投手。
⑪この力士は腰が**おもい**。
⑫会社社長ともなると腰が**おもい**ね。
⑬彼は口が**おもく**て本心を聞き出すのに苦労する。

(2)
①彼女の言葉には**おもい**意味があった。
②過去の記憶が**おもく**のしかかってきた。
③教師の責任は**おもい**。
④彼は年のわりに**おもい**役職についていた。
⑤一個の人命は地球よりも**おもい**。
⑥当局は事態を**おもく**みて慎重に討議した。
⑦幼い子供を惨殺《ざんさつ》した罪は**おもい**。
⑧彼は**おもい**病気に苦しんでいた。

【解説】 軽重《けいちょう》を表す最も基本的な形容詞の一つ(↔かるい)。原則としてプラスマイナスのイメージはない。

(1) 物理的・心理的に重量がある様子を表す。①②は具体物の目方があるという意味、③は「まぶたがおもい」という慣用句で、眠いという意味になる。④はふだんは意識していない足の重さが気になることで、「だるい」に近い意味をもつ。⑤は「足取り(足)がおもい」という慣用句で、心理的にそこへ行きにくい、行くのが遠慮される気持ちだという意味である。⑥⑦はふだん意識していない体のある部分に不快感があり、気分が晴れないという意味である。⑧は心理的に憂鬱《ゆううつ》だという意味である。この場合「気がおもい」は慣用句であるが、「頭がおもい」という言い方をすることもある。⑨は音について用いられた例で、深みがあり倍音《ばいおん》をたくさんもっていてよく響くという意味になる。

⑩⑪はあるジャンルのスポーツに特有の言い方で、⑩は野球のピッチャーの投げる球について、体重がのっていて威力があるという意味で用いられる。⑪は相撲《すもう》の力士について、重心が低く、投げや寄りをかけられにくいという意味で用いられる。

⑫⑬は「腰がおもい」「口がおもい」で慣用句となって、比喩的《ひゆてき》な意味を表す。⑫は「なかなか行動を起こさない」「慎重である」という意味である。ただし「動作が鈍い」というほどのマイナスイメージはない。⑬は「おしゃべりでない」「寡黙《かもく》である」という意味であるが、必ずしもプラスイメージではなく、当然話すべきことについても言わないで黙っているというニュアンスがある。

「おもい」は物理的・心理的に重量のあることを表す抽象度の高い語であるが、外から見ての目方のある様子というよりは、客観的な重量感というニュアンスがある。具体的・物理的重量感を表す語としては「おもたい」もあるが、「おもたい」では重量を実感している主観性が強調されている点が、「おもい」の客観的な表現とニュアンスの上で異なる。

　重い荷物。（持ってみなくても言える）
　重たい荷物。（持ったうえでの実感）

具体物について用いられる「おもい」は、移動したり支えたりして重量をはかることのできるものについて用いるのが普通で、初めから固定されているものについては用いない。

×重い山（ビル）。

「おもい」が心理的重量感として用いられたとき、外から見ての重量感を強調するときは「おもおもしい」を用いることが多い。全く同じ文脈で「おもい」と「おもおもしい」が用いられると、次のようなニュアンスの違いを生ずる。

　重い口調《くちょう》で話す。（なかなか言葉が出ない）
　重々しい口調で話す。（言い方が荘重《そうちょう》で威厳がある）

(2)　程度が高くて深刻な様子を表す。①～③は重大であるという意味、④⑤は重要で大切だという意味である。特に⑤は「一個の人命」と「地球」という物理的な軽重の関係が、重要度においては逆転するという意味をこめての「おもい」であって、(1)と(2)の両方の意味をあわせ用いている表現となっている。⑥は重大で深刻であるという意味である。⑦⑧は程度がはなはだしく大きいという意味である。

「おもい」には原則として極端なプラスマイナスのイメージはない。「おもい雰囲気」というような場合にはややマイナスよりのイメージになるが、雰囲気などが気づまりであることをより強調する場合には、はっきりしたマイナスイメージをもつ「おもくるしい」のほうを用いる。

　葬儀場《そうぎじょう》は重い雰囲気に包まれていた。
→葬儀場は重苦しい雰囲気に包まれていた。

⇩「おもたい」「おもおもしい」「おもくるしい」「かるい」「きおも」

おもいがけない

［思い懸けない・思い掛けない］**Omoigakenai**

① 駅で**おもいがけず**恩師《おんし》に出会った。
② 帰郷《ききょう》してみると**おもいがけない**幸運が待っていた。
③ **おもいがけない**災難に出会う。

【解説】　予期していないことが起こる様子を表す。ややプラスよりのイメージの語。予期していないこととしては、よいこと（①②）も悪いこと（③）もとりうるが、特に言及《げんきゅう》しないときにはよいことを暗示するニュアンスがある。

駅で思いがけない人に出会った。
（好ましい人に出会った暗示がある）
駅で意外な人に出会った。
（どんな人かについての暗示はない）

予期していないという意味では「おもいもよらない」にも似ているが、「おもいもよらない」は予期していない悪いことが起こったという暗示があり、全く予期していなかったのに心外であるという誇張《こちょう》したニュアンスのある点が異なる。

⇩「おもいもよらない」

おもいもよらない［思いも寄らない］Omoimo-yoranai

① わが家で海外旅行だなんて**おもいもよりません**。
② こんなことになろうとは**おもいもよらなかった**。
③ 社長の出張中**おもいもよらない**事件が起こった。

【解説】 全く考えていない様子を表す。ややマイナスよりのイメージの語。①のように現在全く考えていない場合と、②③のように事前に全く予想していない場合とがある。どちらの場合も考えていないことが、誇張的《こちょうてき》に表現されるニュアンスがある。したがって、①の例ではしばしば心外のニュアンスを伴《ともな》っていることがある。

わが家で海外旅行だなんて思いもよりません。
→わが家で海外旅行だなんてとんでもない。

事前に予想していないことが起こった場合には、しばしば悪いことが起こったという暗示がある。よいことが起こった場合には「おもいがけない」「おもってもみない」を使うことが多い。

？思いもよらない幸運が舞いこんできた。
→思いがけない幸運が舞いこんできた。
？あなたに会えるとは、思いもよりませんでした。
→あなたに会えるとは、思ってもみませんでした。

⇩「おもいがけない」「とんでもない」

おもおもしい［重々しい］Omoomoshii

① 判事は**おもおもしい**足取りで法廷に向かった。
② 遺言《ゆいごん》を読み上げる彼女の口調《くちょう》は**おもおもしかった**。
③ 新国王の戴冠式《たいかんしき》は**おもおもしい**雰囲気の中で無事挙行された。

【解説】 軽重《けいちょう》を表す形容詞。物事がいかにも重そうで、威厳《いげん》がある様子を表す（↔かるがるしい）。プラスマイナスのイメージはない。「おもい」よりも外から見ての荘重《そうちょう》さを強調した語であるが、具体物についてはあまり用いられず、その場合には「いかめしい」「おもそう」などを用いることが多い。

邸宅の重々しい扉《とびら》。
→邸宅のいかめしい（重そうな）扉。

また「おごそか」にも近いが、「おもおもしい」は「おごそか」のもっている荘厳さに対するプラスイメージがなく、単に重厚《じゅうこう》であることを意味するにとどまっている点が異なる。

？ 結婚式の重々しい雰囲気。
→結婚式のおごそかな雰囲気。

雰囲気などの「おもさ」がはなはだしくなって、不快感をもよおすほどになったときは、「おもくるしい」を用いる。

会場は重々しい雰囲気に包まれていた。
→会場は重苦しい雰囲気に包まれていた。

⇩「おもい」「おもくるしい」「いかめしい」「おごそか」

おもくるしい ［重苦しい］ Omokurushii

① 朝から胸のあたりが**おもくるしい**。
② 彼の髪型《かみがた》は**おもくるしく**て感じが悪い。
③ 雲の低く垂れこめた**おもくるしい**天気だった。
④ 検事の一言が**おもくるしい**沈黙を破った。
⑤ 遭難現場《そうなんげんば》は**おもくるしい**雰囲気に包まれていた。

【解説】 重量のあるものがかぶさっていて、不快な様子を表す。マイナスイメージの語。①は実際に息がつまりそうだという意味、②③は見た感じが圧迫されるようでいやだという意味。④⑤は抽象的なものについて用いられた例で、圧迫されるようで不快だという意味を表す。「おもおもしい」よりもさらに不快感が強調される表現である。

⇩「おもおもしい」「おもい」「むなぐるしい」「くるしい」

おもしろい ［面白い］ Omoshiroi

(1)① 毎日が**おもしろく**てしょうがない年ごろだ。
② こうしてむだに生きていたって、ちっとも**おもしろい**ことなんかないんだ。
③ 彼の意見はユニークで**おもしろい**。
④ 得意先で**おもしろい**話を聞きこんだ。
⑤ 彼はなかなか**おもしろい**男だ。
⑥ こんな**おもしろい**映画は初めてだ。
⑦ あの岩は**おもしろい**形をしているね。
⑧ 父はときどき**おもしろい**ことを言って、みんなを笑わせる。
⑨ そのコメディアンのしぐさは**おもしろい**。

(2)① 一生懸命やったが、結果は**おもしろく**なかった。
② 業績不振を知って彼は**おもしろく**ない顔をした。
③ そのTシャツは**おもしろい**ように売れる。
④ そんなにもうかるんじゃ、**おもしろく**って笑いが止まらないだろうなあ。

【解説】 (1) 興味がわいて心が引かれる様子を表す（↕

つまらない)。プラスイメージの語。①②は「楽しい」「愉《ゆ》快《かい》だ」という意味、③~⑦は「興味を引かれる」という意味である。⑧⑨はさらに進んで「滑稽《こっけい》だ」「おかしい」という意味になる。「おもしろい」には、興味を引かれて能動的にかかわってみたい意欲が暗示され、「たのしい」に比べて知的な感じがする。したがって、全く同じ文脈で「おもしろい」と「たのしい」が用いられた場合には、次のようなニュアンスの違いを生ずる。

昨夜の演奏会はおもしろかった。
(演奏の芸術性や技術などに感心し、興味を引かれる)

昨夜の演奏会は楽しかった。
(会場の雰囲気や舞台衣装《いしょう》などが心はずむ様子だ)

⑧⑨のような「滑稽だ」という意味では「おかしい」に近いが、「おかしい」には知的な興味の暗示はない点が「おもしろい」と異なる。

× 博物館では人類の進化の展示がおかしかった。
→博物館では人類の進化の展示がおもしろかった。

(2) (1)から進んで、好ましく望ましい様子を表す。ややプラスイメージの語。①②のように「おもしろくない」という打消しの形で用いることが多く、「好ましくない」「不愉快だ」という意味になる。また、③の「おもしろいように~する」や、④の「おもしろくて笑いが止まらない」は慣用句で、「非常に好ましい」という意味で用いられる。

⇨「たのしい」「おかしい」「つまらない」

おもしろおかしい [面白可笑しい] Omoshirookashii

① 彼はその日の出来事を**おもしろおかしく**語った。
② 世の中を**おもしろおかしく**暮らす。

【解説】 単純に愉《ゆ》快《かい》な様子を表す。プラスイメージの語。例のように述語にかかる修飾語で用いられ、その他の形では用いられない。

× 彼の話はおもしろおかしかった。
× 彼はおもしろおかしい話をした。

①は「滑稽《こっけい》でおかしい」という意味、②は①から一歩進んで、苦労を避けて享楽《きょうらく》する様子を表す。「おもしろい」「おかしい」単独の場合よりも、重複《じゅうふく》されたぶんだけ意味が強く、おもしろさやおかしさの程度が大きいことが暗示されている。

⇨「おもしろい」「おかしい」

おもたい [重たい] Omotai

① **おもたい**荷物をかついで坂道をのぼる。
② (子供を抱き上げて)ずいぶん**おもたく**なったね。
③ 夜十時になるとまぶたが**おもたく**てしょうがない。
④ 昨日は一日立ちっぱなしで足が**おもたい**。

⑤ 飛び出した家へ戻る足取りは**おもたかっ**た。
⑥ いやな相手に会うかと思うと気分が**おもたい**。

【解説】 軽重《けいちょう》を表す形容詞の一つ。目方がある様子を表す。プラスマイナスのイメージはない。ほとんどの場合「おもい」に置き換えられるが、「おもい」よりも俗語的で、かたい文章中には用いられない。また、「おもい」よりも実感としてのおもさが強調され、比喩的《ひゆてき》な使い方にも制限があるなど、用法が狭い。

× このスピーカーで聞く低音は重たくて迫力がある。
× あのピッチャーは重たい球を投げる。
× 彼は口が重たい。

「おもい」の⑵の、程度が高くて深刻だという意味では、「おもたい」はふつう用いない。

× 彼女の言葉には重たい意味があった。
× 一個の人命は地球よりも重たい。
× 彼は重たい病気に苦しんでいた。

⇩「おもい」「おもおもしい」

おもはゆい ［面映ゆい］ Omohayui

① なんとなく**おもはゆい**気持ちで表彰式にのぞんだ。
② 小さな親切にこんなに感謝されて**おもはゆい**。

【解説】 内心をくすぐられる感じでなんとなく恥ずかしい様子を表す。ややプラスよりのイメージの語。人前でほめられたり、光栄な思いをしたりするときの気持ちを表す語である。「てれくさい」に似ているが、「てれくさい」より文章語的で、恥ずかしさの程度も低い。全く同じ文脈で「おもはゆい」と「てれくさい」が用いられると、次のようなニュアンスの違いを生ずる。

美人に見つめられておもはゆい。
（なんとなくいい気分だ）
美人に見つめられて照れくさい。
（思わず赤面《せきめん》してしまう）

また、「くすぐったい」にも近いが、「くすぐったい」は内心の快感にポイントがあり、外に喜びを表現することの恥ずかしさを暗示する「おもはゆい」とニュアンスの上で異なる。

なんとなく恥ずかしいという意味では、「おもはゆい」は「きはずかしい」にも近いが、「きはずかしい」には内心をくすぐられる快感が入っていない。

? 気恥ずかしくて頬《ほお》がゆるむ。
→おもはゆくて頬がゆるむ。

また、「おもはゆく」感じている本人が、その感情を快く受け取っている点で、「ばつがわるい」「きまりわるい」とは異なる。したがって、恥を感じていたたまれないときには「おもはゆい」は用いない。

× みんなの目の前で恥をかかされておもはゆい。

↓みんなの目の前で恥をかかされてきまりわるい（ばつがわるい）。

⇩「てれくさい」「くすぐったい」「きはずかしい」「はずかしい」「きまりわるい」「ばつがわるい」

おもわしい［思わしい］Omowashii

① 検査の結果は**おもわしく**なかった。

② 不景気でなかなか**おもわしい**仕事は見つからない。

【解説】 思うとおりで望ましい様子を表すが、ふつう後ろに打消しの語を伴《ともな》って、全体として望ましくないという意味になる。マイナスイメージの語。①は、検査の結果が望んでいたようではなかったという意味、②は希望する仕事が見つからないという意味である。

「おもわしくない」は「かんばしくない」に似た意味を表すが、「かんばしくない」が客観的にみて感心できないというニュアンスがあるのに対して、「おもわしくない」は主観的な希望が実現しないというニュアンスのある点が異なる。

？ 彼の今回の記録は思わしくない。

↓彼の今回の記録はかんばしくない。

望ましくないという意味では「このましくない」とも言えるが、「このましくない」は「かんばしくない」よりもさらに客観的な証拠の存在を暗示し、しかも望ましくない状態に対する軽い嫌悪《けんお》の暗示される点が異なる。全く同じ文脈で「おもわしくない」と「かんばしくない」「このましくない」が用いられると、次のようなニュアンスの違いを生ずる。

検査の結果は思わしくない。

（悪い結果が気がかりだ）

検査の結果はかんばしくない。

（前回はもう少しよかったのだが）

検査の結果は好ましくない。

（データに照らしてよくない）

⇩「かんばしい」「このましい」「のぞましい」「はかばかしい」

おやすい［御安い］Oyasui

① 閉店まぎわですから**おやすく**しておきます。

② **おやすい**お値段が魅力ですね。

③ **おやすい**御用だ。まかしとき。

④ 彼を説得するなんて**おやすい**ことだ。

⑤ 君たち、朝からデートとは**おやすく**ないね。

【解説】 「やすい」の丁寧語《ていねいご》（↔おたかい）。プラスマイナスのイメージはない。①②は「物の価格が低い」という意味、③④は「たやすい」「容易だ」という意味である。③の「おやすい御用」は慣用句で、人からの依頼を快く引き受けるときに用いる挨拶語《あいさつご》である（「まかしとき」は「まかせておきなさい」の意）。ただし、かなり俗語的な表現であるので、あらたまった場所では用いられない。⑤は一歩進んだ意味で、「おやすくない」という打消しの形で用いられ、男女が親密な間柄であることをひやかして言う。揶揄《やゆ》するニュアンスはあるが、羨望《せんぼう》や嫉《しっ》妬《と》のニュアンスはないことが多い。

⇩「やすい」

およばない［及ばない］Oyobanai

(1) ① 英語力では彼の足元にも**およばない**。
② 十年前には考えも**およばない**ことだった。
(2) ① この失敗はいくら後悔しても**およばない**。
② **およばぬ**恋。
(3) ① 御自分でなさるには**およばない**。
② 礼には**およびません**。

【解説】 動詞「およぶ」の打消し。ある基準に到達《とうたつ》できないという意味を表す。ややマイナスよりのイメージの語。

(1) ①は「足元にもおよばない」という慣用句で、「とうていかなわない」「比較にならないほど劣《おと》っている」という意味である。②は「考え（想像）もおよばない」という言い方で、対象が想像をはるかに超えている様子を表す。

(2) (1)から一歩進んで、基準に到達できないところから、「取り返しがつかない」「回復できない」という意味を表す。

(3) 「～にはおよばない」という形で、不必要を表す。主観的な判断を示し、客観的な状況を表す場合には用いられないことが多い。

？ 政府はこれ以上貿易黒字を案ずるには及ばない。
↓政府はこれ以上貿易黒字を案ずる必要はない。

⇩「あたらない」「いたらない」「およびもつかない」

およびでない［御呼びで無い］Oyobide-nai

① あんたなんか全然**およびでない**わよ。
② あまりにも**およびでない**意見なので腹が立ってね。

【解説】 役に立たず、全く無用である様子を表す。マイナスイメージの語。俗語であって、かたい文章中には用いられない。人についても物についても用いられる。議論の余地なく無用と決めつけるニュアンスがあり、かなり冷酷《れいこく》な表現になっている。

⇩「だめ」

およびもつかない［及びもつかない］Oyobimo-tsukanai

① そのうまさといったら、私なんかの**およびもつか**

ないところだわ。

② 彼の外交手腕《しゅわん》は並の外交官の**およびもつかない**。

【解説】 程度がはなはだしくてとうてい到達《とうたつ》できない様子を表す。ややプラスイメージの語。すぐれているものについて用いるのが普通で、悪いものについて用いることは少ない。

？ 彼の抜け目のなさにはとうてい及びもつかない。
→彼の抜け目のなさにはとうていかなわない。

また、「およびもつかない」は、段階的・数量的に獲得《かくとく》できるものについて用いるのが普通で、絶対的な価値基準のあるものについて用いることは少ない。

？ 彼女の美しさには私など及びもつかない。
→彼女の美しさは私など問題でない。

「およばない」よりは、判断が主観的で感情的な表現になっている。

⇨「およばない」「かなわない」

おりめただしい [折り目正しい] **Orimetadashii**

① 少年は**おりめただしく**挨拶《あいさつ》した。
② 彼の**おりめただしい**性格が好かれる原因だ。

【解説】 性格がまじめできちょうめんである様子を表す。プラスイメージの語。人間の性格や行為について用いられ、具体的な物がきちんと折られているという意味では用いられないことが多い。

彼女は着物を折り目正しくたたんだ。
(この文はふつう「丁寧《ていねい》にきちんと」という意味になる)

「おりめただしい」は「れいぎただしい」にも似ているが、「れいぎただしい」が行動の行儀《ぎょうぎ》がよいというニュアンスがあるのに対して、「おりめただしい」は性格がきちょうめんで、道徳的にも正しいというニュアンスのある点が異なる。

× 彼は礼儀正しいから仕事をおろそかにしない。
→彼は折り目正しいから仕事をおろそかにしない。

⇨「れいぎただしい」「ただしい」「まじめ」

おろか [愚か・疎か] **Oroka**

(1)① 場所柄をわきまえずあんなことをするなんて、なんて**おろか**だったんだろう。
② ゴミをたらい回しするとは、全く**おろか**なことだ。
③ 彼は**おろか**にもまたギャンブルに手を出した。
④ **おろか**な子ほどかわいいと言うじゃないか。

(2)① 老女は財産は**おろか**命までも奪《うば》われてしまった。
② 海外は**おろか**国内旅行にだって行けないんだ。
③ 事件の顚末《てんまつ》については言うも**おろか**だった。

【解説】 (1)(ふつう「愚か」と書く) 頭の働きが鈍く、賢《かしこ》くない様子を表す。マイナスイメージの語。かなり文章語的で、日常会話にはあまり用いない。会話では誇張《こちょう》する意味をこめて「ばか」のほうをよく用いる。
「おろか」は「ばか」に比べて、先天的な知能の低さを暗示しないことが多く、①〜③の例に表れているように、ある場・状況において思慮がたりないというニュアンスをもつ。したがって、「おろか」はどんな人にも用いられる可能性があり、「ばか」より侮蔑的《ぶべってき》なニュアンスが少なくなるので、ののしりの言葉としては用いられない。

×あんたって愚かね。
→あんたってばかね。

×愚かみたい！
→ばかみたい！

この「おろか」は「あさはか」に似ているが、「あさはか」には深い思慮をめぐらすことなく軽率《けいそつ》に行動する様子について侮蔑する暗示があるのに対して、「おろか」には思考そのものが欠如《けつじょ》していて、頭の働きが鈍い様子について慨嘆《がいたん》する暗示のある点で異なる。

×ゴミをたらい回しするとは、全く浅はかなことだ。

④は「知能が低い」「出来が悪い」という意味であるが、この意味のときは「ばか」を用いるほうが普通で、「おろか」はごく決まりきった慣用句の中だけで用いられる。

(2)（ふつう「疎か」と書く） 慣用句を作り、程度が不十分な様子を表す。プラスマイナスのイメージはない。
①②は「〜はおろか……までも」という形で、「〜は言うまでもなく……までも」という意味になる。後ろにはふつう好ましくない事柄が続く。好ましいことを続ける場合には「もとより」などを用いることが多い。

？彼はアメリカはおろかヨーロッパにも遠征した。
→彼はアメリカはもとよりヨーロッパにも遠征した。

③は「〜もおろか」という形で、「〜するまでもない」「当然である」という意味を表す。〜には「言う」「語る」「問う」「聞く」などの動詞が入る。

⇨「ばか」「あさはか」

おろかしい［愚かしい］Orokashii

① 彼はあいかわらず盗品《とうひん》売買などという**おろかしい**商売を続けていた。

② 自分の行為が**おろかしく**思えてならない。

【解説】 思慮がたりず、ばかげている様子を表す。マイナスイメージの語。「おろか」よりも嫌悪《けんお》感《かん》が強く、慨嘆《がいたん》の暗示がある。生まれつきの知能の低さを暗示しないのは「おろか」と同様である。全く同じ文脈で「おろかしい」と「おろか」が用いられると、次のようなニュアンスの違いを生ずる。

自分の行為が愚かしく思えた。

（ばかげたことをして情けない）
自分の行為が愚かに思えた。
（思慮がたりなかったのだからしかたがない）

「おろかしい」は「ばからしい」や「あほらしい」に近いが、「ばからしい」「あほらしい」に暗示されている侮蔑《ぶべつ》の暗示はなく、思慮のたりないことを嘆くニュアンスのある点が異なる。

⇩「おろか」「ばからしい」「あほらしい」

おろそか［疎か］Orosoka

①不良品が出るのは品質管理が**おろそか**だからだ。
②先生の御恩はあだや**おろそか**にはできません。
③テレビを見ていたら手元が**おろそか**になって、お茶をこぼしてしまった。

【解説】 神経や注意が十分ゆきわたっていない様子を表す。ややマイナスイメージの語。②の「あだやおろそかにはできない」は慣用句で、ほんの少しでもいい加減に扱ってはならないという意味である。主体の意図には関係なく、意図がある場合②にもない場合③にも用いられる。

「おろそか」は「なおざり」に似ているが、「なおざり」が意図的に神経をゆきわたらせない暗示があるのに対して、「おろそか」は結果としてのいい加減さを暗示し、意図には言及《げんきゅう》しない点が異なる。

？テレビを見ていたら手元がなおざりになって、お茶をこぼしてしまった。
？課長からはおろそかな返事しか返ってこなかった。
↓課長からはなおざりな返事しか返ってこなかった。

⇩「なおざり」

おんきせがましい［恩着せがましい］Onkisegamashii

①彼の忠告は**おんきせがましく**ていやだ。
②叔父《おじ》は遺産相続《いさんそうぞく》の詳細を**おんきせがましい**口振りで説明した。

【解説】 人に恩《おん》をほどこして感謝を要求するように見える様子を表す。マイナスイメージの語。「～がましい」は「～のように見える」という意味の、形容詞を作る語尾。「いかにも恩を着せるように見える」という意味である。あくまで、外から見てそう見えるというだけであるから、現実に恩をほどこしているかどうかには関係しない。

日本人は人から恩をほどこされたとき、必ずその恩に報《むく》いなければならないと考えるから、人から恩を受けることは、実質的には利益になっても精神的には重荷になる。まして、実質上の利益が明確でないのに、精神的な重荷だけをこうむるのは非常に不快であって、できることならそういう重荷は受けたくない。

「おんきせがましい」は、ある行為が受け手にとって精神的な重荷になるように見えるという意味であって、日本文化に特徴的な語だと言うことができる。

人から恩を受けること、人の恩を返さずに負《お》ったままの状態でいることを「義理《ぎり》」があるという。「義理」は社会的制約であって個人の希望に優先するから、なんでも「義理」に訴えようとする態度(「おんきせがましい」態度)は非常に不愉快《ふゆかい》になるのである。

行為を受ける者の、主体に対する嫌悪《けんお》の気持ちの暗示されている語である。

⇩「ーがましい」

おんなくさい［女臭い］Onnakusai

① 女子寮に一歩入るとぷうんと**おんなくさい**。

② 彼女の作品は**おんなくさい**表現にあふれている。

【解説】　女性特有のにおいのある様子を表す(↔おとこくさい)。ややマイナスよりのイメージの語。「〜くさい」は「〜のにおいがある」という意味の、形容詞を作る語尾。具体的なにおいについて用いるのが普通で、②のように抽象的なものについて用いることは少ない。その場合には「おんなっぽい」「おんならしい」などを用いる。

⇩「おんなっぽい」「おんならしい」「ーくさい」

おんなっぽい［女っぽい］Onnappoi

① 彼女はじつに**おんなっぽい**。

② 彼は**おんなっぽい**魅力で女性ファンを獲得《かくとく》した。

【解説】　人の性質や外見がいかにも女性のように見える様子を表す(↔おとこっぽい)。ややプラスイメージの語。「〜ぽい」は「〜のように見える」という意味の形容詞を作る語尾。女性について用いるのが普通で、②のように男性について用いられることは多くないが、そのときはかなりプラスイメージになる。男性が女性的であることをマイナスに評価して言うときには「おんなみたい」を用いる。

彼には女っぽいところがある。(＋)

彼には女みたいなところがある。(−)

女性について「おんなっぽい」を用いたときは「おんならしい」に近くなるが、女性の特性としての価値は「おんならしい」のほうが高い。したがって、ほめ言葉として用いたときは「おんならしい」のほうが評価が高くなる。

⇩「おんならしい」「ーぽい」

おんならしい［女らしい］Onnarashii

① 彼女は**おんならしい**しぐさで髪をかきあげた。

② マニキュアを塗った細い指が**おんならしい**。

③ もうちょっと**おんならしく**したらどうだ。

【解説】 女性が女性の理想的な性質をもっている様子を表す(↔おとこらしい)。プラスイメージの語。女性が女性としてふさわしいという意味であるので、女性以外には用いられない。女性の理想的性質としては、やさしさ、優雅《ゆうが》さ、繊細《せんさい》さ、しとやかさなどがあげられる。

「おんなっぽい」に近いが、「おんならしい」は女性専用であって、男性について用いることはできない。また、「おんなっぽい」よりもはっきりしたプラスのイメージがある。

× 彼の女らしい魅力。
→彼の女っぽい魅力。

⇨「おんなっぽい」「―らしい」

か 行

かいがいしい［甲斐甲斐しい］Kaigaishii

① 新妻《にいづま》のエプロン姿は**かいがいしい**。
② 彼女は**かいがいしく**病人の世話を焼く。

【解説】 手ぎわよく働く姿が献身的《けんしんてき》に見える様子を表す。プラスイメージの語。女性について用いることが多く、男性についてはあまり用いられない。

? 彼はかいがいしく働く。
↓彼はまめまめしく働く。

「かいがいしい」は仕事の手ぎわや効率など、実際の仕事ぶりよりも、①の例のように、仕事をする外見の様子を評して言う語である点が、「まめまめしい」「まめ」と異なる。

× まめまめしい(まめな)いでたち。
↓かいがいしいいでたち。

弱い者が献身的に行動する様子を表す点では「けなげ」にも似ているが、「けなげ」は献身的に行動するような性質について評する語であって、行動の外見を評する語でない点が異なる。

× 彼女はかいがいしい気持ちをもっている。
↓彼女はけなげな気持ちをもっている。

⇩「まめ」「まめまめしい」「けなげ」

かおりたかい［香り高い］Kaoritakai

① 南国の**かおりたかい**花でレイを作る。
② 熱い煎茶《せんちゃ》でくつろぐ**かおりたかい**午後のひと時。
③ この論文には**かおりたかい**思想が盛《も》られている。

【解説】 よいにおいがあたりに発散《はっさん》している様子を表す。プラスイメージの語。具体的なにおいがきわだってあたりに発散している場合(①)と、抽象的なものが他からきわだって魅力《みりょく》がある様子を表す場合(②③)とがある。「かぐわしい」や「かんばしい」もよいにおいのある様子を表すが、「かおりたかい」は香気《こうき》が周囲に広く発散している暗示があり、「かぐわしい」や「かんばしい」よりもにおいの程度が大きい。また、「かぐわしい」や「かんばしい」は、②③のような抽象的な魅力を意味しない。

かおりたかい花が咲いている。
(近づいてみなくてもいいにおいが漂《ただよ》っている)
かぐわしい花が咲いている。
(顔を寄せると、いいにおいでうっとりする)

× かぐわしい生活を送る。
↓かおりたかい生活を送る。

⇩「かぐわしい」「かんばしい」

かがやかしい ［輝かしい・耀かしい・赫かしい］ Kagayakashii

① 彼は努力の末**かがやかしい**成功をおさめた。
② 君たちの未来は**かがやかしい**。
③ **かがやかしく**活気に満ちた時代に生まれる。

【解説】 非常にすぐれていて、光り輝くように感じられる様子を表す。プラスイメージの語。例のように抽象的なものについて用いるのが普通で、具体物について用いられることはまれである。

？ 輝かしい日の光。
↓明るい(まぶしい・輝く)日の光。
？ 彼女の顔ははればれと輝かしい。
↓彼女の顔ははればれと明るい。

賞賛する気持ちでは「すばらしい」「みごと」などと共通するが、「かがやかしい」には対象のすぐれた性質が客観的に述べられていて、感嘆の暗示は少ない点が異なる。

？ 彼の輝かしい成績に感動した。
↓彼のすばらしい成績に感動した。

また、「はなばなしい」にも似ているが、「かがやかしい」には「はなばなしい」のもっているセンセーショナルな衝撃性の暗示はない。

？ 新人歌手の輝かしいデビュー。
↓新人歌手のはなばなしいデビュー。

⇩「すばらしい」「はなばなしい」「みごと」

かきにくい ［書き難い］ Kakinikui

① この漢字は画数《かくすう》が多くて**かきにくい**。
② この筆は穂先《ほさき》が割れていて**かきにくい**筆だ。
③ あまりに個人的なことなので文章には**かきにくい**。

【解説】 物理的・心理的に抵抗があって書くことがむずかしい様子を表す。プラスマイナスのイメージはない。物理的にむずかしいものには、書かれる対象に困難がある場合(①)と書く道具に困難がある場合(②)とがある。③は心理的に抵抗があって書くことがむずかしいという意味である。「かきづらい」「かきにくい」の関係は、「いいづらい」「いいにくい」の関係と同様である。

⇩「いいづらい」「いいにくい」「いいがたい」「ーにくい」

かぎらない ［限らない］ Kagiranai

(1)① 通勤に時間がかかるのは君に**かぎらない**。
② 彼女に**かぎらず**誰でも失敗する可能性がある。
(2)① 光るものすべてが金とは**かぎらない**。(ことわざ)
② 女性全部が流行に敏感《びんかん》であるとは**かぎらない**。
③ 油断するなよ。合格するとは**かぎらない**んだから。

(3) ① あした雨が降らないとも**かぎらない**。
② この状況では革命が起こらないとも**かぎらない**。

【解説】 動詞「かぎる」の打消し。原則としてプラスマイナスのイメージはない。

(1) 「□□にかぎらない」の形で、□□を代表例として掲《かか》げて、「□□に限定せず、誰(何)でも～」という意味を表す。「□□だけでない」と同様の意味である。

(2) 部分否定を表す。①②では「□□のすべて(全部・必ず)が～とはかぎらない」の形をとり、「□□が～でないこともある」という意味になる。③は「～とはかぎらない」の形をとり、ある特定の状況において、「～しない可能性もある」という意味になる。

(3) 「～しないともかぎらない」という二重否定の形をとり、「～する可能性もある」という意味になる。少数ながら可能性があるという意味では「～かもしれない」に近いが、「～しないともかぎらない」では起こる結果に対する懸念《けねん》が暗示され、好ましくないことが起こるかもしれないというニュアンスがある。したがって、本来好ましい結果について「～しないともかぎらない」を用いると、侮蔑的《ぶべってき》・揶揄的《やゆてき》なニュアンスを生ずる場合がある。

彼の答えは当たっていないともかぎらない。
(万一当たったら、それこそまぐれだ)
彼の答えは当たっているかもしれない。
(可能性だけに言及《げんきゅう》している)
⇩ 「～かもしれない」

かぎりない ［限り無い］ Kagirinai

① 目の前に**かぎりない**砂漠が広がっていた。
② 討議は**かぎりなく**続いた。
③ **かぎりない**喜びにひたる。

【解説】 物事の限度がない様子を表す。ややプラスよりのイメージの語。具体的な物について言う場合(①)と抽象的なものについて言う場合(②③)とがある。例のように修飾語として用いられることが多く、述語で用いられることは少ない。

? 彼の才能は限りなかった。
↓彼の才能は限りなく豊かだった。

①②は「限度がない」という意味、③は一歩進んで「最高である」「このうえない」という意味である。③の意味のときは、名詞にかかる修飾語として用いられるのが最も一般的である。

「かぎりない」は、好ましい物について用いるのが普通で、好ましくない物について用いるときは「はてしない」や「きりもない」などを用いることが多い。

? 彼の限りない貪欲《どんよく》さにはあきれる。
↓彼の果てしない(きりもない)貪欲さにはあきれる。

限りない大海原。（十）
果てしない大海原。（一）
⇩「はてしない」

かくれもない［隠れも無い］Kakuremo-nai

① その大臣の汚職《おしょく》は**かくれもない**事実だ。
② マスコミのゆきすぎは**かくれもなく**知れわたっている。

【解説】　物事が世の中に広く知れわたっている様子を表す。プラスマイナスのイメージはない。ふつう「かくれもない事実（こと）」という形で用いられ、述語にかかる修飾語で用いられることもあるが、述語で用いられることはまれである。

？　彼女の失敗は社内で隠れもない。
→彼女の失敗は社内で隠れもない事実だ。
→彼女の失敗は社内で知らない者はない。

広く知れわたることとしては悪い内容であることが普通で、「かくれもない」は「本来隠しておくべきことが、隠されずにあかるみに出ている」というニュアンスをもつ。したがって、よい内容が広く知れわたっているときには「かくれもない」は用いられない。

×　君の文学賞受賞は隠れもない事実だ。
→君の文学賞受賞は紛れもない（周知の）事実だ。

また、悪い内容といっても、すでに社会的な常識となっているようなことについて、「かくれもない」は用いにくい。本来隠しておくべき悪事、または見方によっては悪事になるような対象について用いられることが多い。

？　殺人が罪悪であるのは隠れもない事実だ。
→殺人が罪悪であるのは紛れもない事実だ。

⇩「まぎれもない」「あきらか」「あからさま」

かぐろい［か黒い］Kaguroi

① ランニングの脇から**かぐろい**毛がはみ出ていた。
② その本は一部マジックで**かぐろく**ぬりつぶしてあった。

【解説】　色彩を表す形容詞。いかにもくろぐろとしている様子を表す。プラスマイナスのイメージはない。例のように修飾語として用いるのが普通で、述語の形で用いられることは少ない。

？　彼女の髪はかぐろい。

「かぐろい」が名詞にかかる修飾語になるときは、本来黒いものについて用いるのが普通で、本来黒くないものについては用いられない。

×　かぐろいノート（絵・花）

また、黒い部分が比較的小さいものについて用いられることが多く、黒くて広い面積をもつものについてはあまり用いられない。

？　かぐろい黒板(闇)。

「かぐろい」は、具体的な黒い物について、特定の感情(親密・感動・軽い驚きなど)をこめて用いる抽象度の低い語であるので、「くろい」のように「深刻だ」「悪い」というような抽象的な意味はもたない。

×　かぐろい陰謀《いんぼう》が渦巻《うずま》く世界。
→どすぐろい陰謀が渦巻く世界。

⇩「くろい」「どすぐろい」

かぐわしい ［香しい・芳しい・馨しい］ Kaguwashii

①　谷間の百合《ゆり》は**かぐわしく**におった。
②　彼女の髪は**かぐわしい**香りがする。
③　少女はいつのまにか**かぐわしい**乙女《おとめ》に成長した。

【解説】　あまくてよいにおいのする様子を表す。プラスイメージの語。かなり文章語的で、日常会話ではあまり用いられない。

かぐわしいバラの香り。→あまいバラの香り。
この花はかぐわしい香りがする。
→この花、いいにおいね。

においの種類としては、①②のように花や果実の香りのようなあまく植物的な香りを指すことが多い。コーヒーやお茶などのあまくないよい香りや、動物的なよい香り、火で煎《い》ったような香りを表すときは「かおりたかい」や「こうばしい」を用いる。

×　かぐわしいコーヒーを飲む。
→かおりたかいコーヒーを飲む。
×　ぎんなんのかぐわしい香り。
→ぎんなんのこうばしい香り。

③は①②から一歩進んで、「よいにおいのするような」「美しい」という意味を表す。おもに女性の美しさについて用いることが多い。③の意味の「かぐわしい」はかたい文章語であって、日常会話では用いられない。

「かぐわしい」は「かんばしい」に近いが、比《ひ》喩《ゆ》的《てき》な「評判がよい」という意味はない。

×　彼の評判はかぐわしくない。
→彼の評判はかんばしくない。

「かぐわしい」の表す香りは「かおりたかい」でも表すことができるが、「かおりたかい」にはよいにおいがあたりへ発散しているというニュアンスがあり、「かぐわしい」よりにおいの程度が大きいことが多い。

⇩「こうばしい」「かんばしい」「かおりたかい」

かさだかい・かさだか ［嵩高い・嵩高］ Kasadakai・Kasadaka

(1)①　教授室には洋書が**かさだかく**積まれていた。

② 課長は**かさだか**な書類の山をかかえていた。
(2)① 会長は相手かまわず**かさだか**な物の言い方をする。

【解説】 (1) 物の体積が大きく相当の分量がある様子を表す。プラスマイナスのイメージはない。鉛直《えんちょく》方向に高さがあるのみならず、体積全体も大きいことが暗示されている。体積が大きくても、高さがある程度伴《ともな》わないものについては用いられない。

× かさ高なのし餅。

また「かさだかい」物としては、人間が持って移動することのできる物であることが原則で、人間が持ち運ぶことが前提になっていないものについては、ふつうは用いない。

× 交差点の角《かど》にかさ高いビルが建った。
→交差点の角に高いビルが建った。

「かさだかい」は「うずたかい」「こだかい」などに似ているが、「うずたかい」は積み上げた結果としての高さを暗示するだけで体積の暗示はなく、「こだかい」はおもに土地の高さについて用いられるという違いがある。

× 彼の部屋には埃《ほこり》がかさ高く積もっていた。
→彼の部屋には埃がうず高く積もっていた。
× かさ高い丘に登る。
→小高い丘に登る。

(2) 態度が威圧的で横柄《おうへい》な様子を表す。マイナスイメージの語。ただし、この用法はあまり多くない。

⇩「うずたかい」「こだかい」「たかい」

がさつ Gasatsu

① 彼は態度は**がさつ**だが、根はやさしい。
② ぼくはお見かけのとおり**がさつ**な人間です。
③ こわれものだから**がさつ**に扱わないでほしい。

【解説】 細かいところにまで神経がゆきとどかない様子を表す。マイナスイメージの語。人間の性質・態度や行動などについて用いることが多い。「あらっぽい」に似ているが、「あらっぽい」より神経の粗雑《そざつ》さが強調され、卑《ひ》下《げ》する言葉(②)としても用いることのできる点が「あらっぽい」と異なる。

⇩「あらっぽい」「おおまか」「ざつ」

かしこい [賢い] Kashikoi

(1)① この犬は**かしこい**。
② **かしこい**奥様は余暇《よか》時間を上手に使います。
③ 彼の口車に乗らなかったのは**かしこかっ**た。
④ 君はなかなか**かしこい**ね。
⑤ 忙しいんだからもっと**かしこい**やり方を考えろよ。
(2)① 彼はことあるごとに**かしこく**立ち回った。
② 奴は**かしこい**男だから、そうそうこっちの言いな

りにはならないぜ。

【解説】 (1) 頭の働きがよい様子を表す。プラスイメージの語。①は「知能が高い」という意味、②は「思慮深《しりょぶか》い」という意味、③は「判断が適切である」という意味、④⑤は「要領がよい」という意味である。

「かしこい」は「りこう」に似ているが、「りこう」では「頭がよい」の他に「要領がよい」「判断が適切である」というニュアンスがあり、「思慮深い」というニュアンスの「かしこい」とはやや異なる。全く同じ文脈で「かしこい」と「りこう」が用いられると、次のようなニュアンスの違いを生ずる。

賢いやり方。（結果的に思慮深いやり方）

りこうなやり方。（要領のよい適切なやり方）

(2) (1)の反語的な用法。自分だけに好都合になるように行動する様子を表す。ややマイナスイメージの語。「ぬけめない」ほどはっきりしたマイナスイメージはない。

⇨「りこう」「ぬけめない」「ずるがしこい」「わるがしこい」

かしましい ［姦しい・囂しい・喧しい］ Kashimashii

① 女三人寄れば**かしましい**。（ことわざ）

② とかく世間のうわさが**かしましい**。

【解説】 人の話す声が大きく不快な様子を表す。マイナスイメージの語。かなり文章語的で、日常会話で用いられることはまれである。具体的に声の音量が大きい場合（①）と、人の話やうわさが厄介《やっかい》だという場合（②）とがある。

「かしましい」は「やかましい」「うるさい」「そうぞうしい」などに似ているが、音源を人の声に限定する点でこれらと異なる。

× 道路工事の音がかしましい。

→道路工事の音がやかましい（うるさい・騒々しい）。

⇨「やかましい」「うるさい」「そうぞうしい」

かすか ［微か・幽か］ Kasuka

① 彼は**かすか**な明かりをたよりに夜道《よみち》を歩いた。

② 爆発現場には**かすか**にガスのにおいが残っていた。

③ まだ**かすか**な希望はある。

④ 彼女の記憶は**かすか**だった。

【解説】 濃淡の程度が非常に低い様子を表す。プラスマイナスのイメージはない。濃度が低くて感覚にふれる程度が少ないことを客観的に表す語である。ただし、感じられるか感じられないかの境界あたりの濃度を指すニュアンスがあり、感じられる範囲内での濃度の低さについては用いられない。

× かすかな黄色のワンピース。

→薄い（淡い）黄色のワンピース。

「かすか」によって認知《にんち》されるものは、存在自体についての保証がない。この点が、存在することは確実だがはっきり認知できないというニュアンスをもつ「おぼろげ」と異なる。全く同じ文脈で「かすか」と「おぼろげ」が用いられると、次のようなニュアンスの違いを生ずる。

かすかな記憶をたどる。
（ほとんど忘れてしまった断片的《だんぺんてき》な記憶）
おぼろげな記憶をたどる。
（細部まではっきりしない記憶）

濃度が低いことでは「わずか」に近いが、「わずか」が数量的に少ないというニュアンスがあるのに対して、「かすか」では五感《ごかん》に感じられる度合が少ないというニュアンスの違いがある。

× ゴールまであとかすかです。
→ゴールまであとわずかです。

感覚的に弱いという意味では「あわい」や「ほのか」にも近いが、「あわい」「ほのか」には対象を感受《かんじゅ》しようとする期待があり、プラスイメージの語になっていることが「かすか」の客観的な表現と異なる。

× X線写真に写った淡い(ほのかな)影。
→X線写真に写ったかすかな影。

⇩「うすい」「あわい」「おぼろげ」「わずか」「ほのか」

かずかぎりない ［数限り無い］ Kazukagirinai

① 夜空をいろどる**かずかぎりない**星。
② 奴の欠点は**かずかぎりなく**あるさ。

【解説】 数量が非常にたくさんある様子を表す。プラスマイナスのイメージはない。①は通常の用法、②はやや誇張的《こちょうてき》な用法で、欠点がたくさんあるということを誇張して「かずかぎりなく」と言っている。

「かずかぎりない」は、本来一個一個数えられるものについて、その個数が非常にたくさんで数えきれないという意味であるので、もともと数えられないものについては用いない。

× 彼の悲しみは数限りなかった。
→彼の悲しみははかりしれなかった。

「かずかぎりない」は、「かぞえきれない」に意味も用法も非常に似ているが、どちらかというと「かずかぎりない」のほうが誇張的なニュアンスをもっている。したがって、現実に数えることが可能な程度の多数を表す場合には、「かぞえきれない」のほうがやや客観的な表現になる。全く同じ文脈で「かずかぎりない」と「かぞえきれない」が用いられると、次のようなニュアンスの違いを生ずる。

ぼくのファンからの贈り物は数限りない。

（放っておいてもいくらでも来る）
ぼくのファンからの贈り物は数えきれない。
（とてもたくさん来る）

⇩「かぞえきれない」「おおい」「はかりしれない」「おびただしい」

かぞえきれない ［数え切れない・算え切れない］ Kazoekirenai

① 彼にしてもらった親切は**かぞえきれない**。
② **かぞえきれない**星が夜空に散らばっていた。

【解説】 数量が非常にたくさんある様子を表す。プラスマイナスのイメージはない。名詞にかかる修飾語または述語で用いることが多く、述語にかかる修飾語で用いることはまれである。

？ 彼からの贈り物は数えきれなく多い。
↓彼からの贈り物は数えきれないほど多い。

「かぞえきれない」は、本来一個一個数えられるものの個数が非常にたくさんあるというニュアンスであるので、もともと数えられない物について用いないことは、「かずかぎりない」と同様である。

× 彼のになっている期待は数えきれない。
↓彼のになっている期待ははかりしれない。

数えられるものがたくさんあるという意味では「無数」に似ているが、「かぞえきれない」ではそれらのひとつひとつに対してなんらかの思い入れがある点で、全体量を一つにまとめて多いと認識する「無数」と異なる。

？ 彼の家には無数のいざこざがある。
↓彼の家には数えきれないいざこざがある。

「かぞえきれない」は「かずかぎりない」に非常に似ているが、どちらかといえば「かぞえきれない」のほうがやや客観的である。

⇩「かずかぎりない」「おおい」「はかりしれない」「おびただしい」「―きれない」

かたい ［硬い・固い・堅い・難い］ Katai

(1)① 鉄は**かたい**。
② この肉は**かたくて**嚙《か》めない。
③ ぼくは**かたい**鉛筆が好きだ。
④ 卵を**かたく**ゆでてから裏ごしします。
⑤ 昨夜のホテルはベッドが**かたかっ**た。
⑥ 一日おいたらパンが**かたく**なった。

(2)① 奴は頭が**かたい**。
② 彼女は**かたい**表情で立ちつくしていた。
③ 初めての発表でつい**かたく**なった。
④ 彼は文章がまだ**かたい**。
⑤ **かたい**話はこのくらいにして一杯やろうよ。

(3) ① **かたく**結んだ帯が解《と》けた。
② 扉《とびら》を**かたく**閉ざす。
③ びんの栓が**かたくて**開《あ》かない。
④ 不景気だから消費者の財布《さいふ》のひもは**かたい**。
⑤ 彼女は目を**かたく**つぶった。
⑥ **かたい**握手を交わす。
⑦ 永遠の愛を**かたく**約束する。

(4) ① 彼は口が**かたい**から大丈夫だ。
② 守りの**かたい**チームです。
③ 無断駐車は**かたく**お断りします。
④ 彼の決意は**かたい**。

(5) ① 本屋のような**かたい**商売なら安心だね。
② 彼女は身持ちが**かたい**。
③ この実力ならベスト8《エイト》は**かたい**。
④ 彼は**かたい**人間で約束は必ず守る。
⑤ 女性に興味がないとは、お**かたい**ことで。

(6) ① 彼の苦労は察するに**かたく**ない。
② 言うはやすし、行うは**かたし**。(ことわざ)

【解説】 (1)～(5)(ふつう「硬い・固い・堅い」と書くもの)と(6)(ふつう「難い」と書くもの)の二つのグループに分けられる。

(1) 物が外からの力に対して変形したりこわれたりしにくい様子を表す(↔やわらかい)。プラスマイナスのイメージはない。本来「かたい」物について(①)も、その物のもつ平均的な「かたさ」より「かたい」という場合(②③⑤)、本来は柔らかいものの「かたさ」がある基準を超えた場合(④⑥)にも用いられる。④の例では反対の意味を表す表現として「卵をやわらかくゆでる」という言い方はふつうせず、「半熟にゆでる」などと言う。⑥はもともと柔らかかったものがこわばったという意味である。

「こわい」も「かたい」の意味で用いられることがあるが、「こわい」では本来柔らかいことが期待されるものが、弾力がなくて扱いにくいというややマイナスイメージがあるのに対して、「かたい」はもっと抽象的・一般的でプラスマイナスのイメージのない点が異なる。

× この旅館の浴衣《ゆかた》はのりがかたくて痛い。
→この旅館の浴衣はのりがこわくて痛い。

(2) 柔軟性《じゅうなんせい》がなく適応力に欠ける様子を表す(↔やわらかい)。マイナスイメージの語。(1)⑥の比喩《ひゆ》的《てき》な意味である。①の「頭がかたい」は慣用句で、既成《きせい》の観念にとらわれていて柔軟な考え方や発想をもてないという意味である。②③は緊張してこわばっているという意味である。③の意味のとき、反対語として「やわらかい」は用いられない。④の「文章がかたい」は表現が未熟で洗練されていないという意味である。⑤の「かたい話」は「まじめな話、深刻な話」という意味であるが、プラスイメージではなく、日常会話では例のように、後ろに「～はこのくらいにして……」などの回避《かいひ》の表現が続くことが多い。

(3) 結合の状態が強い様子を表す(↔ゆるい)。プラスマイナスのイメージはない。①～⑥は具体的な物の結合が強いという意味である。④の「財布のひもがかたい」は慣用句で、金を遣うことを渋るという意味である。⑦は抽象的なものの結合が強いという意味で、この意味のときは反対語として「ゆるい」は用いない。

結合が強いという意味では「きつい」に近いが、「きつい」では結合の度合が「かたい」よりいっそう強く、余裕の全くないことが暗示され、しばしば不快のニュアンスがこもる点で、「かたい」の客観的な表現と異なる。

× きつい握手を交わす。

(4) (1)～(3)から一歩進んで、意志が強くて他に屈《くっ》しない様子を表す。ややプラスよりのイメージの語。①の「口がかたい」は慣用句で、「やたらに口外《こうがい》しない、秘密をよく守る」という意味である。この反対語は「口がかるい」と言う。②はよく守るという意味、③④は「強い意志をもって～する」という意味である。

(5) 外からの力に屈しないことから、信用ができる、確実だという様子を表す。プラスイメージの語。①は「堅《けん》実《じつ》で、あぶなげがない」という意味、②の「身持ちがかたい」は慣用句で、特に女性が男女関係に対して貞操堅《ていそうけん》固《ご》であるという意味、③は「確実だ」という意味である。④は「堅実でまじめだ」「義理《ぎり》をわきまえている」という意味である。⑤の「おかたいことで」は慣用句になった挨拶語《あいさつご》で、欲望に対して淡泊《たんぱく》であることを皮肉って言うニュアンスがある。

(6) ある行為をすることがむずかしい様子を表す(↔やすい)。プラスマイナスのイメージはない。かたい文章語で、日常会話ではほとんど用いられず、①のような「～にかたくない」という打消しの形や、②のようなことわざの中でだけ用いられる。①は「察するのはむずかしくない、十分に推察できる」という意味である。

⇨「こわい」「きつい」「むずかしい」「てがたい」「ものがたい」「ぎりがたい」「やわらかい」「ゆるい」「やすい」

ーがたい [ー難い] ーgatai

① 毎年交通事故の死者が増加しているのは、動かし**がたい**事実だ。
② どんな影響が出るか測り**がたい**。
③ 筆舌《ひつぜつ》に尽くし**がたい**苦痛をなめる。

【解説】 さまざまの動詞の連用形について、「～するのはむずかしい」様子を表す。プラスマイナスのイメージはない。かたい文章語で、日常会話などに用いられることは少ない。日常会話では「〜にくい」「〜づらい」などを用いる。

⇩「―づらい」「―にくい」「かたい」「いいがたい」「えがたい」「おかしがたい」「おさえがたい」「しのびがたい」「たえがたい」「どしがたい」「ぬきがたい」「はかりがたい」「もだしがたい」「やみがたい」「わすれがたい」

かたくな［頑な］Katakuna

① 彼は最後まで**かたくな**な態度をくずさなかった。
② 容疑者は**かたくな**に口を割らなかった。
③ その老人は**かたくな**だったので、皆に嫌《きら》われた。

【解説】 人が外からの力に屈せず、自分の意志を守りとおす様子を表す。マイナスイメージの語。人の性質や態度について用いるのが普通で、物についてては用いられない。

× そのドアはかたくなで全然開かない。
→そのドアはかたくて全然開かない。

「かたくな」には他からの意見に全く耳を貸さないというニュアンスがあり、マイナスイメージになる点が、プラスイメージの「一途《いちず》」や「ひたむき」と異なる。

× 彼女のかたくなさが生徒に慕《した》われる理由だ。
→彼女のひたむきさが生徒に慕われる理由だ。

⇩「かたい」「ひたむき」

かたくるしい［堅苦しい］Katakurushii

① **かたくるしい**スーツを着て上役の家に行く。
② あんまり**かたくるしく**考えるのはよせ。
③ **かたくるしい**挨拶《あいさつ》は抜きにして、ひとつ乾杯といきましょう。

【解説】 儀式ばっていて窮屈《きゅうくつ》である様子を表す。マイナスイメージの語。①は具体的な物が窮屈で不快だという意味、②は考え方がまじめで融通《ゆうずう》がきかないという意味である。③は儀式ばっているという意味で、例のように、しばしば後ろに「〜は抜きにして……」「〜はこのへんにして……」などの回避《かいひ》の表現が続く。

「かたくるしい」は「かたい」の(2)の意味の不快感をさらに強調した語であるが、「形式的である」という意味が元にあるので、「かたい」の(2)の比喩《ひゆ》的な意味の強調としては用いられない。

× 奴は頭が堅苦しい。
× 彼女は堅苦しい表情で立ちつくしていた。
× 初めての発表でつい堅苦しくなった。
（この文では、ふつう「話の内容がまじめでおもしろみのないものになった」という意味になる）

⇩「かたい」「きつい」「しかつめらしい」

かたじけない［忝い・辱い］Katajikenai

① 御配慮まことに**かたじけのう**存じます。
② 御親切は**かたじけない**が、お気持ちだけで結構です。
③ 国王から**かたじけない**お言葉を賜《たまわ》る。

【解説】 人に感謝する気持ちでうれしく思う様子を表す。プラスイメージの語。①②のように謝礼《しゃれい》の挨拶語《あいさつご》として用いられる用法が多いが、かたい文章語であるので、若い人はほとんど使わない。一般的には「ありがたい」を多く用いるが、「かたじけない」のほうがあらたまっていて丁寧《ていねい》な感じのする表現である。

③のように名詞にかかる修飾語として用いられると、「感謝すべき□□」という意味になる。「ありがたい」と似ているが、「かたじけない□□」では□□に対する感謝の念が強く表明され、□□に対する尊敬の念は「ありがたい」ほど強くない。全く同じ文脈で「かたじけない」と「ありがたい」が用いられると、次のようなニュアンスの違いを生ずる。

かたじけない御配慮を賜る。
（深く感謝している）
ありがたい御配慮を賜る。
（手を合わせて拝みたくなるほどだ）

⇩「ありがたい」「もったいない」

かたはらいたい［片腹痛い］Kataharaitai

① あの程度の実力で優勝を狙《ねら》うだなんて、**かたはらいたい**ね。
② 劣等生が一人前の顔をして説教《せっきょう》するのを見て、彼は**かたはらいたく**思った。

【解説】 他人の言動が軽蔑《けいべつ》すべき様子を表す。マイナスイメージの語。例のように、述語かまたは述語にかかる修飾語として用いられるのが一般的で、名詞にかかる修飾語として用いられることは少ない。

？ 彼のかたはらいたい態度。

「かたはらいたい」は、他人が実力以上の行為をしようとしているのを第三者が侮蔑的《ぶべつてき》に評して言う語であって、話者が話題の中心人物よりも何らかの意味で上であることが暗示されている。したがって、自分よりはっきり目上とわかっている人間について「かたはらいたい」を用いることはまれである。

？ 英語の先生から理科を教わるなんて、ぼくらにしてみればかたはらいたい。

「ちゃんちゃらおかしい」にも似ているが、「かたはらいたい」は文章語的でやや古めかしい言い方になっている。「ちゃんちゃらおかしい」のほうが俗語的で、侮蔑のニュアンスも強い。

⇨「ちゃんちゃらおかしい」「ばからしい」

かっこいい［恰好良い・格好良い］Kakkoii

① そのなりはなんだ。もうちょっと**かっこよく**しろよ。

② あの青い車、**かっこいい**わねえ。

③ 女子高生ともなると、**かっこいい**男の子と並んで歩きたいものなんだ。

④ 「これ、ぼくのサイン」「**かっくい〜い**」

【解説】 人や物の外見や行動が現代的で感嘆すべき様子を表す(↔かっこわるい)。プラスイメージの語。ただし、おもに若い人から見ての美的共感を表し、どの年齢の人にも通ずる絶対的な価値基準はない。かなり俗語的で、日常会話でおもに用いられ、文章中に用いられることは少ない。また日常会話ではしばしば「かっくいい」と発音される。

「かっこいい」は「かっこうがいい」が縮まってできた語であるが、意味の範囲は「かっこうがいい」より狭く、現代的でないもの(不変のもの)について用いられることはまれである。

× あの松の木はかっこいい。
→あの松の木はかっこうがいい(いい形だ)。

①は基本的な意味で、「なり(身なり…服装)を美的に整えよ」という意味である。この場合の美的とは飾りたてることは意味せず、むしろ現代風にあかぬけた身なりを意味する。②③は全体の外見や雰囲気が現代的・行動的ですばらしいという意味である。この場合、「かっこいい」と評される人は男性であることが多く、女性について「かっこいい」が用いられることは多くない。

あの女優さん、かっこいいから好きよ。
→あの女優さん、すてき(シャープ)だから好きよ。

④は感動詞的に用いられた例で、何か見事な物や行動などに接したとき、感嘆を表す意味で男性・女性の区別なく用いられる。

「かっこいい」は用いられる場面場面によって、「なうい」「すばらしい」「みごと」「あかぬけた」などさまざまの意味を表すが、それぞれを細かく説明することなく、ただ漠然《ばくぜん》と肯定の感嘆を表すというのが現代語の用法になっている。したがって、さまざまの語に置き換えられるが、「かっこいい」はこれらの客観的意味の他に、感嘆・羨望《せんぼう》・尊敬のニュアンスをあわせもっており、対象への心理的な傾斜を表現する語になっている。

⇨「なうい」「すばらしい」「みごと」「すてき」「かっこわるい」

かっこわるい [恰好悪い・格好悪い] Kakkowarui

① みんなの見てる前でへまをするなんて、**かっこわるい**ことおびただしい。
② 「あっ、失敗した」「**かっこわる〜い**」

【解説】 人の行動が不手際《ふてぎわ》で、美的でない様子を表す(↕かっこいい)。マイナスイメージの語。ただし、おもに若い人から見ての判断を表し、どの年齢の人にも通ずる絶対的な価値基準はない。かなり俗語的で、日常会話でおもに用いられ、文章中に用いられることは少ない。

「かっこわるい」は「かっこうがわるい」が縮まってできた語であるが、意味の範囲は「かっこうがわるい」より狭い。「かっこわるい」は外見の悪さというよりは、行動が不手際で美的でないことを侮蔑的《ぶべってき》に評するニュアンスがあり、必ずしも「かっこいい」と完全に反対語の関係にはなっていない。したがって「かっこわるい」が、ただ外見だけの悪さについて用いられることはあまり多くない。

彼がいつもかぶっている帽子、かっこわるいね。
↓彼がいつもかぶっている帽子、おかしい(みっともない)ね。

「かっこわるい」は「おかしい」や「みっともない」に近いが、より俗語的・主観的で侮蔑のニュアンスもある。しかし、「みっともない」に暗示されている恥のニュアンスはなく、嫌悪感《けんおかん》も少ない。

？ 酔っぱらって喧嘩《けんか》するなんてかっこわるいね。
↓酔っぱらって喧嘩するなんてみっともないね。

⇨「みっともない」「おかしい」「かっこいい」

かったるい Kattarui

(1)① 二時間泳いだら**かったるく**なった。
② 今日は一日なんとなく**かったるい**。
(2)① こんな単純作業は**かったるく**てやってられないね。
② コンクリートジャングルで、毎日**かったるい**仕事をしてるのさ。
(3)① あいつの仕事ぶりは**かったるい**。
② こんな**かったるい**話につきあってられるか。

【解説】 (1) からだや気分が疲れて重く感じる様子を表す。ややマイナスイメージの語。関東方言から共通語化した語。俗語的で、かたい文章中には登場しない。

「かったるい」は全身状態または気分が重くだるいという場合が多く、からだの一部について用いることは多くない。

重い荷物を持っていたから腕がかったるい。
↓重い荷物を持っていたから腕がだるい。

また、「だるい」に比べると病的なニュアンスが少なく、「かったるい」原因としては肉体的・精神的疲労が暗示されている。

? 熱があってからだがかったるい。
↓熱があってからだがだるい。

(2) やる気が起こらない様子を表す。マイナスイメージの語。俗語であって日常会話以外には用いられない。例文のように述語か、名詞にかかる修飾語として用いられるのが最も一般的で、その他の修飾語として用いられることは少ない。

「めんどうくさい」よりは抽象的で、物事の性質より気分のほうに重点がある。したがって同じ仕事でも、「かったるい」と受け取るかどうかには個人差がある。また、「かったるい」には「つまらない」「退屈だ」というニュアンスがあり、物事が非常に複雑だったり難解《なんかい》だったりしてめんどうな場合には、用いないことが多い。

? 複雑な数式の計算はかったるくてたまらない。
↓複雑な数式の計算はめんどうくさくてたまらない。

(3) 進行や発展の度合が遅くて焦燥《しょうそう》を感じる様子を表す。マイナスイメージの語。これもまた俗語であって、日常会話以外には用いられない。「じれったい」や「もどかしい」「まだるっこい」などに近いが、「かったるい」は進捗《しんちょく》の遅さをやや客観的に述べており、視点が物事のほうにある点が、人の感じ方に視点をおいた「じれったい」や「もどかしい」「まだるっこい」と異なる。焦燥自体もこれらの言葉より程度が低い。また、「かったるい」には焦燥だけでなく怒りの暗示も含まれている。全く同じ文脈で「かったるい」と「じれったい」が用いられると、次のようなニュアンスの違いを生ずる。

彼の話はかったるい。
（話の内容や進め方が遅い）
彼の話はじれったい。
（話を聞いているといらいらしてくる）

⇩「だるい」「めんどうくさい」「じれったい」「もどかしい」「まだるっこい」

かどかどしい ［角々しい］ Kadokadoshii

① 彼女は**かどかどしい**性格で扱いがむずかしい。
② 姉は結婚したら**かどかどし**さがとれた。

【解説】 人の性質や態度が円満でなく、強情《ごうじょう》な様子を表す。マイナスイメージの語。おもに女性の片意地《かたいじ》を張る性格や態度について用いられることが多く、男性について用いられることは少ない。これは、女性に求められる理想の性質や態度として、円満さ、柔らかさがあるためと考えられる。

? 彼はかどかどしい性格で困る。
↓彼は意地っぱりな性格で困る。

「かどかどしい」は女性の性格全体について用いるのが普通で、特定の態度や言動について用いることはまれである。

？ 彼女はかどかどしい顔で文句を言った。
↓彼女はけわしい顔で文句を言った。

「かどかどしい」よりもさらに刺激的な強さを強調するときは「とげとげしい」を用いる。

具体的な物が角《かど》ばっているという意味で「かどかどしい」を用いることは、現在では少なくなっている。

岩の上にかどかどしい燈籠が置いてある。

⇩「けわしい」「とげとげしい」「きつい」「ごつい」「いかつい」

かなくさい［金臭い］Kanakusai

① この井戸水は**かなくさい**。
② **かなくさい**水は捨てて、新しくくんでください。

【解説】おもに水が金属（鉄分）のにおいがする様子を表す。マイナスイメージの語。このにおいは鼻だけで感じるものではなく、味わいも含めて感じ取るものである。水以外の食物に「かなくささ」が感じられるときには、次のように言うことが多い。

レタスは包丁で切ると金気《かなけ》がつく。
アルミホイルで包んでおいたら金気がついた。

「かなくさい」は具体的なにおい・味わいにのみ用いられ、比喩《ひゆ》的な用法はない。

⇩「－くさい」

かなしい［悲しい・哀しい］Kanashii

① 恋人に死なれて**かなしい**。
② 別れた彼のことを思うと**かなしく**やるせない。
③ 赴任《ふにん》まもない彼に**かなしい**知らせが届いた。
④ この曲のメロディーは**かなしい**。
⑤ 友人が信じられないなんて**かなしい**話だ。

【解説】心が痛んで泣きたいような様子を表す（↔うれしい）。マイナスイメージの語。主体の感情として「かなしい」場合（①②）と、物事が「かなしい」感情を起こさせる場合（③④）とがある。⑤はしばしば「かなしい話（こと）」という名詞を修飾する用法で用いられ、①～④から一歩進んで、「嘆かわしい事態」という意味になる。

精神的な苦痛を表す意味で「かなしい」は「つらい」に似ているが、「つらい」は意味の範囲が広く、さまざまな感情においてたえがたいという意味を表すのに対して、「かなしい」は悲哀に限定される点が異なる。全く同じ文脈で「かなしい」と「つらい」が用いられると、次のようなニュアンスの違いを生ずる。

悲しい体験。（泣きたくなるようだ）

つらい体験。（いろいろな面で精神的に苦痛だ）

また、「つらい」は「つらい気持ちを起こさせる□□」という意味で使われることは少なく、その場合は次のように言うことが多い。

？ この曲のメロディーはつらい。
→この曲のメロディーは聞くのがつらい。

⇩「つらい」「うらがなしい」「ものがなしい」「うれしい」

かなわない［叶わない・適わない・敵わない］Kanawanai

(1)① 彼の全快は**かなわぬ**望みだった。
② 足をいためて立つことも**かなわない**。
(2)① どうがんばっても数学では君に**かなわない**。
② お嬢ちゃんには**かなわねえ**なあ。
(3)① こう暑くては**かなわない**。
② 夜十一時を過ぎると眠くて**かなわない**。
(4)① それはやりとげなければ**かなわぬ**使命だった。

【解説】 動詞「かなう」の打消し。

(1) 不可能を表す。ややマイナスイメージの語。前に動作や進行を意味する語句がくることが多い。かなり文章語的で、日常会話の中で用いられることは少ない。「できない」よりも、希望の実現されない不本意《ふほんい》さについて概嘆《がいたん》する暗示がある。

(2) 「対抗できない」「負ける」という意味を表す。プラスマイナスのイメージはない。①が基本的な用法であるが、②のように、しばしば日常会話の中で「□□にはかなわない」という形で用いられ、□□に譲歩《じょうほ》せざるをえないという意味を表す。ただし、この場合不快のニュアンスはなく、譲歩することを楽しむ心の余裕が感じられる表現になっている。同じような場面でよく「□□には負けた」という言い方をするが、「負けた」には「観念した」「あきらめた」というあきらめの暗示があり、「かなわない」にうかがわれる苦笑《くしょう》はないことが多い。

(3) 「～てかなわない」の形で、「やりきれない」「我慢できない」という意味を表す。ややマイナスイメージの語。～の部分には形容詞が入る。「やりきれない」よりも概嘆の暗示が少ない。

？ 母の死が悲しくてかなわない。
→母の死が悲しくてやりきれない。

(4) 「～しなければかなわない（かなわぬ）」の形で、義務を表す。プラスマイナスのイメージはない。かたい文章語であって、日常会話には用いられない。

⇩「やりきれない」「なくてはならない」「なければならない」

ーかねない［ー兼ねない］ーkanenai

① このままの状態では進路を誤り**かねない**。
② 今のままでは紛争が勃発《ぼっぱつ》し**かねない**状況だ。

【解説】 動詞の連用形について、「～する可能性がある」という意味を表す。ややマイナスイメージの語。現在の状況が続けば必然的に好ましくない結果が起こるかもしれないという意味で用いられることが多く、よい結果が起こる可能性について用いられることはまれである。

？ 志望校全部に合格しかねない実力だ。
→志望校全部に合格しそうな実力だ。

「～かねない」は、例で示したように、現在の状況が続くという前提のもとでの実現の可能性を示すニュアンスがあるが、その可能性は「～かもしれない」に比べるとかなり高い。したがって、可能性の低い事柄について「～かねない」はあまり用いない。

？ 君は来世《らいせ》で女になりかねないね。
→君は来世で女になるかもしれないね。

⇨「ーかもしれない」「やりかねない」

かびくさい ［黴臭い］ Kabikusai

① しばらく使わない部屋は**かびくさい**。
② パンが**かびくさく**なった。
③ 彼はいまだに**かびくさい**理論を振り回している。
④ 彼の話はすでに**かびくさかっ**た。

【解説】 古くなってかびのようなにおいがする様子を表す。マイナスイメージの語。具体物が実際にかびのにおいがする様子を表す場合（①②）と、抽象的なものが古くなって役に立たない様子を表す場合（③④）とがある。「ふるくさい」に比べて「かびくさい」はより感覚的に不快なニュアンスがあり、特に抽象的なものについて用いた場合には古びていることについての不快感が強く出る。

⇨「ふるくさい」「ーくさい」

かぼそい ［か細い］ Kabosoi

① 彼女のからだつきは**かぼそい**。
② 捨て子が**かぼそい**声で泣いていた。
③ 一家五人が彼女の**かぼそい**収入に頼っていた。

【解説】 いかにも細くてたよりない様子を表す。ややマイナスイメージの語。①②のように具体的な物について用いるのが一般的で、③のような抽象的なものについて用いる例は多くない。「かぼそい」は「ほそい」に比べて、対象の弱さについての危惧《きぐ》の暗示が加わるので、小さい者、弱い者について用いられることが多い。

⇨「ほそい」

ーがましい －gamashii

① 彼女は未練**がましく**立ち去った。
② 彼の申し出は催促《さいそく》**がましく**ていやだ。
③ 彼は弁解**がましい**ことは一言も言わなかった。

④ そんなわざと**がましい**ことはしたくない。

【解説】 名詞や副詞、動詞の連用形などについて「いかにも～のように見える」という様子を表す。ややマイナスイメージの語。例のように好ましくない意味で用いるのが一般的で、よい意味に用いる例は、次の「はれがましい」ぐらいで、その他には少ない。

○ こんな晴れ**がましい**所へ出るのは初めてです。

「～がましい」は他人の目に見える様子を表す語であって、④の例でもわかるように、行為者本人の意志に関係なく、他人の目にはどう見えるかで評価をする語である。行為者本人の自立的意志よりも第三者の視点を中心にすえた、日本文化に特徴的な語ということができる。

⇨「あてつけがましい」「うらみがましい」「おこがましい」「おしつけがましい」「おんきせがましい」「さしでがましい」「はれがましい」「みれんがましい」

かまびすしい ［喧しい・囂しい］ Kamabisushii

① とかく世間のうわさが**かまびすしい**。

② 午後の巷《ちまた》の**かまびすし**さ。

【解説】 音声が大きくて不快な様子を表す。マイナスイメージの語。ただしかたい文章語であって、日常会話にはほとんど用いられない。日常会話的には「やかましい」「そうぞうしい」などを用いる。

? 裏の飲み屋街はかまびすしくってね。

→裏の飲み屋街はやかましく（騒々しく）ってね。

⇨「やかましい」「そうぞうしい」「さわがしい」「うるさい」

かまわない ［構わない］ Kamawanai

(1)① 彼はなりふり**かまわず**働いた。

② 彼は体裁《ていさい》に**かまわない**。

③ 奴に悪く言われても**かまわない**。

④ 給料はいくら安くても**かまわない**。

⑤ 口に入るものならなんでも**かまいません**か。

⑥ たばこを吸っても**かまわない**。

(2)① 彼女は子供を全然**かまわない**。

② これ以上私に**かまわない**で。

【解説】 動詞「かまう」の打消し。

(1) 関心がなく意識しない様子を表す。プラスマイナスのイメージはない。①②は「気にかけない」という意味である。③～⑥は「～てもかまわない」という形をとる。③は「気にしない」という意味、④⑤は前に全部または最高を表す表現を伴《ともな》って許容を表す。⑥は挨拶《あいさつ》語として用いられた例で、許可を求める意味である。これらの用法は「いい」（よい）に置き換えられるが、「かまわない」は「いい」よりも許容のニュアンスが強く、積極的な肯定の暗示はないことが多い。

給料はいくら安くてもかまわない。（我慢しよう）
給料はいくら安くてもいい。（金額は問題でない）

(2) 世話をしない、ちょっかいを出さないという意味を表す。ややマイナスイメージの語。この場合の「かまう」意味としては、①はよいほうの意味（世話をする）、②は悪いほうの意味（ちょっかいを出す）である。この意味はかなり俗語的で、かたい文章中には用いられないことが多い。

⇩「いい」

がまんづよい ［我慢強い］ Gamanzuyoi

① 彼女は**がまんづよい**性格だ。
② 彼はさまざまの誹謗《ひぼう》中傷《ちゅうしょう》にも**がまんづよかっ**た。

【解説】 忍耐力があってよく耐える様子を表す。プラスイメージの語。「しんぼうづよい」に似ているが、「がまんづよい」は苦痛や困難などふりかかってくるものに対して忍耐力があるというニュアンスがあり、持続してある行為をしつづけるニュアンスはないことが多い。その場合には「しんぼうづよい」を用いる。

? ライオンは我慢強く獲物《えもの》を待った。
→ライオンは辛抱強く獲物を待った。

⇩「しんぼうづよい」

がめつい Gametsui

① 彼は金に**がめつい**奴だ。
② あんまり**がめつく**もうけるなよ。

【解説】 金銭に対して貪欲《どんよく》である様子を表す。マイナスイメージの語。麻雀《マージャン》仲間の隠語から共通語化した語。「けち」「けちくさい」よりも土俗的《どぞくてき》ななまなましさがある表現である。また、俗語であってかたい文章中には用いられない。「がめつい」は金銭の消費に対してけちであるだけでなく、金銭の追求に対しても貪欲であって、その程度が常識を超えていることを暗示する。

「がめつい」は「よくふかい」に似ているが、「よくふかい」がやや客観的なニュアンスがあるのに対して、「がめつい」は対象への強い嫌悪《けんお》の暗示のある点が異なる。

また「あさましい」にも通ずるが、「あさましい」は金銭欲だけとはかぎらず、欲望一般に対する執着《しゅうちゃく》の強さについての不快を暗示する語であるのに対して、「がめつい」は特に金銭に限定するニュアンスがある。

× 若い女とみれば見境《みさかい》なく手を出すがめつい男。
→若い女とみれば見境なく手を出す浅ましい男。

「ぬけめない」にも近いが、「ぬけめない」が自分の利益になるようにそつなく立ち回ることに対する嫌悪感を表すのに対して、「がめつい」は度を超した金銭欲への嫌悪感を表す点が異なる。

× 大臣が来ると彼はがめつく名刺を差し出した。

→大臣が来ると彼はぬけめなく名刺を差し出した。

⇩「けち」「けちくさい」「よくふかい」「ぬけめない」「かんじょうだかい」

ーかもしれない［ーかも知れない］ーkamo-shirenai

① やってみればできる**かもしれない**じゃないか。

② 明日は雨になる**かもしれない**ね。

③ 彼女はぼくとの約束を忘れたの**かもしれない**。

④ 急いで来れば間に合った**かもしれない**。

⑤ 君の意見は正論**かもしれない**が現実的じゃないね。

⑥ なるほど、そりゃあいい**かもしれない**ね。

【解説】 さまざまの語について「不確実だが～する可能性がある」という意味を表す。プラスマイナスのイメージはない。可能性は幅が広く、確信をもって推量する場合(①)と可能性について言及《げんきゅう》しない場合(②③)、あまり可能性がない場合(④)とがある。

⑤⑥の「～かもしれない」は①～④から一歩進んだ特殊な用法である。いずれも日常会話でよく用いられる。⑤の「～かもしれないが……」は慣用句で、「～であることはまちがいないが自分は賛成しない」というニュアンスがあり、可能性の大小は問題にしていない。話者がその意見が正論であることをいちおう認めていることがうかがえ、しかし不賛成だという付加的な意見がその次にくることを示す表現となっている。

⑥は意味をぼかす婉曲《えんきょく》の用法である。これももっぱら日常会話に用いられ、断定を避ける意味で使われる。したがって、可能性の大小には関係せず、意味的には「それはいいね」と言っているのと全く同じになる。

二重否定で用いられる「～しないともかぎらない」も可能性を表す表現だが、「～しないともかぎらない」はおもに好ましくない結果について懸念《けねん》するニュアンスがあるのに対して、「～かもしれない」は結果のよしあしには言及しておらず、可能性だけを客観的に表す点が異なる。

雨が降るかもしれない。(可能性を言うのみ)

雨が降らないともかぎらない。(雨では困る)

また、「～かねない」も可能性を表すが、「～かねない」には、現在の状況がこのまま続くとかなり高い可能性で好ましくないことが起こるというニュアンスがある。

このままでは失敗するかもしれない。(可能性を言うのみ)

このままでは失敗しかねない。(なんとかしなければいけない)

⇩「かぎらない」「ーかねない」「わからない」

かゆい・かいい ［痒い］ Kayui・Kaii

① 春先になると花粉症《かふんしょう》で目が**かゆい**。
② **かいい**の**かいい**の飛んでけ。（まじない）
③ 彼女の世話は**かゆい**所に手が届くようだった。
④ 奴になんと言われようと痛くも**かゆく**もない。

【解説】 皮膚やからだがむずむずして、かきたいような様子を表す。ややマイナスイメージの語。「かいい」は「かゆい」の俗語的な言い方で、日常会話にはよく用いられる。

①②は具体的なからだの一部分が「かゆい」という意味である。②の「かいいのかいいの飛んでけ」は、子供がかゆい所をかきむしらないようにするための一種のまじないの文句で、かゆい場所をさすりながら唱え、空に向かってさすった手を掲《かか》げて、「かゆみはもう去ってしまった」と示すものである。

③④は慣用句である。③の「かゆい所に手が届く」はすみずみにまで神経が細かくゆきとどくという意味である。痛みはある程度我慢しようと思えばできないことはないが、かゆみを我慢するのはむずかしいので、自分でかけない所をかいてもらう快さは大きい。そこで「かゆい所に手が届く」ことは、単に細かい心配りを意味するだけでなく、それが非常な快感になることを暗示できるのである。

④の「～しようと痛くもかゆくもない」は全然なんとも思わない、頓着《とんちゃく》しないという意味である。「いたい」はどちらかといえば内面への影響、「かゆい」は外面への影響を暗示している。心に痛みを覚えることもないし、じっとしていられないほどの焦燥《しょうそう》や衝動を感じることもないという意味である。

「かゆい」は抽象的なものや心理については用いられない。

⇩「いたがゆい」「むずがゆい」「はがゆい」

かよわい ［か弱い］ Kayowai

① 彼女は**かよわい**女の身で単独登頂《とうちょう》に成功した。
② ストリートチルドレンのからだはみな**かよわい**。
③ その災害では**かよわい**子供やお年寄りがまっさきに犠牲《ぎせい》になった。
④ この程度の風で倒れるなんて、よっぽど土台が**かよわく**できてるんだな。

【解説】 いかにも弱くてたよりない様子を表す。ややマイナスイメージの語。①～③のように女性や子供のからだについて用いるのが最も一般的で、それ以外でも具体物について用いることが多く(④)、大人の男性や抽象物について用いることは少ない。

？ か弱い色男。→軟弱な色男。

？ 彼は精神がか弱い。→彼は精神がひ弱だ。

「かよわい」は「ひよわ」に近いが、「ひよわ」が病的な弱さを暗示するのに対して、「かよわい」では先天的な弱さ、外見の弱さのニュアンスがあり、不健康状態の暗示はないことが多い。

？ 日陰《ひかげ》のか弱い植物。→日陰のひ弱な植物。

？ 過保護に育てられてか弱い子供になった。
→過保護に育てられてひ弱な子供になった。

外見の弱さを意味する点で、「かよわい」は「よわよわしい」にも似ているが、「よわよわしい」が対象の一時的な外見の弱さを暗示するのに対して、「かよわい」は対象の普遍的《ふへんてき》な性質としての弱さについて、全般的に述べるニュアンスのある点で異なる。

× 彼女は弱々しい女の身で単独登頂に成功した。

⇩「よわい」「ひよわ」「よわよわしい」

からい ［辛い・鹹い］ Karai

(1) ① 暑い日には**からい**ものが食べたい。
② 今日のカレーはばかに**からい**ね。
③ 山椒《さんしょう》は小粒《こつぶ》でぴりりと**からい**。（ことわざ）
④ ぼくは**からい**酒が好きだ。

(2) ① 今日の味噌汁《みそしる》は**からい**。
② 漬物はあんまり**からく**ないほうがうまい。

(3) ① あの先生は採点が**からい**。
② 世の中のあまいも**からい**もわきまえた人です。

(4) ① わがチームは**からく**も一点差で逃げきった。

【解説】 味に関する基本的な形容詞の一つ。飲食物の味に関する具体的な意味と、比喩的《ひゆてき》な意味とがある。

(1) こしょう・わさび・からしなどが舌を刺激するような様子を表す(↔あまい)。原則としてプラスマイナスのイメージはない。④のように、口あたりがきついという意味で酒などに用いられることもある。

(2) 食物の塩分が多い様子を表す(↔あまい)。ややマイナスイメージの語。この場合、適度な塩分量に対しては「あまい」も「からい」も用いられず、塩分量に関して「あまい」「からい」を用いた場合には、どちらもややマイナスイメージの語になり、それぞれ「少なすぎる」「多すぎる」という意味になる。

(3) 物事に対する態度・姿勢が厳格な様子を表す(↔あまい)。マイナスイメージの語。特に①は「点がからい」という言い方でよく用いられ、厳しい点のつけ方をするという意味になる。②は「あまい」と「からい」を対にして、楽《らく》と苦《く》という意味になっている。

この「からい」は「きびしい」に似ているが、「きびしい」のほうが規範的《きはんてき》で、規則や法律など拘束《こうそく》となるものが厳格で容赦《ようしゃ》ない暗示があるのに対して、「からい」は漠《ばく》然《ぜん》と気分的に不寛容を暗示するのにとどまる点が異なる。

× 交通違反をからく取り締まる。
→交通違反を厳しく取り締まる。

(4) 「からくも～する」という述語に呼応する形で、「やっとのことで～する」という意味を表す。プラスマイナスのイメージはない。行為が完了してから、やっとのことで失敗を免れた状況について、安堵感《あんどかん》を伴《ともな》って述べるニュアンスがある。

⇨「あまい」「しおからい」「あまからい」「すっぱい」「にがい」「しぶい」「きびしい」「せちがらい」「こすっからい」

かるい［軽い］**Karui**

(1) ① このかばんは**かるい**。
② 三キロ痩《や》せたらだいぶからだが**かるく**なった。
③ 大根おろしをたくさん食べたら、やっと胃が**かるく**なった。
④ 彼は身のこなしが**かるい**。
⑤ 彼女は足取りも**かるく**デートに行った。
⑥ 心も**かるく**身も**かるく**。
⑦ 潔《いさぎよ》くあやまったら気が**かるく**なった。
⑧ 彼の球は速いが**かるい**から打たれる。
⑨ 彼女は腰が**かるく**てすぐ用をしてくれる。
⑩ あの女は尻が**かるい**。
⑪ 彼は有能だが口が**かるい**のが困りものだ。
⑫ 彼は委員長には**かるく**てだめだ。

(2) ① 材料には**かるい**塩こしょうを振っておきます。
② A校は**かるい**相手だから一勝はかたい。
③ 「B大に受かったんだって？」「**かるいかるい**」
④ 車内で**かるい**読み物を売っています。
⑤ **かるい**音楽を聴いてリラックスする。
⑥ 帰りに**かるく**一杯やっていこうじゃないか。
⑦ あの選手は変化球に**かるく**合わせるのがうまい。
⑧ このポストは責任が**かるい**から気が楽だ。
⑨ 舞台の前を素通りするだけの**かるい**役です。
⑩ 彼は相手を**かるく**見て失敗した。
⑪ 目を**かるく**閉じてください。
⑫ 指と指がごく**かるく**ふれあった。
⑬ 情状酌量《じょうじょうしゃくりょう》されて罪は**かるく**なった。
⑭ 傷は**かるい**から安心しなさい。
⑮ 昨日から**かるい**風邪《かぜ》にかかったようだ。

【解説】 軽重《けいちょう》を表す最も基本的な形容詞の一つ(↔おもい)。原則としてプラスマイナスのイメージはない。

(1) 物理的・心理的に重量が少ない様子を表す。①②は具体物の目方が少ない(少なく感じる)という意味である。③はそれまで「胃がおもかった」のが軽快したという意味で、前提として「胃がおもい」という状況がある。④は敏捷《びんしょう》であるという意味、⑤は「足取りがかるい」という言い方で、心理的にそこへ早く行きたい気分を表している。⑥は慣用句で、心理的にも外見的にも軽快である様子を表す。⑦は③の心理的な用法で、それまで「気がおもかった」のが潔くあやまることによって「気のおもい」のが治ったという意味で、前提として「気がおもい」という状況がある。

⑧は野球に特有の言い方で、ピッチャーの投げる球に体重がのっていなくて、威力がないという意味である。ややマイナスイメージの表現になる。

⑨の「腰がかるい」は慣用句で、「よく働く、からだをよく動かす」という意味でプラスイメージの表現である。⑩はこれと反対で、「尻がかるい」で慣用句となり、「一か所に定まらない」「次々と男性関係をもつ」という意味になる。⑩は女性の男性関係について用いられた例で、マイナスイメージになる。

⑪は「口がかるい」で慣用句となり、「よくしゃべる」「秘密が守れない」というマイナスイメージの表現となる。「口がかるい」の反対、つまり「秘密をよく守る」という意味では、「口がおもい」でなく「口がかたい」と言う。

⑫は比《ひ》喩《ゆ》的《てき》な意味で、「ものたりない」という意味を表す。マイナスイメージの語。この反対語として「おもい」は用いない。

(2) 程度が低く、深刻でない様子を表す。①は少量という意味である。「かるく塩こしょうを振る」という修飾語の形にしても同じ意味になる。②③は相手として打ち負かしやすいという意味である。特に③は日常会話で感動詞的に用いられ、「簡単だ」「わけない」という意味で用いられる。この場合には対象に対する侮蔑《ぶべつ》の暗示があり、「簡単」と言うよりもたやすさは大きい。

④⑤はおもに名詞にかかる修飾語で用いられ、「気分のかるくなるような□□」「深刻でない□□」という意味である。⑥⑦は「気楽に」「適当に」という意味である。⑦の「かるく合わせる」は野球でよく言う言い方で、力を抜いてタイミングだけでボールをバットに当てることを言う。

⑧〜⑩は重大でなく気楽であるという意味である。⑪〜⑮は程度が低いという意味である。

「かるい」は物理的・心理的に重量のない様子を表す抽象度の高い語であるが、外から見ての軽さというよりは、本人が感じる具体的・物理的軽量感というニュアンスがある。外から見ていかにも重量がないことを比喩的に強調するときには「かるがるしい」を用いることが多い。ただし、「かるがるしい」には具体物の重量が軽く見えるという意味はなく、態度や性格などが軽率《けいそつ》だという比喩的意味だけを表す。

× 軽々しい荷物。→軽そうな荷物。

軽い口調《くちょう》で話す。（よくしゃべる）

軽々しい口調で話す。（軽率だ）

⇩「かるがるしい」「ものたりない」「きがる」「みがる」「おもい」

かるがるしい［軽々しい］Karugarushii

① **かるがるしく**人の悪口を言うもんじゃない。

② くれぐれも**かるがるしい**行動は慎《つつし》んでほしい。

③ 彼の言動はいつも**かるがるしい**。

【解説】 思慮《しりょ》がたりず、軽率《けいそつ》に行動する様子を表す（↔おもおもしい）。マイナスイメージの語。例のようにある特定の言動について用いることが多く、ある人の性格全体を評する場合は少ない。

? 彼は軽々しい性格だ。→彼は軽率な性格だ。

外から見ての軽率さを表す語であるので、ある言動が客観的に見てほんとうに軽率かどうかには言及《げんきゅう》しない。また、「かるがるしい」には具体物の重量が軽そうに見えるという意味はない。

× 軽々しい荷物。→軽そうな荷物。

⇩「かるい」「おもおもしい」

かろやか［軽やか］Karoyaka

① ダンサーは**かろやか**にステップを踏んだ。

② この音楽を聴くと**かろやか**な気分になる。

【解説】 いかにも軽そうで快い様子を表す。プラスイメージの語。例のように抽象的なものについて用いるのが一般的で、具体物の重量が軽そうに見える（軽く感じる）場合には用いない。

× 彼は大《おお》荷物をかろやかに持ち上げる。

→彼は大荷物を軽々と持ち上げる。

× 薬を飲んだら胃がかろやかになった。

→薬を飲んだら胃が軽くなった。

「かろやか」は軽快だというニュアンスがあるので、軽いことが対象にとって好ましくない場合には用いられない。

× 彼はかろやかな言動で失敗している。

→彼は軽々しい言動で失敗している。

⇩「かるい」「かるがるしい」

かわいい［可愛い］Kawaii

(1)① 深山の谷間に人知れず**かわいい**花が咲く。

② 彼女の幼い息子はとても**かわいい**。

③ 「あの子犬見て」「ああ、**かわいい**」

④ 子役の**かわいい**しぐさが大評判になった。
⑤ 彼は大きなからだに似合わず意外に**かわいい**声をしている。
⑥ 彼にはまだ**かわいい**所があるからいいよ。
⑦ 「ねえ、あそこのオジン、ハンサムだと思わない？」「キャッ、笑った。**かっわいー**」
⑧ 「うちの課長、典型的なセクハラ上司なのよ」「うっ、**かわいく**なーい」
⑨ 今なら**カワユイ**シールがもれなくついてます。（CM）

(2) ① 消しゴムをこんなに**かわいく**なるまで使うなんてえらいね。
② このカメラは**かわいい**サイズだからバッグに入る。

(3) ① だれでも自分がいちばん**かわいい**。
② 年をとると孫が**かわいく**てしょうがないものだ。
③ **かわいい**子には旅をさせよ。（ことわざ）
④ **かわい**さ余って憎さ百倍。（ことわざ）

【解説】 (1) 弱いもの、小さいものへの傾倒《けいとう》の心を表し、対象が愛すべき様子であることを表す。プラスイメージの語。「かわいい」ものとしては、対象そのもの（①～③）も対象に関するもの（④⑤）も両方とれる。③は感動詞的に用いられたもの。⑤は声が小さく愛すべき様子であるという意味になる。①～⑤の「かわいい」は「かわいらしい」に置き換えられるが、「かわいらしい」のほうが対象への心理的な距離が感じられ、「かわいい」より愛情の発露《はつろ》が弱く、状態をやや客観的に述べるというニュアンスがある。全く同じ文脈で「かわいい」と「かわいらしい」が用いられると、次のようなニュアンスの違いを生ずる。

子役のかわいいしぐさ。
（思わず抱きしめたくなるほどだ）
子役のかわいらしいしぐさ。
（思わずほほえんでしまうようだ）

⑥は大人の男性について用いられた例である。「かわいい所」で「愛嬌《あいきょう》のある所」「採り上げるべき所」などの意味になる。これは上役にとって「かわいい」と感じられる所という意味になるので、「かわいらしい」には置き換えられない。

⑦⑧は「かわいい」の現代語用法。対象の年齢・性別に関係なく、どこか一点母性本能をくすぐるような、愛すべき様子が見えたとき、感動詞的に用いる。おもに若い女性の間で用いられ、男性が用いることはまれである。⑦では、「オジン（中年男性）」がふと笑ったとき、話者である若い女性たちに感じられた愛嬌や魅力が「かわいい」のである。⑧は⑦の打消しの意味である。「典型的なセクハラ上司（会社で部下の女性に性的ないやがらせをする

典型的なタイプの上司）」が「魅力がない」「いやだ」と言っているのであるが、「かわいくない」という表現を用いることによって、嫌悪感《けんおかん》をより客観的に表すニュアンスが出る。⑦⑧の現代語用法の「かわいい」は、「かわいらしい」に置き換えられない。

⑨の「かわゆい」は「かわいい」の古い形であるが、現代語の用法では「かわいい」の代わりに用いられる。言い切りまたは名詞にかかる修飾語としてのみ用いられ、その他の修飾語になることはない。また、しばしば「カワユイ」とカタカナ書きされる。「かわいい」と言うと心理的な傾斜が表明されすぎて恥ずかしかったり、照れくさかったりするとき、一歩身を引いたさらりとした表現として、若い女性に好んで用いられている。他の会話に比べて一音一音ゆっくりはっきりと発音されることが多く、「ただかわいいと言っているのではない、特別の感情をこめている」様子が暗示されている。

(2) 形態が小さい様子を表す。ややプラスイメージの語。単に「小さい」というのではなく、愛情のニュアンスが入っているので、好ましくないものについては用いない。

× 掃除をしないからかわいいゴミでいっぱいだ。
→掃除をしないから細かいゴミでいっぱいだ。

「かわいい」の示す小ささに絶対的な基準はない。そのものの標準に比べて小さいという相対的な小ささのニュアンスがあるので、もともと小さいことが一般的であるものについて用いられることはまれである。

？ かわいい宝石。→小さな宝石。

(3) 愛情を感じ大切に思う様子を表す。ややプラスイメージの語。「いとしい」に近い意味になるが、「いとしい」が話者の気持ちに視点のある表現であるのに対して、「かわいい」ではその気持ちが対象に投影され、視点は対象にある点で異なる。①では自分を客観視し、他のさまざまの物と対等に比べて「いちばんかわいい」と言っているのである。

？ だれでも自分がいちばんいとしい。

③④はことわざである。③の「かわいい子」とは「かわいがっている子」の意味であって、愛情をそそいでいる子にはつらい苦労をさせたほうが、結局その子のためになるという意味のことわざである。④も愛情の意味の「かわいさ」である。これは異性に対する愛情として用いられる場合が多く、あまりに愛情が深いと何かの拍子《ひょうし》で憎しみもまた並はずれて深くなるという意味のことわざである。

「かわいい」は、「かわいらしい」「あいらしい」「あいくるしい」「いとしい」「いとおしい」「こいしい」「すき」など、愛情を表す類語の中で最も意味の幅が広い。

⇩「かわいらしい」「あいらしい」「あいくるしい」「いとしい」「いとおしい」「こいしい」「すき」

かわいそう［可哀相］Kawaisô

① ひとりぼっちで生きていくなんて**かわいそう**だ。
② 少年は**かわいそう**な身の上だった。
③ **かわいそう**に、彼女はすっぽかされてしまった。
④ **かわいそう**なのはこの子でござい。
⑤ そんなにいじめたら**かわいそう**だよ。
⑥ こんな簡単なこともわからないなんて、**かわいそう**な男だな。

【解説】 同情をさそう様子を表す。ややマイナスイメージの語。対象への心理的な傾斜を示し、「なんとかしてやりたい」という積極的な干渉《かんしょう》をしばしば伴《ともな》う。同情は、①②のように客観的にもある程度認められる悲哀《ひあい》や悲惨《ひさん》に対するものと、③~⑤のように見方によっては同情をさそう様子だという程度の軽いものまで、さまざまである。日常会話的には、⑤のように制止の代わりとして用いられる例（「いじめるな」と言っているのに等しい）もかなりある。

⑥はこれらから一歩進んで、皮肉な意味で使われている。同情が必要なほど劣《おと》っている、ばかだという意味になっているので、この場合にははっきりマイナスイメージの語になる。

「かわいそう」は「あわれ」に近いが、「あわれ」がやや客観的に状況を述べているのに対して、「かわいそう」は同情を感じる主体の主観的な心理を述べている点が異なる。

？ あわれにも、彼女はすっぽかされてしまった。
× そんなにいじめたらあわれだよ。

同情を感じる意味では「きのどく」にも近いが、「きのどく」は人間に関連する事物についてしか用いられず、憐《あわ》れみの気持ちはないことが多くて、やや客観的な表現になっている点が、弱い者に対する同情・憐れみの暗示をもつ「かわいそう」と異なる。

× きのどくな捨て犬。→かわいそうな捨て犬。

また、「かわいそう」は「いたわしい」にも近いが、「いたわしい」はかなり文章語的で、対象への心理的な距離がある。したがって、日常会話で挨拶《あいさつ》語として用いられた場合には、「いたわしい」のほうが心理的な距離のあるぶんだけ丁寧《ていねい》な感じが出る。

先生がおかわいそうだ。→先生がおいたわしい。

⇩「あわれ」「きのどく」「いたわしい」

かわいらしい［可愛らしい］Kawairashii

(1)① 赤ん坊の**かわいらしい**口もと。

② 花壇《かだん》に**かわいらしい**花が咲いた。
③ 姉の子供たちはとても**かわいらしい**。
④ あの大きなシャチがあんなに**かわいらしい**声をしているとは思わなかった。
(2) ① 文房具店で**かわいらしい**メモ帳を買った。
② こりゃまた**かわいらしい**ラジオだね。

【解説】 (1) 弱いもの、小さいものへの傾倒の心を表し、対象が愛すべき様子であることを表す。プラスイメージの語。「かわいい」に多くの場合置き換えられるが、「かわいい」よりも心理的な傾斜が少なく、対象の様子を客観視する余裕が暗示されている。

また、「かわいらしい」は「あいらしい」によく似ているが、「あいらしい」はやや文章語的で、対象はふつう人か動物であることが多い。

? あいらしい花。↓かわいらしい花。

(2) 形態が小さい様子を表す。ややプラスイメージの語。「かわいい」の(2)に似ているが、「かわいい」より外見の小ささをやや客観的に述べるニュアンスがある。もともと絶対的に小さいもの、好ましくないものについて用いられないことは、「かわいい」と同様である。

「かわいらしい」には「かわいい」の(3)にあたる、愛情を表す意味はない。

⇨「かわいい」「あいらしい」「あいくるしい」

かんがいぶかい ［感慨深い］ Kangaibukai

① 三十年ぶりに見る故郷の景色には、まことに**かんがいぶかい**ものがある。
② 老人は**かんがいぶかい**面持《おもち》ちで語った。

【解説】 心に深く感じている様子を表す。プラスマイナスのイメージはない。なつかしさ・愛着・反省などさまざまの思いがこめられている表現であるが、感情自体は激しくなく、かなり冷静で客観的である。したがって、①のように文章語的な表現を伴《ともな》うことが多く、日常会話で用いられることは少ない。

⇨「―ふかい」

かんがえぶかい ［考え深い］ Kangaebukai

① 彼は見るからに**かんがえぶか**そうな人だ。
② 彼はいつも**かんがえぶかく**行動する。
③ 奴は**かんがえぶかい**からなあ。なかなか乗ってこないぜ。
④ 君はもう少し**かんがえぶかく**ならなくちゃいけない。

【解説】 思慮《しりょ》が深くてよく考える様子を表す。ややプラスイメージの語。①②が基本的な意味である。③④はこれらから一歩進んで、思慮が深くて行動をなかなか起こさないという意味になる。③は慎重だという意味、④は行動を自重せよと言っているのと同じである。軽率《けいそつ》に行動しない様子をプラスイメージでとらえている表現である。

「かんがえぶかい」は「かしこい」や「りこう」と通ずる意味もあるが、対象の一時的な状態を暗示し、一般的・普遍的《ふへんてき》な能力には言及《げんきゅう》しない。

？ 彼は考え深いから、この問題はわけない。
→彼は賢い（頭がいい）から、この問題はわけない。
⇩「かしこい」「りこう」「ーふかい」

かんじやすい［感じ易い］Kanjiyasui

① OA機器は磁気《じき》に**かんじやすい**。
② 痛みを最も**かんじやすい**点を痛点《つうてん》という。
③ この年齢の子供は**かんじやすい**。
④ この本は**かんじやすい**女性読者に受けた。

【解説】 刺激に敏感ですぐに反応する様子を表す。①②のように「敏感だ」という意味のときは、プラスマイナスのイメージはない。③④は①②から一歩進んだ意味で、「影響されやすい、すぐに傷つく」という意味になる。この意味のときはややマイナスイメージの語となる。③④の意味のときには、子供や女性について用いるのが最も一般的で、大人の男性について用いられることは少ない。

？ 彼は感じやすい男だ。
→彼は敏感な（感受性の強い・ナイーブな）男だ。
⇩「ーやすい」

かんじょうだかい［勘定高い］Kanjôdakai

① 彼は**かんじょうだかい**からただでは働かない。
② 倹約《けんやく》するのはいいが、あまり**かんじょうだかく**思われても困る。

【解説】 金銭に対して細かく、損得に敏感である様子を表す。マイナスイメージの語。「けちくさい」に近いが、「けちくさい」が消費を渋るニュアンスがあるのに対して、「かんじょうだかい」は消費、蓄財《ちくざい》双方について損得を細かく計算し、損にならないように行動するニュアンスがある。また、「かんじょうだかい」はある人の性格全体について言うことが多く、ある特定の行為について評することは少ない。

？ 彼は勘定高く香典《こうでん》を渋った。
→彼はけちくさく（みみっちく）香典を渋った。

「がめつい」にも近いが、「がめつい」が金銭についての貪欲《どんよく》さに対するなまなましい嫌悪感《けんおかん》を暗示する語であるのに対して、「かんじょうだかい」はかなり客観的で、不快感も「がめつい」ほど強くない。

× あんまり勘定高くもうけるなよ。

↓あんまりがめつくもうけるなよ。
⇩「けち」「けちくさい」「みみっちい」「がめつい」

がんぜない【頑是無い】Ganzenai

① まだ**がんぜない**年ごろの子供のことだ。
② 少女は**がんぜない**笑顔《えがお》を向けた。

【解説】 年齢が幼い子供の性質を表す。①は「ききわけがない」というややマイナスイメージの語。②は「無邪気な」というややプラスイメージの意味になる。かたい文章語であって、日常会話では「あどけない」「無邪気」などを用いる。

少女のがんぜない笑顔。
↓少女のあどけない(無邪気な)笑顔。

「がんぜない」は幼児のもつプラスマイナスの双方の性質を総合的に表す語である。幼児専門の語で大人の幼児性については用いられない。

⇩「あどけない」「おさない」「いとけない」「こどもっぽい」「たわいない」

かんだかい【甲高い・疳高い】Kandakai

① ゴキブリを見て彼女は**かんだかい**悲鳴をあげた。
② ヒヨドリが朝から**かんだかく**鳴いている。

【解説】 音声の調子が高くて、刺激的な様子を表す。ややマイナスイメージの語。①のように人の声について用いるのが最も一般的で、次に動物などの声について用い、物音について用いることは多くない。

列車のかんだかい汽笛《きてき》が聞こえた。
↓列車の高い(鋭い)汽笛が聞こえた。

「かんだかい」には、音声の調子(トーン)の高いことが不快であるというニュアンスがあり、聞き手にとって音声の高いことが快い場合には用いない。

× あのソプラノ歌手のかんだかい声はすばらしい。
↓あのソプラノ歌手の高い声はすばらしい。

「かんだかい」は「けたたましい」に似ているが、「けたたましい」が突然起こった大きな(高い)音が不快である様子を表すのに対して、「かんだかい」は音の発生のしかたについては言及《げんきゅう》しない点が異なる。

音声が不快である点では「うるさい」や「やかましい」などにも通じるが、「うるさい」や「やかましい」では音声のトーンについては言及せず、音量の大きさ(ボリューム)が不快感のおもな原因になっている点が異なる。

⇩「たかい」「けたたましい」「きいろい」「するどい」「うるさい」「やかましい」

かんばしい【芳しい・香しい・馨しい】Kambashii

(1) ① あたり一面モクセイの**かんばしい**香りが漂《ただよ》ってい

る。

② 栴檀《せんだん》は双葉《ふたば》より**かんばし**。（ことわざ）

(2) ① 検査の結果は**かんばしく**なかった。

② 最近、彼の**かんばしく**ないうわさを聞いたよ。

【解説】 (1) あまくてよいにおいがする様子を表す。プラスイメージの語。ただし、かたい文章語であって日常会話で用いられることはまれである。

かんばしい梅の香り。→あまい梅の香り。

この花はかんばしい香りがする。

→この花、いいにおいね。

よいにおいとしては、①のように花のあまい香りについて用いることが多く、②のように花以外のもののよい香りについて用いることは、現在は多くない。②は、香りのよいことで知られている栴檀《せんだん》は、芽を出したばかりの双葉《ふたば》のうちからもう香気《こうき》を放っているという意味で、ほんとうの天才は早いうちから頭角《とうかく》を現すという意味のことわざである。

「かんばしい」は「かぐわしい」に似ているが、「かぐわしい」のようににおい以外の美しさなどを表す用法はない。

× かんばしい乙女《おとめ》。→かぐわしい乙女。

また、よいにおいを表す語としては「こうばしい」や「かおりたかい」もあげられるが、「こうばしい」が（食物を）火であぶったにおいを表し、「かおりたかい」が特によいにおいの原因に言及しないのに対して、「かんばしい」は花など植物のあまいにおいを表す点が異なる。

× しょうゆのこげるかんばしいにおい。

→しょうゆのこげるこうばしいにおい。

× かんばしいコーヒーを飲む。

→かおりたかいコーヒーを飲む。

(2) 「かんばしくない」という打消しの形で、客観的に見て好ましくない様子を表す。マイナスイメージの語。①は検査の結果がよくなかったという意味、②はよくない評判を聞いたという意味である。

「かんばしくない」は、「おもわしくない」に似ているが、「おもわしくない」がどちらかといえば個人的な希望が実現しないことを暗示するのに対して、「かんばしくない」では世間の評判や正常の検査結果など、客観的な基準に照らして感心できないというニュアンスになる点が異なる。したがって、個人的・主観的な事柄について「かんばしい」は用いられない。

× ぼくの成績は最近どうもかんばしくない。

→ぼくの成績は最近どうも思わしくない。

⇨「かぐわしい」「こうばしい」「かおりたかい」「おもわしい」「のぞましい」「はかばかしい」

きいろい［黄色い］Kiiroi

(1)① 彼女は**きいろい**服がよく似合う。
② 春、レンギョウの**きいろい**花が咲く。
③ 黄疸《おうだん》で顔や手のひらが**きいろく**なる。
④ ぼくたちは所詮《しょせん》**きいろい**人間だ。白人じゃない。
⑤ あんなくちばしの**きいろい**若僧《わかぞう》に何ができる。
(2)① 客席から**きいろい**声援《せいえん》が飛ぶ。
② そんなに**きいろい**声を出さないでください。

【解説】 色彩を表す形容詞の一つ。原則としてプラスマイナスのイメージはない。

(1) 色彩がきいろい様子を表す。「きいろい」は示す色調の幅が狭く、黄色(①②)、黄色みをおびた肌色(③④)を表す程度である。④は「黄色人種《おうしょくじんしゅ》」ということを特に言い換えた表現であって、「きいろい人間」は後の「白人」と対置されており、かなり特殊な用法である。⑤の「くちばしがきいろい」は慣用句で、鳥のひなのくちばしが黄色いところから、「未熟である」という意味で使われる。この場合は「くちばしがきいろい」でマイナスイメージの語句となる。

(2) 「きいろい□□」という名詞にかかる修飾語の形で用いられ、女性や子供の声が高くて刺激的な様子を表す。ただし「きいろい声」には、声援や応援など歓喜《かんき》の呼びかけとしての暗示があり、悲鳴などの形容としては用いない。

× 燃えさかっている家から黄色い声があがった。
→燃えさかっている家からかんだかい声があがった。

(2)の「きいろい」には、高く鋭いという声の性質そのものを指すニュアンスがあり、声の発生のしかたなどには言及《げんきゅう》しない点が、突然大きな(高い)音がして不快だというニュアンスをもつ「けたたましい」などと異なる。

⇨「あかきいろい」「かんだかい」「けたたましい」

きおも・きおもい［気重・気重い］Kiomo・Kiomoi

① 隠していた真実を打ち明けるのは**きおも**だ。
② 妻の実家に長逗留《ながとうりゅう》するのは**きおもく**ていやだ。

【解説】 気分が沈んで、積極的な行動を起こす気持ちになれない様子を表す。マイナスイメージの語。心理として表現することが多く、物事の客観的な性質を意味しない。したがって「きがる」とは反対語の関係にならない。

？ 気重なパーティだから行きたくない。
○ 気軽なパーティですからおいでください。

⇨「おもい」

きがおおい［気が多い］Kiga-ôi

① 「彼はまた新しい事業に手を出したそうだよ」「**き**

がおおいなあ」

② 彼女は**きがおおく**てしょっちゅう男を代えている。

【解説】 人が一つのことに熱中せず、気分が変わりやすい様子を表す。ややマイナスイメージの語。いろいろの方面に関心があるという意味①と、異性に対して浮気であるという意味②の二つに分けられる。「うつりぎ」に近いが、「うつりぎ」ほどはっきりした対象の交代はみられず、同時にいくつもの関心をもつというニュアンスがある。

⇩「おおい」

きがおおきい ［気が大きい］ Kiga-ôkii

① この人は、ちょっともうけるとすぐに**きがおおきく**なって、次は大損するのよ。

② 酒を飲んで**きがおおきく**なった。

【解説】 人が細かいことに神経を使わない様子を表す。ややマイナスイメージの語。ほとんどの場合、「きがおおきくなる」という形で用いられる。度量《どりょう》が広いという意味ではあるが、おおざっぱで思慮《しりょ》が浅くなるというニュアンスがあり、イメージはマイナスになる。

× 彼は気が大きくていい人だ。

→彼はおおらかでいい人だ。

⇩「おおらか」「おおまか」「おおきい」

きがおけない・きのおけない ［気が置けない・気の置けない］ Kiga-okenai・Kino-okenai

(1) ① 彼女は**きのおけない**友だちです。

② **きのおけない**パーティだから、普段着でおいでください。

(2) ① 彼は要領がよくて**きがおけない**。

【解説】 (1) 「きがおける」の打消し。遠慮する必要がなく、うちとけている様子を表す。プラスイメージの語。人についても物についても用いられる。「きがる」に近いが、「きのおけない」は「遠慮する必要のない」というニュアンスがあり、親密度が「きがる」より大きくなる。

「きさく」にも似ているが、「きがおけない」は話者が対象についていだく主観的な感想としての親しみやすさを暗示し、客観的な性質としての親しみやすさを暗示する「きさく」とは異なる。

? 彼は気のおけない人で、誰にでもすぐ話しかける。

→彼はきさくな人で、誰にでもすぐ話しかける。

(2) (1)の誤用。油断がならず安心できない様子を表す。マイナスイメージの語。「きがおけない」を「安心できない」の意味に解釈した用法である。最近、この誤用例はかなり増えてきている。

⇩「きがる」「きさく」

きがきかない・きのきかない ［気が利かない・気の利かない］ Kiga-kikanai・Kino-kikanai

① さしみにしょうゆがついてないなんて、**きがきかない**ことだ。
② 彼の奥さんは**きがきかない**。
③ せっかく席を譲《ゆず》ってくれたのに、座らないのも**きがきかない**ね。

【解説】 「きがきく」の打消し。心配りがゆきとどかず、タイミングにあった行動ができない様子を表す。マイナスイメージの語。物事についても人の性格についても用いられる。たいていの場合、タイミングにあった積極的な行動を起こせない心の怠慢《たいまん》さを非難する意味であるが、③のように相手の好意に対してこたえないことをも意味する。

つまり、相手の希望を事前に察知《さっち》して先に行動を起こしたり、相手の好意を無にせず素直に受け取ったりすることを日本文化ではプラスに評価するわけで、その双方が「きがきく」という一つの語句で表現されているのはおもしろい。「きがきかない」はこれの打消しである。

きがきでない ［気が気で無い］ Kiga-kide-nai

① 合格をこの目で確かめるまでは**きがきでない**。
② 君が秘密をもらすんじゃないかと**きがきでなかった**。
③ 娘の将来を考えると**きがきでない**。

【解説】 心配なことがあって、落ち着かない様子を表す。ややマイナスイメージの語。例のように述語で用いるのが最も一般的で、修飾語として用いることは少ない。

？ 試験の結果を気が気でなく思う。
→試験の結果が心配だ。
？ 気が気でない話を聞かされる。
→気がかりな話を聞かされる。

「きがきでない」には心配と不安・焦燥《しょうそう》の心理がミックスされていて、悪い結果を予想するニュアンスがある。したがって結果が不明なものについては用いられず、「悪い結果を予想して」というニュアンスの言葉を伴《ともな》うことが多い。

？ 娘の将来が気が気でない。
→娘の将来を考えると（悪い将来になるのではないかと予想されて）気が気でない。
→娘の将来が気づかわしい（気がかりだ）。

⇨「きづかわしい」

きがしれない ［気が知れない］ Kiga-shirenai

① 国際会議で居眠《いねむ》りする奴の**きがしれない**。

② こんなものを平気で食べる人の**きがしれない**。

【解説】 理解できずにあきれている様子を表す。マイナスイメージの語。「…する人の～」という形で、述語で用いられることが多い。自分が理解できない行動をする人を侮蔑《ぶべつ》するニュアンスをもつ。したがって、尊敬すべき相手に対しては用いられない。

× こんなすばらしい絵をかく人の気が知れない。
→こんなすばらしい絵をかく人の気持ちはわからない。

⇨「わからない」

きがちいさい・きのちいさい

［気が小さい・気の小さい］ **Kiga-chîsai・Kino-chîsai**

① 彼女は**きがちいさい**から人前では話せない。
② 同僚《どうりょう》の目を気にするとは、**きのちいさい**奴だな。

【解説】 人が細かいことをいちいち気にして、臆病《おくびょう》である様子を表す。マイナスイメージの語。「きがちいさい」は人の性格全体について用いることが多く、特定の行為の臆病さを意味しないことが多い。

? 少額ずつ賭《か》ける気の小さい賭け方。
→少額ずつ賭けるみみっちい（度胸のない）賭け方。

「きがちいさい」は、悪い結果を恐れて積極的な行動を起こせない性質（①）にも、細かいことをいちいち気にする性質（②）にも用いる。「臆病である」という意味では「きよわ」にも似ているが、「きよわ」は行動のしかたに軟弱《なんじゃく》さがうかがえるという意味であって、あちこちに気を配って立ち回ることを暗示する「きがちいさい」とは異なる。

? 彼は気が小さいから人に強く言えない。
→彼は気弱だから人に強く言えない。

⇨「きよわ」「みみっちい」「ちいさい」

きかない ［利かない・聞かない］ **Kikanai**

① 小さいときから**きかない**子でした。
② 見るからに**きかない**顔をしている。

【解説】 動詞「きく」の打消し。「きく」の意味を打消す他に、人が強情《ごうじょう》で素直でない様子を表す。ややマイナスイメージの語。おもに子供の顔や性質について用いることが多く、大人について用いることは少ない。

? 父はいかにもきかない顔をしている。
→父はいかにもがんこそうな顔をしている。

きがながい・きのながい

［気が長い・気の長い］ **Kiga-nagai・Kino-nagai**

① 五十年後に完成予定だなんて**きのながい**話だ。
② 中国から帰って、彼はだいぶ**きがながく**なった。

【解説】 人の性質が忍耐強くて、悠長《ゆうちょう》である様子を表す(↔きがみじかい)。プラスマイナスのイメージはない。「きがながい」は人の性格全体について用いられることが多く、特定の行為の悠長さを意味しないことが多い。

? 百枚の封筒ののりづけを一まいずつやる気の長さ。
→百枚の封筒ののりづけを一まいずつやる悠長さ。

のんびりしているという意味で用いる場合(①)と、腹を立てないという意味で用いる場合(②)とがある。①の例では、のんびりしていることを揶揄《やゆ》するニュアンスがあり、ややマイナスよりのイメージで使われている。②の例では、細かいことにいちいち腹を立てず、寛容になったという意味で、ややプラスよりのイメージで使われている。

⇩「きがみじかい」「ながい」

きがみじかい・きのみじかい [気が短い・気の短い] Kiga-mijikai・Kino-mijikai

① たいていの日本人は中国人より**きがみじかい**。
② 父は**きがみじかく**て、次のバスを待てずにタクシーを拾う。
③ **きのみじかい**性格は父親譲りです。

【解説】 人が忍耐強くなくて、すぐに怒ったり行動を起こしたりする様子を表す(↔きがながい)。ややマイナスイメージの語。「きがみじかい」は人の性格全体について用いられることが多く、特定の行為について忍耐強くないという意味で用いられることは少ない。

× 問い合わせに対して彼は気が短く返事した。
→問い合わせに対して彼は性急に返事した。

「きがみじかい」は、忍耐強くないという意味で用いる場合(①②)と、すぐ腹を立てるという意味で用いる場合(③)とがある。③の意味のときは「おこりっぽい」に似ているが、「きがみじかい」のほうが「おこりっぽい」よりやや客観的である。

また「きむずかしい」にも似ているが、「きむずかしい」には機嫌《きげん》がとりにくいというニュアンスがあり、そのような性質の現れた外見をも表すことのできる点が、「きがみじかい」と異なる。

× 気の短い顔をする。→気むずかしい顔をする。

⇩「おこりっぽい」「きむずかしい」「きのはやい」「せっかち」「きがながい」「みじかい」

きがる・きがるい [気軽・気軽い] Kigaru・Kigarui

(1)① 休みの日は**きがる**な服装をしている。
② 彼は何でも話せる**きがるい**友人だ。
(2)① 彼女はぼくの頼みを**きがるく**引き受けた。
② 君はもっと**きがる**に考えたらどうかね。

③　お**きがる**にお立ち寄りください。

【解説】　(1)　構えたところがなく、親しみやすい様子を表す。プラスイメージの語。「きさく」に近いが、「きさく」がおもに人の性質について言う語であるのに対して、「きがる」は人だけでなく物に対しても用いられる点が異なる。

？　きさくなパーティ。→気軽なパーティ。

親しみやすいという意味では「きがおけない」にも似ているが、「きがおけない」が話者との関係に遠慮がなくうちとけているというニュアンスがあるのに対して、「きがる」はもっと客観的・一般的である。

(2)　余計なことを考えずに、たやすく行動する様子を表す。プラスイメージの語。③は引っ越しの挨拶状《あいさつじょう》によく用いられる挨拶語で、特に用がなくてもかまわないから立ち寄ってくださいという意味である。深く考えずに行動を起こす点では「あさはか」と通じるが、「あさはか」は思慮がたりないことがマイナスイメージでとらえられている点が異なる。

(2)の「きがる」は「みがる」にも似ているが、「みがる」には義務や束縛《そくばく》がなくて自由に行動できるという暗示がある。

？　ぼくは気軽だから海外出張でもなんでもできる。
→ぼくは身軽だから海外出張でもなんでもできる。

⇨「きさく」「きがおけない」「きやすい」「あさはか」「みがる」「かるい」

ききぐるしい［聞き苦しい］Kikigurushii

①　最近、電波障害でラジオの音が**ききぐるしい**。

②　放送中**ききぐるしい**点がありましたことをお詫《わ》びいたします。

③　本日はお**ききぐるしい**お話をお聞かせ申しました。

④　彼の話は他人の誹謗中傷《ひぼうちゅうしょう》ばかりで**ききぐるしい**。

⑤　身内ぼめは**ききぐるしい**ものだよ。

【解説】　物理的・心理的に抵抗があって、聞くことが不《ふ》愉快《ゆかい》である様子を表す。マイナスイメージの語。物理的に聞き取りにくい場合(①②)と心理的に抵抗があって聞くことが不愉快である場合(③～⑤)がある。①②の「ききぐるしい」は、「ききにくい」や「ききづらい」に似ているが、「ききぐるしい」は不快感がより強く暗示されている表現になっている。②は、テレビ・ラジオの音声上のミスまたは不適当な発言についての謝罪《しゃざい》の挨拶語《あいさつご》で、物理的に聞き取りにくいのみならず、聞いていて不愉快になる音声・内容であったことを謝罪するという意味である。③は②に近いが、自分の身の上話をする場面などでよく用いられる。自分の話について、実際に不愉快な内容かどうかには関係せず、謙遜《けんそん》の意味をこめて「ききぐるしい」と言っているのである。

④⑤は心理的に抵抗があって、聞くことが不愉快である様子を表す。

⇩「ききづらい」「ききにくい」「くるしい」

ききづらい［聞き辛い］Kikizurai

① 彼の声は風邪声《かざごえ》でとても**ききづらい**。

② あまりに悲惨《ひさん》な話でぼくには**ききづらかっ**た。

【解説】 聞くことがむずかしいという意味だが、物理的にむずかしい場合(①)と、心理的にむずかしい場合(②)とがある。プラスマイナスのイメージはない。②の意味では「ききにくい」を使うほうがより一般的である。

まともに聞きづらい話。→まともに聞きにくい話。

⇩「ききにくい」「ききぐるしい」「－づらい」

ききにくい［聞く難い］Kikinikui

① あまりにも露骨《ろこつ》な悪口なのでとても**ききにくい**。

② いくら親友でも**ききにくい**ことがあるさ。

③ その外人の発音は**ききにくかっ**た。

【解説】 前項に似て、聞くことがむずかしいという意味だが、ふつう心理的に抵抗があって聞くことをはばかられるという意味になる(①②)。プラスマイナスのイメージはない。②のほうは、心理的に抵抗があって、質問するのをはばかられるという意味である。物理的に聞くことがむずかしい場合(③)は、「ききづらい」というほうが一般的である。

「ききづらい」も「ききにくい」も、聞くことが困難な様子を表すが、「ききぐるしい」ほどの不快感はない。

⇩「ききづらい」「ききぐるしい」「－にくい」

ぎごちない・ぎこちない Gigochinai・Gikochinai

① 新入社員は**ぎごちない**お辞儀《じぎ》をした。

② あの新人の演技は**ぎごちない**。

③ 問い詰められた彼の態度は、なんとなく**ぎこちなかっ**た。

④ 彼女の文体はまだ**ぎごちない**ところがある。

【解説】 動作や態度・話し方などが不自然で、流暢《りゅうちょう》でない様子を表す。ややマイナスイメージの語。不自然であることの原因としては、慣れていないこと(①②)、その場に合わないことなどがあるが、内心の動揺《どうよう》を隠そうとしている場合(③)にも起こる。④のように人やその性質以外のものについて用いられることは多くない。

⇩「かたい」

きざ［気障］Kiza

① あいつの恰好《かっこう》はいつも**きざ**でいやらしい。

② いい年した男がそんな**きざ**なことが言えるか。
③ **きざ**に聞こえるかもしれないが、ぼくは一生この道を進むことに決めたんだ。

【解説】 服装や言動などを他からきわだたせようと構えている様子を表す。マイナスイメージの語。おもに男性の服装・態度・言動などについて用い、女性について用いることはない。

× あの女のきざな態度を見ろよ。
→あの女の気取った態度を見ろよ。

「きざ」は、服装や言動が現実にどの程度他からきわだっているかには関係しない。あくまでも他人の目から見て、気取っているように見えるのが不快だという意味である。したがって、全く同じ服装・言動でも、受け取る側によって「きざ」になったり「かっこよく」なったりする。

彼のあのスーツはきざだね。
↔彼のあのスーツはかっこいいね。

「きざ」は、他人が自分よりすぐれている服装や言動に接したとき感ずる不快な感想であって、すぐれていることを美的にではなく意図的に感じている。「おたかい」などとも通ずるが、日本文化には自分よりすぐれているように見えるものに嫉妬《しっと》して、うらやんだりひがんだりする屈折した視点があるようである。

③の「きざに聞こえるかもしれないが」は、自分の発言が第三者にとっては立派すぎ気取っているように聞こえるかもしれないがという弁解の言葉である。

⇩「きざっぽい」「きざったらしい」「かっこいい」

きさく ［気さく］ Kisaku

① 彼女は**きさく**な人柄です。
② 国王は誰にでも**きさく**に話しかける。

【解説】 人の性質や態度がすぐに親しめる様子を表す。プラスイメージの語。人の性質や態度にかぎって用いられ、物については用いられない。

？ 今日の会はきさくな会です。
→今日の会は気軽な会です。

親しみやすいという意味で、「きさく」は「きがおけない」に似ているが、「きがおけない」は話者との関係において感じた印象をやや主観的に表すニュアンスがあるのに対して、「きさく」は対象の性質そのものを客観的に表すという違いがある。

？ 彼女は気がおけない人だから、誰とでもすぐ仲よくなる。
→彼女はきさくな人だから、誰とでもすぐ仲よくなる。

⇩「きがる」「きがおけない」

きざったらしい［気障ったらしい］Kizattarashii

① 冬の海岸でひとりで夕日を眺めてただなんて、**きざったらしい**奴だな。
② 彼は**きざったらしい**から好きになれない。

【解説】 いかにも気取っているように見えるのが不快な様子を表す。マイナスイメージの語。「〜たらしい」は「いかにも〜のように見えるのが不快だ」という意味の、形容詞を作る語尾。男性専用であるのは「きざ」と同様である。俗語的で日常会話中心に用いられる。
「きざったらしい」も、当事者の行為や態度が客観的に気取っているかどうかには関係しない。あくまでも見る側の受ける不快感を表す語で、「きざ」に見えることの不快感を強調した語である。「きざっぽい」にも近いが、「きざっぽい」は「きざ」よりも不快の程度が低い。
⇨「きざ」「きざっぽい」「一たらしい」

きざっぽい［気障っぽい］Kizappoi

① 彼のあの帽子は**きざっぽい**。
② 彼の**きざっぽい**態度に人気の秘密がある。

【解説】 服装や言動が気取っているように見える様子を表す。ややマイナスイメージの語。「〜ぽい」は「〜のように見える」という意味の、形容詞を作る語尾。「きざ」同様、男性についてだけ用いられる。
「きざっぽい」は「きざ」よりも不快の程度が低く、きわだたせようとする意図の暗示も少ない。
⇨「きざ」「きざったらしい」「一ぽい」

きぜわしい［気忙しい］Kizewashii

(1)① 年の瀬もおしつまり何かと**きぜわしい**。
② いよいよ明日出発だと思うと**きぜわしい**思いだ。
(2)① 彼女は**きぜわしくて**一緒にいると疲れるよ。

【解説】 (1) 何かにせかされているような感じで落ち着かない様子を表す。マイナスイメージの語。客観的に忙《いそが》しいという意味ではなく、気分的に落ち着かないというニュアンスの語である。したがって「いそがしい」よりも「あわただしい」に近いが、「あわただしい」が一回一回の行為や動作に表された、落ち着かない心理を暗示するのに対して、「きぜわしい」は継続的な動作または状況に表された、落ち着かない心理を暗示する。
× 彼女は気ぜわしくアメリカへ旅立った。
→彼女は慌ただしくアメリカへ旅立った。
× 彼はいつも慌ただしく話す。
→彼はいつも気ぜわしく話す。
(2) 人の性格が忍耐強くなくて、落ち着かない様子を表す。マイナスイメージの語。当事者の内心の焦燥感《しょうそうかん》が第三者にも伝わってくるようなニュアンスの語である。
⇨「あわただしい」「いそがしい」「せわしい」「せわしない」「せっかち」「そそっかしい」

きそくただしい ［規則正しい］ Kisokutadashii

① この動詞は**きそくただしく**活用する。
② 入院すれば**きそくただしい**生活を送らされるよ。
③ 街道《かいどう》の松並木の間隔は**きそくただしい**。

【解説】 一定のリズムや法則にのっとっている様子を表す。プラスイメージの語。①が最も基本的な意味で、文法の定めるところにのっとっているという意味である。②は食事の時間、睡眠の時間、投薬《とうやく》の時間など、一日の行動のリズムを正しく守った生活という意味である。③ではふつう間隔が一定であるという意味になる。

「きそくただしい」には同型の反復に正しくのっとっているというニュアンスがあり、複雑な規則に忠実に準《じゅん》拠《きょ》しているというニュアンスはないことが多い。

○ 彼は毎日六時に規則正しく起きる。
？ 指導要領《しどうようりょう》を規則正しく守る。
→指導要領を正しく守る。
⇨「ただしい」

きたない ［汚い・穢い］ Kitanai

(1)① 外から帰ったら**きたない**手を洗いなさい。
② 子供同然のペットの糞《ふん》なら**きたなく**ないんです。
③ **きたない**空気ばかり吸っていると喘息《ぜんそく》になるよ。
(2)① この茶色の**きたない**色が晩秋らしくていい。
② **きたない**話で恐縮ですが、最近便秘《べんぴ》ぎみなんです。
(3)① 彼の机の上はいつも**きたない**。
② 君の字は**きたなくて**全然読めないよ。
③ そんなに**きたない**食べ方をするな。
④ 最近の子供は言葉づかいが**きたない**。
(4)① 奴は商売のやり方が**きたない**。
② 彼は彼女を手に入れるために**きたない**手を使った。
③ その**きたねえ**根性《こんじょう》をおれがたたきなおしてやる。
④ 勝ち逃げなんて**きったねえ**。
⑤ 金に**きたない**奴は嫌《きら》われるよ。
⑥ 奴は育ちがいやしいから口が**きたない**。

【解説】 具体的・抽象的に清潔でなく、よごれている様子を表す（↔きれい）。マイナスイメージの語。日常会話では、しばしば「きたねえ」と発音される。

(1) 具体的に不潔で、よごれている様子を表す。「きたない」物としては、固体・液体が普通で、③のように気体について用いることは少ない。

きたない空気。→よごれた空気。

(2) (1)から進んで、見たり聞いたりするのが不快な様子を表す。ただし、不快感そのものを表す語ではなく、その前提としての「きたない」ものの存在が必要である。①は濁《にご》って不快に見える色、②は便秘の話である。

(3) 整っていなくて乱雑である様子を表す。①は整理《せいり》整頓《せいとん》されておらず、散らかっているという意味、②は点《てん》画《かく》がいいかげんで読みにくいという意味である。③は食事の作法にかなっておらず、ガツガツ貪欲《どんよく》にむさぼったり、食卓をよごしたり音をたてたりして、見ている者に不快感を与えるという意味、④は乱暴で下品だという意味である。

(4) (2)(3)から一歩進んで、やり方・性格・態度などが卑劣《ひれつ》で卑怯《ひきょう》である様子を表す。①②はやり方・方法が卑劣であるという意味、③は根性(もって生まれた性格)が卑劣であるという意味である。④はゲームや賭事《かけごと》において、勝った時点で勝負をやめるのは卑怯だという意味である。

⑤の「金にきたない」は慣用句で、金銭に対して貪欲であるという意味である。⑥の「口がきたない」も慣用句で、場所柄をわきまえずに食物に対して貪欲であるという意味である。

(4)の意味の「きたない」は、「あくどい」「あさましい」「ずるい」「えげつない」「いじきたない」などにそれぞれ近い意味を表すが、これらの語に比べて「きたない」はより直接的で嫌悪感《けんおかん》が強く、断定的なニュアンスをもっている。

⇨「きたならしい」「あくどい」「あさましい」「ずるい」「えげつない」「いじましい」「いやらしい」「いぎたない」「いじきたない」「うすぎたない」「くちぎたない」「こぎたない」

きたならしい [汚らしい・穢らしい] Kitanarashii

(1) ① 早くその**きたならしい**手を洗いなさい。
② 彼の身なりは**きたならしい**。
(2) ① そのポスターは**きたならしい**色にぬってあった。
(3) ① 彼の机の上はいつも**きたならしい**。
② 君の字は**きたならしく**て全然読めないよ。
③ そんなに**きたならしい**食べ方をするな。
(4) ① 彼は彼女を手に入れるために**きたならしい**手を使った。

【解説】 いかにも不潔できたない様子を表す。マイナスイメージの語。「きたない」の(1)~(4)に相当する意味があるが、それぞれをより直接的に強めるニュアンスをもつ。

(1) 具体的に不潔である様子を表す。ただし、「きたない」より見た目の実感としての不潔感が強調され、実際によごれている具体物が想定《そうてい》されていることが多い。したがって、一般論としては「きたならしい」はあまり用いない。

？ 帰宅後はきたならしい手を洗いましょう。
↓帰宅後はよごれた手を洗いましょう。

(2) 見るからに不快な様子を表す。これも「きたない」より直接的で不快感も強い。

(3) 乱雑で下品である様子を表す。全く同じ文脈で「きたならしい」と「きたない」が用いられると、次のようなニュアンスの違いを生ずる。

机の上がきたならしい。
(ごみなどで汚れている)
机の上がきたない。
(乱雑に散らかっている)
字がきたならしい。
(何度も書き直しなどがある)
字がきたない。
(丁寧《ていねい》に書かれていない)
食べ方がきたならしい。
(食卓をよごしたり音をたてたりする)
食べ方がきたない。
(食欲をむきだしにしてガツガツ食べる)

(4) やり方・方法・性格などが卑劣《ひれつ》で卑怯《ひきょう》である様子を表す。ただし、この抽象的な用法は少なく、「きたならしい手口」など限られた場合についてだけ用いられ、多くは「きたない」を用いる。

× きたならしい根性《こんじょう》。↓きたない根性。
× 金にきたならしい。↓金にきたない。
× 口がきたならしい。↓口がきたない。

抽象的な意味に用いられた「きたならしい」は、対象への嫌悪《けんお》感を暗示する点で「けがらわしい」に似ているが、「けがらわしい」では、不潔なことに接してその不潔さに自分も染まりそうで不快だという心理にポイントがあり、忌避《きひ》感が強く暗示されるのに対して、「きたならしい」は不潔な状態をやや客観的に述べるのにとどまる。

きたならしい手口。(卑劣だ)
けがらわしい手口。(非常に不快で避けたい)

⇨「きたない」「うすぎたない」「こぎたない」「けがらわしい」

きつい Kitsui

(1) ① ひもで**きつく**縛《しば》る。
② この靴は**きつい**。
③ 日程が**きつく**て大変だ。
④ 若い女の子には**きつい**仕事です。
⑤ 最近急に交通違反の取り締まりが**きつく**なった。

⑥ 今年は寒さが**きつい**。
⑦ 今度やったら**きつく**叱《しか》ってやってくださいな。
(2)① 彼女は**きつい**女だ。
② あの仕事は性格が**きつく**ないとやっていけない。
③ この酒は**きつく**てぼくにはとても飲めない。
④ **きつい**たばこを吸って目を回した。
⑤ エアコンの風が**きつい**からもっと弱くしてくれ。

【解説】 (1) 物理的・抽象的に余裕がなく、不快な様子を表す(↔ゆるい)。ややマイナスイメージの語。物理的に余裕がない場合(①②)、要求や規則などが厳しくて余裕がない場合(③~⑤)がある。⑥⑦はこれらから一歩進んで、程度がはなはだしい、厳しいという意味である。抽象的なものについて用いられた場合は「きびしい」に似ているが、「きびしい」には「きつい」に暗示されている被害者意識がなく、やや客観的である点が異なる。

寒さがきつい。(寒いのがつらい)
寒さがきびしい。(寒さがはなはだしい)

(2) 性質が強い様子を表す。マイナスイメージの語。おもに人の性格について言う場合(①②)と、酒・たばこ・風などの刺激の強さについて言う場合(③~⑤)とがある。客観的には「つよい」と同じ意味であるが、「きつい」では性質の強いことがマイナスイメージでとらえられている。強いことが好ましい場合には、「きつい」を用いないことが多い。

? 彼女はきつくてしっかりした性格だ。
→彼女は芯《しん》が強くてしっかりした性格だ。

人の性質について「きつい」を用いるときは、女性・子供について用いることが多く、男性について用いることは少ない。これは男性の性格が強い場合には、マイナスイメージにならないからである。このあたりにも女性・子供はやさしくあるべしという日本文化の特徴を垣《かい》間見《まみ》ることができる。

? 彼はきつい性格の持ち主だ。
→彼は強い(負けん気な)性格の持ち主だ。

⇨「きびしい」「かたい」「つらい」「つよい」「どぎつい」「ゆるい」

きづかわしい [気遣わしい] Kizukawashii

① 母の病状が**きづかわしい**。
② 母犬はよちよち歩きの子犬を**きづかわしげ**に見守った。

【解説】 気がかりで心配な様子を表す。ややマイナスイメージの語。かなり文章語的で、日常会話ではあまり用いられない。

母の病状が気づかわしい。
→おふくろの具合が心配だ。

「きづかわしい」は、さまざまのものについてただ漠《ばく》然《ぜん》と心配しているのではなく、弱かったり不安定だったりして先ゆきがあやぶまれるものについて、危惧《きぐ》する暗示がある。したがって、結果に大きな違いの出ないもの、それほど重大な損失が懸念《けねん》されないものについて用いることはまれである。

？ 投票日の天気が気づかわしい。
→投票日の天気が心配だ。

「きづかわしい」は「きがきでない」に似ているが、「きがきでない」にある不安・焦燥《しょうそう》までは暗示されていない。

？ 秘密をもらすんじゃないかと気づかわしかった。
→秘密をもらすんじゃないかと気が気でなかった。

⇩「きがきでない」

きづよい ［気強い］ Kizuyoi

(1)① 君がついてきてくれれば、これは**きづよい**ね。
(2)① 彼女は**きづよい**女で、男なんか屁《へ》とも思ってない。

【解説】 (1) 頼りにできるものがあって、安心な様子を表す（↔こころぼそい）。ややプラスイメージの語。ただし、最近あまり用いられず、「こころづよい」のほうを用いる傾向にある。

君がついてきてくれれば、これは気強いね。
→君がついてきてくれれば、これは心強いね。

(2) 人の性格が気が強く、頼りになる様子を表す（↔きよわ）。プラスマイナスのイメージはない。これも現在あまり用いられず、「気が強い」や「きつい」「気丈《きじょう》」などを用いる傾向にある。ただし、「きづよい」が男性・女性を問わず、情におぼれない強い性格を表すニュアンスがあるのに対して、「気が強い」は勇気があり、態度や物腰が強硬《きょうこう》であるというニュアンスがある。また、「きつい」は性格の強いことがマイナスイメージでとらえられ、「気丈」はおもに女性が逆境に負けないというニュアンスで用いられることが多い点が異なる。

⇩「こころづよい」「たのもしい」「きよわ」「きつい」「つよい」

きなくさい ［きな臭い］ Kinakusai

(1)① 夜中に**きなくさい**においで目が覚めたら、隣の家が火事だった。
② 爆発事故現場は一晩たった後もまだ**きなくさい**。
(2)① 国境のあたりが**きなくさい**。
② 軍人は職業柄**きなくさい**話が好きだ。
③ 彼の話はなんとなく**きなくさい**。
④ あの二人、どうも**きなくさいね**。

【解説】 (1) 紙や布などのこげたにおいのする様子を表

す。ややマイナスイメージの語。「きなくさい」で表されるにおいは、日常的にこげることが想定《そうてい》されていないものがこげたときに生ずるにおいである。こげることが想定されているものがこげたときには「こげくさい」を用いる。

✕アイロンをのせっぱなしにしておいたら、ハンカチがきなくさくなった。

→アイロンをのせっぱなしにしておいたら、ハンカチがこげくさくなった。

全く同じ文脈で「きなくさい」と「こげくさい」が用いられた場合には、次のようなニュアンスの違いを生ずる。

台所がきなくさい。(台所が火事だ)

台所がこげくさい。(料理がこげている)

(2) (1)の比喩的《ひゆてき》な用法。ややマイナスイメージの語。火事を想像するようなにおいが漂《ただよ》っている雰囲気から、戦争や動乱などの不穏《ふおん》な情勢にあるという意味(①②)、さらに進んで「なんとなくあやしい」「うさんくさい」という意味(③④)とがある。特に④では、隠れた男女関係を暗示している。これも、「きなくさい」が非日常的なもののこげるにおいを意味するために用いられる用法で、「こげくさい」にはこの種の比喩的な用法はない。

✕あの二人、どうもこげくさいね。

比喩的な意味では「あやしい」「うさんくさい」と似ているが、「きなくさい」はもっと感覚的・主観的で、理性による判断や確かな証拠が暗示されていない。したがって、判断や証拠があるような疑惑《ぎわく》に対しては、「きなくさい」は用いられない。

✕彼の自白の内容はきなくさい。

→彼の自白の内容はあやしい。

✕彼が犯人かどうかきなくさい。

→彼が犯人かどうか疑わしい。

⇩「こげくさい」「あやしい」「うさんくさい」「うたがわしい」「－くさい」

きにいらない [気に入らない] Kini-iranai

① ぼくが選んだ服は彼女の**きにいらなかっ**た。

② そんなにふくれて、何が**きにいらない**んだ。

③ (医者が患者に)どうも**きにいりません**なあ。

【解説】 「きにいる」の打消し。満足できず、受け入れられない様子を表す。ややマイナスよりのイメージの語。「きらい」「いや」よりも不満の気持ちが強く出る。

「きにいらない」は「きにくわない」に近いが、「きにくわない」は主観的で、自分の内部の不満感を暗示するニュアンスがあるのに対して、「きにいらない」は外から見てそれとわかる不満感、客観性のある不満感である点が異なる。
③がその典型的な例で、医者が患者に向かって、病状や検査の結果が思わしくないと言っているのであるが、「きにいらない」という表現を使うことによって、医者の不満感が主観的なものでなく、確かな診断に裏づけられたものであることが暗示されている。しかも全面的否定（絶望《ぜつぼう》の宣告《せんこく》）ではなく、理想に遠い不満はあるが、ある程度の達成感《たっせいかん》を暗示することによって、患者の気持ちを救っている、非常に微妙な表現になっている。
　全く同じ文脈で「きにいらない」と「きにくわない」が用いられると、次のようなニュアンスの違いを生ずる。
　部下が気に入らない。（部下の仕事ぶりが不満だ）
　部下が気に食わない。（部下の性格がいやだ）
⇨「きにくわない」「きらい」「いや」

きにくわない［気に食わない］Kini-kuwanai

①お前のなまいきな言い草が**きにくわない**。
②**きにくわない**奴には会いたくない。
【解説】「きにくう」の打消し。自分の気持ちに合わず、好きになれない様子を表す。ややマイナスイメージの語。「きらい」というほどはっきりした嫌悪《けんお》感はないか、またはあっても婉曲《えんきょく》に表現されている語である。この嫌悪感はかなり主観的で、「きにいらない」に暗示されているような客観性はない。したがって、嫌悪感そのものを比較すると、「きにくわない」のほうが程度が大きいと言える。

　主観的に好きになれないという意味では「むしがすかない」に似ているが、「むしがすかない」はより感覚的で、客観的な理由はない暗示がある。

？彼と初めて会ったとき、気に食わなかった。
　→彼と初めて会ったとき、虫が好かなかった。
⇨「きにいらない」「きらい」「いや」「むしがすかない」

きのどく［気の毒］Kino-doku

(1)①彼が失敗したのは**きのどく**だった。
②暑い日の午後外回りとは**きのどく**なことだ。
③**きのどく**な彼は一晩で全財産をなくした。
④**きのどく**に、彼女は受験に失敗した。
⑤（臨終《りんじゅう》に際して医者が）お**きのどく**でした。
⑥「今度の旅行、部長と同室なんだ」「それはお**きのどく**さま」
⑦こんな簡単なこともできないなんて、**きのどく**な奴だな。
(2)①二時間も待たせて**きのどく**なことをしたね。
【解説】(1)同情をさそう様子を表す。ややマイナスイメージの語。「かわいそう」や「あわれ」よりも客観的で、対象との距離を暗示するニュアンスがある。ただし、憐れみのニュアンスはないことが多いので、目上に対しても失礼でなく用いることができる。

○　社長の家庭には気の毒な事情がある。

⑤⑥は「おきのどく(さま)」という形で挨拶語《あいさつご》として用いられた例である。⑤の「おきのどく」は、患者が死んだことに対して、医者が遺族《いぞく》に同情の気持ちを表明するものである。ただし、しばしば「ご臨終です」という最期告知《さいごこくち》の代わりに用いられることがあり、必ずしも実際の同情心を表しているとはかぎらない。⑥の「おきのどくさま」は、相手に対して同情しているという挨拶語にすぎず、実際の同情心とは原則として関係がない。したがって、用いられる場合によっては、⑦のような皮肉な意味になる可能性がある。

⑦は相手が同情を必要とするほど劣《おと》っている、ばかだという意味で、皮肉をこめて用いている。

「きのどく」は「かわいそう」に似ているが、人間と人間に関する事物にしか用いられない。また、⑤⑥のような挨拶語としての用法は「かわいそう」にはない。

×　水をもらえずに枯れた気の毒な花。
→水をもらえずに枯れたかわいそうな花。

×　おかわいそうさま。

(2)　相手に同情を必要とするような事態を起こさせて残念だ、すまないという様子を表す。プラスマイナスのイメージはない。これは相手が損害をこうむったことについての謝罪《しゃざい》である。しかし、直接の詫《わ》びではなく、相手のあわれな状況についての共感しか表明していないから、謝罪の程度としては非常に軽い。そこで、この意味の「きのどく」はもっぱら目下に対して用いられ、はっきり目上とわかっている人に対しては用いられない。

×　二時間もお待たせしてお気の毒でした。
→二時間もお待たせして申し訳ありませんでした。

⇨「かわいそう」「あわれ」「いたわしい」

きのない　［気の無い］ Kino-nai

① 借金を申し込んだが、**きのない**返事しかくれなかった。

② 彼はその計画に**きのない**素振《そぶ》りをした。

③ 彼は学者だから金もうけには**きのない**男だ。

【解説】　関心がなく、本気で考えていない様子を表す。プラスマイナスのイメージはない。ほとんど「きのない□□」という名詞にかかる修飾語の形で用いられる。「すげない」「つれない」に暗示されている被害者意識はなく、関心がないことについての客観的な表現になっている。

⇨「すげない」「つれない」「そっけない」

きのはやい・きがはやい

［気の早い・気が早い］**Kino-hayai・Kiga-hayai**

① 今から来年の話だなんてずいぶん**きがはやい**な。
② 奴は**きのはやい**男だからすぐ現場へ飛んだ。

【解説】 時機《じき》を待てずに性急に行動する様子を表す。ややマイナスよりのイメージの語。「せっかち」などに近い意味をもつが、「きのはやい」に表される性急さは、「せっかち」ほど程度が大きくなく、マイナスイメージも少ない。全く同じ文脈で「きのはやい」と「せっかち」が用いられると、次のようなニュアンスの違いを生ずる。

彼は気の早い男だ。（先回りして行動する）
彼はせっかちな男だ。（待っていられない）

また、「きのはやい」は「きがみじかい」にも似ているが、「きがはやい」には怒りっぽいという意味はない。

× 彼は気が早くてすぐどなる。
→彼は気が短くてすぐどなる。

⇨「せっかち」「きがみじかい」「はやい」

きはずかしい

［気恥ずかしい］**Kihazukashii**

① 知らない人の前に出るのは**きはずかしい**。
② お見合いの席上、彼女は**きはずかしさ**のあまり一言も口をきかなかった。

【解説】 なんとなく恥ずかしい様子を表す。プラスマイナスのイメージはない。恥ずかしい理由ははっきりしていないことが多い。また、恥ずかしいことについて、原則として快感も不快感もない。

気はずかしい気持ち。（0）
おもはゆい気持ち。（＋…快感）
照れくさい気持ち。（＋…快感）
きまり悪い気持ち。（－…不快感）
ばつが悪い気持ち。（－…不快感）

ただし、かなり文章語的であって、日常会話に登場する機会は多くない。

⇨「はずかしい」「おもはゆい」「てれくさい」「きまりわるい」「ばつがわるい」

きびしい

［厳しい］**Kibishii**

(1)① 最近の中学校は校則が異常に**きびしい**。
② 交通違反を**きびしく**取り締まる。
③ この製品は**きびしい**検査を通ってきている。
④ 彼女は幼いころ**きびしく**しつけられた。
⑤ 彼は借金の取り立てが**きびしい**。
⑥ **きびしい**練習に耐えて優勝した。
⑦ あの先生は**きびしい**。
⑧ 官邸前は終日**きびしい**警戒がしかれていた。

⑨ 委員長は**きびしい**言葉で詰め寄った。
⑩ 父は**きびしい**顔をして立ちつくしていた。
⑪ 雪をいただいた**きびしい**山容《さんよう》が突然現れた。

(2)
① 会社側の回答はあいもかわらず**きびしい**。
② その計画はいよいよ**きびしい**ところへ来た。
③ 砂漠の**きびしい**条件の中で生きる植物。
④ サミット会場は初めから**きびしい**空気だった。
⑤ 彼は子だくさんで生活が**きびしい**。
⑥ 夢を追うのもいいが、現実はもっと**きびしい**ぞ。
⑦ 組合側は**きびしい**選択をせまられた。

(3)
① この地方は夏の暑さが**きびしい**。
② 明日も**きびしい**冷えこみになるでしょう。
③ そんなことを言うと風当たりが**きびしい**ぞ。

【解説】 (1) 厳格で少しのことも容赦《ようしゃ》しない様子を表す。ややマイナスイメージの語。①～⑥は、規則・検査・しつけなど拘束《こうそく》となるものが厳格で妥協《だきょう》がない様子を表す最も基本的な意味。⑦は、①～⑥の意味が人の性格について抽象的に用いられた例で、規則や信条などを厳格に守る性質を表す。⑧は緻密《ちみつ》な警戒ということであるが、少しのトラブルやミスも容赦しないというニュアンスになっている。⑨は声の調子や口調《くちょう》などが厳格で容赦ない様子を表す場合と、話の内容が相手にとって痛手《いたで》となるような様子を表す場合((2)の意味)の二通りに解釈できる。⑩⑪は、性質としての厳格さが外見に現れた例で、近寄りがたい雰囲気や威厳《いげん》をもっている様子を表す。

取扱いに容赦がないという意味では「てきびしい」にも通ずるが、「てきびしい」は人の行為にかぎって用いられる点が「きびしい」と異なり、厳格さの度合がより大きく、マイナスイメージも強くなっている。

× 校則が手厳しい。

厳格であるという意味では「いかめしい」などにも似ているが、「いかめしい」はおもに外見の厳格さを表すニュアンスがあり、内面の性質については用いられない。

× 彼女は幼いころいかめしくしつけられた。

(2) 条件が悪くて、好ましくない様子を表す。マイナスイメージの語。ただし、かなり客観的で冷静な表現であり、嫌悪感《けんおかん》など主観的な不快は暗示されていない。①～③は「よくない」という意味、④は「不利だ」という意味、⑤⑥は「容易でない、苦しい」という意味、⑦は「好ましくない」という意味である。

(3) 程度がはなはだしい様子を表す。ややマイナスイメージの語。「つよい」や「おおきい」よりも程度が大きく、対象にとって克服《こくふく》することが容易でない様子が暗示されている。表現自体は客観的で、「ひどい」や「きつい」のような被害者意識のニュアンスは暗示されていない。

⇨「てきびしい」「いかめしい」「ひどい」「きつい」「からい」

きまじめ［生真面目］Kimajime

① 彼は**きまじめ**だから信用できる。

② 彼は冗談を聞いても**きまじめ**な表情を変えない。

【解説】 非常にまじめな様子を表す。原則としてややプラスイメージの語だが、まじめな程度がやや度を超しているという暗示があり、そのため「融通《ゆうずう》がきかない」「ユーモアが通じない」などのニュアンスを伴《ともな》うことがある。

①は「非常にまじめだ」と言っているだけで、批判や揶揄《やゆ》の気持ちはなく、ややプラスイメージの表現になっている。②が日常よく用いられる例で、「融通がきかない」という意味のややマイナスよりのイメージになる。ただし侮蔑《ぶべつ》や不快の暗示はないので、「ばかまじめ」「くそまじめ」ほどのマイナスイメージはない。

「きまじめ」は「まじめ」同様、真剣《しんけん》・誠意《せいい》の暗示があるが、「まじめ」にある真実の暗示はない。

× これはうそや冗談でなくきまじめな話なんだ。

→これはうそや冗談でなくまじめな話なんだ。

また、「きまじめ」は「りちぎ」にも似ているが、世間の常識に忠実に従うというニュアンスはない。

? 彼は十年も前の約束をきまじめに果たしてくれた。

→彼は十年も前の約束を律儀に果たしてくれた。

⇩「まじめ」「りちぎ」

きまずい［気不味い］Kimazui

① つまらない誤解で、彼との仲が**きまずく**なった。

② 彼はデートを断《ことわ》られて**きまずい**思いをした。

③ 会議は紛糾《ふんきゅう》し**きまずい**沈黙が流れた。

【解説】 互いの気持ちが通じあわず、うちとけて交流できない様子を表す。マイナスイメージの語。非常に微妙な表現で、現実に疎遠《そえん》であるかどうかというよりは、交流（コミュニケーション）しようという気持ちがないというニュアンスがある。したがって、この「きまずさ」は、交流しようという積極的な意志さえあれば簡単に解消されうるものである。

○ 彼のなにげない一言が、その場のきまずい沈黙を破った。

「きまずい」の示す客観的な状態としては「しらけた」などに近いが、「しらけた」は雰囲気が盛り上がっていないことを客観的に述べるだけで、交流しようとする意志の有無《うむ》には言及《げんきゅう》していない。

また、主体の感情にかぎって言えば「きまりわるい」「ばつがわるい」などにも通じるが、「きまずい」には恥の暗示がなく、相手との交流がとだえていることについて不快感をもっていることが暗示されている。

? 大勢の前で失敗してきまずい思いをした。

→大勢の前で失敗してきまり悪い（ばつが悪い）思いをした。

⇩「きまりわるい」「ばつがわるい」「まがもてない」「こそっぱい」「まずい」

きまま［気儘］ Kimama

① 私には**きまま**な独り暮らしが似合っている。

② 休日は**きまま**に過ごします。

③ 彼は計画を無視して独り**きまま**に行動した。

【解説】 自分の思うとおりに振舞う様子を表す。原則としてプラスマイナスのイメージはないが、個人の行為が組織や社会のルールと対立する場合、マイナスイメージを伴《ともな》いやすい（③）。これは、個人は組織や社会のルールを遵守《じゅんしゅ》すべきものと考える日本文化に特徴的な考え方である。①②の例からわかるように、「きまま」とは個人の自由を尊重《そんちょう》するニュアンスをもつ語であって、個人の自由と組織・社会のルールとが対立したとき、組織や社会のほうを優先すべきだという文化的背景に立った意味が、派生的に生じているわけである。

自分の思うとおりに行動するという意味で、「きまま」は「わがまま」に似ているが、「わがまま」には個人の自由を尊重するニュアンスがなく、個人が組織・社会のルールを乱す行動をとるという意味になるので、はっきりしたマイナスイメージの語となる。

✕ 休日はわがままに過ごします。

⇩「わがまま」

きまりわるい・きまりがわるい［決まり悪い・決まりが悪い］ Kimariwarui・Kimariga-warui

① 別れた女房と同席させられて**きまりがわるい**。

② 昼寝していたところを客に起こされ、彼は**きまりわる**そうに挨拶《あいさつ》した。

【解説】 その場の状況に適合する行動がとれず、恥ずかしい様子を表す。マイナスイメージの語。単に「恥ずかしい」のではなく、その場に適切な行動がとれないことに対する反省の暗示がある。そこで、この内心の恥ずかしさには不快感を伴っており、回避《かいひ》したい願望のうかがわれる点が、なんとなく恥ずかしい様子を客観的に表す「きはずかしい」と異なる。

？ この年で今さら世の中に出るのはきまりが悪い。

→この年で今さら世の中に出るのは気恥ずかしい。

「きまりわるい」は「ばつがわるい」に似ているが、「ばつがわるい」のほうが程度が大きく、その場にいたたまれないほどの不快な恥ずかしさを暗示している。

いちばん年下の自分が遅刻してきまり悪かった。

→いちばん年下の自分が遅刻してばつが悪かった。

⇩「きはずかしい」「ばつがわるい」「はずかしい」「まがわるい」

きみがわるい・きみわるい

［気味が悪い・気味悪い］ **Kimiga-warui・Kimiwarui**

① あの家は陰気でなんとなく**きみがわるい**。
② 彼は**きみわるい**笑いを片頬《かたほお》に浮かべた。

【解説】 納得《なっとく》できず異様で不安な様子を表す。マイナスイメージの語。「きみがわるい」ものとしては、具体物(①)も抽象物(②)もとれるが、どちらにしても理性ではかることのできないものという暗示がある。したがって「きみがわるい」はっきりした理由はわからないことが多く、きわめて主観的・感覚的である。ただし「おどろおどろしい」ほど異様さの程度が大きくない。

「きみがわるい」は「あやしい」に近いが、「あやしい」よりももっと感覚的で、しかも恐怖の暗示がある。

? 暗闇《くらやみ》に気味の悪い人影が動いた。
→暗闇にあやしい人影が動いた。

感覚的な不快という意味では「きもちわるい」にも通ずるが、「きもちわるい」には恐怖の暗示はない。

× 真っ暗な洞窟《どうくつ》は気持ち悪い。
→真っ暗な洞窟は気味が悪い。

⇩「おどろおどろしい」「あやしい」「きもちわるい」

きむずかしい

［気難しい］ **Kimuzukashii**

① 祖父は頑固《がんこ》で**きむずかしい**。
② **きむずかしい**客の注文に答える。
③ 彼は**きむずかしい**顔で事件を語り出した。

【解説】 機嫌《きげん》がとりにくく、すぐに怒りやすい様子を表す。マイナスイメージの語。人の性質を表すのに用いるのが最も一般的(①②)で、次にそのような性質が現れた人の外見について用いる(③)。「むずかしい」にも似た意味があるが、「むずかしい」の場合は機嫌がとりにくいというだけで、怒りっぽいところまでは暗示されていない。全く同じ文脈で「きむずかしい」と「むずかしい」が用いられると、次のようなニュアンスの違いを生ずる。

気むずかしい顔。(怒っているような顔)
むずかしい顔。(顔をしかめている)

「きむずかしい」は「おこりっぽい」や「きがみじかい」に似ているが、「おこりっぽい」「きがみじかい」には、気分が一定せず機嫌がとりにくいというニュアンスはない。

また「きむずかしい」は「うるさい」にも近いが、「きむずかしい」は人の気分を中心に表すので、機嫌のとりにくさについての客観性は「うるさい」ほどはない。そこで、客観的にわかる機嫌のとりにくさ、好みの厳しさについては「きむずかしい」を用いないことが多い。

× 彼女は料理には気むずかしい。
→彼女は料理にはうるさい。

⇨「むずかしい」「おこりっぽい」「きがみじかい」「うるさい」

きめこまかい［木目細かい・肌理細かい］Kimekomakai

(1)① 彼女は**きめこまかい**肌をしている。
② この豆腐《とうふ》は**きめこまかく**て冷奴《ひややっこ》がうまい。

(2)① 彼の配慮はいつも**きめこまかい**。
② 思春期の子供には**きめこまかい**指導が必要だ。

【解説】 (1) ものの表面に凹凸《おうとつ》がなく、密度が濃い様子を表す(↔あらい)。プラスイメージの語。①のように「きめこまかい肌」という形でよく用いられる。②も豆腐の表面を肌に見たて、なめらかでのどごしがよいという意味である。「きめこまかい」は、単に表面のなめらかさを意味するだけでなく、緻密《ちみつ》さをも暗示するので、密度を問題にしないものについては用いられない。

× きめこまかい水面。→なめらかな水面。

(2) 細かいところまで神経がゆきとどいている様子を表す(↔あらい)。プラスイメージの語。「こまかい」にも似た意味があるが、「こまかい」より密度の濃い気配りを意味するので、完璧《かんぺき》さが強調される表現になっている。

⇨「なめらか」「こまかい」「あらい」

きもちよい・きもちいい［気持ち良い］Kimochiyoi・Kimochiii

① かゆい所をかいてもらうと、とても**きもちいい**。
② 今朝《けさ》は特に**きもちのよい**朝だ。
③ 久しぶりに**きもちよく**眠った。
④ 彼は**きもちのいい**人です。
⑤ 従業員が**きもちよく**働けるような職場を作る。
⑥ 彼は頼み事をいつも**きもちよく**引き受けてくれる。

【解説】 肉体的・精神的に快い様子を表す(↔きもちわるい)。プラスイメージの語。①〜③のように肉体的な快感を意味する場合と、④〜⑥のように精神的な快感を意味する場合とがある。④は、人の性格にこだわりがなく、おおらかである様子を表す。

⑥は⑤に似ているが、「きもちよい」と感じる主体は⑤と違って行為者とは限らない。⑥はしばしば「きもちよく〜する」という述語にかかる修飾語の形で用いられ、快感の主体が行為者であるか受け手であるかには言及《げんきゅう》していない。

「きもちよい」は「こころよい」に似ているが、「こころよい」がどちらかといえば、精神的な快感のほうを意味することが多いのに対して、「きもちよい」は肉体の快感を意味することが多い点で異なる。また、「きもちよい」の暗示する快感はおもに清涼感《せいりょうかん》であって、濃厚な快楽などは意味しないことが多い。

？ おふろに入るとさっぱりして快い。
→おふろに入るとさっぱりして気持ちよい。

× 掃除のゆきとどいた快い部屋。
→掃除のゆきとどいた気持ちよい部屋。

⇩「こころよい」「ここちよい」「きもちわるい」

きもちわるい・きもちがわるい ［気持ち悪い・気持ちが悪い］ **Kimochiwarui・Kimochiga-warui**

① バスに乗ったら**きもちわるく**なった。
② 事故現場のなまなましい写真は**きもちがわるい**。
③ 遠くから**きもちのわるい**音楽が聞こえてきた。

【解説】 肉体的・精神的に不快な様子を表す（↔きもちよい）。マイナスイメージの語。「吐き気がする」「気分が悪い」という肉体的な意味で用いられることが多い（①②）。③のように、ある刺激に対して不快な感じを受けるという意味で用いることもあるが、多分に生理的な不快感であって、理性的な不快感や忌避感《きひかん》を暗示しない。

「きもちわるい」は「きみがわるい」にも似ているが、「きみがわるい」は納得《なっとく》できないものの異様さに対する恐怖の暗示のある点が、生理的な不快感を表す「きもちわるい」と異なる。

× 真っ暗な洞窟《どうくつ》は気持ち悪い。
→真っ暗な洞窟は気味が悪い。

⇩「きみがわるい」「いや」「きもちよい」

きやすい ［気安い］ **Kiyasui**

① 彼は**きやすい**友だちだ。
② 君には何でも**きやすく**話せるよ。
③ 彼女にはあんまり**きやすく**近づかないほうがいい。
④ 彼女は実家にいる**きやすさ**で、夫をこき使う。

【解説】 構えたところがなく、気楽である様子を表す。ややプラスイメージの語。①のように、名詞にかかる修飾語として用いる例はあまり多くない。その場合には「きがる」「きのおけない」などを用いる。

気安い友人。→気軽な（気のおけない）友人。

②③のように、動詞にかかる修飾語として用いることが多いが、この場合には「遠慮なく」という意味になる。この「きやすい」は「きがる」に非常に近い意味になるが、「きがる」はどちらかというと「負担に思うことなしに」というニュアンスがあり、行為者がその行為をすることによって受ける心理的影響のほうに視点がある。

「きやすい」は行為者がどんな心理的影響を受けるかは問題にしておらず、むしろ「深く考えずに」（「軽率《けいそつ》に」

というニュアンスを含むことがある……③行動する様子を表すというニュアンスの違いがある。したがって、相手の行為を促《うなが》す文脈においては、「きやすい」は用いないことが多い。

？　どうぞお気安くお立ち寄りください。

→どうぞお気軽にお立ち寄りください。

④は「きやすさ」という名詞の形で用いられ、安心している様子を表す。しばしば「……きやすさで、～する」という動詞に呼応する形をとり、後ろに「自由に振舞う」「勝手にする」などの行為を伴《ともな》う。

⇨「きがる」「きのおけない」「こころやすい」「－やすい」

きよい［清い・浄い・冽い］Kiyoi

(1)① 崖下《がけした》に**きよい**流れが走る。

② 水**きよければ**魚住まず。（ことわざ）

(2)① 彼女の**きよい**美しさに感動した。

② 私たちは**きよい**仲です。

③ **きよい**心で神様にお祈りしましょう。

④ あなたの**きよき**一票をお待ちしています。

(3)① 彼は過去のわだかまりを**きよく**水に流した。

【解説】 濁《にご》りがなく澄《す》みきっている様子を表す。プラスイメージの語。かたい文章語で日常会話にはほとんど登場しない。

(1) 具体的な物の濁りがなく、澄んでいる様子を表す。水・川・流れ・月などについて用いることが多く、それ以外にはほとんど用いられない。また、日常会話としては「きれい」を用いる。

清い流れ。→きれいな流れ。

②はことわざで、水があまりに濁りがなく純粋であると、かえって魚は住むことができないという意味である。

(2) 抽象的なものが純粋である様子を表す。①は純度の高い様子を表し、これが基本的な意味である。②は一歩進んで、性欲・物欲にとらわれていない、肉体関係がないという意味。男女の間柄について「きよい」を用いたときは、ほとんどこの意味になる。④は選挙の際によく用いられる表現で、利害に左右されない公正な一票という意味である。

(1)(2)の「きよい」は「きよらか」に似ているが、「きよらか」には純粋であることに対する感動が暗示される点で、「きよい」と異なる。

× 祖父の死に顔は清かった。

→祖父の死に顔は清らかだった。

(3) 悪びれたところがなく、卑怯《ひきょう》でない様子を表す。ただし、現在この意味では「いさぎよい」を用いるほうが普通で、「きよい」はほとんど用いられない。

彼は過去のわだかまりを清く水に流した。

→彼は過去のわだかまりを潔く水に流した。
⇩「きれい」「きよらか」「いさぎよい」

ぎょうぎょうしい［仰々しい］Gyôgyôshii

① 軽いすり傷なのに**ぎょうぎょうしく**包帯を巻く。
② 彼は**ぎょうぎょうしい**いでたちでやってきた。
③ その歓迎式は場違《ばちが》いなほど**ぎょうぎょうしかっ**た。

【解説】 必要以上に大げさである様子を表す。ややマイナスイメージの語。あるものが本来受けるべき待遇に比べて、極端に大げさな状態であるという意味である。状態が大げさである結果、非常に目だち（②）、派手になる（③）。ただし「わざとらしい」などに比べると、状態をかなり客観的に述べるニュアンスがあり、行為者の意図（悪意）は感じられない表現になっている。
彼の挨拶《あいさつ》は仰々しい。（大げさだ）
彼の挨拶はわざとらしい。（いやみな感じだ）
大げさであるという意味では「ものものしい」にも通じるが、「ものものしい」では裏に好ましくないことがありそうなという暗示があるのに対して、「ぎょうぎょうしい」では大げさな状態の客観的な描写《びょうしゃ》にとどまっている点が異なる。
? 事故現場の仰々しい雰囲気。
→事故現場のものものしい雰囲気。
また、「ぎょうぎょうしい」は「ことごとしい」にも似ているが、「ことごとしい」にはささいなことを取り立てて問題にするという行為者の意図（しばしば悪意）の暗示のある点が、客観的な状態を表す「ぎょうぎょうしい」とは異なる。

? 彼は他人の失敗を仰々しく取り上げた。
→彼は他人の失敗をことごとしく取り上げた。
⇩「わざとらしい」「ものものしい」「ことごとしい」「れいれいしい」「はで」

きよらか［清らか］Kiyoraka

(1) ① 崖下《がけした》に**きよらか**な流れが走る。
② 牧場の朝の空気は**きよらか**に澄《す》みきっている。
(2) ① **きよらか**な乙女《おとめ》に出会った。
② 彼らは**きよらか**な愛をはぐくんでいる。
③ 祖父の死に顔は**きよらか**だった。

【解説】 けがれがなく、純粋で澄みきっている様子を表す。プラスイメージの語。「きよい」に近いが、「きよらか」はより感覚的で、純粋であることに対する感動の暗示がある。全く同じ文脈で「きよらか」と「きよい」が用いられると、次のようなニュアンスの違いを生ずる。
清い流れ。（濁《にご》っていなくて澄んでいる）
清らかな流れ。（澄んでいるのがすばらしい）

清い愛。(肉体関係のない愛)
清らかな愛。(打算を離れた無償《むしょう》の愛)

(1)は具体物が澄みきっている様子を表す。「きよらか」(2)は人や抽象的なものが、純粋で気高《けだか》い様子を表す。「きよらか」は、純粋であることが最高にすばらしいという感動に裏づけられた語である。

⇨「きよい」「けだかい」

きよわ［気弱］Kiyowa

① 死ぬだなんて、そんなきよわなことでどうする。
② 父は最近だいぶきよわになった。
③ 弟はきよわな性格で、人につけこまれやすい。

【解説】人の性格が気が弱く、意志が弱い様子を表す(↔きづよい)。ややマイナスよりのイメージの語。積極的な行動を起こせないのみならず、ある一つのことを持続してやり続ける意志にも乏《とぼ》しいというニュアンスがある。「きよわ」は人の性格全体を表すことが多く、ある行為をする場での意志の弱さを意味することは少ない。

? 彼は気弱に笑った。
→彼は気弱そうに笑った。

右の例のように「気弱そう」と「そう」を入れることによって、笑ったときだけでなく、「彼」の性格全体を説明する意味になる。

「きよわ」は「こころよわい」に似ているが、「こころよわい」はある行為を行うに際して情におぼれるというニュアンスがあり、人の性格の弱さを全体的に述べるニュアンスのある「きよわ」とは異なる。

? 無理難題だったが、彼は気弱に承知してしまった。
→無理難題だったが、彼は心弱く承知してしまった。

⇨「こころよわい」「よわい」「きづよい」

きらい［嫌い］Kirai

(1) ① 彼女は油ものがきらいだ。
② 彼は曲がったことがきらいな男だ。
③ 私は好ききらいはありません。
④ わたしのこと、きらいになったのね。
⑤ 「君は美人だね」「きらい!」

(2) ① 君は何でも深刻に考えすぎるきらいがあるね。
② 彼の言動は独断専行のきらいがある。

(3) ① 男女のきらいなく採用する。

【解説】(1) 嫌悪《けんお》を表す最も一般的な語の一つ(↔すき)。原則としてマイナスイメージの語。①〜④がごく普通の用法である。⑤は現代語としての特殊な用法で、会話中で女性にのみ用いられる。男性のほめ言葉に対して女性が感動詞的に応答で用いたもので、必ずしも嫌悪を意味しない。そのまま素直に肯定するのが恥ずかしかったり、照れくさかったりしたときに、ややすねている心理を表すのによく用いられる。

「きらい」は「いや」に似ているが、「いや」よりももっと客観的で、一般的な嫌悪感を表す。したがって、好き嫌いを問題にする文脈では、「きらい」は場面・状況によらない一般的な嫌悪の傾向を表し、その場その場の嫌悪を表すニュアンスのある「いや」とは区別される。

× いつも朝食はパンなのだが、その日に限って嫌いだった。
→いつも朝食はパンなのだが、その日に限っていやだった。
× あんな奴の顔を見るのも嫌いだ。
→あんな奴の顔を見るのもいやだ。

「きらい」は、主体の対象に対するはっきりした嫌悪を表すので、主体や対象を特定しない一般的な不快な状況などについては用いられない。

× 今日はなんとなく嫌いな気分だ。
→今日はなんとなくいやな気分だ。
× タワシでこすると、鍋《なべ》は嫌いな音をたてた。
→タワシでこすると、鍋はいやな音をたてた。

また、「きらい」は「いや」よりも嫌悪感が強く、「飽《あ》きた」というニュアンスはないことが多い。

わたしのこと、嫌いになったのね。（好きでない）
わたしのこと、いやになったのね。（飽きた）

(2) 「〜するきらいがある」「〜のきらいがある」という形で用いられ、〜しがちであるという様子を表す。ややマイナスイメージの語。前にくる傾向は、あまり好ましくないものであることが原則で、好ましい傾向については用いられない。

× 彼女は人に親切にしたがるきらいがある。
→彼女は人に親切にしたがる傾向がある。

また、好ましくない傾向を表す語としては、「きらい」はかなり客観的な表現であって、第三者から見た傾向を暗示するので、自分自身のことについては用いられない。

× ぼくは朝寝坊するきらいがある。
→ぼくはしばしば朝寝坊する。

(3) 「〜のきらいなく」という形で用いられ、「〜の差別をつけずに」という意味を表す。プラスマイナスのイメージはない。ただし、この用法は現在あまり用いられず、「〜の区別なく」「〜にかかわらず」などの表現を用いる。

⇨「いや」「すき」

きらびやか ［煌やか］ Kirabiyaka

① 役者は**きらびやか**な衣装をまとって登場した。
② 彼のピアノの音はたいへん**きらびやか**で美しい。

【解説】 光をよく反射して美しい様子を表す。プラスイメージの語。①のように、服装・外見など目に見える物について用いるのが原則だが、②のように音声などの華麗《かれい》さについても用いることがある。

「きらびやか」は「はなやか」に似ているが、「きらびやか」の示す対象は「はなやか」よりももっと輝きがあり、光の豊富さを暗示する。全く同じ文脈で「きらびやか」と「はなやか」が用いられると、次のようなニュアンスの違いを生ずる。

きらびやかなドレス。（きらきら輝いて美しい）
華やかなドレス。（派手で美しい）

雰囲気など抽象的なものについては、「きらびやか」はふつう用いられない。

？結婚式場のきらびやかな雰囲気。
→結婚式場の華やかな雰囲気。

⇨「はなやか」「まばゆい」

ぎりがたい［義理堅い］Girigatai

① 彼はまだ若いが、なかなか**ぎりがたい**。
② 毎年お中元・お歳暮《せいぼ》を送ってくるとは**ぎりがたい**ことだ。

【解説】 人と人との交流を大切にしている様子を表す。プラスイメージの語。

「義理《ぎり》」は日本文化に特有の語で、肉親以外の他人から恩《おん》を受けること、他人の恩を返さずに負《お》ったままでいることを「義理がある」という。このような他人からの恩に報《むく》いることが「義理を返す」ことであり、義理を返すことによって、人と人との関係をスムーズに保つことができると日本人は考えている。

日本文化においては、他人との人間関係（つまり社会的な人間関係）が個人の希望に優先するから、何をおいても他人の恩に報いることが要求され、それを果たすことによって初めて、一人前の社会的人間として認められることになるのである。

恩といっても、物質的なものとばかりはかぎらない。日ごろのちょっとした心配りや、上司の部下に対する指導なども恩のうちに入る。こういう日常の恩に報いるために、日本人は盆暮《ぼんくれ》の挨拶《あいさつ》をしたり、お中元・お歳暮等の贈り物をしたりする。個人の意志・希望に関係なく、こういう社会的な人間関係を尊重《そんちょう》する姿勢を示すことが「ぎりがたい」の意味なのである。

「ぎりがたい」は「りちぎ」に似ているが、「りちぎ」が一つ一つの行為について、真面目で模範的であるというニュアンスがあるのに対して、「ぎりがたい」はある行為からうかがわれる、その人の人間関係を尊重する姿勢を評した語である点が異なる。

× 彼は細かい部品を一つ一つ義理堅く修繕《しゅうぜん》した。
→彼は細かい部品を一つ一つ律儀に修繕した。
⇩「りちぎ」「かたい」

きれい [綺麗・奇麗] Kirei

(1)① 花壇《かだん》に**きれい**なコスモスが咲いた。
② その家には客間に面して**きれい**な庭がある。
③ 彼の奥さん、**きれい**だね。
④ 電話で話すと、彼女の声は**きれい**に聞こえる。
⑤ **きれい**な字の手紙をもらった。
(2)① せっけんで手を**きれい**に洗う。
② **きれい**な空気と**きれい**な水で育てた清浄野菜。(CM)
③ 動物は本来**きれい**好きなものだ。
④ 部長の机の上はいつも**きれい**だ。
(3)① 奴の経歴は**きれい**なもんだ。
② 公職についたら身辺《しんぺん》を**きれい**にすべきだ。
③ この金はやましい金じゃない。**きれい**な金だ。
④ どんなに**きれい**な口をきいたって、やってることをみれば腹がわかるさ。
⑤ 彼とは**きれい**な関係なんです。
(4)① どうせ負けるんなら**きれい**な負け方がいい。
② バッターは球を**きれい**に弾《はじ》き返した。
③ むずかしい技を**きれい**に決める。
④ 彼は食事を**きれい**に平らげた。
⑤ 自分に都合の悪いことは**きれい**に忘れる奴だな。
⑥ 組織からは**きれい**さっぱりと足を洗った。

【解説】 視覚的・感覚的にすぐれていて、美的である様子を表す。

(1) 美的にすぐれている様子を表す(↔みにくい)。プラスイメージの語。日常会話でよく用いられる。美しいという意味であるが、「うつくしい」はややかたい文章語であるので、会話においては「うつくしい」の代わりとして用いられることが多い。ただし、「きれい」には「うつくしい」にある対象の美に対する感動の暗示がなく、対象の調和の美を客観的に述べるというニュアンスの違いがある。

? 彼女のきれいさにまいっているんだ。
→彼女の美しさにまいっているんだ。

(2) 汚れがなく清潔で、整っている様子を表す(↔きたない)。プラスイメージの語。①〜③が最も基本的な用法である。④は机の上が清潔であるのみならず、きちんと整備《せいび》されていて乱雑でないという意味である。

(3) (2)から一歩進んで、潔白《けっぱく》である様子を表す。ややプラスイメージの語。①は経歴に犯罪の過去がないという意味。②は身辺を公明正大にしておくという意味。③

は犯罪に関係していない、正当な理由のある金だという意味。④の「きれいな口をきく」は慣用句で、いかにも公明正大であるように言うという意味である。⑤はさらに進んで、男女の仲が潔癖《けっぺき》である、肉体関係がないという意味である。

(4) 完全に何かをする様子を表す。プラスマイナスのイメージはない。動詞にかかる修飾語として用いられることが多い(②~⑤)。①は惜敗《せきはい》でなく、完全に徹底的に負けたほうが後腐《あとくさ》れや後悔《こうかい》がなくてよいという意味である。②~④は整備されている暗示が多少は感じられる表現であるが、⑤となると美的な意味がなくなって、完全に忘れてしまうことをやや皮肉をこめて述べている。⑥の「きれいさっぱり」は慣用句で、「完全に」という意味を表し、「きれい」の意味を強めている。

⇨「うつくしい」「こぎれい」「みぎれい」「きたない」「みにくい」

ーきれない [ー切れない] ーkirenai

① このホールは千人もの客は入り**きれない**。
② とてもやり**きれない**ほどの仕事をかかえこんだ。
③ いくら遣《つか》っても遣い**きれない**遺産《いさん》を相続した。
④ 娘の結婚を見届けなければ死んでも死に**きれない**。
⑤ いちがいに彼が悪いとは言い**きれない**。

【解説】 動詞の連用形について、完全には~できないという様子を表す。プラスマイナスのイメージはない。④の「死んでも死にきれない」は慣用句で、気がかりで死ねないという意味である。⑤の「言いきれない」は断言できないという意味で、「彼は悪くない」という内容の婉《えん》曲《きょく》な表現として用いられることがある。

⇨「かぞえきれない」「やりきれない」「わりきれない」

きわどい [際どい] Kiwadoi

① ランナー、**きわどい**タイミングでアウト!
② 勝つには勝ったが判定は**きわどかっ**た。
③ **きわどい**ところで終電に駆けこむことができた。
④ 討論になると彼はいつも**きわどい**所を突いてくる。
⑤ **きわどい**冗談を言って笑わせる。

【解説】 好ましい状態と好ましくない状態との境界にあって、不安定な様子を表す。ややマイナスイメージの語。①・③~⑤のように、名詞にかかる修飾語として用いることが最も多く、述語になることもあるが(②)、動詞にかかる修飾語として用いられることは多くない。

? きわどく終電に駆けこむことができた。
→あやうく終電に駆けこむことができた。
→きわどいところで終電に駆けこむことができた。
? きわどく助かった。→あやうく助かった。

ふつう、もう少しのところで好ましくない状態になるところだったが、ぎりぎりで好ましいほうにとどまったという意味になることが多い(②③)。

「きわどい」は「あぶない」や「あやうい」に似ているが、危険な状態に対する危惧《きぐ》や不安の暗示のない点が、「あぶない」や「あやうい」と異なる。

× 命がきわどい。→命があぶない(あやうい)。

④⑤は、境界とする状態に特定の意味をもたせた場合の用法である。④の「きわどい所」は討論の核心部分という意味であって、相手にとってふれられたくない重大な部分という暗示がある。⑤の「きわどい冗談」は、もう少しで良識を逸脱《いつだつ》しそうな冗談という意味で、しばしば性的な暗示がある。「あやうい」「あぶない」には、特定の状態との境界にある不安定さを表す意味はない。

⇨「あぶない」「あやうい」

きわまりない [窮まり無い・極まり無い] Kiwamarinai

① 彼の態度は失礼**きわまりなかっ**た。

② 自転車の二人乗りは危険**きわまりない**行為だ。

【解説】「□□きわまりない」という名詞に続く形で用いられ、このうえなく□□だという様子を表す。ややマイナスイメージの語。前にくる名詞は、好ましくない状態を表す抽象名詞が多く、好ましい状態を表す抽象名詞や、具体的な物はこない。

× 彼女の姿は優雅きわまりない。
→彼女の姿はこのうえもなく優雅だ。

「きわまりない」は「このうえない」に似ているが、右の例のように、「このうえない」のほうが用法が広い。

また、「はなはだしい」にも近いが、「きわまりない」は「はなはだしい」よりも程度が大きく、最高である様子を表す。

⇨「このうえない」「はなはだしい」

くいたりない [食い足りない] Kuitarinai

① この論文はいまひとつ**くいたりない**。

② こんな簡単な説明では**くいたりない**。

③ 四人にそば二把《にわ》では、とうてい**くいたりない**。

【解説】不十分でものたりない様子を表す。ややマイナスイメージの語。日常会話中心に用いられる。抽象的なものについて不十分で満足できないという意味になる場合(①②)と、食物の質や量が十分でないという意味になる場合(③)とがあるが、前者のほうがよく用いられる。

「くいたりない」は「ものたりない」に似ているが、「ものたりない」では不十分であることについての不満感が強く暗示され、積極的な摂取《せっしゅ》の余力を暗示する「くいたりない」とニュアンスの上で異なる。また、「ものたりない」は具体的な意味も比喩的《ひゆてき》な意味も、双方同じように用いられる。全く同じ文脈で「くいたりない」と「ものたりない」が用いられると、次のようなニュアンスの違いを生ずる。

この仕事はくいたりない。（もっとやりたい）
この仕事はものたりない。（不十分で不満だ）

⇩「ものたりない」「おかったるい」「あきたりない」

くえない［食えない］**Kuenai**

(1)① 雑魚《ざこ》はどう料理したって**くえない**。
(2)① インド哲学なんて専門じゃとても**くえない**な。
(3)① あいつは外見はやさしそうだが**くえない**男だ。

【解説】「食う」の可能動詞「食える」の打消し。

(1) 食べることができない様子を表す。ややマイナスイメージの語。「食べられない」を俗語的に言ったもので、かなり乱暴な表現である。日常会話でおもに男性中心に用いられる。

(2) 生活できない様子を表す。「食える」という語を「生活できる」という意味にとっての打消しである。ややマイナスイメージの語。この意味の場合には「食べられない」はふつう用いない。

？ インド哲学なんて専門じゃとても食べられないな。

(3) 「煮ても焼いても食えない」から転じた意味で、人間の性格が狡猾《こうかつ》で、油断のならない様子を表す。マイナスイメージの語。名詞にかかる修飾語として用いられることが多い。ただし、性格そのものが狡猾であるというよりは、他人との交流において狡猾であるというニュアンスのある点が、「ずるがしこい」などと異なる。

？ 彼はくえない性格だ。→彼はずるがしこい性格だ。

⇩「ずるがしこい」

くさい・－くさい［臭い］**Kusai・－kusai**

(1)① しばらく掃除をしないから冷蔵庫の中が**くさい**。
② この魚はもう**くさく**なってるよ。
③ 息《いき》の**くさい**人は嫌《きら》われる。
④ **くさい**物には蓋《ふた》をする。（ことわざ）
⑤ 彼は**くさい**飯を食ったことがある。
(2)① 彼は酒**くさい**息を吐いた。
② 宴会をやったら、カーテンがたばこ**くさく**なった。
(3)① あの男が**くさい**と刑事はにらんだ。
② 犯人が隠れるとすれば、このあたりが**くさい**。
③ あの二人、**くさい**ね。
(4)① そんな**くさい**芝居をするな。
② 新人の演技はどうも**くさく**ていけない。
(5)① 彼はちっとも学者**くさく**ない。
② 彼女の演技はいかにも素人《しろうと》**くさく**てへただ。

③　彼の話はどうもうそ**くさい**。
④　いんちき**くさい**商売にだまされるな。
(6)①　こんなばか**くさい**話につきあっていられない。
②　彼の議論はいつもふる**くさい**。

【解説】　においを表す最も基本的な形容詞の一つ。よくないにおいのする様子を表す。原則としてマイナスイメージの語。反対語としては「いいにおい」が最もよく対応する。よいにおいを表す形容詞としては、「かぐわしい」「かんばしい」「かおりたかい」「こうばしい」があるが、意味・用法に制限があり、「くさい」とは完全な対義語《たいぎご》関係にならない。

(1)　具体的な物がよくないにおいのする様子を表す。④はことわざで、都合の悪いことは他人の目から隠してすますという意味である。⑤の「くさい飯を食う」は慣用句で、刑務所に入るという意味である。

(2)　名詞について「□□くさい」の形で用いられ、□□のにおいがするという様子を表す。たいていの場合、あまりよくないにおいを意味し、よいにおいについては用いられない。

×花くさいにおいのするハンカチ。
→花の香りのするハンカチ。

(3)　疑惑《ぎわく》があり不審である様子を表す。「うたがわしい」に似ているが、もっと主観的・感覚的で、具体的な証拠や根拠の存在を暗示しない。また、「あやしい」にも近いが、「くさい」は「あやしい」よりもさらに感覚的で、恐怖や不安の暗示はない。

③は特に男女の仲に疑惑がある、恋愛関係にありそうだという意味になる。これも、客観的に恋愛関係にあるという意味ではなく、第三者が当事者二人を主観的に評して言う言葉になっている。

(4)　芝居・演技などについて用いられ、不自然で作為《さくい》が感じられる様子を表す。「わざとらしい」よりも感覚的で、嫌悪感《けんおかん》が強く出る表現である。

(5)　(2)から一歩進んで、いかにも□□のような感じである様子を表す。この場合にも、前にくる名詞は好ましくないものとしてとらえられている。①は学者であることがマイナスにとらえられ、「学者くさくない」という打消しの形で、学者のもっている悪い面がないという意味のほめ言葉になっている。学者であることをプラスでとらえるときには「～らしい」を用いて、「学者らしくない」とする。こうすると、学者のもっているよい面がないという意味になる。

彼は学者くさくない。
（専門だけにこり固まっていないでよい）
彼は学者らしくない。
（まじめな探究心がたりず感心しない）

(6) (2)(5)から進んで、前にくる言葉の意味を軽蔑《けいべつ》的に強める意味を表す。①の「ばかくさい」は、「ばか」よりも侮蔑《ぶべつ》的なニュアンスがあり、「ばか」の程度は低くならない。

⇩「うたがわしい」「あやしい」「－らしい」「－ぽい」「あおくさい」「あせくさい」「あほくさい」「いなかくさい」「いんきくさい」「うさんくさい」「おとこくさい」「おんなくさい」「かなくさい」「かびくさい」「きなくさい」「けちくさい」「こげくさい」「さけくさい」「しちめんどうくさい」「しゃらくさい」「じゅくしくさい」「しんきくさい」「すえくさい」「ちちくさい」「ちなまぐさい」「つちくさい」「てれくさい」「どろくさい」「なまぐさい」「ぬかみそくさい」「ばかくさい」「ばたくさい」「ばばくさい」「ひなたくさい」「びんぼうくさい」「ふるくさい」「ふんべつくさい」「まっこうくさい」「みずくさい」「めんどうくさい」「かぐわしい」「かんばしい」「かおりたかい」「こうばしい」

くさぶかい ［草深い］ Kusabukai

① **くさぶかい**道を分けて進む。

② 彼は十五歳まで**くさぶかい**田舎《いなか》に育った。

【解説】 草が深く生《お》い茂《しげ》っている様子を表す。ややマイナスよりのイメージの語。①は実際に草が生い茂っている様子を表す。②は①から転じて、草が生い茂っているような、ひなびた、辺鄙《へんぴ》なという意味を表す。②の意味のときは、例のように名詞にかかる修飾語として用いるのが普通で、述語やその他の修飾語としては用いられない。

× 彼の故郷は草深い。
（この文は、ふつう実際に草が茂っているという意味になる）
→彼の故郷はひなびている。

⇩「－ふかい」

くすぐったい ［擽ったい］ Kusuguttai

(1) ① 「こちょこちょ」「キャッ、**くすぐったい**」

② 足の裏や脇の下は**くすぐったい**場所だ。

(2) ① 席を譲《ゆず》ったぐらいでこんなに感謝されるのは、なんとなく**くすぐったい**。

② **くすぐったい**気持ちで表彰式にのぞんだ。

【解説】 (1) むずむずして笑い出したいような様子を表す。プラスマイナスのイメージはない。からだの敏感《びんかん》な部分をくすぐられて起こる感覚を表す。①は実際にくすぐられたとき、感動詞的に用いられている。

(2) 内心をくすぐられる感じで、気恥ずかしい様子を表す。ややプラスよりのイメージの語。人前でほめられたり、光栄な思いをしたりするときの気持ちを表す語である。

「くすぐったい」は「おもはゆい」や「てれくさい」に似ているが、「おもはゆい」が文章語として用いられ、「てれくさい」が喜びを外に表現することに対する恥ずかしさを暗示するニュアンスがあるのに対して、「くすぐったい」はより会話的で、内心の快感を表現するにとどまる点が異なる。

？ 美女に見つめられてくすぐったい。

→美女に見つめられておもはゆい（照れくさい）。

なんとなく恥ずかしいという意味では「きはずかしい」にも近いが、「きはずかしい」には内心をくすぐられる快感が入っていない。また、「ばつがわるい」や「きまりわるい」は恥ずかしさがマイナスイメージでとらえられ、本人にとってその感情が不快になっている点が異なる。

× 満座《まんざ》の中で恥をかかされてくすぐったい。

→満座の中で恥をかかされてばつが悪い（きまり悪い）。

⇨「おもはゆい」「てれくさい」「きはずかしい」「ばつがわるい」「きまりわるい」「こそばゆい」

くだくだしい Kudakudashii

① 社長の挨拶《あいさつ》はいつも**くだくだしい**。

② 彼女は遅れた理由を**くだくだしく**弁解《べんかい》した。

【解説】 話などが長くて不快な様子を表す。マイナスイメージの語。単に長いだけでなく、しつこく繰り返されるのが不快だというニュアンスがある。「くどい」や「しつこい」に近い意味をもつが、「くどい」や「しつこい」が対象の濃厚さを暗示するのに対して、「くだくだしい」では繰り返しの暗示のある点が異なる。

⇨「くどい」「しつこい」「くどくどしい」

くだらない［下らない］ Kudaranai

① 最近のテレビ番組はじつに**くだらない**。

② 彼女は結局**くだらない**男にひっかかった。

③ 奴は言葉につまると、**くだらない**冗談を言ってごまかす。

【解説】 動詞「下る」の打消し。「下る」の意味を打消す他に、とりあげる価値がない様子を表す。マイナスイメージの語。価値のない物に対するはっきりした侮蔑《ぶべつ》のニュアンスがあり、かなり主観的な表現になっている。「つまらない」も価値がないことを主観的に表す語であるが、「くだらない」には対象への明確な侮蔑の暗示がある。

したがって、自分自身や自分のものについては用いられない。

× ぼくはくだらない男です。

→ぼくはつまらない男です。

とりあげる価値がないという意味で、「くだらない」は「ばかばかしい」に似ているが、「ばかばかしい」には侮蔑とともにあきれの暗示を伴《ともな》っている点で、「くだらない」と異なる。全く同じ文脈で「くだらない」と「ばかばかしい」が用いられると、次のようなニュアンスの違いを生ずる。

くだらない話はするな。
（不快だから聞きたくない）
ばかばかしい話はするな。
（もう少しまともな話をしたらどうだ）

⇩「つまらない」「とるにたりない」「ばかばかしい」「らちもない」

くちうるさい ［口煩い］ **Kuchiurusai**

① 家に帰ると**くちうるさい**姑《しゅうとめ》が待っている。
② 彼女は夫のすることにいちいち**くちうるさく**文句をつける。

【解説】 細かいところまでいちいち干渉《かんしょう》されるのが不快な様子を表す。マイナスイメージの語。「うるさい」の(2)をより強調した語で、言葉による干渉を意味する。注意の言葉が不快な点では「くちやかましい」に似ているが、「くちやかましい」では言われる側の不快感は「くちうるさい」よりも少なく、やや客観的で、被害者意識は暗示されていない。全く同じ文脈で「くちうるさい」と「くちやかましい」が用いられると、次のようなニュアンスの違いを生ずる。

くちうるさい姑。
（いちいち文句を言ってほんとうにいやだ）
くちやかましい姑。（注文がとても多い）

⇩「くちやかましい」「うるさい」

くちぎたない ［口汚い・口穢い］ **Kuchigitanai**

① 男は妻を**くちぎたなく**ののしった。
② 彼は人の悪口を**くちぎたなく**言う。

【解説】 言葉づかいが乱暴で下品である様子を表す。マイナスイメージの語。例のように動詞にかかる修飾語で用いることが多く、述語や名詞にかかる修飾語で用いられることはまれである。その場合には「きたない」を用いることが多い。

？彼の言葉は口汚い。→彼の言葉は汚い。
？彼は口汚い言葉でののしる。
→彼は汚い言葉でののしる。

⇩「きたない」

くちさがない ［口さがない］ **Kuchisaganai**

① 世間の人は**くちさがなく**うわさするものだ。

② **くちさがない**連中の言うことだ。ほっとけよ。

【解説】 無遠慮に人のうわさをしたがる様子を表す。マイナスイメージの語。「くちうるさい」に似ているが、「くちうるさい」に暗示されている被害者意識はなく、やや客観的な表現になっている。また、「くちさがない」は、とかくうわさをしたがる一般的な傾向を言うことが多く、特定の行為について言うことは少ない。

？ 彼女は他人のミスを口さがなく言いふらした。
→彼女は他人のミスを無遠慮に言いふらした。

また、「くちさがない」は「くちやかましい」にも似ているが、「くちやかましい」には無遠慮さの暗示はなく、発言が不快でできびしいというニュアンスになる点が異なる。

？ 口さがない批評家が多いから、うかつな作品は発表できない。
→口やかましい批評家が多いから、うかつな作品は発表できない。

⇩「くちうるさい」「くちやかましい」

くちさびしい ［口寂しい・口淋しい］ Kuchisabishii

① **くちさびしい**ときにはガムをかむ。
② 夜中になると**くちさびしく**なる。

【解説】 口にする物がほしい様子を表す。ややマイナスよりのイメージの語。口にする物は食べ物とはかぎらない。たばこ(パイプ)・ガムなど口に入りさえすればよい。今までたばこを吸っていた人が禁煙した後などに感じる感覚で、空腹だという意味ではない。

× 口寂しくなったので食事をした。
→腹が減ったので食事をした。

⇩「さびしい」

ぐちっぽい ［愚痴っぽい］ Guchippoi

① 彼女は**ぐちっぽい**性格で、いつもだれかの悪口を言っている。
② 年をとると**ぐちっぽく**なるようだ。

【解説】 つい愚痴《ぐち》を言ってしまうような性質である様子を表す。ややマイナスイメージの語。「〜ぽい」は〜しがちであるという意味の、形容詞を作る語尾。

「愚痴」とは、もうすんでしまった過去の出来事についての反省をくどくど繰り返し言って、自分や他人を責めたてることであり、責められる過去の出来事は多くの場合過失《かしつ》や失敗である。そういう挽回《ばんかい》しようのない事柄について、いつまでも未練《みれん》がましく言いたてるのは、さっぱりとした潔《いさぎよ》さをよしとする日本文化からみれば、マイナスにとらえられる心理なのである。

⇩「ーぽい」

くちはばったい ［口幅ったい］ Kuchihabattai

① **くちはばったい**ことを言うようだが、君はやはり留学したほうがいい。

② 子供のくせに、なに**くちはばったい**こと言ってるんだ。

【解説】 ほとんど「くちはばったいことを言う」の形で用いられ、分不相応になまいきなことを言う様子を表す。ややマイナスイメージの語。①は自分の発言の前に振るマクラ（前置き）であって、これから言うことはなまいきなようだが、という卑下《ひげ》の挨拶《あいさつ》語になっている。②は子供が分を超えた発言をしたことを侮蔑《ぶべつ》する意味があり、「なまいき」というのに等しい。

「くちはばったい」とは、ある人に想定《そうてい》される身分や社会的地位・能力などに比べて出過ぎている発言内容や態度であるという意味であって、分相応の発言や態度を美徳とする日本文化に特徴的な語である。発言内容としては自分の意見であることが原則であって、単なる文句やうわさなどの場合には用いないことが多い。

× 他人が口はばったく文句を言っちゃいけない。
→他人がさしでがましく文句を言っちゃいけない。

分を超えた行為をする点では「おこがましい」に似ているが、「おこがましい」がどんな行為についても用いられるのに対して、「くちはばったい」は自分の意見を言う言語行為に限られる点が異なる。

× 彼女は口はばったくも画家を自称している。
→彼女はおこがましくも画家を自称している。

⇨「おこがましい」「さしでがましい」「なまいき」

くちやかましい ［口喧しい］ Kuchiyakamashii

① 母は食事の作法《さほう》を**くちやかましく**注意する。

② 彼女は**くちやかましい**女だ。

【解説】 細かいことにいちいち干渉《かんしょう》する様子を表す。マイナスイメージの語。「くちうるさい」に似ているが、言われる側の不快感は「くちうるさい」ほど強くなく、被害者意識は希薄《きはく》で、状態をやや客観的に述べるニュアンスがある。

⇨「くちうるさい」「くちさがない」「やかましい」

くどい Kudoi

(1)① 彼の話は**くどく**ていやになる。

② **くどい**ようだが、もう一度忠告しておく。

③ この作家の文章は表現が**くどい**。

(2)① この肉は**くどい**。

② 見るからに**くどい**髪型《かみがた》が暑苦しい。

③ ぼくはこういう**くどい**色は好きじゃない。

【解説】 (1) 何度も同じことを繰り返すのが不快な様子を表す。マイナスイメージの語。例のように、会話・文章など言語行為についておもに用いられ、それ以外の行為については、おもに「しつこい」などを用いる。

？ 彼の宣伝活動はじつにくどい。
↓彼の宣伝活動はじつにしつこい。

(2) 味・色彩・外見などが濃厚で不快な様子を表す。マイナスイメージの語。対象の濃厚な性質そのものを表すニュアンスが強く、濃厚さそのものを比較すると「しつこい」よりも程度が大きくて、どんな場合にもマイナスイメージとなる。したがって、自分自身の性質を言う場合には用いないことが多い。

× ぼくはくどい人間ですから、覚悟《かくご》してください。
↓ぼくはしつこい人間ですから、覚悟してください。

対象の濃厚な性質を表すという点では、「くどい」は「どぎつい」や「あくどい」に近いが、「どぎつい」「あくどい」は濃厚であることが悪意に近く感じられるほど不快である暗示があり、「くどい」よりも濃厚さ、不快の程度が大きい。

⇩「しつこい」「どぎつい」「あくどい」「ねちっこい」

くどくどしい Kudokudoshii

① 校長の挨拶《あいさつ》はいつも**くどくどしい**。
② 彼は遅刻の理由を**くどくどしく**弁解《べんかい》した。

【解説】 非常にくどい様子を表す。マイナスイメージの語。「くどい」の(1)を実感として強調した語である。おもに言語行為について用いられ、人の性質を表す語としては用いられない。また、②のように述語を修飾する形としては、「くどくどと」のほうがよりふつうに用いられる。

× 彼はくどくどしい人間だ。↓彼はしつこい人間だ。
彼は遅刻の理由をくどくどしく弁解した。
↓彼は遅刻の理由をくどくどと弁解した。

⇩「くどい」「しつこい」「くだくだしい」

くみしやすい ［与し易い］ Kumishiyasui

① 相手の手の内を知っているから**くみしやすい**。
② 彼は**くみしやすい**男だ。

【解説】 扱うのが簡単で有利である様子を表す(↔てごわい)。ややプラスイメージの語。かなり文章語的で、日常会話にはあまり登場しない。おもに試合・勝負などの相手について、戦いやすくて有利だという意味で用いられる。ただし、かなり客観的な表現であって、相手に対する侮蔑《ぶべつ》の暗示はない点が、「かるい」や「ちょろい」などと異なる。

⇩「かるい」「ちょろい」「－やすい」「てごわい」

くやしい［悔しい・口惜しい］**Kuyashii**

① あんな奴にばかにされて**くやしい**。
② 負けて**くやしい**花いちもんめ。（わらべ唄《うた》）
③ 真実を告げる勇気のない自分が**くやしかっ**た。
④ どんなに**くやしく**てもあいつにはかなわない。
⑤ **くやしかっ**たら、お前もやってみろ。

【解説】 屈辱感《くつじょくかん》・敗北感・挫折感《ざせつかん》などで腹立たしい様子を表す。ややマイナスよりのイメージの語。心理を表す形容詞であるので、物にかかる修飾語としては用いられない。

× くやしい話を聞く。→腹立たしい話を聞く。

①は、ふだん軽蔑《けいべつ》している相手にばかにされたことが腹立たしいという意味、②はわらべ唄の歌詞で、じゃんけんに負けて腹立たしいという意味、③は自分に勇気がないことを知って、自分自身に腹を立てているという意味である。

④⑤は①～③から一歩進んだ用法である。④は「どんなにくやしくても」という形で慣用句として用いられ、「絶対に」と言っているのに等しい。⑤の「くやしかったら～してみろ」は、相手を挑発《ちょうはつ》する慣用句として、日常会話でよく用いられる。相手を侮蔑《ぶべつ》することによって挑戦させようというニュアンスのある表現である。

「くやしい」は、自分が不利な状況にあることについての怒りにポイントがあり、後悔《こうかい》や逃避《とうひ》の暗示はないことが多い。

自分がくやしい。（腹立たしい）
自分がくやまれる。（後悔している）

「くやしい」は「はらだたしい」に似ているが、「はらだたしい」に比べて主観的で、自分に被害が及ばないものについては用いられず、怒りが自分の外に発散していない点が「はらだたしい」と異なる。

× 昨今《さっこん》の軽薄短小《けいはくたんしょう》の風潮がくやしい。
→昨今の軽薄短小の風潮が腹立たしい（嘆かわしい）。

⇩「はらだたしい」

くらい［暗い］**Kurai**

(1)① 雨雲が出て空が**くらく**なってきた。
② 彼は朝**くらい**うちに出発した。
③ 山寺の本堂は木立《こだち》に囲まれて**くらかっ**た。
④ 気をつけよう、**くらい**夜道とあまい声。（標語）
⑤ 突然目の前が**くらく**なって倒れる。
⑥ 彼女は**くらい**赤とか**くらい**緑色を好む。
⑦ 大陸の奥地は町中の色彩もなんとなく**くらかっ**た。

(2)① 彼は恋人に死なれて**くらい**性格になった。
② 「あいつ、シジミをペットにしてるんだぜ」「**クッ**

ラーイ」
③ 死亡宣告をする医者の声は**くらく**沈んでいた。
④ ぼくはこんな**くらい**音楽は好きじゃない。
⑤ 知らせを聞いて、彼の顔がさっと**くらく**なった。
⑥ どうも先行きの見通しは**くらい**ね。
⑦ 会社再建には**くらい**材料ばかりで困ったものだ。
(3) ① あの男には**くらい**過去がある。
② 犯罪の横行《おうこう》する**くらい**世の中だ。
(4) ① 彼女は数字に**くらい**から経理はまかせられない。
② 彼は入ったばかりで会社の内情に**くらい**。

【解説】 明暗を表す最も基本的な形容詞の一つ。抽象的・具体的に明度《めいど》の低い様子を表す(↔あかるい)。マイナスイメージの語。意味は四つに大別される。

(1) 光がたりない様子を表す。明暗の度合には非常に幅があり、基準となる明るい状態に比べて相対的に明度が低い場合(①~③)、ほとんど光がない場合(④)、主観的に光がないと感じられる場合(⑤)などがある。⑥⑦は(1)の派生的な意味で、色彩が黒みを帯びていて濁《にご》っている様子を表す。

(2) 性格・音声・気分・雰囲気・情勢など抽象的なものが陰気な様子を表す。②は感動詞的に用いられた例で、シジミをペットにして飼うような陰気な性格を、軽い不快の気持ちをこめて表現している。現代語では、「くらい性格」をしばしば「ネクラ」(↔ネアカ)というが、「くらい性格」と言う場合に比べて「ネクラ」のほうが、陰気さの程度が低く、深刻さも少ないニュアンスになる。⑥⑦は将来・前途《ぜんと》に希望がもてない様子を表す。

(3) (2)から進んで、不幸や不正・犯罪の存在が感じられる様子を表す。①の「くらい過去」は慣用句で、不幸や犯罪に関係のある過去という意味である。

(4) 「□□にくらい」という表現をとり、「□□をよく知らない、□□について知識がない」という意味を表す。□□に入る語は抽象語句であることが多い。

A 彼はその道に暗い。
B 彼はその道をよく知らない。

Aの文は、ふつう「その道」を地理上の具体的な道とは考えず、技芸・専門分野などの抽象的な意味にとる。Bの文にすると、こちらの「その道」は具体物も抽象的なものも両方考えられる。

(4)の「くらい」は「うとい」に似ているが、「うとい」では対象についての関心の低さが暗示され、知識の低さを暗示する「くらい」とはニュアンスの上で異なる。

彼は世事に暗い。(よく知らない)
彼は世事にうとい。(関心がない)

⇨「あかるい」「うとい」「うすぐらい」「こぐらい」「ほのぐらい」「まっくらい」

くるおしい［狂おしい］Kuruoshii

① 別れた恋人のことを考えると、彼は**くるおしい**思いに駆《か》られた。
② 彼女は夫の遺体《いたい》に**くるおしく**とりすがった。
③ 彼女は愛児《あいじ》の死に**くるおしい**泣き声をあげた。
④ ハードロックの**くるおしい**リズムで踊る。

【解説】 いまにも気が狂いそうな様子を表す。ややマイナスよりのイメージの語。じっとしていられない取り乱した心理を表す表現として用いられることが多いが、②のように動作を修飾する場合や、④のように、じっとしていられない心理をひきおこすようなという意味で、名詞にかかる修飾語として用いられることもある。
「くるおしい」は精神的に正常である人が、一時的に取り乱している心理を表す語であって、もともと精神に異常をきたしている人の心理については用いない。
× 分裂病患者の発作《ほっさ》は狂おしい。
→分裂病患者の発作は激しい。
⇩「ものぐるおしい」

くるしい［苦しい］Kurushii

(1) ① 水に潜《もぐ》れば息が**くるしい**のは当たり前だ。
② 食べ過ぎて**くるしい**。
③ 父は**くるしい**息の下から遺言《ゆいごん》した。
④ その一言で彼は**くるしい**立場に追いこまれた。
⑤ こんな**くるしい**仕事は初めてだ。
⑥ 酒の席で、彼は**くるしい**胸の内を明かした。
⑦ **くるしい**時の神頼み。（ことわざ）
(2) ① 彼は子だくさんで生活が**くるしい**。
② 父は**くるしい**中から三人の子供を大学へやった。
(3) ① 弱点を突かれて、彼は**くるしい**笑いを浮かべた。
② 彼の弁解《べんかい》はそうとうに**くるしい**。
(4) ① 会場はおも**くるしい**雰囲気につつまれていた。
② ね**ぐるしい**夏の夜。
③ お見**ぐるしい**点はお許しください。
④ ごちそうになってばかりでは、こころ**ぐるしい**。
(5) ① **くるしゅう**ない、近《ちこ》う寄れ。（時代劇のセリフ）

【解説】 (1) 肉体的・精神的に苦痛である様子を表す。マイナスイメージの語。①～③は肉体的に苦痛で不快であるという意味。④～⑦は精神的に苦痛で不愉快《ふゆかい》だという意味である。肉体的苦痛を表す語としては、他に「いたい」があるが、「いたい」では苦痛を感じる部分が比較的狭く限定されることが多いのに対して、「くるしい」では苦痛を感じる場所の範囲が比較的広く、痛みよりも圧迫感を中心にした苦痛である点が異なる。
× けがをした指が苦しい。→けがをした指が痛い。

精神的に苦痛である場合には、「くるしい」は「つらい」に近い意味になるが、「つらい」は苦痛を感じている主体の不快感にポイントがあるのに対して、「くるしい」は苦痛の状態のほうに視点のある点が異なる。

(2) (1)の精神的な苦痛の原因を財政面に限定した意味である。すなわち、財政的に困難な様子を表す。マイナスイメージの語。

(3) (1)から進んだ意味で、精神的な苦痛を感じさせるように不自然な様子を表す。ややマイナスイメージの語。①は不自然な笑い、無理のある笑いという意味である。②は弁解に彼の精神的苦痛が表れているようだという意味である。ただし、この場合の苦痛は深刻なものとはかぎらず、その場をとりつくろおうとする程度の軽いものの場合もある。

(4) 名詞、動詞の連用形、形容詞の語幹《ごかん》などに付いて、〜(すること)が苦痛な様子を表す。ややマイナスイメージの語。①は「おもい」という形容詞の語幹に接続し、重くて苦しいという二つの意味を重複《じゅうふく》させて表す。②③は動詞の連用形についた例で、〜するのが苦痛でむずかしいという意味である。④は名詞についた例で、心が苦しい、すなわち不本意《ふほんい》だという意味になる。

(5) 打消しを伴《ともな》って、さしつかえないという意味を表す。ややマイナスよりのイメージの語。ただし、この意味では現代語としては用いられず、もっぱら古典や時代劇のセリフなどに用いられる。例文は、「さしつかえないから、近くへ寄りなさい」という意味である。

⇨「いたい」「つらい」「あつくるしい」「いきぐるしい」「おもくるしい」「かたくるしい」「ききぐるしい」「こころぐるしい」「せまくるしい」「ねぐるしい」「みぐるしい」「むさくるしい」「むなぐるしい」

くろい［黒い］Kuroi

(1) ① **くろい**服を着るとたいていの女は美人になる。
② 彼女の瞳《ひとみ》は幻想的に**くろい**。
③ おれの目の**くろい**うちは勝手にはさせないぞ。
④ 九月には、子供たちはみんな**くろく**なって学校に来る。
⑤ 彼女の娘は色が**くろく**て男の子みたいだ。
⑥ うっかりしてパンを**くろく**焦《こ》がしてしまった。
⑦ 寝不足で目の下に**くろい**くまをつくる。
⑧ 足をぶつけたら**くろい**あざになった。
⑨ 彼の姿は**くろい**闇《やみ》に飲みこまれた。

(2) ① シャツの袖口《そでぐち》が**くろく**よごれている。
② 何日も洗わないシーツは**くろい**。

(3) ① あんな腹の**くろい**奴はいない。
② 彼には**くろい**うわさがつきまとっている。

③ 犯罪の**くろい**渦《うず》に巻きこまれる。
④ 政界の**くろい**霧。

【解説】 色彩を表す最も基本的な形容詞の一つ。

(1) 色彩がくろい様子を表す。プラスマイナスのイメージはない。実際の色調にはある程度幅があり、完全な黒(①)、茶に近いもの(②③)、日焼けした肌の色や焦げた色(④~⑥)、肌色が黒ずんだもの(⑦⑧)などがある。また、本来くろいもののくろさを強調する意味で用いる場合(⑨)もある。

③の「目のくろいうち」は慣用句で、生きている間という意味である。

(2) 汚れている様子を表す。ややマイナスイメージの語。この場合には、①のように動詞を修飾する形で用いることが多く、②のような述語の形や名詞を修飾する形で用いることは多くない。その場合には、汚れを強調する「まっくろ」を用いる。

顔が黒い。　(日焼けか汚れかについて言及《げんきゅう》しない)
顔が真っ黒だ。(汚れている)
黒いシャツ。　(色彩が黒い)
真っ黒なシャツ。(汚れている)

(3) よくない考えや不正・犯罪などが存在する様子を表す。マイナスイメージの語。①の「腹がくろい」は慣用句で、よくない考えをもっている、悪辣《あくらつ》だという様子を表す。この「くろい」は「くらい」に近い意味をもつが、「くらい」は公《おおやけ》にできないという暗示があり、不正・犯罪だけでなく人に言えない不幸なども含みうるが、「くろい」では犯罪・不正に限られ、不幸は含まない点が異なる。

× ぼくには人に言えない黒い思い出がある。
→ぼくには人に言えない暗い思い出がある。

⇩「くらい」「くろっぽい」「あおぐろい」「あかぐろい」「あさぐろい」「うすぐろい」「かぐろい」「どすぐろい」「はらぐろい」「まっくろ」

くろっぽい [黒っぽい] Kuroppoi

① 木立《こだち》の影に**くろっぽい**獣がいた。
② 彼女は**くろっぽい**赤が好きだ。

【解説】 色彩がくろみを帯びて見える様子を表す(↕しろっぽい)。プラスマイナスのイメージはない。「~ぽい」は~のように見えるという意味の、形容詞を作る語尾。「くろい」の程度を低めるはたらきをする。「くろっぽい」は本来黒いものについては使えない。

× 黒っぽい黒板。 ↓黒い黒板。

また、「くろっぽい」は外見に見えるものについて用いるのが普通で、「くろい」の(2)にあたる「汚れているように見える」という意味にはなるが、(3)にあたる「不正・

犯罪が背後にあるように見える」という意味にはならない。

○ ワイシャツのえりが黒っぽくなってしまった。

× 政界の黒っぽい霧。→政界の黒い霧。

⇩「くろい」「うすぐろい」「－ぽい」

くわしい ［詳しい・委しい・精しい］ Kuwashii

(1)① のちほど係の者が**くわしく**ご説明いたします。

② **くわしい**ことはよく知らないんです。

③ 研究所が毎年**くわしい**調査を行っている。

(2)① 彼は星座《せいざ》に**くわしい**。

② 内部の事情に**くわしい**者の犯行と見た。

③ 赤ちょうちんのことなら、あいつが**くわしい**。

【解説】 (1) 細かいところまでよくゆきとどいている様子を表す。ややプラスよりのイメージの語。「こまかい」に似た意味をもっているが、「こまかい」が細部のひとつひとつを取り立てて問題にするニュアンスがあるのに対して、「くわしい」は細部にゆきとどかせる意図や感覚に視点のある点が異なる。

× 詳しいことまでいちいちあげつらう。

→細かいことまでいちいちあげつらう。

(2) 細かいところまでよく知っている様子を表す。ややプラスイメージの語。①②のように対象を示して「□□にくわしい」という形をとることが多いが、③のように人を主語にして「□□については△△がくわしい」という述語になることもある。□□には抽象物も具体物も両方入る。

○ 彼はスターに詳しい。

○ 彼はスターの情報に詳しい。

○ 彼はその道に詳しい。（地理上の具体的な道と、抽象的な技芸・専門分野の両方を意味しうる）

この「くわしい」は「あかるい」に似ているが、「あかるい」が物事に精通《せいつう》していることを漠然《ばくぜん》と抽象的に述べるのに対して、「くわしい」では細部にいたるまでよく知っているという、個々の知識の存在を暗示するニュアンスのある点が異なる。また、「□□にあかるい」というときの□□には抽象語句が入るのが普通で、具体物はこない。

⇩「こまかい」「あかるい」「ことこまか」

けがらわしい ［汚らわしい・穢らわしい］ Kegarawashii

① 外国へ買春ツアーに行くだなんて、聞くのも**けがらわしい**。

② たくさんの人をだまして得た**けがらわしい**金は受け取れない。

③ その少女は**けがらわしい**言葉でののしった。

【解説】 不潔なものに接し、自分もその不潔さに染まりそうで不快な様子を表す。マイナスイメージの語。具体的な不潔さは意味せず、抽象的・心理的な不潔さについての不快感を表す。

①は「聞くのも(見るのも)けがらわしい」の形で用いられ、聞く(見る)のが非常に不快だという意味であって、忌避感《きひかん》の強い表現である。②は不正な金という意味で、自分は不正にまきこまれたくないという気持ちがある。③はこれらから一歩進んで、下品でわいせつだという意味である。

「けがらわしい」は「きたならしい」に似ているが、「きたならしい」のように具体物が汚れている意味では用いられない。また、「きたならしい」は物の不潔な状態をやや客観的に表すニュアンスがあるが、「けがらわしい」では不潔なものに接して受ける不快な心理にポイントのある点が異なる。

× そのけがらわしい手を洗いなさい。
　→その汚らしい手を洗いなさい。
× そんな話は聞くのも汚らしい。

「けがらわしい」は、忌避感を表す意味では「いとわしい」にも似ているが、「いとわしい」よりもずっと程度が高く、宗教的なタブーの暗示もあり、妥協《だきょう》の余地のない嫌悪《けんお》のニュアンスがある。

⇨「きたならしい」「いとわしい」

けしからん・けしからぬ

[怪しからん・怪しからぬ] **Keshikaran・Keshikaranu**

① 挨拶《あいさつ》にも来ないとは**けしからん**奴だ。
② 最近の若い者の言葉ときたら、まったくもって**けしからん。**

【解説】 不都合で許しがたい様子を表す。マイナスイメージの語。①のような「けしからん□□」という名詞にかかる修飾語か、②のような感動詞的な言い切りで用いられ、その他の修飾語で用いられることはない。

「けしからん」は不都合で好ましくない状態を客観的に表す語ではなく、その状態を腹立たしく思っている心理を表す。したがって、全く同じ状況に接しても「けしからん」と感じるかどうかは人によるわけで、非常に主観的である。

「けしからん」は「はらだたしい」などに比べると、より感情的で怒りの程度も大きい。しかし、怒りや憤慨《ふんがい》の結果何らかの行動を起こすかどうかまでは暗示されていない点が、「許しがたい」などと異なる。

遅刻するとはけしからん。(腹を立てているだけ)
遅刻するとは許しがたい。(処罰しようとする)

「けしからん」は「なってない」にも似ているが、「なってない」があるべき理想の姿に合致《がっち》しない怒りを暗示するのに対して、「けしからん」は話者の主観的な不都合さによる怒りを暗示する点が異なる。

？　あいつは人間としてけしからん。
　→あいつは人間としてなってない。

⇩「はらだたしい」「なってない」

げせない［解せない］Gesenai

①　最近の彼の行動はどうも**げせない**。
②　それは**げせない**話だな。

【解説】　不可解で納得《なっとく》できない様子を表す。ややマイナスイメージの語。例のように述語または名詞にかかる修飾語として用いられることが多く、その他の修飾語として用いられることはない。

？　彼の話は解せなくむずかしい。

「げせない」は、理解できないという意味ではあるが、理性や知性による理解は暗示せず、感覚的に納得できないというニュアンスがある。したがって、理性や知性で判断のできるものについては用いないことが多い。

？　この答えが3になるとはどうしても解せない。
　→この答えが3になるとはどうしてもわからない。

感覚的に納得できないという意味で、「げせない」は「わりきれない」に似ているが、「わりきれない」には慨嘆《がいたん》の暗示を伴《ともな》っている点が、やや客観的な表現の「げせない」と異なる。全く同じ文脈で「げせない」と「わりきれない」が用いられると、次のようなニュアンスの違いを生ずる。

彼はまだ解せない顔をしている。
（わかっていないようだ）
彼はまだ割りきれない顔をしている。
（わからなくて不服そうだ）

⇩「わからない」「わりきれない」「ふにおちない」

けだかい［気高い］Kedakai

①　彼女は難民《なんみん》救済《きゅうさい》に尽くす**けだかい**心の持ち主だ。
②　長いマントを引いて国会開会宣言に現れた女王の姿は**けだかかっ**た。

【解説】　気品があって高貴な様子を表す。プラスイメージの語。ふつう、①のように推奨《すいしょう》すべき行為や心情など、抽象的なものについて用いることが多く、②のように具体物の品位の高さについて用いることはあまり多くない。

「けだかい」はもともと身分の高い人の高貴さについて用いた語であるが、平等《びょうどう》な現代社会になっても、推奨すべき行為や心情について、身分の高い人に対して用いた語を用いて評価するのはいかにも日本的である。

品格の高い様子を表す点では「こうごうしい」に似ているが、「こうごうしい」はおもに外見の品格の高さについての感動を表し、目に見えないものについては用いられない点が異なる。

× こうごうしい心の持ち主だ。

⇩「こうごうしい」

けたたましい Ketatamashii

① 彼は**けたたましい**電話のベルで目が覚めた。

② サイレンが**けたたましく**聞こえてくる。

【解説】 突然起こった音や声の調子が高くて、刺激的な様子を表す。マイナスイメージの語。音の種類は、人や動物の声、物音の両方がある。

「けたたましい」はそれまで静かであったところへ突然不快な音が起こるという、音の発生のしかたに視点があり、持続した音について用いられる場合でも、聞く人を驚かせるような調子をもつというニュアンスがある。この点で、単に音の調子が高く鋭いことについての不快感を暗示する「かんだかい」とは異なる。

× 変声期前の少年の声はけたたましい。

→変声期前の少年の声はかんだかい。

「うるさい」や「やかましい」も音が不快である意味を表すが、「うるさい」や「やかましい」は音の種類や調子などには言及《げんきゅう》せず、ただ音による不快感だけを暗示する点が異なる。

× 彼のいびきは大きくはないが、けたたましくてかなわない。

→彼のいびきは大きくはないが、うるさくてかなわない。

⇩「かんだかい」「うるさい」「やかましい」

けだるい ［気怠い］ Kedarui

① **けだるい**真夏の午後、水浴《すいよく》をした。

② 今日は朝から**けだるい**。

【解説】 なんとなくだるい様子を表す。ややマイナスイメージの語。不活発で重い心理状態について用いることが多く、具体的にからだがだるい場合には用いられない。

× 重い荷物を持っていたら腕がけだるくなった。

→重い荷物を持っていたら腕がだるくなった。

「けだるい」は「かったるい」に似ているが、「かったるい」よりもだるさの程度が低く、比喩的《ひゆてき》な用法はない。

× こんな仕事はけだるくてやってられない。

→こんな仕事はかったるくてやってられない。

不活発な心理を表すという意味で、「けだるい」は「ものうい」にも似ているが、「ものうい」にある悲哀《ひあい》・憂愁《ゆうしゅう》の暗示は「けだるい」にはない。

？ 自分から去っていった恋人を思うとけだるい。
→自分から去っていった恋人を思うとものうい。
⇩「だるい」「かったるい」「ものうい」

けち Kechi

(1) ① 付き合いの香典《こうでん》も出さないなんて**けち**な男だ。
② 女は男に比べればたいてい**けち**だ。
③ 教えてくれたっていいじゃない。**けち**！
(2) ① 大きな口をきくからどんなりっぱな家に住んでるかと思ったら、**けち**な家だったぜ。
② おみかけどおりの**けち**な野郎《やろう》でござんす。
③ そんな**けち**な料簡《りょうけん》を起こすもんじゃない。
④ 彼は交渉《こうしょう》に際して**けち**な手を使った。
(3) ① その計画には予想どおり**けち**がついた。
② 彼は人のやることにいちいち**けち**をつける。

【解説】 (1) 異常に消費を惜《お》しむ様子を表す。マイナスイメージの語。具体的に金品《きんぴん》を出し惜しみする様子を表すことが多いが、かなり抽象的で、吝嗇《りんしょく》一般を表すニュアンスがある。

③は感動詞的に日常会話でよく用いられる用法で、おもに女性が用いる。もったいぶってなかなか教えてくれないことに対して「けち」と言っているのであって、吝嗇だとなじるニュアンスは少なく、「いじわる」と言っているのに等しい。

この「けち」は「みみっちい」や「いじましい」に近いが、「みみっちい」にはおもに具体的な消費のしかたについて、細かいところまで神経をゆきわたらせるというニュアンスがあり、「いじましい」には細かいことに執着《ちゃくしゅう》して欲望を満たす蓄財《ちくざい》のしかたをするというニュアンスのある点が異なる。

(2) 卑小《ひしょう》・貧弱で価値がない様子を表す。マイナスイメージの語。「けちな□□」のように、名詞にかかる修飾語の形で用いられることが多く、その他の形で用いられたときには、この意味にならないことが多い。

その家はけちな家だった。
（つまらないちっぽけな家だった）
その家はけちだった。
（吝嗇な人が住んでいた）

①②のように具体物について用いられた場合には、「貧弱でとるにたりない」という意味を表す。③④のように抽象的なものについて用いられた場合には、「卑屈《ひくつ》でいやしい」という意味を表す。「けち」は貧弱で価値がないことについて侮蔑《ぶべつ》するニュアンスがあり、単に「小さい」「つまらない」というのとは異なる。

したがって、②のように自分について用いられた場合には、卑下《ひげ》するニュアンスが入る。ただし、このような自己紹介はヤクザなど特殊な世界でのみ用いられる傾向があり、あまり一般的ではない。

おみかけどおりのけちな野郎でござんす。

→ごらんのとおりのつまらない者でございます。

(3) 「けちがつく」「けちをつける」という慣用句として用いられ、それぞれ「悪い予兆《よちょう》が起こる」「難癖《なんくせ》をつける、けなす」という意味を表す。マイナスイメージの語句。

⇩「みみっちい」「いじましい」「けちくさい」「しみったれ」「つまらない」「とるにたりない」

けちくさい［けち臭い］ Kechikusai

(1)① 彼は**けちくさく**寄付を渋った。

(2)① 奴の家は**けちくさい**。

② こんな**けちくさい**車は廃車《はいしゃ》にして新車を買えよ。

③ そんな**けちくさい**考えはよせ。

【解説】 (1) いかにも吝嗇《りんしょく》である様子を表す。マイナスイメージの語。「〜くさい」は「いかにも〜のように見える」という意味の、形容詞を作る語尾。ただし、具体的に吝嗇である様子を表す語としてはあまり用いられず、その場合には「けち」を用いる。

彼はけちくさい男だ。→彼はけちな男だ。

(2) いかにも価値がないように見える様子を表す。マイナスイメージの語。「けちくさい□□」という名詞にかかる修飾語の形で用いられることが多いが、①のように述語になることもある。「けち」の(2)に似ているが、「けちくさい」は「けち」よりも侮蔑《ぶべつ》の暗示が強く、卑小《ひしょう》さの程度は低くはならない。

「けちくさい」は卑小であることについて侮蔑するニュアンスが強いので、自分自身を卑下《ひげ》する挨拶《あいさつ》語としては用いない。

? おみかけどおりのけちくさい野郎《やろう》でござんす。

→おみかけどおりのけちな野郎でござんす。

⇩「けち」「みみっちい」「いじましい」「ーくさい」

けったくそわるい Kettakusowarui

① 部長の失敗の責任を部下がとらされるなんて、なんて**けったくそわるい**会社なんだ。

② あんな男、**けったくそわるくっ**て。結婚なんか冗談じゃないわ。

【解説】 非常に不快な様子を表す。マイナスイメージの語。俗語であって日常会話中心に用いられ、文章中には登場しない。単に不快でいやであるにとどまらず、対象に対する強い侮蔑《ぶべつ》のニュアンスのある表現である。「いまいましい」に似ているが、「いまいましい」にある怒りの暗示は「けったくそわるい」には少なく、強い不快と侮蔑をやや客観的に表す点が異なる。

✕ なんてけったくそ悪い風なんだ。

→なんていまいましい風なんだ。

また、「けったくそわるい」は「むなくそがわるい」にも似ているが、「むなくそがわるい」のほうがより感覚的で、個人の主観的な不快が強く暗示されている。

？ そんな話は聞くだけでけったくそ悪い。

→そんな話は聞くだけでむなくそが悪い。

⇩「いまいましい」「むなくそがわるい」「いや」

けなげ［健気］Kenage

① その子は**けなげ**にも独りで暮らす決心をした。

② 彼女は病身《びょうしん》の母親を支《ささ》え続ける**けなげ**な女性だ。

【解説】 女性や子供など弱い者が、懸命《けんめい》に何かをしようとしている様子を表す。プラスイメージの語。きわめて日本的な語であって、外国語に翻訳《ほんやく》するのがむずかしい。弱い者専用の語で、大人の男性について用いられることはない。

✕ 彼はけなげにも困難に一人で立ち向かった。

→彼はおおしくも困難に一人で立ち向かった。

「けなげ」には、弱い者が懸命に努力しようとする精神力の強さに対する感動が暗示されており、精神力が強いことを客観的に表す「いさましい」や「おおしい」とは異なる。

彼女は困難にけなげに立ち向かった。
（彼女の弱さを強調する）

彼女は困難に勇ましく立ち向かった。
（彼女の強さを強調する）

弱い者の精神的な強さに対する感動を表す点では、「けなげ」は「いじらしい」に似ているが、「けなげ」は弱い者が行動を起こすことについて精神的な強さを見ようとする暗示があり、状態をやや客観的に述べる「いじらしい」とニュアンスの上で異なる。

？ 涙をじっとこらえているその子がけなげだ。

→涙をじっとこらえているその子がいじらしい。

また、「けなげ」は「かいがいしい」にも似ているが、「かいがいしい」はおもに行動の外見を評する語であって、行動を起こす精神力の強さに視点のある「けなげ」とは異なる。

？ 新妻《にいづま》のけなげなエプロン姿。

→新妻のかいがいしいエプロン姿。

⇩「いじらしい」「いさましい」「おおしい」「かいがいしい」

けばけばしい Kebakebashii

① 彼女は**けばけばしい**色の服が好きだ。

② 係の男は会場を**けばけばしく**飾りたてた。

③　そのイルミネーションはじつに**けばけばしかった**。

【解説】　派手さが度を超えていて不快である様子を表す。マイナスイメージの語。目に見える物について用いるのが普通で、雰囲気など目に見えない物については用いられない。

×　パーティ会場のけばけばしい雰囲気。

「けばけばしい」は目に見える物が、濃厚な華やかさをもっていて不快だという意味であるので、色彩などについて用いられる場合、原色《げんしょく》の濃厚な色について用いることが多く、中間色の華やかさについて用いることは少ない。

×　けばけばしい薄い緑色の服。

濃厚であることが不快な様子を表すという点では「どぎつい」や「くどい」に似ているが、「どぎつい」や「くどい」は不快な濃厚さについて広く用いられ、目で見える物にかぎらない点が「けばけばしい」と異なる。

×　ポルノのけばけばしい表現。
→ポルノのどぎつい表現。

×　このソースはけばけばしい。
→このソースはくどい。

「けばけばしい」は物の状態を客観的に評する語ではなく、見る人の不快感を表す語であるので、同じ物を見ても「けばけばしい」と感ずるかどうかには個人差があり、その意味で主観的である。状態を客観的に表すときには「はで」が用いられ、プラスイメージで表すときには「はなやか」や「きらびやか」などを用いる。

けばけばしい服。（－）
派手な服。（０）
華やか（きらびやか）な服。（＋）

最近、若い人の間では、外見のけばけばしさを客観性をもたせて表現するニュアンスで、「けばい」（ケバイ）という形も用いられる。

⇩「はなやか」「はで」「きらびやか」「どぎつい」「くどい」「どくどくしい」

けぶかい ［毛深い］ Kebukai

①　白人は日本人に比べて**けぶかい**。

②　彼は**けぶかい**腕を突き出した。

【解説】　体毛が濃くてたくさん生《は》えている様子を表す。ややマイナスよりのイメージの語。人間の皮膚について用いることが多く、もともと体毛が皮膚を隙間《すきま》なくおっている動物などについて用いることは少ない。また、頭部など、もともと毛髪《もうはつ》が隙間なく生えていることが期待されている場所について用いられることもまれである。

？　アラスカのそり犬はみな毛深い。
→アラスカのそり犬はみな毛が厚い。

× （美容師が洗髪しながら）お客様は毛深いですね。
→お客様は毛が多いですね。
⇩「ーふかい」

けむい［煙い］Kemui

① みんながたばこを吸うので**けむく**てたまらない。
② 薪《たきぎ》が湿っていたので**けむかっ**た。

【解説】 煙が鼻やのどなどを刺激して苦しい様子を表す。ややマイナスイメージの語。具体的に煙がたちこめて苦しい様子を表し、抽象的に不快で遠ざけたい気持ちを表すときには用いない。
× 課長がどうも煙い。→課長がどうも煙たい。
「けむい」は、「けむたい」に比べるとやや客観的に状況を述べるニュアンスがあり、感じる側の不快な心理に視点がある「けむたい」とは異なる。
⇩「けむたい」

けむたい［煙たい］Kemutai

(1)① かまどの煙が**けむたい**。
② 社長は人が**けむたかろ**うがなんだろうが、たばこの煙を遠慮なく顔に吐きかける。
(2)① 彼には義父《ぎふ》は**けむたい**存在だった。
② どうもおやじが**けむたい**。

【解説】 (1) 煙が顔にかかって不快な様子を表す。マイナスイメージの語。「けむい」に似ているが、「けむい」が状況をやや客観的に述べるのに対して、「けむたい」は感じる人の不快感のほうに視点があり、もっと直接的に煙が顔にかかって塞《ふさ》がれているという被害の暗示がある。したがって、不快感としては「けむたい」のほうが大きい。
？ 煙たい部屋。→煙い部屋。
「けむたい」は「むせっぽい」にも似ているが、「むせっぽい」は煙による場合だけにかぎらない。
× もちがのどにつかえて煙たい。
→もちがのどにつかえてむせっぽい。
(2) (1)が抽象的に用いられたもので、目の前にあるものが不快で遠ざけたい様子を表す。ややマイナスイメージの語。対象は自分より何らかの意味で目上の人であることが多く、物については用いられない。
× 前髪《まえがみ》がかぶさって煙たい。
→前髪がかぶさってうっとうしい。
遠ざけたい様子を表す意味では「うとましい」に近いが、「うとましい」にははっきりした嫌悪《けんお》の暗示のある点が、嫌悪というよりは苦手《にがて》意識を暗示する「けむたい」と異なる。

？ 継子《ままこ》が煙たい。→継子がうとましい。

⇩「けむい」「むせっぽい」「うっとうしい」「うとましい」

けわしい［険しい］Kewashii

(1)① 山頂まで**けわしい**山道が続いている。
② この山の南壁《なんぺき》は**けわしい**。
(2)① 平和への道のりは**けわしい**。
② 戦局はいっそう**けわしく**なっていった。
(3)① 彼は**けわしい**表情で問い詰めた。
② 恋敵を見る彼女の目付きは**けわしかった**。

【解説】 (1) 山などの傾斜が急で、登ることが困難な様子を表す(↔なだらか)。ややマイナスよりのイメージの語。山や坂を下る道の勾配《こうばい》が急な場合については用いられない。

? 下りは登りよりもけわしかった。
→下りは登りよりも急だった(きつかった)。

(2) 前途に危険や困難などが待ち受けている様子を表す。ややマイナスイメージの語。現在困難や危険があるという意味ではなく、将来危険や困難が予想されるという意味である点が「きびしい」などと異なる。

? 現在の情勢は君にとってけわしい。
→現在の情勢は君にとって厳しい。

(3) 顔の表情などが緊張《きんちょう》してこわばっている様子を表す。マイナスイメージの語。「危険や困難を感じさせるような」というニュアンスであって、神経の過敏《かびん》さを暗示する「とげとげしい」とはニュアンスの上で異なる。「きつい」にも似ているが、「きつい」が単に性格の強さを暗示するのに対して、「けわしい」はその人の性格全体の強さまでは暗示せず、その場その場の怒りを含んだ感情のたかぶりを暗示する。

× 彼女はけわしい目つきの女だ。
→彼女はきつい目つきの女だ。

⇩「きつい」「とげとげしい」「きびしい」「なだらか」「ゆるやか」

こい［濃い］Koi

(1)① 彼は**こい**茶色や青が好きだ。
② 彼女は夜になると化粧を**こく**する。
③ 関東は関西に比べて料理の味が**こい**。
④ 明け方、**こい**霧が発生した。
⑤ 彼は男らしい**こい**眉《まゆ》をしている。
⑥ ひげの**こい**人は一日に何回もそるそうです。
⑦ 今日のスープはきのうより**こい**。
⑧ 寝しなに**こい**お茶を飲むと眠れなくなるよ。
(2)① その講演は内容の**こい**ものだった。
② 密度の**こい**授業を心がけるべきだ。
③ A氏よりB嬢のほうが血縁《けつえん》が**こい**。

④ 血は水よりも**こい**。（ことわざ）
⑤ 親切だからといって情が**こい**わけではない。
⑥ 人情の**こい**下町に生まれ育った。
⑦ 一度しか会ったことはないが、彼の印象は**こい**。
(3)① 戦況は敗色《はいしょく》が**こく**なっていた。
② 彼の後ろ姿には苦悩の色が**こかっ**た。
③ 彼が犯人である疑いが**こい**。
④ 客観的に見てもわれわれが勝つ見込みは**こい**。

【解説】 濃淡を表す最も基本的な形容詞の一つ（↕うすい）。日常会話では、終止形・連体形を「こいい」、また接尾語「め」がつくとき「こめ」でなく「こいめ」と言うことがある。

(1) 具体物の濃度が高い様子を表す。プラスマイナスのイメージはない。濃淡は、色①・化粧②・味③などの他、そのものの密度が大きいという意味でも用いられる。⑤⑥は体毛《たいもう》の生える密度が大きいという意味、⑦⑧は水溶液中の主要成分がある基準に比べて多いという意味である。

(2) 抽象的なものの密度が大きい様子を表す。ややプラスイメージの語。③④は血縁に関してよく用いられる慣用句で、血縁が「こい」結果として関係が深いという意味になる。⑤～⑦は人情・愛情・印象などの感情が濃厚だという意味である。

(3) (2)から進んで、抽象的なものの程度が高い様子を表す。プラスマイナスのイメージはない。①②は、「～（の）色がこい」という形で、前にくる抽象的な内容の程度が高い様子を表す。①の「敗色がこい」は慣用句で、「負けそうな状況だ」という意味である。最近では「こい」の代わりに「濃厚」という漢語を使って、より強い語調を出すことが多くなっている。

戦況は敗色が濃くなっていた。
→戦況は敗色濃厚になっていた。

「こい」は濃度の高いことを客観的に表す抽象度の高い語で、対象に対する特定の感想は表明されていない。この点で、濃度の高いことについて不快の暗示のある「しつこい」や「どぎつい」「くどい」と区別される。

「こい」の反対語としては「うすい」が一般的であるが、視覚的なものについては「あわい」も反対語になれる。ただし、「あわい」は単に濃度が低いだけでなく、濃度の低い状態に対するなんらかの思い入れ（もっとよく見たいなど）があり、「うすい」の客観的な表現とは異なる。

⇨「しつこい」「どぎつい」「くどい」「うすい」

こいしい［恋しい］Koishii

① 故郷で待つ彼女が**こいしく**てならない。

② ぼくの**こいしい**人はいったいどこにいるんだ。
③ 都会生活が長いとおふくろの味が**こいしく**なる。
④ 肌寒い日には掘りごたつが**こいしい**。

【解説】 離れている人や物に愛情を感じ、心ひかれる様子を表す。プラスイメージの語。「こいしい」は現在得ていないものに対する愛情である点にポイントがあり、単なる愛情を表す「いとしい」とは異なる。

子供が恋しい。
（子供は側にいない暗示がある）
子供がいとしい。
（子供がどこにいるかには言及《げんきゅう》しない）

また、人だけでなく物についても用いられる（③④）。この場合は「いとしい」に置き換えられない。

× おふくろの味がいとしい。

「こいしい」は「なつかしい」に似ているが、「なつかしい」がかつて得ていたもの（過去のもの）に対する愛情を表すのに対して、「こいしい」は過去に得ていたかどうかについては言及せず、現在の切実な愛情を表し、対象との出会いを望む暗示のある点で、「なつかしい」と異なる。

彼女が恋しい。（会いたい）
彼女がなつかしい。（思い出しているだけ）

また、「こいしい」は「したわしい」にも近いが、「したわしい」は文章語的で、おもに人についてだけ用いられ、愛情の程度も「こいしい」よりは低くて、しばしば尊敬や親しみの暗示のある点が異なる。

⇨「いとしい」「なつかしい」「したわしい」「すき」「ひとこいしい」

こうごうしい［神々しい］Kôgôshii

① 潔《いさぎよ》く罪を認める彼の表情は**こうごうしかっ**た。
② 神社の社殿《しゃでん》には**こうごうしい**雰囲気が満ちていた。
③ 彼は念力《ねんりき》でスプーンが曲がったのを見て、なにか**こうごうしい**気分になった。

【解説】 神聖《しんせい》で気高い様子を表す。プラスイメージの語。①②のように外見に見えるものの神聖な気高さについて用いることが多く、③のように気分などについて用いることは多くない。

「こうごうしい」は、「神が宿《やど》っているような」「まるで神のような」というニュアンスのある宗教的な暗示のある強い語で、しかもその気高さに対する感動が暗示されている。したがって、日常的な品のよさを一般的に述べる場合などにはあまり用いられない。

? 彼女の和服姿はこうごうしい。
→彼女の和服姿は上品だ。

人間性に品位があって、行動が高潔《こうけつ》である場合には「けだかい」を用いるほうが一般的である。ただし、「けだかい」は状態を客観的に評した語であって、話者の感動までは暗示されていない。

↓潔く罪を認める彼の表情は気高かった。

✕ 奇跡《きせき》を見て彼は気高い気分になった。

また、神聖で厳粛《げんしゅく》である意味では「おごそか」にも似ているが、「おごそか」は他を圧倒する厳粛さを暗示し、「こうごうしい」に暗示されている気高さへの感動はない。

✕ こうごうしく開会宣言をする。

↓おごそかに開会宣言をする。

⇩「けだかい」「おごそか」

こうばしい［香ばしい・芳しい］Kôbashii

① しょうゆのこげる**こうばしい**香りに人が集まる。

② いれたてのコーヒーが**こうばしい**。

【解説】 飲食物を火で煎《い》ったよいにおいのする様子を表す。プラスイメージの語。「こうばしい」対象は飲食物であることが原則で、飲食できないもののよい香りについてはふつう用いない。

? 女の髪はこうばしいにおいがした。

↓女の髪はかぐわしいにおいがした。

花や植物などのあまいよい香りについては、「こうばしい」ではなく「かぐわしい」「かんばしい」を用いる。

✕ バラのこうばしい香り。

↓バラのかぐわしい(かんばしい)香り。

また、「こうばしい」で表されるにおいは具体的なものであって、抽象的に「香気《こうき》がある」という意味では用いられない。

✕ 芸術に彩《いろど》られたこうばしい生活。

↓芸術に彩られたかおりたかい生活。

火で煎ったにおいを表す語は他に「こげくさい」があるが、「こげくさい」は飲食物以外についても用いられ、よくないにおいである暗示があってマイナスイメージの語となる点が、「こうばしい」と異なる。

? 焼きすぎた肉がこうばしい。

↓焼きすぎた肉がこげくさい。

✕ 鍋《なべ》がこうばしい。

↓鍋がこげくさい。

⇩「かぐわしい」「かんばしい」「かおりたかい」「こげくさい」

こうるさい［小煩い］Kourusai

① 母は何にでもいちいち**こうるさく**注意する。

② 彼は神経質で**こうるさい**。

【解説】 人が細かいところにまで干渉《かんしょう》するのが不快な様

子を表す。マイナスイメージの語。「うるさい」の(2)に似ているが、わずらわしさをより侮蔑《ぶべつ》して表現する語であって、「うるさい」程度は低くはならない。

また、「こうるさい」には人が言葉によってこまごまと干渉するのがいやだというニュアンスがあり、人以外のものについてはふつう用いられない。

？ 顔のまわりを飛び回る蚊《か》がこうるさい。
→顔のまわりを飛び回る蚊がうるさい。
？ 前髪《まえがみ》が伸びてこうるさい。
→前髪が伸びてうるさい。

「こうるさい」は「うるさい」に比べると、人の性格全体を評するニュアンスが強く、その場その場のわずらわしさは暗示しないことが多い。

？ 遅く帰ったら、母がこうるさく小言《こごと》を言った。
→遅く帰ったら、母がうるさく(口うるさく)小言を言った。

また、「こうるさい」には「一家言もっている、精通《せいつう》している」という意味はない。

× 彼はインテリアにはこうるさい。
→彼はインテリアにはうるさい。

⇨「うるさい」「わずらわしい」「やかましい」「くちうるさい」

こぎたない・こきたない

［小汚い・小穢い］Kogitanai・Kokitanai

① そんな**こきたない**手をしてないで、洗いなさい。
② ガード下に並んでいる店は**こぎたなかっ**た。
③ 彼は**こぎたない**やり口で商売敵《しょうばいがたき》を蹴落《けお》とした。

【解説】 清潔でなくよごれている様子を表す(↔こぎれい)。マイナスイメージの語。単によごれているという客観的な状態を述べる語ではなく、よごれている状態を侮蔑《ぶべつ》する暗示があるので、「きたない」程度は低くはならない。①②のように具体的な物についてよごれているという意味で用いることが最も多く、③のようにやり口・手段などが卑劣《ひれつ》であるという意味に用いられるが、その他の抽象的な意味ではふつう用いられず、必ずしもすべての用法について「きたない」に対応するわけではない。

× 茶色のこぎたない色が好きだ。
× こぎたない話で恐縮ですが、……
× 彼の字はこぎたなくて読めない。
× 最近の子供は言葉づかいがこぎたない。
× 勝ち逃げなんてこぎたない。
× 彼は金にこぎたない。
× 彼は口がこぎたない。

「こぎたない」は、不潔な状態を侮蔑して表すという意味では「うすぎたない」に似ているが、「うすぎたない」よりもっと直接的で、「うすぎたない」に暗示されている嫌悪感《けんおかん》は少ない。

？こぎたない野郎《やろう》だ。
→うすぎたない野郎だ。

⇩「きたない」「きたならしい」「うすぎたない」

こきみよい・こきみがいい ［小気味好い・小気味が好い］Kokimiyoi・Kokimiga-ii

① 試合前バットからは**こきみよい**音がしていた。
② 切れ味のよい技《わざ》が**こきみよく**次々と決まった。
③ 彼の言動はすかっとしていて**こきみがいい**。
④ 彼女は男の失敗を**こきみよく**思った。

【解説】 物事に接して胸が爽快《そうかい》である様子を表す。ややプラスイメージの語。

①は、物の性質として、胸をすっとさせるような、気持ちがよいという意味である。「きもちよい」よりは爽快感が強く、よい結果を期待させるような頼もしさも暗示されている。

こきみよい音。（よい結果を暗示する）
気持ちよい音。（単純に音が快い）

②③は、行動ややり方などがあざやかで爽快である様子を表す。この意味のときは「あざやか」に近いが、「こきみよい」には「あざやか」に暗示されている感動がなく、単に爽快である主観的な心理を表現するにとどまる点が異なる。

また、「こきみよい」は一回の技術ややり方の結果について評することが多く、その技術の平均的水準を意味することは少ない。

？彼はこきみよい腕をもっている。
→彼は見事な腕をもっている。

④は相手の失敗に接して胸に爽快感を覚えるという意味で、対象への侮蔑《ぶべつ》の暗示がある。他人の不幸や失敗に接して精神的に快感を覚えるわけで、他人の幸福への嫉《しっ》妬《と》の心理（「ねたましい」などに表れている）のちょうど裏返しの、屈折した心理が表現されている。

⇩「きもちよい」「あざやか」「みごと」

こぎれい ［小奇麗］Kogirei

① 彼はいつになく**こぎれい**な身なりをしていた。
② 彼はボロ屋を**こぎれい**にかたづけていた。

【解説】 よごれがなく清潔で、整っている様子を表す（↔こぎたない）。ややプラスよりのイメージの語。単に清潔であるという客観的な状態を述べる語ではなく、言外《げんがい》に一定の規準を示して、「〜にしてはきれいだ」という相対的な清潔さを暗示するので、無条件で「きれい」と言っている場合と異なり、「きれい」の程度は相対的に低くなる。

①は、「彼」の平素《へいそ》の身なりに比べてさっぱりと清潔であるという意味であって（「彼にしてはきれいだ」という意味）、無条件に「きれいだ」と賞賛しているわけではない。②は、ふだんは散らかって乱雑である部屋を、いちおう清潔と言える状態にかたづけたという意味である。

相対的な清潔さといっても、「こぎれい」の指す清潔さには一定の基準があり、平均値よりは清潔でなければならない。したがって、汚いものどうしを比較する文中では、「こぎれい」は用いられない。

？ 公園のトイレより駅のトイレのほうがまだこぎれいだ。
↓公園のトイレより駅のトイレのほうがまだきれいだ。

また、「こぎれい」は具体的な清潔さについてのみ用いられ、「きれい」の(1)（美的である）、(3)（潔白《けっぱく》である）、(4)（完全に〜する）にあたる意味はない。

× 花壇《かだん》にこぎれいなコスモスが咲いた。
× この金はやましい金じゃない。こぎれいな金だ。
× むずかしい技をこぎれいに決める。
× 自分に都合の悪いことはこぎれいに忘れる奴だな。

⇨「きれい」

こぐらい ［小暗い・木暗い］ Kogurai

(1) ① 失恋した彼は**こぐらい**部屋から出てこなかった。
② 路地《ろじ》を曲がると、人通りのない**こぐらい**道になる。
(2) ① 木立《こだち》の鬱蒼《うっそう》と茂る**こぐらい**森の道。
② **こぐらい**林の中を一日中さまよっていた。

【解説】 明暗を表す形容詞。(1)（ふつう「小暗い」と書くもの）と(2)（ふつう「木暗い」と書くもの）の二つに分けられる。

(1) 少し暗い様子を表す。ややマイナスよりのイメージの語。相対的な暗さを暗示し、まわりの明るさに比べて暗いというニュアンスがある。ただし、一定の基準以下の暗さを意味するので、明るいものどうしを比較する文中では用いられない。

× 月は太陽よりこぐらい。↓月は太陽より暗い。

「こぐらい」は「うすぐらい」に似ているが、「うすぐらい」は光の量がややたりないことを客観的に表すニュアンスがあり、まわりの明るさとの比較は暗示されていない。全く同じ文脈で「こぐらい」と「うすぐらい」が用いられると、次のようなニュアンスの違いを生ずる。

こぐらい道になった。（それまでより暗くなった）
薄暗い道になった。（やや暗い道になった）

「こぐらい」は具体的な光のなさについてのみ用いら

れ、「くらい」の(2)(抽象的に晴れやかでない)、(3)(不正や犯罪が暗示される)、(4)(知識の量が少ない)という意味では用いられない。

× ぼくはこんなこぐらい音楽は好きじゃない。
× あの男にはこぐらい過去がある。
× 彼は入ったばかりで会社の内情にこぐらい。

(2) 木の葉や枝が茂って暗い様子を表す。プラスマイナスのイメージはない。実際に指す暗さの程度には幅があり、必ずしも一定の暗さを意味しない。文章語であって、日常会話にはあまり登場しない。

⇩「くらい」「うすぐらい」「ほのぐらい」

こげくさい ［焦げ臭い］ Kogekusai

① 台所が**こげくさい**と思ったら魚がこげていた。
② アイロンをのせっぱなしにしておいたら、ハンカチが**こげくさく**なってしまった。
③ この煮物は**こげくさい**味がする。

【解説】 物のこげたにおいがする様子を表す。ややマイナスイメージの語。具体的なにおいについて(①②)用いるのが最も一般的であるが、こげくさいような味についても(③)用いることがある。

「こげくさい」で表されるにおいは、日常生活においてこげることが想定《そうてい》される物がこげた場合に発生するにおいであって、こげることが想定されていない物がこげた場合には、ふつう「きなくさい」を用いる。

? 爆発現場の化学実験室は一夜《いちや》明けてもまだこげくさい。
→爆発現場の化学実験室は一夜明けてもまだきなくさい。

物がこげたにおいを意味する点で、「こげくさい」は「こうばしい」にも通ずるが、「こうばしい」は飲食物がこげたにおいを好ましいものととらえており、プラスイメージの語になっている点が、「こげくさい」と異なる。

妻「御飯がこげくさくてごめんなさい」(－)
夫「いや、こうばしくておいしいよ」(＋)

「こげくさい」は、物が実際にこげる具体的なにおいについてのみ用いられ、抽象的な意味はもたない。

× 彼の話はなんとなくこげくさい。
→彼の話はなんとなくきなくさい(うさんくさい)。
× あの二人、最近どうもこげくさいね
→あの二人、最近どうもきなくさい(あやしい)ね。

⇩「きなくさい」「うさんくさい」「あやしい」「－くさい」

ここちよい ［心地好い］ Kokochiyoi

① 海岸の涼風《すずかぜ》が**ここちよい**。
② 彼の声は**ここちよく**彼女の耳元をくすぐった。

【解説】 精神的に快感を覚える様子を表す。プラスイメージの語。ややかたい文章語で、日常会話にはあまり登場しない。

「ここちよい」は、肉体的・物理的に快感を覚えるというニュアンスではなく、その快感によって精神的に快適さを覚えるという暗示がある。したがって、肉体的・物理的な快感そのものを指す場合にはあまり用いない。

？ 耳の後ろをかいてやると、犬は心地好さそうに目を細めた。

→耳の後ろをかいてやると、犬は気持ちよさそうに目を細めた。

また、「ここちよい」は具体的な快適さについてのみ用いられ、そのような快適さを与える人や物事の性質については用いられない。

× 彼は心地好い人です。→彼は気持ちのいい人です。

× 彼は頼み事をいつも心地好く引き受けてくれる。

→彼は頼み事をいつも気持ちよく(快く)引き受けてくれる。

「ここちよい」は「きもちよい」に似ているが、「きもちよい」は肉体的・精神的を問わず、快感一般を表す点で異なる。また「こころよい」にも似ているが、「こころよい」のほうが日常語的で、快適さを与える人や物事の性質についても用いられる。

⇩「きもちよい」「こころよい」

こころぐるしい［心苦しい］Kokorogurushii

① 御招待をお受けできず**こころぐるしい**限りです。

② 大家《おおや》さんにはいつも厄介《やっかい》をかけていて、**こころぐるしく**思っていたところだ。

③ こんなことをお願いするのはまことに**こころぐるしい**のですが、三万円ばかりお貸しいただけませんか。

【解説】 相手にすまないと思って気がとがめる様子を表す。ややマイナスイメージの語。主観的な心理を表す語ではあるが、その前提として相手からこうむる恩《おん》、相手にかける迷惑《めいわく》など、「義理《ぎり》」の関係が存在する。「こころぐるしい」は相手から義理を負《お》ったままでいるのが不快であるという意味であって、日本文化に特徴的な語である。

義理とは社会的な人間関係であり、これは日本文化においては個人の希望に優先するから、何をおいてもこの義理に報《むく》いねばならない。したがって、そういう義理を負ったままの状態でいることは、本人にとって非常な負担である(その義理をいちいち返そうとする様子を表すのが、「ぎりがたい」である)。

ただし、実際の社会生活上においては、相手の好意や相手にかける迷惑を義理として認識していることを示せば(つまり義理を感じ、その義理を返そうという意志があることを示せば)、具体的な返報《へんぽう》の行為に出なくてもすむ場合が往々にしてある。それが「こころぐるしい」と相手に表明することの意味なのである。したがって、「こころぐるしい」は相手から恩を受けたとき(①)、相手に迷惑をかけたとき(②)、またはこれからかけるとき(③)の挨拶語《あいさつご》として用いることもできる。

「こころぐるしい」は「すまない」に似ているが、「すまない」のほうが相手に負っている負担感が強く、なんらかの返報の行為に出ることが暗示されている点が、心理を表明したにとどまる「こころぐるしい」とニュアンスの点で異なる。

迷惑をかけて心苦しい。(つらいと思う)
迷惑をかけてすまない。(実際の謝罪《しゃざい》の挨拶語)

⇩「すまない」「ぎりがたい」「くるしい」

こころづよい ［心強い］ Kokorozuyoi

① あなたがついてきてくれるなら**こころづよい**わ。
② 彼のたびたびの助言を**こころづよく**思った。

【解説】 頼りにできるものがあって、安心な様子を表す(↔こころぼそい)。ややプラスイメージの語。例のように述語として用いることが多く、名詞にかかる修飾語としてはあまり用いられない。

主将の口から心強い言葉を聞くことができた。
→主将の口から頼もしい言葉を聞くことができた。

「こころづよい」は「たのもしい」に似ているが、「たのもしい」は頼りになりそうな状態を客観的に表すニュアンスがあり、頼りになりそうな物に接して安心している様子を暗示する「こころづよい」とは異なる。

？ 彼の将来の抱負《ほうふ》はなかなか心強い。
→彼の将来の抱負はなかなか頼もしい。

また、「こころづよい」は「ちからづよい」にも似ているが、「ちからづよい」には安心の暗示が少ない。

？ あなたがついてきてくれるなら力強いわ。

⇩「たのもしい」「ちからづよい」「きづよい」「こころぼそい」「つよい」

こころない ［心無い］ Kokoronai

① **こころない**子供のいたずらで、花壇《かだん》はめちゃくちゃになった。
② **こころない**人々の何気ない一言が差別を生む。
③ 彼女は世間の**こころない**仕打ちに耐えて育った。
④ きれいにはいた石庭《せきてい》に足跡《あしあと》をつけるなんて、**こころない**にもほどがある。

【解説】 人間として当然もっているべき心をもっていな

い様子を表す(↔こころある)。マイナスイメージの語。①〜③のように「こころない□□」という名詞にかかる修飾語として用いられることが最も多く、④のように述語になることもあるが、その他の修飾語として用いられることはまれである。

? 彼の行為は心なく恥ずかしい。
→彼の行為は思慮がたりず恥ずかしい。

「こころない」が指す「心」とは、さまざまの意味をもつ抽象度の高い語であって、その意味には、思慮・分別①、他人への思いやり②、愛情③、風流・情趣《じょうしゅ》を解《かい》する気持ち④などがある。これらの「心」をもっていることが理想的な人間なのであって、理想的人間の条件として「他人への思いやり」や「風流・情趣を解する気持ち」が含まれているのは、きわめて日本的でおもしろい。

「こころない」は、人間(日本人)として理想的でない人や行為を表すという点では「なさけない」にも似ているが、「なさけない」はそういう人や行為に対する概嘆《がいたん》の暗示が強く、状態を客観的に述べる「こころない」とはニュアンスの上で異なる。

× 人を押しのけて自分が先にバスに乗るだなんて、心ない話だ。
→人を押しのけて自分が先にバスに乗るだなんて、情けない話だ。

⇩「なさけない」

こころにくい［心憎い］Kokoronikui

① 彼女は**こころにくい**ほど落ち着きはらっていた。
② 彼女の接待には**こころにくい**配慮が感じられた。
③ さりげない花活《はない》けがなんとも**こころにくい**。

【解説】 人の行為や配慮などが非常にすぐれていて、嫉《しっ》妬《と》してしまう様子を表す。ややプラスイメージの語。賞賛を意味する語ではあるが、無条件で素直にすばらしいと言うのではなく、自分が相手を憎くなるほどにすばらしいという屈折した表現の形をとっている語である。すぐれたものに対して、率直に賞賛の気持ちを表明せず、屈折した心理をいだくのは日本文化の一つの特徴と言ってよい(「おたかい」「きざ」「こきみよい」「ねたましい」などにも表れている)。

「こころにくい」の指すすばらしさには客観的な基準はない。それを見たり聞いたりする人の主観的な感動を表すだけであるので、見方によっては「こころにくい」とは見ないこともある。

「こころにくい」は「ねたましい」に似ているが、「ねたましい」は相手のすぐれている様子に接していだく憎《ぞう》悪《お》にポイントがあり、賞賛にポイントのある「こころにくい」とは異なる。

×　彼女の接待にはねたましい配慮が感じられた。

⇩「ねたましい」「すばらしい」

こころにもない［心にも無い］Kokoronimo-nai

①　**こころにもない**冗談で彼女を傷つけてしまった。

②　**こころにもない**ことを申し上げました。

③　彼は上役《うわやく》の息子に**こころにもなく**お世辞を言う。

【解説】　本心からでない行為をする様子を表す。ややマイナスイメージの語。例のように他の語にかかる修飾語として用いられ、述語になることは少ない。

？　その冗談は心にもなかった。

「こころにもない」の指す「心」が話者の本心を意味する場合は①②、（相手を傷つけたのは）自分の本意ではないという弁解《べんかい》や反省の暗示を含む。第三者の本心を意味する場合には③、その人の本心からでない行為を見たり聞いたりしている話者の不快の暗示を含む。

「こころにもない」は「こころない」に似ているが、「こころない」が理想的な人間としてもっているべき「心」の欠如《けつじょ》を暗示するのに対して、「こころにもない」は本心が別のところにあることを知っている話者の、自分または第三者の行為についての感想である点が異なる。全く同じ文脈で「こころにもない」と「こころない」が用いられると、次のようなニュアンスの違いを生ずる。

心にもない仕打ち。（本心ではない…悪意はない）

心ない仕打ち。（思慮がない）

⇩「こころない」

こころぼそい［心細い］Kokorobosoi

(1)①　一人暮らしは**こころぼそく**なることがある。

②　外国で病気になるとは、どんなに**こころぼそかっ**たことだろう。

(2)①　その計画の前途《ぜんと》は**こころぼそい**ありさまだった。

②　月末になるといつもふところが**こころぼそく**なる。

【解説】　(1)　頼りにできるものがなく、不安な様子を表す（↔こころづよい）。ややマイナスイメージの語。

「こころぼそい」は「さびしい」に似ているが、「さびしい」には「こころぼそい」にある不安の暗示がない。

×　彼女は心細く笑った。→彼女は寂しく笑った。

また、「こころぼそい」は「たよりない」にも似ているが、「たよりない」は状態を客観的に述べた語であって、頼りなく不安な心理を述べるニュアンスのある「こころぼそい」とは異なる。

×　君のように心細い男に娘はやれない。

→君のように頼りない男に娘はやれない。

(2)　(1)から進んだ意味で、貧弱《ひんじゃく》で頼りにならない様子を表す。ややマイナスイメージの語。物の状態について用いられる。①は前途にあまり希望がもてそうもない状態だという意味、②は所持金が乏《とぼ》しくなるという意味である。

この「こころぼそい」は「こころもとない」に近いが、「こころもとない」は頼りない状態に対する危惧《きぐ》や懸念《けねん》が強く暗示されるのに対して、「こころぼそい」はやや客観的で危惧感も少ない。全く同じ文脈で「こころぼそい」と「こころもとない」が用いられると、次のようなニュアンスの違いを生ずる。

心細い返事。（あまり期待できそうにない）

心許ない返事。（ほんとうに大丈夫か心配だ）

⇨「さびしい」「たよりない」「こころもとない」

こころもとない［心許無い］**Kokoromotonai**

① どうも彼の返事は**こころもとない**。

② 留守番が子供というのは**こころもとない**限りだ。

③ 友人を招いて宴会をしたいが、金のほうが**こころもとない**。

④ 彼女の車の運転は**こころもとない**。

⑤ 彼は**こころもとない**手つきでパソコンをいじる。

【解説】 頼りなくて不安な様子を表す。ややマイナスイメージの語。不安な心理についても(①②)、人を不安にさせるような物の状態についても(③~⑤)用いられる。①②は頼りなくて心配だという意味、③は金がたりない感じで不安だという意味である。④⑤は③から一歩進んだ意味で、「自信がなさそうで不安だ」という様子を表す。

「こころもとない」は「こころぼそい」に似ているが、「こころぼそい」より不安感や危惧感《きぐかん》が強く、黙って見ていられないという心理を往々にして伴《ともな》う。

また、「たよりない」にも近いが、「たよりない」は状態を客観的に述べるニュアンスがあるのに対して、「こころもとない」ではその状態によって受ける心理にポイントのある点が異なる。

？ 心許ない男。→頼りない男。

④⑤の意味の「こころもとない」は「あぶなっかしい」にも近いが、「あぶなっかしい」では具体的な危険に対する不安の暗示があり、自信がなさそうだというニュアンスはない。全く同じ文脈で「こころもとない」と「あぶなっかしい」が用いられると、次のようなニュアンスの違いを生ずる。

彼は心許ない手つきで包丁《ほうちょう》を握った。

（自信がなさそうに見える）

彼は危なっかしい手つきで包丁を握った。

（今にも手を切りそうだ）

⇨「こころぼそい」「たよりない」「あぶなっかしい」「おぼつかない」

こころやすい［心安い］Kokoroyasui

① 彼女とは**こころやすく**つきあっています。
② 旅行の帰途《きと》、**こころやすい**友人の家に寄る。
③ 君には何でも**こころやすく**頼めるからありがたい。
④ 万一のときは私が責任をもちますから、どうぞお**こころやすく**お思いになってください。

【解説】 気心が知れていて安心な様子を表す。ややプラスイメージの語。①②は気心が知れている結果、懇意《こんい》にしているという意味。③は気軽で気安いという意味。④は「こころやすく思う」（しばしば命令や希望の表現になる）という形で用いられ、安心するという意味である。

「こころやすい」は「きやすい」によく似ていて、多くの場合同じように使われるが、「きやすい」がどちらかといえば、問題となる事柄について深く考えていないというニュアンスをもつのに対して、「こころやすい」は安心しているというニュアンスをもつという違いがある。したがって、全く同じ文脈で「こころやすい」と「きやすい」が用いられた場合には、次のようなニュアンスの違いを生ずる。

心安く頼む。（安心して任せられる）
気安く頼む。（深く考えずに任せる）
彼には心安く近づかないほうがいい。（彼は油断がならない）
彼には気安く近づかないほうがいい。（彼に対して失礼になるかもしれない）

親しいという意味の「こころやすい」は「きがる」や「きさく」にも近いが、「きがる」は負担に思うことがないというニュアンスがあり、「こころやすい」にある安心の暗示はない。また、「きさく」は対象の客観的な親しみやすさを暗示するニュアンスがあり、主体の感じる心理としての親しみやすさを表す「こころやすい」とは区別される。

？ どうぞ、お心安くお申し出ください。
→どうぞ、お気軽にお申し出ください。
× 彼は心安い人柄だ。→彼は気さくな人柄だ。

⇨「きやすい」「きがる」「きさく」

こころよい［快い］Kokoroyoi

(1)① ドラムの**こころよい**リズムで踊る。
② 誰もいない午後、**こころよい**昼寝をむさぼる。
③ 潮風《しおかぜ》が**こころよく**肌をなでていく。
④ 風鈴《ふうりん》のすずしげな音が耳に**こころよい**。

(2)① 彼はぼくの頼みを**こころよく**引き受けてくれた。

② 君の受賞を**こころよく**思っていない人もいる。

【解説】(1) 精神的に快感を覚える様子を表す。プラスイメージの語。「こころよい」は、おもに精神的に快適だというニュアンスがあり(①②)、肉体的・物理的な快感を意味すること(③④)は多くなく、精神的な快適さが肉体の快感に反映しているような状況で用いられることが多い。④がその例で、「耳にこころよい」という慣用句で用いられ、聞いてさわやかなよい気持ちになるという意味を表す。

肉体的・物理的な快感そのものを表す場合には、「きもちよい」を用いることが多い。

? 背中をかいてもらうと快い。
→背中をかいてもらうと気持ちよい。

「こころよい」は「ここちよい」にも近いが、「ここちよい」のほうが文章語的で、用法が狭い。

(2) 「こころよく～」という動詞にかかる修飾語の形で用いられ、「不愉快《ふゆかい》でなく」「喜んで」という意味を表す。プラスイメージの語。この場合は、行為のしかたが人に快さを感じさせるという意味になり、行為者が実際に不快を感じていないかどうかには関係しない。したがって、次のような文脈も成り立つ。

○ いやな仕事だったが、恩師《おんし》の頼みだから快く引き受けた。

「きもちよい」にも似た用法があるが、「きもちよい」では、快感の主体が行為者かそれを受ける側かについての言及《げんきゅう》がなく、どちらの場合にも用いられる。したがって、行為者が喜んで自発的に行為をする場合には、「こころよい」でなく「きもちよい」を用いる。

× 従業員が快く働ける職場を作る。
→従業員が気持ちよく働ける職場を作る。

②はしばしば「こころよく思っていない」という形の慣用句になり、内心不愉快である、ねたんでいるという意味になる。自分よりすぐれたもの、またはよい待遇を受けた者に対して嫉妬《しっと》する、屈折した心理を表す表現としてよく用いられる。

⇩「きもちよい」「ここちよい」

こころよわい ［心弱い］ Kokoroyowai

① 彼は**こころよわい**男で、飛び出した女房《にょうぼう》を実家へ迎えに行った。

② 相手のすごい剣幕《けんまく》に、**こころよわく**も妥協《だきょう》してしまった。

【解説】 感情的で意志が弱い様子を表す。ややマイナスイメージの語。①のように人の性格全体を表すことは少なく、ある行為にうかがわれるその人の、情に流される意志の弱さを暗示することが多い(②)。

「こころよわい」は「きよわ」に似ているが、「きよわ」が性格や意志の弱さを強調するニュアンスがあるのに対して、「こころよわい」は情におぼれるというニュアンスがあり、人の性格全体を評することは少ない点が異なる。

? 父は大病《たいびょう》してから心弱くなった。

→父は大病してから気弱になった。

⇨「きよわ」

こざかしい［小賢しい］**Kozakashii**

(1)① 子供のくせに**こざかしい**口をきく奴だ。

② 彼女の**こざかしい**出過ぎた振舞いが、社内の顰蹙《ひんしゅく》を買った。

(2)① 遺産相続《いさんそうぞく》に際して、彼は**こざかしく**立ち回った。

② 奴は**こざかしい**手を使ってうまいこともうけた。

【解説】 (1) 自分の分を超えてりこうぶった振舞いをする様子を表す。マイナスイメージの語。りこうだ、賢《かしこ》いという意味ではなく、本来その人に要求される賢さを超えていることを不快に思うというニュアンスがある。したがって、同じことをしても「こざかしい」と感じるかどうかは見る者の目によるわけで、きわめて主観的である。つまり、「こざかしい」は状態を客観的に評する語ではなく、見る者の不快な心理を表現する語だと言える。

自分の分を守り、それを超えないような行動をすることを日本文化ではプラスに評価するので、結果としてその行動が賞賛に値するものであったとしても、自分の分を超えて行動すること自体は嫌悪《けんお》すべきこととなる。「こざかしい」は、自分の分を超えて賢く行動することを侮《ぶ》蔑的《べってき》に評する語で、日本文化ならではの語だと言える。

「こざかしい」は「こりこう」や「なまいき」に似ているが、「こりこう」のほうが嫌悪感が少なく、やや客観的である。また「なまいき」は、「こざかしい」より侮蔑のニュアンスが強く、行動だけでなく性格全体を評することができる。全く同じ文脈で「こざかしい」と「こりこう」「なまいき」が用いられると、次のようなニュアンスの違いを生ずる。

こざかしい奴だ。（気にさわることをする奴だ）

こりこうな奴だ。（変に知恵のまわる奴だ）

なまいきな奴だ。（でしゃばりだ）

(2) 悪知恵が働き、抜けめない様子を表す。マイナスイメージの語。ただし、この場合も行動のしかたが分を超えていて、結果として利益を得たときに用いられ、対象に対する侮蔑のニュアンスがある。

この「こざかしい」は「ずるい」や「ぬけめない」に似ているが、「ずるい」は狡猾《こうかつ》であることを客観的に述べるニュアンスがあり、「ぬけめない」では狡猾であることへの嫌悪の暗示があるのに対して、「こざかしい」では分を超えている者への侮蔑の暗示がある点が異なる。

× 自分ばかりいい思いをするなんてこざかしい。
→自分ばかりいい思いをするなんてずるい。

× 彼はこざかしく大臣に名刺を差し出した。
→彼は抜けめなく大臣に名刺を差し出した。

⇩「こりこう」「さかしい」「なまいき」「ずるい」「ずるがしこい」「ぬけめない」「わるがしこい」

こすい［狡い］Kosui

① あの人はこすくていやだ。
② 彼は寄付の上前《うわまえ》をはねるようなこすい奴だ。
③ 彼はこすいから付き合いはめったにしない。

【解説】 狡猾《こうかつ》で自分に有利に立ち回るのが不快な様子を表す。マイナスイメージの語。例のように述語となるか、名詞にかかる修飾語として用いられることが多く、動詞にかかる修飾語として用いられることは少ない。

? 彼はこすく立ち回った。
→彼はずるく立ち回った。

「こすい」は「ずるい」に近いが、「こすい」では利《り》にさとい様子が暗示され、単なる悪賢《わるがしこ》さを意味しない。

③は①②から進んだ意味で、利にさといところから、消費を渋る、けちであるという意味になる。ただし、「けち」や「けちくさい」よりも狡猾の暗示が強く出る。

? 彼はこすいから、人に教えることはしない。
→彼はけちだから、人に教えることはしない。

⇩「ずるい」「けち」「けちくさい」「こすっからい」

こすっからい［狡っ辛い］Kosukkarai

① あの子はこすっからいから遊んじゃいけません。
② 自分ばかりもうけようだなんて、ずいぶんこすっからい考えだこと。

【解説】 狡猾《こうかつ》で自分に有利に立ち回るのが不快な様子を表す。マイナスイメージの語。俗語的であって、日常会話中心に用いられる。「こすい」の意味がより強調され、さらに不快感の強い表現となっている。

⇩「こすい」

こずるい［小狡い］Kozurui

① 自分だけ義務を免《まぬが》れようとするこずるい態度は許せない。
② 彼はこずるく立ち回って大もうけした。

【解説】 抜けめなく自分だけ利益を得るのが不快な様子を表す。マイナスイメージの語。人の性格全体をも、行為に表れた狡猾《こうかつ》さをも表す。「ずるい」に似ているが、「ずるい」よりももっと対象に対する侮蔑《ぶべつ》の暗示が強い。

⇩「ずるい」「ぬけめない」

こそっぱい Kosoppai

(1)① クッキーは**こそっぱい**から好きでない。
② 熱のあるときはなんとなく口が**こそっぱい**。
(2)① あの人とはどうも**こそっぱい**。
② 発言を無視されて彼はこそっぱい顔をした。

【解説】(1) 物の表面が乾《かわ》いていて、摩擦《まさつ》を感じる様子を表す。ややマイナスイメージの語。俗語的な語であって、日常会話中心に用いられる。具体的な物の表面の乾燥感にも(①)、それを感じる人の状態にも(②)用いられる。②の「口がこそっぱい」は慣用句で、口が乾いてひっかかるような感じで、食べ物がうまくないという意味である。「口がまずい」と同じような意味で用いられるが、もっと直接的・感覚的で、乾燥感や抵抗感が強調される表現になっている。

「こそっぱい」は「ざらっぽい」に似ているが、「ざらっぽい」には乾燥感の暗示がない。

？ 手さぐりしていたら、こそっぱい壁が触《ふ》れた。
→手さぐりしていたら、ざらっぽい壁が触れた。

(2) (1)から一歩進んで、人間関係に摩擦を感じてうまくいかない様子を表す。ややマイナスイメージの語。客観的にうまくいかないという意味ではなく、うまくいかないと感じる人の主観的な表現になっている。

この「こそっぱい」は「きまずい」に近いが、「きまずい」は「こそっぱい」より客観的で、交流しようとする意志の欠如《けつじょ》を暗示するが、「こそっぱい」はうまくいっていない状態を感覚的に暗示するだけで、原因までは言及《げんきゅう》していない。

⇨「まずい」「ざらっぽい」「きまずい」

こそばゆい Kosobayui

(1)① 大勢の前でほめられて、なんとなく**こそばゆい**。
② **こそばゆい**気持ちで感謝状を受け取った。
(2)① 背筋が**こそばゆい**。

【解説】(1) 内心をくすぐられる感じで、気恥ずかしい様子を表す。ややプラスよりのイメージの語。関西方言から共通語化した語で、日常会話中心に用いられる。人前でほめられたり、光栄な思いをしたりするときの気持ちを表す語で、「くすぐったい」とほぼ同じような意味で用いられる。

(2) むずむずして笑い出したいような様子を表す。プラスマイナスのイメージはない。からだの敏感《びんかん》な部分をくすぐられて起こる感覚を表す。ただし、この具体的な意味のときには「こそばゆい」はあまり用いられず、「くすぐったい」のほうを用いる傾向がある。

背筋がこそばゆい。→背筋がくすぐったい。

⇩「くすぐったい」

こたえられない［堪えられない］Kotaerarenai

① 湯上がりに冷えたビールは、**こたえられない**うまさだね。

② 作れば作っただけどんどん売れるんだから、**こたえられない**よ。

【解説】　動詞「こたえる」の打消し。最高によい様子を表す。プラスイメージの語。日常会話で多く用いられ、かたい文章中ではあまり用いられない。例のように、名詞にかかる修飾語（①）、または述語（②）として用いることが多く、その他の修飾語になることは少ない。

　最高によいと言っても客観的によいという意味ではなく、それを経験した人の感想として最高だ、たまらないと言っているので、きわめて主観的な表現になっている。

　「こたえられない」は「たまらない」にも近いが、「たまらない」は我慢できない状態を主観的に述べるだけで、それが好ましい状態か好ましくない状態かについては制限がないのに対して、「こたえられない」は好ましい状態にかぎって用いられる点が異なる。

× 金目《かねめ》の物を次々に持ち出されてはこたえられない。

→金目の物を次々に持ち出されてはたまらない。

⇩「たまらない」

こだかい［小高い］Kodakai

① 家の裏手は**こだかい**丘になっている。

② あの霊園《れいえん》は**こだかく**て見晴らしがよい。

【解説】　おもに土地が周囲より少し高くなっている様子を表す。プラスマイナスのイメージはない。「こだかく」なっている場所は、丘や高台など頂上に一定の広さが必要で、人為的《じんいてき》に土を一か所に積み上げたものなど、山状のものについては用いない。

× 工事現場には残土《ざんど》が小高く積んである。

→工事現場には残土がうず高く積んである。

⇩「うずたかい」「かさだかい」「たかい」

ごつい Gotsui

① その男は**ごつい**手を差し出した。

② 彼は顔は**ごつい**が、性質はやさしい男だ。

③ 彼は風流など解《かい》さない**ごつい**男だ。

【解説】　かどばって堅く、頑丈《がんじょう》な様子を表す。ややマイナスイメージの語。①のように、外見の物理的な堅さやかどばった様子を表すのが、最も一般的な意味である。②は顔の輪郭がごつごつしているという意味である。③はこれらから一歩進んで、性質などが無骨《ぶこつ》で垢抜けしないという意味になる。ただし、③のように比喩的《ひゆてき》な意味ではあまり用いられない。

「ごつい」は「いかつい」に似ているが、「いかつい」は外見のみならず、妥協のない強硬な態度や雰囲気を表す場合にも用いられる。

？ 彼は最後までごつい態度をくずさなかった。

→彼は最後までいかつい態度をくずさなかった。

「ごつい」は「かどかどしい」にも似ているが、「かどかどしい」はおもに女性の片意地《かたいじ》を張る性格などについて用いられ、「ごつい」の外見の堅さを暗示する表現と異なる。

？ 彼女はごつい性格で扱いにくい。

→彼女はかどかどしい性格で扱いにくい。

⇨「いかつい」「かどかどしい」「かたい」

こっぴどい［小酷い］Koppidoi

① 彼は論敵《ろんてき》を**こっぴどく**やっつけた。

② 今に見てろ。**こっぴどい**目にあわせてやる。

【解説】 はなはだしくひどい様子を表す。ややマイナスイメージの語。俗語的で日常会話にかぎって用いられ、文章中ではふつう用いられない。①のように、動詞にかかる修飾語として用いるのが最も一般的で、②のように「こっぴどい目にあわせる」という慣用句を作る用法もある。原則として述語にはならない。

× 彼の仕打ちはこっぴどかった。

→彼の仕打ちはあまりにもひどかった。

「こっぴどい」は「ひどい」に比べて主観的・感情的で、実感がこもっている表現になっている。「てひどい」にも似ているが、「てひどい」は対象の受ける被害に視点があり、被害者意識の暗示されている点が「こっぴどい」と異なる。

⇨「ひどい」「てひどい」「きびしい」「てきびしい」

こづらにくい［小面憎い］Kozuranikui

① 君はいちいち**こづらにくい**口のききようだな。

② 彼の、人もなげな態度はなんとも**こづらにくい**。

③ 奴は**こづらにくい**ほど落ち着きはらっていた。

④ A君の**こづらにくい**所がかわいいのよ。

【解説】 顔を見ると癪《しゃく》にさわるような様子を表す。ややマイナスイメージの語。嫌悪《けんお》を表す語ではあるが、単純に憎いと言っているのではなく、具体的な言動に接して癪にさわるというニュアンスであるので、嫌悪感は強くない（④のように「こづらにくさ」が好まれる場合もある）。また、「こづらにくい」には対象を侮蔑《ぶべつ》するニュアンスがあり、はっきり目上とわかっている人に対しては用いられない。

× えこひいきする先生が小面憎い。

↓えこひいきする先生が憎い（嫌いだ）。

「こづらにくい」は「こなまいき」に似ているが、「こなまいき」ほど嫌悪も侮蔑も強くなく、一目《いちもく》置いている気持ちも暗示されている。

小面憎い口をきく。
（もっともな点もある）
小生意気な口をきく。
（内容の如何《いかん》によらず生意気だ）

また、「こづらにくい」は「こにくらしい」にも似ているが、「こにくらしい」はおもに子供や目下の者の言動についての嫌悪を暗示するのに対して、「こづらにくい」では同等以下の者が殊勝《しゅしょう》な言動をした場合に用いられることが多い。

小面憎い態度。（不敵だ）
小憎らしい態度。（生意気だ）

⇨「こなまいき」「こにくらしい」「つらにくい」

ことあたらしい［事新しい］Kotoatarashii

(1)① 政治の腐敗《ふはい》については、**ことあたらしく**言うまでもないことだ。
② 役員は互選《ごせん》で決まるから、人選の方法を**ことあたらしく**検討するまでもない。
(2)① 平凡な毎日に**ことあたらしい**ことなど何もない。

【解説】 今までにない様子を表す。プラスマイナスのイメージはない。

(1) 「ことあたらしく〜するまでもない」という動詞に呼応する慣用句の形で用いられ、「あらためて〜する必要はない」「今さらのように〜する必要はない」という意味を表す。かなり客観的な表現になっていて、行為の意図には言及《げんきゅう》しておらず、悪意のニュアンスはない点が「わざとらしい」などと異なる。

(2) (1)以外の用法。今までにない様子を表す。ただし、(2)は現在ではあまり用いられない。

⇨「わざとらしい」「あたらしい」

ことごとしい［事々しい］Kotogotoshii

① 彼はつまらないミスを**ことごとしく**言いたてた。
② 臆病《おくびょう》な人ほど**ことごとしく**騒ぎたてる。

【解説】 いかにも重大であるような様子を表す。ややマイナスイメージの語。例のように「ことごとしく〜する」という動詞にかかる修飾語として用いられる。

重大であるとは言っても、実際に重大で深刻であるかどうかには関係せず、後に続く行為のしかたが「いかにも重大でありそうな」という意味である。

「ことごとしい」は「ぎょうぎょうしい」に似ているが、「ぎょうぎょうしい」がおおげさな状態を客観的に暗示するのに対して、「ことごとしい」ではおおげさに行為することについての意図（悪意）の暗示のある点が異なる。

✕ かすり傷にことごとしく包帯を巻く。
→かすり傷に仰々しく包帯を巻く。

また、「ことごとしい」は「わざとらしい」にも似ているが、「わざとらしい」は行為の意図に視点のある表現であるのに対して、「ことごとしい」は重大事であることをよそおうという暗示のある点が異なる。全く同じ文脈で「ことごとしい」と「わざとらしい」が用いられると、次のようなニュアンスの違いを生ずる。

ことごとしく言いたてる。
（重大であるかのように問題にする）
わざとらしく言いたてる。
（故意に問題にする）

⇨「ぎょうぎょうしい」「わざとらしい」「ものものしい」

ことこまか［事細か］Kotokomaka

① 係員は操作方法について**ことこまか**に説明した。
② 監督は試合に臨んで**ことこまか**な注意を与えた。

【解説】 細かいところまで及んでいる様子を表す。プラスマイナスのイメージはない。例のように、他の語にかかる修飾語で用いられることが多く、述語になることは少ない。

？ 彼の説明はことこまかだった。
→彼の説明は詳細に及んでいた。

「ことこまか」は「こまか」「こまかい」よりもさらに細部を一つ一つ取り上げるニュアンスがある。「ことこまか」が説明する状況は、説明・注意など、一つ一つ理知的に取り上げて問題にできるものであることが多く、感情や雰囲気など情緒的《じょうしょてき》な事柄はとりにくい。

？ 恋人への慕情《ぼじょう》をことこまかに描写する。
→恋人への慕情をこまやかに描写する。

「ことこまか」は「くわしい」に似ているが、「くわしい」が細部にまでゆきとどかせる意図や感覚に視点があり、ややプラスよりのイメージの語であるのに対して、「ことこまか」はもっと客観的で、プラスマイナスのイメージはない。

✕ ことこまかなことはよくわからなかった。
→詳しいことはよくわからなかった。

⇨「こまかい」「こまやか」「くわしい」

こどもっぽい［子供っぽい］Kodomopoi

① 男にはいくつになっても**こどもっぽい**ところがあるものだ。
② 彼女の笑い顔は**こどもっぽい**。
③ いい年をしてそんな**こどもっぽい**考え方では困る。

④ この服は**こどもっぽく**て私には似合わない。
⑤ 彼女の**こどもっぽい**話し方がかわいらしい。

【解説】 いかにも子供のように見える様子を表す(↔おとなっぽい)。プラスマイナスのイメージはない。「～ぽい」は「いかにも～のように見える」という意味の、形容詞を作る語尾。大人について用いられ、子供について用いられることはない。

× 彼女の三歳の息子はまだ子供っぽい。
→彼女の三歳の息子はまだ幼い。

「こどもっぽい」は大人のもつ幼児性のさまざまな要素(未熟さ、わがままさ、純真さ、素直さなど)を総合的に述べる語であって、客観的に幼児性を述べる場合(①②)、幼児性のマイナス面を述べる場合(③④)、プラス面を述べる場合(⑤)がある。

「こどもっぽい」は「おさない」に似ているが、「おさない」には年齢が低いことを表す意味もあって、子供についても用いられるが、「こどもっぽい」は子供については用いられない。また、大人の幼児性を「おさない」で表した場合には、マイナス面が強調される。

× 社長は年に似ず幼くてかわいい。
→社長は年に似ず子供っぽくてかわいい。

また、「あどけない」にも似ているが、「あどけない」は子供や女性の純粋で無邪気な様子を暗示し、プラスイメージの語であるのに対して、「こどもっぽい」はもっと用法が広い。

× 老婆はあどけない笑顔を見せた。
→老婆は子供っぽい(純真な)笑顔を見せた。

⇨「おさない」「あどけない」「いとけない」「たわいない」「がんぜない」「おとなっぽい」「－ぽい」

こなまいき［小生意気］Konamaiki

① **こなまいき**な口をきく奴だ。
② 最近の女子大生は**こなまいき**だ。

【解説】 いかにも生意気であるのが不快な様子を表す。マイナスイメージの語。例のように「こなまいきな□□」という名詞にかかる修飾語か、述語で用いられることが多く、動作にかかる修飾語になることは少ない。

彼は小生意気に反論してきた。
→彼は小生意気にも反論してきた。

「生意気」とは、目下と見られる者が分を超えた言動を行う状態に対する不快な感想であって、自分の分を守り、それを超えないような行動をすることをプラスに評価する日本文化ならではの語である。

「こなまいき」は「なまいき」をさらに侮蔑《ぶべつ》して言うニュアンスがあり、嫌悪《けんお》も暗示されている。また、個々の行動についても、性格全体についても用いられる。

「こなまいき」は「こざかしい」や「こりこう」に似ているが、「こざかしい」や「こりこう」では分を超えた賢《かしこ》い行動が不快だというニュアンスがあるのに対して、「こなまいき」では行動の内容については言及《げんきゅう》せず、もっと一般的な嫌悪感を表す点が異なる。

？ 彼は交渉に際して小生意気な手を使った。

→彼は交渉に際して小賢しい手を使った。

また、「こにくらしい」にも似ているが、「こなまいき」は「こにくらしい」よりも嫌悪・侮蔑ともに強い。

⇩「なまいき」「こざかしい」「こにくらしい」「こづらにくい」

こにくらしい ［小憎らしい］ Konikurashii

① なんて**こにくらしい**子なんだろう。

② 彼女の口のきき方はなんとも**こにくらしい**。

③ 彼の**こにくらしい**所がたまらない魅力なのよ。

【解説】 憎らしくて癪《しゃく》にさわる様子を表す。ややマイナスイメージの語。「にくらしい」をさらに侮蔑《ぶべつ》していうニュアンスがあり、はっきり目上とわかっている人に対しては、ふつうは用いない。

× 賄賂《わいろ》をとった部長が小憎らしい。

↓賄賂をとった部長が憎たらしい（憎い）。

「こにくらしい」は自分より目下と見られる者の言動が癪にさわって不快だという意味であるが、必ずしも嫌《けん》悪感《おかん》は強くない。①②では嫌悪のほかに愛情のニュアンスもわずかに暗示されている。はっきりした嫌悪を表したいときには「にくたらしい」「にくにくしい」などを用いる。③では嫌悪よりもむしろ愛情のほうが強く暗示される表現である。

「こにくらしい」は「こなまいき」に似ているが、「こなまいき」は目下の者が分を超えた言動をするのが不快だという意味であり、嫌悪も侮蔑も「こにくらしい」より強く暗示される。したがって、「こなまいき」は③のように愛情を表す意味では、ふつう用いられない。

？ 彼の小生意気な所が気に入っている。

⇩「にくらしい」「こなまいき」「にくたらしい」「にくい」「こづらにくい」

このうえない・このうえもない ［此の上無い・此の上も無い］ Konouenai・Konouemo-nai

① 生きて再びお目にかかれるとは、**このうえもない**喜びです。

② 彼の細密画《さいみつが》は**このうえなく**すばらしい。

③ **このうえない**悲しみが一家を襲った。

【解説】 これ以上のものがなく最高である様子を表す。プラスイメージの語。ややあらたまった語で、日常会話にはあまり登場しない。日常的には「最高」などを用いる。

程度を表す表現としてはやや主観的で、感動や驚きなどの感想を伴《ともな》っていることが多い。

「このうえない」は「きわまりない」に似ているが、「きわまりない」がふつう好ましくないものの程度が最高に高いというニュアンスで用いられるのに対して、「このうえない」は好ましいものも好ましくないものも、両方対象になる点が異なる。

× 彼の細密画はすばらしさきわまりない。

⇩「きわまりない」「こよない」

このましい・このもしい

［好ましい・好もしい］ Konomashii・Konomoshii

① 彼はなかなか**このましい**青年だ。
② 年寄りを大事にしようとする姿勢は**このもしい**。
③ 授業中虎《とら》の巻《まき》を参照するとは、**このましく**ない。
④ 彼の印象は必ずしも**このましい**ものではなかった。
⑤ 出生率が下がるのは開発途上国にとって**このましい**事態だ。
⑥ その件に関しては慎重な対応が**このましい**。
⑦ 彼に関する**このましく**ないうわさを耳にした。
⑧ ぼくにとって彼は**このましから**ざる人物だった。

【解説】 好感がもて、望ましい様子を表す。プラスイメージの語。かなり文章語的であって、日常会話にはあまり登場しない。特に肯定文としてはあまり用いられず、「感じがよい」などがふつう用いられる傾向にある。

彼は好ましい青年だ。→彼、感じがいいね。

①②は「感じがよい、好感がもてる」という意味、③④は打消しを伴《ともな》って「よくない」という意味、⑤⑥は「そうあるべきだ、望ましい」という意味、⑦⑧も打消しを伴って「不都合だ、感心できない」という意味を表す。

「このましい」は、対象が自分にとって望ましい様子であることに対する主観的な感想を述べた語であるが、かなり冷静な表現であって、好感の程度はそれほど大きくない。したがって、相手に面と向かって好意を表明するときなどには用いられない。

× ぼくは君が好ましい。→ぼくは君が好きだ。

「このましい」は「のぞましい」に似ているが、「のぞましい」が客観的情勢としてそちらのほうがよいというニュアンスがあるのに対して、「このましい」は自分はそのほうがよいという主観的な好悪《こうお》のニュアンスのある点が異なる。

? 好ましい道徳教育のあり方を考える。
→望ましい道徳教育のあり方を考える。

「このましい」は「おもわしい」にも似ているが、「おもわしい」は「このましい」よりもさらに主観的で、個人の希望が実現するかどうかに視点のある点が異なる。

? 彼の成績は好ましくなかった。
→彼の成績は思わしくなかった。

⇨「すき」「のぞましい」「おもわしい」「ねがわしい」「よろこばしい」

こまかい ［細かい］ Komakai

(1)
① 外へ出ると**こまかい**雨が降っていた。
② にんじんを**こまかく**刻む。
③ 散乱した**こまかい**真珠《しんじゅ》を拾うのは容易でない。
④ こんな**こまかい**字を読むと、目が疲れる。
⑤ 出産が近づくと、母犬は小屋に入れてある新聞紙を**こまかく**引き裂き始めた。
⑥ 目の**こまかい**網で川海老《かわえび》をとる。
⑦ 彼女は**こまかい**チェックのセーターを着てきた。
⑧ 彼女はきめの**こまかい**肌をしている。

(2)
① 一万円を**こまかく**する。
② すいません、今**こまかい**のがないんです。
③ **こまかい**持ち合わせはございますか。

(3)
① 監督はバッターに**こまかく**注意を与えた。
② **こまかい**点についてはのちほど御説明します。
③ 明細書にはもっと**こまかく**書いてください。
④ 彼にはその家の**こまかい**事情はわからない。
⑤ 譜読《ふよ》みは曲の**こまかい**分析から始まる。
⑥ 類義語《るいぎご》は**こまかく**意味を区別する必要がある。
⑦ その作家は情景を**こまかく**描写するのが特徴だ。

(4)
① 人事から派閥《はばつ》を察するとは、観察が**こまかい**ね。
② 彼女の接待には**こまかい**神経がゆきとどいていた。
③ この役者は芸が**こまかい**ねえ。
④ 彼は外見に似合わず意外に情の**こまかい**人です。

(5)
① そんなに**こまかい**ことまで詮索するなよ。
② 彼はどうでもいい**こまかい**ところをつっつく。
③ 奴は**こまかく**てとてもつきあいにくい。
④ あいつは金に**こまかい**奴だ。

(6)
① 機械の**こまかい**振動が伝わってくる。
② 彼女は肩を**こまかく**震《ふる》わせながら泣いていた。

【解説】 (1) 物の大きさが非常に小さい様子を表す(↕あらい)。プラスマイナスのイメージはない。粒の大きさが小さいもの(①~④)、相対的に小さい形態にするもの(⑤)、表面のすきまが小さいもの(⑥~⑧)などに分類される。①の「こまかい雨」は粒の小さい雨ということで、雨量そのものの少なさも暗示されている。①~③は立体的なものの粒の小ささを表すが、④では平面的なものの面積の小ささを表す。⑤では形態は問題にせず、もともとの新聞紙の大きさに比較して、相当に小さい紙片《しへん》にするという意味である。⑥⑦は網の目やチェックの柄が密であるという意味である。⑧の「きめがこまかい」は慣用句で、緻密《ちみつ》だという意味である。

「こまかい」で表される対象は、小さいだけでなく同様なものが多数あることが原則である。一個しかないものの小さきについては、「こまかい」は用いられない。

× 彼女はこめかみに細かいほくろがある。
↓彼女はこめかみに小さいほくろがある。

(1)の「こまかい」は多くの場合「こまか」に置き換えられる。

(2) 金額が少ない様子を表す(↔おおきい)。プラスマイナスのイメージはない。例のように修飾語として用いられ、述語になることはない。

× 一円玉は細かい。

(2)の意味のときは、「こまか」に置き換えられない。

× 一万円を細かにする。
× すいません、今細かなのがないんです。
× 細かな持ち合わせはございますか。

(3) 細部にまで及んでいる様子を表す(↔おおまか)。原則としてプラスマイナスのイメージはない。例のように、修飾語として用いることが普通で、述語になることはあまり多くない。

彼の説明は細かい。↓彼の説明は詳しい。

この「こまかい」は「くわしい」に似ているが、「こまかい」は細部のひとつひとつを取り立てて問題にするニュアンスがあり、細部にゆきとどかせる意図や感覚に視点のある「くわしい」とは異なる。

× 類義語は詳しく意味を区別する必要がある。

また、細部の微細《びさい》な点をさらに強調するときには、「こところか」を用いる。

(3)の「こまかい」は多くの場合「こまか」に置き換えられる。

(4) (3)から進んで、細部にまで配慮がゆきとどいている様子を表す。ややプラスよりのイメージの語。①の「観察がこまかい」は慣用句で、精緻《せいち》に観察していて感心だという意味になる。③の「芸がこまかい」も慣用句で、細部にまで配慮がゆきとどいているという意味になり、必ずしも役者や芸能人についてだけ用いられるとはかぎらない。④の「情がこまかい」も慣用句で、ゆきとどいた心配りができる、思いやりがあるという意味になる。配慮が緻密にゆきとどいている様子をより強調したいときには、「きめこまかい」を用いる。

(5) (3)から進んで、細部にわたるまで問題にする様子を表す。ややマイナスよりのイメージの語。①②は重要でない小事にこだわるという意味である。③は人の性格について用いられた例で、些細《ささい》なことをすぐ気にする、特に金銭の損得について鋭敏《えいびん》であるという意味になる。④の「金にこまかい」は慣用句で、金銭の損得に敏感《びんかん》である、勘定高いという意味になる。ただし「かんじょうだかい」ほど表現としては露骨《ろこつ》でなく、嫌悪感《けんおかん》も少ない。

(6) 振動の振れ幅が小さい様子を表す。プラスマイナスのイメージはない。「小刻み」と同じような意味であるが、「小刻み」よりもっと微細な振動を表すニュアンスがある。

⇩「ちいさい」「くわしい」「ことこまか」「きめこまかい」「かんじょうだかい」「あらい」「おおきい」「おおまか」

こまめ ［小まめ］ Komame

① ダニの予防には毎日**こまめ**に掃除するのがよい。
② 彼は**こまめ**な人で、赴任《ふにん》そうそう挨拶《あいさつ》に歩いた。
③ 彼女は骨惜しみせずに**こまめ**に働く。

【解説】 骨惜しみしないでよく行動する様子を表す。ややプラスイメージの語。例のように修飾語として用いられることが多く、述語になることはまれである。

？ 彼女の働きぶりはこまめだ。
→彼女の働きぶりはまめだ。

「こまめ」は個々の行動を骨惜しみしないできちんと行う様子を表す語であって、②のように人の性格を表す場合でも、個々の行動への評価が背景にある。したがって、一つの行動や仕事を勤勉《きんべん》に行うというニュアンスではなく、さまざまの行動や仕事を億劫《おっくう》がらずに次々とこなしていくというニュアンスになり、この点で「几帳面《きちょうめん》」や「まじめ」とは異なる。

× なまけてないで、こまめに働け。
→なまけてないで、まじめに働け。

「こまめ」は「まめ」から派生した語であるが、「まめ」よりも用法が狭く、直接行動に結びついているニュアンスになる。

⇩「まじめ」「まめ」

こまやか ［細やか・濃やか］ Komayaka

(1) ① 晩秋の景色を**こまやか**に描写する。
② 埴輪《はにわ》の表面には**こまやか**な文様《もんよう》が描かれていた。
③ 懐石料理《かいせきりょうり》は**こまやか**な味わいが特徴だ。
④ 孵化《ふか》寸前の卵の中から**こまやか**なヒヨコの動きが伝わってくる。
⑤ 妻の**こまやか**な心づかいが身にしみる。
⑥ 彼女は愛情**こまやか**な人だ。

(2) ① 松の緑**こまやか**な季節となりました。

【解説】 (1) 繊細《せんさい》で奥深い様子を表す。プラスイメージの語。①②のように細部にいたるまでゆきとどいている様子を表すのが基本的な意味である。③④はこれらから一歩進んで、繊細で玄妙《げんみょう》だという意味になる。⑤⑥はさらに進んで、情愛が深くて配慮がゆきとどいているという意味である。

「こまやか」は、微細《びさい》な点にいたるまで神経をゆきとどかせる様子を表し、これをプラスに評価した語であって、微細な点に神経のゆきとどく人が「こまやかな人」なのである。全体より細部を重視する日本文化に特徴的な語だと言える。

「こまかい」にも「こまやか」に近い意味があるが、「こまかい」は細部に及ぶ様子を表す抽象的・一般的な語であって、原則としてプラスマイナスのイメージはないが、名詞にかかる修飾語として用いられると、ややマイナスイメージにかたむく。

こまやかな人。(十)

こまかい人。(二)

(2) 色彩が濃い様子を表す。プラスマイナスのイメージはない。例のように、前に色名がきて「□□こまやかに、□□こまやかな」という修飾語の形で用いられる。ただし、現在この用法はほとんど用いられず、手紙や決まりきった表現にかぎって用いられる。日常的には「濃い」や「色濃い」が普通である。

松の緑こまやかな季節。→松の緑色濃い季節。

⇩「こまかい」「こい」「ことこまか」

こむずかしい ［小難しい］ Komuzukashii

① 彼はいちいち**こむずかしい**理屈をこねる。
② そんな**こむずかしい**顔しないの。
③ 君はなんでも**こむずかしく**考える癖《くせ》があるね。

【解説】 やや難解《なんかい》で面倒な様子を表す。ややマイナスイメージの語。例のように修飾語として用いられることが多く、述語になることはまれである。

？ 彼の理屈はこむずかしい。
→彼の理屈はむずかしそうだ。

「こむずかしい」は、「むずかしい」の程度を弱めた語であるが、「むずかしい」とされている状態に対する侮蔑《ぶべつ》の暗示されている表現になっている。

①では「一見難解そうな理屈」という意味であって、現実に難解かどうかには関係しない(むしろ、実際は難解でないのに、難解そうな理屈を言うというニュアンスがある)。②は「むずかしい顔」を侮蔑して、または親愛の情をこめて言う。③も「その必要もないのに難解に考える」というニュアンスが暗示されている。

⇩「むずかしい」

こよない Koyonai

① 文豪《ぶんごう》が**こよなく**愛した鎌倉の自然。

② 弟子の成長は師の**こよなき**喜びだ。

【解説】 これ以上のものがなく最高である様子を表す。プラスイメージの語。①のように動詞にかかる修飾語として用いられることが最も多く、ついで②のように「こよなき□□」という名詞にかかる修飾語になるが、述語になることはない。

かなりかたい文章語であって、①のように「こよなく愛する」など決まりきった表現にかぎって用いられる。挨拶《あいさつ》語などとしては「このうえない」のほうが一般的である。また、日常的には「最高」などを用いる。

⇨「このうえない」

こりこう［小利口］Korikô

① 彼は会社合併《がっぺい》のおり、**こりこう**に立ち回った。
② あいつみたいに**こりこう**な奴は好かれないね。

【解説】 目はしがきいて要領がよい様子を表す。マイナスイメージの語。りこうだ、頭がよいという意味ではなく、要領がよくて抜けめないという意味であって、はっきりした侮蔑の暗示がある。「りこう」にも揶揄《やゆ》的《てき》な意味があるが、「こりこう」はどんな場合でもほめ言葉にはならない。

こりこうな人。（抜けめない人…一）
りこうな人。（頭のよい人…十）

「こりこう」は「こざかしい」にも似ているが、「こざかしい」が分を超えてりこうぶった振舞いをすることについての嫌悪《けんお》を表すのに対して、「こりこう」はかなり客観的な表現になっていて、対象についての制限はなく、話者の嫌悪感は「こざかしい」ほど強くない。

？ 子供のくせにこりこうな口をきくな。
→子供のくせにこざかしい口をきくな。
× こざかしい老人。→こりこうな老人。

⇨「りこう」「ぬけめない」「こざかしい」

こわい［怖い・恐い・強い］Kowai

(1)① ゆうべ**こわい**夢を見た。
② エイズは**こわい**。
③ 担任はすごく**こわい**先生だった。
④ 飛行機はときどき落ちるから**こわい**。
⑤ そんなに**こわい**顔するなよ。
⑥ 彼女は**こわい**もの見たさに出かけていった。
⑦ あの年ごろの子供は**こわい**もの知らずだ。
⑧ 奴は業界で**こわい**ものなしの暴れん坊だ。
⑨ 株もいいが、大損するのが**こわい**。
⑩ 彼女を怒らせてみろ。後が**こわい**ぞ。
(2)① こんなむずかしい仕事、一人でやったんだって？
これだから素人《しろうと》は**こわい**。

② 一生かかって釜《かま》一つ作ったなんて、職人ってのは**こわい**ねえ。

(3) ① 習慣とは**こわい**もので、用がなくても朝七時になると目が覚める。

(4) ① このするめは**こわく**て噛《か》みきれない。

② 冷蔵庫の残り飯は**こわかっ**た。

③ こういう**こわい**髪は扱いがむずかしい。

④ 彼のひげは**こわく**て、しかも伸びが早い。

⑤ この旅館の浴衣《ゆかた》はのりが**こわく**て痛い。

(5) ① 彼女は情の**こわい**女だ。

【解説】 (1)~(3)(ふつう「怖い・恐い」と書くもの)と(4)・(5)(ふつう「強い」と書くもの)の二つのグループに大別される。

(1) 恐怖や不安を感じる様子を表す。マイナスイメージの語。対象の性質としても、それを感じる心理としても用いられる。

①②は実際に感じる恐怖を表す。③は恐怖を覚えるほど厳《きび》しいという意味である。⑤は「こわい顔」で怒った顔という意味であって、必ずしも恐怖は意味しない。⑥~⑧は「こわい」を使った慣用句である。⑥の「こわいもの見たさに~する」は、「こわいものはかえって好奇心をそそられ見たくなって~する」という意味である。⑦の「こわいもの知らず」は無鉄砲だという意味である。⑧の「こわいものなし」は自分がいちばん強いと思っている様子を表す。

⑨⑩は不安や危惧《きぐ》を表す。⑩の「後がこわい」は慣用句で、後でよくないことが起こる可能性があるという意味。日常会話でよく用いられる表現である。ただし、相手をかなり茶化《ちゃか》すニュアンスがあり、必ずしも深刻な事態の到来《とうらい》を暗示しない。

(1)の「こわい」は「おそろしい」に似ているが、「おそろしい」のほうが恐怖や不安の程度が大きく、対象のあらゆる状態について抽象的・普遍的《ふへんてき》に用いる傾向がある。したがって、ある物の特定の状況について選択的に恐怖を表す場合には、「おそろしい」でなく「こわい」を用いる。

× 飛行機はときどき落ちるから恐ろしい。

また、③の「こわい先生」、⑤の「こわい顔」は、「おそろしい」に置き換えられない。

「こわい」は「おっかない」にも似ているが、「おっかない」のほうが俗語的で、恐怖よりも不安のほうに重点がある。

? そんな怖い商売にはうかつに手を出せない。

→そんなおっかない商売にはうかつに手を出せない。

(2) 軽視できない様子を表す。ややプラスよりのイメージの語。例のように述語として用いられることが多く、修飾語になることはまれである。

? この会社にはこわい新人がいる。

→この会社には侮《あなど》れない新人がいる。

客観的に軽視できないというよりは、予想以上にすぐれている様子に対する感動が暗示されている表現になっている。

(3)「□□とは(□□というものは)こわいもので、……」という慣用句で用いられ、□□という原因によって……が起こるのがとても不思議だという意味を表す。プラスマイナスのイメージはない。原因と結果の因果関係を、驚きの暗示を伴《ともな》って表現するニュアンスがある。「おそろしい」にも似た用法があるが、「おそろしい」よりも不安や畏怖《いふ》の程度が低く、主観的な表現になっている。

(4) 弾力がなくてかたく、扱いにくい様子を表す(↕やわらかい)。マイナスイメージの語。①〜④のように、対象の性質を表すことが多いが、⑤のように、のりを濃くつけた結果、浴衣がごわごわになっているという意味になることもある。

この「こわい」は「かたい」に似ているが、「こわい」は本来柔らかいことが期待されるものが、弾力や柔軟性《じゅうなんせい》を失ってかたいというニュアンスがある。したがって、もともとかたいことが前提となっているものについては、用いられない。

× 鉄はこわい。→鉄は硬い。

(5)「情がこわい」という慣用句で用いられ、気が強く強情《ごうじょう》な様子を表す。マイナスイメージの語。女性について用いられ、男性についてはふつう用いられない。女性は柔軟性があって自分からはなにごとも主張せず、相手の意向に従順に従うことを美徳《びとく》とする封建《ほうけん》時代の日本文化の特徴を反映した表現だと言える。

⇨「おそろしい」「おっかない」「かたい」「てごわい」「やわらかい」

さ 行

さえない［冴えない］Saenai

① おい、どうした。**さえない**顔して。
② 彼の成績はいまひとつ**さえない**。
③ 彼女は**さえない**男はいやだってさ。
④ デートをすっぽかされるなんて**さえない**話だぜ。

【解説】 動詞「冴える」の打消し。「冴える」の意味を打消す他に、めだったところがなくて、好ましくない様子を表す。マイナスイメージの語。日常会話中心に用いられ、かたい文章中には用いられない。

①は顔色がよくなくて、生気がないという意味。②はあまり良好でないという意味。③は全体の印象に華やかさがなく、魅力に乏《とぼ》しいという意味。④は好ましくない、かっこわるいという意味である。

「さえない」ははなばなしくない様子を漠然《ばくぜん》と感覚的に表す語であって、それぞれもっと具体的な表現に置き換え可能であるが、それらを細かく指すことなく、全体としてのはなばなしくない雰囲気を暗示する表現になっている。

⇨「かっこわるい」「しまらない」

さかしい［賢しい］Sakashii

(1)① 彼女は一人**さかしく**世を渡《わた》る。
(2)① 彼はときどき**さかしい**口をきいて嫌《きら》われる。

【解説】 (1) 思慮があって賢《かしこ》い様子を表す。ややプラスイメージの語。ただし、この用法は現代ではほとんど用いられない。「かしこい」「りこう」などを用いるほうが普通である。

(2) りこうぶっている様子を表す。ややマイナスイメージの語。「こざかしい」のほうがふつうに用いられる。「こざかしい」よりも侮蔑《ぶべつ》のニュアンスの少ない表現である。

⇨「かしこい」「りこう」「こざかしい」

さけくさい［酒臭い］Sakekusai

① 夫に近寄るとぷんと**さけくさい**においがした。
② 彼はいつも**さけくさい**。

【解説】 酒のにおいがする様子を表す。ややマイナスイメージの語。非常に具体的な意味をもち、実際に酒のにおいのする様子を表す以外には用いられない。また、酒に酔った人の息の不快な臭気《しゅうき》を表す場合に用いられることもある。この意味としては「じゅくしくさい」という語が別にあるが、現在ではあまり用いられなくなっているので、かわりに「さけくさい」を用いることが多い。

　酔っぱらいは熟柿くさい息を吐いた。
→酔っぱらいは酒くさい息を吐いた。
⇩「じゅくしくさい」「ーくさい」

ささやか［細やか］Sasayaka

① 彼は郊外に**ささやか**な家を建てた。
② 子供全員大学にやるのが、私の**ささやか**な夢です。
③ 病気全快を内々《うちうち》で**ささやか**に祝った。
④ 彼女は横暴《おうぼう》な夫に**ささやか**な抵抗を試みた。
⑤ **ささやか**な贈り物を差し上げます。
⑥ **ささやか**なもてなしを用意してあります。
⑦ 庶民《しょみん》の願いなんてじつに**ささやか**なもんですよ。

【解説】　小さくてとるにたりない様子を表す。ややプラスイメージの語。単に小さいという意味ではなく、その小ささに対する愛情の感じられる語である。具体物については「ちいさい」、抽象物については「わずか」などと置き換え可能であるが、「ちいさい」や「わずか」は「ささやか」よりも客観的で、小さいことについての思い入れは暗示されていない。

　自分に関することについて「ささやか」を用いた場合には、小さいことを謙遜《けんそん》する意味になる。謙遜する語としては「粗末」「つまらない」なども用いられるが、「粗末」「つまらない」などに暗示されている「質が悪い」というマイナスイメージはなく、愛情はこもっているがとるにたりないというニュアンスになるので、「粗末」や「つまらない」ほど完全に卑下《ひげ》した姿勢ではなく、相手に対する愛情や配慮を十分に暗示する表現になる。

×粗末な贈り物を差し上げます。
⑦は揶揄的《やゆてき》な意味で使われている。庶民にとって愛情のこもった小さな願いが、相手にとってはとるにたりない卑小なものだろうという皮肉のこめられた表現になっている。
⇩「ちいさい」「わずか」「つつましい」「つまらない」「とるにたりない」

さしでがましい［差し出がましい］Sashidegamashii

① 何も知らないくせに**さしでがましい**奴だな。
② **さしでがましい**ようですが、その会には御出席なさらないほうがよろしいと思います。

【解説】　ある行為が出過ぎていたり、よけいだったりするような感じのする様子を表す。マイナスイメージの語。「～がましい」は、「いかにも～のように見える」という意味の、形容詞を作る語尾。「いかにも差し出ているように見える」という意味である。

①は事情をよく知らないのに、相手のことにやたらに関係したがるような態度や言動について言っている。②は、自分がこれからおこす行動や発言のマクラ(前置き)として用いられ、これから言ったりしたりすることは、相手にとって出過ぎていると思われるかもしれないが、という意味の挨拶《あいさつ》語《ご》である。

相手にとって出過ぎているということは、多くの場合、相手の行動を規制《きせい》したり影響《えいきょう》を与えたりする内容である。「さしでがましいようですが……」は、これから行う自分の言動が相手の行動を規制することを好ましくないと認識していることを表明する言葉であって、目上の人に対する忠告などのマクラとしてよく用いられる。

「さしでがましい」は「おこがましい」に似ているが、「おこがましい」にはその人が当然守るべき社会的身分の枠組《わくぐみ》を超えているという暗示があり、自分の行動についても分不相応であることを表明する場合に用いられる。「さしでがましい」は、その場の状況などからして、相手にとって出過ぎているという判断を表し、社会的身分の枠組までは暗示しない。

× 問われて名のるも差し出がましいが……。

↓問われて名のるもおこがましいが……。

また、「さしでがましい」は「あつかましい」にも似ているが、「あつかましい」では行動の無遠慮さが強調され、被害者意識の暗示される点が、行動のよけいさを暗示するにとどまる「さしでがましい」と異なる。

× 差し出がましいお願いで恐縮ですが、一万円貸していただけませんか。

↓厚かましいお願いで恐縮ですが、一万円貸していただけませんか。

⇨「おこがましい」「あつかましい」「なまいき」「―がましい」

さだか［定か］Sadaka

① 古いことなので記憶が**さだか**でない。

② 霧がたちこめて彼の顔は**さだか**には見えなかった。

【解説】 多くの場合、例のように打消しを伴《ともな》って「はっきり〜しない」「確かでない」という意味になる。プラスマイナスのイメージはない。かなりかたい文章語で、日常会話にはあまり登場しない。肯定の内容を表すときには「はっきり」や「あきらか」「たしか」などを用いる。

× 年月を経ても記憶は定かだ。

↓年月を経ても記憶は確かだ(はっきりしている)。

「さだか」は「あきらか」に似ているが、より主観的で自分の感覚としての確信を暗示するニュアンスがあり、客観的な証拠の存在を暗示しない。したがって、客観的な判断を表す事柄に関しては「さだか」はふつう用いられない。
× この細菌《さいきん》と病気との関係は定かでない。
　→この細菌と病気との関係は明らかでない。
主観的な確信を暗示する意味では「さだか」は「たしか」に似ているが、「たしか」は知的な理解や保証に基づく確信の暗示があり、感覚的な理解に基づくニュアンスのある「さだか」と異なる。
× 霧がたちこめて彼の顔は確かには見えなかった。
⇩「あきらか」「たしか」

ざつ［雑］Zatsu

① 彼の仕事は**ざつ**で後始末がたいへんだ。
② **ざつ**な試合運びをして負けてしまった。
③ このおもちゃは**ざつ**にできている。
④ まだ**ざつ**な企画書《きかくしょ》しかできていません。
⑤ 彼は**ざつ**な人間だ。

【解説】 細かいところまでゆきとどかず、緻密《ちみつ》でない様子を表す。ややマイナスイメージの語。①は仕事が緻密でなくミスが多いという意味。②は集中力に欠けいい加減だという意味。③はつくりがずさんでこわれやすいという意味。④は大ざっぱで細かいところは考えていないという意味。⑤は全体的に緻密さがなく無責任な行動のめだつ人間だという意味である。

「ざつ」は「あらい」や「あらっぽい」に似ているが、「あらい」や「あらっぽい」よりももっと主観的で、緻密でないことに対する侮蔑《ぶべつ》の感じられる表現になっている。また、「おおまか」にも似ているが、「おおまか」にはプラスマイナスのイメージはない。

人間の性質について用いられた場合には「がさつ」に近い意味にもなるが、「がさつ」では神経の粗雑《そざつ》さが強調され、配慮のたりなさを暗示する点で、外に現れた粗末さを暗示する「ざつ」と異なる。
? ぼくはお見かけどおりの雑な人間です。
　→ぼくはお見かけどおりのがさつな人間です。
⇩「あらい」「あらっぽい」「おおまか」「がさつ」

さとい［聡い・敏い］Satoi

(1)① 彼は利《り》に**さとい**人間だ。
② 借金の交渉をしてくるとはなかなか**さとい**子供だ。
(2)① 犬は耳が**さとい**から怪《あや》しい物音は聞き逃さない。
② 目の**さとい**イタチが巣立ちびなをねらっている。

【解説】 (1) 判断が的確で賢《かしこ》い様子を表す。文章語であって、日常会話にはあまり登場しない。ほとんどの場合、①のように「利にさとい」という慣用句で用いられ、②のように一般的な使われ方は少ない。その場合でも、「頭がよい」というプラスイメージの語ではなく、「要領がよい」「抜けめがない」というマイナスよりのイメージを伴《ともな》うことが多い。

(2) 感覚が鋭い様子を表す。ややプラスよりのイメージの語。感覚としては①のように聴覚《ちょうかく》について用いて、「耳がさとい」という慣用句的な言い方をすることが最も多く、次いで視覚について、②のように「目がさとい」の形で用いられるが、それ以外の感覚については用いられない。

× 彼女は舌がさとい。
→彼女は舌が肥《こ》えている。

⇨「かしこい」「りこう」「ぬけめない」「みみざとい」「めざとい」

さびしい［寂しい・淋しい］Sabishii

(1) ① 君がいてくれないと、**さびしく**てたまらない。
② 異国で**さびしい**生活を送る。
③ 彼女は**さびしく**笑った。
④ 彼はどことなく**さびし**そうな様子だった。

(2) ① 木々の葉が散り果てた**さびしい**庭にたたずむ。
② 彼のかく絵はなんとなく**さびしい**感じだ。

(3) ① 他人が信じられないとは**さびしい**かぎりだ。
② 宴会に彼が来ないのは**さびしい**ね。
③ 主催者側《しゅさいしゃがわ》は応募者《おうぼしゃ》が少ないのを**さびしく**思った。

(4) ① 禁煙していると口が**さびしい**。
② 給料前だからふところが**さびしい**んだ。

(5) ① 峠を越えると急に**さびしい**山道になる。
② 夜になると人通りが絶えて**さびしく**なる。

【解説】 (1) 孤独を感じて心が痛む様子を表す。ややマイナスイメージの語。孤独感を表す最も一般的な語である。主体的な感じの表現としても①②、それを見る側の受ける感じの表現としても③④用いられる。この孤独感には悲哀《ひあい》が伴《ともな》っており、孤独を好ましいものと感じているときには、「さびしい」を用いないことが多い。

? 気楽な独身貴族のさびしい生活。
→気楽な独身貴族の自由（気まま）な生活。

この「さびしい」は「こころぼそい」に似ているが、「こころぼそい」には頼りにできるもののない不安の暗示のある点が「さびしい」と異なる。

× 外国で病気になってさびしかった。
→外国で病気になって心細かった。

(2) (1)から進んで、人にさびしい感情をおこさせるような様子を表す。ややマイナスイメージの語。対象そのものの性質としてではなく、対象から受ける人の感情を表すので、きわめて主観的な表現になっている。

(1)(2)の「さびしい」は「わびしい」に似ているが、「わびしい」には悲哀の暗示が少なく、切実さも「さびしい」

より程度が低い。

✕ 最近たずねてくれないからわびしいわ。

→最近たずねてくれないからさびしいわ。

(3)「……とはさびしい」という形をとり、述語になって、「……という事態がものたりない、嘆かわしい」という様子を表す。ややマイナスイメージの語。「ものたりない」よりも悲哀・慨嘆《がいたん》のニュアンスが強いが、「なげかわしい」に暗示される怒りのニュアンスはない。

(4) (3)の慣用句の用法。①は「口がさびしい」という形をとり、何か物(おもに飲食物)を口に入れたい感じだという意味である。②は「ふところがさびしい」という形をとり、所持金が少ないという意味である。慣用句全体としてややマイナスよりのイメージの語句になる。

(5) 活気がなく非常に静かである様子を表す(↔にぎやか)。ややマイナスよりのイメージの語。場所について用いられることが多い。この静けさには不安感が含まれており、客観的に音声が少ないという意味ではない点が「しずか」と異なる。また、しばしば人気《ひとけ》がないという暗示があり、人が沈黙《ちんもく》している静けさについては用いられない。

✕ 発言者のない寂しい会議場。

→発言者のない静かな会議場。

⇨「こころぼそい」「ものたりない」「わびしい」「なげかわしい」「しずか」「かなしい」「うらさびしい」「くちさびしい」「はださびしい」「ものさびしい」「にぎやか」

さむい ［寒い］ Samui

(1) ① 今年の冬は**さむい**。

② 年をとると毛が薄くなって頭が**さむい**。

③ **さむく**ないようにセーターを持っていきなさい。

④ 力をこめて「**さむい**んだ」と言ったら部屋に入れてくれた。

⑤ 夕立が通り過ぎたあと、急に**さむく**なった。

(2) ① 放浪《ほうろう》生活は心が**さむい**。

② 考えただけで背筋が**さむく**なる。

③ 借金を払ったら、急にふところが**さむく**なった。

【解説】 温度に関する基本的な形容詞の一つ(↔あついII)。

(1) 気温がある限度を超えて低い様子を表す。ややマイナスよりのイメージの語。気温以外のものの温度が低い場合には、「さむい」でなく「つめたい」を用いる。

✕ 机の上のお茶が寒くなっていた。

→机の上のお茶が冷たくなっていた。

「さむい」は気温が低いことを全身に感じる意味で用いられることが多いが、②のようにからだの一部分に寒さを感じるという場合もある。

また、「さむい」で表される気温は適温をかなり下まわっていることが多く、温度の低い状態が好ましくないことが暗示されている。適温とは、その場における快適な温度という意味であるので、夏と冬とでは感じ方が異なる。したがって、夏でも状況によって「寒く」感じることはありうる⑤。温度の低いことが好ましい場合には「すずしい」を用いる。

クーラーのきいた寒い部屋。（－）
クーラーのきいた涼しい部屋。（＋）

(2) (1)の比喩《ひゆ》的《てき》な用法。①は「心がさむい」という慣用句の形で用いられ、「寂《さび》しい、満たされない」という意味になる。②は「背筋がさむくなる」という慣用句の形で用いられ、「ぞっとする、おぞましい感じだ」という意味になる。③は「ふところがさむい」という慣用句で用いられ、所持金が少ないという意味になる。いずれも、ややマイナスイメージの語句となる。

「さむい」は気温に関する意味が中心で、それ以外の比喩的な用法は少なく、抽象度は高くない。

⇨「つめたい」「すずしい」「うすらさむい」「うそさむい」
「おさむい」「はだざむい」「あついII」

さもしい Samoshii

① 人の食い残りを持ち帰ろうなんて**さもしい**料簡《りょうけん》は起こすな。

② あいつはただでうまい汁を吸おうとするような**さもしい**奴だ。

【解説】物欲・食欲などに忠実に行動することに対する激しい嫌悪《けんお》を表す。マイナスイメージの語。この嫌悪感は、自分の欲望に忠実に振舞うことを他人の目はどう見るかという社会性に裏づけられており、「あさましい」「みっともない」などとともに、他人の目を非常に気にするという日本文化の特徴をきわめてよく表した語である。

「さもしい」は「あさましい」に非常によく似ているが、「あさましい」では物欲・食欲以外にも人間の本性の露出《ろしゅつ》についての嫌悪感を一般的に表すので、用法が広い。

× 他人を蹴落《けお》としてまで自分が這《は》い上《あ》がろうなんて、さもしい奴だ。
↓他人を蹴落としてまで自分が這い上がろうなんて、浅ましい奴だ。

また、「さもしい」はおもに、そのような行動をおこさせるような人間性や性質について評する場合が多く、一時的な外見の様子を評することは少ない。

? 食物を手づかみで食べるさもしい姿。
↓食物を手づかみで食べるさもしい根性。

「さもしい」は「いやしい」にも似ているが、「いやしい」では自分より劣《おと》った者、貧しい者への侮蔑《ぶべつ》の暗示がある点で、嫌悪を表すにとどまる「さもしい」と異なる。

? 奴は出が出だから、根性《こんじょう》がさもしいんだ。

→奴は出が出だから、根性が卑しいんだ。

⇨「あさましい」「いやしい」「みっともない」「いじきたない」

さやか［清か・明か・亮か］Sayaka

(1)① **さやか**な月の光が窓から差しこんでいた。

② 牧場の朝は**さやか**に明るい印象だった。

(2)① 森の奥から**さやか**なせせらぎの音が聞こえる。

② 彼女の歌声は**さやか**に美しい。

【解説】 (1) 光が印象的に明るい様子を表す。プラスイメージの語。かなりかたい文章語で、日常会話にはあまり登場しない。①のように、月の光など、あまり明るくないものの好ましい明瞭《めいりょう》さについて用いることが多く、太陽など絶対的に明るいものについては用いないことが多い。

? さやかに明るい日の光。

(2) 音や声が高くて明瞭に聞こえる様子を表す。プラスイメージの語。これもかたい文章語である。音自体の音量はあまり大きくないことが原則で、あまり大きくない音が高く明瞭で美しく聞こえるというニュアンスがある。例のように水音、女声や高音を出す楽器の音色《ねいろ》などについて用いることが多く、その他の音や男声について用いることはまれである。

「さやか」は、あまり程度の高くないものの繊細《せんさい》な明瞭さ、美しさを賞した語であって、程度のはなはだしいものを好まない日本文化に特徴的な語であるといえる。

⇨「ひめやか」「しずか」

ざらっぽい Zarappoi

① 手さぐりしていたら**ざらっぽい**壁が触《ふ》れた。

② この豆腐《とうふ》は**ざらっぽく**てうまくない。

【解説】 物の表面に細かな凹凸《おうとつ》があって、摩擦《まさつ》を感じる様子を表す(↔なめらか)。ややマイナスイメージの語。「あらい」に似ているが、非常に具体的な意味をもち、物の表面の物理的な粗《あら》さについて以外には用いられない。

× 目のざらっぽい網。

× ざらっぽいしま模様のセーター。

× 仕事がざらっぽい。

「ざらっぽい」は「こそっぱい」に似ているが、「こそっぱい」は物の表面が乾燥《かんそう》している暗示があるのに対して、「ざらっぽい」は凹凸の暗示のある点が異なる。

? カステラはざらっぽいから好きでない。

→カステラはこそっぱいから好きでない。

⇨「あらい」「あらっぽい」「こそっぱい」「なめらか」「－ぽ

い」

さりげない ［然り気無い］ Sarigenai

① 彼女は**さりげない**おしゃれをしている。
② 彼は**さりげなく**目くばせした。
③ 夫婦喧嘩《ふうふげんか》の最中に客が来たので**さりげなく**ごまかした。

【解説】 意図や重要性をめだたせずに行動する様子を表す(↔わざとらしい)。ややプラスよりのイメージの語。

日本文化においては、何事もはっきり言及《げんきゅう》せず、態度においても意図を表さないことを美徳《びとく》とするので、実際には重要な価値あることをするにあたって、言葉や態度に出さずめだたないように振舞うのは好ましいことになる。したがって、①のような場合には、「さりげないおしゃれ」は「めだつおしゃれ」よりランクが高くなる。この場合にはおしゃれそのものの質を問題にしているのではなく、めだたないようにするという心づかいについての評価になる。②③は、それとははっきりわからないようにという意味であって、「うまくごまかして」というニュアンスになる。

「さりげない」は、めだたないようにする心づかいを感じとる受け手の存在を意識した表現で、ある行為が他人の目にどう見えるかという前提がある。

「さりげない」は「なにげない」に似ているが、「なにげない」では行為の外見に表れた意図や重要性のなさを暗示し、めだたせないようにする配慮があるかないかまでは言及していない。

？ 彼のさりげない一言が彼女をひどく傷つけた。
→彼の何気ない一言が彼女をひどく傷つけた。

また「さりげない」は「なにごころない」にも似ているが、「なにごころない」の暗示する行為は、受け手の存在を前提としていない。

？ 彼女はさりげなく窓の外を眺めた。
→彼女は何心なく窓の外を眺めた。

⇩「なにげない」「なにごころない」「わざとらしい」

ーざるをえない ［ーざるを得ない］ -zaruo-enai

① 部下の失敗には、上司が責任をとら**ざるをえない**じゃないか。
② 何度も頼まれたから行か**ざるをえない**。

【解説】 動詞・助動詞の未然形について述語として用いられ、「～しないわけにはいかない」という意味を表す。プラスマイナスのイメージはない。結果として「～する」と言うのと同じことになるが、「ーざるをえない」では行為に対する不本意《ふほんい》さが暗示されており、喜んで積極的に行う行為については用いられないことが多い。

? 志望校に合格し、うれしくて喜ばざるをえない。
→志望校に合格し、うれしくてしかたがない。
⇩「しかたがない」「しょうがない」「やむをえない」

さわがしい ［騒がしい］ Sawagashii

(1) ① 教室が**さわがしく**て授業にならない。
② 表が**さわがしい**ね。ちょっと見てきてくれ。
③ 毎日**さわがしい**駅のアナウンスに悩まされる。
④ 実りの秋には柿の木に群がる小鳥が**さわがしい**。
(2) ① 今日は朝から隣がなんとなく**さわがしい**。
② オリンピックブームで世間が**さわがしい**。
③ 毎週改憲論争《かいけんろんそう》が**さわがしく**戦わされた。

【解説】 (1) 音や声がさまざまにいりまじって大きい様子を表す。マイナスイメージの語。「さわがしい」で表される音は、単一《たんいつ》の音や瞬間的な音というよりは、さまざまの種類の音がまじって濁《にご》っている音である。

①では、話し声の他に動き回る音が入っていることが暗示されている。③では、電車の案内や広告、発車ベルなど複雑な音の存在が暗示される。④では一羽の小鳥の大きな声ではなく、複数の小鳥の声や枝を行《ゆ》き交《か》う音なども含まれる。

「さわがしい」は音が複雑で大きいだけでなく、そういう音によって象徴される落ち着きのなさが暗示されている語である。

音や声が複雑で大きいという意味では「そうぞうしい」に似ているが、「そうぞうしい」がおもに音の性質についていうのに対して、「さわがしい」では音によってもたらされる落ち着きのなさに視点のある点が異なる。

? 実りの秋には柿の木に群がる小鳥が騒々しい。

「さわがしい」は「うるさい」や「やかましい」にも似ているが、「うるさい」や「やかましい」は音の性質によらず、不快であることを意味する点が異なる。

× 夜遅く帰ると母親が騒がしい。
→夜遅く帰ると母親がうるさい（やかましい）。

(2) (1)から一歩進んで、落ち着かない様子を表す。マイナスイメージの語。実際に音が出ているかどうかには関係しない。

⇩「そうぞうしい」「うるさい」「やかましい」

さわやか ［爽やか］ Sawayaka

(1) ① 秋風が**さわやか**だ。
② 彼は**さわやか**な印象を残して去っていった。
③ ハッカのきいた**さわやか**な味が好きだ。
④ 快食《かいしょく》・快眠《かいみん》・快便《かいべん》で**さわやか**に過ごす。
(2) ① 彼は弁舌《べんぜつ》**さわやか**な青年だ。

【解説】 (1) 清新で気持ちのよい様子を表す。プラスイメージの語。「さわやか」の表す快適さはすっきりと乾燥《かんそう》した清涼感《せいりょうかん》にあり、暖かさ、豊かさなどのもたらす快感ではない。この快感は、高温多湿の気候である日本の風土には稀少《きしょう》なものであって、そこからプラスのイメージが出てくる。

「さわやか」は「すがすがしい」に似ているが、「すがすがしい」のほうがより直接的で感覚的でもある。全く同じ文脈で「さわやか」と「すがすがしい」が用いられると、次のようなニュアンスの違いを生ずる。

　さわやかな一日。
　（精神的な清涼感をも含む）
　すがすがしい一日。
　（具体的に涼しく湿気の少ない日）

(2)「弁舌さわやか」という慣用句で用いられ、弁舌が明瞭《めいりょう》で聞く者に快感を与える様子を表す。プラスイメージの語句。「さわやか」の比喩《ひゆ》的な用法はこれしかない。

⇩「すがすがしい」

しおからい ［塩辛い］ Shiokarai

① この漬物は**しおからい**。
② 父は**しおからい**ものは控えています。

【解説】 味に関する形容詞の一つ。飲食物の塩分が多い様子を表す。ややマイナスイメージの語。具体的な飲食物の味に関する意味だけで、比喩《ひゆ》的な意味はない。「からい」にも塩分の多い様子を表す意味があるが、「しおからい」のほうがより具体的で塩気のきつさを強調する表現になる。

「しおからい」は「しょっぱい」に似ているが、「しょっぱい」は具体的な飲食物の味以外の比喩的な意味ももっている点が異なる。

× 彼は塩辛い奴だ。→彼はしょっぱい奴だ。

⇩「からい」「しょっぱい」

しおらしい Shiorashii

(1)① 深山《しんざん》の谷間にリンドウが**しおらしく**咲いている。
② 彼女はいかにも新妻《にいづま》といった感じで**しおらしい**。
(2)① 今日はばかに**しおらしい**じゃないか。
② 彼はときどき**しおらしい**ことを言う。
③ その子はいつになく**しおらしい**顔をしていた。

【解説】 (1) おとなしく控えめな様子を表す。プラスイメージの語。ただし、対象の性質を表すというよりは、それを見た人の受ける感じを表す。「おとなしく控えめである」ことに愛情を感じている様子が暗示されている表現になっている。ただし、現在この意味で用いられることはあまり多くない。

(2) (1)から進んだ意味で、人がふだんと違って極端にまじめだったり、殊勝《しゅしょう》だったり、おとなしかったりする様子を表す。ややプラスイメージの語。(1)と同様、対象の客観的な性質ではなく、見た人の印象を主観的に表す表現である。

この「しおらしい」は「おとなしい」に似ているが、「しおらしい」には、その人がふだんはもっと活発で勇ましいという暗示があり、そういう状態と比較する背景のある点が、客観的な従順さを意味する「おとなしい」と異なる。

× 彼はときどきおとなしいことを言う。

⇨「おとなしい」

しかくい ［四角い］ Shikakui

(1) ① 彼は**しかくい**部屋を丸く掃《は》く。

② あの**しかくい**顔をした人は見たことがあります。

③ 折り目の角《かど》が**しかくく**なっていて痛い。

(2) ① 彼はなんでも**しかくく**考え過ぎる。

【解説】 (1) 四角形の形をしている様子を表す(↔まるい)。プラスマイナスのイメージはない。①②が基本的な意味で、具体的な四角形またはそれに近い形をしている様子を表す。③は角ばっているという意味で、必ずしも四角形の存在を意味しない。

(2) (1)の比喩的《ひゆてき》な意味で、几帳面《きちょうめん》で融通《ゆうづう》がきかない様子を表す。ややマイナスイメージの語。ただし、この用法はあまり用いられず、「四角四面」などの強調形がおもに用いられる。

⇨「まるい」

しかたがない・しかたない ［仕方が無い・仕方無い］ Shikataga-nai・Shikatanai

(1) ① 今さら後悔《こうかい》したって**しかたない**じゃないか。

② 社長の命令じゃ**しかたがない**さ。

③ 彼とは別れるよりほか**しかたがなかっ**たんです。

④ 金は返してほしいが、ないんじゃ**しかたがない**。

⑤ 終電に乗り遅れ、**しかたなく**タクシーに乗った。

⑥ 三十人は必要だが五人じゃどうも**しかたがない**ね。

(2) ① まったく**しかたのない**奴だな。

② 彼女は**しかたのない**じゃじゃ馬なんです。

(3) ① 朝食を抜いたら腹が減って**しかたがない**。

② 新しい職場はいやでいやで**しかたがなかっ**た。

③ 奴の成金趣味《なりきんしゅみ》ったら、おかしくって**しかたがない**。

【解説】 (1) とるべき方法がなく、やむをえない様子を表す。ややマイナスよりのイメージの語。例のように述語になることが最も多く、次いで⑤のように述語にかかる修飾語になる。客観的な判断は意味せず、話者の主観的なあきらめや不本意《ふほんい》さの暗示される表現となっている。⑥は①～⑤から一歩進んで、とるべき方法がない結果、役に立たないという意味を表す。

(1)の「しかたがない」は「やむをえない」に似ているが、「やむをえない」が話者の主観的な判断を暗示するのに対して、「しかたがない」はもっと客観的な余儀《よぎ》ない状況に基づく判断を暗示するニュアンスのある点が異なる。

✕今さら後悔したってやむをえないじゃないか。

(2) (1)から進んだ意味で、困惑《こんわく》すべき状況であることを表す。ややマイナスイメージの語。例のように「しかたのない□□」という形で、名詞にかかる修飾語として用いられ、□□を強める働きをする。ただし、②のように具体的な性質を表す言葉が後にくるときには、「しょうがない」を用いるほうがふつうである。

→彼女はしょうがないじゃじゃ馬なんです。

(3) (1)(2)からさらに進んで、「～てしかたがない」の形をとり、我慢できない様子を表す。プラスマイナスのイメージはない。

この「しかたがない」は「たまらない」に近い意味を表すが、「たまらない」では我慢できない程度がより強く、実際に行動を起こしてしまうことが暗示されているのに対して、「しかたがない」は行動を起こすかどうかまでは言及《げんきゅう》していない点が異なる。全く同じ文脈で「しかたがない」と「たまらない」が用いられると、次のようなニュアンスの違いを生ずる。

腹が減ってしかたがない。
(早く昼にならないかなあ)
腹が減ってたまらない。
(何か食べに行こう)

「しょうがない」にも「しかたがない」の(1)～(3)を表す意味があるが、「しょうがない」のほうがより俗語的で、あきらめのニュアンスが強く、日常会話に多く登場する。

⇨「やむをえない」「たまらない」「しょうがない」「はじまらない」「むりもない」「どうしようもない」「ぜひない」

しかつめらしい［鹿爪らしい］Shikatsumerashii

① 彼は**しかつめらしい**顔で名刺を差し出した。
② 委員の態度は最後まで**しかつめらしかっ**た。
③ 社長の話は**しかつめらしい**話ばっかりだ。
④ そんなに**しかつめらしく**考えないほうがいい。

【解説】 まじめそうに形式ばって窮屈《きゅうくつ》である様子を表す。マイナスイメージの語。「～らしい」は確実性の高い推量を表す形容詞を作る語尾。①はいかにもまじめで深刻そうな顔という意味。②は形式ぶって堅苦《かたくる》しいという意味。③は堅苦しくつまらないという意味。④は極端にまじめで融通《ゆうづう》がきかないという意味である。

「しかつめらしい」は「かたくるしい」に似ているが、より主観的で受ける側の印象を述べた語である。また、「しかつめらしい」には外見の物理的な窮屈さを意味する用法はない。

× しかつめらしいスーツを着ると肩がこる。

→堅苦しいスーツを着ると肩がこる。

また、「しかつめらしい」は「もっともらしい」にも似ているが、「もっともらしい」にある不審《ふしん》の暗示は「しかつめらしい」にはなく、外から見た窮屈さ、融通のきかなさを暗示するにとどまる点が「もっともらしい」と異なる。

× 彼の話はいかにもしかつめらしく聞こえる。

→彼の話はいかにももっともらしく聞こえる。

⇨「かたくるしい」「もっともらしい」「-らしい」

しがない Shiganai

① おれたちゃ、しょせん**しがない**サラリーマンだ。

② 役者なんて**しがない**稼業《かぎょう》ですよ。

【解説】 問題にするだけの価値がない様子を表す。ややマイナスイメージの語。例のように名詞にかかる修飾語として用いられることが多く、述語やその他の修飾語になることは少ない。

? 彼の家はしがない。

? 彼女はしがなく暮らしている。

「しがない」は価値がないことを侮蔑《ぶべつ》していうニュアンスがあり、自分のことについて用いた場合には、しばしば自嘲的《じちょうてき》なニュアンスを伴《ともな》う。また、現在の不遇《ふぐう》やつまらなさだけでなく、将来に対する希望のなさをも暗示する表現になっている点が、客観的な価値のなさを暗示する「つまらない」「とるにたりない」と異なる。

? おれたちゃ、しょせんつまらないサラリーマンだ。

⇨「つまらない」「とるにたりない」「ありふれた」

しけっぽい [湿気っぽい] Shikeppoi

① このビスケットは**しけっぽく**てうまくない。

② 押し入れの下段のふとんが**しけっぽく**なった。

【解説】 湿気をおびている様子を表す。ややマイナスよりのイメージの語。「〜ぽい」は「〜のように見える、感じられる」という意味の、形容詞を作る語尾。具体的な物が湿気をおびている意味で用いられ、抽象的なものについては用いられない。

× 話がついしけっぽくなった。

→話がつい湿っぽくなった。

また「しけっぽい」の対象は、本来乾燥《かんそう》していることが期待されている物であることが普通で、もともと乾燥していることが前提になっていない物については用いられない。

× 加湿器《かしつき》で部屋の空気をしけっぽくする。

→加湿器で部屋の空気を湿っぽくする。

⇨「しめっぽい」「-ぽい」

しさいらしい［子細らしい］Shisairashii

① 息子は一人前に**しさいらしい**顔をして話した。

② 易者《えきしゃ》は**しさいらしく**眉《まゆ》をしかめた。

【解説】 しかるべきもっともな訳がありそうな様子を表す。プラスマイナスのイメージはない。「〜らしい」は確実性の高い推量を表す形容詞を作る語尾。〜のようだという意味を表す。実際にもっともな訳があるかどうかには言及《げんきゅう》せず、そのように見える態度や行動を評して言う語である。したがって、対象の年齢が幼かったりして、大人が聞いてもっともな訳があるはずもないことがわかっている場合にも①用いることができる。

「しさいらしい」は「もっともらしい」に似ているが、「もっともらしい」がしばしば外見と実体の異なる暗示をもつのに対して、「しさいらしい」は実体には言及しない点が異なる。

× 彼女のうそは子細らしかったので、みんなだまされた。

→彼女のうそはもっともらしかっ(まことしやかだっ)たので、みんなだまされた。

⇨「もっともらしい」「まことしやか」「-らしい」

じじむさい［爺むさい］Jijimusai

① 若いくせに**じじむさい**なりをするなよ。

② あの髪型は**じじむさく**て彼には合わない。

③ 最近の若者は意外に**じじむさい**考え方をするね。

【解説】 男性がいかにも年寄りじみていて、不快な様子を表す(↔ばばくさい)。マイナスイメージの語。①②は外見が年寄りじみて、不潔でいやだという意味、③は考え方が年寄りじみていて、活気がなく不愉快《ふゆかい》だという意味である。

「じじむさい」は、大人の男性について用いることが多く、女性・子供については用いられない。また、老人について用いることもまれである。一見老人と見られない男性が、老人のような外見や内面をもっていることを、マイナスに評価して言う語である。

× 彼女はじじむさい服を着ている。

→彼女はばばくさい服を着ている。

× あの子はじじむさい考え方をする。

→あの子はひねた(古臭い)考え方をする。

「じじむさい」は「ふるくさい」などに近い意味を表

すが、もっと直接的で、老人のもつ不潔さ、頑固《がんこ》さ、じみさ、暗さなどを強調した表現になっている。全く同じ文脈で「じじむさい」と「ふるくさい」を用いると、次のようなニュアンスの違いを生ずる。

じじむさい服。（デザインが年寄りじみている）
古臭い服。（買ってから時間がたっている）
じじむさい考え。（年寄りじみて融通《ゆうずう》がきかない）
古臭い考え。（時代遅れの考え）

⇨「ふるくさい」「ばばくさい」「むさい」

しずか［静か・閑か］Shizuka

(1) ①「**しずか**にしなさい」と先生は言った。
②郊外の**しずか**な住宅地に住む。
③会場は水を打ったように**しずか**だった。
④**しずか**な湖畔《こはん》の森の陰でカッコウが鳴く。

(2) ①山道を抜けると急に**しずか**な海が目の前に開けた。
②風が**しずか**に吹いている。
③波**しずか**な湖のほとりにたたずむ。
④彼は故郷の山に**しずか**に眠っている。
⑤（医者が患者に）当分の間、ベッドで**しずか**にしていなさい。
⑥今この商品は**しずか**なブームを呼んでいる。

(3) ①君たち、もっと**しずか**に話したらどうかね。
②彼はとても**しずか**な人です。
③夜は**しずか**な音楽をかけてベッドに入る。
④まあまあお**しずか**に。

【解説】 (1) 音や声が非常に少ない様子を表す（↔うるさい・やかましい・さわがしい・そうぞうしい）。プラスイメージの語。音や声の少ない様子を表す最も客観的・一般的な語である。③の「水を打ったよう」は「しずか」であることを強調する慣用句の修飾語句である。

音声の少ない様子を表す語としては、他に「さやか」「ひそか」などがあるが、「さやか」では音の高く繊細《せんさい》な美しさを暗示し、「ひそか」は意図して音を小さくするという暗示のある点が、客観的な音のなさを暗示する「しずか」と異なる。

(2) 動きが少なくおだやかである様子を表す。プラスイメージの語。「おだやか」に似ているが、「しずか」は状態を客観的に述べるニュアンスがあり、「おだやか」のように見る者の主観は暗示されていない。④の「しずかに眠る」は慣用句に近い言い方で、「埋葬《まいそう》されている」という意味。⑤の「しずかにする」は「動かないでいる」という意味。⑥はめだたないという意味である。これらのときは「おだやか」に置き換えられない。

(3) あわてずに落ち着いている様子を表す。プラスイメージの語。①は音声を小さくするのみならず、もっと冷静にという意味である。②は口数が少なく、冷静だという意味、③は強弱の幅が小さく、心を静めるようなという意味、④は興奮しないで落ち着いてという意味である。この「しずか」も「おだやか」に近いが、「おだやか」よりも冷静さの暗示が強く、結果としての音量も「おだやか」より小さくなることが多い。

⇨「さやか」「ひそか」「おだやか」「しめやか」「ひそやか」「ひめやか」「ものしずか」「やすらか」「うるさい」「やかましい」「さわがしい」「そうぞうしい」

したしい［親しい］Shitashii

(1) ① 悩みを**したしい**友人に相談する。

② 彼女とはとても**したしい**。

③ **したしき**中にも礼儀あり。（ことわざ）

④ この言葉は耳目に**したしい**。

⑤ **したしい**縁者《えんじゃ》を頼って上京した。

(2) ① 村の古老に**したしく**話をきいた。

② 天皇陛下から**したしく**お言葉を賜《たまわ》った。

【解説】 (1) 人間関係が親密でよく慣れている様子を表す。プラスイメージの語。①〜③が最も一般的な用法で、心が通じている、仲がよいという意味を表す。④は「耳目にしたしい」または「耳にしたしい」という慣用句の形をとり、「しばしば見聞《けんぶん》してよく知っている」という意味になる。⑤は「したしい縁者」という言い方で、「血縁《けつえん》の近い縁者」という意味になる。

親密な人間関係といっても、親子・兄弟・夫婦などの関係において、「したしい」はふつう用いられない。他人どうしの関係において、心が通じているという場合に用いられる表現である。

× ぼくと弟は親しい。→ぼくと弟は仲がいい。

この「したしい」は「ちかしい」に似ているが、「ちかしい」では関係が近い、交流が盛んだというニュアンスがあるのに対して、「したしい」は心が通じている、仲がよいというニュアンスになり、親密さは「したしい」のほうが程度が高くなることが多い。全く同じ文脈で「したしい」と「ちかしい」が用いられると、次のようなニュアンスの違いを生ずる。

親しい友人。（遠慮なくうちとけている友人）

近しい友人。（日ごろよくつきあっている友人）

また、「むつまじい」にも似ているが、「むつまじい」はより深い愛情の存在を暗示し、異性や子供どうしの親密な愛情関係について用いることの多い点が、客観的な親密さを意味する「したしい」と異なる。

× あの夫婦は親しい。→あの夫婦はむつまじい。

(2) 「したしく〜する」という述語にかかる修飾語の形をとり、「直接〜する」という意味を表す。プラスマイナスのイメージはない。①のように普通人の行為についても用いられるが、ふつうは②のように貴人《きじん》の行為について、「直接～なさる」という尊敬のニュアンスのこもった表現として用いられることが多い。

⇩「ちかしい」「むつまじい」「ちかい」「ねんごろ」

したたか［強か・健か］Shitataka

(1)① 彼は**したたか**だから、転んでもただは起きない。
② 彼女は離婚ぐらいでは参らない**したたか**な女だ。
(2)① ゆうべは酒を**したたか**に飲んで寝た。
② 机の角《かど》に足を**したたか**ぶつけた。

【解説】 (1) 非常に強くて扱いにくい様子を表す。マイナスイメージの語。積極的な行動をおこす強さではなく、逆境《ぎゃっきょう》をはねのけたり耐えたりする強さの暗示される語である。不利な形勢になっても潔《いさぎよ》く負けを認めず、簡単にはあきらめない性質を侮蔑《ぶべつ》して言う語であって、自分の非を認め責任をとる態度を好ましいものと評価する日本文化の特徴を裏から表した語になっている。

「したたか」は「ずぶとい」に似ているが、「ずぶとい」はある人の性格全体の鈍感《どんかん》さや強さをやや客観的に暗示するのに対して、「したたか」は逆境に負けない強さをやや侮蔑的に表現する点が異なる。

? 君はもっとしたたかに構えてればいいんだよ。
→君はもっとずぶとく構えてればいいんだよ。

また、「したたか」は「たくましい」にも似ているが、「たくましい」がエネルギーをもった強さをプラスイメージでとらえているのに対して、「したたか」はマイナスイメージでとらえている点が異なる。

× 息子にはしたたかに育ってほしい。
→息子には逞《たくま》しく育ってほしい。

(2) 「したたかに～する」「したたか～する」という述語を修飾する形になって、「ひどく～する」という意味を表す。プラスマイナスのイメージはない。「ひどく」「たいへん」などと似ているが、「ひどく」にある被害者意識はなく、行為の程度のはなはだしさを客観的に述べる表現になっている。

⇩「つよい」「きつい」「ずぶとい」「たくましい」「しぶとい」「ひどい」

したたるい［舌怠い］Shitatarui

① いい年をしてそんな**したったるい**言い方はよせ。
② 彼の**したるい**態度が軽蔑《けいべつ》される原因だ。

【解説】 ものの言い方や態度が甘えているような様子を表す。マイナスイメージの語。しばしば「したったるい」と発音される。最近はあまり用いられず、「舌ったらず」「あまえた」「べたべたした」などが用いられる。

「したたるい」は「あまったるい」に似ているが、「あまったるい」はあまえた言い方や態度などをやや客観的に述べた語であるのに対して、「したたるい」はそういう言い方や態度に対する侮蔑《ぶべつ》の暗示のある点が異なる。

? 彼女の舌たるい話し方はかわいい。
↓彼女のあまったるい話し方はかわいい。

⇩「あまったるい」

したわしい［慕わしい］Shitawashii

① 遠く離れた恋人が**したわしい**。
② 彼女にはひそかに**したわしく**思っている人がいた。
③ 古きよき時代が**したわしい**。

【解説】 離れている人やものに愛情を感じ、心ひかれる様子を表す。プラスイメージの語。かなりかたい文章語であり、日常会話にはあまり登場しない。日常的には「こいしい」を用いる。「したわしい」は「こいしい」同様、現在得ていないものに対する愛情（しばしば尊敬や親しみの暗示を含む）である点にポイントがあり、単なる愛情を表す「いとしい」とは異なる。

彼が慕わしい（恋しい）。（彼は側にいない）
彼がいとしい。（彼がどこにいるかは言及《げんきゅう》しない）

また、「したわしい」感情をもつ相手は、大人の異性であることが多く、子供や同性について用いることはまれである。

× 里子《さとご》に出したわが子が慕わしい。
↓里子に出したわが子が恋しい。
? 故郷の母が慕わしい。↓故郷の母が恋しい。

③のように人以外のものについても用いられることがあるが、この場合も、現在得ていないものについてのあこがれの感情を表すときに限られる。このときは、「こいしい」に近い意味になるが、「こいしい」のほうがあこがれの感情が切実で程度が高い。

⇩「こいしい」「いとしい」「すき」

しちめんどうくさい［しち面倒臭い］Shichimendôkusai

① 近所づきあいは**しちめんどくさく**てたまらない。
② 彼は徹夜で**しちめんどうくさい**計算をやりとげた。

【解説】 非常に手間がかかって不快な様子を表す。マイナスイメージの語。「めんどうくさい」を強めた語である。日常会話では、しばしば「しちめんどくさい」と発音される。「しちめんどうくさい」は事物の性質を表すことが多く、わずらわしい気分のほうに視点のある「かったるい」などとは異なる。

? 単純作業はしち面倒くさくなる。
↓単純作業はかったるくなる。

⇩「めんどうくさい」「かったるい」「―くさい」

しつこい Shitsukoi

(1)① セールスマンは**しつこく**つきまとった。
② 彼女の質問はいつも**しつこい**。
③ どんなむずかしい課題にも、塾生《じゅくせい》たちは**しつこく**食い下がってくる。
④ 部長は部下のミスを**しつこく**追及《ついきゅう》した。
⑤ あんたみたいに**しつっこい**人は嫌《きら》いよ。
⑥ まだあきらめないなんて、**しつこい**子だねえ。

(2)① 今年の風邪《かぜ》は**しつこく**てなかなか抜けない。
② 朝晩**しつこい**咳《せき》が続く。
③ この軟膏《なんこう》は**しつこい**湿疹《しっしん》に効く。

(3)① このソースはちょっと**しつこい**。
② 彼女は**しつこい**色のインテリアが好きだ。
③ この香水の香りは甘すぎて**しつこい**。
④ ごてごてした**しつこい**デザインの服は品がない。

【解説】 (1) 執着《しゅうちゃく》が強くてなかなかあきらめない様子を表す。ややマイナスイメージの語。①~④はある行為について執着が強くてあきらめないという意味、⑤⑥は人間の性質について、あきらめの悪い性格という意味である。

「しつこい」は「くどい」に近い意味があるが、「くどい」に暗示されている不快感は「しつこい」ではそれほど強くなく、執着の濃厚さをやや客観的に表している。したがって、執着の濃厚さが好ましい場合には「くどい」は用いられない。

× 塾生たちはくどく食い下がってくる。

「しつこい」は対象の執着の強さに視点があり、「くどい」にある繰り返しの暗示がない。そこで全く同じ文脈で「しつこい」と「くどい」が用いられると、次のようなニュアンスの違いを生ずる。

質問がしつこい。(いろいろ質問してあきらめない)
質問がくどい。(同じことを何度もきく)

(2) 病気や症状がなかなか治らない様子を表す。マイナスイメージの語。これも病気が人に執着してなかなか離れない様子を表すとみてよい。この場合には「くどい」に置き換えられない。

(3) 味・色・においなどが濃厚である様子を表す。ややマイナスイメージの語。この「しつこい」も「くどい」に似ているが、「くどい」では濃厚な性質に対する不快感の暗示があり、濃厚さそのものも「くどい」のほうが程度が大きい。「どぎつい」や「あくどい」は、「くどい」よりもさらに濃厚さの程度が大きく、嫌悪感《けんおかん》の非常に強い表現になる。

⇨「くどい」「どぎつい」「あくどい」「ねちっこい」

しどけない Shidokenai

① 女は**しどけない**寝巻き姿で現れた。
② 髪を**しどけなく**結《ゆ》うのがはやっている。

【解説】 おもに女性の外見がしまりがなく、たるんで見える様子を表す。ややマイナスイメージの語。衣服・髪型など目に見えるものについて用いるのが普通で、目に見えない雰囲気などについて用いることは少ない。

彼女はしどけないムードを漂《ただよ》わせた女優だ。

また、対象は大人の女性について用いることが最も一般的で、男性や子供・老人などについては用いられない。

× 彼は背広をしどけなく着くずした。

「しどけない」は外見のしまりのなさを言う点では、「あられもない」に似ているが、「あられもない」が「女性の理想であるしとやかさにあるまじき」という、理想と正反対の状態を抽象的に評する語であるのに対して、「しどけない」は女性の外見が具体的にたるんでいて、しまりがない状態にあることを表し、「あられもない」より具体的・部分的である。

そこで、②の例のように「わざとしまりなく装《よそお》う」ことが流行した場合には、必ずしもマイナスイメージの語とはならず、たるんでゆるみのある状態をやや客観的に述べる表現となる。

× 髪をあられもなく結うのがはやっている。

しまりがない点では「だらしない」も使われるが、「だらしない」は女性の外見だけでなく、もっと広く一般的に規律のない状態を暗示する点で異なる。

× 彼は女にしどけない。
→彼は女にだらしない。

⇨「あられもない」「だらしない」

しとやか ［淑やか］ Shitoyaka

① 彼女は空腹にもかかわらず**しとやか**に食事した。
② 彼は傍《かたわ》らに**しとやか**な女性を連れていた。

【解説】 女性の言動が活動的でなく、落ち着いていて上品な様子を表す(↔あられもない)。プラスイメージの語。女性が活動的でなく、あまり自分の欲求を表に出さないことをプラスに評価する日本文化ならではの語である。

「しとやか」は女性専用で、男性や子供・老人について用いられることはまれである。

× 彼はしとやかに席を立った。
→彼は静かに席を立った。

「しとやか」は「おくゆかしい」に似ているが、「おくゆかしい」が控えめな言動にうかがえる内面の奥深さへの感動を表し、ある人の性格全体を評する語であるのに対して、「しとやか」は女性の特定の言動や外見が落ち着いて上品な様子を表す点で異なる。

✕ 彼女はしとやかにも手柄《てがら》を言いたてなかった。
↓彼女はおくゆかしくも手柄を言いたてなかった。

また、外見の静かさを意味する点で「しとやか」は「たおやか」にも似ているが、「たおやか」が女性の弱さに対する感動の暗示された表現であるのに対して、「しとやか」は女性の弱さは暗示せず、言動の上品さをやや客観的に表すのにとどまる点が異なる。

✕ 泣きくずれた彼女の姿態《したい》はしとやかだった。
↓泣きくずれた彼女の姿態はたおやかだった。

⇨「しずか」「おくゆかしい」「たおやか」「あられもない」

しなやか［撓やか・娟やか］Shinayaka

① 細工物《さいくもの》には**しなやか**な若竹《わかたけ》を使う。
② 彼女の指はピアニストのように**しなやか**だ。
③ 少年の**しなやか**な身のこなしが目に鮮《あざ》やかだ。
④ 現代は女性が**しなやか**に生きる時代だ。

【解説】 弾力があって丈夫《じょうぶ》な様子を表す。プラスイメージの語。①②のように、細い棒状《ぼうじょう》のものの柔軟《じゅうなん》さを表すのが最も基本的な意味である。③は①②から進んだ意味で、少年の細い体が柔軟で身のこなしがなめらかである意味である。「しなやか」には以上のように細い棒状のものの柔軟な状態という暗示があるので、丸いもの、太いものの弾力について用いられることはまれである。

✕ 手で押すとタイヤはしなやかにへこんだ。
↓手で押すとタイヤは柔軟にへこんだ。

？ 横綱《よこづな》旭富士《あさひふじ》のしなやかな体。
↓横綱旭富士の柔らかい体。

④は①～③からさらに進んだ現代語用法。人々との無用の摩擦《まさつ》を避《さ》け、人間関係をなめらかにして、しかもしたたかに生きることを「しなやかに生きる」という。この場合にも、男性の生き方について用いることはまれで、「かよわい」女性が、外力に逆らわずしかも屈することなく、柔軟に生きるというニュアンスのうかがわれる表現となっている。

「しなやか」は「なよやか」や「たおやか」に似ているが、「なよやか」「たおやか」がおもに女性の外見が弱々しく、柔軟であったり上品であったりという意味で、女性の弱さを強調した表現であるのに対して、「しなやか」は対象を女性に限らず、柔軟な状態をやや客観的に述べるニュアンスがあり、対象の弱さに対する感動は暗示されていない点が異なる。

？ 彼はしなやかな女性が好みだ。
↓彼はたおやか(しとやか)な女性が好みだ。

✕ なよやかな鞭《むち》を手に持っていた。
↓しなやかな鞭を手に持っていた。

⇩「やわらかい」「たおやか」「しとやか」「なよやか」

しのびがたい［忍び難い］Shinobigatai

① 耐えがたきを耐え、**しのびがたき**を忍び……

② 山中での悲惨《ひさん》な生活は**しのびがたい**ものだった。

【解説】 我慢することがむずかしい様子を表す。ややマイナスイメージの語。「～がたい」は「～することがむずかしい」という意味の、形容詞を作る語尾。かたい文章語で、日常会話にはほとんど登場しない。

「しのびがたい」は「たえがたい」に非常に似ているが、もともと「しのぶ」には、我慢していることを表面に出さないで耐えるというニュアンスがあり、表面に出す出さないに関係なく我慢する意味の「たえる」とニュアンスの上で異なる。

したがって、「しのびがたい」は表面に出さずに我慢することがむずかしいという意味になる。そこで、①の有名な昭和《しょうわ》天皇《てんのう》玉音放送《ぎょくおんほうそう》中の言葉も、「我慢できないことがあっても、それを表面に出さずに耐え……」と解釈《かいしゃく》される。②は、山中の生活があまりに悲惨なので、つい不平や不満をもらしてしまうという意味である。

「しのびがたい」は好ましくないものについて用いるのが普通で、好ましいものの程度がはなはだしいために我慢できないという意味では用いない。

× 受賞の喜びは忍びがたい。
→受賞の喜びにたえない。

また、「しのびがたい」は結果として我慢できたのかできないのかまでは言及《げんきゅう》していない点が、結果として我慢できないことを暗示する「しのびない」と異なる。

⇩「たえがたい」「しのびない」「やりきれない」「―がたい」

しのびない［忍びない］Shinobinai

① その子のあわれな様子は見るに**しのびない**。

② もったいなくて捨てるに**しのびない**服だ。

【解説】 動詞「しのぶ」の打消しの古い形。動詞について「～するにしのびない」の形で用いられ、「～することに我慢できない」という意味を表す。ややマイナスイメージの語。

「しのぶ」は、表面に出さずに我慢するという意味の語であるから、「しのびない」は表面に出さずには我慢できないという意味になる。したがって、①の「見るにしのびない」は、何もせずに黙《だま》って見ているのは我慢できないという意味になり、結果として見るのをやめるか、何らかの行動を起こすかが暗示されている。②では、捨てることに我慢できない結果、捨てずに取っておくことが暗示されている。この点で、我慢できたかできないかの結果に言及《げんきゅう》しない「しのびがたい」とは異なる。

見るに忍びない。（何かしてやりたい）
見るのは忍びがたい。（結果には言及していない）
⇩「しのびがたい」

じひぶかい ［慈悲深い］ Jihibukai

① **じひぶかい**仏の心にかなう。
② 所詮子供のいたずらだと**じひぶかく**見逃《みのが》した。

【解説】 寛容であわれみ深い様子を表す。プラスイメージの語。

「慈悲」とは仏を初めとする上位者の、罪人・弱者・衆生《しゅじょう》・子供など下位者に対する寛容な愛を指す言葉である。したがって、「慈悲」という言葉の背景には、上位者と下位者のはっきりした序列認識《じょれつにんしき》が存在し、上位者から下位者へ愛情をほどこし与えるという図式がある。そのため、「じひぶかい」主体としては、仏などの絶対上位者、老人など社会的地位の高い人などがくるのが普通で、対等な人間関係の中で用いられることは多くない。また、「慈悲」の表す愛情はかなり感情的で、理性による許容を意味しないことが多い。

？ 社長は慈悲深く部下のミスを許した。
　→社長は寛容に部下のミスを許した。

対等な人間関係の中で許容する感情に厚いことを言う場合には、「なさけぶかい」を用いる。

？ 彼は慈悲深い人柄だ。→彼は情け深い人柄だ。
⇩「なさけぶかい」「おおらか」

しぶい ［渋い］ Shibui

(1)① この柿は**しぶく**て食べられない。
② 安い紅茶は**しぶい**。
③ 老人は**しぶい**お茶をすすって話し出した。
(2)① 午後になると目が**しぶく**てたまらない。
(3)① おこづかいをせびられて**しぶい**顔をする。
(4)① あの家は金の出し方が**しぶい**。
② 景気がいいくせに支払いの**しぶい**会社だ。
(5)① 彼は年の割に好みが**しぶい**。
② あの俳優は**しぶい**芸が売り物だ。
③ 彼は**しぶい**色の服がよく似合う。
④ 芸者が**しぶい**のどを聞かせた。

【解説】 味を表す形容詞の一つ。

(1) 舌の表面を乾燥《かんそう》させ刺激する様子を表す。マイナスイメージの語。「しぶい」は、本来味の基本要素には入っていない味であるが、日本人の味覚からすれば、味の中に含められる状態である。「しぶい」味の重要な要素として、水分を奪《うば》われる感じがあげられる。舌の表面の水分を奪われるような感じがするとき、「しぶい」と表現する。

(2)　「目がしぶい」の形で用いられ、目が乾燥してまぶたがくっつきそうだ、眠いという意味を表す。ややマイナスイメージの語。乾燥感が味覚以外に用いられる数少ない例。眠いという心理を表す語ではなく、目がくっつきそうだという現象を感覚的に暗示する表現になっている。

(3)　(1)から進んだ意味で、ほとんど「しぶい顔をする」という慣用句の形で用いられ、「しぶい」物を食べたときのような顔をする、顔をしかめるという意味になる。マイナスイメージの語。単に顔をしかめるという外見の状態を言うのではなく、内心の不快を顔に出したという意味の表現である。

(4)　普通以上に金銭を出し惜しみする様子を表す。ややマイナスイメージの語。単にけちだというのではなく、金銭の消費のしかたがけちくさいといっている点が、「みみっちい」や「かんじょうだかい」「いじましい」などと異なる。また、「しぶい」ではなかなか消費しないという意味で用いられることが最も多く、消費することはするが額が少ないという意味で用いられることは多くない。

(5)　派手でなく、奥深さを感じる様子を表す。ややプラスイメージの語。①は「好みがしぶい」で「好みが派手でなく、落ち着いている」という意味、②は芸が派手でなく、奥深いものを感じるという意味、③は黒や茶系統のあまり濃くない色という意味、④はあまり華やかでないやや低めの声という意味である。

この「しぶい」は、派手でなく落ち着いているという意味ではあるが、基本には「枯《か》れている」というニュアンスがある。色を言う場合には黒や茶系統の枯れ葉や枯れ草のような色を言うことが多く、暖色《だんしょく》系統や明るい青・緑系統の色を言うことは少ない。したがって、女性や子供に関するものについて用いることは少なく、おもに老人にふさわしい性質として用いることが多い。②④はこの俳優や芸者の年齢がかなり高いことが暗示され、①でも「年の割に」という条件がついて、「若いのに年寄り好みだ」というニュアンスをもつ例となっている。

「しぶい」の表す状況は「じみ」に近いが、「じみ」は華やかさのない状態を客観的に暗示する語であって、主体の年齢や性別には関係しない。

？　うちの孫娘は渋い色の服を好む。

→うちの孫娘はじみな色の服を好む。

⇨「じみ」「けちくさい」「みみっちい」「かんじょうだかい」「しみったれ」「いじましい」

しぶとい　Shibutoi

①　この力士は土俵際《どひょうぎわ》がなかなか**しぶとい**。

②　まだ白状しないなんて**しぶとい**奴だ。

③ ノミは三か月間えさなしでも**しぶとく**生きている。

【解説】 困難な状況にあってもなかなか参らない様子を表す。ややプラスよりのイメージの語。単に頑丈《がんじょう》だ、頑《がん》強《きょう》だという意味ではなく、逆境《ぎゃっきょう》に負けないという強さに対するニュアンスをもっている語であって、逆境に負けない強さに対する感動・驚き・あきれなどの感情を含む語である。

①は、土俵際に追いつめられても簡単に土俵外に出ないという意味。②は、自白を強要されても屈しないという意味。③は、えさがないという状況下でも三か月生きのびているという意味である。

「しぶとい」は「したたか」に似ているが、「したたか」には逆境に屈しない強さに対する侮蔑《ぶべつ》のニュアンスがあるのに対して、「しぶとい」は感嘆のニュアンスのある点が異なる。

彼はしぶとい男だ。（＋）
彼はしたたかな男だ。（－）

⇩「したたか」「つよい」

しまらない ［締まらない・緊まらない］ Shimaranai

① 彼は若い女を見ると途端に**しまらない**顔になる。
② 終電に乗り遅れるなんて**しまらない**話だ。
③ 相手の女の子にデートのかけもちされるなんて、**しまらねえ**なあ。

【解説】 動詞「しまる」の打消し。「しまる」の意味を打消す他に、整っていずみっともない、かっこわるいという意味になる。ややマイナスイメージの語。俗語的で日常会話に多く登場し、かたい文章中には用いられない。

①②のように、名詞にかかる修飾語として用いられることが多く、③のように述語にもなるが、その他の修飾語になることはまれである。

? そんなしまらなくみっともない話はないよ。

①は目もと口もとがゆるみ、だらしのない表情になるという意味である。②③はかっこわるい、みっともないという意味である。「かっこわるい」「みっともない」に比べて侮蔑《ぶべつ》の暗示が少なく、みっともなさの程度も低い。

⇩「かっこわるい」「みっともない」「だらしない」「さえない」

じまんたらしい ［自慢たらしい］ Jimantarashii

① 彼女は**じまんたらしく**夫の勤め先について話し始めた。
② 兄が自分の業績について話すと、いつも**じまんたらしい**。

【解説】 いかにも自慢しているように聞こえる様子を表す。ややマイナスイメージの語。「～たらしい」は、「いかにも～しているように見え（聞こえ）て不快だ」という意味の、形容詞を作る語尾。

①のように述語にかかる修飾語になることが多く、②のように述語になることはあまり多くない。

客観的に話しているふうをよそおいながら、その実自慢していると、聞き手が判断したときによく用いる語である。したがって、ほんとうに自慢しているかどうかは問題でなく、一見自慢していないふうなのが、聞き手にとっては自慢に聞こえるという、受け手の側の不快な感情を表現した語である。自分の長所に自分で言及《げんきゅう》しないで、謙遜《けんそん》したり卑下《ひげ》したりすることを美徳《びとく》と考える日本文化の特徴を、裏返しに表現した語だと言うことができる。

⇩「ーたらしい」

じみ［地味］Jimi

① その少女は**じみ**な色の服を着てきた。
② もっと**じみ**な柄の着物はありませんか。
③ 彼の人柄はとても**じみ**だ。
④ 脇役《わきやく》の**じみ**な演技が効果的だった。
⑤ 下町で**じみ**に暮らす。

【解説】 華やかさがなく、めだたない様子を表す（↕はで）。原則としてプラスマイナスのイメージはない。①は華やかさがなく、やや暗い、めだたない色という意味、②も大柄でなくめだたない柄という意味、③は控えめで社交的でないという意味、④はオーバーでなく強弱の幅が少ないという意味、⑤はつつましく静かであるという意味である。

「じみ」は華やかでなくめだたない状態をやや客観的に表す語であって、原則として「じみ」な状態に対する感想や思い入れは入っていない点が、めだたない状況をマイナスにとらえる「さえない」、プラスにとらえる「おくゆかしい」「つつましい」などと異なる。

その意味で「じみ」は「おとなしい」に近いが、「おとなしい」は奇抜《きばつ》でなくめだたないというニュアンスが強く、「じみ」のもつ暗さのニュアンスはないことが多い。

× 黄色いじみな服。→黄色いおとなしい服。

⇩「おとなしい」「さえない」「おくゆかしい」「つつましい」「しぶい」「しとやか」「はで」

しみったれ Shimittare

① 彼は**しみったれ**だから、絶対おごらない。
② お祝いに小銭を出すなんて、あんまり**しみったれ**だ。

【解説】 異常に消費を渋る様子を表す。マイナスイメージの語。かなり俗語的な表現で、日常会話中心に用いられ、かたい文章中には登場しない。「けち」という意味であるが、「けち」よりももっと即物的《そくぶつてき》で用法が狭く、具体的に消費を渋る現場で使うことが多い。比喩的《ひゆてき》な用法はない。

× 教えてくれたっていいじゃない。しみったれ！
→教えてくれたっていいじゃない。けち！

また、「しみったれる」という動詞にすると、やや用法が広がって、次のように「嘆かわしい」「情けない」という意味にもなる。

個人個人でバラバラに行こうだなんて、そんなしみったれたこと言うなよ。

吝嗇《りんしょく》を意味する語としては、他に「けちくさい」「みみっちい」「いじましい」などがあるが、「みみっちい」は具体的な消費のしかたについてスケールの小ささを侮蔑《ぶべつ》するニュアンスがあり、「いじましい」は蓄財《ちくざい》のしかたの細かさを侮蔑するニュアンスがある。これらに比べて「しみったれ」はもっと直接的で、俗語的である。

⇩「けち」「けちくさい」「みみっちい」「いじましい」「かんじょうだかい」

しめっぽい ［湿っぽい］ Shimeppoi

(1) ① ずっと閉めきりだったので部屋が**しめっぽい**。
② コケは**しめっぽい**場所に生える。
(2) ① 戦時中のことを話すと**しめっぽく**っていけない。
② 葬儀場《そうぎじょう》には**しめっぽい**空気が流れていた。

【解説】 (1) 空気や物の湿気が多い様子を表す。原則としてプラスマイナスのイメージはない。「しめっぽい」で表される湿気はかなり多く、手でさわって水分を感じる程度であることが普通である。「しめっぽい」よりも水分がやや少ない程度の湿気のときには、「しけっぽい」を用いる。

× 古いおせんべいは湿っぽい。
→古いおせんべいはしけっぽい。

(2) (1)から進んだ意味で、話や雰囲気などが涙をもよおすように悲しく、陰気な様子を表す。ややマイナスよりのイメージの語。ただし、「かなしい」や「いんきくさい」のように直接的な表現ではなく、かなり婉曲《えんきょく》な表現になっているので、悲しみ自体はそれほど強くない。例のように、話や雰囲気など抽象的なものについて用いることが多く、具体物については用いられない。

× 彼女は湿っぽい顔をしていた。
→彼女は悲しい(泣きそうな)顔をしていた。

⇩「しけっぽい」「かなしい」「いんきくさい」「－ぽい」

しめやか Shimeyaka

① 夜半《やはん》に木《き》の芽起《めお》こしの雨が**しめやか**に降った。
② 身内だけの通夜《つや》はまことに**しめやか**だった。

【解説】 非常に音が少なくて、静まりかえっている様子を表す。ややプラスよりのイメージの語。例のように、雨が降る状況や葬儀《そうぎ》・通夜などの状況で用いられることが多い。

「しずか」に似ているが、「しずか」が客観的な音量の少なさを表すのに対して、「しめやか」は音量が少ないことによってその場の雰囲気が沈潜《ちんせん》し、気分が深く沈んでいくというニュアンスがある。

× しめやかな湖畔《こはん》の森の陰でカッコウが鳴く。
→静かな湖畔の森の陰でカッコウが鳴く。

「しめやか」は「ひそやか」や「ひめやか」に似ているが、「ひそやか」はまわりに人気《ひとけ》のない暗示があり、「ひめやか」は意識して音声を抑えている繊細《せんさい》な静けさの暗示があるのに対して、「しめやか」は音の少ないことによって、見る者の気分や雰囲気が沈んでいく沈鬱《ちんうつ》さの暗示のある点が異なる。全く同じ文脈で「しめやか」と「ひそやか」「ひめやか」が用いられると、次のようなニュアンスの違いを生ずる。

しめやかに泣いている。
（見ていると沈鬱になってくる）
ひそやかに泣いている。
（たった独りで寂《さび》しく泣いている）
ひめやかに泣いている。
（かぼそい声で頼りなげに泣いている）

⇨「しずか」「ひそやか」「ひめやか」「ものしずか」

しゃらくさい ［洒落臭い］ Sharakusai

① 青二才《あおにさい》のくせして**しゃらくさい**口をきくな。
② 警察へ知らせるなんて**しゃらくさい**真似しやがると、ただじゃあすまないぞ。

【解説】 言動が分を超えて殊勝《しゅしょう》である様子を表す。ややマイナスイメージの語。「～くさい」は、「いかにも～のように感じられる」という意味の、形容詞を作る語尾であって、直接においは意味しない。「しゃらくさい」は俗語的な語であって、日常会話中心に用いられ、かたい文章中では用いられない。②は誘拐犯人《ゆうかいはんにん》の脅迫《きょうはく》の言葉である。

「しゃらくさい」は分を超えて殊勝であると感心する意味ではなくて、そういう相手に対する侮蔑《ぶべつ》の暗示をもつ語である。ただし、言動そのものの客観的な価値は認めている暗示があり、その点で言動内容の如何《いかん》にかかわらず、分を超えていることに不快を感ずる様子を表す「なまいき」とニュアンスの上で異なる。①の「しゃらくさい口」は「もっともな言い分」であり、②では警察へ知らせることは、常識的に考えてもっともであるわけである。

？ 警察へ知らせるなんてなまいきな真似するな。

また、言動内容の価値を認めるには、対象が大人であることが必要で、子供の一般的な言動について「しゃらくさい」はふつう用いない。

？ あの子はしゃらくさくてかわいくない。

→あの子は生意気でかわいくない。

「しゃらくさい」は「こざかしい」にも似ているが、「こざかしい」が分を超えた賢《かしこ》い言動についての激しい嫌《けん》悪《お》を表すのに対して、「しゃらくさい」には嫌悪はなく、侮蔑の程度も相対的に低い。

⇩「なまいき」「こざかしい」「―くさい」

しゅうねんぶかい［執念深い］Shûnenbukai

① 男はいったん目をつけた相手には、**しゅうねんぶかく**つきまとった。

② 彼は**しゅうねんぶかく**て、昔の恨《うら》みを忘れない。

③ 奴はヘビのように**しゅうねんぶかい**男だ。

【解説】 執着心《しゅうちゃくしん》が異常に強く、なかなかあきらめない様子を表す。マイナスイメージの語。具体的な言動についても(①)、人間の性質についても(②③)用いられる。

「しゅうねんぶかい」は人間や動物の性質や言動についてのみ用いられ、無生物については用いられない。

× このソースは執念深い。

→このソースはしつこい（くどい）。

「しゅうねんぶかい」は「しつこい」や「くどい」に似ているが、「しつこい」「くどい」よりももっと執着が強くて、しばしば相手に対して復讐《ふくしゅう》・犯罪《はんざい》などの意図をもって執着するという暗示がある(①②)。ただし、執着の強さそのものについての不快感はそれほどないので、次のような表現も可能である。

○ 生徒たちは難問にも執念深く食い下がった。

⇩「しつこい」「くどい」「あくどい」「―ふかい」

じゅくしくさい［熟柿臭い］Jukushikusai

① 酔っぱらいは**じゅくしくさい**息を吐きかけた。

② 彼は二日酔《ふつかよ》いで**じゅくしくさい**。

【解説】 酒に酔った人の息が不快なにおいのする様子を表す。マイナスイメージの語。「～くさい」は、「～のようなにおいがする」という意味の、形容詞を作る語尾。酒そのもののにおいではなく、厳密《げんみつ》に言うと、アルコールが一度胃に入って分解された後にできるアセトアルデヒドのにおいである。「じゅくしくさい」は、酒に酔った人の息のにおいの形容についてのみ用いられる抽象度の低い語で、比喩《ひゆ》的《てき》な用法はない。

現在、柿は果物屋やスーパーの店頭で程よく熟したものを買うのが一般的なので、不快な臭気《しゅうき》を発するほど樹《じゅ》上《じょう》で完全に熟した柿に接する機会はほとんどない。そこで、「熟柿」の意味するにおいは次第に忘れられる傾向にあり、この言葉自体もあまり使われなくなっている。「さけくさい」で代用されることも多い。

⇩「さけくさい」「ーくさい」

しょうがない［仕様が無い］Shôganai

(1)① 今さら後悔《こうかい》したって**しょうがない**じゃないか。
② 社長の命令じゃ**しょうがない**さ。
③ 彼とは別れるよりほか**しょうがなかっ**たんです。
④ 金を返してほしいが、ないんじゃ**しょうがない**。
⑤ 終電に乗り遅れ、**しょうがなく**てタクシーに乗った。
⑥ 三十人は必要だが五人じゃどうも**しょうがない**ね。
(2)① まったく**しょうのない**奴だな。
② 彼女は**しょうのない**じゃじゃ馬なんです。
(3)① 朝食を抜いたら腹が減って**しょうがない**。
② 新しい職場はいやでいやで**しょうがなかっ**た。
③ 奴の成金趣味《なりきんしゅみ》ったら、おかしくって**しょうがない**。

【解説】 (1) とるべき方法がなく、やむをえない様子を表す。ややマイナスよりのイメージの語。例のように、述語または述語にかかる修飾語の形で用いられる。③のように「〜よりほか」に続く形としては「しようがない」とも発音される。

(1)の「しょうがない」は「やむをえない」に似ているが、「やむをえない」が話者の主観的な不本意《ふほんい》さのニュアンスをもち、事態の受容《じゅよう》を暗示するのに対して、「しょうがない」はあきらめのニュアンスが強く、とるべき方法がない結果、投げ出してしまったり、何もしなかったりという行動の放棄《ほうき》を暗示する点が異なる。

× 今さら後悔したってやむをえない。

(2) (1)から進んだ意味で、限度を超えて困惑《こんわく》すべき状況にある様子を表す。ややマイナスイメージの語。例のように「しょうのない□□」という形で、名詞にかかる修飾語として用いられ、□□を強める働きをする。この場合には「しようがない」（しようのない）という形は用いられない。

(3) (1)(2)からさらに進んで、「〜てしょうがない」の形をとり、我慢できない様子を表す。プラスマイナスのイメージはない。この「しょうがない」は「たまらない」に近い意味を表すが、「たまらない」は我慢できないほど程度がはなはだしいという意味で、事態のはなはだしさに視点があるのに対して、「しょうがない」は相対的に程度が低い。

腹が減ってしょうがない。（何か食べたい）
腹が減ってたまらない。（食べないと死にそうだ）

「しょうがない」は多くの場合「しかたがない」に置き換え可能であるが、「しかたがない」のほうがやや文章語的で、あきらめのニュアンスが少なく、より冷静な表現となっている。日常会話では「しょうがない」のほうが多く用いられ、特に(2)の用法は「しょうがない」(しょうのない)のほうが一般的である。

⇨「しかたがない」「やむをえない」「たまらない」「はじまらない」「むりもない」「どうしようもない」「よぎない」「よんどころない」「ぜひない」

じょうず［上手］Jôzu

(1) ① 彼は絵が**じょうず**だ。
② 彼女はピアノが**じょうず**だった。
③ 彼女は**じょうず**な字を書く。
④ 油絵ですか。お**じょうず**ですなあ。
⑤ もっと**じょうず**にやれば、ばれないのに。
⑥ (幼児に)あんよが**じょうず**。

(2) ① **じょうず**の手から水が漏《も》れる。(ことわざ)
② **じょうず**の猫が爪《つめ》を隠す。(ことわざ)

(3) ① そんなお**じょうず**言ったってだめよ。
② 彼は**じょうず**者だから油断がならない。

【解説】 (1) 技術がたくみである様子を表す(↕へた)。プラスイメージの語。

「じょうず」は「うまい」に似ているが、「うまい」がたくみな技術によってもたらされた結果についての感動を暗示するのに対して、「じょうず」は感動までは暗示せず、過程としての技術のたくみさを暗示する。

また、「じょうず」は「うまい」よりもやや上品な感じがするので、④のように挨拶《あいさつ》語として用いることができる。この挨拶語の用法は「うまい」にはない。

× いやあ、おうまい絵ですなあ。

「じょうず」が技術のたくみさをほめる場合、しばしば相手より上位に立って、上位者が下位者をほめるというニュアンスになる場合がある。⑥は歩き始めたばかりの幼児に向かって、歩くのがうまいとほめて歩かせているわけである。これが大人に対して用いられた場合には、皮肉のニュアンスを含む場合が往々にして起こる。したがって、一人前の人の技術などをほめる場合には、注意して用いる必要がある。

(画家の個展にて)
さすがにお上手ですなあ。
(侮蔑《ぶべつ》的なニュアンスを含む場合もある)
さすがにうまいですなあ。
(乱暴ではあるが感動が表現されている)
さすがにすばらしいですなあ。
(無条件で感動している)

(2)「じょうず」の名詞としての用法で、「技術がたくみな者」という意味である。プラスマイナスのイメージはない。①②はともにことわざで、①は技術のたくみな者でもたまには失敗をするという意味、②は能力のある者はふだんはそれを隠しているものだという意味である。

(3) (1)から一歩進んだ意味で、口先がうまい、お世辞《せじ》がうまいという意味を表す。ややマイナスよりのイメージの語。①の「おじょうずを言う」は慣用句で、「お世辞を言う」という意味である。②の「じょうず者」はお世辞のうまい者という意味である。ただし、「お上手を言う」は「お世辞を言う」より婉曲的《えんきょくてき》なので、言われる者の不快感は少ない表現になっている。

⇨「うまい」「へた」

しょざいない［所在無い］Shozainai

① 彼は縁側《えんがわ》で**しょざいなげ**に鼻毛《はなげ》を抜いていた。
② 家人《かじん》がいなくて**しょざいない**ので、散歩に出た。

【解説】 することがなくて退屈な様子を表す。ややマイナスよりのイメージの語。「つまらない」に似ているが、「つまらない」ほど不平感は暗示されていず、もっと淡々としている様子が暗示される。そこで、「しょざいない」と発言する主体は大人であることが普通で、子供は用いない。

× だって雨が降って所在ないんだもの。
→だって雨が降ってつまんないんだもの。

「しょざいない」の表す退屈さはそれほど強いものではないので、たいていの場合、「しょざいなさ」を感じた結果何らかの行動を起こす(①は「鼻毛を抜く」、②は「散歩に出る」)ことが暗示されている。この点で、退屈な状況だけを暗示し、結果としての行動に言及《げんきゅう》しない「つまらない」とは異なる。

所在ない昼下がり。(昼寝をした、碁石《ごいし》を並べた)
つまらない昼下がり。(行動の言及がない)

⇨「つまらない」

じょさいない［如才無い］Josainai

① 商人は途端に**じょさいない**笑いを浮かべた。
② 彼は何事においても**じょさいなく**振舞う。

【解説】 相手の気持ちや状況をよく判断して手抜かりがない様子を表す。ややマイナスイメージの語。無条件で完璧《かんぺき》だとほめている語ではない。①は商人がもうけ話に対して愛想《あいそ》笑いをしているわけであるし、②はその場にふさわしい言動をすることを揶揄的《やゆてき》に表現している。「ぬけめない」ほどの悪意はないが、「きがきく」ほどのプラスイメージもない。

⇨「ぬけめない」「きがきかない」

しょっぱい［塩っぱい］Shoppai

(1)① このおみおつけは**しょっぱく**て飲めないね。
② 年をとったら**しょっぱい**物は控えたほうがいい。
(2)① つい怒ったらその子は**しょっぱい**顔をした。
② あのおやじ、あんな**しょっぱい**声でどなってる。
③ 彼は**しょっぱい**から金は貸さない。

【解説】 (1) 飲食物の塩分が多い様子を表す。マイナスイメージの語。かなり俗語的で日常会話中心に用いられ、かたい文章中には登場しない。あらたまった言い方としては「しおからい」を用いる。

このおみおつけは塩っぱくて飲めないね。
→この味噌汁《みそしる》は塩辛くて飲めません。

塩分の量に関して絶対的な基準がなく、話者の主観的な塩分量の濃度を意味するのは「しおからい」と同様である。

(2) 比喩的《ひゆてき》な用法。①は「しょっぱい顔」で慣用句となり、「顔をしかめる」という意味である。②は「しょっぱい声」で慣用句となり、「しわがれた声」という意味である。③は金銭について用いる用法で、金銭を出し惜しみする、けちであるという意味である。①②はややマイナスよりのイメージの語句、③はややマイナスイメージの語になる。③は、「けちくさい」や「みみっちい」などにも吝嗇《りんしょく》の意味があるが、「しょっぱい」を使ったほうが婉曲《えんきょく》なので、侮蔑《ぶべつ》や嫌悪《けんお》が少なく、やや客観的な表現になる。

「しおからい」には(2)のような比喩的な用法はない。

⇨「しおからい」「からい」「けちくさい」「みみっちい」

しらじらしい［白々しい］Shirajirashii

① 彼女は真相《しんそう》を知っていながら**しらじらしく**とぼけた。
② 奴はときどき**しらじらしい**うそをつく。
③ 多額の政治献金《せいじけんきん》をもらっていながら、自分はやってないなどと**しらじらしい**ことがよく言えたもんだ。
④ 不倫《ふりん》が発覚《はっかく》しても彼女の態度は**しらじらしかっ**た。

【解説】 真実でないことが見えすいている様子を表す。マイナスイメージの語。①②のように、第三者の目から見て見えすいている様子をやや客観的に表す場合と、③④のように、見えすいているにもかかわらずそのような言動をすることに対する侮蔑《ぶべつ》と嫌悪《けんお》を表す場合とがある。

真実でないことというのは、多くの場合隠された悪事である。したがって、「しらじらしい」は、悪事が発覚したときに公然ととぼけたり責任を回避《かいひ》したりする場合について用いられ、隠れた善行《ぜんこう》をとぼける場合には用いないことが多い。

？　彼は赤十字に百万円寄付していたのに、白々しくとぼけた。

→彼は赤十字に百万円寄付していたのに、知らないふりをしてとぼけた。

知っていることを故意にとぼける意味では「しらじらしい」は「そらぞらしい」に似ているが、「そらぞらしい」は完全に客観的な真実ではないという保証がなく、想像してその上で客観的な真実ではないらしいことが見えいているというニュアンスがあるのに対して、「しらじらしい」は真実でないことについての確信があり、侮蔑の程度も高くなっている。

×　彼は白々しいため息をついた。

→彼は空々しいため息をついた。

また、故意にうそを押し通す点では「ずうずうしい」にも通じるが、「ずうずうしい」は他人の迷惑を考えずに自分勝手に振舞うこと全般について用いられ、「しらじらしい」よりも用法が広い。

×　彼は他人の家に白々しく上がりこんだ。

→彼は他人の家にずうずうしく上がりこんだ。

⇨「そらぞらしい」「ずうずうしい」「そしらぬ」

じれったい［焦れったい］Jirettai

①　彼の悠長《ゆうちょう》な話し方は**じれったく**てしょうがない。

②　彼女は**じれった**そうに子供のしぐさを見ている。

【解説】　思うようにならなくて焦燥《しょうそう》を感じる様子を表す。ややマイナスイメージの語。①のように述語で用いることが多く、名詞にかかる修飾語で用いられることはあまり多くない。

？　彼女はじれったい話し方をする。

→彼女はまだるっこい話し方をする。

「じれったい」は客観的な状況や人間の性格全体ではなく、見る者の焦燥を感じている心理を表す語であるので、人によって同じ状況を、「じれったく」感じたり感じなかったりすることがある。その意味でかなり主観的である。

焦燥を感じる意味では「じれったい」は「いらだたしい」に似ているが、「いらだたしい」には焦燥の他に怒りの暗示のある点が異なる。

×　彼女はじれったげにぼくの話をさえぎった。

→彼女はいらだたしげにぼくの話をさえぎった。

また、「じれったい」は「もどかしい」や「はがゆい」に非常によく似ているが、「もどかしい」「はがゆい」には焦燥の他に不満の暗示もある点が異なる。

？　支社長の指示は不徹底でじれったい。

→支社長の指示は不徹底でもどかしい（はがゆい）。

「じれったい」は焦燥を感じている心理を主観的に表

すだけで、その結果何らかの行動を起こしたかどうかまでは言及していない。その点で、焦燥を解消《かいしょう》するための行動を将来起こすこと、あるいは起こしていることが前提になっている「もどかしい」とは異なる。

× 靴をぬぐ間もじれったく座敷《ざしき》に飛びこんだ。
→靴をぬぐ間ももどかしく座敷に飛びこんだ。

⇨「まだるっこい」「いらだたしい」「もどかしい」「はがゆい」「まどろっこしい」「かったるい」

しろい［白い］Shiroi

(1)① 壁に**しろい**ペンキを塗った。
② 石灰水《せっかいすい》に二酸化炭素を吹きこむと**しろく**濁《にご》る。
③ 空にぽっかりと**しろい**雲が浮かんでいる。
④ その紙の**しろい**所に書きこんでください。
⑤ 母の頭にだいぶ**しろい**ものが増えた。
⑥ ふと見上げると、空から**しろい**ものが落ちてきた。
⑦ 彼は男にしては色が**しろい**。
⑧ 彼女の顔は夜目《よめ》にも**しろかった**。
⑨ 彼女は**しろい**歯を見せた。
⑩ 世間の人に**しろい**目で見られたくない。
(2)① **しろい**か黒いか決着をつけてやる。

【解説】 色彩を表す最も基本的な形容詞の一つ。

(1) 色彩がしろい様子を表す(↔くろい)。プラスマイナスのイメージはない。

実際の色調にはやや幅があり、白(①②⑥)、灰色を帯びたもの(③)、黒から白にいたる中間のもの(⑤)、肌色《はだいろ》に近いもの(⑦)、血色《けっしょく》が少ない肌色(⑧)などがある。⑤の「しろいもの」は慣用句で、⑤の例では白髪、⑥の例では雪を指している。④は色彩が白い部分というよりは、何も書いていない部分という意味である。したがって、現実の紙が卵色をしていても「白い所」と言い得る。⑨の「しろい歯を見せる」は慣用句で、にっこりと笑うという意味である。⑩の「しろい目で見る」も慣用句で、冷遇《れいぐう》する、軽蔑《けいべつ》するという意味である。

(2) 犯罪《はんざい》に関係がなく潔白《けっぱく》である様子を表す(↔くろい)。プラスイメージの語。ただし、この意味で形容詞の「しろい」を用いることはまれで、多くは名詞の「しろ」を用いる。

→白か黒か決着をつけてやる。

「しろい」は色彩を表す形容詞ではあるが、抽象度はかなり低く、反対語の「くろい」に比べて、具体的な色を表す以外に比喩的《ひゆてき》な用法はほとんどない。「汚れていない」「潔白である」などの比喩的な意味を表すときには、清潔さ、潔白さをより強調した「まっしろ」を用いるのが普通である。そこで、全く同じ文脈で「しろい」と「まっしろ」が用いられると、次のようなニュアンスの違いを生ずる。
このシャツは白い。（シャツの色が白い）
このシャツは真っ白だ。（全然汚れていない）
答案用紙が白い。（紙の色が白い）
答案用紙が真っ白だ。（答えを何も書いていない）
⇨「しろっぽい」「あおじろい」「なまじろい」「ほのじろい」「まっしろ」「くろい」

しろっぽい ［白っぽい］ Shiroppoi

(1)① 犯人は**しろっぽい**車で逃走しました。
② 四月には山全体が花で**しろっぽく**見える。
③ 母の頭にはだいぶ**しろっぽい**ものが増えた。
④ ちらほらと**しろっぽい**ものが落ちてきた。
(2)① 奴の芸はまるで**しろっぽく**て話にならない。

【解説】 (1) 色彩がしろく見える様子を表す（⇔くろっぽい）。プラスマイナスのイメージはない。「〜ぽい」は「〜のように見える」意の形容詞を作る語尾。「しろい」の程度を低めるはたらきをする。
「しろっぽい」は眼前《がんぜん》にはっきり提示された白いものについては使えない。
× 彼女は白っぽい顔をしていた。
→彼女は白い顔をしていた。
①②はちらりと見たもの、または遠くの景色である。③は頭全体が白髪になっているわけではなく、少し白髪が見えるという程度である。その意味で「しろいもの」とはっきり言う場合のほうが、白髪の割合が大きいことが多い。
(2) 芸が練《ね》れていなくて素人《しろうと》のようである様子を表す。ややマイナスイメージの語。ただし、この用法は非常に限定されていて、芸や演技などの話題がはっきりわかる状況にかぎって用いられる。
⇨「しろい」「ほのじろい」「−ぽい」

しわい ［吝い・嗇い］ Shiwai

① あの隠居《いんきょ》は**しわい**から付き合いの金は出さない。
② 部下を誘っておきながらおごらないなんて、**しわい**部長だ。

【解説】 金品を出し惜しみする様子を表す。マイナスイメージの語。日常会話中心に用いられる。
「けち」などに似ているが、「けち」「みみっちい」のほうがより直接的で、侮蔑《ぶべつ》の暗示もあるのに対して、「しわい」は消費を惜《お》しむ様子をやや客観的に表し、侮蔑の暗示はない。また、「しわい」には吝嗇《りんしょく》であるという意味だけで、卑小《ひしょう》で価値がないという比喩的《ひゆてき》な意味はない。
× そんなしわい手は使うもんじゃない。
→そんなけちな手は使うもんじゃない。

⇩「けち」「みみっちい」

しんきくさい［辛気臭い］Shinkikusai

(1)① こんがらかった毛糸を解くのは**しんきくさい**。
② 帳簿《ちょうぼ》付《づ》けなんて**しんきくさい**仕事はやりたくない。
(2)① 年寄りといっしょにいると、墓場だの病院だの**しんきくさい**話ばかりでいやになる。
② 彼は**しんきくさくて**いられないと出て行った。

【解説】 (1) こまごましたことが思うようにならず、焦燥《しょうそう》を感じる様子を表す。ややマイナスイメージの語。関西方言から共通語化した語で、日常会話中心に用いられる。客観的に焦燥を感じている様子を表すのではなく、焦燥を感じている本人の心理を表すので、かなり主観的である。したがって、第三者が見ていらいらするという意味では用いない。

× 彼の仕事は辛気くさくて見ていられない。
→彼の仕事はじれったくて見ていられない。

ただし、共通語で「しんきくさい」を(1)の意味で用いることは、あまり多くない。

(2) 気分が重く沈む様子を表す。マイナスイメージの語。関西方言から共通語化した語で、日常会話中心に用いられる。これも客観的に気がめいる状態を表すのではなく、本人の主観的な気分を表す語である。「憂鬱《ゆううつ》」などに比べてより気分的で、侮蔑《ぶべつ》の暗示もある表現になっている。

⇩「めんどうくさい」「じれったい」「ーくさい」

しんどい Shindoi

(1)① この年で階段の昇り降りは**しんどい**。
② 一人で全部平らげるのは**しんどい**なあ。
③ 新人にいちばん**しんどい**仕事が回ってきた。
(2)① 暑気《しょき》あたりで**しんどくて**かなわん。

【解説】 (1) 物事が簡単にはできず困難な様子を表す。ややマイナスイメージの語。西日本方言から共通語化した語で、日常会話中心に用いられる。「たいへん」「難儀《なんぎ》」という意味であるが、もっと気分的・主観的である。

「しんどい」は「つらい」に似ているが、「つらい」が我慢するのがむずかしい状況や気分を漠然《ばくぜん》と抽象的に暗示するのに対して、「しんどい」は我慢や実行がむずかしい状況や気分を直接的に暗示し、しばしば肉体的につらいというニュアンスをもつ点が異なる。

? 友人と別れるのはしんどい。
→友人と別れるのはつらい。

「しんどい」は「えらい」の(3)にも似ているが、「しんどい」は困難な行為をなしとげた結果について、賞賛の暗示を含むことはない。

× 泣かないで我慢したのはしんどかったね。
→泣かないで我慢したのはえらかったね。

(2) 疲労感があって重く感じる様子を表す。マイナスイメージの語。全身状態としてのだるさ、大儀《たいぎ》さを暗示し、体の一部分のだるさは意味しない。また、だるさそのものも「だるい」よりは程度が大きく、しばしば苦しさを伴《ともな》う点が異なる。

× 重い荷物を持っていたから腕がしんどい。
→重い荷物を持っていたから腕がだるい。

「しんどい」は「かったるい」にも似ているが、「かったるい」がしばしば疲労によるだるさを暗示し、不健康状態の暗示はないことが多いのに対して、「しんどい」はだるくてつらい状況だけを述べ、原因は限定しない。

× 四十度も熱があってかったるい。
→四十度も熱があってしんどい。

⇩「つらい」「えらい」「だるい」「かったるい」「くるしい」

しんぼうづよい ［辛抱強い］ Shinbôzuyoi

① ライオンは**しんぼうづよく**獲物《えもの》を待った。
② 彼女はなかなか**しんぼうづよい**母親だった。

【解説】 忍耐力があってよく耐える様子を表す。プラスイメージの語。「がまんづよい」に似ているが、「がまんづよい」が降りかかってくるものによく耐えるというニュアンスがあるのに対して、「しんぼうづよい」では持続してある行為をし続けるというニュアンスのある点が異なる。

？ この子は痛くても泣かない辛抱強い子だ。
→この子は痛くても泣かない我慢強い子だ。

⇩「がまんづよい」

ずうずうしい ［図々しい］ Zûzûshii

① 彼は初対面の家へ**ずうずうしく**上がりこんだ。
② 他人の庭へ野菜を植えるだなんて**ずうずうしい**わ。
③ 彼は**ずうずうしい**男だからどこへでもしゃしゃり出て行く。

【解説】 恥じる気持ちや遠慮がなく、人の迷惑をかまわずに行動する様子を表す。マイナスイメージの語。

「ずうずうしい」は「あつかましい」に似ているが、「あつかましい」より客観的な表現で、他人の無遠慮な行為が第三者の目から見て不快に見えるというニュアンスをもち、自分の行為について用いることは少ない。

？ ずうずうしいお願いで恐縮ですが、今晩泊めていただけませんか。
→厚かましいお願いで恐縮ですが、今晩泊めていただけませんか。

また、「おくめんもない」にも似ているが、「おくめんもない」はさらに客観的な表現で、「ずうずうしい」にある被害者意識は暗示されていない点が異なる。

× 彼はみんなの前でずうずうしく社長にゴマをすった。

→彼はみんなの前で臆面もなく社長にゴマをすった。

⇩「あつかましい」「おくめんもない」「いけずうずうしい」「ずぶとい」「ふてぶてしい」

すえおそろしい ［末恐ろしい］ Sueosoroshii

① 小学生でたばこを吸うとは**すえおそろしい**ことだ。

② その子は**すえおそろしい**天才ぶりを発揮《はっき》した。

【解説】 将来が恐ろしく思われるほど、現在の状況の程度がはなはだしい様子を表す。ややマイナスイメージの語。①は現在の好ましくない状態の程度がはなはだしいので、将来が心配だという意味。②は逆に、現在の好ましい状態の程度がはなはだしいので、将来が非常に有望で楽しみだという意味で、この場合はややプラスよりのイメージの語となるが、②のような意味のときは、たぶんに逆説的《ぎゃくせつてき》で誇張《こちょう》された表現となっている。

「すえおそろしい」の表す気持ちは、恐怖や不安というよりは危惧《きぐ》であって、危惧を感じることによって何らかの行動を起こすという暗示はなく、ただ状況を述べるにとどまっている。

⇩「おそろしい」

すえくさい ［饐え臭い］ Suekusai

① この豆腐《とうふ》は**すえくさい**から食べられない。

② 押し入れに入れっぱなしのふとんが**すえくさい**。

【解説】 腐敗《ふはい》して酸臭《さんしゅう》のする様子を表す。マイナスイメージの語。「～くさい」は「～のにおいがする」という意味の、形容詞を作る語尾。①のように飲食物の腐敗したにおいについて用いることが多いが、②のように飲食物以外のものの酸臭について用いることもある。

「すえくさい」は酸臭の原因として物の腐敗や変質を暗示し、もともとの性質として酸臭のするものについては用いられない。

× レモンはすえくさい。

→レモンはすっぱいにおいがする。

「すえくさい」には具体的なにおいを表す以外の比喩《ひゆ》的《てき》な用法はない。

⇩「すっぱい」「－くさい」

すえたのもしい ［末頼もしい］ Suetanomoshii

① **すえたのもしい**息子さんで羨《うらや》ましいですなあ。

② ぼくは君の将来を**すえたのもしく**思っているよ。

【解説】 将来が頼もしく頼りになりそうに思われるほ

ど、現在の状況が好ましい様子を表す。プラスイメージの語。対象は、一定年齢以上の人であることが普通で、子供について用いることは少ない。①の「息子」も幼児ではなく、大人の一面を感じさせる程度に成長した息子であることが暗示されている。

？ あの子は三才で英語をしゃべる。末頼もしいね。
→あの子は三才で英語をしゃべる。先行き楽しみだね。

したがって、一人前の大人に成長した若者についても、これから先の人生において有望だという意味をこめて用いることができる。

○ 彼は末頼もしい若者に成長した。

⇨「たのもしい」

すがすがしい［清々しい］Sugasugashii

① 山の澄《す》んだ空気は**すがすがしい**。
② 縁台《えんだい》で昼寝をしたら**すがすがしい**気分になった。
③ 彼は**すがすがしい**印象を残して去って行った。

【解説】 清新で気持ちのよい様子を表す。プラスイメージの語。「さわやか」に似て、すっきりと乾燥《かんそう》した清涼《せいりょう》感《かん》を暗示し、温かさ、豊かさ、湿気は暗示しない。高温多湿の日本の気候において稀少《きしょう》な、乾燥した清涼感を表す語である。「さわやか」に比べてより直接的・感覚的で、空気・気分・雰囲気などについて用いることが多く、その他の感覚（味覚・嗅覚《きゅうかく》・聴覚《ちょうかく》など）については用いられない。

× すがすがしい味。 →さわやかな味。
× すがすがしいにおい。 →さわやかなにおい。
× すがすがしい音。 →さわやかな音。

「すがすがしい」は「きもちよい」や「こころよい」にも通じるが、「きもちよい」「こころよい」が快感の原因を限定しないのに対して、「すがすがしい」は清涼感によって快く感じることを表す点で異なる。

⇨「さわやか」「きもちよい」「こころよい」

すかない［好かない］Sukanai

① 彼は陰気で**すかない**奴だ。
② ぼくは大女は**すかない**ね。

【解説】 動詞「好く」の打消し。「好きでない」「嫌い」という意味である。マイナスイメージの語。用法が限定されていて、ほとんどの場合、例のように名詞にかかる修飾語か述語として用いられ、その他の修飾語として用いられることはまれである。

× 彼はぼくを裏切ったから好かなくなった。
→彼はぼくを裏切ったから嫌いになった。

また、共通語での用法としては、対象はほとんど人間に限られる。
×ぼくはトマトは好かない。
→ぼくはトマトは好きでない(嫌いだ)。

「すかない」は意味としては「きらい」であるが、「きらい」よりももっと婉曲的《えんきょくてき》で遠回しな表現になっている。ただし、遠回しになったぶんだけ揶揄的《やゆてき》なニュアンスも含みうるので、対象に対する侮蔑《ぶべつ》の暗示がこもる場合がある。全く同じ文脈で「すかない」と「きらい」が用いられると、次のようなニュアンスの違いを生ずる。

好かない奴。(嫌いのみならず軽蔑《けいべつ》すべき奴だ)
嫌いな奴。(侮蔑の暗示なし)

⇨「すき」「きらい」「いや」「いけすかない」「むしがすかない」

すき［好き］Suki

(1)① 彼女は白い花が**すき**だ。
② 夏休みは**すき**なテレビを朝から見ている。
③ **すき**な作家は誰ですか。
④ どうしても彼は**すき**になれない。
⑤ あの日から彼が**すき**になったんです。
⑥ わたし、なんでもはっきり言う人が**すき**です。
⑦ 課長は部下のあら探しが**すき**だ。
⑧ **すき**こそものの上手なれ。(ことわざ)

(2)① また、マージャンかい。**すき**だなあ。
② いいじゃないですか。こんなボロ屋だって**すき**で住んでるんですから。

(3)① 会長に若い女の子をくっつけとくのはあぶないぜ。**すき**だからなあ。
② あのおやじは**すき**者だから注意したほうがいい。

(4)① どちらでも**すき**にしなさい。
② いつでも**すき**な時にいらっしゃい。
③ ほしいなら**すき**なだけあげましょう。
④ 彼は自分では何もしないくせに、**すき**なことばかり言って困る。

【解説】 好悪《こうお》を表す最も基本的な語の一つ。心がひきつけられる様子を表す(↔きらい)。

(1) 人や物に対する嗜好《しこう》や愛情を表す。プラスイメージの語。①が最も基本的な意味である。②で「テレビが好きだ」とすると、「テレビを見るのが好きだ」という一般的な意味になり、番組については問題にしていないが、「好きなテレビ」とすると、普通は「好きなテレビ番組」という意味になり、「テレビ」という語の意味内容が限定されてくる。

③④は人に対する好意を言う意味で、「このましい」と言うのに近い。「このましい」はかたい文章語であって、日常会話にはほとんど登場しないので、「すき」がよく用

いられる。⑤⑥はその好ましさがさらに進んで愛情にまで至った例である。愛情を表す「愛している」「いとしい」は文章語的で、日常会話では用いないので、愛情を表す言葉として好んで用いられる。

⑦は嗜好というより、そういう行為を喜んでするという意味で、必ずしもプラスイメージの語にはなっていない。

⑧はことわざである。好きでやっているからこそ、何事も巧みにできるものだという意味である。

(1)の「すき」は、「いとしい」「いとおしい」「こいしい」「このましい」などに近い意味をもっているが、対象に対する嗜好や好意・愛情を主観的・一方的に表明する語であって、愛情の程度はそれほど高くない。

(2) (1)から進んだ意味で、客観的にみてあまり好ましくないものを嗜好している様子を表す。ややマイナスよりのイメージの語。例のように感動詞的な述語や、「すきで～する」という動詞にかかる修飾語の形でよく用いられ、名詞にかかる修飾語で用いられることはまれである。

× また好きなマージャンかい。

①は話者が「マージャン」をあまり好ましくないものとしてとらえていることが暗示されている。②の「ボロ屋」も客観的には好ましくないが、話者は気に入っているのである。

(3) (2)から進んだ意味で、特に女性関係について好むという意味になる。このときは「好色《こうしょく》だ」という意味で、ややマイナスイメージの語となる。ただし、現在では好色だという意味で「すき」を用いるのは、②の「好き者」という決まった語か、①のように前後の文脈からそれとわかる場合に限られ、一般的な用法で「好色」の意味を表すことはまれである。

(4) 思いのままである様子を表す。ややマイナスよりのイメージの語。例のように修飾語として用いることが多く、述語では用いられない。

× ぼくはこっちが好きだ。
(この文ではふつう(1)の意味になる)

(4)の意味のときは、後ろに放任《ほうにん》・許可の表現を伴《ともな》うことが多い(①～③)。名詞にかかる修飾語として用いられた場合には、しばしば非難《ひなん》の暗示を伴う(④)。「このましい」や「のぞましい」に比べてかなり主観的で、あくまでも自分の好みを中心に表明するというニュアンスになり、客観的な根拠の存在を暗示しない表現になっている。

好きな時。(自分の都合のよい時)
好ましい時。(客観的にみて適当な時)

⇩「いとしい」「いとおしい」「こいしい」「このましい」「のぞましい」「めがない」「きらい」

すぎない［過ぎない］Suginai

① 社長の発言はただの言い逃れに**すぎない**。
② 彼らに悪気《わるぎ》はないんだ。ちょっと遊んでみたかったのに**すぎない**んだから。
③ その話は単なるうわさに**すぎない**。

【解説】「□□にすぎない」の形で述語として用いられ、「ただ□□である、たいしたことはない」という意味を表す。プラスマイナスのイメージはない。前にくる言葉は名詞か(①③)、名詞のはたらきをもつ語句である(②)。「すぎない」は前にくる言葉の価値を下落《げらく》させる意味をもち、話者がそういう状態を軽視《けいし》していることが暗示されていて、単に限定しているだけではない。そこで、前にくる言葉には、例のように「ただの」「ちょっと」「単なる」などの卑小《ひしょう》さを暗示する修飾語を伴《ともな》うことが多い。

「すぎない」は単純に数量などが少ないことを言う場合には、あまり用いられない。

? 客は十人に過ぎない。→客は十人だけだ。
　→客は十人いたに過ぎない。

すくない［少ない・尠い・寡い］Sukunai

① 最近子供の数がめっきり**すくなく**なった。
② 去年は雨が**すくなかっ**た。
③ 学校の給食は量が**すくなく**てたりない。
④ うちは家族が**すくない**。
⑤ この法案のほうが野党の抵抗が**すくない**だろう。
⑥ 彼は口数が**すくない**。
⑦ 彼が家にいることは**すくない**。
⑧ 一日**すくなく**とも三千歩は歩きなさい。
⑨ **すくなく**とも予習だけはやってきなさい。
⑩ 今年の応募《おうぼ》は去年より五十人**すくなかっ**た。

【解説】数量を表す最も基本的な形容詞の一つ。数・量・回数・割合などが少ししかない様子を表す(↔おおい)。プラスマイナスのイメージはない。「すこし」に似ているが、「すこし」が少量ではあるが存在するという存在のほうに視点をおいた表現であるのに対して、「すくない」は存在する量がゼロに近いという非存在のほうに視点をおいた表現になっている点が異なる。

× チョコレートが少なく食べたい。
　→チョコレートが少し食べたい。

ただ漠然《ばくぜん》とした数量をとらえて絶対的判断として「すくない」と言う場合(①②)と、一定の枠組《わくぐみ》の中で相対的な数量や割合が「すくない」と言う場合(③〜⑦)とがある。

③は自分の食欲に比べて給食の量が少ないという意味。
④は世の中の平均と比べて家族の人数が少ないという意

味。⑤は他の法案と比較して抵抗が少ないという意味。⑥の「口数が少ない」は慣用句で、めったにしゃべらないという意味である。⑦はこの人の持ち時間のうち、家にいる割合が少ないという意味である。

⑧⑨は「すくなくとも〜」「すくなくて〜」という形をとり、「最低(最少)で」という意味になる。⑨は、「せめて〜だけでも」という意味になる。

⑩は相対的な差を、少数のほうに視点をおいて表す。多数のほうに視点をおけば「去年は今年より五十人多かった」となる。

「すくない」は数量が小であることを客観的に表す語であって用法が広い。「わずか」にも似ているが、「わずか」は絶対的数量としての少なさを暗示し、多くの場合「すくない」よりも数量自体は小さくなる。

また、「とぼしい」も数量の少ないことを表すが、「とぼしい」では数量が必要量にたりないことについて概嘆《がいたん》の暗示があり、「すくない」の客観的な表現とは異なる。

? 少ない財源がとうとう底をついた。
→乏しい財源がとうとう底をついた。

⇩「わずか」「とぼしい」「おおい」「ない」

すくなくない [少なくない] Sukunaku-nai

① 日本には百歳を超える人も**すくなくない**。
② 教育の荒廃《こうはい》を憂《うれ》える声は**すくなくない**。
③ 彼は徹夜で仕事をすることが**すくなくない**。

【解説】 前項の打消しだが、数量が少量でない、多量だという意味ではなく、一概《いちがい》に少量だとは言えない場合もあるという部分否定の意味になる。プラスマイナスのイメージはない。ややかたい文章語で、新聞・報道、公式の発言などによく用いられる。例のように述語で用いることが多く、名詞にかかる修飾語になることもあるが、その場合多くは「少なからぬ」という形を用いる。

彼の前途《ぜんと》には少なくない不安材料があった。
→彼の前途には少なからぬ不安材料があった。

公式の発言の場合には、「多い」と言いたいところを婉《えん》曲《きょく》に「すくなくない」と言うことも往々にしてある。また、日常会話で「一概に少ないとは言えない」という意味を表す場合には、しばしば次のように言うことがある。

徹夜で仕事をすることもなくもないね。

⇩「すくない」「ない」

すぐれない [優れない・勝れない] Sugurenai

(1)① 今日は気分が**すぐれない**。
② 最近、健康がどうも**すぐれなく**て困っている。
(2)① なんとなく**すぐれない**空模様だ。

【解説】 動詞「すぐれる」の打消し。

(1) 健康状態や気分の状態が好ましくない様子を表す。ややマイナスイメージの語。「おもわしくない」というのに近いが、「おもわしくない」はやや客観的な表現で、第三者から見ての好ましくない状態を述べるニュアンスがあるが、「すぐれない」は本人の主観的な心理として好ましくない、気持ちよくないと述べるニュアンスのある点が異なる。全く同じ文脈で「すぐれない」と「おもわしくない」が用いられると、次のようなニュアンスの違いを生ずる。

顔色がすぐれない。（顔色がよくない）

顔色が思わしくない。（望ましい状態でない）

(2) 天気が晴れでない様子を表す。ややマイナスイメージの語。具体的に曇りか雨かということではなく、からりと晴れていない天気や、不安定で変わりやすい天気をまとめて評する語である。したがって、長雨が降り続くときなどにはあまり用いない。

? 梅雨時《つゆどき》は毎日天気がすぐれない。

→梅雨時は毎日天気がよくない（悪い）。

⇩「このましい」「おもわしい」「きもちよい」

すげない［素気無い］**Sugenai**

① 彼女をデートに誘ったが、**すげなく**断《ことわ》られた。

② はるばる彼をたずねて行ったのに、留守《るす》という**すげない**返事だった。

③ 妹は恋人にわざと**すげない**素振《そぶ》りをした。

【解説】 人の性格や行動に情が感じられない様子を表す。マイナスイメージの語。客観的に薄情《はくじょう》であるかどうかは問題でなく、行為の受け手の被害者意識を暗示するので、かなり主観的な表現になっている。

「すげない」は「つれない」に似ているが、「つれない」が暗示する行為の冷淡さ、非情さは「すげない」より程度が高く、したがって被害者意識も「すげない」より大きい。「つれない」では、しばしば行為によって受け手に被害を与える暗示があるが、「すげない」はその場で受ける喪失感《そうしつかん》だけで、被害の暗示は少ない。

? 彼女は昔の恋人にすげない仕打ちをした。

→彼女は昔の恋人につれない仕打ちをした。

また、「すげない」は「そっけない」にも似ているが、「そっけない」は人以外のものの無味乾燥《むみかんそう》さについても用いられる点が異なる。

× この文の言い回しはいかにもすげない。

→この文の言い回しはいかにもそっけない。

⇩「つれない」「そっけない」「にべもない」

すけべったらしい［助平ったらしい］**Sukebettarashii**

① ビキニを着て海岸を歩くと、男の**すけべったらし**

い視線をひしひしと感じる。

② うちの課長、**すけべったらしく**ていやだわ。

【解説】 いかにも好色《こうしょく》そうに見えるのが不快な様子を表す。マイナスイメージの語。「～たらしい」は「いかにも～のように見えるのが不快だ」という意味の、形容詞を作る語尾。日常会話中心に用いられる。男性の性質や行為について用いられることが多い。男性が好色そうに振舞うことについての強い嫌悪感《けんおかん》を表した語で、侮蔑《ぶべつ》の暗示も強い。

好色さを嫌悪する語としては他に「いやらしい」があるが、「すけべったらしい」のほうが直接的で、対象への侮蔑も強い。

⇨「いやらしい」「－たらしい」

すごい［凄い］Sugoi

(1) ① もりを打ちこまれたトドは**すごい**顔でにらんだ。
② 事故現場はあまりにも**すごく**て息が止まりそうだ。
③ 二キロにわたって**すごい**絶壁《ぜっぺき》が続いている。

(2) ① 彼の奥さんは**すごい**美人だ。
② 最近、朝晩**すごく**冷えるね。
③ とにかく**すごい**力で、歯が立ちゃしない。
④ この車は**すごい**よ。スポーツカーなみの性能だよ。
⑤ こないだ、通りで**すっごい**大きい犬を見たわ。

(3) ① **すごい**なあ、どうやって彼女くどいたんだい。
② 一月もヨーロッパ旅行だなんて**すごい**ね。

【解説】 (1) 非常に恐ろしい様子を表す。マイナスイメージの語。例のように名詞にかかる修飾語か述語で用いられることが多く、その他の修飾語では用いられない。

× その絶壁はすごく長い。
（この文はふつう(2)の意味になる）

「すごい」は「おそろしい」に比べて、受ける恐怖がより感覚的で、具体的に何がどのように恐ろしいのかまでは言及《げんきゅう》しておらず、非常に主観的に恐怖を述べるニュアンスがある。したがって、「すごい」を用いたときにはしばしば、恐怖の他に驚き・憤慨《ふんがい》などの別の思い入れが加わり、客観的な恐怖を表す文脈においてはふつう用いない。

？ 熱帯のジャングルにはすごい毒蛇《どくへび》がいる。
（この文はふつう(2)の意味になる）
→熱帯のジャングルには恐ろしい毒蛇がいる。

また、「すごい」は「すさまじい」にも似ているが、「すさまじい」では恐怖の程度がさらに大きく、その恐怖のために何らかの行動を起こすことが暗示されている点が異なる。

最近では、恐怖の意味を強調するために、より程度の高い「ものすごい」を用いることが多い。

彼はすごい目つきでにらんだ。
↓彼はものすごい目つきでにらんだ。

(2) 程度がはなはだしい様子を表す。原則としてプラスマイナスのイメージはない。好ましいことについても（①④）、好ましくないことについても（②）、程度のはなはだしいことを誇張的《こちょうてき》に表すときに用いられる。かなり俗語的で、日常会話中心に用いられ、かたい文章中では用いられない。また、日常会話の強調形としては、しばしば「すっごい」と発音される。

「すごい」は元来形容詞であるが、最近若い人の間では、⑤のように他の修飾語にかかる副詞のように、活用させずに用いる用法が増えている。

程度のはなはだしいことを表す語としては、「ひどい」「はげしい」「はなはだしい」などがあるが、「ひどい」に暗示されている被害者意識は「すごい」にはない。また、この「すごい」には感嘆・あきれなどの暗示があり、客観的な表現ではない点が「はげしい」「はなはだしい」と異なる。

× きのうはすごい目にあった。
↓きのうはひどい目にあった。
× 彼は感情をすぐ表に出すすごい性格だ。
↓彼は感情をすぐ表に出す激しい性格だ。
× 彼の奥さんはひどい美人だ。
× この車は甚だしいよ。スポーツカーなみの性能だよ。

(3) (2)から一歩進んで、感動詞的にまたは述語として用いられ、感嘆・驚き・あきれなどの気持ちを表す。ややプラスよりのイメージの語。かなり俗語的で、日常会話中心に用いられる。また、しばしば「すっごい」と発音される。例のように、感嘆や驚きなど好ましい内容について用いることが多い。

この「すごい」は「すばらしい」に似ているが、「すばらしい」が賞賛の気持ちを直接表現するのに対して、「すごい」は賞賛までは暗示せず、感嘆の気持ちを主観的に誇張して述べるのにとどまる点が異なる。

? すばらしいなあ、どうやって彼女くどいたんだい。

⇨「おそろしい」「すさまじい」「ものすごい」「ひどい」「はげしい」「はなはだしい」「すばらしい」

すこやか［健やか］Sukoyaka

① 赤ん坊が**すこやか**に育つ。
② どうぞお**すこやか**にお過ごしください。
③ 彼の精神は実に**すこやか**だ。

【解説】 病的なところがなく健康な様子を表す。プラスイメージの語。ややかたい文章語で、日常会話にはあまり登場せず、手紙などの挨拶語《あいさつご》としてよく用いられる

(②)。

「すこやか」は①②のように、肉体の健全さ、正常さを意味する場合が多いが、精神の健全さ、たくましさを意味する場合もある(③)。

日常会話では「健康」「じょうぶ」「健全」「元気」などを用いる。

どうぞおすこやかにお過ごしください。

→どうぞお元気で。

すさまじい［凄まじい］Susamajii

(1)① 恐怖映画の**すさまじい**シーンに肝《きも》をつぶした。

② 彼の形相《ぎょうそう》はなんとも**すさまじかっ**た。

(2)① 知らせを聞くや、**すさまじい**勢いで出て行った。

② 風雨があまりに**すさまじく**て、表に出られない。

③ このアイドル歌手は**すさまじい**人気だね。

④ その本は**すさまじく**売れた。

(3)① これほどの無教養で教師とは**すさまじい**話だな。

【解説】 (1) 非常に恐ろしい様子を表す。マイナスイメージの語。例のように名詞にかかる修飾語か、述語で用いられることが多く、その他の修飾語ではふつう用いられない。

？ 恐怖映画のすさまじく残酷《ざんこく》なシーン。
(この文はふつう(2)の意味になる)

「すさまじい」は、ある行為や状況に接して、受け手が感ずる恐怖が非常に大きいことを主観的・感覚的に表す語であって、その恐怖の結果何らかの行動を起こすこと(しばしば逃避《とうひ》)が暗示されている。

非常に大きい恐怖を表す意味では「すさまじい」は「ものすごい」に似ているが、「ものすごい」は恐ろしい状況から受ける心理を主観的に表すだけで、結果としての行動までは暗示していない点が異なる。全く同じ文脈で「すさまじい」と「ものすごい」が用いられると、次のようなニュアンスの違いを生ずる。

すさまじい形相。(こわいから逃げ出したい)
ものすごい形相。(非常に恐ろしい)

(2) 恐怖を感ずるほど程度がはなはだしい様子を表す。ややマイナスよりのイメージの語。好ましいことについても(③④)、好ましくないことについても(②)用いられる。「すさまじい」は程度が非常に高いことを、「恐怖を感ずるほど」という誇張《こちょう》を伴《ともな》ったニュアンスで用いる語であって、かなり俗語的である。

「ものすごい」も程度のはなはだしいことを表す意味があるが、「すさまじい」は「ものすごい」よりもさらに程度が高い。

また、「すさまじい」には強い恐怖の暗示があるので、プラスの程度を強調して高める文脈においては用いられないことが多い。

× すさまじい美人。→すごい美人。

(3)「～とはすさまじい話」という慣用句の形で用いられ、「～とはあきれはてたことだ」という意味を表す。ややマイナスイメージの語句。好ましくない内容について、あきれた気持ちを表すが、慨嘆《がいたん》や憤慨《ふんがい》の暗示はない点が「なげかわしい」などと異なる。

「ひどい」にも似た用法があるが、「ひどい」は程度のはなはだしいことを誇張的に表現するのにとどまって、あきれる気持ちまでは暗示されていない点が異なる。

⇨「ものすごい」「おそろしい」「ひどい」「すごい」

すずしい［涼しい］Suzushii

(1)① 風呂あがりの扇風機《せんぷうき》は**すずしく**て気持ちいい。

② 朝晩、だいぶ**すずしく**なりましたね。

③ あそこの**すずしい**木陰《こかげ》でお弁当を食べよう。

(2)① 彼女は**すずしい**目元でほほえんだ。

② 風鈴《ふうりん》の音が**すずしく**聞こえてきた。

(3)① 彼は人が困っているのに**すずしい**顔をしている。

【解説】 温度に関する基本的な形容詞の一つ。

(1) 気温が適度に低い様子を表す(↔あたたかい)。プラスイメージの語。

「すずしい」は気温についてのみ用いられ、気温以外のものの温度が低い場合には「つめたい」を用いる。ただし「つめたい」には快感の暗示はなく、客観的な表現になっている。

× のどがかわいていたから涼しい水がうまい。

→のどがかわいていたから冷たい水がうまい。

「すずしい」の示す気温は、適度に低くて快いというところにポイントがあり、絶対的な温度には一定の幅がある。また、必ずしも気温が低くない場合でも、風などの影響で快く感じる場合には「すずしい」を用いることができる(①)。同じ低温でも不快に感ずるときには「さむい」を用いる。

クーラーのきいた涼しい部屋。(＋)

クーラーのきいた寒い部屋。(－)

気温が低くて快い意味では、「すずしい」は「さわやか」に似ているが、「さわやか」は気温そのものの感じではなく、人間が受ける清涼感《せいりょうかん》にポイントがあり、「さわやかさ」を感ずる対象は「すずしい」より広い。

× サイダーの涼しい味。

→サイダーのさわやかな味。

(2) (1)から進んだ意味で、人に清涼感を与えるような様子を表す。プラスイメージの語。ただし、この用法は非常に限定されていて、①の「すずしい目もと」という形、②の「すずしい音」という形などに限られる。①は目もとに余分な脂肪《しぼう》がついていず、すっきりしていて美しいという意味。②は清涼な感覚を起こさせる音という意味である。

(3) (2)の「すずしい」を皮肉な意味に用いた例である。ややマイナスイメージの語。「すずしい顔」という慣用句で用いられ、「自分だけ清涼な気持ちのよさそうな顔」という意味で、他人の困難な状況に同情しない、薄情《はくじょう》な様子を表す。

⇨「つめたい」「さむい」「さわやか」「あたたかい」

すっぱい［酸っぱい］Suppai

① 夏ミカンは**すっぱい**から嫌《きら》いだ。
② 妊娠《にんしん》すると**すっぱい**ものが食べたくなるそうだ。
③ ゆうべの味噌汁《みそしる》がもう**すっぱく**なってる。
④ 母乳を飲んでいる赤ん坊のうんちは**すっぱい**においがする。
⑤ 口を**すっぱく**して注意したのに全然きかない。

【解説】 味に関する形容詞の一つ。酸味《さんみ》のある様子を表す。ややマイナスよりのイメージの語。単に酸味のあることを意味する場合(①②)と、食物の腐敗《ふはい》を意味する場合(③)がある。また、味だけでなくにおいについても用いられる(④)。⑤は「口をすっぱくして〜する」という動詞に呼応する形の慣用句で用いられ、何度も何度も繰り返して言うという意味である。

腐敗・細菌繁殖《さいきんはんしょく》のために酸臭《さんしゅう》がするという場合は、「すえくさい」を用いることが多い。

古い牛乳はすっぱいにおいがする
→古い牛乳はすえくさいにおいがする。

⇨「すえくさい」「あまい」「からい」「にがい」

すてき［素敵］Suteki

① 彼の恋人は実に**すてき**な女性だ。
② そのドレス**すてき**ね。
③ 突然**すてき**な考えが浮かんだ。
④ 「クリスマスにはディナーショーに行かないか」
「まあ、**すてき**」
⑤ きのうの宴会は**すてき**におもしろかったよ。

【解説】 心がひきつけられる魅力のある様子を表す。プラスイメージの語。日常会話中心に用いられ、かたい文章中にはあまり登場しない。また、会話では女性が好んで用いたり、女性に関する事柄について用いられたりする傾向にある。

「すてき」は①〜③のように、名詞にかかる修飾語か述語として用いるのが最も一般的な用法である。④は感動詞的に用いられた例で、若い女性が好んで用いる。相手の発言に感動し、魅力を感じている様子を感覚的に表現する。⑤は述語にかかる修飾語として用いられた例で、述語の内容を魅力的に高めるはたらきをする。「とてもおもしろい」というよりも、もっと魅力があったというニュアンスになる。

「すてき」は「すばらしい」に似ているが、「すばらしい」のような無条件の賞賛の暗示はなく、対象にやや距離をおいて外から眺める表現になっている点が異なる。全く同じ文脈で「すてき」と「すばらしい」が用いられると、次のようなニュアンスの違いを生ずる。

素敵な女性に出会った。
(服装・センスなどが魅力的だ)
すばらしい女性に出会った。
(外面・内面が賞賛すべき様子だ)

また、「すてき」の表す対象の魅力は、都会的なしゃれた雰囲気をもっている暗示があり、極端なもの、田舎《いなか》じみたものについては用いられないことが多い。

? 豊かな大地で育った素敵な大根。
→豊かな大地で育ったすばらしい(見事な)大根。

⇨「すばらしい」「みごと」「かっこいい」

すばしこい Subashikoi

① リスは**すばしこく**枝から枝へと跳び移る。
② ゴキブリは**すばしこく**てなかなか捕まらない。
③ 彼は身のこなしが**すばしこい**。
④ あの男はいつでも**すばしこく**立ち回る。

【解説】 動作が敏捷《びんしょう》でなかなか捕まらない様子を表す。プラスマイナスのイメージはない。①~③のように客観的に動作が敏捷であることを表すのが基本的な意味である。④はこれらから一歩進んで、動作が敏捷である結果、不利にならないように抜けめなく立ち回るという意味になっている。

動作が敏捷だという意味では「すばしこい」は「すばやい」に似ているが、「すばやい」は客観的に動作の速さを言うだけで、捕まえやすいかどうかまでは言及《げんきゅう》しておらず、抽象物の動きやはたらきについても用いることのできる点が異なる。

? 彼はボールをすばしこく投げた。
→彼はボールをすばやく投げた。
× 彼の判断はすばしこかった。
→彼の判断はすばやかった。

また、「すばやい」が一回一回の動作の速さを暗示するのに対して、「すばしこい」は全体としての動作の敏捷さや捕まえにくい性質を暗示する。

すばしこく跳び移る。(いつも敏捷に跳び移る)
すばやく跳び移る。(その時敏捷に跳び移る)

動作が敏捷で抜けめがないという意味では、「すばしこい」は「はしっこい」に似ているが、「はしっこい」ではややマイナスよりのイメージの語になり、抜けめなさが強調されている。

⇩「すばやい」「はしっこい」「はやい」

すばやい［素早い・素速い］**Subayai**

① 君は動作が**すばやい**ね。
② 彼はその写真を**すばやく**撮《と》った。
③ すりは**すばやい**手つきで財布をすった。
④ 当局の**すばやい**処置が大惨事《だいさんじ》を防いだ。
⑤ 急な事態の変化にも彼は**すばやく**対応した。
⑥「こないだの件やっといたからね」「**すばやーい**」

【解説】 動作や行為の速度が大きい様子を表す。ややプラスよりのイメージの語。具体的な動作にも(①~③)、抽象的な活動にも(④⑤)用いられる。⑥は感動詞的に会話中で用いられる現代語用法。相手の対応が予想以上に速かったり要領がよかったりしたとき、感嘆の気持ちをこめて用いられる。

「すばやい」は「はやい」よりも敏捷《びんしょう》さが強調され、対象にとって行動や動作が速いことがプラスイメージでとらえられている。また、「すばやい」は瞬間としての動作の速さを意味し、持続して速い速度で移動することを意味しない。

× 新幹線は素速い。→新幹線は速い。

「すばやい」は「すばしこい」にも似ているが、「すばしこい」が動作の敏捷さにかぎって用いられ、抽象的な活動については用いられないのに対して、「すばやい」は抽象的なものの活動の速さについても用いられる点が異なる。

× 彼はすばしこく判断した。

動作が速い点では「すばやい」は「すみやか」に似ているが、「すみやか」には動作を起こすまでの時間が短いというニュアンスがあり、動作にかかる所要時間が短いニュアンスをもたない点が異なる。

素早く移動する。（移動している時間が短い）
速やかに移動する。（移動するまでの時間が短い）

また、「すばやい」は「てばやい」にも似ているが、「てばやい」は手を使った動作や仕事の手順がよいという場合にかぎって用いられる。

素速く片づける。（片づける時間が短い）
手早く片づける。（要領よく片づける）

⇩「はやい」「すばしこい」「すみやか」「てばやい」

すばらしい［素晴らしい］**Subarashii**

① 彼のピアノは**すばらしい**。
② なんて**すばらしい**眺めなんだ。

③ そいつは**すばらしい**考えだ。
④ 「こんなアイディア考えたんだけど」「**スバラシー**」
⑤ 今日は**すばらしく**よく晴れている。
⑥ うちの弟は**すばらしく**ばかだ。

【解説】 非常にすぐれていて感嘆すべき様子を表す。プラスイメージの語。①~④のように、述語または名詞にかかる修飾語として用いることが多いが、⑤⑥のように述語にかかる修飾語として用いられた場合には、述語の程度を高めるはたらきをする。その場合、プラスイメージで高めるのが一般的で⑤、⑥のように皮肉な意味で強調する場合はあまり多くない。

「すばらしい」は、対象が非常にすぐれているので無条件に感嘆している様子のうかがえる語であって、感動そのものを表す語といってもさしつかえなく、客観性はあまりない表現になっている（④は感動そのものを表す現代語用法）。したがって、①のような文の場合、「彼のピアノの演奏がすばらしい」という意味になるほうが普通で、ピアノそのもののすばらしさは指さないことが多い。しかし、対象が主観性をもちえないものの場合には、対象そのものの見事さを表すニュアンスになる。

彼のピアノはすばらしい。
（演奏がすばらしい）
彼の犬はすばらしい。
（すばらしい犬を飼っている）

すぐれている状態を客観的に表すときには、「りっぱ」などを用いる。全く同じ文脈で「すばらしい」と「りっぱ」が用いられると、次のようなニュアンスの違いを生ずる。

すばらしい犬。（すぐれていて感嘆すべき犬）
立派な犬。（高価で堂々としている犬）

感嘆する気持ちを表す意味では、「すばらしい」は「すてき」に似ているが、「すてき」は感嘆の気持ちが相対的に少なく、対象との間に心理的な距離があり、都会的でしゃれた雰囲気や魅力を外から眺めて表現するニュアンスのある点が異なる。

？ 休日にはちょっとすばらしい服を着る。
→休日にはちょっと素敵な服を着る。

また、「すばらしい」は「みごと」にも似ているが、「みごと」が結果としてのすばらしさを暗示するのに対して、「すばらしい」はそのものの性質としてのすばらしさを暗示する点が異なる。

？ 花壇《かだん》いっぱいに花がすばらしく咲いた
→花壇いっぱいに花が見事に咲いた。
？ 私たちは見事な先生に教えてもらった。
→私たちはすばらしい先生に教えてもらった。

⇨「りっぱ」「すてき」「みごと」「めざましい」「かがやかし

い」

ずぶとい［図太い］Zubutoi

① 彼は**ずぶとい**神経の持ち主だ。
② あの男は**ずぶとく**生きてきた。
③ 君はもっと**ずぶとく**構えてればいいんだよ。
④ あの女は**ずぶとい**。

【解説】 周囲の変化に動じない様子を表す。ややマイナスイメージの語。周囲の変化を敏感《びんかん》に察知《さっち》して、それに適宜《てきぎ》対応していく順応性の高さを日本文化ではプラスに評価するので、周囲の変化を気にせず、これに対応する行動を起こさない様子はマイナスイメージとなる。

「ずぶとい」は「ずうずうしい」に似ているが、「ずうずうしい」が周囲の迷惑を考えずに積極的な行動を起こすことについての不快感を暗示するのに対して、「ずぶとい」は周囲に順応した行動を起こさないことについての不快感を暗示する。

？ 初対面で借金を申し込むなんて図太い。
↓初対面で借金を申し込むなんてずうずうしい。

また、「ずぶとい」は「したたか」にも似ているが、「したたか」が逆境《ぎゃっきょう》をはねのけたり耐えたりする強さを暗示し、簡単にはあきらめない性質を侮蔑《ぶべつ》して言う語であるのに対して、「ずぶとい」はその人の性格全体としての鈍《どん》感《かん》さ、強さを暗示し、逆境に逆らう強さの暗示はない。

？ 彼は図太いから転んでもただでは起きない。
↓彼はしたたかだから転んでもただでは起きない。

⇨「ずうずうしい」「したたか」「ふてぶてしい」「たくましい」「ふとい」

すべっこい［滑っこい］Subekkoi

① 彼女は**すべっこい**肌をしている。
② 雨にぬれた庭石《にわいし》は**すべっこい**。

【解説】 ものの表面の摩擦《まさつ》が少なくて、すべりのよい様子を表す。ややプラスイメージの語。日常会話中心に用いられ、かたい文章中にはあまり登場しない。

「すべっこい」は手でさわった感触《かんしょく》としてのなめらかさを暗示し、ふつう手でさわらないものの感触についてはあまり用いられない。

？ ワックスを塗った廊下《ろうか》はすべっこい。
↓ワックスを塗った廊下はつるつるだ。

「すべっこい」は「なめらか」に似ているが、「なめらか」が物の表面の抵抗感のなさについて広く用いられるのに対して、「すべっこい」は対象に一定の制限があり、用法が狭い。

× すべっこい水面。↓なめらかな水面。

⇨「なめらか」「のめっこい」

すまない・すみません

［済まない・済みません］ Sumanai・Sumimasen

(1) ① 毎日一時間でも本を読まないと気が**すまない**。

(2) ① 長いこと待たせて**すまなかっ**たね。

② 長いことお待たせして**すみません**でした。

③ 君には**すまない**ことをしたと思っている。

④ こんな高いものを**すまない**ね。

⑤ こんなお高いものを**すみません**ね。

⑥ 来てもらって**すまない**ね。

⑦ おいでいただいて**すみません**。

⑧ **すまない**けど、ちょっと窓を開けてくれないか。

⑨ **すみません**が、ちょっと窓を開けていただけませんか。

⑩ **すみません**が、駅はどっちですか。

【解説】 動詞「すむ」の打消し。

(1) 「すむ」の意味を打ち消す。①の「気がすまない」は慣用句で、落ち着かないという意味である。プラスマイナスのイメージはない。

(2) 相手に対して悪いと思っている様子を表す。原則としてプラスマイナスのイメージはない。悪いと思っている原因・理由によって、謝罪《しゃざい》(①〜③)、謝礼《しゃれい》(④〜⑦)、依頼(⑧⑨)、呼びかけ(⑩)などの場面で用いられる。「すみません」は「すまない」の丁寧語《ていねいご》であるが、必ずしもすべての場合について置き換え可能にはならない。③の例ではふつう「すみません」は用いられない。

× 君にはすみませんことをしたと思っています。

また、⑩のような呼びかけの場合には「すまない」はふつう用いられない。

× すまないが、駅はどっちですか。

⑩の呼びかけは、感動詞的にも用いることがある。

すみません、駅はどっちですか。

「すまない」と「すみません」が両方用いられる場合、「すまない」はおもに男性が目下の相手に対して用いる。「すみません」は目下・同等以上の相手に対して広く用いられるが、もともと「すまない」「すみません」は、相手に対して悪く思っていて、自分の気持ちがすまないというニュアンスであって、直接謝罪や謝礼の気持ちを表明しているわけではない。そこで、はっきり目上とわかっている相手に対しては、あまり用いられない。目上に対しては、謝罪・依頼の場合には「申し訳ありません」を、謝礼の場合には「ありがとうございます」を用いる。

→長いことお待たせいたしまして、申し訳ありませんでした。

→こんなお高いものを、申し訳ありません。

→おいでいただいてどうもありがとうございます。

↓申し訳ありませんが、窓を開けていただけませんか。

⇩「もうしわけない」

すみやか［速やか］Sumiyaka

① 当局はすみやかに対策を講《こう》じた。

② 彼女はすみやかな回復を示した。

③ 彼の反応はすみやかだった。

【解説】 時間をおかずに行動する様子を表す。プラスイメージの語。動作自体の速度が大きいという意味ではなく、時間をおかずに行動して望ましい状態になるという暗示がある。つまり、①では「対策を講ずるまで」、②では「回復するまで」、③では「反応するまで」の時間が短いという意味である。この点で、行動にかかる所要時間が短いというニュアンスをもつ「はやい」「すばやい」などとは異なる。

「にわか」にも時間をおかずに行動するという意味があるが、打消しや否定を伴《ともな》って用いられることが多く、用法が狭い。

⇩「はやい」「すばやい」「すばしこい」「にわか」

ずるい［狡い］zurui

① 彼は**ずるい**人間だから要注意だ。

② 自分ばかりいい思いをするなんて**ずるい**。

③ 彼はいつも**ずるく**立ち回る。

④ 「ぼく今度の月曜日休むよ」「**ずるーい**」

【解説】 抜けめなく自分だけ利益を得るのが不快な様子を表す。マイナスイメージの語。抜けめなく立ち回って自分ひとりだけ利益を得ることについての不快感を表す語である。人の性格全体をも、行為に表れた狡猾《こうかつ》さをも表す。④は感動詞的に用いられた例で、若い女性が好んで用いる現代語用法。相手が自分だけいい思いをすることに対して、羨望《せんぼう》の気持ちを表明したもので、狡猾だと非難する気持ちはないことが多い。

「ずるい」は「こすい」に似ているが、「こすい」では利《り》にさといことが暗示されていて、狡猾さそのものを意味しない点で「ずるい」と異なる。

？ 彼はずるいから付き合い酒はしないよ。

↓彼はこすいから付き合い酒はしないよ。

また、「ずるい」は「わるがしこい」にも似ているが、「わるがしこい」には明らかな悪意の暗示があり、先天的な性格としての要領のよさを暗示しない点が「ずるい」と異なる。

？ 彼は悪賢いから絶対に損するようなことはしない。

↓彼はずるいから絶対に損するようなことはしない。

⇩「こずるい」「こすい」「ずるがしこい」「わるがしこい」

「ぬけめない」

ずるがしこい［狡賢い］Zurugashikoi

① 彼は大臣の汚職《おしょく》につけこんで、**ずるがしこく**金もうけした。
② キツネが**ずるがしこい**というのは迷信だ。

【解説】 悪知恵《わるぢえ》が働き、狡猾《こうかつ》で抜けめない様子を表す。マイナスイメージの語。嫌悪感《けんおかん》の非常に強く暗示された語で、「ぬけめない」「わるがしこい」などよりも嫌悪の程度が高い。
⇩「ぬけめない」「わるがしこい」「ずるい」「かしこい」

するどい［鋭い］Surudoi

(1)① 犯人は**するどい**刃物《はもの》を持っていた。
② 日本刀はとても**するどい**。
③ その魚の背びれには**するどい**とげがある。
④ **するどい**岩角《いわかど》で足を切った。
(2)① 彼の目つきは刑事のように**するどかっ**た。
② 左足に**するどい**痛みが走った。
③ 闇《やみ》をつらぬく**するどい**物音に驚く。
④ 妻は夫に語気《ごき》**するどく**つめよった。
⑤ この学生は**するどい**質問をする。
⑥ 千代《ちよ》の富士《ふじ》は出足《であし》**するどく**攻めたてた。
⑦ 新聞は政府の対応を**するどく**非難した。
⑧ 両陣営は**するどく**対立している。
⑨ 「英語は白人に対する日本人の敬語なんだ」「**するどーい**」
(3)① 犬は人間の百万倍も**するどい**嗅覚《きゅうかく》をもっている。
② この子は音感が**するどい**。
③ 感受性の最も**するどい**年ごろだ。
④ 彼女には**するどい**洞察力《どうさつりょく》がある。
⑤ 彼はじつに**するどい**男だ。

【解説】 (1) 刃物などがとがっていて、よく切れる様子を表す(↔にぶい)。ややプラスイメージの語。刃物がよく切れるという場合(①②)と、物の端がとがっているという場合(③④)とがある。
(2) (1)の比喩《ひゆ》的な用法。勢いがあって突き刺さるような様子を表す(↔にぶい)。プラスマイナスのイメージはない。
④の「語気するどく～する」は慣用句で、強い口調でなじるようにという意味である。⑥の「出足がするどい」も慣用句で、出足に勢いがあるという意味である。⑦⑧はさらに抽象化した用法で、対立や非難が厳《きび》しいという意味である。⑨は感動詞的に用いられた現代語用法。相手の発言がもっともであることに対して、感嘆と賞賛の気持ちを含んだ相槌《あいづち》となっている。

(2)の「するどい」は「きびしい」「はげしい」「きつい」など他の語に置き換えられるが、「するどい」では突き刺さってくるような勢いの激しさにポイントがあり、かなり主観的な表現となっている。「きびしい」「はげしい」はかなり客観的な表現であり、「きつい」では被害者意識が暗示されている点が異なる。

(3) 感覚が非常に敏感《びんかん》である様子を表す(↔にぶい)。ややプラスイメージの語。③～⑤は①②から進んで、能力の高さについて用いられている。

⇨「きびしい」「はげしい」「きつい」「にぶい」

せこい ［世故い］ Sekoi

① こづかいをせびるなんて**せこい**ガキだな。

② そんな**せこい**料簡《りょうけん》じゃ世の中渡れないよ。

【解説】 細かいことに執着《しゅうちゃく》するのが不快な様子を表す。マイナスイメージの語。芸人の世界の隠語から共通語化した語。俗語的で、日常会話中心に用いられ、かたい文章中では用いられない。

①は、子供がいちいちこづかいを要求するのが不快だという意味、②は細かいことに異常に執着して欲が深いという意味である。「せこい」は細かいことに執着して欲望を満たすことに対してだけでなく、やり方そのものが抜けめないことに対する不快の暗示もある。

「せこい」は「みみっちい」に近いが、「みみっちい」が消費のスケールが異常に小さいことを暗示するのに対して、「せこい」では細かいことに執着して欲望を満たすという意味で、蓄財《ちくざい》のしかたのほうに視点のある点が異なる。

× こづかいをせびるなんてみみっちいガキだな。

また、「せこい」は「いじましい」にも似ているが、「いじましい」は蓄財のしかたが細かくて不快だというニュアンスがあるのに対して、「せこい」は抜けめなさに対する不快の暗示もある。

× ゴミ箱をあさるなんてせこい真似はやめろ。

→ゴミ箱をあさるなんていじましい真似はやめろ。

⇨「みみっちい」「いじましい」「けち」「けちくさい」

せせこましい Sesekomashii

① 彼の家は**せせこましい**路地《ろじ》を入った所にある。

② 家族が十人もいては、普通の家でも**せせこましく**感じる。

③ 彼は**せせこましい**人間で些細《ささい》なことにこだわる。

④ そんなに**せせこましく**考えるなよ。

【解説】 場所や度量《どりょう》などが狭くて身動きが不自由な様子を表す。マイナスイメージの語。具体的な空間について用いられる場合(①②)と、人間の性質や考え方などの抽象的なものについて用いられる場合(③④)とがある。

「せせこましい」は狭い空間の中で身動きが不自由であることにポイントがあり、絶対的な空間の狭さは問題にしていない。そこで、絶対的にかなり広くても、内部の状態によって「せせこましく」感じることもありうる(②)。④は考え方や対象を狭《せば》めてしまった結果、発想の自由さを失っているという意味である。

「せせこましい」は「せまくるしい」に似ているが、「せまくるしい」が空間の狭さが苦痛であることを客観的に述べた語であるのに対して、「せせこましい」は身動きのとれない卑小《ひしょう》さを侮蔑《ぶべつ》するニュアンスのある点が異なる。全く同じ文脈で「せせこましい」と「せまくるしい」が用いられると、次のようなニュアンスの違いを生ずる。

せせこましい考え。(自分で発想を狭めているばかな考え)

狭苦しい考え。(狭量《きょうりょう》で融通《ゆうずう》のきかない考え)

⇩「せまくるしい」「せまい」「せまっこい」「てぜま」

せちがらい [世知辛い] **Sechigarai**

(1)① **せちがらい**世の中だから生きていくのも楽じゃない。

② なにごとも**せちがらい**御時世だ。

(2)① いちいち手数料をとるとは**せちがらい**商売だな。

② 彼はぼやっとしているようだが、あれでなかなか**せちがらい**。

【解説】 (1) いろいろ面倒があって不快な様子を表す。マイナスイメージの語。非常に用法が限定されていて、ほとんど「せちがらい世の中(御時世)」などの決まった言い回しの中で用いられる。暮らしにくいという意味であるが、やや客観的で慨嘆《がいたん》やあきらめの暗示もある。

(2) 打算的である様子を表す。ややマイナスイメージの語。「ぬけめない」ほどは非難の暗示がなく、あきらめのニュアンスが強い表現である。全く同じ文脈で「せちがらい」と「ぬけめない」が用いられると、次のようなニュアンスの違いを生ずる。

せちがらい商売。(打算的だがやむをえない)

抜けめない商売。(功利的で腹立たしい)

「せちがらい」は「せこい」にも似ているが、「せこい」にある狡猾《こうかつ》さの暗示はない。また、対象は大人であることが一般的で、子供に対してはふつう用いられない。

× せちがらいガキ。→せこいガキ。

⇩「ぬけめない」「せこい」

せっかち **Sekkachi**

① 彼女は**せっかち**だから、人の返事を待っていられ

ない。

② **せっかち**に結論を出さなくてもいいじゃないか。

③ 来月刊行だなんて、ずいぶん**せっかち**な話だな。

【解説】 忍耐強くなくて性急に行動するような性質を表す。ややマイナスイメージの語。人間の性質について用いることが多く、②③のように物について用いられる場合も、結論を出したり計画したりする人の行動からうかがわれる性質について述べているとみることができる。この点が、客観的にみて落ち着きのない様子を表す「あわただしい」や「きぜわしい」と異なる。

× 年末のせっかちな毎日を送る。

→年末のあわただしい(気ぜわしい)毎日を送る。

「せっかち」は「せわしい」や「せわしない」に似ているが、「せわしい」「せわしない」は行動そのものの忙しさについて否定的に述べるニュアンスがあるのに対して、「せっかち」はそのような行動を起こす原因となる性質にポイントのある点が異なる。

? 小鳥が巣箱にせっかちに出入りしている。

→小鳥が巣箱にせわしく(せわしなく)出入りしている。

人間の忍耐強くない性質を表す意味では、「せっかち」は「きがみじかい」にも似ているが、「きがみじかい」は忍耐強くない結果として怒りっぽいことを暗示するのに対して、「せっかち」には怒りっぽさの暗示はない。

? 父はせっかちですぐ怒る。

→父は気が短くてすぐ怒る。

⇨「あわただしい」「きぜわしい」「せわしい」「せわしない」「きがみじかい」「そそっかしい」「きのはやい」

せつない [切ない] Setsunai

① 彼女に対する**せつない**思いはやり場がなかった。

② 子供をなくした母親はさぞ**せつない**ことだろう。

③ 家の下敷きになった彼は**せつない**声を出した。

【解説】 感情が高揚《こうよう》して胸がしめつけられるような気持ちを表す。ややマイナスよりのイメージの語。感情が高揚する原因としては、恋慕《れんぼ》(①)・悲哀《ひあい》(②)・苦痛(③)などがあげられる。肉体的・物理的な苦痛などが原因となる場合(③)は、あまり多くない。

「せつない」は「やるせない」に似ているが、「やるせない」が感情をもてあまして憂鬱《ゆううつ》になっている暗示があるのに対して、「せつない」はもっと切迫《せっぱく》していてつらく感じる程度も大きい。

? 子供をなくした母親はさぞやるせないことだろう。

⇨「やるせない」「つらい」

ぜひない ［是非無い］ Zehinai

① 彼が委員になったのは**ぜひない**ことだった。
② 事情が事情だから**ぜひもない**。
③ 両親の不和《ふわ》を見て彼は**ぜひなく**家出した。

【解説】 是非を論ずるまでもなく、事態を受け入れる様子を表す。ややマイナスよりのイメージの語。①③のように修飾語で用いられることが多く、述語になるときは②のように「ぜひもない」という形になることが多い。

「ぜひない」は「しかたがない」に似ているが、「しかたがない」がある状況に基づいて主観的な判断を下してあきらめているニュアンスがあるのに対して、「ぜひない」はもっと理性的で客観的な根拠《こんきょ》の暗示のある点で異なる。

？ 今さら後悔《こうかい》したって是非ないことだ。
→今さら後悔したってしかたがないことだ。

「ぜひない」は「やむをえない」にも近いが、「やむをえない」は話者の判断としてのあきらめを意味し、客観的な根拠を暗示しない点で異なる。

？ 両親の不和を見て彼はやむをえず家出した。

「ぜひない」はまた「よぎない」にも似ているが、「よぎない」が事態を受け入れるに際して、他にとるべき道がないことを強調する暗示があるのに対して、「ぜひない」は受け入れ方に客観性があることを暗示する。全く同じ文脈で「ぜひない」と「よぎない」が用いられると、次のようなニュアンスの違いを生ずる。

　是非ない選択。（しかたがない選択）
　余儀ない選択。（他にとるべき道がない選択）

⇨「しかたがない」「しょうがない」「やむをえない」「よぎない」「よんどころない」

せまい ［狭い］ Semai

(1)① この道路は幅が**せまい**。
② どこまでも**せまい**路地《ろじ》が続いていた。
③ 部屋が**せまく**て物が置けない。
④ **せまい**日本。そんなに急いでどこへ行く。（標語）
⑤ 動脈が血栓《けっせん》で**せまく**なっている。
⑥ 都心は家が建てこんでいて視界が**せまい**。

(2)① 君も彼を知ってたなんて、世の中**せまい**ね。
② **せまい**意味では、この単語は使えない。
③ 彼は視野が**せまい**。
④ 勉強がたりないから知識が**せまい**。
⑤ どうも肩身が**せまい**。
⑥ 目先のことにとらわれるなんて料簡《りょうけん》の**せまい**人だ。
⑦ 人の失敗を許せないのは心が**せまい**証拠だ。

【解説】 (1) 空間的に面積が少ない様子を表す(↕ひろい)。プラスマイナスのイメージはない。細長いものの幅が少ない場合にも(①②)、全体としての空間の面積が小さい場合にも(③~⑥)用いられる。ただし、絶対的な大きさの基準はなく、中に入るべきものとの対比において相対的な大きさを言うので、同じ広さの家でも家族の人数などによって「せまく」なることは十分にありうる。

子供が増えたらとたんに家が狭くなった。

(2) (1)の比喩《ひゆ》的《てき》な用法。抽象的な空間が小さくゆとりがない様子を表す(↕ひろい)。ややマイナスイメージの語。①の「世の中がせまい」は慣用的な言い方で、交友関係が重複《ちょうふく》しているという意味である。③④は知識やものの見方が狭量《きょうりょう》で融通《ゆうずう》がきかないという意味、⑤は「肩身がせまい」で慣用句となり、恥ずかしい、堂々と振舞えないという意味である。⑥⑦は人間としての度量《どりょう》が小さく、寛容でないという意味である。

「せまい」は、物理的・抽象的空間の面積が小さいことを、中に入るべきものとの相対的な関係において客観的に述べる語であって、「せまくるしい」や「せせこましい」にみられる不快の感情、「せまっこい」にみられる侮《ぶ》蔑《べつ》の感情は暗示されていない。

⇨「せまくるしい」「せせこましい」「せまっこい」「てぜま」「ひろい」

せまくるしい ［狭苦しい］ Semakurushii

① 彼の家は**せまくるしい**路地《ろじ》の奥にあった。

② **せまくるしい**ところですが、さあどうぞ。

③ 彼はなんでも**せまくるしく**考えるくせがある。

【解説】 空間の面積が小さくてゆとりのないのが不快な様子を表す。マイナスイメージの語。具体的な空間について用いられることが多いが(①②)、人間の考え方などについて用いられることも(③)皆無《かいむ》ではない。

「せまくるしい」の対象となる空間は、人間の存在する空間であることが原則で、人間が入ることが前提となっていない空間については、ふつう用いられない。

? 狭苦しい鳥かご。→狭い鳥かご。

× 動脈が血栓《けっせん》で狭苦しくなっている。
→動脈が血栓で狭くなっている。

「せまくるしい」は単に空間が狭いのみならず、ゆとりがないと感じることにポイントがある。したがって、②のように来客に対する挨拶《あいさつ》語として、自分の家を卑下《ひげ》して用いることができる。「狭くてゆったり(快適に)感じられないでしょうが」という意味である。

「せまくるしい」は「せせこましい」に似ているが、「せせこましい」にある狭さに対する侮蔑《ぶべつ》の暗示はない。

× せせこましいところですが、さあどうぞ。

⇩「せまい」「せせこましい」「せまっこい」「てぜま」

せまっこい［狭っこい］Semakkoi

① 彼の家は**せまっこい**路地《ろじ》を入った奥にある。
② 奴はなんでも**せまっこく**考える。

【解説】 空間的に面積が少ない様子を表す。ややマイナスイメージの語。日常会話中心に用いられ、かたい文章中にはあまり登場しない。
　例のように物理的な空間についても、抽象的なもののスケールの小ささについても用いられるが、②のような例はあまり多くない。「せまい」と基本的に同じ意味の語であるが、「せまっこい」には侮蔑《ぶべつ》の暗示がつけ加わっており、空間の面積の小さいことが好ましい場合には用いられない。
× 狭っこいながらも楽しいわが家。
　→狭いながらも楽しいわが家。
⇩「せまい」「せまくるしい」「せせこましい」「てぜま」

せわしい［忙しい］Sewashii

(1)① 出発前の**せわしい**日々を送る。
② 年の瀬はなんとなく**せわしい**。
(2)① 彼は肩で**せわしく**呼吸していた。
② 小鳥が巣穴に**せわしく**出たり入ったりする。
③ 彼女は**せわしく**て話していると疲れる。

【解説】 (1) することが多くて暇な時間のない様子を表す。ややマイナスイメージの語。「せわしい」は用事に追いまくられる切迫《せっぱく》した心理の暗示があり、ただ単に暇がないと言っているわけではない点が「いそがしい」と異なる。
× おせわしくてけっこうですな。
　→おいそがしくてけっこうですな。
　落ち着かない心理を表す点で、「せわしい」は「あわただしい」に似ているが、「あわただしい」が落ち着かず不安定な状況を客観的に述べる暗示があるのに対して、「せわしい」は切迫した焦燥感《しょうそうかん》を主観的に述べる点が異なる。
× 政局の動向がせわしい。
　→政局の動向が慌ただしい。
(2) たえまなく次々と行動するのが落ち着かない様子を表す。ややマイナスイメージの語。①②は具体的な行動や動作がたえまなくて落ち着かないことを表す。③は彼女の性質が「せわしい」というよりは、身ぶりや話し方、話す速さなどに落ち着きがなく性急《せいきゅう》だという意味である。
　「せわしい」が表す行動は、単独の行動ではなくて、繰り返しか継続《けいぞく》、または次々とつながっていく行動である。単独の行動への取りかかり方に落ち着きがない場合には、「あわただしい」を用いるほうが普通である。

？ 彼はせわしくヨーロッパへ旅立った。
→彼は慌ただしくヨーロッパへ旅立った。

「いそがしい」にもたえまない行動を表す意味があるが、「せわしい」のほうがもっと焦燥感が強く、落ち着きのなさをマイナスにとらえている点が異なる。

× 彼女はおせわし屋だ。
→彼女はおいそがし屋だ。

(2)の「せわしい」は「せわしない」に非常に近い意味になるが、「せわしない」では切迫感がさらに強く出る。

⇩「あわただしい」「いそがしい」「せわしない」「きぜわしい」

せわしない［忙しない］Sewashinai

① 母はいつも台所で**せわしなく**働いている。
② 居間から**せわしない**ミシンの音が聞こえてきた。

【解説】 行動にたえまがなくて落ち着かない様子を表す。ややマイナスイメージの語。「せわしい」の(2)をさらに強調した語で、切迫感《せっぱくかん》・焦燥感《しょうそうかん》がより強い表現となっている。

⇩「せわしい」「あわただしい」「いそがしい」「きぜわしい」

そういない［相違無い］Sôinai

① 若く見えるが、彼は五十代に**そういない**。
② あいつが盗んだに**そういない**。
③ 右のとおり**そういありません**。

【解説】 確信をもっている様子を表す。プラスマイナスのイメージはない。①②のように、しばしば「〜にそういない」の形をとり、〜の内容について、確信をもって推量する意味になる。

確信をもった推量といっても、「そういない」の表す推量はかなり主観的で、客観的な根拠《こんきょ》や理由の存在を暗示せず、自分一人の判断で確信している(独《ひと》り合点《がてん》している)ニュアンスのうかがわれる表現になっている。したがって、③のように書類のただし書きに用いられた場合には、その書類の作成者の主観的な確信を表明していることになり、言い換えれば、内容の正しさについて誓約《せいやく》しているのと同じ意味になる。

「そういない」は「ちがいない」に似ているが、「ちがいない」のほうが確信の程度が低い。

また、「そういない」は「まちがいない」にも似ているが、「まちがいない」では確信をもった推量の背景として、客観的な根拠や理由の存在が暗示されている点が異なる。

？ この問題の答えは5に相違ない。
→この問題の答えは5に間違いない。

⇩「ちがいない」「まちがいない」

ぞうさない［造作無い］Zôsanai

① こんな細工《さいく》は子供でも**ぞうさなく**できる。

② 彼女は育児のベテランだから、子供の一人や二人育てるのは**ぞうさない**ことだ。

【解説】 手間がかからず気軽にできる様子を表す。ややプラスよりのイメージの語。日常会話中心に用いられ、かたい文章中にはあまり用いられない。

「ぞうさない」は「やさしい」に似ているが、「やさしい」がかなり客観的な容易さの表現になっているのに対して、「ぞうさない」は容易であることについての気分の軽さに視点のある点で異なる。そこで、全く同じ文脈で「ぞうさない」と「やさしい」が用いられると、次のようなニュアンスの違いを生ずる。

この手術は彼には造作ない。（気楽にできる）
この手術は彼にはやさしい。（むずかしくない）

容易であることとについての気分の軽さを意味する点では、「ぞうさない」は「わけない」にも似ているが、「わけない」が対象そのものの単純さを評するニュアンスが強く、たいていの場合、結果としての容易さを軽い侮蔑《ぶべつ》を伴《ともな》って暗示するのに対して、「ぞうさない」は行為の過程における容易さを暗示する点で異なる。

？ 駅は造作なく見つかった。
→駅はわけなく見つかった。

また、「ぞうさない」は「たやすい」にも似ているが、「たやすい」はかなりかたい文章語で、日常会話にはあまり登場せず、用法も広い。

⇩「やさしい」「わけない」「たやすい」「きがる」

そうぞうしい［騒々しい］Sôzôshii

(1) ① 二階で**そうぞうしい**物音がした。

② まわりが**そうぞうしく**て電話が聞き取れない。

③ あんたって**そうぞうしい**人ね。

(2) ① 時々《じじ》刻々《こっこく》とかわる事件の推移《すいい》に世間がなんとなく**そうぞうしい**。

② どうもお**そうぞうしい**ことで。（火事見舞い）

【解説】 (1) 音や声がさまざまにいりまじって大きい様子を表す。マイナスイメージの語。「そうぞうしい」で表される音は、単一《たんいつ》の音や瞬間的な音というよりは、さまざまの種類の音がまじって濁《にご》っている音である。①では、話し声や動き回る音、物の動く音など複雑《ふくざつ》な音の存在が暗示される。②では人の話し声や車の音などである。③は単に声が大きいのみならず、言動が派手で何かと騒がしい様子を表す。

音や声が複雑で大きいという意味では、「そうぞうしい」は「さわがしい」に近いが、「さわがしい」が複雑な音によってもたらされる落ち着きのない気分のほうに視点があるのに対して、「そうぞうしい」はふつうは複雑で大きな音そのものを暗示する。
(2) 事件などが起こって落ち着かない様子を表す。マイナスイメージの語。ただし、この用法は非常に限定されていて、①のように「世の中が(世間が)〜」というような形か、②のように慣用句となった挨拶語《あいさつご》の形でのみ用いられ、述語にかかる修飾語の形ではあまり用いられない。落ち着かない様子を表す場合には、ふつうは「さわがしい」のほうがよく用いられる。
毎週改憲論争《かいけんろんそう》が騒々しく戦わされた。
→毎週改憲論争が騒がしく戦わされた。
「そうぞうしい」は「うるさい」や「やかましい」にも似ているが、「うるさい」「やかましい」が音の性質によらず、不快であることを暗示する点が異なる。
× 夜遅く帰ると母親が騒々しい。
→夜遅く帰ると母親がうるさい(やかましい)。
⇨「さわがしい」「うるさい」「やかましい」

ぞくっぽい ［俗っぽい］ Zokuppoi

① 美容院には**ぞくっぽい**週刊誌が置いてある。
② 留学生が飲み屋でバイトすると、**ぞくっぽい**言葉ばかり覚えて困る。
③ 静かな山村もリゾート開発で**ぞくっぽく**なった。

【解説】 いかにも通俗的である様子を表す。ややマイナスイメージの語。「〜ぽい」は〜のように見えるという意味の、形容詞を作る語尾。
「俗」とは世間一般という意味であるが、優雅でない、上品でないという侮蔑《ぶべつ》の暗示をもっている語である。①は大衆的なという意味であるが、しばしば有名人のスキャンダルやセックス記事、占いなど、煽情的《せんじょうてき》な内容を含む暗示がある。②は標準的でない、下品なという意味。③は醜悪《しゅうあく》な都会風になったという意味である。世間一般の大衆が用いる言葉として、世間一般を示す語が侮蔑の暗示をもつことは興味深い。
⇨「-ぽい」

そぐわない ［似わない］ Soguwanai

① 彼女のドレスは派手すぎて会の雰囲気に**そぐわなかった**。
② 現実に**そぐわない**法律は改正すべきだ。

③　この言葉はぼくの気持ちに**そぐわない**。

【解説】　動詞「そぐう」の打消し。ややマイナスイメージの語。ある場面や状況に適合しない様子を表す。その場面や状況から当然考えられるいくつかの、またはある幅の対処《たいしょ》のしかたにあてはまっていないというニュアンスをもつ語である。①は、会の雰囲気に合致《がっち》する服装は一種類だけではなく、当然いろいろ考えられるが、彼女のドレスがそのどれにもあてはまらなかったという意味である。②は、現実に合致する法律は当然一種類ではない。③も同様で、話者の気持ちを表現するのにふさわしいいくつかの言葉のうちに、「この言葉」が含まれていないというニュアンスをもつ。

「そぐわない」は「にあわない」に非常によく似ているが、「にあわない」は場面や状況から考えられるものが比較的狭く限定されていて、それと異なるというニュアンスがある。

?　彼は顔にそぐわぬかわいい声をしている。
　→彼は顔に似合わぬかわいい声をしている。
×　現実に似合わない法律は改正すべきだ。

また、「そぐわない」は「ふさわしくない」にも似ているが、「ふさわしくない」が対象の性質からみて当然考えられる(理想の)姿に遠いというニュアンスがあるのに対して、「そぐわない」は対象の性質に合致する許容範囲《きょようはんい》の中に入っていないというニュアンスになり、理想の姿までは言及《げんきゅう》しない点が異なる。

?　そんなすてばちな言い方は君にそぐわない。
　→そんなすてばちな言い方は君にふさわしくない。
⇨「にあわない」「ふさわしい」「あいいれない」

そこいじわるい・そこいじがわるい ［底意地悪い・底意地が悪い］ Sokoijiwarui・Sokoijiga-warui

①　彼は**そこいじわるく**人の弱みを突いてくる。
②　うちの姑《しゅうとめ》は**そこいじがわるい**。

【解説】　わざと人を困らせたり、いじめたりするのが好きな性質を本来もっている様子を表す。マイナスイメージの語。「そこいじわるい」は人間の性質にかぎって用いられ、物については擬人法《ぎじんほう》を除いては用いられない。

×　あの機械は底意地悪くて肝心のときに故障《こしょう》する。

「そこいじわるい」は人間が心の奥底にもっている、対人関係についての悪意を表現する語であって、人の性格全体を評する場合が多く、その場だけの行為について用いられることはまれである。

?　彼は競馬《けいば》で大損したときにかぎって、女房《にょうぼう》に底意地悪く当たる。
　→彼は競馬で大損したときにかぎって、女房に意地悪く(つらく)当たる。

⇩「いじわる」「はらぐろい」

そこしれない［底知れない］Sokoshirenai

① その湖は**そこしれない**深さだという。
② 少年は**そこしれない**実力を発揮しだした。
③ 会長の財力はまったく**そこしれない**。

【解説】 程度がはなはだしい様子を表す。ややマイナスよりのイメージの語。例のように、名詞にかかる修飾語として用いることが最も多く、述語になることもあるが、その他の修飾語として用いられることは少ない。

? 彼女の能力は底知れなくすごい。

①が最も基本的な意味で、具体的な深さがわからないほど深いという意味である。②③は比喩的《ひゆてき》な意味で、実力や財力の程度がはなはだしいという意味である。

「そこしれない」の表す程度のはなはだしさには、不気味さを伴《ともな》っており、単純な感嘆ではなく、全体を推量できないことについて不快や恐怖の暗示のある点が、客観的に程度の高いことを表す「はなはだしい」「はかりしれない」などと異なる。

? 彼女の底知れない魅力にまいっている。
→彼女のはかりしれない魅力にまいっている。

⇩「はかりしれない」「はなはだしい」

そこはかとない Sokohakato-nai

① 彼の後ろ姿には**そこはかとない**悲哀《ひあい》が漂《ただよ》っている。
② 彼女が出て行ったあと、香水の香りが**そこはかとなく**残った。
③ 長いこと胸の奥にしまってきた**そこはかとない**思いを打ち明けた。

【解説】 濃淡の程度が非常に低い様子を表す。ややプラスイメージの語。例のように修飾語として用いられ、述語としてはふつう用いられない。

? 彼に対する慕情《ぼじょう》はそこはかとなかった。

「そこはかとない」ははっきりそれと指摘《してき》できないが、非常に微弱《びじゃく》なものが広範囲をおおうというニュアンスをもつ語で、そういう繊細《せんさい》な感覚を必要とするものをプラスに評価する日本文化ならではの語である。

「そこはかとない」ははっきり目の前に提示されているものの濃度の低さについては用いられない。

× そこはかとない水色のワンピース。
→薄い（淡い）水色のワンピース。

? 花屋の店内ではバラがそこはかとなく香っている。
→花屋の店内ではバラがほのかに香っている。

また、「そこはかとない」が対象とするものは、感覚的で無形のものであることが多く、理性的なもの、形のはっきりしているものについて用いられることはまれである。

×　そこはかとない知識。
　↓かすか(おぼろげ)な知識。

はっきり認知《にんち》できないものを表す意味では、「そこはかとない」は「ほのか」にも似ているが、「ほのか」が比較的小さい対象について、ある期待(もっと見たい、知りたい、得たいなど)をもって認知している暗示があるのに対して、「そこはかとない」は比較的広範囲に及ぶ対象について述べ、対象に対する期待はない点が異なる。

？　彼はそこはかとない希望をいだいた。
　↓彼はほのかな希望をいだいた。

⇨「かすか」「うすい」「あわい」「おぼろげ」「ほのか」「あえか」

そこふかい［底深い］Sokofukai

①　色の赤い魚は海の**そこふかい**所にすんでいる。
②　二人の対立の根は**そこふかい**。

【解説】　上からの距離が深く、なかなか到達《とうたつ》できない様子を表す。ややマイナスよりのイメージの語。①のように具体的に底までの距離があるという意味と、②のように抽象的なものが深遠《しんえん》で探り出せないという意味とがあるが、比喩的《ひゆてき》な意味のほうがよく用いられる傾向にある。「ふかい」よりも不可解さ、不気味さの暗示されている語である。

⇨「ふかい」

そしらぬ［そ知らぬ］Soshiranu

①　彼は事件について最後まで**そしらぬ**ふりをした。
②　挨拶《あいさつ》したのに彼女は**そしらぬ**顔で通りすぎた。

【解説】　「そしらぬ顔(ふり)」という名詞にかかる修飾語の形で用いられ、本来知っているのに知らないふりをする様子を表す。ややマイナスイメージの語。①のように、内容について知らないふりをする場合と、②のように、存在自体を無視する場合とがある。
「そしらぬ」は、「しらじらしい」や「そらぞらしい」に似ているが、「しらじらしい」「そらぞらしい」にある悪意の暗示はない点が異なる。

⇨「しらじらしい」「そらぞらしい」

そそっかしい Sosokkashii

①　彼女は**そそっかしい**から忘れものが多い。
②　彼はいつも**そそっかしい**間違いをする。
③　足し算と掛け算を間違えるなんて、**そそっかしい**ね。

【解説】　慎重《しんちょう》さや落ち着きがたりない様子を表す。ややマイナスイメージの語。人間の性質としての落ち着きのなさ、思慮のたりなさを評する語であって、行為のあわただしさは意味しない。したがって、述語を修飾する場合でも、そのような行為をする主体の性格を表す意味になり、行為のしかたに落ち着きがないという意味にはならないことが多い。

彼はそそっかしく間違えた。
(彼がそそっかしいために、間違いをした)
彼はあわてて間違えた。
(あわてたために間違えた)

「そそっかしい」は落ち着きのない性格をやや客観的に述べる語であって、対象に対する侮蔑《ぶべつ》や慨嘆《がいたん》などの感情は含まれていない。

○ 彼、そそっかしいけど憎めないわね。
○ 彼はそそっかしくミスばかりして困る。

「そそっかしい」は「せっかち」に似ているが、「せっかち」が性急《せいきゅう》な行動を起こす性質を述べるニュアンスがあるのに対して、「そそっかしい」は落ち着きのなさ、思慮のたりなさを暗示する。

× 彼女はそそっかしいから、人の返事を待っていられない。
↓彼女はせっかちだから、人の返事を待っていられない。

⇨「せっかち」「あわただしい」「きぜわしい」「せわしい」「せわしない」

そっけない ［素っ気無い］ Sokkenai

① 十分な説明を求めたのに、一言「知らん」という**そっけない**返事が返ってきただけだった。
② 彼女は送るという申し出を**そっけなく**断《ことわ》った。
③ この表現はいかにも**そっけない**。

【解説】 情や味わいが感じられない様子を表す。ややマイナスイメージの語。かなり客観的な意味をもち、行為の受け手の被害者意識は暗示されていない点が、「すげない」と異なる。したがって、全く同じ文脈で「そっけない」と「すげない」が用いられると、次のようなニュアンスの違いを生ずる。

彼女はそっけなく断った。
(断り方があまりにも簡単だ)
彼女はすげなく断った。
(断ったのは薄情《はくじょう》だ)

また、③のように人間以外のものの無味乾燥《むみかんそう》さについては、「すげない」を用いることはできない。

× この表現はいかにもすげない。

情や味わいが感じられないという意味では、「そっけない」は「あじけない」にも似ているが、「あじけない」が興味の対象としてのつまらなさを暗示するのに対して、「そっけない」は客観的な薄情さそのものを暗示する点が異なる。

×　都会のそっけない生活。
　→都会の味気ない生活。

⇩「すげない」「あじけない」

そつない・そつのない　Sotsunai・Sotsuno-nai

①　彼はどんな仕事でも**そつなく**こなす。
②　大臣は**そつのない**答弁《とうべん》をした。
③　奴のやることに**そつはない**。

【解説】　手ぬかりがない様子を表す。ややマイナスよりのイメージの語。述語にかかる修飾語として用いる場合には「そつなく」を用い、名詞にかかる修飾語や述語で用いる場合には「そつがない・そつのない・そつはない」などの連語の形を用いることが多い。

「そつない」は行為にぬかりがなく妥当《だとう》だという意味であるが、ほめ言葉ではなく、細かい点まで手ぬかりなくゆきとどく様子を嫌悪《けんお》するニュアンスのある語である。「ぬけめない」とも通じるが、日本文化には、なんでも完《かん》壁《ぺき》にこなすことに嫉妬《しっと》して、ねたんだりひがんだりする視点があるようである。①は何でもできるとほめているわけではなく、人に悪く言われない程度にはという裏側からの表現になっている。②は野党に突っこまれない、弱みを見せない答弁という意味。③は失敗がないという意味である。

⇩「ぬけめない」

そらおそろしい　［空恐ろしい］　Soraosoroshii

①　その計画は聞いただけで**そらおそろしく**なる。
②　この子の天才ぶりは**そらおそろしい**ほどだ。
③　難民《なんみん》の子供たちの将来を考えると**そらおそろしい**。

【解説】　未知のものが非常に恐ろしい様子を表す。マイナスイメージの語。話者の主観的な恐怖を表し、客観的な恐怖を意味しない。①～③とも、話者が感じている恐怖を主観的に述べているだけで、計画や天才ぶり、子供たちの将来そのものが客観的に恐怖を感じる状況かどうかには関係しない。

×　熱帯のジャングルには空恐ろしい毒蛇《どくへび》がいる。
　→熱帯のジャングルには恐ろしい毒蛇がいる。

また、対象は理性ではっきり認知《にんち》できない未知のものであることが多く、具体物や理性で認知できるものについては用いないことが多い。

×　彼は空恐ろしい顔でにらんだ。
　→彼は怖い（おっかない）顔でにらんだ。

主観的な恐怖を表す意味では、「そらおそろしい」は「すえおそろしい」に似ているが、「すえおそろしい」は将来が恐ろしく思われるほど現在の状況がはなはだしいという意味で、現在の状況のはなはだしさに視点があり、恐怖というよりは危惧《きぐ》のニュアンスがあるのに対して、「そらおそろしい」は現在話者が感じている得体《えたい》の知れない大きな恐怖に視点がある。全く同じ文脈で「そらおそろしい」と「すえおそろしい」が用いられると、次のようなニュアンスの違いを生ずる。

　小学生でたばこを吸うなんて空恐ろしいことだ。
（現在、この子に恐怖を覚える）
　小学生でたばこを吸うなんて末恐ろしいことだ。
（将来が心配だ）

⇩「おそろしい」「こわい」「おっかない」「すえおそろしい」「ものおそろしい」

そらぞらしい ［空々しい］ Sorazorashii

① 隣家《りんか》の奥さんは**そらぞらしい**お世辞《せじ》を言う。
② 妹のうそは**そらぞらしく**てばかばかしい。
③ 彼女はときどき**そらぞらしく**ため息をついて、ぼくの気を引こうとする。

【解説】 真実でないことが見えすいている様子を表す。マイナスイメージの語。ただし、この場合の真実というのは客観的・理性的な真実を暗示しない。①ではお世辞の内容のほめ言葉であり、②はうその内容、③はため息をつくようなせつない胸の内である。客観的・理性的な内容を故意にとぼける場合には、「しらじらしい」を用いるほうが普通である。

？ 彼は現場にいたのに空々しくとぼけた。
→彼は現場にいたのに白々しくとぼけた。
× 隣家の奥さんは白々しいお世辞を言う。
× 彼女は白々しいため息をついた。

したがって、現実から遊離《ゆうり》する度合は「そらぞらしい」のほうがはなはだしく、そこで②のような文例が出てくる。全く同じ文脈で「そらぞらしい」と「しらじらしい」が用いられると、次のようなニュアンスの違いを生ずる。

　空々しいうそ。（現実的でないうそ）
　白々しいうそ。（事実に反するうそ）

見えすいているという意味では、「そらぞらしい」は「わざとらしい」にも似ているが、「わざとらしい」が行為の不実さを誇張《こちょう》して述べるニュアンスがあるのに対して、「そらぞらしい」は真実を隠すために別の表現をするというニュアンスがある。

？ 彼は現場にいたのにわざとらしくとぼけた。

⇩「しらじらしい」「わざとらしい」「そしらぬ」

た 行

たいら［平ら］Taira

(1) ① 砥石《といし》は**たいら**でないと刃物《はもの》がとげない。
② 小山の土を**たいら**にならす。
③ どこまでも**たいら**な大地が続いていた。
④ 壁のしっくいを**たいら**に塗る。
⑤ この家の屋根は**たいら**だ。
⑥ (菓子屋が客に)箱は**たいら**にお持ちください。
(2) ① (客に)どうぞお**たいら**になさってください。
(3) ① もっと気を**たいら**にもちなさい。
② 彼女は気持ちの**たいら**な人だ。

【解説】 (1) 物の表面に凹凸《おうとつ》やめだった傾きがない様子を表す。プラスマイナスのイメージはない。物の表面に凹凸がない場合(①~④)と、めだった傾きがない場合(⑤⑥)とがある。「たいら」は物の表面の部分的または全体的な高低差が小さいことを客観的に述べる語であって、必ずしも水平方向についてのみ言うとはかぎらない(④)。

「たいら」は「たいらか」に非常によく似ているが、「たいらか」はどちらかといえば、物の表面に凹凸や傾きがないことをプラスにとらえている。したがって、全く同じ文脈で「たいら」と「たいらか」が用いられると、次のようなニュアンスの違いを生ずる。

平らな道。(客観的に平坦《へいたん》だ)
平らかな道。(平坦で歩きよい)

また、「たいらか」はどちらかといえば具体的な意味よりも、性格や気分が温厚だという比喩的《ひゆてき》な意味で用いられることのほうが多い点も、具体的な意味中心で用いられる「たいら」とは異なる。

「たいら」は「ひらたい」にも似ているが、「ひらたい」が物の厚みの少なさを暗示するのに対して、「たいら」は物の厚みには言及《げんきゅう》せず、ただ表面の高低差にポイントのある点が異なる。

？ 材料を平らな鍋に入れる。
→材料を平たい鍋に入れる。
× どこまでも平たい大地が続いていた。
平らな胸。(乳房《ちぶさ》が小さくめだたない)
平たい胸。(胸の厚みが薄い)

また、「たいら」は「ひらべったい」にも似ているが、「ひらべったい」は「ひらたい」よりもさらに厚みのなさを強調した表現で、具体的な物の状態について用いられ、比喩的な用法をもたない。

× 平べったい大地。

(2) 「おたいらに～」という依頼《いらい》の形をとり、来客に膝《ひざ》をくずして楽にするよう勧《すす》める意味を表す。プラスマイナスのイメージはない。膝をくずしてあぐらをかいたり、横座《よこずわ》りしたりすれば、正座をしているときより座高が低くなるので、座敷《ざしき》との高低差が小さくなることから、このように言うと思われる。慣用句であるので他の語に置き換えられない。

(3) 感情の起伏が少なく、温厚である様子を表す。ややプラスイメージの語。しばしば「気をたいらに～」「気持ちのたいらな～」という形をとる。感情を動かされないという意味ではなく、激昂《げきこう》したりあわてたりしないというプラスイメージの語である。この場合には「たいらか」のほうが一般的に用いられる。

気持ちの平らな人だ。→気持ちの平らかな人だ。

⇨「ひらたい」「ひらべったい」「なだらか」

たえがたい【堪え難い・耐え難い】Taegatai

① **たえがたき**を耐え、忍びがたきを忍び……。
② 彼の暴言《ぼうげん》は**たえがたい**侮辱《ぶじょく》だ。
③ その苦痛は**たえがたかっ**た。

【解説】 我慢することがむずかしい様子を表す。ややマイナスイメージの語。かたい文章語で、日常会話にはほとんど登場しない。「～がたい」は～することがむずかしいという意味の、形容詞を作る語尾。

「たえがたい」は「しのびがたい」に似ているが、「しのびがたい」が表面に出さないで我慢することがむずかしいというニュアンスがあるのに対して、「たえがたい」は表面に出す出さないまでは言及《げんきゅう》していない点が異なる。

また、「たえがたい」対象としては、苦痛や侮辱など好ましくないものであることが普通で、好ましいものは用いられない。好ましいものが我慢できないときには「たえない」などを用いることが多い。

× 感謝にたえがたい。→感謝にたえない。
× あまりにおかしくて笑いをたえがたかった。
→あまりにおかしくて笑いを抑えがたかった。

⇨「しのびがたい」「やりきれない」「たえない」「－がたい」

たえない【堪えない・耐えない・絶えない】Taenai

(1) ① あまりにひどい仕打ちで怒りに**たえない**。
② この本は軽薄短小《けいはくたんしょう》で熟読《じゅくどく》に**たえない**内容だ。
③ 彼ではその任に**たえない**と思う。
④ 彼女は聞くに**たえない**言葉でののしった。

(2) ① クェートの油井《ゆせい》の火災は憂慮《ゆうりょ》に**たえない**事態だ。
② 生徒を校門にはさんで死なせるなど寒心《かんしん》に**たえない**事件だ。

③ 先生の御努力は感謝《かんしゃ》に**たえません**。
④ 皆の元気な姿に接し、喜びに**たえません**。
(3) ① あの夫婦はいさかいが**たえない**。
② 海外の友人との文通が**たえない**で続いている。

【解説】 動詞「たえる」の打消し。(1)(2)(ふつう「堪えない・耐えない」と書くもの)と(3)(ふつう「絶えない」と書くもの)の二つのグループに分けられる。

(1) 「～にたえない」の形をとり、～をもちこたえられない、我慢できない様子を表す。プラスマイナスのイメージはない。かなりかたい文章語で、日常会話にはあまり登場しない。会話で用いられた場合には、公式の場での発言やもったいぶった挨拶《あいさつ》となり、話者の客観的な姿勢を暗示し、感情から遠い発言となるニュアンスになる。好ましい事柄についても、好ましくない事柄についても用いられる。客観的な語で、我慢できないことについて、特定の感想は暗示されていない。

「たえられない」のように可能の助動詞の「られ」を入れると、不可能のニュアンスが強く出るぶんだけ感情的になる。また、話者の感情をこめた語としては、「たえがたい」もよく用いられる。

④は「聞くにたえない」で慣用句となり、非常に聞き苦しいという意味になる。この場合には、「聞くにたえない」全体でマイナスイメージの語句となる。

(2) 「□□にたえない」の形をとり、非常に□□するという強調を表す。プラスマイナスのイメージはない。□□には好ましくない事柄も(①②)、好ましい事柄も(③④)くるが、好ましくないほうが用法が広い。この場合も日常会話的でなく、公式の発言や演説《えんぜつ》・挨拶などの場面でよく用いられる表現となっている。

話者の客観的な姿勢を暗示するので、あまり感情的ではなく、非常に□□する、大いに□□するという意味ではあるが、かなり形式的で、本心からそう思っているかどうかは問題にしない。

(3) 途切れることなく続いたり、しばしば起こったりする様子を表す。プラスマイナスのイメージはない。①は夫婦喧嘩《げんか》をしばしばするという意味、②は文通が途切れずに続いているという意味である。

「たえまない」も続いていることを意味するが、「たえまない」は①のような断続的《だんぞくてき》な意味は表さず、②のような継続的《けいぞくてき》な意味だけである点が異なる。

× 小雨が絶えなく(絶えず)降る。
→小雨が絶え間なく降る。

⇨「たえがたい」

たおやか ［嫋やか］ Taoyaka

① 彼女の指は白魚《しらうお》のように**たおやか**だ。

② 彼は**たおやか**な女性が好みだ。

【解説】 女性や女性に関するものが、繊細《せんさい》で優美である様子を表す。プラスイメージの語。「たおやか」は、女性や女性に関する具体物の外見の繊細さや優美さを評する語であるので、それ以外のものについて用いられることは少ない。

? 少女のたおやかな声。
? 少年のたおやかな身のこなし。
? 彼女はたおやかな心をもっていた。
? たおやかな柳。（ただし柳を女性に仮託《かたく》した場合は用いられる可能性がある）

「たおやか」には柔らかいだけでなく、繊細である暗示があるので、女性でも体格のよい女性について用いられることはまれである。

「たおやか」は「かよわい」に近いが、「かよわい」には優美さの暗示がない。

× たおやかな女の細腕《ほそうで》で生計を支える。
↓かよわい女の細腕で生計を支える。

また、「たおやか」は「しなやか」にも似ているが、「しなやか」が細い棒状《ぼうじょう》のものの柔軟《じゅうなん》な強さを暗示するのに対して、「たおやか」は対象の柔軟さとともに弱さ（繊細さ）の暗示があり、対象の形を問わない点が異なる。

× たおやかな鞭《むち》を手に持っていた。
↓しなやかな鞭を手に持っていた。

女性の柔軟な弱さを意味する点で、「たおやか」は「なよやか」にも似ているが、「なよやか」はやわらかさをより強調した表現になっている。全く同じ文脈で「たおやか」と「なよやか」が用いられると、次のようなニュアンスの違いを生ずる。

たおやかな指。（細くて繊細な指）
なよやかな指。（細くて柔らかく動く指）

⇨「かよわい」「しなやか」「なよやか」

たかい ［高い］ Takai

(1) ① わたしの彼は背が**たかい**。
② 富士山は日本一**たかい**山だ。
③ まだ日が**たかい**から、もう一仕事しよう。
④ 兄さんは手を**たかく**振って出迎えてくれた。
⑤ 秋は空が**たかく**晴れあがる。
⑥ そうら、パパが**たかいたかい**をしてやろう。
⑦ 彼の机の上には両側に本が**たかく**積んである。
⑧ 一晩で屋根まで**たかく**雪が積もった。
⑨ 頭《ず》が**たかい**。控えよ。（時代劇のセリフ）
⑩ 彼の鼻は**たかい**。
⑪ 優秀な子供をもって鼻が**たかい**。
⑫ 嫁さんの実家はどうも敷居《しきい》が**たかい**。

(2)
①何度練習してもこの**たかい**音が出ない。
②ぼくはソプラノの**たかい**声は好きじゃない。
③しっ、声が**たかい**よ。
④テレビの音をもうちょっと**たかく**してくれないか。
⑤部屋に入るとバラが**たかく**香《かお》っていた。
(3)
①彼女は格式の**たかい**家柄の出だ。
②彼の希望は**たかい**地位の役職につくことだ。
③格調《かくちょう》**たかい**家具をそろえる。
④気品の**たかい**身のこなしを習う。
⑤なんて気位の**たかい**女だ。
⑥この犬は知能が**たかい**。
⑦もう一ランク程度の**たかい**学校をねらう。
⑧読書は**たかい**教養を身につけるのに役立つ。
⑨少年は望みを**たかく**もつべきだ。
⑩彼は志が**たかい**から誘惑《ゆうわく》には乗らない。
⑪チームの志気《しき》は**たかかっ**た。
⑫民主主義は**たかい**民意《みんい》の存在を前提とする。
⑬今度の映画については世評《せひょう》が**たかい**。
⑭部長は彼の実力を**たかく**評価している。
⑮あの男の悪名は**たかく**知れわたっている。
⑯この評者は見識が**たかい**ので有名だ。
⑰(商人が客に)これはこれはお目が**たかい**。
⑱この文献《ぶんけん》は歴史的価値が**たかい**。

(4)
①彼はこのあいだ**たかい**車を買った。
②ほしい本があるのだが、**たかく**て手が出ない。
③日本は物価が**たかい**。
④展示会で買うとなんでも**たかく**つく。
⑤五百人以上の死者を出すとは、**たかく**つきすぎた。
⑥部長は彼の実力を**たかく**買っている。
(5)
①父は血圧が**たかい**。
②今日は湿度が**たかく**て過ごしにくい。
③地下千メートルの坑内は圧力がとても**たかい**。
④緯度《いど》の**たかい**地方ほど、同種の個体が大きくなる。
⑤熱が**たかく**て下がらない。
⑥採用には年齢の**たかい**人を優先する。
⑦この病気は中年女性に**たかい**割合で発生する。
⑧女性は男性に比べて長生きする比率《ひりつ》が**たかい**。

【解説】 高低を表す最も基本的な形容詞の一つ。原則としてプラスマイナスのイメージはない。

(1) 空間的に基準となる面からの距離が遠い様子を表す(↔ひくい)。基準面が水平の場合すなわち鉛直《えんちょくほうこう》方向に距離が遠い場合が最も一般的である。

①②は身長の平均や平地の高さなどの基準に比べて高いという意味である。③~⑥は空間的に高い位置に離れて存在している場合である。⑥は幼児を高く抱き上げて遊ばせるときに用いる。⑦⑧は蓄積《ちくせき》の結果として、最上

部が常識的に考えられる高さより高くなったという意味である。⑨は時代劇のセリフで、頭の位置が畳《たたみ》を基準として高いという意味で、「頭がたかい」で慣用句となり、平伏せよという意味になる。⑩は基準面が水平でない例である。この場合、鼻・頬骨《ほおぼね》・額《ひたい》などが「たかい」の対象としてよく用いられる。⑪⑫は慣用句である。⑪の「鼻がたかい」は、自慢に思うという意味。⑫の「敷居がたかい」は、心理的な抵抗があって訪問するのをはばかられるという意味になる。

「たかい」が空間的な高低を問題にする場合、基準面より空間的に離れた位置に存在し、しかもその位置が目に見えることが必要である。上方に昇った結果、目に見える位置になければ、「たかい」はふつう用いられない。

× エレベーターが高く昇った。
　→エレベーターが上に昇った。

○ 気球が高く昇った。

(2) 音・声や香りなどがきわだつ様子を表す(↕ひくい)。①②は音声の振動数《しんどうすう》が大きいという意味、③④は音量が大きいという意味である。⑤は香りがきわだって発《はっ》散《さん》しているという意味である。「たかい」が香りについて用いられた場合には、反対語として「ひくい」は用いられない。この場合にはややプラスイメージの語となり、悪いにおいについては用いられない。

× トイレが高くにおう。
　→トイレがくさい(強くにおう)。

ただし、香りについて「たかい」を用いること自体はあまり多くなく、よいにおいが発散しているときには「かおりたかい」「かんばしい」「かぐわしい」などを用い、悪いにおいのときには「くさい」を用いることが多い。

(3) 抽象的なものの程度が大きい様子を表す(↕ひくい)。「たかい」自体はプラスマイナスの評価に関しては中立で、前にくる言葉あるいは対象のイメージによって、語句(文)としてのイメージが決まってくる。したがって、「気品がたかい」ならプラスイメージであるが、「気位《きぐらい》がたかい」ならマイナスイメージになる。⑰は「目がたかい」で慣用句となり、⑯の「見識《けんしき》が高い、ものの本質を見抜く目がある」という意味の俗語的な表現である。たいてい、客が高価な品物を選んだとき、商人が追従《ついしょう》の言葉として用いる場合が多い。

(4) 値段が高額である様子を表す(↕やすい)。④の「たかくつく」は慣用句で、値段が高くかかるという意味である。これが比喩《ひゆ》的に用いられたのが⑤で、多くの犠牲《ぎせい》を払わねばならなかったという意味になる。⑥の「たかく買う」も慣用句で、高く評価するという意味であり、(3)の⑭と同じ意味になる。この場合「たかく」を省略しても同じ意味になる。

○部長は彼の実力を買っていた。

(5) 数値《すうち》や割合が大きい様子を表す(↔ひくい)。①～⑥は具体的な数値が基準より大きい様子を表す。⑦⑧は割合や比率が基準より大きい様子を表す。

「たかい」は高低や程度の高さを表す最も一般的な形容詞であって、しばしば他の語と複合語を作り、意味やニュアンスを付け加えるはたらきをする。

⇨「うずたかい」「おたかい」「かおりたかい」「かさだかい」
「かんじょうだかい」「かんだかい」「けだかい」「こだかい」
「なだかい」「ばかたかい」「ほこりたかい」「ものみだかい」
「ひくい」「ふかい」「ながい」「やすい」

たくましい［逞しい］Takumashii

(1) ① 彼は**たくましい**腕で荷物をかかえた。
② 体操選手は筋骨《きんこつ》**たくましい**。
③ 彼女は子供たちを**たくましく**育てた。
④ 貧しく育ったので彼は生活力が**たくましい**。
⑤ 日本経済は戦後**たくましく**生まれかわった。
⑥ 孤児《こじ》たちは**たくましい**食欲を示した。

(2) ① 最近のマスコミは商魂《しょうこん》**たくましい**。
② 台風は猛威《もうい》**たくましく**伊豆半島《いずはんとう》を襲《おそ》った。
③ 二人の仲について想像を**たくましく**する。

【解説】 (1) 頑丈《がんじょう》でエネルギーを内に感じさせる様子を表す。プラスイメージの語。①②は具体的な肉体について、頑丈で力強い様子を表す。③～⑥は抽象的なものが力強く活力がある様子を表す。肉体がたくましいという場合、多くは男性の肉体について用いることが多く、体格のよい女性の肉体について用いることはあまり多くない。そこで、男性と女性について「たくましい」が用いられると、次のようなニュアンスの違いを生ずる。

たくましい男。(肉体が頑丈だ)
たくましい女。(精神がしたたかだ)

また、「たくましい」はただ頑丈なだけでなく、仕事を達成するのに必要なエネルギーの存在を暗示するので、仕事を行わないことが前提になっている部分については、ふつう用いられない。

? たくましい顔つきの男。→精悍《せいかん》な顔つきの男。

「たくましい」は「したたか」に似ているが、「したたか」は逆境《ぎゃっきょう》に負けない強さをマイナスイメージでとらえているのに対して、「たくましい」はプラスイメージでとらえている点が異なる。

? たくましくてあくどい男だ。
→したたかであくどい男だ。

「たくましい」は「ずぶとい」にも似ているが、「ずぶとい」が他人の目を無視し周囲に影響されないというニュアンスがあるのに対して、「たくましい」は客観的に外からみて力強いというのにとどまる点が異なる。

✕　君はもっとたくましく構えてればいいんだよ。
→君はもっと図太く構えてればいいんだよ。

(2)　思うままに発揮《はっき》する様子を表す。ややマイナスイメージの語。多くの場合慣用句の形で用いられる。①の「商魂たくましい」は遠慮なく商売をしてもうけようとする様子を表す。②の「猛威(を)たくましく(する)」は、台風や流行病などが広く被害を及ぼす様子を表す。③の「想像をたくましくする」はありったけの想像をしてみる、かんぐるという意味である。

(2)の「たくましい」には、周囲の思惑《おもわく》を考えずに遠慮なく行動する様子についての、見る者の不快な感想が入っている。意味としては「ずうずうしい」などに近いが、「ずうずうしい」が人間の行動に限られる点、「たくましい」が決まった慣用句の形で用いられることの多い点が異なる。

⇩「したたか」「ずぶとい」「つよい」「ずうずうしい」

たけだけしい ［猛々しい］ Takedakeshii

(1)①　アイヌ犬は**たけだけしい**気性《きしょう》の犬だ。
②　オオカミは**たけだけしく**なった。
③　彼が怒ったときの顔は**たけだけしい**。
(2)①　盗人《ぬすっと》**たけだけしい**とはお前のことだ。

【解説】　(1)　勇猛《ゆうもう》で強い様子を表す。ややマイナスよりのイメージの語。①②のように、野獣《やじゅう》の勇猛な性質や様子を表すのによく用いられる。③のように、人間について用いられた場合には、人間離れした勇猛さ・強さを強調する表現となる。

「たけだけしい」は「あらっぽい」や「あらあらしい」に似ているが、「あらっぽい」「あらあらしい」が乱暴だというニュアンスがあるのに対して、「たけだけしい」には乱暴さのニュアンスはなく、ただ勇猛で強いというニュアンスになっている点が異なる。

？　小屋の外に獣の猛々しい息づかいが聞こえた。
→小屋の外に獣の荒々しい息づかいが聞こえた。
？　彼のやり方はいかにも猛々しい。
→彼のやり方はいかにも荒っぽい。

(2)　「盗人たけだけしい」という慣用句の形でのみ用いられ、悪事の反省がなくて居直っている様子を表す。マイナスイメージの語句。「ずうずうしい」よりももっと無遠慮でしたたかである意味の語句である。慣用句であるために他の語に置き換えられない。

⇩「あらあらしい」「あらっぽい」「ずうずうしい」

ださい Dasai

①　その**ださい**服、なんとかしろよ。

② 田舎芝居《いなかしばい》みたいで**ださく**て**ださく**て見てられない。

【解説】 身なり・服装・態度などが洗練されていない様子を表す。マイナスイメージの語。俗語的で日常会話でのみ用いられ、文章中には登場しない。「ださい」の使用者は若い人が多く、一定年齢以上の人は用いない傾向にある。

洗練されていないという意味で、「ださい」は「あかぬけない」「いなかくさい」「やぼったい」「どろくさい」などに似ているが、もっと直接的で、どろくさい状態に対する嫌悪《けんお》がはっきり主張されており、音節《おんせつ》が短く発音しやすいので、ののしりの現場などで気軽に用いられることが多い。

また、「ださい」は目に見えるものについて用いることが多く、目に見えない心理などについてはふつう用いられない。

? ださい考え。→どろくさい考え。

⇨「あかぬけない」「いなかくさい」「つちくさい」「どろくさい」「やぼったい」「かっこわるい」「みっともない」

たしか ［確か・慥か］ Tashika

(1) ① 彼が現場にいたという**たしか**な証拠がある。
② 君はここに置いたと言うが、**たしか**かい。
③ 彼女は**たしか**に来ると言ったんだ。
④ 彼は**たしか**に頭はいいが、性格が冷たいね。
⑤ 彼女がぼくを愛しているのは絶対**たしか**だ。
⑥ あれは**たしか**去年の四月のことだった。

(2) ① これは**たしか**な筋《すじ》からの情報だ。
② 彼の英語は十年も勉強した**たしか**なものだ。
③ この職人は腕は**たしか**だ。
④ 日本製品は品質管理がいいから**たしか**だ。
⑤ 君が紹介者だからきくが、彼は**たしか**な男かい。
⑥ これでもまだ目は**たしか**だ、馬鹿にするな。
⑦ 彼はかなり酔っていたが、足元は**たしか**だった。
⑧ さっき合わせたから、この時計は**たしか**だ。

【解説】 (1) 確信をもっている様子を表す。プラスマイナスのイメージはない。①～③が基本的な意味である。④は「たしかに～だが」という条件の形を作り、「～であるのは認めるが」という意味で、後ろにあまり好ましくない事柄が続く。⑥は「たしか」をそのまま副詞として用いた例で、話者の確実な判断を表す。

「たしか」は「あきらか」に似ているが、「あきらか」が誰にでもわかる客観性を暗示するのに対して、「たしか」は話者の主観的な確信を暗示し、客観性はない。

× 彼のミスは誰の目にも確かだった。
→彼のミスは誰の目にも明らかだった。

主観的な確信といっても「たしか」の表す判断は、知的な理解や保証に基づいていることが多く、その意味でかなり理性的である。②の例がそれで、「確かに置いたという知的な確信があるか」ときいているのである。「たしか」は「さだか」にも似ているが、「さだか」は話者の感覚的な理解に基づく主観的な判断である点が異なる。

×霧がたちこめて彼の顔は確かには見えなかった。
→霧がたちこめて彼の顔は定かには見えなかった。

(2) 確実で信頼できる様子を表す。プラスイメージの語。①~⑤は安心できる、信頼できるという意味、⑥~⑧は正常だ、正確だという意味である。(2)の用法は「あきらか」や「さだか」にはない。

×これは明らかな筋からの情報だ。
×彼は英語は定かなものだ。

⇨「あきらか」「さだか」「まちがいない」「まぎれもない」

ただしい［正しい］Tadashii

(1)① 非行《ひこう》から立ち直って**ただしい**道を進む。
② 彼はおこない**ただしい**人間だ。
③ こちらの情報のほうが**ただしい**。
④ 機械の**ただしい**操作《そうさ》方法を習う。
⑤ 薬は**ただしく**飲みましょう。
⑥ 彼女は由緒《ゆいしょ》**ただしい**家柄の出だ。
⑦ この時計は**ただしい**。
⑧ **ただしい**敬語の使い方を身につけたいものだ。
(2)① 姿勢の**ただしく**ない子が増えた。
② 曲がった机を**ただしく**直す。

【解説】 理想に合致《がっち》している様子を表す。プラスイメージの語。かなり抽象的な意味内容をもち、対象の理想像にしたがって「ただしい」の表す意味内容が変化する。

(1) あるべき姿・標準などにかなっている様子を表す。①②は人道的・道徳的にみて好ましいという意味、③は正確だという意味、④⑤は適切だという意味、⑥は筋道《すじみち》がはっきりしているという意味、⑦⑧は標準に合致しているという意味である。

(2) 形が整って美しい様子を表す。これも、あるべき理想の姿に合っているという意味では、基本的に(1)と同様の意味である。

「ただしい」は、対象が理想に合致している様子を抽象的・客観的に表す語であって、用法が広く、さまざまのものを対象にとれる。「ただしい」が述語を修飾する連用形で用いられた場合には「まさしく」に似ているが、「まさしく」が事実と合っていることを暗示するニュアンスがあるのに対して、「ただしく」は理想に合致するというニュアンスをもつ点が異なる。

×ただしく彼が犯人だった。
→まさしく彼が犯人だった。

⇩「おりめただしい」「きそくただしい」「れいぎただしい」

だだっぴろい［だだっ広い］Dadappiroi

① 一人になると、家がやけに**だだっぴろく**感じた。
② アメリカはただ**だだっぴろい**だけで何もないよ。

【解説】　空間が意味もなく広い様子を表す。ややマイナスイメージの語。日常会話中心に用いられ、かたい文章中にはあまり登場しない。

単に広いという客観的な意味ではなく、無意味でむだな空間を広く感じるという意味であり、話者の主観が表明された語である。したがって、広いことが好ましい場合、また、客観的に面積が広いことを言う場合には用いられない。

× 今度はもうちょっとだだっ広い家に住みたい。
→今度はもうちょっと広い家に住みたい。
× 君の家はぼくの家よりだだっ広い。
→君の家はぼくの家より広い。

また、「だだっぴろい」といった場合、その空間にはあまり物が置かれていないことが暗示される傾向がある。

？ だだっ広い動物園。
→広大な動物園。

⇩「ひろい」

ただならぬ［只ならぬ］Tadanaranu

① 彼女は一目で**ただならぬ**気配《けはい》を察した。
② あの二人は**ただならぬ**仲だ。

【解説】　「ただならぬ□□」という名詞にかかる修飾語の形で用いられ、普通でない□□という意味を表す。ややマイナスよりのイメージの語。たいがいの場合、あまり好ましくない状態(①)を暗示し、好ましい状態を暗示する例(②)は少ない。②は恋愛関係にあるという意味である。

「ただならぬ」は異常な事態の不穏《ふおん》な雰囲気を暗示し、軽い危惧《きぐ》のニュアンスもある語である。「容易ならぬ」にも似ているが、「容易ならぬ」のほうが客観的で、理性によって異常さを認知《にんち》する暗示のある点が異なる。

？ 彼女は一目で容易ならぬ気配を察した。

たっとい［貴い・尊い］Tattoi

(1)① 平氏《へいし》は遠く天皇につながる**たっとい**家柄だ。
(2)① みんなのために自分が犠牲《ぎせい》になる精神は**たっとい**。

【解説】　(1)（ふつう「貴い」と書くもの）と(2)（ふつう「尊い」と書くもの）に分けられる。

(1) 身分・地位などが非常に高い様子を表す。プラスイメージの語。ただし、かたい文章語で日常会話には登場せず、文章中においても「とうとい」のほうを用いることが多い。

(2) 尊敬すべき様子を表す。プラスイメージの語。これも、かたい文章語で日常会話には登場せず、文章中においても「とうとい」のほうを用いることが多い。

⇩「とうとい」

たどたどしい［辿々しい］Tadotadoshii

① 彼女の英会話はまだ**たどたどしい**。

② あまりにも**たどたどしい**手つきで見ていられない。

③ 老人は**たどたどしい**足取りでやっと歩いた。

【解説】 行為が流暢《りゅうちょう》でなく、たよりない様子を表す。マイナスイメージの語。①は発音がなめらかでなく、言葉が続かないという意味。②③は行為の手順が悪くて遅いという意味である。

信頼できずたよりないという意味では、「たどたどしい」は「おぼつかない」に似ているが、「おぼつかない」が感覚的なたよりなさを暗示するのに対して、「たどたどしい」は実際の行為の不確実さや遅さを暗示し、見る者の焦燥《しょうそう》のニュアンスもある。

？ たどたどしい記憶をたどる。

↓おぼつかない記憶をたどる。

また、「たどたどしい」は「こころもとない」や「あぶなっかしい」にも似ているが、「こころもとない」「あぶなっかしい」は見る者の危惧《きぐ》や不安のほうに視点がある。

⇩「おぼつかない」「たよりない」「こころもとない」「あぶなっかしい」

たのしい［楽しい］Tanoshii

① 昨夜のパーティはちっとも**たのしく**なかった。

② 友人の家で**たのしい**一時を過ごした。

③ 彼は話していて**たのしい**人だ。

④ 音楽の授業は**たのしい**。

【解説】 満足すべき状況にあって心がはずむ様子を表す。プラスイメージの語。「たのしい」は「うれしい」と違って客観的な満足すべき状況を意味し、個人的な心理を表明する場合にはあまり用いられない。

× またお会いできて楽しいです。

↓またお会いできてうれしいです。

？ 合格通知をもらって楽しかった。

↓合格通知をもらってうれしかった。

客観的な満足感という意味で、「たのしい」は「よろこばしい」にも似ているが、「よろこばしい」はさらに客観的で冷静な表現になっており、満足すべき状況と自己との間に心理的な距離が暗示されている点が異なる。

× 彼は話していて喜ばしくなる人だ。

⇩「うれしい」「よろこばしい」

たのもしい［頼もしい］Tanomoshii

(1)① 君という**たのもしい**味方がいたんだっけ。
② 彼女は夫を**たのもし**そうに見つめた。
③ 「ぼくに任せてください」「おお、**たのもしい**ね」
(2)① お子さんも大きくなって将来**たのもしい**ですね。
② 少年はすえ**たのもしい**親孝行《おやこうこう》ぶりを発揮《はっき》した。

【解説】 (1) 頼りになりそうで心強い様子を表す。プラスイメージの語。「たのもしい」は頼りがいのある様子を客観的に表す暗示があり、頼りがいがあって安心している心理を暗示する「こころづよい」とは異なる。

? あなたがついてきてくれるなら頼もしいわ。
→あなたがついてきてくれるなら心強いわ。

(2) 将来に希望がもてる様子を表す。プラスイメージの語。将来の成功を感じさせる現在の様子を表す語であって、将来そのもののことについては言及《げんきゅう》しない。より意味を強調するために、②のように「すえたのもしい」という形を用いることも多い。

⇩「こころづよい」「きづよい」「すえたのもしい」「ちからづよい」

たまらない［堪らない］Tamaranai

(1)① 母に死なれて悲しくて**たまらない**。
② 三浪《さんろう》で合格したから、うれしくて**たまらない**。
③ 都会の味気ない生活が**たまらなく**いやだ。
④ 彼女の笑顔《えがお》が**たまらなく**好きだ。
(2)① 一日十四時間もこきつかわれるのは**たまらない**。
② 金目の物を次々に持ち出されては**たまらない**。
(3)① 湯上がりのビールは**たまらない**ねえ。

【解説】 動詞「たまる」の打消し。

(1) 我慢できないほど程度がはなはだしい様子を表す。プラスマイナスのイメージはない。述語で用いられる場合（①②）と、述語にかかる修飾語として用いられる場合（③④）とがある。好ましいことについても（②④）、好ましくないことについても（①③）用いられる。

意味のポイントは程度のはなはだしさにあり、実際に我慢できるかどうかはあまり重要でない。その点で、我慢の可否《かひ》を問題にする「たえがたい」とは異なる。

× うれしくてたえがたい。
? その子は痛みがたまらなくて泣き出した。
→その子は痛みにたえがたく（我慢できなく）て泣き出した。

(2) (1)から進んだ意味で、程度がはなはだしい結果、不快である様子を表す。マイナスイメージの語。「たまらない」には主観的な不快を慨嘆《がいたん》する暗示があり、客観的に不快だといっているわけではない。その意味で「やりきれない」に似ているが、「やりきれない」が不快な状態を消極的に嘆く暗示があるのに対して、「たまらない」はもっと開放的でおおっぴらに嘆く暗示のある点が異なる。

？ 会社の搾取《さくしゅ》はとてもやりきれない。

(3) (1)から進んだ意味で、程度がはなはだしい結果、最高によい様子を表す。プラスイメージの語。ただし、この用法はあまり一般的でなく、日常会話においては「こたえられない」のほうをよく用いる。

→湯上がりのビールはこたえられないねえ。

⇨「たえがたい」「やりきれない」「こたえられない」「しょうがない」「しかたがない」

だめ［駄目］Dame

(1)① あいつは**だめ**な奴だな。
② あまやかすと子供は**だめ**になる。
③ 彼は飲み過ぎで肝臓《かんぞう》を**だめ**にした。
④ 冷蔵庫の肉がいつのまにか**だめ**になっていた。
⑤ 雨でせっかくの野外パーティは**だめ**になった。

(2)① 一生懸命やってみたが結局**だめ**だった。
② **だめ**かもしれないが、もう一度やってみよう。

(3)① (病人が)「おれ、もう**だめ**だ」「そんな気の弱いことでどうする」
② 船が引っ繰り返ったときにはもう**だめ**かと思った。

(4)① もっと早く来いと言われたがとても**だめ**だ。
② 「ちょっと見せてよ」「**だめ！**」
③ いくら頼んでも**だめ**なものは**だめ**だ。

(5)① こっちへ来ちゃ**だめ**だ。
② 子供には厳《きび》しくしなければ**だめ**だ。

【解説】 好ましくない様子を表す。かなり俗語的で、日常会話中心に用いられ、かたい文章中には登場しない。

(1) 性能・機能が劣悪《れつあく》な様子を表す。マイナスイメージの語。例のように「だめな□□」という名詞にかかる修飾語や、「だめになる」「だめにする」という慣用句で用いられることが多い。①②は人間として役に立たない、能力がない、社会的に受け入れられないという意味であって、肉体的に劣悪であることは意味しない。④は肉が腐《くさ》ったという意味。③は肝臓が病気になったという意味。⑤は野外パーティとしての機能が、雨のために役に立たなくなったという意味である。

(2) むだである様子を表す。マイナスイメージの語。例のように述語で用いることが多く、修飾語で用いられることは少ない。

？ 結局だめになった。

（この文はふつう(1)の意味になる）

この「だめ」は何か行為をした後で、その結果、行為がむだであったことが判明したという意味で用いられることが多く、行為を行う前に無益《むえき》な行為という意味で用いられることは少ない。

？ 彼はだめな努力をした。
→彼はむだな努力をした。

(3) 前途《ぜんと》に望みがない様子を表す。マイナスイメージの語。しばしば「もうだめだ」という形で、述語で用いられる。前途に望みがない結果として死ぬことをしばしば暗示する。①は病人が病気の回復に悲観《ひかん》している場面での言葉である。②は難破《なんぱ》した折の感想で、「死ぬかと思った」と言うのに等しい。

(4) 不可能な様子を表す。ややマイナスイメージの語。述語で用いられることが多い。客観的な根拠の存在を暗示し、気分的な拒絶《きょぜつ》を意味しないことが多い。

「ちょっと見せてよ」「だめ」
（見せてはまずい理由がある）
「ちょっと見せてよ」「いや」
（理由はどうあれ見せたくない）

(5) 行為を禁止する様子を表す。ややマイナスイメージの語。「〜してはだめだ」「〜しなければだめだ」など、条件句に呼応する形の述語として用いられる。

「だめ」は否定・拒否・禁止などの内容を主観的に表明する意味をもち、それぞれ「わるい」「むだ」「いや」「できない」「いけない」などに置き換え可能であるが、もっと漠然《ばくぜん》と主観的に判断を表明するニュアンスがある。また、短音節で語調が強いので、禁止や打消しの語としては相手に要求するニュアンスが強く出る。

⇨「いや」「わるい」「いけない」

たやすい ［容易い］ Tayasui

① 口で言うのは**たやすい**が、実際にやるのは容易でない。
② 彼には**たやすい**仕事だった。
③ 君はなんでも**たやすく**引き受けてくれるね。

【解説】 労力や能力を必要としない様子を表す（↕むずかしい）。ややプラスイメージの語。文章語的で、あまり日常会話には登場しない。簡単だという意味であるが、行為をするにあたって気軽にできるという暗示があり、客観的な容易さを意味しない。

？ 口で言うのは容易だが、実際にやるのはたやすくない。
× これはたやすくない事態だ。
→これは容易でない事態だ。

「たやすい」は「やさしい」に似ているが、「やさしい」

が行為の主体にとっても受け手にとっても容易であることを意味できるのに対して、「たやすい」はふつうは行為の主体の容易さを意味し、受け手にとっての容易さは意味しない点が異なる。

× 先生の説明はとてもたやすかった。

→先生の説明はとてもやさしかった。

行為の主体にとっての容易さという意味で、「たやすい」は「きがる」に通じるが、「きがる」は行為の難易《なんい》は問題にせず、行為をするときの気分だけを問題にする点が異なる。

× どうぞおたやすくお立ち寄りください。

→どうぞお気軽にお立ち寄りください。

「たやすい」は「ぞうさない」「わけない」に似ているが、「ぞうさない」「わけない」は日常会話中心に用いられ、かたい文章中にはあまり用いられず、簡単にできることに対して軽い侮蔑《ぶべつ》の暗示を含む点が、文章語的な「たやすい」と異なる。

× こんなあほな問題、たやすいね。

→こんなあほな問題、わけないね。

⇨「やさしい」「きがる」「ぞうさない」「わけない」「やすい」

たよりない ［頼り無い］ Tayorinai

(1)① その子は両親を失い**たよりない**身の上となった。

② この使いは彼一人では**たよりない**。

③ あんな**たよりない**男には娘はやれない。

(2)① 彼女の通訳はどうも**たよりない**。

② 海外出張を彼に打診《だしん》してみたが、英語力ゼロという**たよりない**返事だった。

【解説】 (1) 頼りにできるものがなく、不安な様子を表す。ややマイナスイメージの語。①が最も基本的な意味で、頼りにするものがなく、前途《ぜんと》が危《あや》ぶまれる身の上という意味である。

この「たよりない」は「こころぼそい」に似ているが、「こころぼそい」より客観的で、不安の暗示が少ない。

× 外国で病気になるのは頼りないことだ。

→外国で病気になるのは心細いことだ。

(2) (1)から進んだ意味で、信頼できない様子を表す。ややマイナスイメージの語。「こころもとない」などに近いが、「たよりない」は「こころもとない」よりもっと客観的で不安の暗示が少なく、ものの状態について用いることが多くて、心理そのものは表さない。

? 留守番が子供というのは頼りない限りだ。

→留守番が子供というのは心もとない限りだ。

また、「たよりない」が意味する状態は「あぶなっかしい」にも似ているが、「あぶなっかしい」には見る者の危《き》惧《ぐ》が表明されている点が異なる。

? 彼の手つきは頼りなくて見ていられない。
→彼の手つきは危なっかしくて見ていられない。
⇨「こころぼそい」「あぶなっかしい」「おぼつかない」

ーたらしい　**−tarashii**

① あんまり貧乏っ**たらしい**恰好はするな。
② 部長の質問はいつでもいやみっ**たらしい**。
③ ながっ**たらしい**お説教はもうたくさんだ。

【解説】　名詞や形容詞・形容動詞などの語幹《ごかん》について、いかにも〜のように感じられて不快だという意味を表す。マイナスイメージの語。好ましくない事柄について用いられ、好ましい事柄については、ふつう用いられない。
× 彼は見事ったらしい絵をかく。
→彼はいかにも見事な（すばらしい）絵をかく。
「〜たらしい」では、対象の性質や様子が眼前《がんぜん》に展開されていることが多く、一般的な性質や状態についてはあまり用いられない。

憎たらしい人。

（いかにも憎い気持ちをそそるように見える人）

憎い人。

（憎悪《ぞうお》すべき人。いとしい人）

「〜たらしい」は対象の外見を表す意味で「〜らしい」に似ているが、「〜らしい」はもっと一般的・客観的で不快の暗示はなく、好ましいことについても用いられる。

⇨「ーらしい」「ーぽい」「いやみったらしい」「きざったらしい」「じまんたらしい」「すけべったらしい」「ながたらしい」「にくたらしい」「びんぼうたらしい」「ぶしょうったらしい」「みじめったらしい」「むごたらしい」

だらしない　**Darashinai**

(1)① そんな**だらしない**着物の着方をするな。
② 彼は飲み屋で**だらしなく**眠りほうけていた。
③ 彼の生活態度は**だらしない**。
④ 係長は仕事が**だらしない**から部下が大変だ。
⑤ 奴は女に**だらしない**。
(2)① 交渉《こうしょう》に行って**だらしなく**引き下がるとは何だ。
② あんな弱い相手に負けるなんて**だらしない**。

【解説】　(1)　規律が感じられず、整っていなくて不快な様子を表す。マイナスイメージの語。人間の外見についていう場合（①②）、内面や行為についていう場合（③〜⑤）などがある。「だらしない」は整っていない状態についての見る者の不快感を表す語であるので、かなり主観的である。
①は着物がゆるんでいるような着方をいい、そういう着方についての見る者の不快感を表明している。②はきちんと床《とこ》について寝ているのではなく、飲み屋で（おそら

く日常着を着たまま）仮眠《かみん》している状態を見て不快だと言っているのである。③は生活態度が規則正しくなくて、働いたり働かなかったりしている様子を表す。④は仕事のけじめがつかず、後始末などもきちんとしない様子を表す。⑤の「女にだらしない」は慣用句で、女性とやたらに交渉をもちたがるという意味である。

「だらしない」が服装など外観について用いられた場合には「しどけない」に近い意味になるが、「しどけない」ではたるんでゆるみのある状態をやや客観的に表し、「だらしない」に暗示されている不快感は少ない表現になっている。また、「しどけない」は大人の女性について用いることが多く、それ以外の対象についてはふつう用いられない。

？ 帯をだらしなく結ぶのがはやっている。
→帯をしどけなく結ぶのがはやっている。

(2) 強い意志の感じられない様子を表す。マイナスイメージの語。不成功に終わった結果について、その結果を非難するときによく用いられる語である。努力がたりないという非難になる場合（①）と、結果が好ましくないという非難になる場合（②）とがある。この非難には侮蔑《ぶべつ》を伴《ともな》っている。

(2)の「だらしない」は「なさけない」や「はがゆい」などに近いが、「なさけない」にある慨嘆《がいたん》の暗示、「はがゆい」にある焦燥《しょうそう》の暗示は「だらしない」にはなく、やや客観的な表現になっている点が異なる。

× だらしなくて涙が出るよ。
→情けなくて涙が出るよ。
× 君の仕事はだらしなくて自分でやりたくなる。
→君の仕事は歯がゆくて自分でやりたくなる。

強い意志の感じられない様子を客観的に表す意味では、「だらしない」は「ふがいない」に似ているが、「ふがいない」は「だらしない」よりもさらに客観的で、自分自身に関する事柄についても用いることができるのに対して、「だらしない」には侮蔑《ぶべつ》の暗示があるので、自分自身に関する事柄についてはふつう用いない。

× 失敗したわが身がだらしない。
→失敗したわが身が不甲斐ない。

⇨「しどけない」「なさけない」「はがゆい」「ふがいない」

だるい ［怠い・懈い］ Darui

① 重い荷物を持っていたら腕が**だるく**なった。
② 熱があって**だるい**んです。
③ 今日はなんとなく気分が**だるい**。

【解説】 疲労感があって重く感じる様子を表す。マイナスイメージの語。物理的に体がだるい場合（①②）にも、気分が重い場合（③）にも用いられる。

「だるい」原因としては疲労も病気も両方考えられる。「かったるい」に似ているが、「かったるい」が全身の疲労感を暗示するのに対して、「だるい」は体の一部分でも全身でもよく、原因は病気でも疲労でもよい点が異なる。

? 腕がかったるくなった。

? 熱があってかったるい。

気分的に不活発で重い状態を表すときは、③のように「気分が〜」などはっきりわかる言葉を明示するのが普通である。明示しない場合は、より意味のはっきりした「けだるい」を用いる。

× 春のだるい午後。→春のけだるい午後。

⇩「かったるい」「けだるい」「しんどい」

たわいない【他愛無い】Tawainai

① 子供をおぶったら**たわいなく**寝てしまった。

② 彼女の言う大事件は、たいてい**たわいない**。

③ 近所の主婦と**たわいない**話をして時間をつぶす。

④ 母は言い訳を**たわいなく**信じた。

⑤ わがチームは全く**たわいなく**負けてしまった。

【解説】 子供のようで相手にしがいがない様子を表す。原則としてプラスマイナスのイメージはない。①は簡単だという意味、②はたいしたことはないという意味、③はつまらないという意味、④は簡単だ、あっけないという意味、⑤はたやすいという意味であるが、これらの知的意味に加えて、対象に対する侮蔑《ぶべつ》ないし愛情などの感情の加わる点が「たわいない」の特徴である。

「たわいない」は子供の性質としての無邪気さ、純真さ、単純さ、ひ弱さなどが行為の上に表れたとき、見る者が上位者の立場に立ってこれを評する語である。したがって、「たわいない」と評する人は対象より心理的に上位に立っていることが暗示され、対象の行為が愛すべきときには愛情の暗示が加わり、憎むべきときには侮蔑の暗示が加わる。つまり、話者の心理によって、全く同じ文脈がプラスイメージにもマイナスイメージにもなりうるわけである。

たわいない話。

→罪のない話。（+）

→ばかげた話。（−）

子供の性質を総合的に表す意味で、「たわいない」は「がんぜない」に共通するが、「がんぜない」は子供専用の文章語であって、大人の幼児性や幼児的行為については用いられない。

× 近所の主婦とがんぜない話をする。

「たわいない」は「こどもっぽい」や「おさない」にも似ているが、「こどもっぽい」「おさない」はかなり客観的な幼児性を表す語であって、移入される感情の暗示はない点が「たわいない」と異なる。

× わがチームは全く子供っぽく負けてしまった。

× 子供をおぶったら幼く寝てしまった。

子供の性質を表す語としては、他に「あどけない」「いとけない」「いたいけ」などがあるが、これらは幼児性をプラスイメージでとらえている点が「たわいない」と異なる。

⇨「がんぜない」「こどもっぽい」「おさない」「あどけない」「いとけない」「いたいけ」「らちもない」

ちいさい・ちっちゃい

[小さい・小っちゃい] **Chīsai・Chitchai**

(1)① 彼の家は**ちいさい**。
② もっと**ちっちゃい**サイズの服はありますか。
③ 君の声は**ちいさく**てちっとも聞き取れない。
④ 彼は社長におさまるには人物が**ちいさい**ね。
⑤ 課長は気の**ちいさい**男だ。
⑥ その子は教室のはしで**ちいさく**なっていた。
⑦ お土産《みやげ》はうちの**ちいさい**妹にあげよう。
⑧ 彼女は**ちいさい**ときから看護婦《かんごふ》を夢見ていた。
⑨ **ちいさい**子をいじめちゃいけないよ。

(2)① 台風の被害は予想外に**ちいさかっ**た。
② 事件の影響は**ちいさい**と当局は考えたようだ。
③ 総理が属している派閥《はばつ》は党内では**ちいさい**派閥だ。
④ 君の絵は確かにうまいが、**ちいさく**まとまりすぎている。
⑤ こんな**ちいさい**ことでくよくよするな。

【解説】 大小を表す最も基本的な形容詞の一つ(↕おおきい)。「ちっちゃい」は「ちいさい」の俗語的な表現で、日常会話で女性や子供によく用いられる。

(1) 形態《けいたい》・数量・年齢などが小である様子を表す。原則としてプラスマイナスのイメージはない。①は形態が漠然《ばくぜん》と小であるという意味、②は手元にある服よりも相対的に「ちいさい」サイズという意味である。③は音量が小であるという意味、④は「人物がちいさい」という形で慣用的に用いられ、人間の度量が小であるという意味、⑤は「気がちいさい」という慣用句で用いられ、臆《おく》病《びょう》であるという意味である。④⑤のときはマイナスイメージの語句となる。⑥は「ちいさくなる」という慣用句の形で用いられ、遠慮しておとなしくするという意味である。これもややマイナスよりのイメージの語句となる。⑦~⑨は年齢に関して「ちいさい」が用いられた例で、⑦は何人かいる兄弟姉妹の中で、いちばん年少の妹という意味である。⑧⑨は年齢が幼いという意味である。

物の形態が小であることを意味する「ちいさい」は「こまかい」に似ているが、「こまかい」は同種の物がたくさんある場合に用いられ、一個しかないものの形態が小である場合には用いられない。

×彼女はこめかみに細かいほくろがある。
→彼女はこめかみに小さいほくろがある。

(2) 程度・影響などが軽くてとるにたりない様子を表す。原則としてプラスマイナスのイメージはないが、程度や影響の「ちいさい」ことが、対象にとって結果としてプラスであるかマイナスであるかによって、語のイメージが決まってくる。

①〜③は被害や影響・組織などの規模《きぼ》が小であるという意味である。④は「ちいさくまとまる」という慣用句の形で用いられ、過不足《かふそく》はないがおおらかさがないというややマイナスイメージの語句となる。⑤はつまらないこと、ささいなことという意味である。

程度や影響の規模が小であるという意味で、「ちいさい」は「つまらない」などに似ているが、「つまらない」が規模が小であることについての侮蔑《ぶべつ》の暗示があるのに対して、「ちいさい」は客観的に規模の小ささを述べるだけで、何らかの思い入れはない点が異なる。全く同じ文脈で「ちいさい」と「つまらない」が用いられると、次のようなニュアンスの違いを生ずる。

小さい派閥。（派閥の人数が少ない）
つまらない派閥。（見るべき人材がいない）

名詞にかかる修飾語として用いられた「ちいさい」は、多くの場合「ちいさな」に置き換え可能だが、(1)⑦で「ちいさな妹」というと、体の小さな妹を意味するのが普通になり、いちばん年少の妹を意味することは少なくなる。

小さい妹。（最年少の妹）
小さな妹。（体の小さな妹）

⇨「ちいさな」「こまかい」「つまらない」「ちっこい」「おおきい」

ちいさな・ちっちゃな

［小さな・小っちゃな］ **Chîsana・Chitchana**

(1)① 郊外に**ちいさな**家を建てた。
② もっと**ちっちゃな**サイズの服はありますか。
③ その子は**ちいさな**声でお礼を言った。
④ その悩みはあまりに大きくて、彼女の**ちいさな**胸にはしまっておけなかった。

(2)① 台風が通過したが、**ちいさな**被害ですんだ。
② 事件は**ちいさな**影響しか与えないだろう。
③ 総理が属している派閥《はばつ》は党内では**ちいさな**派閥だ。
④ 監督《かんとく》は**ちいさな**ミスも決して見逃さない。

【解説】 「ちいさい」の名詞を修飾する用法の代わりに、ほぼ似たような意味で用いられる語(↔おおきな)。プラスマイナスのイメージはない。「ちいさい」の(1)(2)の意味にそれぞれ対応するが、「ちいさい」に比べると意味の幅が狭く、具体的な大小を表す意味で用いられることが多い。たとえば、(1)においては形態《けいたい》・容量の小さいことが「ちいさな」の中心の意味となり、年齢・成長などはふつう意味しない。

「ちいさな」は「ちいさい」に比べると、対象に対する心理的な傾斜《けいしゃ》の感じられる語で、ことに形態の小さいことに対する愛着《あいちゃく》を暗示することがある。(1)④で「ちいさな胸」というと、胸の形態が小さいのみならず、愛らしい心というニュアンスを含むことが往々にしてある。この場合「ちいさい」を用いるとやや客観的な表現となり、愛着の暗示を含まなくなることが多い。

小さな胸。(かわいらしい胸)
小さい胸。(形態の大きくない胸)

⇨「ちいさい」「おおきな」

ちかい [近い] Chikai

(1)① ぼくは辞書をいつも**ちかく**に置く。
② 家にいちばん**ちかい**JRの駅は池袋《いけぶくろ》だ。
③ あのたばこ屋が見えれば家はもう**ちかい**。
④ 彼は目が**ちかい**から細かい字を見るのはつらい。
⑤ **ちかい**うちにご機嫌《きげん》うかがいに参ります。
⑥ **ちかく**訪中《ほうちゅう》のご予定はありますか。
⑦ 十二月に入ると正月はもう**ちかい**。
⑧ 年をとるとトイレが**ちかく**なる。

(2)① 彼は満点に**ちかい**成績で合格した。
② 構内は千人**ちかい**客であふれた。
③ 彼女は緑色に**ちかい**青の服を着てきた。
④ その計画は不可能に**ちかく**思われた。
⑤ 新庁舎の建設工事は完成が**ちかい**。
⑥ 意味のもっとも**ちかい**ものを次の中から選べ。
⑦ 彼女とはごく**ちかい**親戚《しんせき》だ。
⑧ 彼は大臣と非常に**ちかい**間柄にある。
⑨ 遠くて**ちかき**は男女の中。(ことわざ)

【解説】 (1) 空間的・時間的な隔《へだ》たりが小さい様子を表す(↔とおい)。プラスマイナスのイメージはない。①~④は空間的な隔たりが小さい意味で用いられた例である。④の「目がちかい」は慣用句で、近視《きんし》であるという意味である。⑤~⑧は時間的な隔たりが小さい意味で用いられた例である。⑤⑥のように「ちかいうち(将来)」「ちかく」という形で、文全体を修飾する副詞として用いられると、現在からそう時間を経ないうちにという意味になる。⑧は「トイレ(小便)がちかい」という慣用句を作り、小便に行く回数が多いという意味になる。

(1)の意味のとき、「ちかい」が示す空間的・時間的隔たりの基点が現在の自己である場合(①②⑤⑥)と、対象である場合（③④⑦⑧）とがある。空間的な隔たりの小ささをより強調するときは「ほどちかい」を用いる。

⑵ 関係が非常に密接《みっせつ》である様子を表す（↔とおい）。プラスマイナスのイメージはない。①〜⑤は基準となる点を示して、それに迫っているという意味で用いられている。①は「満点」、②は「千人」、③は「緑色」、④は「不可能」、⑤は「完成」がその基準となる。この場合、対象は基準に接近してはいるが、まだ達していないことが暗示されている。

⑥〜⑨は基準をおかずに、両者の隔たりが小さいことを客観的に述べる例である。⑥は試験などの設問文によく用いられる例である。⑨はことわざで、男女の間柄というのは疎遠《そえん》なようでいて、案外結ばれやすいものであるという意味である。⑧のように、人間関係について「ちかい」が用いられた場合には、「ちかしい」や「したしい」に似た意味になることがあるが、「ちかしい」「したしい」が関係の親密《しんみつ》さに視点があり、プラスイメージの語になっているのに対して、「ちかい」は関係の密接さを客観的に述べプラスマイナスのイメージはない点が異なる。

？ 近い友人の家に泊まる。（この文はふつう、近くに住んでいる友人という意味になる）

→親しい（近しい）友人の家に泊まる。

⇨「ほどちかい」「したしい」「ちかしい」「まぢか」「とおい」

ちがいない ［違い無い］ Chigainai

⑴① あれだけ勉強したんだから、今年は受かるに**ちがいない**。

② 彼は現場にいなかったに**ちがいない**。

⑵① 「明日は雨かもしれないね」「**ちがいない**。雨雲が西の空にかかってるよ」

【解説】 ⑴ 「〜にちがいない」という形で述語として用いられて、確信をもっている様子を表す。プラスマイナスのイメージはない。〜の内容について、確信をもって推量する意味になる。

「ちがいない」の表す確信はかなり主観的で、客観的な理由や根拠の存在を暗示していない点が「まちがいない」と異なる。

？ この答えは3に違いない。

→この答えは3に間違いない。

主観的な確信を表す意味で、「ちがいない」は「そういない」に似ているが、「そういない」のほうが確信の程度が高く、話者が独《ひと》り合点《がてん》しているニュアンスが暗示されているのに対して、「ちがいない」はもっと冷静で、確信の程度は「そういない」ほどは高くない。

彼が盗んだに違いない。（やや冷静）

彼が盗んだに相違ない。（感情的）

(2) 応答の言葉として言い切りで用いられ、肯定の返事を表す。プラスマイナスのイメージはない。ただし、この用法は現在あまり用いられない。

ちがいない。雨雲が西の空にかかってるよ。

↓まったく(その通り)だ。雨雲が西の空にかかってるよ。

⇩「まちがいない」「そういない」「たしか」

ちかしい［近しい］Chikashii

① 悩みを**ちかしい**友人に相談する。

② **ちかしき**中にも礼儀《れいぎ》あり。(ことわざ)

③ いつもお**ちかしく**願っております。

【解説】 人間関係が親密《しんみつ》で、よく交流している様子を表す。プラスイメージの語。人間関係が親密で仲がよいという意味であるが、親子・兄弟・夫婦などの関係において、「ちかしい」はふつう用いられない。他人どうしの関係において、よく交流しているという場合に用いられることが多い。

× ぼくと妹は近しい。↓ぼくと妹は仲がよい。

× 妻と近しく暮らす。↓妻とむつまじく暮らす。

他人どうしの人間関係が親密で仲がよいという意味で、「ちかしい」は「したしい」に非常によく似ているが、「したしい」がどちらかといえば、人間関係が親密な結果よく慣れて、心が通じているというニュアンスがあるのに対して、「ちかしい」は交流が盛んだというニュアンスをもち、親密さの度合も「したしい」のほうが程度が高くなることが多い。また、「直接~する」という意味の用法は「ちかしい」にはない。

× 天皇陛下から近しくお言葉を賜《たまわ》った。

↓天皇陛下から親しくお言葉を賜った。

「ちかしい」は「むつまじい」にも似ているが、「むつまじい」はより深い愛情の存在を暗示し、異性や子供どうしの親密な愛情関係について用いることの多い点が、客観的な親密さを意味する「ちかしい」と異なる。

× アベックが近しく語らう公園。

↓アベックがむつまじく語らう公園。

⇩「したしい」「むつまじい」「ちかい」

ちからづよい［力強い］Chikarazuyoi

(1) ① そり犬は逞《たくま》しい体で**ちからづよく**そりを引く。

② 体操選手の**ちからづよい**演技に見入る。

③ 必ず勝ちますという**ちからづよい**返事が返ってきた。

④ 彼の文体はまことに**ちからづよい**。

(2) ① ぼくには君という**ちからづよい**味方があったんだ。

② 彼がいてくれれば**ちからづよい**限りだ。

【解説】 (1) 力にあふれている様子を表す。プラスイメージの語。①②が最も基本的な意味で、具体的に肉体に力がみなぎっている様子を表す。③④は比喩《ひゆ》的《てき》な意味で、受け手に力感が感じられる様子を表す。

(2) 頼りにできそうで心強い様子を表す。プラスイメージの語。例のように、名詞にかかる修飾語として用いられることが多く、述語として用いられることは少ない。

? 彼がいてくれれば力強い。
→彼がいてくれれば力強い限りだ。

この「ちからづよい」は「こころづよい」に似ているが、「こころづよい」は頼りにできそうで安心だというニュアンスがあるのに対して、「ちからづよい」は頼りがいのある様子をやや客観的に表し、安心の暗示は少ない点が異なる。全く同じ文脈で、「ちからづよい」と「こころづよい」が用いられると、次のようなニュアンスの違いを生ずる。

力強い味方。(強力な味方)
心強い味方。(頼りがいがあって安心な味方)

⇨「こころづよい」「たのもしい」

ちからない【力無い】Chikaranai

① 浮気《うわき》をとがめられた夫は**ちからなく**うなずいた。
② ガンを宣告され、彼は**ちからない**足取りで病院を出た。

【解説】 気力や元気がない様子を表す。ややマイナスイメージの語。例のように修飾語として用いることが多い。「ちからない」が物理的に腕力《わんりょく》がないという意味で用いられることはない。

× 彼女の腕は力ない。
→彼女の腕はか弱い。

ちちくさい【乳臭い】Chichikusai

(1)① 赤ん坊は**ちちくさい**。
(2)① そんな**ちちくさい**考えでは世間は通らないよ。
② 図体《ずうたい》は一人前だが、奴はまだまだ**ちちくさい**。

【解説】 乳のにおいのする様子を表す。「〜くさい」は「〜のにおいがする」という意味の形容詞を作る語尾。

(1) 具体的に乳のにおいがする様子を表す。プラスマイナスのイメージはない。

(2) (1)から転じた意味で、考え方や人間などが幼稚《ようち》である様子を表す。マイナスイメージの語。「おさない」や「こどもっぽい」に似ているが、「ちちくさい」はこれらより感覚的で、対象の幼稚さに対する明らかな侮蔑《ぶべつ》の暗示のある点が異なる。

⇨「おさない」「こどもっぽい」「-くさい」

ちっこい ［小っこい］ Chikkoi

① その**ちっこい**ねじを取ってくれ。
② 喧嘩《けんか》に負けた兄貴に代わって**ちっこい**のが出てきた。

【解説】 形態《けいたい》が小さい様子を表す。原則としてプラスマイナスのイメージはない。俗語であって、日常会話で用いられ、文章中では用いられない。例のように述語または名詞にかかる修飾語として用いられることが多く、動詞にかかる修飾語で用いることは少ない。

? 彼はアリの絵を本物そっくりにちっこくかいた。
→彼はアリの絵を本物そっくりに小さくかいた。

「ちいさい」「ちいさな」の俗語的表現といってもよいが、「ちっこい」は物の形態が小さい意味しかなく、年齢が低いとか、重大・深刻でないなどの比喩的《ひゆてき》な意味はもっていないので、「ちいさい」「ちいさな」に比べて用法が狭い。②は「兄貴」と対比されているので、「ちっこいの」で弟を意味できるわけである。

また、「ちっこい」の表す形態の小ささには、侮蔑《ぶべつ》・親《しん》愛《あい》・意外性・驚きなどの感情が入っていることが多い。

ちっこいおもちゃ。（かわいらしいおもちゃ）
小さいおもちゃ。（形態の小さいおもちゃ）

⇨「ちいさい」「ちいさな」

ちなまぐさい ［血生臭い・血腥い］ Chinamagusai

① 飛び込み自殺の現場はまだ**ちなまぐさかっ**た。
② 事件はまことに**ちなまぐさい**ものだった。
③ ぼくはそんな**ちなまぐさい**話は聞きたくない。

【解説】 血のにおいがするような様子を表す。マイナスイメージの語。「〜くさい」は「〜のにおいがする」という意味の形容詞を作る語尾。①は具体的に血のにおいがするという意味である。②③は比喩的《ひゆてき》に用いられた例で、血のにおいが漂《ただよ》ってくるような、むごたらしいという意味である。比喩の場合は、例のように名詞にかかる修飾語として用いるのが普通で、述語になることもあるが、述語にかかる修飾語としてはふつう用いられない。

× 彼は血なまぐさく殺された。
→彼はむごたらしく殺された。

「ちなまぐさい」は、具体的な血のにおいを引き合いに出して残虐《ざんぎゃく》さを暗示するので、きわめて感覚的で用法が狭い。

「ちなまぐさい」は「いたましい」にも似ているが、「いたましい」は残虐さなどに接して見る者の受ける感想に視点があるのに対して、「ちなまぐさい」は対象そのものを感覚的に表現するニュアンスがあり、見る者の感想までは言及《げんきゅう》していない点が異なる。

? その光景は血なまぐさくて見ていられない。
→その光景は痛ましくて見ていられない。

⇩「むごたらしい」「むごい」「いたましい」「なまぐさい」「―くさい」

ちゃいろい［茶色い］Chairoi

① 家の犬は**ちゃいろい**毛をしている。
② 秋にはケヤキは**ちゃいろく**なる。
③ 髪を**ちゃいろく**染めた。

【解説】 色彩を表す形容詞の一つ。色彩が黒みをおびた赤黄色である様子を表す。プラスマイナスのイメージはない。実際に指す色調はきわめて限定されていて、絵具や塗料の色、動物の毛色、木の葉の色などについてよく用いられる。現実には似たような色になっても、言葉として「ちゃいろい」を使わずに、別の表現で表すことも多い。

? パンが茶色く焦《こ》げた。 →パンが黒く焦げた。
? パンが茶色に焼けた。 →パンがキツネ色に焼けた。
? 畳が茶色く焼けた。 →畳が赤く焼けた。
? 肌が茶色く焼けた。
→肌が黒く(小麦色に)焼けた。

「ちゃいろ」というが、日本で日常飲む緑茶の色は指さず、熟した茶の実の色を言う。

⇩「あかい」「くろい」「あかきいろい」「うすぐろい」「あさぐろい」

ちゃんちゃらおかしい［ちゃんちゃら可笑しい］Chancharaokashii

① 奴が代表だって？ **ちゃんちゃらおかしい**ね。
② 君が説教するだなんて**ちゃんちゃらおかしい**。

【解説】 他人の言動が軽蔑《けいべつ》すべき様子を表す。マイナスイメージの語。俗語であって文章中には用いられない。例のように述語で用いられることが多く、修飾語としてはあまり用いられない。

? 彼が説教するとはちゃんちゃらおかしく思った。
× ちゃんちゃらおかしい話を聞いた。

「ちゃんちゃらおかしい」は、他人が実力以上の行為をしようとしているのを第三者が侮蔑的《ぶべつてき》に評して言う語であって、話者が話題の中心人物よりも何らかの意味で上であることが暗示されている。したがって、自分よりはっきり目上とわかっている人間について「ちゃんちゃらおかしい」を用いることはまれである。

? 英語の先生から理科を教わるなんて、ぼくらにしてみればちゃんちゃらおかしい。

「ちゃんちゃらおかしい」は嘲笑《ちょうしょう》をさそうほど軽蔑的だという意味であって、滑稽《こっけい》だという意味はない。

× 祖父の笑い話はちゃんちゃらおかしかった。
→祖父の笑い話はおかしかっ（滑稽だっ）た。

「ちゃんちゃらおかしい」は「かたはらいたい」に似ているが、「かたはらいたい」は文章語的でやや古めかしい言い方であり、侮蔑の程度も相対的に低いのに対して、「ちゃんちゃらおかしい」に暗示されている侮蔑は非常に強くて、問題にしていない様子も暗示されている点が異なる。

　軽蔑を表す意味で、「ちゃんちゃらおかしい」は「ばからしい」にも似ているが、「ばからしい」はやや冷静で、修飾語としても用いられるのに対して、「ちゃんちゃらおかしい」はかなり感情的な表現なので、述語や感動詞的に言い切りで用いられることが多い点が異なる。

？ ちゃんちゃらおかしい話だ。
→ばからしい話だ。

⇩「かたはらいたい」「おかしい」「ばからしい」

ちゅういぶかい ［注意深い］ Chûibukai

① 彼は**ちゅういぶかく**あたりを見回した。
② 君は**ちゅういぶかい**人間だね。

【解説】 細かい点まで神経がゆきとどいている様子を表す。ややプラスよりのイメージの語。①が基本的な意味、②はさまざまなことについて細かくゆきとどいている人間という意味で、しばしば「ぬけめない」というニュアンスをもつことがあり、その場合にはややマイナスよりのイメージの語となる。

「ちゅういぶかい」は細かい点まで神経がゆきとどくことを客観的に表す語で、そのことについての感想は原則として入っていない。この点が、将来の不利益を恐れて細かい点まで神経をゆきとどかせるニュアンスのある「用心深い」と異なる。

？ 一度失敗すれば誰でも注意深くなる。
→一度失敗すれば誰でも用心深くなる。

⇩「―ふかい」

ちょろい Choroi

(1)① あんな**ちょろい**奴は簡単にだませるさ。
② 彼女をくどくのに**ちょろい**手を使った。
(2)① こんな仕事、**ちょろいちょろい**。
② 彼にしてみれば**ちょろい**問題だよ。
(3)① 男の言い訳など彼女には**ちょろく**見えすいていた。

【解説】 (1) 考え方・やり方・性質などに厳格《げんかく》さがないことを侮蔑《ぶべつ》する様子を表す。マイナスイメージの語。俗語であって日常会話中心に用いられ、かたい文章中には登場しない。

　対象への激しい侮蔑が表現されている語である。「てぬるい」「なまぬるい」などに近いが、もっとはっきりした侮蔑がある。「あまっちょろい」では対象のてぬるさがさらに強調されている「あまっちょろい」に似ているが、表現となっている。

(2) 簡単で容易である様子を表す。マイナスイメージの語。日常会話中心に用いられる俗語。これも対象に対する侮蔑の暗示のある語である。述語で用いられることが多く(①)、名詞にかかる修飾語になることもあるが(②)、述語にかかる修飾語で用いられることは少ない。

× この仕事はちょろくできる。

→この仕事はわけなくできる。

「ちょろい」は「たやすい」「やさしい」「わけない」などに似ているが、これらには侮蔑の暗示はないか、あっても「ちょろい」よりは格段に少ない。

(3) 見えすいていてばからしい様子を表す。マイナスイメージの語。日常会話中心に用いられる俗語。これも侮蔑の暗示を含む。ただし、この意味では現在あまり用いられず、(1)か(2)の意味に受け取るほうが普通である。

→見えすいていてちょろい(ばかばかしい)。

⇨「てぬるい」「なまぬるい」「あまっちょろい」「たやすい」「やさしい」「わけない」「ばからしい」「あさはか」「ばかばかしい」

つたない ［拙い］ Tsutanai

(1) ① **つたない**文章でもちゃんと真意《しんい》は通じた。

② 彼女のピアノはまだまだ**つたない**。

(2) ① **つたない**者ですが、以後お見知りおきを。

(3) ① 将軍は武運《ぶうん》**つたなく**破れた。

【解説】 (1) 技術がたくみでない様子を表す。ややマイナスイメージの語。①のように、名詞にかかる修飾語で用いることが最も多く、述語にもなるが(②)、述語にかかる修飾語になることは少ない。

? 彼は絵をわざとつたなくかいた。

→彼は絵をわざとまずくかいた。

「つたない」はややかたい文章語で、日常会話にはあまり登場しない。日常的には「へた」を用いる。

? 君の字はなんてつたないんだ。

→君の字はなんてへたなんだ。

「つたない」は「へた」ほどマイナスイメージが強くなく、間接的で対象との心理的な距離がある表現になっている。そこで、自分自身に関する物事について、謙遜《けんそん》または卑下《ひげ》の気持ちをこめて用いることが往々にしてある。

つたない字をお見せしました。

「つたない」は「まずい」にも似ているが、「まずい」

が技術の未熟《みじゅく》さについて慨嘆《がいたん》の暗示があるのに対して、「つたない」はもっと間接的で特定の感情は含まれていない点が異なる。

？　何だこれは。つたない文章だなあ。

→何だこれは。まずい(へたな)文章だなあ。

(2)　能力が劣《おと》っている様子を表す。ややマイナスイメージの語。この用法は非常に限定されていて、例のように自己紹介の挨拶《あいさつ》語として、卑下する気持ちをこめて用いられる。ただし、あまり日常的な用法ではなく、「ふつつか」のほうを用いることが多い。この意味で「へた」や「まずい」を用いることはできない。

×　へたな者ですが、以後お見知りおきを。

×　まずい者ですが、以後お見知りおきを。

→ふつつかな者ですが、以後お見知りおきを。

意味的には「おろか」などに通じるが、「おろか」には対象に対する侮蔑《ぶべつ》の暗示があるので、自己卑下の挨拶としては用いない。

×　おろかな者ですが、以後お見知りおきを。

(3)　「武運つたなく〜する」という動詞に呼応する形で用いられ、戦いの場面において運が悪い様子を表す。ややマイナスよりのイメージの語。この用法もこの表現だけに限られる。また、文脈上日常会話に登場することはほとんどなく、小説・歴史書などの記述としてよく用いられる。

⇨「へた」「まずい」「ふつつか」「おろか」

つちくさい［土臭い］Tsuchikusai

(1)①　駅を降りた途端、畑の**つちくさい**においがした。

(2)①　作者の**つちくさい**文体が人気の秘密だ。

②　彼は**つちくさい**生活を嫌《きら》って家を出た。

【解説】(1)　黒土のにおいのする様子を表す。プラスマイナスのイメージはない。「〜くさい」は〜のにおいがするという意味の、形容詞を作る語尾。

土ならなんでもよいわけではなく、畑の土のように適度に湿気を含んでいて、植物の繁茂《はんも》に適していそうな土のにおいを言う。

「つちくさい」は「どろくさい」に似ているが、「どろくさい」の表す土はもっと水分を含んでいて、川底の土や水田の土などを意味することが多い。

？　このどじょうはいくら洗ってもまだ土臭い。

→このどじょうはいくら洗ってもまだ泥臭い。

(2)　洗練されていない様子を表す。プラスマイナスのイメージはない。①のように好ましい場合にも、②のように好ましくない場合にも用いられる。「あかぬけない」に似ているが、「あかぬけない」にははっきりしたマイナスイメージがあり、都会的でなく野趣《やしゅ》を帯びていることが好ましい場合には用いられない。

× 作者のあかぬけない文体が人気の秘密だ。

また、「やぼったい」「どろくさい」などにも似ているが、「やぼったい」や「どろくさい」には対象への侮蔑《ぶべつ》が暗示されているのに対して、「つちくさい」は客観的で侮蔑の暗示はない点が異なる。

「ださい」にも似ているが、「ださい」は侮蔑や嫌悪《けんお》がさらに強く、対象の外見についておもに用いられる点が異なる。

× 何だその土臭いかっこうは。
→何だそのださいかっこうは。

⇩「あかぬけない」「どろくさい」「やぼったい」「ださい」「―くさい」

つつがない ［恙無い］ **Tsutsuganai**

① おかげさまで**つつがなく**暮らしております。

② 工事は**つつがなく**進行している。

【解説】 異常や故障《こしょう》がない様子を表す。ややプラスイメージの語。例のように述語にかかる修飾語として用いられることが多く、それ以外の形で用いられることはまれである。

? つつがない生活を送る。

× ぼくの生活はつつがないから心配いらない。

①のように身体の健康について用いることが多いが、②のように事態の順調さについて用いることもある。かなり文章語的で、手紙によく用いられる。日常会話にはあまり登場しない。

おかげさまでつつがなく暮らしております。
→おかげさまで元気にやっています。

⇩「まめ」

つつしみぶかい ［慎み深い］ **Tsutsushimibukai**

① 無礼講《ぶれいこう》だったが彼は**つつしみぶかく**振舞った。

② 彼の妻は**つつしみぶかい**。

【解説】 遠慮がちで控えめな様子を表す。プラスイメージの語。大人の人柄や行為について、遠慮がちでめだった行動をしない様子を表す。自分の内面のすべてを表さないことを美徳《びとく》とする日本文化に特有の語と言える。

「つつしみぶかい」は「おくゆかしい」に似ているが、「おくゆかしい」が行動の遠慮深さから内面の奥深さを想像して魅力を感じているニュアンスがあるのに対して、「つつしみぶかい」は内面への想像は暗示されておらず、対象への感動も少ない表現になっている点が異なる。

? 彼女は慎み深くも自分の手柄を言いたてなかった。
→彼女はおくゆかしくも自分の手柄を言いたてなかった。

「つつしみぶかい」は「しとやか」にも似ているが、「しとやか」は女性専用で男性には用いられず、おもに対象の外見や行動の上品さに対する感動を表すニュアンスがあるのに対して、「つつしみぶかい」は男性にも用いられ、感動が少なくてやや客観的な表現である点が異なる。

× 無礼講だったが彼はしとやかに振舞った。

⇨「おくゆかしい」「しとやか」「つつましい」「－ぶかい」

つつましい［慎ましい］Tsutsumashii

(1)① 新妻《にいづま》は**つつましく**夫の後ろに従っていた。
② 彼は誰の前でも**つつましい**態度をくずさない。

(2)① 四畳半の部屋で**つつましい**食卓を囲む。
② 山村の生活は**つつましい**。

【解説】 (1) 控えめで遠慮深い様子を表す。プラスイメージの語。大人の人柄や行為について用いる。前項同様、めだたないことをプラスに評価する日本文化ならではの語である。

「つつしみぶかい」によく似ているが、「つつしみぶかい」が意図的に起こされた状態を暗示するのに対して、「つつましい」は客観的な状態を暗示し、意図のあるなしに言及《げんきゅう》していない点が異なる。

? 初対面の人の前ではつつましくしろよ。
→初対面の人の前では慎み深くしろよ。

また、「つつしみぶかい」は起こされた行動の様子について遠慮がちであると評するニュアンスがあるのに対して、「つつましい」ではめだった行動を起こさない様子について遠慮がちであると評するニュアンスがある。

? 彼女はつつましく発言した。
→彼女は慎み深く（遠慮がちに）発言した。

(2) ぜいたくでなく質素《しっそ》である様子を表す。ややプラスよりのイメージの語。この「つつましい」は「じみ」に似ているが、「じみ」は華やかさがなくめだたないというニュアンスがあるのに対して、「つつましい」はめだたない遠慮深さを暗示し、「じみ」にある暗さの暗示はない点が異なる。

つつましい生活。（質素な生活）
じみな生活。（派手な行動を起こさない生活）

ぜいたくでなく質素だという意味では、「つましい」や「ささやか」にも通じるが、「つましい」にある貧困《ひんこん》のマイナスイメージや、「ささやか」にある愛情の暗示を含むプラスイメージは「つつましい」にはない。

× 彼は爪《つめ》に火をともすつつましい暮らしぶりだ。
→彼は爪に火をともすつましい暮らしぶりだ。

? 家族水入らずのつつましい幸せです。
→家族水入らずのささやかな幸せです。

⇨「つつしみぶかい」「じみ」「つましい」「ささやか」

つぶら［円ら］Tsubura

① 少女は**つぶら**なひとみでじっと見た。

【解説】目の形が丸くてかわいらしい様子を表す。プラスイメージの語。用法が非常に限定されていて、ほとんど「つぶらなひとみ（目）」という形でしか用いられない。文脈の性質上、少女や女性など愛情の対象となる人の目について用いることが多く、男性や老人について用いられることは少ない。

？ 老婆《ろうば》はつぶらなひとみで笑った。

→老婆は丸い目で笑った。

⇨「まるい」

つましい［約しい・倹しい］Tsumashii

① 一汁一菜《いちじゅういっさい》の**つましい**生活が続く。

② 彼女は外では派手だが、家の中は**つましい**。

【解説】生活ぶりが質素《しっそ》で金をかけない様子を表す。ややマイナスイメージの語。質素だという意味ではあるが、平均的な生活よりも金をかけていないという倹約《けんやく》（貧困《ひんこん》）の暗示があり、イメージはマイナスになる。

？ 家庭ではつましくすべきだ。

→家庭では質素にすべきだ。

必要な金を出さないという意味では「けち」や「みみっちい」などにも通じるが、「つましい」には吝嗇《りんしょく》の暗示はなく、おもに生活のしかたについて用いる点で、金銭の出し入れ一般に用いられる「けち」「みみっちい」などと異なる。

× 彼はつましく香典《こうでん》を出し渋った。

→彼はみみっちく香典を出し渋った。

⇨「けち」「みみっちい」

つまらない［詰まらない］Tsumaranai

(1) ① あの作家の小説は**つまらない**。

② 今日は一日なんとなく**つまんない**な。

(2) ① 彼は**つまらない**失敗を苦《く》に自殺した。

② 彼女の相手はじつに**つまらん**男さ。

③ **つまらない**物ですが、お口汚しにどうぞ。

(3) ① 息子に**つまらん**知恵をつけないでくれよ。

② 彼も**つまらない**意地を張ったものだ。

③ まだ生きてるうちから墓だなんて、**つまらない**話はよせ。

(4) ① こんな所でけがをしても**つまらない**から、手出しはしなかった。

② 毎日残業してもたいした金がもらえるわけじゃなし、からだをこわすだけ**つまらない**さ。

【解説】動詞「つまる」の打消し。「つまんない」は「つまらない」の俗語的な表現で、日常会話ではよく用いられる。

(1) 興味がもてず、楽しくない様子を表す(↔おもしろい)。マイナスイメージの語。興味がもてないのみならず、退屈だというニュアンスも含む語である。退屈だという意味では「しょざいない」に近いが、「しょざいない」のほうが淡々としていて、不平は暗示されていない。

× だって雨が降って所在ないんだもの。
→だって雨が降ってつまんないんだもの。

「つまらない」は「あじけない」にも似ているが、「あじけない」にある慨嘆《がいたん》の暗示は「つまらない」にはない。

(2) 問題にするだけの価値がない様子を表す。マイナスイメージの語。例のように名詞にかかる修飾語として用いることが多く、述語として用いられることもあるが、述語にかかる修飾語になることは少ない。①②は卑小《ひしょう》であるという意味、③は進物《しんもつ》の挨拶《あいさつ》語として普通に用いられている例で、自分の差し出すものはとるにたりない物であるが、という卑下《ひげ》の言葉になっている。

この「つまらない」は「くだらない」に似ているが、「くだらない」には卑小さに対する明らかな侮蔑《ぶべつ》の暗示がある点が異なる。

× くだらない物ですが、お口汚しにどうぞ。

(3) 価値がなくてばかばかしい様子を表す。マイナスイメージの語。例のように名詞にかかる修飾語として用いることが多い。客観的にばかばかしいと言っているわけではなく、ばかばかしいことについて慨嘆や不都合の暗示のある表現になっている。したがって、状況によってはかなり感情的になり、「ばかばかしい」から発展して「けしからん」「なげかわしい」などの怒り・憤慨《ふんがい》の暗示まで含むことも往々にしてある。

(4) 不利益になる様子を表す。ややマイナスイメージの語。例のように述語で用いられることが多い。損をするという意味であるが、もっと婉曲《えんきょく》で間接的な表現になっている。かなり冷静な判断に基づいている様子が暗示されている語である。

⇨「しょざいない」「あじけない」「くだらない」「とるにたりない」「ありふれた」「しがない」「ばかばかしい」「なげかわしい」「けしからん」「おもしろい」

つめたい ［冷たい］ Tsumetai

(1)① 北風が**つめたく**て、とてもつらい。
② だいぶ水が**つめたく**なった。
③ **つめたい**飲み物がほしい。
④ 彼女の手は**つめたかっ**た。
⑤ 駆けつけたとき、父はすでに**つめたく**なっていた。

(2)① 米ソの**つめたい**戦争の時代は終わった。

(3) ① 彼女は姑《しゅうとめ》の**つめたい**仕打ちに堪《た》えられなかった。
② クラスが少年を見るまなざしは**つめたかった**。

【解説】 温度に関する最も基本的な形容詞の一つ(↕あついII・あたたかい)

(1) 具体物の温度がある限度を超えて低い様子を表す(↕あついII)。プラスマイナスのイメージはない。冷たくなるものは、空気(①)、水(②)、物(③~⑤)などであるが、いずれも触覚《しょっかく》として温度の低いことを感じるニュアンスがあり、気温が低い場合には「さむい」を用いる。⑤は「つめたくなる」で慣用句となり、「死ぬ」という意味である。

「つめたい」自体はプラスマイナスのイメージに関しては中立な語で、「つめたい」状態が受け取る者にとって好ましければプラスイメージ(③)、好ましくなければマイナスイメージ(①)になる。低温を意味する形容詞としては、他に「ひやっこい」があるが、「ひやっこい」は、液体・固体などの温度の低いことがややプラスよりのイメージでとらえられている点が異なる。

冷たい水。(0)
ひやっこい水。(＋)

(2) 「つめたい戦争」は、武器を用いない争いという意味である。プラスマイナスのイメージはない。銃火器《じゅうかき》による戦争を「熱い」ものと考えたとき、経済やイデオロギーの争いを「つめたい戦争」という。

(3) 愛情や思いやりがない様子を表す(↕あたたかい)。マイナスイメージの語。冷淡であるという意味であるが、かなり客観的な表現で、被害者意識は暗示されていない点が「つらい」「つれない」などと異なる。

× クラスが少年を見るまなざしはつらかった。

(3)の「つめたい」は「ひややか」にも似ているが、「ひややか」にある冷静さの暗示は「つめたい」にはない。

⇨「さむい」「ひやっこい」「すずしい」「あついII」「あたたかい」「つらい」「つれない」「ひややか」

つやっぽい [艶っぽい] Tsuyappoi

① 彼女は**つやっぽい**目つきでにらんだ。
② その芸者の声はじつに**つやっぽい**。
③ **つやっぽい**話はぼくには一つもない。

【解説】 性的な魅力のある様子を表す。プラスイメージの語。女性について用いることが多いが、「女性に関する」という意味で、物事について用いられることもある(③)。

「つやっぽい」は「なまめかしい」に似ているが、「なまめかしい」が触覚《しょっかく》を中心とする感覚的な色気を暗示するのに対して、「つやっぽい」は視覚や聴覚《ちょうかく》を中心とする色気を暗示する点が異なる。また、それによってひきおこされる性的な衝動も、「なまめかしい」のほうが相対的に大きい。

？　春の夜の艶っぽい雰囲気。

→春の夜のなまめかしい雰囲気。

女性の性的魅力を表す意味では、「つやっぽい」は「あだっぽい」にも似ているが、「あだっぽい」は性的魅力を職業上の必要で身につけた大人の(プロの)女性について用いられることが多く、「つやっぽい」より用法が狭い。

×　あだっぽい話はぼくには一つもない。

「つやっぽい」は「いろっぽい」にも似ているが、「いろっぽい」はほとんど誰に対しても用いられる点が異なる。

？　彼の目つきは艶っぽい。

→彼の目つきは色っぽい。

「つやっぽい」が、具体物に光沢《こうたく》があるように見えるという意味で用いられることはない。

×　靴を艶っぽく磨く。

→靴をつやつやに磨く。

⇩「なまめかしい」「あだっぽい」「いろっぽい」「つややか」「－ぽい」

つややか ［艶やか］ Tsuyayaka

① **つややか**な洗いあがりが自慢です。(CM)

② 若い力士の肌は**つややか**で張りがある。

【解説】 物の表面に光沢《こうたく》と潤《うるお》いがあって美しい様子を表す。プラスイメージの語。具体物の表面の状態について用いられ、抽象的なものについては用いられない。対象は髪・肌など生物の体の一部分であることが多く、無生物についてはふつう用いない。

？　靴をつややかに磨《みが》く。

×　つややかなダイヤモンド。

⇩「みずみずしい」「つやっぽい」

つよい ［強い・勁い］ Tsuyoi

(1) ① **つよい**風と雨が一晩中おさまらなかった。

② デリー空港は消毒薬の**つよい**においがした。

③ 三小節めからソプラノは**つよく**歌ってください。

④ 地中海の夏は日差しが非常に**つよい**。

⑤ そんなに**つよい**火では魚が焦《こ》げるよ。

⑥ ウォッカはぼくには**つよく**て飲めない。

⑦ 少年は度の**つよい**眼鏡の奥からじっと見た。

⑧ 毒蛇《どくへび》にかまれたら、まず心臓よりの部位《ぶい》を**つよく**縛《しば》ることが大切だ。

⑨ 被害者は頭を**つよく**打って重体です。

⑩ この子は責任感の**つよい**子だ。

⑪ 社長は財界に**つよい**影響力をもっている。

⑫ 委員長は軟弱《なんじゃく》で、団交のとき**つよい**態度をとれない。
⑬ 有権者の**つよい**反対で新税はお釈迦《しゃか》になった。
⑭ たまにはあなたから**つよく**言ってやってください。

(2)
① **つよい**体を作る。
② この花は寒さに**つよい**。
③ 帆布《はんぷ》は水に**つよい**繊維《せんい》で織られている。
④ ナイロン製になってから靴下は**つよく**なった。
⑤ 彼女は気が**つよい**。
⑥ 彼はしんの**つよい**人間だ。
⑦ 誘惑《ゆうわく》に負けない**つよい**心を育てる。

(3)
① 彼は腕力が**つよい**。
② あの学校は野球に**つよい**伝統がある。
③ 今度の新人は英語に**つよい**のが長所だ。
④ 彼は酒がめっぽう**つよい**。
⑤ ぼく、船には**つよく**ないんです。

【解説】 強弱を表す最も基本的な形容詞の一つ(↔よわい)。

(1) 程度がはなはだしい様子を表す。プラスマイナスのイメージはない。①~⑨は数量的に計れるものの程度がはなはだしい様子を表す。⑩~⑭は抽象的な意味で用いられた例である。⑭の「つよく言う」は慣用句で、「厳《きび》しく言う、強い口調で言う」という意味である。

(2) 頑健《がんけん》で耐久力がある様子を表す。ややプラスイメージの語。①~④が物理的な耐久力の強さを言う意味である。⑤~⑦は精神的な耐久力の強さに用いられた例である。

(3) 力量・技術・能力などがすぐれている様子を表す。ややプラスイメージの語。「□□がつよい」という場合と、「□□につよい」という場合とがある。□□には力量・技術・能力そのものがくる場合と、技術や能力の対象がくる場合とがある。どちらの意味になるかは文脈によって決まるので、次のような文脈においては二通りの意味になりうる。

彼は車に強い。(車のことをよく知っている)
(車に酔わない)

「つよい」はさまざまの物の強力さ、程度の高さについて客観的に述べる抽象度の高い語であって、それぞれ「うまい」「丈夫」「はげしい」「きつい」「きびしい」など他の語に置き換え可能であるが、それらの意味内容を特定の感情をまじえずに客観的に述べるニュアンスがある。

また、「つよい」は他の語について複合語を作る。

⇨「うまい」「はげしい」「きつい」「きびしい」「てごわい」「よわい」「がまんづよい」「きづよい」「こころづよい」「しんぼうづよい」「ちからづよい」「ねづよい」「ねばりづよい」

つらい［辛い］Tsurai

(1)① 炎天下セールスに歩くのは**つらい**仕事だ。
② かわいがって育てた子を手放すのは**つらい**。
③ 君も**つらい**だろうが、我慢してほしい。
④ 借金の話を持ち出されると**つらい**んだなあ。
(2)① 彼女は息子の嫁に**つらく**当たった。
② 彼は世間の**つらい**仕打ちに耐えて育った。

【解説】 (1) 精神的に苦痛を感じる様子を表す。マイナスイメージの語。例のように名詞にかかる修飾語または述語として用いられることが多く、述語にかかる修飾語として用いられることは少ない。

「つらい」の表す苦痛はかなり主観的で、苦痛を受ける被害者の耐えがたさを暗示する。したがって「つらい」と感じるかどうかは、人によって異なる。

③は苦痛を受ける相手の立場に立って、「苦痛に感じるだろうが、我慢してほしい」という同情の気持ちを暗示する例である。④は「～するとつらい」の形で、条件に呼応《こおう》する述語として用いられ、「～すると困る」という意味を表す。この場合には、苦痛の程度は大きくない。

(1)の「つらい」は「いたい」に似ているが、「いたい」の表す苦痛は「つらい」よりもっと直接的・肉体的である点が異なる。

× かわいがって育てた子供を手放すのは痛い。

「いたい」はまた精神的な苦痛をも表せるが、その場合には、被害を受けたことをやや客観的に表す意味になり、被害がどの程度のものかまでは言及《げんきゅう》しないのに対して、「つらい」では受けた被害が主観的に耐えがたいものであるということを暗示する。

× 大事なところで辛いミスが出た。
→大事なところで痛いミスが出た。

辛い注射。（注射される者が耐えがたい）
痛い注射。（やや客観的な苦痛）

「つらい」は「くるしい」にも似ているが、「くるしい」が苦痛の状態そのものを暗示するのに対して、「つらい」は苦痛を感じている不快な心理を暗示し、体の一部分の苦痛については用いない点が異なる。

× 食べ過ぎて胃が辛い。
→食べ過ぎて胃が苦しい。

(2) 冷酷《れいこく》で思いやりのない様子を表す。マイナスイメージの語。例のように「つらく当たる」という動詞にかかる修飾語、または「つらい仕打ち」という名詞にかかる修飾語として用いられることが普通で、述語になることは少ない（その場合にはふつう(1)の意味になる）。

この「つらい」は「むごい」などに近いが、「むごい」が冷酷であることを客観的に暗示するニュアンスがある。

のに対して、「つらい」は行為を受ける側の被害者意識に視点があり、かなり主観的な表現になる。

⇩「いたい」「くるしい」「むごい」「きつい」「しんどい」「ひどい」「つめたい」

ーづらい［ー辛い］ーzurai

① この小説は文章がむずかしくて読み**づらい**。

② 家出した家にはなんとなく戻り**づらい**ものだ。

【解説】 動詞の連用形について、ある行為をするのがむずかしい様子を表す（↔ーやすい）。ややマイナスよりのイメージの語。物理的にむずかしい場合（①）と心理的にむずかしい場合（②）とがあるが、どちらにしても困難の程度はそれほど大きくなく、かなり客観的な表現になっている。

行為に困難を感じる意味では「〜づらい」は「〜にくい」によく似ているが、「〜にくい」がやや客観的な困難さを暗示し、困難の原因は対象にあることが多いのに対して、「〜づらい」は困難を感じている主体の存在を暗示する点が異なる。全く同じ文脈で「〜づらい」と「〜にくい」が用いられると、次のようなニュアンスの違いを生ずる。

この靴をはくと歩きづらい。（歩行が困難《こんなん》だ）

この靴をはくと歩きにくい。（靴が窮屈《きゅうくつ》だ）

この小説は読みづらい。（文章が自分には難解《なんかい》だ）

この小説は読みにくい。（字が小さい）

また、「〜づらい」は「〜がたい」にも似ているが、「〜がたい」は文章語的で、日常会話にはあまり登場しない。

⇩「いいづらい」「いづらい」「ききづらい」「ーにくい」「ーがたい」「ーやすい」

つらにくい［面憎い］Tsuranikui

① ねんねこしゃっしゃりませ。寝た子のかわいさ。起きて泣く子の**つらにくさ**。（民謡）

② 彼は**つらにくい**ほど落ち着きはらっていた。

【解説】 顔を見ると腹が立つような様子を表す。ややマイナスイメージの語。嫌悪《けんお》を表す語ではあるが、単純に憎いと言っているのではなく、具体的な言動に接して癪《しゃく》にさわるというニュアンスであるので、嫌悪感はそれほど強くない。①は中国地方の子守歌《こもりうた》の一節で、おとなしく寝ている子の顔はとてもかわいく見える、泣いて子守の自分を困らせる子の顔はなんと憎らしいのだろうという意味である。

「つらにくい」は「こづらにくい」によく似ているが、「こづらにくい」にある対象への侮蔑《ぶべつ》の暗示はないことが多い。

⇩「こづらにくい」「にくい」

つれない Tsurenai

① はるばる訪ねて行ったが、留守《るす》という**つれない**返事だった。
② 彼女の仕打ちはまことに**つれなかっ**た。
③ バス停は長蛇《ちょうだ》の列だったのに、バスは**つれなく**通り過ぎた。

【解説】 人の性格や行動に情が感じられない様子を表す。マイナスイメージの語。「つれない」は行為の受け手の被害者意識を暗示するので、客観的に非情《ひじょう》であるかどうかは問題にせず、かなり主観的な表現となっている。③もただ通り過ぎたのではなく、「待っている人々の身になって思えば無情《むじょう》にも」という、被害者の立場に立った表現になっている。

「つれない」は「すげない」に似ているが、「すげない」よりも行為の冷淡さ、非情さの程度が高く、しばしばその行為によって受け手に被害を与える暗示がある。

? 彼女はその縁談《えんだん》をつれなく断《ことわ》った。
→彼女はその縁談をすげなく断った。

「つめたい」は行為が冷酷《れいこく》である点では「つれない」にも似ているが、「つめたい」はもっと客観的で、被害者意識の暗示はないことが多い。

⇩「すげない」「つめたい」「ひややか」

てあつい［手厚い］Teatsui

① 聖徳太子《しょうとくたいし》は仏教に**てあつい**保護を与えた。
② 遠来《えんらい》の友人を**てあつく**もてなす。
③ 事故の犠牲者《ぎせいしゃ》は**てあつく**葬《ほうむ》られた。

【解説】 物事の取扱いに心がこもっていて丁寧《ていねい》な様子を表す。プラスイメージの語。例のように他の語にかかる修飾語として用いられることが多く、述語で用いられることはあまり多くない。

「てあつい」は「ねんごろ」に似ているが、「ねんごろ」がややかたい文章語で客観性があり、対象との間に心理的な距離を暗示するのに対して、「てあつい」はもっと直接的で、しばしば感動を伴《ともな》う点が異なる。

× 手厚い挨拶《あいさつ》をする。
→ねんごろな挨拶をする。

また、「あつい」は「あついＩ」にも似たような意味があるが、「てあつい」は「あついＩ」よりもさらに意味がはっきりしており、抽象的な心理でなく、実際に行動する際の様子を表す。

⇩「ねんごろ」「あついＩ」

てあら・てあらい［手荒・手荒い］Teara・Tearai

① 女子供に**てあら**なまねはよせ。

② この品物は**てあらく**扱わないでください。
③ 一年ぶりに家に帰ると、飼い犬の**てあらい**歓迎《かんげい》を受けた。

【解説】 物事の取扱いが乱暴である様子を表す。ややマイナスイメージの語。文脈によって、具体的に暴力を振るうという意味(①)、取扱いが丁寧《ていねい》でなく疎略《そりゃく》だという意味(②)、行動が荒っぽいという意味(③)などの細かなニュアンスの違いがある。「あらい」「あらあらしい」「あらっぽい」などにも似た意味があるが、「てあら」はこれらよりも、実際に行動する際の乱暴さをより強調するニュアンスがあり、抽象的なものや心理については用いられない。

× 彼は手荒な人間だ。
→彼は荒っぽい人間だ。
× 獣の手荒な息づかいが聞こえた。
→獣の荒々しい息づかいが聞こえた。

⇨「あらい」「あらあらしい」「あらっぽい」

ていたい [手痛い] Teitai

① 彼は**ていたい**パンチをくらって引っ繰り返った。
② 試合は肝心《かんじん》なところで**ていたい**ミスが出て負けた。
③ この間違いは**ていたい**ね。

【解説】 受けた損害や苦痛が大きい様子を表す。マイナスイメージの語。物理的・肉体的に被害を受ける場合(①)と、精神的に被害を受ける場合(②③)とがある。

「ていたい」は「いたい」よりも受けた被害の大きさを強調する表現であって、被害者意識にポイントがあり、客観的な被害や苦痛の大きさは問題にしない。

× この注射は手痛い。→この注射は痛い。

被害の大きさを暗示する点では、「ていたい」は「てひどい」にも似ているが、「てひどい」がやや客観的で被害者は話者や主体でなくてもよい点が、話者や主体の被害者意識を暗示する「ていたい」と異なる。全く同じ文脈で「ていたい」と「てひどい」が用いられると、次のようなニュアンスの違いを生ずる。

手痛い失敗。(自分にとって被害が大きい)
手ひどい失敗。(客観的にみて被害が大きい)

⇨「いたい」「てひどい」

てうす・てうすい [手薄・手薄い] Teusu・Teusui

① **てうす**な警備《けいび》を突かれて金庫の宝石を盗まれた。
② 出版社の編集は最近どこも**てうす**だ。
③ **てうすい**在庫《ざいこ》では大口の注文をまかなえない。
④ この分野は研究が**てうすい**。

【解説】 必要量に不足している様子を表す。ややマイナスイメージの語。不足しているものとしては、人間・人手（①②）、金銭・品物（③）、抽象物（④）などがある。いずれにしても、必要とされる量にたりないというニュアンスのある語で、質は問題にしていない。④も研究のレベルが満足すべき状態に達していないというニュアンスではなく、研究している人の絶対数が少ないというニュアンスになる。

物事の量が不足している意味では「すくない」もあてはまるが、「すくない」は量の小さいことを客観的に表現するだけで、原則としてプラスマイナスのイメージはないが、「てうす」では量の少ないことがマイナスイメージでとらえられている点が異なる。

× 少ない警備を突かれて金庫の宝石を盗まれた。
⇩「すくない」「うすい」「とぼしい」

でかい・でっかい Dekai・Dekkai

(1) ① 彼の家は**でかい**。
② もっと**でっかい**サイズのはないのかい。
③ 奴の声は**でかく**てかなわん。
④ 金額があまりにも**でかい**から捨ててはおけない。
⑤ しばらく見ない間に、ずいぶん**でっかく**なったなあ。

(2) ① 今度の奴の失敗ではおれの方が損害が**でかかった**。
② そのニュースは**でっかく**報道された。
③ おれにとっちゃ**でかい**問題だよ。

(3) ① あんまり**でかい**ことを言うな。
② 奴の話は**でか**すぎて信用できない。
③ あいつはどこへ出ても態度が**でかい**。
④ ミスした張本人《ちょうほんにん》が**でかい**面《つら》してやがる。
⑤ 半人前のくせに**でかい**口をきく奴だ。

【解説】 大小を表す形容詞の一つ。「でっかい」は「でかい」の強調形である。俗語であって日常会話中心に用いられ、文章中にはふつう登場しない。また、かなり乱暴な語であるので、女性はあまり用いない傾向にある。

(1) 形態《けいたい》・数量などが大である様子を表す。プラスマイナスのイメージはない。「おおきい」の(1)と基本的に対応するが、「おおきい」よりも用法の範囲が狭く、おもに具体物の形態や数量・音量が大きいことについて用いられ、人間の性格のおおらかさや年齢が上であることについてはふつう用いられない。⑤は体の大きさについて言っている。

? ぼうや、でかくなったら何になりたい？
→ぼうや、大きくなったら何になりたい？

(2) 程度・影響などが深刻で重大である様子を表す。プラスマイナスのイメージはない。

(3) 「でかい」を使った慣用句である。「おおきい」や「おおきな」を使った慣用句と基本的に同じ意味であるが、よりスケールが大きいことを誇張的《こちょうてき》に表すニュアンスがある。

「でかい」は「おおきい」「おおきな」と基本的に同じ意味であるが、「おおきい」「おおきな」よりも用法が狭い。また、「でかい」には話者の驚きなどの感情が加わっており、全く同じ文脈で「でかい」と「おおきい」「おおきな」が用いられた場合には、「でかい」のほうが往々にして程度が高いことがある。

「でかい」よりもさらに強い驚きやあきれなどの感情をこめたい場合には、「どでかい」「ばかでかい」などを用いることもある。

⇨「おおきい」「おおきな」「どでかい」「ばかでかい」

てがたい ［手堅い］ Tegatai

(1)① 監督《かんとく》はランナーを**てがたく**バントで送った。

② 銀行のような**てがたい**商売なら安心だね。

(2)① 初心者は**てがたい**銘柄《めいがら》の株《かぶ》を買ったほうがいい。

【解説】 (1) 物事の取扱いが堅実《けんじつ》で安定している様子を表す。ややプラスイメージの語。「かたい」にも似たような意味があるが、「てがたい」は取扱いの堅実さがより強調され、意味がより具体的になっている。

(2) (1)から進んだ意味で、相場《そうば》が安定していて大損《おおぞん》をする危険がない様子を表す。ややプラスイメージの語。結果として大損する危険が少ないので、その株を操作《そうさ》（売買）することが堅実になるという意味である。

⇨「かたい」「ものがたい」

てきびしい ［手厳しい］ Tekibishii

① 彼の意見は**てきびしい**批判にあった。

② 彼女の申し出は**てきびしく**はねつけられた。

【解説】 物事の取扱いが非常に厳格《げんかく》で容赦《ようしゃ》ない様子を表す（↔てぬるい）。ややマイナスイメージの語。「きびしい」よりも厳格さの程度が高く、情《なさ》け容赦ない様子が暗示されている語である。「て〜い」となる他の形容詞同様、実際の行為の際の様子を表し、人間の性格や心理までは表さない。

× 彼は手厳しい性格だ。→彼は厳しい性格だ。

また、「てきびしい」は一回の行為の際の厳格さを意味し、長期にわたる継続的《けいぞくてき》な行為に表れた厳格さを意味しないことが多い。

？ 彼女は手厳しくしつけられて育った。

→彼女は厳しくしつけられて育った。

⇨「きびしい」「てひどい」「てぬるい」

てごわい ［手強い］ Tegowai

① 彼女はなかなか**てごわく**て、そう簡単に音をあげ

ない。

② 彼は敵にまわせば**てごわい**相手になるだろう。

③ 政府はまたも**てごわい**問題をかかえこんだ。

【解説】 相手にするとなかなか打ち勝てないほど強い様子を表す(↔くみしやすい)。ややプラスよりのイメージの語。客観的に強いといっているのではなく、必ず自分の相手としてみた場合という、敵対《てきたい》・克服《こくふく》の対象としての能力の高さを問題にするニュアンスがある。③では問題が難解《なんかい》で解決がむずかしいという意味である。

⇩「つよい」「こわい」「くみしやすい」

てぜま ［手狭］ Tezema

① 子供が生まれてアパートが**てぜま**になった。

② 新しい設備を導入《どうにゅう》するには研究室が**てぜま**だ。

【解説】 必要な空間に比べて狭い様子を表す。ややマイナスイメージの語。必要とされる空間の広さに比べてたりないというニュアンスのある語で、客観的にどの程度の広さかは問題にしていない。

「てぜま」の対象となる空間は、人間の存在する空間であることが原則で、人間が入ることが前提となっていない空間については、ふつう用いない。

× 手狭な鳥かご。→狭い鳥かご。

× 動脈が血栓《けっせん》で手狭になっている。

→動脈が血栓で狭くなっている。

また、「てぜま」には、狭い空間に対する侮蔑《ぶべつ》や不快の感情は原則として表明されていない点が、「せせこましい」「せまくるしい」「せまっこい」などと異なる。

? 新しい設備を導入するには研究室がせせこましい(狭苦しい・狭っこい)。

「てぜま」は物理的な空間について用いられ、抽象的な余地や人間の度量《どりょう》などについては用いられない。

× 彼は手狭な考え方をする。

→彼は狭苦しい(せせこましい)考え方をする。

⇩「せまい」「せせこましい」「せまくるしい」「せまっこい」

てっとりばやい ［手っ取り早い］ Tettoribayai

① 料理は半製品《はんせいひん》を活用すると**てっとりばやく**できる。

② (退社後デートに誘う場面で)仕事なんて**てっとりばやく**かたづけておいで。

③ 一流大学へ行くには一流高校へ行くのがいちばん**てっとりばやい**とばかな親は考えている。

④ **てっとりばやく**言えば、彼はクビになったのさ。

【解説】 手間がかからず簡単に行える様子を表す。ややマイナスよりのイメージの語。例のように述語にかかる修飾語で用いられることが多く、述語になることもあるが、名詞にかかる修飾語としてはあまり用いられない。

手間がかからず簡単に行える結果、行動の速度そのものも速くなるが、「てっとりばやい」は「すばやい」に比べて、手間のかからなさを強調するニュアンスになり、行為の結果がいい加減という暗示を往々にして含む点で、動作の瞬間の速度を暗示する「すばやい」と異なる。全く同じ文脈で「てっとりばやい」と「すばやい」が用いられると、次のようなニュアンスの違いを生ずる。

彼女は仕事を手っ取り早くかたづけた。
(手間をかけずに適当にかたづけた)

彼女は仕事を素早くかたづけた。
(かたづける所要時間が短かった)

? 仕事なんて素速くかたづけておいで。

「てっとりばやい」はまた「てばやい」にも似ているが、「てばやい」は行為の所要時間の短さをやや客観的に暗示し、結果までは言及《げんきゅう》しない点が、手間をかけずにいい加減に(適当に)行うというニュアンスのある「てっとりばやい」と異なる。

× 小麦粉は練らずに手っ取り早く混ぜます。
→小麦粉は練らずに手早く混ぜます。

⇨「すばやい」「てばやい」「はやい」「てみじか」

てぬるい [手緩い] Tenurui

① 選挙違反に対する罰則《ばっそく》はあまりにも**てぬるい**。
② 彼の**てぬるい**仕事ぶりが困りものだ。

【解説】 物事の取扱いがいい加減で厳《きび》しさがたりない様子を表す(↔てきびしい)。ややマイナスイメージの語。「なまぬるい」「あまい」などに似ているが、「なまぬるい」「あまい」がいい加減で厳しさのたりない状態を客観的に表すのに対して、「てぬるい」は実際の行為の際の突っこみのたりなさを非難するニュアンスがある。

× 彼は失恋してから手ぬるい男になった。
→彼は失恋してからなまぬるい男になった。

また、「てぬるい」は一回の行為の際のいい加減さを暗示し、長期にわたる継続的《けいぞくてき》な行為に表れたいい加減さを暗示することはない。

× 彼は祖父母《そふぼ》に手ぬるく育てられた。
→彼は祖父母に甘く(甘やかされて)育てられた。

⇨「なまぬるい」「あまい」「あまったるい」「ちょろい」「あまっちょろい」「てきびしい」

てばやい [手早い] Tebayai

① 小麦粉は練らずに**てばやく**混ぜます。
② 彼女の仕事はいつも**てばやい**。
③ この本を読むと知識が**てばやく**身につく。

【解説】 物事を取扱う時間が短い様子を表す。ややプラスイメージの語。動作にかかる所要時間が短いことを暗示し、動作の速度が大きいことは暗示しない。

手早く混ぜる。（混ぜている時間が短い）

速く混ぜる。（混ぜる速度が大きい）

「てばやい」は実際の行為の際の所要時間の短さを暗示し、一般的に時間を必要としないという意味はない。

②も仕事を簡単にかたづけるというニュアンスで用いられており、能力が高いために仕事を消化する時間が短いというニュアンスはないことが多い。

彼女は仕事が手早い。（仕事を簡単にかたづける）

彼女は仕事が速い。（処理《しょり》能力《のうりょく》がある）

③は①②から一歩進んだ意味で、簡単に、苦労なしにという意味である。

「てばやい」は「すばやい」に似ているが、「すばやい」が対象とする動作には原則として制限がないのに対して、「てばやい」は手を使った動作や物の取扱いについて用いられることが多く、要領よく消化するというニュアンスで用いられる点が異なる。

また、「てばやい」は「てっとりばやい」にも似ているが、「てっとりばやい」が手間をかけずに（適当に）処理するというニュアンスをもつのに対して、「てばやい」では結果のいい加減さの暗示がなく、マイナスイメージにはなっていない点が異なる。

？ 一流大学へ行くには一流高校へ行くのがいちばん手早いとばかな親は考えている。

⇩「すばやい」「はやい」「てっとりばやい」

てひどい［手酷い］Tehidoi

① 彼は相手を甘くみて**てひどい**しっぺ返しを食った。

② この委員は論敵《ろんてき》をいつも**てひどく**やっつける。

【解説】 物事の取扱いに手加減がなく非常に厳《きび》しい様子を表す。ややマイナスイメージの語。「ひどい」に比べると、受けた被害の大きさが強調される表現になっている。

「てひどい」は「てきびしい」に似ているが、行為を受ける側の被害者意識を暗示し、客観的に行為が無慈悲《むじひ》だと言っているのではない点で「てきびしい」と異なる。

？ 彼女の申し出は手ひどくはねつけられた。

→彼女の申し出は手厳しくはねつけられた。

また、「てひどい」は「こっぴどい」にも似ているが、「こっぴどい」は俗語的で文章中には用いられず、「ひどい」の程度を強調する意味を表すのに対して、「てひどい」は文章中でも用いられ、被害を受けた被害者意識を暗示する。

？ あいつをいまに手酷い目にあわせてやるぞ。

→あいつをいまにこっぴどい目にあわせてやるぞ。

⇩「ひどい」「てきびしい」「こっぴどい」

てびろい［手広い］Tebiroi

(1) ① 彼女の父は関西《かんさい》方面で**てびろく**商売をしている。
② 彼には必要な情報を**てびろく**集める才能がある。
(2) ① 彼の家は下町《したまち》にしては**てびろい**。

【解説】 (1) 関係する範囲が広い様子を表す。ややプラスイメージの語。例のように述語にかかる修飾語として用いることが最も一般的である。対象は、①のように商売・仕事などで関係する範囲《はんい》の広さについて用いる例が多いが、②のように影響の及ぶ範囲が広いという意味で用いることもある。
「ひろい」に比べると、「てびろい」は実際の行為に際しての感想というニュアンスが強く、客観的に範囲が広いかどうかには言及《げんきゅう》しない。
(2) 物理的な空間が予想や平均に比べて広い様子を表す。ややプラスイメージの語。ただし、現在ではこの意味で「てびろい」を用いることは少ない。
→彼の家は下町にしては広い（ひろびろとしている）。
⇨「ひろい」

てみじか［手短］Temijika

① 状況を**てみじか**に報告する。
② **てみじか**に言えば、彼女がわがままなだけなんだ。

【解説】 説明・話などが要領《ようりょう》よくまとまっている様子を表す。ややプラスよりのイメージの語。客観的に短いのみならず、まとまりのよさ、簡明《かんめい》さの暗示のある点が、客観的な長短を問題にする「みじかい」と異なる。全く同じ文脈で「てみじか」と「みじかい」が用いられると、次のようなニュアンスの違いを生ずる。

手短に報告する。（要領よく報告する）

短く報告する。（報告する時間が短い）

簡単である点では「てっとりばやい」に似ているが、「てっとりばやい」が、手間をかけない結果いい加減だというニュアンスをしばしば伴《ともな》い、ややマイナスよりのイメージの語になっているのに対して、「てみじか」にはいい加減さの暗示はなく、むしろよくまとまっているという意味で、ややプラスよりのイメージになっている点が異なる。

手短に説明してほしい。

（要領をかいつまんでほしい）

手っ取り早く説明してほしい。

（不正確でいいからできるだけ簡単にしてほしい）

⇨「みじかい」「てっとりばやい」

てれくさい［照れ臭い］Terekusai

① 転校生は**てれくさ**そうに自己紹介した。

② 自分の作品をほめられるのは**てれくさい**。

【解説】内心をくすぐられる感じで、気恥ずかしい様子を表す。ややプラスよりのイメージの語。人前でほめられたり、注目されたりするときの気持ちを表す語である。「おもはゆい」に似ているが、「おもはゆい」は文章語的で、恥ずかしさの程度も相対的に低い。

「てれくさい」は「くすぐったい」に似ているが、「くすぐったい」が内心の快感を暗示するのにとどまるのに対して、「てれくさい」は内心の快感を外に表現することについての恥ずかしさを暗示する。

? 照れくさい気持ちで表彰式《ひょうしょうしき》にのぞんだ。
→くすぐったい気持ちで表彰式にのぞんだ。

「てれくさい」はまた「きはずかしい」「きまりわるい」「ばつがわるい」などにも似ているが、「きはずかしい」には内心をくすぐられる快感が入っておらず、「きまりわるい」「ばつがわるい」は恥ずかしさがマイナスイメージでとらえられ、本人にとってその感情が不快になっている点が異なる。

× 満座《まんざ》の中で恥をかかされて照れくさい。
→満座の中で恥をかかされてばつが悪い（きまり悪い）。

⇨「おもはゆい」「くすぐったい」「きはずかしい」「ばつがわるい」「きまりわるい」「はずかしい」

どうしようもない［如何しようも無い］Dôshiyômo-nai

(1)① 助けてやりたくてもぼくには**どうしようもない**。
② 老人にだって**どうしようもない**のがけっこういる。
(2)① あいつは全く**どうしようもない**ばかだ。
② あの人のこと、**どうしようもなく**好きなんです。
③ 外国にいる息子が恋しくて**どうしようもない**。

【解説】(1) 自分の力が及ばない様子を表す。原則としてプラスマイナスのイメージはない。①が基本的な意味で、自分は何もできないという意味である。このとき、自分が何もできないことについて、慨嘆《がいたん》や憤慨《ふんがい》の気持ちは入っていないことが多く、客観的情勢《じょうせい》として自分には何もできないと述べているにすぎない。

②は「自分でどうにもできないほどひどい」という意味で、この場合にはややマイナスイメージの語となる。

(2) 程度がはなはだしい様子を表す。プラスマイナスのイメージはない。①②は修飾語として用いられた例で、この場合には後ろに来る言葉を誇張的《こちょうてき》に強調する意味をもつ。「とても」「非常に」という意味である。③は「〜てどうしようもない」という形容詞に呼応する形をとり、「非常に〜である」という意味になる。

「どうしようもない」は、自分の力が及ばないという言い方をすることによって、程度のはなはだしさを表現しようとする語であって、文字通り自分で何かをしようとしているわけではないことが多い。

⇨「どうにもならない」「やむをえない」「しかたがない」「しょうがない」

とうとい【貴い・尊い】Tôtoi

(1)① 平氏は遠く天皇につながる**とうとい**身分だ。

(2)① この薬によって**とうとい**生命を救うことができる。

② その事件が残した教訓《きょうくん》は**とうとい**。

③ 健康の**とうと**さは失ってみて初めてわかる。

(3)① 少しでも社会に尽くそうとする精神は**とうとい**。

② 彼は子供を救おうとして**とうとい**犠牲《ぎせい》になった。

【解説】 (1)(2)（ふつう「貴い」と書くもの）と(3)（ふつう「尊い」と書くもの）に分けられる。

(1) 身分・地位などが非常に高い様子を表す。プラスイメージの語。ただし、民主主義が普及《ふきゅう》した現在では、この意味で表すべき身分・地位自体が喪失《そうしつ》してしまっているので、ほとんど用いられる機会はない。

(2) 非常に価値がある様子を表す。プラスイメージの語。金銭的に価値があるというよりは、精神的な意味で貴重《きちょう》であるというニュアンスになる。

× この宝石はとうとい。→この宝石は高い。

対象のあらゆる状況に対して普遍的に価値がある場合について用いるのが原則で、ある特定の状況の場合についてのみ用いることは少ない。したがって、この場合には、次のように修飾語と被修飾語を述語と主語に入れ換えることができる。

とうとい生命。↔生命はとうとい。

とうとい教訓。↔教訓はとうとい。

(3) 尊敬すべき様子を表す。プラスイメージの語。ある状況におかれた対象の様子が尊敬すべきであるというニュアンスになるので、(2)のような普遍性《ふへんせい》をもたないことが多い。したがってこの場合には、修飾語と被修飾語を述語と主語に入れ換えられないことが多い。

とうとい精神。↔× 精神はとうとい。

とうとい犠牲。↔？ 犠牲はとうとい。

「とうとい」は「たっとい」とほぼ同じ意味を表すが、「たっとい」は現在ではほとんど用いられず、会話・文章の両方について「とうとい」のほうを用いる傾向にある。

⇨「たっとい」「たかい」「やんごとない」

どうにもならない【如何にも成らない】Dônimo-naranai

(1)① いまさら後悔《こうかい》してももう**どうにもならない**。

② 最近の若い者は**どうにもならない**奴が多くて困る。

(2)① 君は全く**どうにもならない**おめでたさだな。

② 彼女が憎くて**どうにもならない**。

【解説】 (1) 物事への対応が不可能である様子を表す。ややマイナスよりのイメージの語。①が基本的な意味で、どんな対応策も不可能であるという意味である。②はどう対応しようもないほどひどいという意味で、たぶんに誇張《こちょう》された意味となっている。

(2) 程度がはなはだしい様子を表す。ややマイナスよりのイメージの語。「非常に」「とても」という意味であるが、慨嘆《がいたん》または憤慨《ふんがい》の暗示がある。

「どうにもならない」は「どうしようもない」に似ているが、「どうにもならない」には対応が不可能である事態について、慨嘆・憤慨またはあきらめの暗示がある点で、かなり冷静で客観的な「どうしようもない」と区別される。全く同じ文脈で「どうにもならない」と「どうしようもない」が用いられると、次のようなニュアンスの違いを生ずる。

どうにもならないばか。(腹立たしいほど愚《おろ》かだ)

どうしようもないばか。(非常に愚かだ)

対処できないことについて憤慨している点で、「どうにもならない」は「どしがたい」にも似ているが、「どしがたい」には憤慨や怒りの暗示が強く、慨嘆やあきらめの暗示はないことが多い。

⇨「どうしようもない」「どしがたい」「やむをえない」「なんにもならない」「ならない」

どえらい [ど偉い] Doerai

(1)① こないだ**どえらい**目に遭《あ》ったよ。

② これはまた**どえらい**ことしでかしたもんだな。

(2)① 今日は**どえらい**寒さだねえ。

② 奴は株で**どえらく**もうけたそうだ。

【解説】 (1) 困難でたいへんだ、とんでもないという意味を表す。マイナスイメージの語。「どえらい□□」のように名詞にかかる修飾語の形で用いることが多く、述語になることはない。俗語であって日常会話中心に用いられ、文章中には用いられない。「えらい」の(4)の意味を誇《こ》張《ちょう》して表現した語で、話者の驚きや失望などの感情が付け加えられている。「えらい」と同様、結果としての困難さ、たいへんさを暗示し、行為や事態の途中で用いることは少ない。

(2) 程度がはなはだしい様子を表す。プラスマイナスのイメージはない。修飾語として用いられ、述語になることはない。「えらい」の(5)の意味を誇張して表現した語である。

「どえらい」は「えらい」を強調した形の語であるが、「えらい」の(1)(賞賛や尊敬に値する様子)、(2)(社会的地位が高い様子)、(3)(物事が簡単にはできず、困難な様子)の意味を表す用法はない。

⇨「えらい」

とおい［遠い］Tôi

(1)① 家から会社まではとても**とおい**。
② **とおく**の火事より背中の灸《きゅう》。（ことわざ）
③ 鳩《はと》は**とおい**空の向こうへ飛んでいった。
④ その家は駅から**とおく**離れている。
⑤ 晴れた日には**とおく**サハリンまで見通せる。
⑥ ハレー彗星《すいせい》は**とおい**宇宙の彼方からやってくる。
⑦ 彼女の兄はいま**とおい**所でおつとめをしている。
⑧ おばあちゃんは**とおい**所へ行ってしまったよ。
⑨ あれはもう**とおい**昔の出来事だ。
⑩ **とおい**将来、一国一城の主《あるじ》になるつもりだ。
⑪ この店の歴史は**とおく**江戸初期にまでさかのぼる。
⑫ 彼が部長になるのもそう**とおく**ないだろう。

(2)① うちの祖父は耳が**とおい**。
② すみません、電話が**とおく**てよく聞こえないんですが。
③ 四三〇兆円だなんて気の**とおく**なるような数字だ。

(3)① 彼は合格点には**とおい**成績で落第した。
② 大臣の発言は庶民《しょみん》の実感とは**とおかっ**た。
③ 工事は完成にはまだまだ**とおい**。
④ いくら頑張っても彼の力には**とおく**及ばない。
⑤ 当たらずといえども**とおから**ず。（ことわざ）
⑥ きのう**とおい**親類《しんるい》の家に遊びに行った。
⑦ いつしか二人の仲が**とおく**なった。
⑧ **とおく**て近きは男女の中。（ことわざ）

【解説】 (1) 空間的・時間的な隔《へだ》たりが大きい様子を表す(↔ちかい)。プラスマイナスのイメージはない。①～⑧は空間的な隔たりが大きい意味で用いられた例である。③の「とおい空」は現在地から遠く隔たった空という意味と、空自体が高く晴れ上がって遠い所に見えるその向こうという二通りの意味にとれる。⑤の「とおく～まで見える」は慣用句で、いちばん遠い所としてはという意味である。⑦⑧の「とおい所」も慣用句で、⑦の場合は一般の日常生活から遠い所――刑務所《けいむしょ》の暗喩《あんゆ》になっている。⑧の場合はあの世という意味である。

⑨～⑫は時間的な隔たりが大きいという意味で用いられた例である。⑫は「とおくない」という打消しを伴《ともな》った形でよく用いられ、現在からあまり時間を経《へ》ないうちにという意味である。この場合、反対語の「ちかい」を用いたときよりも、具体的な時間の観念《かんねん》が薄く、漠然《ばくぜん》と「まもなく」と言っているにすぎないので、実際にかかる所要時間は「ちかい」と言ったときのほうが短くなることが多い。

彼が部長になるのも遠くない。（やがてはなる）

彼が部長になるのも近い。　（もうすぐなる）

空間的・時間的隔たりが非常に大きい場合には、「はるか」を用いることもある。

(2)　感覚が鈍《にぶ》い様子を表す。ややマイナスイメージの語。慣用句を作る。①は「耳がとおい」の形で、よく聞こえない、聴覚《ちょうかく》が鈍いという意味。②は「電話がとおい」の形で、雑音が入ったり声が小さかったりしてよく聞き取れないという意味。③は「気がとおくなる」の形で、意識が朦朧《もうろう》となる、正気《しょうき》を失うという意味である。この意味のときには反対語として「ちかい」は用いられない。

(3)　関係が希薄《きはく》である様子を表す(↔ちかい)。プラスマイナスのイメージはない。①～④は基準となる点を示して、それから隔たっているという意味で用いられている。①は「合格点」、②は「庶民の実感」、③は「工事の完成」がその基準点となる。この場合、対象は基準から大きく下回っていることが暗示され、基準を大きく超えていることは暗示しない。

×　彼は合格点には遠い成績で合格した。

→彼は合格点をはるかに上回る成績で合格した。

①～④のときは、より意味のはっきりした「ほどとおい」を用いることが多い。

⑤はことわざで、推理や答えが的中してはいないが、まったくの誤りというわけでもないという意味である。

⑥～⑧は人間関係にしぼった場合の例で、⑥は血縁《けつえん》が遠いという意味、⑦は疎遠《そえん》になったという意味である。⑧はことわざで、男女の間柄というものは疎遠なようでいて、案外結ばれやすいものであるという意味である。

人間関係について「とおい」が用いられた場合には、「うとましい」「うとい」などにも通じるが、「うとましい」などが人への嫌悪《けんお》から出発して遠ざかっていたい心理を表現し、マイナスのイメージの語になっているのに対して、「とおい」は客観的に関係の希薄さを述べるだけで、プラスマイナスのイメージはない点が異なる。

⇨「はるか」「ほどとおい」「まどお」「うとい」「うとましい」「えんどおい」「みみどおい」「ながい」「ちかい」

どぎつい　Dogitsui

① 彼女の化粧は**どぎつく**てちっとも似合わない。

② 会場は**どぎつい**イルミネーションで飾られていた。

③ 彼は油をたくさん使った**どぎつい**料理が好きだ。

④ あのメーカーの広告は**どぎつい**。

⑤ 少女は**どぎつい**言葉でののしった。

【解説】　外見・味・色などが濃厚《のうこう》で不快な様子を表す。マイナスイメージの語。①～④が基本的な意味である。

⑤はこれらから一歩進んだ意味で、衝撃的《しょうげきてき》な言葉で（しばしば性的なニュアンスがある）という意味である。

「どぎつい」は対象の濃厚な性質そのものを暗示し、行為における執着《しゅうちゃく》の強さを暗示しない点が、「しつこい」などと異なる。

✕ 彼はどぎつく客につきまとう。
→彼はしつこく客につきまとう。

対象の濃厚な性質を表す点で「どぎつい」は、「くどい」や「あくどい」にも似ているが、「くどい」には対象の濃厚さに対する不快感が強く暗示され、「あくどい」には「悪意を感じさせるほどの濃厚さ」が暗示されている点で、「どぎつい」はこれらの中間的な程度を表すと言える。

⇨「しつこい」「くどい」「あくどい」「どくどくしい」「けばけばしい」

どくどくしい ［毒々しい］ Dokudokushii

① 人気《ひとけ》のない墓地《ぼち》に彼岸花《ひがんばな》が**どくどくしく**咲いていた。
② 彼は**どくどくしい**キノコを採ってきた。
③ 彼女の化粧はいつも**どくどくしい**。
④ こういう**どくどくしい**色は嫌《きら》いだ。
⑤ 激昂《げきこう》した彼女は**どくどくしい**言葉を投げつけた。

【解説】 いかにも毒がありそうなほど濃厚《のうこう》で不快な様子を表す。マイナスイメージの語。言葉の性質上、具体的なものの外見の様子や色などについて用いることが多く、⑤のように目に見えないものの抽象的な性質について用いることはあまり多くない。

？ 毒々しい味。→どぎつい味。

対象の性質が濃厚で不快だという意味で、「どくどくしい」は「どぎつい」に非常によく似ているが、毒を比喩《ひゆ》として用いているぶん程度が高い場合が多い。

また、「どくどくしい」は「あくどい」にも近いが、「あくどい」に表現されている不快感はかなり主観的で、人によってはさほど不快を感じない場合もあるが、「どくどくしい」が暗示する不快感にはかなりの普遍性《ふへんせい》があり、客観的に見ても好ましくないことが多い。全く同じ文脈で「どくどくしい」と「あくどい」が用いられると、次のようなニュアンスの違いを生ずる。

毒々しい化粧。（誰が見ても濃すぎていやだ）
あくどい化粧。（濃すぎてぼくは嫌いだ）

「けばけばしい」にも似た意味があるが、「けばけばしい」は対象の派手さが度を超えているというニュアンスがあり、「どくどくしい」に暗示されている忌避感《きひかん》はない。

毒々しい花。（近寄ると危険だ）
けばけばしい花。（色彩が派手すぎていやだ）

⇨「どぎつい」「あくどい」「けばけばしい」

とげとげしい［刺々しい］ Togetogeshii

① 彼女は**とげとげしい**目つきでにらんだ。
② 電話に出た母の声は**とげとげしかっ**た。
③ 会議の**とげとげしい**雰囲気にはいたたまれない。

【解説】 刺激的な感じで不快な様子を表す。マイナスイメージの語。例のように、顔・目つき・声・雰囲気など、ある状況下において外に現れたものについて用いることが多く、人の性格全体を表すことは少ない。性格について用いられた場合にも、外見の「とげとげしさ」によって性格を類推《るいすい》する場合が多い。

？ 彼女はとげとげしい性格だ。
→彼女はきつい(かどかどしい)性格だ。

「とげとげしい」は「けわしい」に似ているが、「けわしい」が「危険や困難を感じさせるような」というニュアンスをもつのに対して、「とげとげしい」は神経の過敏《かびん》さを暗示する点で異なる。

× 彼女はけわしく突っかかっていった。
→彼女はとげとげしく突っかかっていった。

また、「とげとげしい」は「きつい」にも似ているが、「きつい」が性格の強さをやや客観的に表現するのに対して、「とげとげしい」はその人の性格全体の強さまでは暗示せず、ある状況下において外見に現れた感情のたかぶりを暗示する点で異なる。

× 彼女はとげとげしい目つきの女だ。
→彼女はきつい目つきの女だ。

⇨「きつい」「かどかどしい」「けわしい」

どしがたい［度し難い］ Doshigatai

① 全く**どしがたい**頑固《がんこ》さだな。
② 縁《えん》なき衆生《しゅじょう》は**どしがたし**。(ことわざ)

【解説】 理解力がなくて救いようがない、どうしようもない様子を表す。ややマイナスイメージの語。①は頑固《がんこ》さの程度がはなはだしくて、救いようがないという意味である。②はことわざで、仏縁《ぶつえん》のない衆生《しゅじょう》(一般大衆)は救いようがないという意味で、転じて、忠告を聞く気もないような者は救いようがないという意味である。

「どしがたい」は、いくら言い聞かせてもわからないという意味が背後《はいご》にあるので、おもに人間の性質について用いられ、状況など人間以外の物事について用いられることは少ない。

？ 度しがたい状況になってきた。
→どうしようもない状況になってきた。

「どしがたい」は「どうにもならない」に似ているが、「どうにもならない」が対応不可能なことについての慨嘆《がいたん》やあきらめのニュアンスをもつのに対して、「どしがたい」は憤慨《ふんがい》や怒りのニュアンスをもつ点がやや異なる。全く同じ文脈で「どしがたい」と「どうにもならない」が用いられると、次のようなニュアンスの違いを生ずる。

度しがたい奴。（腹が立つ）

どうにもならない奴。（しかたがない）

⇨「どうしようもない」「どうにもならない」「―がたい」

どすぐろい［どす黒い］Dosuguroi

(1) ① 事故現場には**どすぐろい**血がしたたっていた。

② 彼の顔は**どすぐろく**むくんでいた。

(2) ① 彼には**どすぐろい**うわさがつきまとっている。

② 政界の**どすぐろい**陰謀《いんぼう》に巻きこまれる。

【解説】 (1) 色彩を表す形容詞の一つ。色彩が濁《にご》って黒みを帯びている様子を表す。マイナスイメージの語。実際の色調には幅があり、赤が濁って黒みを帯びているもの(①)、肌色が濁って黒みを帯びていくもの(②)などがある。「どすぐろい」は本来黒い色彩でないものが、濁って黒く見えるようになっているという意味であるので、本来黒いもの、黒いことが前提となっているものについては用いない。

× どす黒い黒板(墨)。

「どすぐろい」には、色彩が濁って黒みを帯びていることに対する不気味さや不快感が暗示されており、客観的な色彩の描写《びょうしゃ》ではないことが多い。全く同じ文脈で「どすぐろい」と「くろい」「くろっぽい」が用いられた場合には、次のようなニュアンスの違いを生ずる。

彼の顔はどす黒い。（気持ち悪い顔色だ）

彼の顔は黒い。（日焼けしている。汚れている）

彼の顔は黒っぽい。（黒く見える…原因についての言及《げんきゅう》はない）

(2) 不正・犯罪《はんざい》などが存在する様子を表す。マイナスイメージの語。「くろい」の(3)よりもさらに不気味さ、恐怖を強調した語である。

「どすぐろい」には汚れているという意味はない。

⇨「くろい」「くろっぽい」「まっくろ」

とっぴょうしもない［突拍子も無い］Toppyôshimo-nai

① 彼は突然**とっぴょうしもない**大声を出した。

② その計画はあまりにも**とっぴょうしもない**ものだったので、みな唖然《あぜん》として反論の声もなかった。

【解説】 常識にはずれていてあきれるほど程度がはなはだしい様子を表す。ややマイナスよりのイメージの語。程度が非常にはなはだしい対象の様子について、あきれや驚きの暗示を含む語で、客観的な表現ではない。

×彼女は突拍子もなく美しい。

→彼女は途方もなく(非常に)美しい。

「とっぴょうしもない」は「とほうもない」に似ているが、「とほうもない」は程度が極端に高いことについて、対応のしかたがわからない放心やあきらめの暗示があるのに対して、「とっぴょうしもない」には明らかなあきれの暗示のある点が異なる。

「とっぴょうしもない」はまた、「とてつもない」にも似ているが、「とてつもない」は程度の高いことを誇張的《こちょうてき》に表し、特定の感情は暗示されていない。

×今年は突拍子もなく大きいカボチャが採れた。

→今年はとてつもなく大きいカボチャが採れた。

程度が非常に高いことを表す語としては他に「とんでもない」などもあるが、「とんでもない」には程度の高いことについての慨嘆《がいたん》のニュアンスのある点で、あきれのニュアンスのある「とっぴょうしもない」と異なる。全く同じ文脈で「とっぴょうしもない」と「とんでもない」が用いられると、次のようなニュアンスの違いを生ずる。

突拍子もない計画。(常識はずれの計画)

とんでもない計画。(言語道断《ごんごどうだん》の計画)

⇨「とほうもない」「とてつもない」「とんでもない」

とっぽい Toppoi

(1)① こんな大事な秘密《ひみつ》を知らばっくれるとは、彼もみかけによらず**とっぽい**ところがあるな。

(2)① 大人になりきらない**とっぽ**さが、アイドルとして成功するための必要条件でしょう。

【解説】 (1) ずうずうしくとぼける様子を表す。ややマイナスよりのイメージの語。俗語であって日常会話で用いられ、文章中には登場しない。人の性格全体を評する場合に用いることが多く、ある人の特定の行為について用いることはまれである。

ずうずうしくとぼけるという意味ではあるが、故意による悪意の存在を暗示せず、多くの場合、第三者が当事者の性格を客観的に評するときに用いられ、非難《ひなん》の暗示はないことが多い。

(2) (1)がややプラスよりのイメージに用いられた場合である。とぼけていて間が抜けて見える様子を表す。この場合には性格全体を表すというよりは、外見が間が抜けて見えるという意味になり、内面の性格を暗示しない。最近では、(2)のほうの意味で用いることが多い。

どでかい Dodekai

(1)① 通りの角に**どでかい**ビルが建ったぞ。

② 金額があまりにも**どでかい**からほっとけない。
(2) ① 会社は今度の不況《ふきょう》で**どでかい**借金をしょいこんだ。
② 例の一件は昨夜の新聞に**どでかく**報道されてたな。

【解説】 大小を表す形容詞の一つ。俗語であって、日常会話にのみ用いられ、文章中には登場しない。また、かなり乱暴な語であるので、女性はあまり用いない傾向にある。

(1) 形態《けいたい》・数量などが非常に大である様子を表す。原則としてプラスマイナスのイメージはない。ただし、「おおきい」や「でかい」などに比べると。「どでかい」は対象の大きいことについて驚きやあきれの気持ちが暗示されており、その感情を含むぶんだけ、対象の大きさが並はずれていることが暗示されるので、対象にとって大きいことが好ましい場合と好ましくない場合によって、プラスマイナスのイメージが変わる。

「どでかい」は「おおきい」「でかい」よりも用法が狭く、おもに具体物の形態や数量が大きいことについて用いられ、人間の性格のおおらかさや年齢が上であることについてはふつう用いられない。

× 彼はどでかい心の持ち主だ。
→彼は大きな心の持ち主だ。
× ぼうや、どでかくなったなあ。
→ぼうや、でかくなったなあ。(形態)
→ぼうや、大きくなったなあ。(年齢・成長・形態とも)

(2) 程度・影響などが非常に深刻で重大な様子を表す。プラスマイナスのイメージはない。

「どでかい」は非常に大きいという意味で「ばかでかい」に似ているが、「ばかでかい」は対象のスケールが非常に大きいことについてあきれ・慨嘆《がいたん》などマイナスイメージの暗示を含む点が、驚きと誇張《こちょう》を暗示するだけで原則としてプラスマイナスのイメージはない「どでかい」と異なる。

？ 彼の声はどでかくてうるさい。
→彼の声はばかでかくてうるさい。

⇨「おおきい」「おおきな」「でかい」「ばかでかい」

とてつもない [途轍も無い] Totetsumo-nai

① 今年は**とてつもなく**大きいカボチャが採れた。
② 組合の要求は**とてつもない**金額だった。

【解説】 常識にはずれるほど程度がはなはだしい様子を表す。原則としてプラスマイナスのイメージはない。程度が非常に高いことを誇張的に表すが、特定の感情は含まれていない点が、あきれや驚きの暗示を含む「とっぴょうしもない」、対応のしかたがわからない放心やあきらめの暗示を含む「とほうもない」、慨嘆《がいたん》や怒りの暗示を含む「とんでもない」と異なる。

とてつもない計画。（常識はずれに壮大な計画）
突拍子もない計画。（常識はずれにあきれた計画）
途方もない計画。（対処《たいしょ》しきれない壮大な計画）
とんでもない計画。（言語道断《ごんごどうだん》なほど無謀《むぼう》な計画）

⇩「とっぴょうしもない」「とほうもない」「とんでもない」
「はかりしれない」

とほうもない ［途方も無い］ Tohômo-nai

① その名画には**とほうもない**値段がついていた。
② 彼女は恋人に死なれ、**とほうもなく**悲しんだ。

【解説】 対応のしかたがわからないほど程度がはなはだしい様子を表す。ややマイナスよりのイメージの語。「とほうもない」は対応のしかたがわからないほど、という点にポイントがあり、放心やあきらめのニュアンスのある点で、あきれや驚嘆《きょうたん》の暗示のある「とっぴょうしもない」と異なる。

？ 彼は突然途方もない声を出した。
→彼は突然突拍子もない声を出した。

「とほうもない」はまた「とてつもない」にも似ているが、「とてつもない」は程度が高いことを誇張的《こちょうてき》に表現するだけで、特定の感情は暗示されていない。

途方もない悲しみ。（やり場のない悲しみ）
とてつもない悲しみ。（非常に深い悲しみ）

程度の高いことを表す語としては他に「とんでもない」があるが、「とんでもない」には程度の高いことについての概嘆《がいたん》や怒りの暗示のある点が、あきらめ・放心の暗示のある「とほうもない」と異なる。

× 年とった両親を放り出すなど、途方もない話だ。
→年とった両親を放り出すなど、とんでもない話だ。

⇩「とっぴょうしもない」「とてつもない」「とんでもない」
「はかりしれない」

とぼしい ［乏しい］ Toboshii

① 日本には石油資源《しげん》が**とぼしい**。
② 保存食糧《しょくりょう》が**とぼしく**なってきた。
③ **とぼしい**中から分かち合ってきた仲だ。
④ 新事業を興《おこ》すには資金が**とぼしい**。
⑤ 給料前は財布のあり金が**とぼしい**。
⑥ まだ若いから経験が**とぼしい**のはしかたがない。
⑦ この作品は魅力に**とぼしい**ね。
⑧ 彼は変化に**とぼしい**田舎《いなか》の生活に飽《あ》きてしまった。
⑨ 君は想像力に**とぼしい**ところがあるね。

【解説】 必要量にたりない様子を表す（↔ゆたか）。マイナスイメージの語。具体的な物の量がたりない場合（①～⑤）と、抽象的なものが基準に達していない場合（⑥～⑨）とがある。やや文章語的で、日常会話にはあまり登場しない。

? 飲みに行くには金が乏しい。

↓飲みに行くには金がたりない。

①②が基本的な意味である。③は①②から進んだ意味で、物質的に必要量がたりない結果、生活が苦しいという意味で「まずしい」に近い。

抽象的なものが基準に達していないという意味で用いる場合、「□□がとぼしい」「□□にとぼしい」と二通りの助詞を伴《ともな》う。

「とぼしい」は「まずしい」に似ているが、「まずしい」が物質的に不足している結果、生活が苦しいという意味であるのに対して、「とぼしい」はふつうは生活の苦しさまでは暗示せず、客観的にあるものの量が不足していることだけを表す点で異なる。

? 彼は乏しい家庭に育った。

↓彼は貧しい家庭に育った。

不足しているという意味では「少ない」にも似ているが、「少ない」が量が小であることについての客観的な表現であるのに対して、「とぼしい」は必要量にたりないという比較したうえでの不足を暗示し、マイナスイメージの語になっていて、量が小であることが好ましい場合には用いられない。

× その国では交通事故の死者が乏しい。

↓その国では交通事故の死者が少ない。

⇩「まずしい」「すくない」「ゆたか」

とめどない・とめどもない

［止め処無い・止め処も無い］ **Tomedonai・Tomedomo-nai**

① 悲しい映画を見て涙が**とめどなく**あふれた。

② 彼女のうわさ話は**とめどもない**。

【解説】 抑制《よくせい》がきかないほど続く様子を表す。ややマイナスよりのイメージの語。自分の抑制がきかないという点にポイントがあり、客観的にどの程度続くかということは問題にしていない。

「とめどない」は「際限《さいげん》もない」に似ているが、「際限もない」がいつまでも続く状態についてあきれや慨嘆《がいたん》などの暗示を含むのに対して、「とめどない」は抑制がきかずに続く様子をやや客観的に表現し、動作や行為を見る（受け取る）者の感想までは表現されていない点が異なる。

× 悲しい映画を見て涙が際限もなくあふれた。

とるにたりない ［取るに足りない］ **Toruni-tarinai**

① 彼は**とるにたりない**失敗を苦《く》に自殺した。

② あんな奴の意見など**とるにたりない**。

③ **とるにたりない**人間など相手にするな。

【解説】 問題にするだけの価値がない様子を表す。マイナスイメージの語。例のように名詞にかかる修飾語または述語として用いることが多く、その他の修飾語として用いることはまれである。

? 彼の意見は取るにたりずばかばかしい。

価値がないことを表す意味で「とるにたりない」は「つまらない」に似ているが、「つまらない」は対象が卑小《ひしょう》であることを暗示し、自分自身に関するものについての卑《ひ》下語《げご》として用いることができる点で、やや侮蔑的《ぶべってき》なニュアンスをもつ「とるにたりない」と異なる。全く同じ文脈で「とるにたりない」と「つまらない」が用いられた場合には、次のようなニュアンスの違いを生ずる。

取るにたりない考え。(問題にならない考え)

つまらない考え。(卑小な考え)

「とるにたりない」は「くだらない」にも似ているが、「くだらない」には対象に対する明らかな侮蔑の暗示があり、自分自身に関するものについては用いられない点が異なる。

× ぼくはくだらない人間です。

→ぼくは取るにたりない(つまらない)人間です。

⇩「つまらない」「くだらない」「ありふれた」「しがない」「らちもない」

とろい Toroi

(1)① あいつは**とろく**て物覚えが悪いな。

② 彼は口だけは一人前だが、やることが**とろい**。

(2)① きれいな焦《こ》げめをつけるには火が**とろい**。

【解説】 (1) 動作や反応が鈍《にぶ》い様子を表す。マイナスイメージの語。俗語であって日常会話中心に用いられ、文章中にはあまり登場しない。また、比較的若い人が用いる傾向にあり、年配の人は用いない傾向にある。

あいつはとろい奴だ。

→あいつは鈍い(間抜けな)奴だ。

人間の動作や反応の鈍い性質にかぎって用いられ、物事については擬人法《ぎじんほう》をのぞいて用いられない。

× 中古車はアクセルの反応がとろい。

→中古車はアクセルの反応が鈍い。

「とろい」は動作や反応が鈍くて遅いことについて、見る者の焦燥《しょうそう》や怒りの暗示されている語であって、客観的に動作や反応が遅いと言っているのではない点が、「のろい」や「にぶい」と異なる。

(2) 火の勢いが弱い様子を表す。プラスマイナスのイメージはない。ただし、現在では調理などの火力が弱いという意味にかぎって用いられ、一般的に火勢が弱いという意味では用いられない。

× 火事はとろい火で二昼夜《ちゅうや》燃え続けた。
→火事は弱い火勢で二昼夜燃え続けた。

「火がとろい」という述語の形か、「とろ火」という派生語で用いられることが多く、その他の形は少ない。

？ 卵料理はとろい火で時間をかけるのがコツだ。
→卵料理は弱い火(とろ火)で時間をかけるのがコツだ。

⇩「のろい」「にぶい」「おそい」「よわい」

どろくさい【泥臭い】Dorokusai

(1)① このどじょうはいくら洗ってもまだ**どろくさい**。
② 川魚《かわざかな》はどうも**どろくさく**て好きじゃない。
(2)① 彼はわざと**どろくさい**恰好《かっこう》で銀座《ぎんざ》を闊歩《かっぽ》する。
② あの俳優《はいゆう》の演技は田舎芝居《いなかしばい》みたいに**どろくさい**。

【解説】(1) 泥のにおいのする様子を表す。ややマイナスよりのイメージの語。「～くさい」は「～のにおいがする」という意味の形容詞を作る語尾。「つちくさい」に似ているが、「つちくさい」の表す土が畑の土のように適度に水分を含んでいて、植物の繁茂《はんも》に適するような土を言うのに対して、「どろくさい」の表す土は、水分を多量に含んでいる川底や水田などの土を言う点が異なる。

× 駅を降りた途端、畑の泥臭いにおいがした。
→駅を降りた途端、畑の土臭いにおいがした。

(2) 身なり・服装・態度などが洗練されていない様子を表す。マイナスイメージの語。「やぼったい」に非常によく似ているが、「どろくさい」のほうが直接的で侮蔑《ぶべつ》の暗示が強く出る。

洗練されていない様子を表す類語としては他に「あかぬけない」「いなかくさい」「つちくさい」「ださい」などがあるが、「あかぬけない」は文章語的で侮蔑の度合が低く、「いなかくさい」はやや客観的な表現で、「つちくさい」にははっきりしたプラスマイナスのイメージがなく、対象が好ましい場合にも用いられ、「ださい」は俗語で若い人に好んで用いられ侮蔑の暗示も強いなど、それぞれニュアンスの違いがある。

⇩「つちくさい」「やぼったい」「あかぬけない」「いなかくさい」「ださい」「－くさい」

とんでもない【とんでも無い】Tondemonai

(1)① カーブがすっぽぬけて**とんでもない**球になった。
② その絵には**とんでもなく**高い値段がついていた。
(2)① 彼はときどき**とんでもない**時間に電話してくる。
② ぼくがだましたなんて**とんでもない**誤解《ごかい》だ。
(3)① 彼女と結婚するだなんて、**とんでもない**。
② 奴が優秀《ゆうしゅう》だって？ **とんでもない**。要領《ようりょう》がいいだけさ。

③「わざわざお送りいただきまして」「**とんでもない**」

【**解説**】(1) 常識にはずれていて嘆《なげ》かわしいほど程度が高い様子を表す。ややマイナスイメージの語。「とんでもない」は、程度が高いことについて慨嘆《がいたん》の暗示のある点がポイントである。程度の高いことを表す類語としては、「とっぴょうしもない」「とてつもない」「とほうもない」などがあるが、「とっぴょうしもない」にはあきれや驚嘆《きょうたん》の暗示のある点が、「とてつもない」は誇張的であるがやや客観的で特定の感情を暗示しない点が、「とほうもない」は放心やあきらめの暗示のある点が、それぞれ異なる。全く同じ文脈でこれらが用いられると、次のようなニュアンスの違いを生ずる。

とんでもない球。(見当はずれな所に飛んだ球)
突拍子もない球。(打者の意表《いひょう》を突く球)
とてつもない球。(非常に威力《いりょく》のある球)
途方もない球。(打者の手が出ない球)

(2) 常識にはずれていて非難すべき様子を表す。マイナスイメージの語。例のように名詞にかかる修飾語になることが多い。①の「とんでもない時間」は、深夜や早朝《そうちょう》など人がふつう活動していないような時間という意味である。

(3) (2)から進んだ意味で、強い否定を表す。プラスマイナスのイメージはない。①のように述語で用いられるか、②③のように感動詞的に言い切りで用いられる。この「とんでもない」は「めっそうもない」に似ているが、「めっそうもない」がおもに自分に関する物事について用いられるのに対して、「とんでもない」は自分以外に関する物事についても用いられ、憤慨《ふんがい》や怒りの暗示を含む点で異なる。

× 奴が優秀だって? めっそうもない。要領がいいだけさ。

⇩「とっぴょうしもない」「とてつもない」「とほうもない」「めっそうもない」「ゆゆしい」

な 行

ない［無い・亡い］Nai

(1)
① 地獄《じごく》などどこにも**ない**。
② 席に戻ってみたらカバンが**なかっ**た。
③ 彼はあること**ない**こと言《い》い触《ふ》らす癖《くせ》がある。
④ この話は**なかっ**たことにしてくれないか。
⑤ 便《たよ》りが**ない**のはいい便り。（ことわざ）
⑥ 合格発表の掲示板《けいじばん》に息子の名前は**なかっ**た。
⑦ いくら催促《さいそく》されても**ない**袖《そで》は振れない。
⑧ 小銭《こぜに》だって**ない**よりはましだ。
⑨ その老婆《ろうば》には身寄りが**なかっ**た。
⑩ 長女は家持《いえも》ちに嫁《とつ》いだが、次女の相手は家が**ない**。
⑪ こんな法律を作っても意味が**ない**。
⑫ どうもやる気の**ない**奴が多くて困る。
⑬ いまさら君に言うことは何も**ない**。
⑭ 大物を逃がした彼の悔《くや》しがりようったら**なかっ**た。
⑮ 本番まであと一週間しか**ない**。
⑯ 会社は駅まで百メートルも**ない**近さだ。
⑰ 郷土《きょうど》を愛した詩人ももう今は**ない**。
⑱ **なき**父に代わってありがたくいただきます。

(2)
① 巨人の優勝だって？ そりゃ**ない**よ。
② ぼくがウソつきですって？ そういう言い方は**ない**でしょう。
③ ぼくはまだフグサシを食べたことが**ない**。
④ こんな悲しい思いをしたことは**ない**ですよ。
⑤ あわてることあ**ない**。電車はいくらでも来るんだ。
⑥ まさか命まで取られることは**ない**だろう。
⑦ やってやれないことは**ない**が、あまり無理はしたくないなあ。
⑧ 演歌《えんか》はいちばん歌いたく**ない**歌だ。
⑨ 私は一人の会社員でしか**ない**。
⑩ 彼女はちっともやさしく**ない**。
⑪ あんな男の顔など見たくも**ない**。
⑫ 君がやりそこなったわけじゃ**ない**。
⑬ 三十分前に着いたら、まだだれも来て**なかっ**た。
⑭ そんなあぶない所へは行か**ない**よ。
⑮ ばかは死な**なきゃ**治《なお》ら**ない**。（ことわざ）
⑯ だれにも言うんじゃ**ない**よ。
⑰ 食事が終わったら喫茶店《きっさてん》に行か**ない**か。
⑱ 君がやった仕事かね？ いいじゃ**ない**か。
⑲ あら、待っててくれなきゃだめじゃ**ない**。
⑳ もう帰っちゃうの？ 行か**ない**で。

【解説】 (1) 非存在《ひそんざい》を表す(↕ある)。プラスマイナスのイメージはない。①～⑯の意味のとき、「無い」と書くこともある。

①が非存在の最も基本的な意味である。②は今まであったカバンがなくなっていたという意味、③の「あることないこと言う」は慣用句で、事実も事実でないことも言うという意味である。④の「なかったことにする」も慣用句で、白紙《はくし》に戻すという意味である。⑤はことわざで、音信《おんしん》がないのは元気で活躍《かつやく》していて手紙を出す暇もないのだから、心配する必要はないという意味である。

⑦～⑬は主体が所有していないことを表す。⑦の「ない袖は振れない」は慣用句で、持っていないもの(金)は払えないという意味である。⑧の「ないよりまし」も慣用的に用いられる表現で、全然所有していないよりはまだよいという意味である。

⑭の「～といったらない」は慣用句で、「～という事態は類例《るいれい》がないほどはなはだしい」「非常に～である」という意味である。

⑮⑯は、前に数量を表す言葉を受けて、その数量以下であることを表す。この場合には、数量につく助詞によって具体的に表す数量の値に微妙な違いが生じる。⑮の「一週間しかない」では、期間はちょうど一週間であるが、その一週間という期間を短いものだとする判断が暗示されている表現である。同じ一週間を長いと判断すれば、「一週間もある」となる。

　一週間しかない。↕一週間もある。

⑮で助詞の「しか」をとって「一週間ない」とすると、期間は一週間以内になり、その期間が長いか短いかの判断の表されない客観的な表現になる。

⑯の「百メートルもない」は、距離が百メートル以下であることは確実で、しかも百メートルという距離を非常に近いとする話者の判断が暗示されている。「百メートルもある」とすると、距離はちょうど百メートルであって、しかもその百メートルを遠いとする判断が暗示されることになる。

⑰⑱は人が死んでこの世にいないという意味を表す。この意味のときは、しばしば「亡い」と書く。述語で用いられる場合には、⑰のようにしばしば「もう今は～」のような修飾語を伴《ともな》い、単独で述語になった場合には存在しないという意味になるのが普通で、死んでこの世にいないという意味にはならないことが多い。

　郷土を愛した詩人ももう今はない。
　(死んでしまった)
　郷土を愛した詩人もない。
　(もともと存在しない)

名詞にかかる修飾語になる場合には、⑱のように「なき□□」という形になることが多く、「ない□□」という形になることは少ない。

(2) 打消し・否定を表す。プラスマイナスのイメージはない。ふつう平仮名書きし、漢字で書かれることは少ない。⑧〜⑳は補助形容詞あるいは助動詞と分類されることが多く、(1)、(2)①〜⑦と別語扱いされることがある。

①②は述語でのみ用いられ、強い否定を表す。ただしこの否定は、話者の主観的な否定の意志を表明するだけであって、客観的な非存在を意味するわけではない。①は「ありえない」「ないと思う」、②は「おかしい」「失礼だ」と言うのと実際には同じ意味になる。

③〜⑦は「〜ことはない」という形をとり、述語で用いられる。③④は未経験を表す。⑤は不必要を表す。⑥は可能性が低いことを表す。⑦は「〜ないことはない」という二重否定の形をとり、可能性の存在することを表す。ただし、積極的に可能であると言っているわけではない。

⑧〜⑮は他の語についてその内容を否定する基本的な打消しの意味である。⑮はことわざで、ばかというものは死なないと治らないものだ、教育や治療《ちりょう》ではどうしようもないという意味である。

⑯〜⑳は文末にあって、しばしば他の助詞を伴い、さまざまの意味を表す。⑯は「〜じゃない(ではない)」の形をとり、軽い禁止を表す。⑰は「〜ない(か)」の形をとり、勧誘《かんゆう》を表す。この場合には上昇するイントネーションで発音される。⑱の「〜じゃない(か)」は納得《なっとく》または確認《かくにん》を表し、下降するイントネーションで発音される。⑲は軽い詰問《きつもん》を表す。⑳は「〜ないで」の形をとり、打消しの願望《がんぼう》を表す。

「ない」は非存在や打消しを表す最も基本的な語であるが、他の語と複合してさまざまの意味を表す。

⇨「あえない」「あかぬけない」「あきたりない」「あじけない」「あたらない」「あっけない」「あぶなげない」「あらそえない」「あられもない」「ありえない」「ありもしない」「いいしれぬ」「いけすかない」「いけない」「いただけない」「いたたまれない」「いたらない」「いなめない」「えげつない」「おくめんもない」「おしげもない」「おしみない」「おしもおされもしない」「おとなげない」「おぼつかない」「おもいがけない」「おもいもよらない」「およばない」「およびでない」「およびもつかない」「かぎらない」「かぎりない」「かくれもない」「かずかぎりない」「かぞえきれない」「かなわない」「―かねない」「かまわない」「―かもしれない」「がんぜない」「きがおけない」「きがきかない」「きがきでない」「きがしれない」「きかない」「ぎごちない」「きにいらない」「きにくわない」「きのない」「―きれない」「きわまりない」「くいたりない」「くえない」「くだらない」

「くちさがない」「げせない」「こころない」「こころにもない」「こころもとない」「こたえられない」「このうえない」「こよない」「さえない」「さりげない」「ーざるをえない」「しかたがない」「しがない」「しどけない」「しのびない」「しまらない」「しょうがない」「しょざいない」「じょさいない」「すかない」「すぎない」「すくなくない」「すぐれない」「すげない」「すまない」「せつない」「ぜひない」「せわしない」「そういない」「ぞうさない」「そぐわない」「そこしれない」「そこはかとない」「そっけない」「そつない」「たえない」「ただならぬ」「たまらない」「たよりない」「だらしない」「たわいない」「ちがいない」「ちからない」「つつがない」「つまらない」「つれない」「どうしようもない」「どうにもならない」「とっぴょうしもない」「とてつもない」「とほうもない」「とめどない」「とるにたりない」「とんでもない」「なくてはならない」「なければならない」「なさけない」「なってない」「なにげない」「なにごころない」「ならない」「なんでもない」「なんともいえない」「なんにもならない」「にあわない」「にえきらない」「にくめない」「にげない」「にっちもさっちもいかない」「にてもにつかない」「にべもない」「ぬきさしならない」「ぬけめない」「ねがってもない」「のこりすくない」「のっぴきならない」「はかりしれない」「はしたない」「はじまらない」「はてしない」「はなもちならない」「ひきもきらない」「ひっこみがつかない」「ひとたまりもない」「ふがいない」「ふにおちない」「ふるわない」「ほかならない」「まがもてない」「まぎれもない」「またとない」「まちがいない」「まもない」「みっともない」「むしがすかない」「むりもない」「めがない」「めっそうもない」「もうしわけない」「もったいない」「ものたりない」「やむをえない」「やりかねない」「やりきれない」「やるせない」「やんごとない」「ゆるぎない」「よぎない」「よどみない」「よんどころない」「らちもない」「わからない」「わけない」「わりきれない」「わりない」「われにもない」

なうい・なう　Naui・Nau

① 最近は老人といえども**ナウ**な服装をしている。

② このメット（ヘルメット）のイラストが**ナウい**。

【解説】 現代的である様子を表す。プラスイメージの語。「ナウ・ナウい」とカタカナ書きすることが多い。例のように名詞にかかる修飾語、または述語で用いることが多く、その他の修飾語ではあまり用いられない。また、俗語であって日常会話中心に用いられ、文章中で用いられることは少ない。

英語の**Now**から来た語であるが、今風《いまふう》・当世風《とうせいふう》というより、現代の若者の感覚に合致《がっち》するという意味で用いられ、しばしば尖鋭的《せんえいてき》であるという暗示がある。語としては「なうい」のほうが「なう」よりも後から登場したので、意味においても「なう」よりも「なうい」のほうがより尖鋭的であるというニュアンスをもつ。

若者の感覚に合致するという意味では、「なうい」は「かっこいい」に似ているが、「かっこいい」は対象の内容を説明することなく、ただ漠然《ばくぜん》と肯定の感嘆を表すニュアンスがあるのに対して、「なうい」は現代的であるという客観的な意味内容をもち、感嘆までは暗示していない点が異なる。

？「これ、ぼくのサイン」「ナウーい」
→「これ、ぼくのサイン」「かっこいーい」
⇩「かっこいい」「あたらしい」

なおざり ［等閑］ Naozari

① 彼は仕事を**なおざり**にして慈善《じぜん》事業《じぎょう》に奉仕《ほうし》した。
② 課長からは**なおざり**な返事しか返ってこなかった。

【解説】 重大に考えていない様子を表す。ややマイナスイメージの語。対象を重大に考えていない結果として、神経がゆきわたっていないという意味で、意図的にいい加減にしている暗示がある。この点で、主体の意図を問題にせず、しばしば無意識の暗示のある「おろそか」と異なる。

？ テレビを見ていたら手元がなおざりになって、お茶をこぼしてしまった。
→テレビを見ていたら手元がおろそかになって、お茶をこぼしてしまった。

全く同じ文脈で「なおざり」と「おろそか」が用いられると、次のようなニュアンスの違いを生ずる。

仕事をなおざりにする。
（他にもっと重要なことがある）
仕事をおろそかにする。
（ついいい加減になる）

⇩「おろそか」

ながい ［長い・永い］ Nagai

(1)① 彼女はそれまで**ながかっ**た髪をばっさり切った。
② 東京から京都までは**ながい**道のりだ。
③ 彼の顔は馬のように**ながい**。
④ **ながい**ものには巻かれろ。（ことわざ）

(2)① 彼はもう**ながく**ない。
② 彼女の父は**ながく**大臣の要職《ようしょく》にある。
③ ぼくは雨の中、君を**ながい**こと待ってたんだぜ。
④ その会社は十年の**ながき**にわたり、保健所の警告《けいこく》を無視し続けた。
⑤ 隣の老人は人の家を訪問すると尻が**ながい**。
⑥ 翌未明、母は**ながい**眠りについた。

(3) ① 彼の話はいつもだらだらと**ながい**。
② **ながい**小説を読む。
③ このオペラは**ながく**て、途中であきてしまう。

(4) ① 完成に三十年もかかるだなんて、気の**ながい**話だ。
② 辞書作りのような息の**ながい**仕事をやり続けるには、気力も体力も必要だ。
③ 気に入らないこともあるだろうが、もう少し**ながい**目で見てやってほしい。

【解説】 長短を表す最も基本的な形容詞の一つ(↔みじかい)。ふつう「長い」と書くが、時間的な隔《へだ》たりが非常に大きい場合には「永い」と書くこともある。

(1) 空間的に連続しているものの二点間の距離が大きい様子を表す。プラスマイナスのイメージはない。「ながい」は二点間の隔たりが大きいことを、両地点から対等の立場で客観的に(いわば横から見て)表現し、特定の基点は考えていない。ある基点からの距離を問題にするときには「とおい」を用いる。

× ここから駅までは長い。→ここから駅までは遠い。

③は顔の横と縦の長さを比較した場合、縦の長さが平均より大きいという意味である。④はことわざで、自分より強い者には抵抗《ていこう》しないで従ったほうが得策《とくさく》であるという意味である。

二点間の隔たりの方向は鉛直《えんちょく》方向(①)でも、水平方向(②)でもかまわない。また、直線である必要もなく曲がりくねっていてもよい(④)。ただし、鉛直方向の場合には、二辺の比較において位置を変更《へんこう》できることが原則で、位置を動かすことが前提となっていないものの場合には、「ながい」は用いられない。

× 副都心のビルは長い。→副都心のビルは高い。

この木は根が長い。
(掘り出して見て水平方向で計る)
この木は根が深い。
(木が生えている状態で計る)

(2) 二つの時点間の時間的な隔たりが大きい様子を表す。プラスマイナスのイメージはない。二つの時点は双方を限定しない場合(⑤)、現在と未来の二時点の場合(①)、現在と過去の二時点の場合(②)、過去の二時点の場合(③④)などがある。⑥の「ながい眠り」は慣用句で、時点は開始の一点しか示さず「死ぬ」という意味である。④の「~のながきにわたり」も慣用句で、「~という長い期間にわたって」という意味である。⑤の「尻がながい」も慣用句で、「他人の家に長居《ながい》をする」という意味である。

(3) 規模《きぼ》が大きい様子を表す。プラスマイナスのイメージはない。ただし、この規模は時間的な量に換算《かんさん》できる対象についてのみ用いられ、それ以外の一般的なスケールの大きさについては用いられない。

✕ 彼の会社は組織が長い。
→彼の会社は組織が大きい。

(4) 慣用句の形で用いられ、精神的に持続力がある様子を表す。原則としてプラスマイナスのイメージはない。①の「気のながい」は、のんびりしているというややマイナスよりのイメージになる場合と、短気でないというややプラスよりのイメージになる場合とがある。②の「息がながい仕事」は、「根気《こんき》のいる仕事」という意味である。③の「ながい目で見る」は、早急《そうきゅう》に結論を出さないでなりゆきを見守るという意味である。

「ながい」は空間的・時間的に隔たりが大きいことを客観的に表す語で、プラスマイナスのイメージはない。「ながい」ことが好ましくない場合には「ながたらしい」「ながながしい」が用いられる。

⇨「とおい」「ふかい」「おおきい」「きがながい」「ひょろながい」「ほそながい」「ながたらしい」「ながながしい」「ながほそい」「みじかい」

ながたらしい [長たらしい] Nagatarashii

(1) ① 彼の名刺には**ながたらしい**肩書がついていた。
② 彼女が巻いているベルトは**ながったらしく**ておかしい。

(2) ① 校長の訓話《くんわ》はいつも**ながたらしく**ていやだ。
② 彼は遅刻《ちこく》の理由を**ながたらしく**弁解《べんかい》した。

【解説】 長短を表す形容詞の一つ。

空間的・時間的に連続しているものの二点間の隔《へだ》たりが大きくて、不快な様子を表す。ややマイナスイメージの語。日常会話においては、しばしば「ながったらしい」と発音される。「〜たらしい」はいかにも〜のように感じられて不快だという意味の、形容詞を作る語尾。

空間的なものについて用いられる場合(1)と、時間的なものについて用いられる場合(2)とがある。「ながい」の客観的な表現と異なり、対象が「ながい」ことに不快感をもっている暗示がある。

「ながたらしい」は「ながながしい」に似ているが、「ながながしい」では「ながい」ことを強調するニュアンスがあり、不快の暗示は「ながたらしい」に比べて少ないことが多い。

⇨「ながい」「ながながしい」

ながながしい [長々しい] Naganagashii

(1) ① その機械には**ながながしい**説明書がついていた。

(2) ① 彼は遅刻《ちこく》の理由を**ながながしく**弁解《べんかい》した。

【解説】 長短を表す形容詞の一つ。

空間的・時間的に連続しているものの二点間の隔《へだ》たり

が非常に大きい様子を表す。ややマイナスよりのイメージの語。空間的なものについて用いられる場合(1)と、時間的なものについて用いられる場合(2)とがある。ただし、この「ながさ」はかなり主観的であり、受け取る者が「非常に長い」と感じた場合に用いる表現になっている。その意味で「ながたらしい」に近いが、「ながたらしい」ほど不快の暗示は強くない。

⇨「ながい」「ながたらしい」

ながほそい ［長細い］ Nagahosoi

① こんなウナギの寝床《ねどこ》みたいな**ながっぽそい**部屋は住みにくいだろうね。

② その窓は床《ゆか》から天井《てんじょう》まであって**ながほそい**。

【解説】 ものの外形が長くて細い様子を表す。ややマイナスよりのイメージの語。日常会話ではしばしば「ながっぽそい」と発音される。「ながほそい」は長方形の形のものの長辺が短辺よりも極端に長い様子を表し、もともとひも状に長いことが前提となっているものについては用いられない。

？ 長細いひも(ゴム・棒)。
→細長いひも(ゴム・棒)。

「ながほそい」は「ほそながい」に似ているが、「ほそながい」は長方形のものの長辺と短辺の比率《ひりつ》が極端に異なることを、短辺に視点をおいてやや客観的に表し、プラスマイナスのイメージがないのに対して、「ながほそい」では長辺と短辺の比率が異なることを、長辺に視点をおいてややマイナスよりのイメージでとらえている点が異なる。

？ 海岸に半島が長細く突き出ている。
→海岸に半島が細長く突き出ている。

⇨「ほそながい」「ながい」「ほそい」「ひょろながい」

なくてはならない ［無くては成らない］ Nakutewa-naranai

(1)① 彼はわが社には**なくてはならない**人材だ。

② 世の中に**なくてはならない**、皆様のお宅にあってはならない。(葬儀社《そうぎしゃ》の広告)

(2)① ぼくはどうしても行か**なくちゃならない**んだ。

② 図書室は静粛《せいしゅく》で**なくてはならない**。

【解説】 (1) 必要不可欠である様子を表す。ややプラスよりのイメージの語。必要不可欠である結果、大切であるというニュアンスを含みもつことが多い。

(2) 動詞の未然形、形容詞・形容動詞の連用形について、義務《ぎむ》・当然の意味を表す。プラスマイナスのイメージはない。会話ではしばしば「なくちゃならない」という形になる。「なければならない」に比べて、話者の主観的な判断を暗示し、客観的な根拠は示されないことが多い。

⇩「なければならない」「ならない」

なげかわしい［嘆かわしい］Nagekawashii

① 犯罪者《はんざいしゃ》の半数以上が未成年とは**なげかわしい**。
② 親も教師も受験戦争に明け暮れる**なげかわしい**事態が起こっている。

【解説】 物事が腹立たしく悲観《ひかん》すべき様子を表す。マイナスイメージの語。慨嘆《がいたん》を表す語ではあるが、かなり冷《れい》静《せい》な表現で、ある理想に比べて悲観すべきだというニュアンスがある。

「なげかわしい」は「なさけない」に似ているが、「なさけない」が主観的な怒りや慨嘆を暗示するのに対して、「なげかわしい」は一定の理想を頭において、それとの比較において悲観すべきだという、対象と距離のある表現になっていて、主観的な怒りの暗示は少ない点が異なる。

？ 男の子が泣いて帰って来るなんて嘆かわしい。
→男の子が泣いて帰って来るなんて情けない。

「なげかわしい」は「はらだたしい」や「いまいましい」にも似ているが、「はらだたしい」や「いまいましい」はおもに主観的な怒りを表し、悲しみや慨嘆の暗示はない点が「なげかわしい」と異なる。

× あんな奴にだまされるなんて嘆かわしい。
→あんな奴にだまされるなんて腹立たしい（いまいましい）。

⇩「なさけない」「はらだたしい」「いまいましい」「うれわしい」「にがにがしい」

なければならない［無ければ成らない］Nakereba-naranai

(1) ① 政治家には信念が**なければならない**。
② サラリーマンには余暇《よか》が**なければならない**。
(2) ① 君は三時までに到着してい**なければならない**。
② 芸術は美しく**なければならない**というのは神話《しんわ》だ。

【解説】 (1) 存在すべきである様子を表す。プラスマイナスのイメージはない。「なくてはならない」に似ているが、「なければならない」は必要性を暗示しているのではなく、あるべきであるという理想を述べているにすぎないので、現実にそのものが存在するかどうかには言及《げんきゅう》しない点で「なくてはならない」と異なる。全く同じ文脈で「なければならない」と「なくてはならない」が用いられると、次のようなニュアンスの違いを生ずる。

コンピュータはわが社になければならない。
（現在所有しているかどうかには言及しない）
コンピュータはわが社になくてはならない。

（現在あって必要不可欠である）

⑵ 動詞の未然形、形容詞・形容動詞の連用形について、義務《ぎむ》・当然の意味を表す。プラスマイナスのイメージはない。「なくてはならない」に似ているが、「なくてはならない」よりも理想に比べてというニュアンスが強く、客観的な根拠の存在を暗示する表現となっている。したがって、①のような場合には、「なくてはならない」が用いられた場合よりも義務感が強く出る。

⇩「なくてはならない」「ならない」

なごやか［和やか］Nagoyaka

① 記者会見は終始《しゅうし》**なごやか**な雰囲気の中で行われた。

② 彼女は目が合うと**なごやか**にほほえんだ。

【解説】 気分がやわらいで友好的である様子を表す。プラスイメージの語。抽象的なものについても、具体的な動作についても用いられるが、人間の性格全体について用いられることはまれである。

？ 彼女は和やかな性格だ。

→彼女は穏やかな（親しみやすい）性格だ。

きわめて気分的・主観的な語で、受け取る者の気分のやわらぎに視点があるため、客観的な状況は説明しにくい。「おだやか」「しずか」などと似ているが、「おだやか」「しずか」は落ち着いていて音声の少ない暗示があるのに対して、「なごやか」では友好的な気分に視点があり、音声の多少には言及《げんきゅう》しない点が異なる。

× 和やかな春の一日。→穏やかな春の一日。

和やかな笑顔《えがお》。（親しみやすい笑顔）

穏やかな笑顔。（落ち着きを感じさせる笑顔）

静かな笑顔。（無言《むごん》でほほえんだ笑顔）

⇩「おだやか」「しずか」

なごりおしい［名残惜しい］Nagorioshii

① **なごりおしい**が、ここで別れよう。

② 母は**なごりおし**そうにホームに立っていた。

【解説】 別れるのがつらい様子を表す。ややマイナスよりのイメージの語。このつらさはかなり淡泊《たんぱく》でそれほど切実ではなく、「なごりおしく」ても結果として別れてしまうことが多く、「なごりおしさ」のために別れなかったということは少ない。

彼と別れるのは名残惜しい。

（それでも別れる）

彼と別れるのはつらい。

（別れたか別れないかには言及《げんきゅう》しない）

したがって、「なごりおしい」はしばしば別離《べつり》の際の挨《あい》拶語《さつご》として用いられる。

まことにお名残惜しゅうございますが、ここでお別れいたしましょう。

⇩「おしい」「つらい」

なさけない［情け無い］ Nasakenai

(1) ① まだ一回も勝てないとは**なさけない**。

② デートの掛け持ちされるなんて**なさけない**話だな。

(2) ① いくら痛くてもそんな**なさけない**声を出すな。

② あまりにひどい成績だったので、我ながら**なさけなく**なった。

【解説】 (1) 物事が腹立たしく悲観《ひかん》すべき様子を表す。マイナスイメージの語。主観的な怒りや慨嘆《がいたん》の暗示があり、対象への心理的な傾斜《けいしゃ》の感じられる表現になっている点が、かなり冷静で対象との距離を感じさせる「なげかわしい」と異なる。

「なさけない」は「ふがいない」にも似ているが、「ふがいない」が対象の情けない状況そのものを評する語であるのに対して、「なさけない」は対象を見て受ける感想を表現する語である点が異なる。

× 夫の情けなさに不甲斐なくなった。

→夫の不甲斐なさに情けなくなった。

(2) 見ている者が腹立たしくなるほど、はなはだしく悪い様子を表す。マイナスイメージの語。(1)から進んだ意味で、対象そのものの悲惨《ひさん》な状況を、第三者の視点から表す。「みじめ」や「ひどい」に近いが、「みじめ」や「ひどい」は対象の悲惨な状況をやや客観的に表現するのに対して、「なさけない」は見る者の慨嘆を含む感想を表す点が異なる。

情けない生活。（見ている者が腹立たしくなる）

みじめな生活。（悲惨な生活）

⇩「なげかわしい」「はらだたしい」「ふがいない」「だらしない」「みじめ」「ひどい」

なさけぶかい［情け深い］ Nasakebukai

① 裁判官は**なさけぶかい**判決《はんけつ》を申しわたした。

② 彼女は**なさけぶかく**ミスを許した。

【解説】 寛容《かんよう》で思いやりがある様子を表す。プラスイメージの語。好意ではなく寛容な愛を意味する語である。したがって、「なさけぶかい」は、主体が相手よりも心理的に上位に立っていることが暗示されており、心理的に全く対等な場合には用いないことが多い。

？ ぼくの失敗には彼女はいつも情け深くない。

→ぼくの失敗には彼女はいつも寛容でない。

「なさけぶかい」は「じひぶかい」に似ているが、「じひぶかい」の背景《はいけい》には絶対的な上位者と下位者という上下関係の図式が存在する点で、「なさけぶかい」の日常的な関係の上に立つ表現と異なる。

? 仏は情け深いものだ。
→仏は慈悲深いものだ。
⇩「じひぶかい」「おおらか」

なだかい ［名高い］ Nadakai

① 吉野山《よしのやま》は桜の名所として**なだかい**。
② 彼は美男《びなん》で**なだかい**作家の息子だ。

【解説】 広く人々に知れわたっている様子を表す。プラスイメージの語。かなりかたい文章語で、日常会話にはあまり登場しない。日常的には「有名」を用いる。
→彼は美男で有名な作家の息子だ。
「なだかい」は、よい評判《ひょうばん》が知れわたっている場合が普通で、悪い評判が知れわたっている場合には用いないことが多い。

? 石川五右衛門《いしかわごえもん》は泥棒《どろぼう》として名高い。
→石川五右衛門は泥棒として有名だ。
「なだかい」は、同類のものの中で特にすぐれた(部分的)特長をもっている場合を示して用いられることが多く、一般に名前が知られている場合には用いないことが多い。

? 彼女の息子が通っている高校は名高い。
→彼女の息子が通っている高校は有名だ。
→彼女の息子が通っている高校は英才教育で名高い。
⇩「たかい」

なだらか Nadaraka

(1) ① 海に向かって**なだらか**な斜面が続く。
② 峠《とうげ》を越えると、道は**なだらか**になる。
(2) ① 彼は**なだらか**な声の調子で言った。
② 工事はいたって**なだらか**に進行した。

【解説】 (1) 土地の起伏《きふく》が少なく傾きが少ない様子を表す。プラスイメージの語。傾きの少ない場合(①)と、起伏の少ない場合(②)がある。「なだらか」なものとしては、土地について用いるのが最も一般的で、それ以外の物について用いることは少ない。
? 砥石《といし》はなだらかでないと刃物《はもの》がとげない。
→砥石は平らでないと刃物がとげない。
× 壁のしっくいをなだらかに塗る。
→壁のしっくいを平らに塗る。
斜面の傾斜《けいしゃ》が少ない意味で、「なだらか」は「ゆるい」に似ているが、「ゆるい」は傾斜が急でないことを客観的に暗示するのに対して、「なだらか」は傾斜が急でないことをプラスイメージとしてとらえており、傾斜が急でないことが好ましくない場合には用いないことが多い。

? こんななだらかな坂ではスピードが出ない。
→こんな緩い坂ではスピードが出ない。

また「ゆるやか」にも似ているが、「ゆるやか」には全体としての傾きが少ないという暗示をもつのに対して、「なだらか」はめだった凹凸《おうとつ》が少ないという暗示をもつ点で異なる。全く同じ文脈で「なだらか」と「ゆるやか」が用いられると、次のようなニュアンスの違いを生ずる。

なだらかな斜面。（凹凸の少ない斜面）
ゆるやかな斜面。（全体に傾斜の少ない斜面）

(2) (1)から進んだ意味で、抽象物がおだやかで落ち着いて進行する様子を表す。プラスイメージの語。ただし、この用法はあまり多くなく、「おだやか」「順調」のほうがよく用いられる。

↓彼は穏やかな声の調子で言った。
↓工事はいたって順調に進行した。

「なだらか」は「おだやか」よりも遅滞《ちたい》のなさ、円滑《えんかつ》さが強調されるニュアンスになる。

⇩「たいら」「ゆるい」「ゆるやか」「おだやか」

なつかしい ［懐かしい］ Natsukashii

① 都会にいると故郷の野山が**なつかしい**。
② 引き出しの奥から**なつかしい**写真が出てきた。
③ いやあ、**なつかしい**なあ。十年ぶりだね。

【解説】 かつて得ていた人やものに愛情を感じ、心ひかれる様子を表す。プラスイメージの語。「なつかしい」は過去のものについての愛情である点にポイントがあり、①もかつて見ていた故郷の野山に対する愛情である。③は過去の友人に出会って、当時の思い出に愛情を感じているという意味になる。したがって、過去に得たことがないもの、未経験のものに対する愛情については用いられない。

× まだ見ぬ生みの親がなつかしい。
↓まだ見ぬ生みの親が恋しい。

「なつかしい」が対象とする過去のものは、長い時間を経たものであることが原則で、近い過去のものについてはふつう用いられない。

× いやあ、なつかしいなあ。二日ぶりだね。

また、「なつかしい」の示す愛情はそれほど切実ではなく、必ずしも対象との出会いを望んでいるとは限らない点で、「こいしい」の切実な愛情と異なる。

? 肌寒い日には掘りごたつがなつかしい。
↓肌寒い日には掘りごたつが恋しい。

⇩「こいしい」「したわしい」

なってない・なっていない ［成ってない・成っていない］ Nattenai・Natte-inai

① 奴は人間として**なってない**。
② 最近の若者の言葉ときたら、全く**なっていない**。

【解説】 理想の姿に合致《がっち》せず、腹立たしい様子を表す。マイナスイメージの語。俗語的で日常会話中心に用いられ、かたい文章中には登場しない。かなり主観的な怒りを表し、客観的な根拠は示されないことが多い。

「なってない」は対象の状態が話者の理想に合致しないことから起こる怒りを表し、多くの場合「～として」という条件句が前につく。「けしからん」に似ているが、「けしからん」は話者が主観的に不都合で好ましくないと感じている心理を表し、話者の理想に合致するかどうかまでは言及《げんきゅう》しない点が異なる。

? 遅刻するとはなってない。

↓遅刻するとはけしからん。

↓遅刻するとはエリート社員としてなってない。

「はらだたしい」にも似ているが、「はらだたしい」は怒りの心理そのものを表し、原因については言及しない点が異なる。

× 肝心《かんじん》な所でミスしてなってない。

↓肝心な所でミスして腹立たしい。

⇩「けしからん」「はらだたしい」

なにげない［何気無い］Nanigenai

① 彼の**なにげない**一言が彼女をひどく傷つけた。

② 彼女は**なにげなく**夫のカバンを開けた。

③ **なにげない**都会の風景もよく見ると美しい。

【解説】 深い考えもなく行動する様子を表す。プラスマイナスのイメージはない。「なにげない」は、行動するにあたって明確《めいかく》な意図や意識が働いていないという暗示があり、それが行動の外見に表れている場合に用いる。人間の行為について用いるのが最も一般的で、③のように「めだたない、人目を引かない」という意味で、無生物について用いることはあまり多くない。

「なにげない」は「さりげない」に似ているが、「さりげない」が意図や重要性をめだたせないようにする配慮《はいりょ》の存在を暗示するのに対して、「なにげない」は配慮までは暗示せず、行為の外見に表れた状態を中心に述べる点が異なる。

? 彼女のなにげないおしゃれが素敵だ。

↓彼女のさりげないおしゃれが素敵だ。

? 彼はなにげなくごまかした。

↓彼はさりげなくごまかした。

↓彼はなにげない風《ふう》をよそおった。

行為の意図が明確でないという点では「なにげない」は「なにごころない」に似ているが、「なにごころない」が行う行為はおもに自分自身に向かうことが多く、相手への働きかけの意図を表さないという暗示のある「なにげない」とニュアンスの上で異なる。

？ 退屈でなにげなく楽器を手にする。
→退屈で何心なく楽器を手にする。
⇩「さりげない」「なにごころない」

なにごころない［何心無い］Nanigokoronai

① 彼女は**なにごころなく**息子の机の引き出しを開けた。
② 少女の**なにごころない**様子が実にかわいらしい。

【解説】 深い考えのない様子を表す。プラスマイナスのイメージはない。行為にあたっての放心状態を暗示し、行為の受け手に対する意図のないことが強調される。①が最も一般的な意味であるが、②のように、無邪気だという意味で、ややプラスイメージに用いられることもまれにある。

「なにごころない」は「なにげない」に似ているが、「なにげない」は行為を受ける者にその意図が感じられないというニュアンスがあり、行為の受け手の存在を前提としない「なにごころない」と異なる。

？ 彼の何心ない一言が彼女をひどく傷つけた。
→彼のなにげない一言が彼女をひどく傷つけた。

また、「なにごころない」は「さりげない」にも似ているが、「さりげない」は行為の意図や重要性をめだたせまいとする配慮《はいりょ》の存在を暗示する点が異なる。

？ 彼女は失敗を何心なくごまかした。
→彼女は失敗をさりげなくごまかした。
⇩「なにげない」「さりげない」

なまあたたかい・なまあったかい［生暖かい・生温かい］Namaatatakai・Namaattakai

① 首すじに**なまあたたかい**風が気味悪くあたった。
② 傷口《きずぐち》から吹き出す血は**なまあたたかかっ**た。

【解説】 温度に関する形容詞の一つ。温度が少し高いことが不快に感ずる様子を表す。ややマイナスイメージの語。物理的な温度の幅としては、「あたたかい」の示す温度よりもやや低めであって、体温に近いと感じる温度を指すことが多い。「あたたかい」がプラスイメージの語であるのに対して、「なまあたたかい」は温度が少し高いことについて不快であることにポイントがある。「なまあたたかい」は具体的なものの温度について用いることが多く、人間の体感《たいかん》や心情などについては用いない。

× このセーターを着ると生暖かい。
　↓このセーターを着ると少し暖かい。
× 彼女は生暖かい人柄だ。↓彼女は温かい人柄だ。

実際の温度としては「なまぬるい」にも近くなるが、「なまぬるい」はもともと熱かったり冷たかったりしたものが、その熱や冷たさを失って体温に近くなっているのが不快だというニュアンスをもつ点が異なる。

? せっかくのお茶が生温かくなった。
→せっかくのお茶がなまぬるくなった。

⇨「あたたかい」「なまぬるい」

なまあたらしい［生新しい］Namaatarashii

① 殺人現場には**なまあたらしい**血痕《けっこん》が落ちていた。
② 恐ろしい事故の記憶は**なまあたらしく**残っていた。

【解説】 新旧を表す形容詞の一つ。時間が経過《けいか》していない様子を表す。ややマイナスイメージの語。「あたらしい」と基本的に同じ意味であるが、時間が経過していないことが不快感を伴《ともな》って表現される語である。したがって、新しいことが好ましい場合には用いない。

× 彼女の帽子は生新しい。
→彼女の帽子は真新しい(ナウい)。
× この人は年のわりに考えが生新しい。
→この人は年のわりに考えが新しい。

⇨「あたらしい」「まあたらしい」

なまいき［生意気］Namaiki

① この子は**なまいき**でかわいくない。
② 青二才のくせに**なまいき**だ。
③ (外食の勘定《かんじょう》を払うとき)**なまいき**を言うようですが、ここは私にもたせてください。

【解説】 年齢や地位などの分を超えて行動するのが不快な様子を表す。マイナスイメージの語。①は子供が子供らしい幼さを示さずに、大人のように振舞うことを不快に思うという意味である。②は経験のない若者が経験者のように振舞うのが気に入らないという意味である。③の「なまいきを言うようですが…」は、自分の行動が相手にとって差し出ているようで不快だろうが、という自分の行動を起こす前のマクラ(前置き)として用いられる挨拶語《あいさつご》である。いずれにしても、行為を受け取る側の不快を表明した語であって、かなり主観的な内容になっている。

「なまいき」は、目下の者が自分の分を守り、それを超えずに分にふさわしい行動を行うことをプラスに評価する日本文化ならではの語である。行動の内容自体は問題にせず、行為者の分を超えているということに視点があり、不快だけでなく侮蔑《ぶべつ》の暗示の強い表現になっている。

また、「なまいき」の対象は目下の者であることが普通で、自分より目上であることがはっきりしている対象については用いられない。

× 社長は生意気にも海外進出を企《くわだ》てている。
→社長は身のほど知らずにも海外進出を企てている。

「なまいき」と似た意味をもつ語に「こざかしい」があるが、「こざかしい」は分を超えた賢《かしこ》い行動を行うことについての不快を暗示し、人の性格全体までは表さない点が「なまいき」と異なる。

×遺産相続《いさんそうぞく》に際して、彼は生意気に立ち回った。

→遺産相続に際して、彼はこざかしく立ち回った。

⇨「こざかしい」「さしでがましい」「おこがましい」「こりこう」「こなまいき」「こにくらしい」

なまぐさい ［生臭い］ Namagusai

(1)① 川魚《かわざかな》は**なまぐさい**から好きじゃない。

② ライオンの檻《おり》の前に立ったら**なまぐさい**息を吐きかけられた。

(2)① あの坊さんには**なまぐさい**うわさがある。

② 高遠《こうえん》な理想のことかと思ったら、金もうけだなんて話が急に**なまぐさく**なったな。

【解説】 (1) 生《なま》の肉や魚のにおいのする様子を表す。マイナスイメージの語。「〜ぐさい」は「〜のにおいがする」という意味の形容詞を作る語尾。血液がにおう場合には特に「ちなまぐさい」ということがある。

(2) (1)の比喩的《ひゆてき》な用法で、きわめて世俗的《せぞくてき》な雰囲気をもっている様子を表す。マイナスイメージの語。①は特に僧について用いられる場合で、肉食をする、男女関係をもつなど、僧としての戒律《かいりつ》に触《ふ》れる行いをしている様子を表す。そういう行いをする僧を「なまぐさ坊主」と言う。②はもっと一般的に、男女の話、金の話などきわめて世俗的な様子を言い、それまでの高尚《こうしょう》な話との対比において「なまぐさい」と用いることが多い。

⇨「ちなまぐさい」「ぞくっぽい」「ーくさい」

なまじろい・なまっちろい ［生白い］ Namajiroi・Namatchiroi

① あんな**なまっちろい**学生なんかに企業の厳《きび》しさがわかってたまるか。

② 豪邸《ごうてい》の奥から**なまじろい**顔の子供が出てきた。

【解説】 顔や肌の色が不健康に白い様子を表す。ややマイナスイメージの語。日常会話ではしばしば「なまっちろい」と発音される。顔や肌の色にかぎって用いられ、その他のものの一般的な色彩について用いられることはまれである。

？今日の月は生白い。→今日の月は白い。

「なまじろい」は日焼けしていない（戸外《こがい》で健康的に運動していない）ために白いことが暗示されるので、もともと肌の色が生まれつき白い場合には用いない。

×彼女は生白くて美人だ。→彼女は色白で美人だ。

また、「なまじろい」は白い状態についての不快な感想の暗示があり、①の例では侮蔑《ぶべつ》、②の例では気味悪さなどを伴《ともな》っている。その意味でかなり主観的な語で、客観的に状態を評する語ではない。

不健康状態による肌の白さを暗示する点で、「なまじろい」は「あおじろい」に似ているが、「あおじろい」が状態をやや客観的に表現するのに対して、「なまじろい」は状態についての不快の感想を含む表現になっている点で異なる。

？ 彼は闘病生活《とうびょうせいかつ》が長くて、顔が生白い。
→彼は闘病生活が長くて、顔が青白い。

⇩「あおじろい」「しろい」

なまなましい［生々しい］Namanamashii

① 飼育係は**なまなましい**嚙《か》み傷《きず》を見せてくれた。
② あの映画は拷問《ごうもん》の描写《びょうしゃ》があまりにも**なまなましく**て不愉快《ふゆかい》だ。
③ 事故の記憶は夢の中に**なまなましく**蘇《よみがえ》ってくる。

【解説】 直接現場の感覚に訴える様子を表す。ややマイナスイメージの語。①は非常に新しいという意味、②は真《しん》に迫《せま》っているという意味、③は現場にいあわせているようだという意味である。いずれにしても、現場に直接いあわせるような臨場感《りんじょうかん》を不快にとらえている表現である。

日本文化ではなにごとも直接表現せず、婉曲《えんきょく》にぼかして表現することをプラスに評価するので、恐ろしいことや好ましくないことは適当におおい隠《かく》すことが美徳《びとく》とされ、直接ありのまま表現することはマイナスに評価されることになる。

「なまなましい」は「いたいたしい」などと違って、接する出来事の衝撃性《しょうげきせい》を直接不快感を伴《ともな》って表現するだけで、その出来事に対する同情や感想は暗示されていない。

× 彼の包帯姿は生々しい。→彼の包帯姿は痛々しい。

⇩「いたいたしい」

なまぬるい［生温い］Namanurui

(1)① せっかくのお茶が**なまぬるく**なった。
② 土手を歩くと春の風はもう**なまぬるかった**。
(2)① 彼は失恋《しつれん》してから**なまぬるい**男になった。
② こんな**なまぬるい**処置《しょち》では犯罪者《はんざいしゃ》があとを絶たないだろう。

【解説】 温度に関する形容詞の一つ。
(1) もともと熱かったり冷たかったりすることが期待されているものが、その熱や冷たさが十分でなく、体温に近い温度になっているのを不快に感じる様子を表す。ややマイナスイメージの語。「なまぬるい」の示す温度にはかなりの幅があり、客観的な一定の温度を意味しない。
「なまぬるい」は、そのものに期待される理想の温度に達しておらず、体温に近い現在の状態が不快だという点にポイントがある。①では、熱くあるべきお茶の温度が下がって体温に近くなっているのが不快だという意味。②では、冷たくあるべき風の温度が上がって体温に近くなっているのが不快だという意味である。したがって、同じ温度でも快さを感じれば、「つめたい」「すずしい」「あたたかい」などを用いて表現することになる。

× 麦茶《むぎちゃ》を冷ましてなまぬるくするとうまい。
→麦茶を冷まして冷たくするとうまい。
× 扇風機《せんぷうき》のなまぬるい風が気持ちいい。
→扇風機の涼しい風が気持ちいい。
? なまぬるい春風に吹かれて土手を散歩する。
→暖かい春風に吹かれて土手を散歩する。

(1)の「なまぬるい」は「ぬるい」に似ているが、「ぬるい」には不快の暗示が少ない。

? 風呂がなまぬるい。→風呂がぬるい。

(2) いい加減で厳《きび》しさがたりない様子を表す。ややマイナスイメージの語。人間の性格について用いる場合(①)と、行為について用いる場合(②)がある。①の場合は「あまい」や「あまっちょろい」などに似ているが、「あまい」や「あまっちょろい」にある侮蔑《ぶべつ》の暗示は「なまぬるい」にはなく、やや客観的な表現になっている点が異なる。
②の場合は「てぬるい」にも似ているが、「てぬるい」は実際に行われる一回の行為におけるいい加減さを表し、行為全般のいい加減さについて用いられることは少ない。

? この子はなまぬるい家庭で育った。
→この子は手ぬるい(甘い)家庭で育った。

⇨「ぬるい」「なまあたたかい」「つめたい」「すずしい」「あたたかい」「あまい」「あまっちょろい」「てぬるい」

なまめかしい [艶めかしい] Namamekashii

① 彼女は起きたばかりの**なまめかしい**姿で出てきた。
② **なまめかしい**春の夜、公園はデートのアベックであふれる。

【解説】 性的な衝動《しょうどう》をさそう魅力のある様子を表す。プラスイメージの語。①のように女性の外見について用いることが多いが、②のように性的衝動を起こさせるようなという意味で、無生物について用いることも皆無《かいむ》ではない。ただし、男性について用いることはまれである。

? 彼の目つきはなまめかしい。
→彼の目つきは色っぽい。

女性の性的魅力を表すという意味では「なまめかしい」は「あだっぽい」に似ているが、「あだっぽい」がかなり洗練された色気を暗示し、芸者やホステスなど性的な魅力を職業上の必要で身につけたような女性について用いることが多いのに比べて、「なまめかしい」はもっと直接的で、ほとんどどんな女性についても用いられる点が異なる。

？ 新妻《にいづま》のういういしいあだっぽさ。
→新妻のういういしいなまめかしさ。

性的魅力を表す語としては他に「いろっぽい」「なやましい」があるが、「いろっぽい」がかなり視覚的・抽象的なニュアンスをもち、男性についても用いられるのに対して、「なまめかしい」は触覚的《しょっかくてき》・直接的で引き起こされる性的衝動も相対的に大きく、男性については用いられない点が異なる。

「なやましい」は見る者の性的な葛藤《かっとう》を表す語であって、対象そのものの性質を述べる語ではない。

× 彼女を見るとぼくはなまめかしい。
→彼女を見るとぼくは悩ましい。

⇩「あだっぽい」「いろっぽい」「なやましい」

なまやさしい ［生易しい］ Namayasashii

① 部長を説得《せっとく》するのは**なまやさしい**ことではない。
② **なまやさしい**覚悟《かくご》ではこの難局《なんきょく》は乗り切れない。

【解説】 後ろに否定や打消しの表現を伴《ともな》って、そう簡単に実現しない様子を表す。ややマイナスイメージの語。例のように「なまやさしい□□」と名詞にかかる修飾語で用いられることが多く、述語にはならない。

× 彼の努力は生易しくてだめだ。
→彼の努力はなまぬるくてだめだ。

「なまやさしい」は「たやすい」や「やさしい」に似ているが、「たやすい」「やさしい」よりも簡単に実現しないことを強調するニュアンスがあり、結果として実現できないことを暗示する点が、客観的なニュアンスをもつ「たやすい」「やさしい」と異なる。

生易しいことではない。（ほとんどできない）
易しいことではない。（むずかしい）

⇩「やさしい」「たやすい」

なみだぐましい ［涙ぐましい］ Namidagumashii

① 自分を犠牲《ぎせい》にしてわが子をかばう**なみだぐましい**光景に接した。
② 彼はやせたい一心で**なみだぐましい**努力を始めた。

【解説】 非常に感動的である様子を表す。プラスイメージの語。この涙は悲しみの涙というよりは、同情や感動による涙であって、そういう涙をもよおすようなという意味の語である。

そもそも、同情すべき光景や感動的な事柄に接したときに、積極的に援助《えんじょ》したりほめたたえたりする以前に涙をもよおすという心理はきわめて日本的で、外国人にはなかなか理解しがたいものである。しかも、積極的な行動を起こす以前に涙をもよおすこと自体を、日本人自身がプラスに評価しているのも、日本文化にきわめて特徴的なことだと言える。

「なみだぐましい」は、同情をさそうべき、または感動的な様子に接した主体の主観的な感動を表す語であって、それによって主体がなんらかの積極的な行動を起こすことは暗示されていない。そこで、最近では②のように、単に程度のはなはだしさを強調する意味で用いられる例が増え、ほんとうに客観的に感動的かどうかは問題にしなくなってしまった。

見る者の感動を表す語としては他に「けなげ」があるが、「けなげ」は弱い者の精神的な強さに対する感動という制限があり、ほとんどどんな状態についても用いられる「なみだぐましい」と区別される。

× 彼はやせたい一心でけなげな努力を始めた。

⇨「けなげ」「いじらしい」「すばらしい」「かわいそう」「きのどく」

なみだもろい［涙脆い］ Namidamoroi

① 田舎《いなか》の祖父は年とって**なみだもろく**なった。

② 彼女は**なみだもろく**てすぐもらい泣きする。

【解説】 簡単に感動してすぐ泣くような性質を表す。ややプラスよりのイメージの語。自分にとってそれほど切実《せつじつ》でない事柄について、簡単に感動して涙を流す性質を言う語である。「なみだぐましい」にも通じるが、簡単に感動して涙を流すことをプラスに評価する日本文化ならではの語と言うことができる。

ほんとうに切実な事柄に接したときに泣く場合には、「なみだもろい」を用いないことが多い。

？ 女は恋をすると涙もろくなる。

→女は恋をするとよく泣くようになる。

⇨「なみだぐましい」「もろい」

なめらか［滑らか］ Nameraka

(1)① **なめらか**な斜面を一面に芝生《しばふ》がおおっていた。

(1)② この石鹸《せっけん》は手ざわりが**なめらか**だ。

(2)① 彼は初めての演説《えんぜつ》というのに**なめらか**な口調《くちょう》だった。

(2)② 新車は発進《はっしん》や停止が**なめらか**で乗り心地がいいね。

【解説】 (1) ものの表面に凹凸《おうとつ》がなく抵抗感《ていこうかん》がない様子を表す。プラスイメージの語。「なめらか」はものの表面に抵抗感がない状態だけを暗示し、すべりやすいかどうかまでは言及《げんきゅう》しない点が「すべっこい」と異なる。

× すべっこい斜面。

また、「なめらか」の対象は形のあるものもないものもとれる。

(2) ○ なめらかな水面(肌)。

行動や動作につかえるところがない様子を表す。プラスイメージの語。これも行動や動作を起こす際の抵抗感のなさということができる。①はつかえたりせずに、よどみなく話すという意味、②は急発進や急停止がなく静かであるという意味である。最近では外来語の「スムーズ」がよく使われる。

⇨「すべっこい」「きめこまかい」「のめっこい」

なやましい ［悩ましい］ Nayamashii

(1) ① 彼女はスリットの入った**なやましい**チャイナドレスがお気に召している。

② 部屋に残った香水の**なやましい**香りが彼を苦しめた。

(2) ① **なやましい**青春の日々を送る。

② A案をとるかB案をとるか、**なやましい**ところだなあ。

【解説】 (1) 性的な衝動《しょうどう》を覚える様子を表す。ややプラスよりのイメージの語。「なやましい」は対象の性的な魅力を表すが、対象の性質そのものを表すというよりは、対象によって引き起こされた見る(受け取る)者の性的な葛藤《かっとう》に視点をおいた語である。したがって①の例では、「なやましい」と感じているのは「彼女」ではなくて、彼女がチャイナドレスを着たのを見たことがある話者である。

「なやましい」は結果として性的な衝動を引き起こす点で、「なまめかしい」によく似ているが、「なまめかしい」は対象の性的魅力そのものに視点のある点が異なる。

？ 彼女は悩ましく泣きくずれた。

→彼女はなまめかしく泣きくずれた。

(2) 悩《なや》みの多い様子を表す。ややマイナスよりのイメージの語。ただし、この用法は現在ではあまり多くない。悩みの種類としては精神的な悩みであるほうが多く、肉体的な苦痛が多いという意味ではあまり用いられない。

？ 昨夜《ゆうべ》は蚊《か》が多くて一晩じゅう悩ましかった。

→昨夜は蚊が多くて一晩じゅうわずらわしかった。

①が基本的な意味であるが、②のように、知的な事柄について、悩むべきであるという意味で用いられることもある。

この「なやましい」は「わずらわしい」「つらい」などに似ているが、「わずらわしい」にある怒りの暗示、「つらい」にある被害の暗示はなく、やや客観的な表現になっている点が異なる。

⇩「なまめかしい」「わずらわしい」「つらい」

なよやか Nayoyaka

① 若竹が**なよやか**に伸びていく。
② ドレスの襟《えり》もとから**なよやか**な肩の線が見えた。

【解説】 弱さを感じるほど柔らかい様子を表す。プラスイメージの語。語の性質上、植物や若い女性の外見について用いることが多く、無生物についてはまれで、抽象的なものについては用いられない。

？ なよやかなひも。→しなやかなひも。
× なよやかな考え方。→柔軟な考え方。

「なよやか」は「やわらかい」に似ているが、「やわらかい」が硬軟《こうなん》を表す基本的な形容詞で、客観的な意味をもつのに対して、「なよやか」の表す柔らかさには弱さ、抵抗《ていこう》のなさの暗示がある点が異なる。

× なよやかなふとん。→柔らかいふとん。

また、「なよやか」は「しなやか」にも似ているが、「しなやか」には柔らかさとともに弾力の暗示があり、必ずしも弱さの暗示はない点が異なる。

× なよやかな鞭《むち》。→しなやかな鞭。

女性について用いられた場合、「なよやか」は「たおやか」に似てくるが、「たおやか」が繊細《せんさい》な優美《ゆうび》さを暗示するのに対して、「なよやか」は柔軟な弱さを暗示する点が異なる。

⇩「やわらかい」「しなやか」「たおやか」

ならない ［成らない］ Naranai

(1)① もう我慢が**ならない**。
② 彼は油断の**ならない**男だ。
③ 彼は借金でどうにも**ならない**ところまで追い詰められた。
(2)① こんなていたらくでは**ならない**と思った。
② この会の会員は学生では**ならない**。
(3)① ここから先へ立ち入っては**ならない**。
② 言っちゃあ**ならねえ**訳があるのさ。
(4)① どうしても三時までに行かなくちゃ**ならない**んだ。
② 一票の格差《かくさ》は是正《ぜせい》されなければ**ならない**。
③ 人間の体にビタミンはなくては**ならない**。
④ 犯人の足取りから見て、凶器《きょうき》は現場付近に残されていなければ**ならない**。
(5)① あの時の彼女の微笑《びしょう》が不思議に思えて**ならない**。
② 念願《ねんがん》がかなってうれしくて**ならない**。

【解説】 (1) 動詞「なる」の打消し。物事がそのまま進行できない様子を表す。ややマイナスイメージの語。①は「我慢がならない」で我慢できないという意味。②は「油断がならない」で油断できないという意味。③は「どうにもならない」で何らかの対策をたてることができないという意味である。「できない」に比べて自然にそうなるという必然性の暗示が強く、話者の意志にあえて言及《げんきゅう》しないというニュアンスがある。

我慢がならない。（努力する意志には言及しない）

我慢できない。（どう努力してもだめだ）

(2)「～ではならない」の形をとり、そうであるべきではないという打消しの当然を表す。プラスマイナスのイメージはない。主観的な意志というよりは規範意識《きはんいしき》が表れており、客観的な理由の存在を暗示する点で、「いけない」と異なる。全く同じ文脈で「ならない」と「いけない」が用いられると、次のようなニュアンスの違いを生ずる。

学生ではならない。（客観的な理由がある）

学生ではいけない。（理由については言及しない）

(3)「～てはならない」の形をとり、禁止を表す。プラスマイナスのイメージはない。日常会話では、しばしば「～ちゃならない（ならねえ）」となる。「～てはいけない」よりも規範意識の強い禁止である。

(4)「～なくてはならない」「～なければならない」の形をとり、当然・義務《ぎむ》・帰結《きけつ》を表す。ややマイナスよりのイメージの語。①は義務、②は当然、③は「なくてはならない」で必要不可欠を表す。④は当然の結果としてたどりつく結論を表す。

(5)「～てならない」の形をとり、「非常に～である」という意味を表す。プラスマイナスのイメージはない。かなり冷静《れいせい》な表現で、「しょうがない」「しかたがない」などにある感動は暗示されていない。

⇨「いけない」「しょうがない」「しかたがない」「どうにもならない」「なくてはならない」「なければならない」「なんにもならない」「ぬきさしならない」「のっぴきならない」「はなもちならない」「ほかならない」

なれなれしい

［馴れ馴れしい・狎れ狎れしい］ Narenareshii

① あまり**なれなれしい**口をきく男は注意したほうがいい。

② 彼は初対面の相手にも**なれなれしい**。

【解説】 不快に思えるほど親しく振舞う様子を表す。マイナスイメージの語。①の「なれなれしい口をきく」は慣用的な表現で、うちとけすぎて失礼に感じるような話し方をするという意味である。「なれなれしい」は具体的な行動について、親しすぎて不快だという意味で用いられ、人間関係の親密《しんみつ》さそのものについてや、人の性格について用いられることはまれである。

× 彼と彼女はなれなれしい。

↓彼と彼女は親しい（仲がいい）。

？　彼はなれなれしい男だ。

（この文はふつう、それほど親しくないにもかかわらず、実際の行動が親しすぎるという意味で用いられる）

↓彼は親しみやすい男だ。

⇨「したしい」

なんでもない［何でも無い］Nandemo-nai

(1)① この程度の損害《そんがい》は会社にすれば**なんでもない**。

② 彼女は**なんでもない**ことにすぐ腹を立てる。

③「心配そうな顔をしてどうしたの」「**なんでもない**よ」

(2)① 彼とは恋人でも**なんでもありません**。

② 彼は風邪《かぜ》だと言って休んだが、じつは病気でも**なんでもない**。

【解説】 (1) とりたてて問題にするようなことではない様子を表す。プラスマイナスのイメージはない。取り上げる価値がないという意味ではあるが、客観的にみて価値がないというのではなく、話者の主観的な判断として大問題でないという意味である。

①の例はほんとうに会社にとって大問題でないかどうかには言及《げんきゅう》せず、話者の判断は会社にとって大問題ではないだろうと断定《だんてい》しているにすぎない。②も「彼女」にとっての「なんでもない」ことではなく、話者にとっての「なんでもない」ことである。③は、日常会話で、自分の状況について多くを語りたくないときによく用いられる表現で、コミュニケーションを拒《こば》む心理が背景《はいけい》にある。

(1)の「なんでもない」は「とるにたりない」や「つまらない」などに近いが、「とるにたりない」や「つまらない」は対象が卑小《ひしょう》であることにかなりの客観性があり、主観的な判断による「なんでもない」とは異なる。また、「とるにたりない」や「つまらない」に多少みられる侮蔑《ぶべつ》の暗示は、「なんでもない」にはない。

×　あんな奴の意見など何でもない。

↓あんな奴の意見など取るにたりない。

？　ぼくは何でもない人間です。

↓ぼくはつまらない人間です。

(2)「〜でもなんでもない」の形で用いられ、「〜ではない」という打消しを強調する意味を表す。ややマイナスよりのイメージの語。単なる「□□ではない」という打消しではなく、極端なものとしての□□を掲《かか》げて、それどころではないというニュアンスがある。

したがって、①では恋人でないばかりか、それほど親しい関係でもないという暗示がある。②は病気でないばかりか、しごく健康そのもので、休んだ原因は全く別のところにあるという暗示がある。そのため、たとえば①のように自分の弁明《べんめい》として「〜でもなんでもない」を用いると、かえって恋人であることを隠そうとする心理の表れた表現として受け取られる可能性がある。

⇩「とるにたりない」「つまらない」「ない」

なんともいえない［何とも言えない］Nantomo-ienai

(1) ① 彼が合格するかどうかは、今の時点では**なんともいえません**。

② お母さんの容体《ようたい》についてはなんともいえない。

(2) ① この絵には**なんともいえない**清らかさがある。

② その料理を食べた彼は**なんともいえない**顔をした。

【解説】 (1) 明確に説明できない様子を表す。ややマイナスよりのイメージの語。現実にわかっていなくてはっきり説明できない場合(①)と、わかってはいるが言えない場合(②)とがある。ただし、好ましい事実がわかっている(予想できる)場合には用いないことが多く、客観的にわからないことが基本的な意味である「わからない」とはニュアンスの上で異なる。全く同じ文脈で「なんともいえない」と「わからない」が用いられると、次のようなニュアンスの違いを生ずる。

合格するかどうかは何とも言えない。
(落ちる可能性も少なからずある)

合格するかどうかはわからない。
(判断の材料がない)

(2) 名詞にかかる修飾語として用いられ、言葉で説明できないほど不可思議《ふかしぎ》な様子を表す。原則としてプラスマイナスのイメージはない。①のように後ろにくる名詞のイメージを強調する意味になるので、好ましいイメージの名詞がくればその名詞の価値を高める意味になる。②のように状態を説明する語が他にない場合、言葉で説明できないほど異様《いよう》な、変なという意味になることが多く、好ましいほうの状態を意味することは少ない。

何とも言えない顔。(顔をしかめた変な表情)

⇩「わからない」

なんにもならない［何にも成らない］Nannimo-naranai

① ここであきらめてしまってはなんにも**ならない**。

② いくら泣いたってなんにも**ならない**さ。

【解説】 今までの行為がむだになる様子を表す。ややマイナスイメージの語。述語で用いられることが多い。①は今まで努力をしつづけてきたという行為の前提があり、それがここであきらめることによってむだになるという意味である。②は泣くことによって何も生まれない、それまでの行為が取り返せないという意味である。

かなり冷静《れいせい》で客観的な表現であって、行為がむだになることについての慨嘆《がいたん》や怒りなどの暗示は含まれていない点が、「どうしようもない」や「どうにもならない」などと異なる。

⇨「どうしようもない」「どうにもならない」「はじまらない」「ならない」

にあわしい［似合わしい］Niawashii

① 丁寧《ていねい》な挨拶《あいさつ》がいかにも彼に**にあわしかっ**た。

② 仲人《なこうど》が**にあわしい**娘さんを紹介してくれますよ。

【解説】 よく似合う様子を表す。ややプラスイメージの語。ただし、対象のもっている条件に合致《がっち》するというニュアンスがあるので、外見がよく映《うつ》って美しいという意味では用いないことが多い。

? その帽子はその服に似合わしい。

→その帽子はその服によく似合う。

「にあわしい」は「につかわしい」に似ているが、「につかわしい」が対象の外見によく合致するというニュアンスをもつのに対して、「にあわしい」は対象の現在の条件に合致するというニュアンスをもつ点が異なる。

? 仲人が似つかわしい娘さんを紹介してくれますよ。

また、「にあわしい」は「ふさわしい」にも似ているが、「ふさわしい」は対象の理想像に合致するニュアンスをもつ点が異なる。

? ノーベル賞こそ彼の業績《ぎょうせき》に似合わしい。

→ノーベル賞こそ彼の業績にふさわしい。

⇨「につかわしい」「ふさわしい」

にあわない［似合わない］Niawanai

① このカーテンは私の部屋には**にあわない**。

② 彼は顔に**にあわぬ**ダンディーぶりを発揮した。

③ 弱音《よわね》を吐《は》くなんて君には**にあわない**な。

【解説】 動詞「にあう」の打消し。対象の現在の状況に適合《てきごう》しない様子を表す。ややマイナスイメージの語。名詞にかかる修飾語として用いられる場合には、「~ににあわぬ□□」という文語形になることが多い。

「にあわない」は、前にくる名詞の現在の状況に適合しないというニュアンスがあり、理想の姿に合致《がっち》しないというニュアンスの「ふさわしくない」とは異なる。

? 彼は顔にふさわしからぬダンディーぶりを発揮した。

「にあわない」はまた「にげない」にも似ているが、「にげない」はやや文章語的で日常会話にはあまり用いられず、対象の現在の状況というより、対象の外見から予想される結果を暗示する点で、「にあわない」と異なる。

年に似合わぬ振舞い。（0）

年に似気ない振舞い。（一）

⇨「ふさわしい」「にげない」「につかわしい」「そぐわない」

にえきらない［煮え切らない］Niekiranai

① どうも彼の返事は**にえきらない**。
② 彼の**にえきらない**態度が彼女をいらだたせた。

【解説】 動詞「にえきる」の打消し。完全に煮えないという意味の他に、態度や言動などがはっきりせずあいまいな様子を表す。ややマイナスイメージの語。客観的にはっきりしないのみならず、はっきりしない態度や言動についての焦燥《しょうそう》の暗示される語である。

にがい［苦い］Nigai

(1)① 真夏の暑い午後に飲む**にがく**て熱い煎茶《せんちゃ》は最高だ。
② このコーヒーは**にがく**て飲めない。
③ 良薬《りょうやく》口に**にがし**。（ことわざ）
(2)① 話を聞いて彼は**にがい**顔になった。
② あの人にはさんざん**にがい**水を飲まされてきたんです。
③ 彼は**にがい**経験を生かして現在の地位を築《きず》いた。

【解説】 味に関する基本的な形容詞の一つ。飲食物の味に関する具体的な意味と、比喩《ひゆ》的な意味とがある。
(1) 飲食物の味がにがい様子を表す。原則としてプラスマイナスのイメージはないが、「にがい」味を不快な味と受け取ることが多いので、「まずい」という意味でマイナスイメージをもちやすい。③はことわざで、よく効《き》く薬は不快な味がするものである、ためになることは受け入れにくいものだという意味である。
(2) (1)の比喩的な意味で、つらく不快である様子を表す。マイナスイメージの語。例のように、名詞にかかる修飾語として用いられることが多い。①の「にがい顔」は慣用的な用法で、にがい物を食べたときのような不快な顔という意味、②の「にがい水を飲まされる」は慣用句で、不快な経験をさせられる、被害をこうむるという意味である。
(2)の「にがい」は「にがにがしい」に似ているが、「にがにがしい」が内心の不快な心理そのものを暗示するのに対して、「にがい」は対象の性質としての不快な様子を暗示する点が異なる。
？ 娘の話を父はにがく思った。
→娘の話を父はにがにがしく思った。

⇨「にがっぽい」「ほろにがい」「にがにがしい」

にがっぽい［苦っぽい］Nigappoi

① この豆腐《とうふ》は**にがっぽい**から危《あぶ》ないよ。
② フキノトウはうまいというけれど、**にがっぽく**てちっともうまくないじゃないか。

【解説】　味に関する形容詞の一つ。ややにがい様子を表す。ややマイナスイメージの語。「～ぽい」は「～のように感じる」という意味の形容詞を作る語尾。「にがい」の程度を低めるはたらきをする。具体的な飲食物の味についてのみ用いられ、比喩《ひゆ》的な用法はもたない。

✕　彼の父はにがっぽい顔をした。
　→彼の父はにがい顔をした。

「にがい」は味そのものを客観的に表すが、「にがっぽい」では主体の感覚を一度経由《けいゆ》している表現になっているため、不快の心理が表れやすく、「にがい」味が好ましい場合には用いられないことが多い。

？　真夏の暑い午後に飲むにがっぽい煎茶《せんちゃ》は最高だ。
　→真夏の暑い午後に飲むにがい煎茶は最高だ。

⇨「にがい」「ほろにがい」

にがにがしい ［苦々しい］ Niganigashii

① 娘の話を父は**にがにがしく**思った。
② 相談を受けた彼は**にがにがしい**顔になった。

【解説】　非常に不愉快《ふゆかい》な様子を表す。ややマイナスイメージの語。「にがい」の(2)と似ているが、「にがにがしい」は内心の不愉快な心理そのものを表し、対象の性質は表さないことが多い。全く同じ文脈で「にがにがしい」と「にがい」が用いられると、次のようなニュアンスの違いを生ずる。

　にがにがしい経験。（聞いて不愉快になる経験）
　にがい経験。（つらい経験）

「にがにがしい」は「なげかわしい」などに似ているが、かなり冷静《れいせい》な表現で、怒りや慨嘆《がいたん》の暗示は少ない。

？　他人の言うことをまともに信じられないとは、苦々しい世の中になったものだ。
　→他人の言うことをまともに信じられないとは、嘆かわしい世の中になったものだ。

また、「にがにがしい」には具体的な飲食物の味を表す用法はない。

✕　この番茶は苦々しい。
　→この番茶はひどくにがい。

⇨「にがい」「なげかわしい」

にぎにぎしい ［賑々しい］ Niginigishii

① 本日は**にぎにぎしく**御来場《ごらいじょう》くださいまして、まことにありがとうございます。
② スターは親衛隊《しんえいたい》に囲まれて**にぎにぎしく**スタジオにやってきた。

【解説】　人がたくさんいて、はなやかに騒々しい様子を表す。ややプラスイメージの語。「にぎにぎしい」は人の声などによる雑踏《ざっとう》の多いことがプラスイメージでとらえられている語で、音声の多いことが不快になっていない。①は開店記念パーティなどによく用いられる挨拶語《あいさつご》で、たくさんの人が来てくれてうれしいという主催者側《しゅさいしゃがわ》の感想を表現している。

「にぎにぎしい」は「にぎわしい」に非常によく似ているが、「にぎわしい」がおもに物事の状態について賑わっているというニュアンスで用いられることが多いのに対して、「にぎにぎしい」はおもに人の出入りなどについて、音声がにぎやかだというニュアンスで用いられることが多い点が異なる。

？ 原宿《はらじゅく》の竹下《たけした》通りはいつもにぎにぎしい。
→原宿の竹下通りはいつもにぎわしい（にぎやかだ）。

「にぎにぎしい」はまた「にぎやか」にも似ているが、「にぎにぎしい」には人の陽気《ようき》な性格を表す意味はない。

× この人はにぎにぎしい人だ。
→この人はにぎやかな人だ。

⇨「にぎわしい」「にぎやか」

にぎやか ［賑やか］ Nigiyaka

(1)① 都会の大通りは真夜中でも**にぎやか**だ。
② 孫が来たのでいっぺんに**にぎやか**になった。
③ 各界の名士《めいし》がそろった**にぎやか**な会だった。
④ 彼女は**にぎやか**な人だね。

(2)① 会場はイルミネーションが**にぎやか**に飾《かざ》りたててあった。
② エビ料理が加わると途端に食卓が**にぎやか**になる。

【解説】 (1) 活気があって騒々しい様子を表す。ややプラスイメージの語。物事の状態を表す場合(①～③)にも、人の性格を表す場合(④)にも用いられる。(1)の「にぎやか」の示す活気は、人の声や物音などの複数の音声によってもたらされる暗示がある。その典型的な例が④の人の性格を表す場合で、「にぎやかな性格」とはよくしゃべったり笑ったりする陽気《ようき》な性格という意味である。

この「にぎやか」は「にぎにぎしい」や「にぎわしい」に似ているが、「にぎにぎしい」がおもに人の出入りの音声の状態を暗示し、「にぎわしい」がおもに物事の状態をやや客観的に暗示するのに対して、「にぎやか」は人・物事双方について、全般的《ぜんぱんてき》に活気があるという漠然《ばくぜん》とした意味を暗示する点が異なる。全く同じ文脈で「にぎやか」「にぎにぎしい」「にぎわしい」が用いられると、次のようなニュアンスの違いを生ずる。

にぎやかな運動会の入場行進。
（しゃべったり笑ったりして活気がある）
にぎにぎしい運動会の入場行進。
（いろいろな扮装《ふんそう》の人がいて楽しい）
にぎやかな商店街。（人出が多くて活気がある）

にぎわしい商店街。（商売が繁盛《はんじょう》している様子だ）

(2) 派手で華やかな様子を表す。プラスイメージの語。物事の状態について用いられる場合である。音声の有無《うむ》は問題にしない。この「にぎやか」は「はなやか」に似ているが、「はなやか」が派手な美しさを暗示するのに対して、「にぎやか」は豊かさを暗示し、美的な暗示はないことが多い。

？ 会場の飾りつけはにぎやかに美しい。
→会場の飾りつけは華やかに美しい。

⇩「にぎにぎしい」「にぎわしい」「はなやか」「はで」

にぎわしい ［賑わしい］ Nigiwashii

① 今夜は酉《とり》の市《いち》なので通りが**にぎわしい**。
② 駅前には**にぎわしい**商店街が続く。

【解説】 人出が多くて活気のある様子を表す。プラスイメージの語。活気があってはなやかな状態をやや客観的に暗示し、人間の性格について用いられることはまれである。

× 彼女はにぎわしい性格の人だ。
→彼女はにぎやかな性格の人だ。

また、人の出入りの状態そのものを説明する場合にも、用いられない。

× スターの一連隊《いちれんたい》がにぎわしく到着した。
→スターの一連隊がにぎにぎしく（にぎやかに）到着した。

⇩「にぎやか」「にぎにぎしい」

にくい・ーにくい ［憎い・ー難い］ Nikui・－nikui

(1) ① わが子を奪った**にくい**犯人がやっと捕まった。
② ぼくを裏切った彼女が**にくい**。
③ 妹は君のことを**にくからず**思っているよ。

(2) ① わたしをとりこにした**にくい**あの人。
② 「その荷物、お持ちしましょう」「なかなか**にくい**こと言うじゃないか」
③ きんぴらとのりとベーコンの取り合わせがなんとも**ニクい**。（CM）

(3) ① ぼくの口からは言い**にくい**から君から言ってほしい。
② 彼はあつかい**にくい**男だ。

【解説】 (1)(2)（ふつう「憎い」と書くもの）と(3)（ふつう「難い」と書くもの）の二つのグループに分けられる。

(1) 非常に不快に思って嫌《きら》う様子を表す。マイナスイメージの語。憎悪《ぞうお》を表す最も一般的な形容詞である。非常に強い不快と嫌悪《けんお》を表し、しばしば相手を抹殺《まっさつ》したいというような心理を伴《ともな》う。「にくい」対象としては、人間であることが多く、物事は擬人法《ぎじんほう》をのぞいて対象にはなりにくい。

？　息子を有罪《ゆうざい》にした法律が憎い。

↓息子を有罪にした法律が恨めしい。

①②が最も一般的な用法である。③は「にくからず思う」という形で慣用句として用いられ、軽い好意を抱《いだ》いているという意味になり、強い嫌悪を抱いていないという意味にはならない。

「にくい」の暗示する嫌悪は非常に感情的で、客観性のない点が、やや客観的な嫌悪を暗示する「うとましい」や「きにくわない」などと異なる。

？　継母《ままはは》にとって継子《ままこ》というものは憎いものだ。

↓継母にとって継子というものはうとましいものだ。

×　あの課員はなんとなく憎い。

↓あの課員はなんとなく気に食わない。

嫌悪を表す語としては「きらい」「いや」が最も一般的であるが、「にくい」は「いや」のような一時的な嫌悪を暗示せず継続的《けいぞくてき》であり、「いや」「きらい」に比べて嫌悪の程度が格段《かくだん》に強い。

？　あんな奴の顔を見るのも憎い。

↓あんな奴の顔を見るのもいやだ。

×　ぼくは太った女は憎い。

↓ぼくは太った女はきらいだ。

(2)　(1)の反語的な用法である。プラスイメージの語。この意味のときは、しばしば「ニクい」とカタカナ書きされる。①はいとおしい、好きだという意味、②は感心だという意味、③はたいへんすばらしいという意味である。いずれも相手が憎く思えるほど好ましいという反語的な意味になっている。また、対象は人にかぎらず広く用いられる。

(3)　動詞の連用形について、「～することがむずかしい」様子を表す(↔－やすい)。ややマイナスよりのイメージの語。物理的にむずかしい場合(①)、心理的にむずかしい場合(②)の両方がある。②の「あつかいにくい」は機嫌《きげん》をとるのがむずかしい、気むずかしいという意味である。

動作や行為の困難さを表す意味で、「～にくい」は「～づらい」に似ているが、「～づらい」が困難を感じている主体の存在を暗示するのに対して、「～にくい」ではやや客観的な困難さを暗示し、困難の原因が主体でなく対象にあることが多い。

また、「～がたい」にも似ているが、「～がたい」は文章語で、日常会話にはあまり登場しない。

⇨「うとましい」「きにくわない」「いや」「きらい」「うらめしい」「－づらい」「－がたい」「いいにくい」「かきにくい」「ききにくい」「こころにくい」「こづらにくい」「つらにくい」「にくたらしい」「にくにくしい」「にくめない」「にく

らしい」「みにくい」「やりにくい」「わかりにくい」「―やすい」

にくたらしい［憎たらしい］Nikutarashii

① あの悪役《あくやく》はうまくていかにも**にくたらしい**。
② きれいに貼《は》った障子《しょうじ》を破くなんて、**にくたらしい**ガキだ。
③ せっかくの誕生日《たんじょうび》に来ないなんて、**にくたらしい**人ね。

【解説】 いかにも憎悪《ぞうお》の気持ちをそそる様子を表す。マイナスイメージの語。「～たらしい」はいかにも～の気持ちをそそるようで不快だという意味の、形容詞を作る語尾。①②が基本的な意味である。③はやや反語的な意味で、ただ憎悪をそそる様子だというのではなく、愛情と恨《うら》みとがないまじった複雑な心理をそそるというニュアンスで用いられている。

「にくたらしい」は憎悪の心理そのものを表す語ではなく、対象に投影《とうえい》された憎悪であるので、しばしば対象の外見の様子を説明する語として用いられる。「にくい」に似ているが、「にくい」は憎悪の心理そのものを暗示する点で異なる。

× あの悪役はうまくていかにも憎い。

「にくたらしい」はまた「にくらしい」にも似ているが、「にくらしい」は「にくたらしい」より憎悪の程度が低く、反語に用いられる割合が多い。

憎たらしいあの人。（憎悪をそそるあの人）
憎らしいあの人。（いとしいあの人）

また、「にくたらしい」は「にくにくしい」にも似ているが、「にくにくしい」は憎悪の程度がさらに高く、③のような反語的な用法はない。

⇨「にくい」「にくらしい」「にくにくしい」「いまいましい」「はらだたしい」「―たらしい」

にくにくしい［憎々しい］Nikunikushii

① その子は**にくにくしげ**に母親をにらみつけた。
② 彼は**にくにくしい**口のきき方をする。

【解説】 いかにも憎悪《ぞうお》がこもっている様子を表す。マイナスイメージの語。「にくにくしい」にこめられている憎悪にはしばしば悪意の暗示があるが、その悪意はあくまで見る者に悪意を感じさせるほどのという意味である。つまり、「にくにくしい」は対象の外見に表れた憎悪の気持ちを暗示し、心理そのものは表さない点が「にくい」「にくらしい」と異なる。

× ぼくを裏切った彼女が憎々しい。
→ぼくを裏切った彼女が憎い（憎らしい）。

「にくにくしい」は「にくたらしい」にも似ているが、

「にくたらしい」が見る者の憎悪の気持ちをそそるというニュアンスで、憎悪そのものの程度がやや低いのに対して、「にくにくしい」は憎悪がこもっているというニュアンスで、憎悪の程度が高い。

⇩「にくい」「にくらしい」「にくたらしい」

にくめない【憎めない】Nikumenai

① 昔の説《せっ》教《きょう》強《ごう》盗《とう》などどこか**にくめない**ところがあった。

② 彼はおっちょこちょいでミスばかりしているが、**にくめない**性格だ。

【解説】「にくむ」の可能動詞「にくめる」の打消し。憎むことができないという意味の他に、かわいらしい、愛《あい》嬌《きょう》のある様子を表す。ややプラスイメージの語。例のように名詞にかかる修飾語として用いられることが多く、述語にもなるが、述語にかかる修飾語としてはあまり用いられない。

？ 彼はおっちょこちょいだが憎めなく思われている。

たいていの場合、前にマイナス要因が掲《かか》げられていて、それにもかかわらずかわいらしいと打消す場合によく用いられる。①では「説教強盗」、②では「おっちょこちょいでミスばかりしている」がそのマイナス要因である。したがって、「かわいい」や「かわいらしい」と結果的には近い意味になるが、「かわいい」「かわいらしい」のような積極的な評価《ひょうか》ではない。

⇩「にくい」「かわいい」「かわいらしい」

にくらしい【憎らしい】Nikurashii

(1)① この子はいつも**にくらしい**口をきく。

(2)① 彼は本番にのぞんで**にくらしい**ほど落ち着きはらっていた。

② 「はい、君の好きな秋桜《コスモス》の鉢《はち》」「まあ、**にくらしい**人ね」

【解説】(1) 不快でいやな様子を表す。ややマイナスイメージの語。憎《ぞう》悪《お》を表す形容詞の一つ。「にくい」に似ているが、「にくい」が憎悪の心理そのものを暗示するのに対して、「にくらしい」は憎悪を感じさせる対象の性質を暗示し、憎悪の程度そのものも「にくい」ほど高くない。また、「にくらしい」対象は目下の人間であることが多く、はっきり目上であることがわかっている人間については、心理的に優《ゆう》位《い》に立っている場合をのぞいて用いないことが多い。

？ 社長の裁量《さいりょう》は不公平で憎らしい。

↓社長の裁量は不公平で憎たらしい。

その意味で、「こにくらしい」や「なまいき」に似た意味をもっているが、「こにくらしい」や「なまいき」ほど分不相応の暗示がなく、憎悪の気持ちのほうに視点のある表現になっている。

(2) (1)の反語的な用法。ややプラスイメージの語。①は憎しみをそそるほどすぐれているという意味である。②はおもに女性が好んで用いる用法で、いとしい、好きだという意味である。直接「いとしい、好きだ」というよりも反語的に用いているぶん、屈折《くっせつ》していて深みのある表現になっている。

⇩「にくい」「にくたらしい」「にくにくしい」「こにくらしい」「なまいき」

にげない［似気無い］**Nigenai**

① ときどき彼はきまじめな顔に**にげない**滑稽《こっけい》なことを言う。

② その少年の態度は、子供には**にげない**落ち着いたものだった。

【解説】 不釣《ふつ》り合《あ》いな様子を表す。プラスマイナスのイメージはない。文章語的であって、日常会話にはあまり登場しない。用法は非常に限定されていて、ほとんど「□□にはにげない△△」という形をとり、□□と△△とに矛盾《むじゅん》する内容の語句が入る。①は「きまじめな顔」「滑稽なことを言う」、②は「子供」「落ち着いた態度」がその内容である。

「にあわない」「につかわしくない」「ふさわしくない」など、「にげない」に似た意味をもつ語句が他にあるが、「にげない」は対象の外見から予想される結果に合致《がっち》しない暗示があり、外見や雰囲気に合致しない暗示のある「につかわしくない」、理想に合致しない暗示のある「ふさわしくない」とは異なる。「にあわない」はもっと一般的で、用法が広い。

? あんな荒っぽいことを言うなんて、やさしい君には似気ないことだ。

↓あんな荒っぽいことを言うなんて、やさしい君にはふさわしくない(似つかわしくない)ことだ。

× そんな言い方は君には似気ない。

↓そんな言い方は君には似合わない。

「にげない」には外見の映《うつ》りがよくない意味はない。

× その帽子は君には似気ない。

↓その帽子は君には似合わない。

⇩「にあわない」「につかわしい」「ふさわしい」

につかわしい［似つかわしい］**Nitsukawashii**

① 彼女の服はわびた茶会には**につかわしく**ない。

② やわらかなもの言いがいかにも彼に**につかわしい**。

【解説】 よく似合っている様子を表す。プラスイメージの語。「につかわしい」は、「ふさわしい」や「にあわしい」に非常によく似ているが、対象の外見や雰囲気に合《がっ》致《ち》しているというニュアンスをもち、理想像は暗示しない点が「ふさわしい」と、対象の現在の条件に言及《げんきゅう》しない点が「にあわしい」と異なる。全く同じ文脈で「につかわしい」と「ふさわしい」「にあわしい」が用いられると、次のようなニュアンスの違いを生ずる。

似つかわしい服。（雰囲気に合った服）

ふさわしい服。（理想的な服）

彼に似つかわしくない言い方。

（外見からは考えられない言い方）

彼に似合わしくない言い方。

（性格からは考えられない言い方）

「につかわしい」には外見の映《うつ》りがよいという意味で用いる用法はない。

× この帽子は君に似つかわしい。

→この帽子は君によく似合う。

⇩「ふさわしい」「にあわしい」「にあわない」「にげない」

にっちもさっちもいかない

［二進も三進も行かない］**Nitchimo－satchimo－ikanai**

① 両者は互いの主張を一歩も譲《ゆず》らず、交渉《こうしょう》は**にっちもさっちもいかなく**なった。

② 彼は借金でいよいよ**にっちもさっちもいかない**ところへ追いこまれた。

【解説】 それ以上進展《しんてん》できない様子を表す。ややマイナスイメージの語。進展できない原因が自分にある場合と外部にある場合の両方について用いられる。また、「にっちもさっちもいかない」は進展できない状況について特に感想は含まれておらず、かなり客観的な表現になっている。

「にっちもさっちもいかない」は「どうにもならない」に似ているが、「どうにもならない」が対応の不可能な事態についての慨嘆《がいたん》や憤慨《ふんがい》・あきらめなどの暗示があるのに対して、「にっちもさっちもいかない」はそれ以上進展が望めない事態をやや客観的に述べる点で異なる。

？ 彼はにっちもさっちもいかないばかだ。

→彼はどうにもならない（どうしようもない）ばかだ。

また、「にっちもさっちもいかない」は「ぬきさしならない」や「のっぴきならない」にも似ているが、「ぬきさしならない」や「のっぴきならない」がどうにもならない状況からの離脱《りだつ》が不可能であることを暗示するのに対して、「にっちもさっちもいかない」は状況からの離脱については言及《げんきゅう》しない点が異なる。

？ へたに口を出すと、にっちもさっちもいかない羽《は》目《め》になるぞ。

→へたに口を出すと、抜き差しならない（のっぴきならない）羽目になるぞ。

⇨「どうにもならない」「どうしようもない」「ぬきさしならない」「のっぴきならない」

にてもにつかない ［似ても似つかない］ Nitemo－nitsukanai

① 彼女はおしとやかな姉さんとは**にてもにつかない**じゃじゃ馬だ。

② その映画の内容は原作とは**にてもにつかない**ものだった。

【解説】 二つのものが全然似ていない様子を表す。ややマイナスイメージの語。例のように名詞にかかる修飾語として用いられることが多い。「にてもにつかない」は本来似ていることが期待されているものが、期待に反して全く似ていないことにポイントがあり、もともと類似《るいじ》を問題にしないものどうしについては用いられない。

× 時代劇《じだいげき》とSFは似ても似つかない。

↓時代劇とSFは全く違う。

「にてもにつかない」は全く似ていない結果、基準となるべきものに比べて悪いという暗示があり、基準と全く違って好ましい場合には用いないことが多い。

？ 彼女はじゃじゃ馬の姉さんとは似ても似つかないしとやかな女性だ。

↓彼女はじゃじゃ馬の姉さんとは全然似ていないしとやかな女性だ。

「にてもにつかない」は、一つの対象の理想と現実の相違《そうい》については用いられない。

× そんな荒っぽい言い方は、ふだんやさしい彼に似ても似つかないものだった。

↓そんな荒っぽい言い方は、ふだんやさしい彼に似つかわしくないものだった。

⇨「につかわしい」「ふさわしい」

にぶい ［鈍い］ Nibui

(1)① このナイフは**にぶく**て薄い紙も切れない。

② どんな名刀《めいとう》も手入れをしなければ**にぶく**なる。

③ 矛先《ほこさき》が**にぶい**。

(2)① 彼のまなざしは泥酔者《でいすいしゃ》のように**にぶかっ**た。

② 暗い夜道《よみち》に街灯《がいとう》が**にぶく**光っていた。

③ 傷口《きずぐち》はふさがったけれど、まだ**にぶい**痛みがある。

④ 突然大きな袋を落とすような**にぶい**音がした。

⑤ さしもの台風も上陸すると勢力《せいりょく》が**にぶく**なる。

⑥ この力士は出足《であし》が**にぶい**からよく押し出される。

⑦ パンダは動作が**にぶく**簡単に捕まる。

⑧ しばらく油を差さないから、機械の回転が**にぶい**。

⑨ 今年は例年に比べて生産の伸びが**にぶい**。

(3)① 高い山のかげは電波の感度が**にぶい**。
② ぼくは感覚が**にぶい**からくすぐられても平気だ。
③ この子は頭が**にぶく**て、いくら言って聞かせてもわからない。
④ ここまではっきり言ってもわかんないの？　**にぶい**わねえ。

【解説】 (1) 刃物《はもの》などの先端《せんたん》がとがっていなくて、よく切れない様子を表す（↔するどい）。ややマイナスイメージの語。刃物がよく切れないという場合（①②）と、先がとがっていないという場合（③）があるが、先がとがっていないという意味のときは、本来とがっているべきものが擦《す》り減《へ》ったというニュアンスで用いられることが多いので、「にぶい」という形容詞よりも「にぶる」という動詞を用いることのほうが多い。

　矛先が鈍くなった。→矛先が鈍った。

また、もともと先端がとがっていることを期待されていないものについては、「にぶい」は用いない。

× この棒《ぼう》は先が鈍い。→この棒は先が丸い。

(2) (1)の比喩《ひゆ》的《てき》な用法。さまざまのものの活動が遅《おそ》く、程度が低くて印象の薄い様子を表す（↔するどい）。プラスマイナスのイメージはない。②は光がぼんやりとしてあまり明るくない様子を表す。③はあまり強くない痛みという意味、④は重く濁《にご》った音という意味である。⑤〜⑨は動作や勢いが遅いという意味である。このときは「するどい」が反対語になれる場合（⑥⑨）と、なれない場合（⑤⑦⑧）とがある。

(2)の「にぶい」は「のろい」「おそい」「とろい」「よわい」などに置き換え可能だが、具体的に速度や強さの条件を示すことなく、漠然《ばくぜん》と程度が低いと述べるのにとどまるのが「にぶい」の意味である。

(3) 感覚が鋭《するど》くない様子を表す（↔するどい）。ややマイナスイメージの語。③は「頭（の働き）がにぶい」で慣用的な表現となり、理解が遅いという意味である。④の「にぶい」は、しばしば日常会話で感動詞的に用いられ、情勢《じょうせい》を判断する力に乏しい、察《さつ》しが悪い、心配りがたりないという意味である。

⇨「のろい」「おそい」「とろい」「よわい」「するどい」

にべもない［鮸膠も無い］Nibemo-nai

① 彼は大臣に面会を申しこんだが、**にべもなく**断《ことわ》られた。
② 大家《おおや》に家賃《やちん》を待ってくれと頼んだが、払えなければ出て行ってくれという**にべもない**返事だった。

【解説】 全く問題にせずに拒絶《きょぜつ》する様子を表す。マイナスイメージの語。「にべもない」の用いられる状況は非常に限定されていて、ほとんど依頼や申し出などを拒絶する状況に限られる。

「にべもない」は「そっけない」や「すげない」に似ているが、「そっけない」のほうが「にべもない」より拒絶の態度が柔らかく、単に簡単だと述べるニュアンスをもち、「すげない」が行為の受け手に対して情が感じられないという被害者意識を暗示するのに対して、「にべもない」は全く妥協《だきょう》の余地なく拒絶する様子をやや客観的に表す点が異なる。全く同じ文脈で「にべもない」と「そっけない」「すげない」が用いられると、次のようなニュアンスの違いを生ずる。

にべもなく断った。(きっぱりと冷酷《れいこく》に断る)
そっけなく断った。(非常に簡単に断る)
すげなく断った。(断ったのは薄情《はくじょう》だ)

⇨「そっけない」「すげない」

にわか［俄］Niwaka

(1)① 平穏《へいおん》だった社内が**にわか**に慌《あわ》ただしくなった。
② 病人の容体《ようだい》が**にわか**に急変《きゅうへん》した。
③ 君の提案《ていあん》は全く**にわか**のことで驚いた。
④ 一天《いってん》**にわか**にかき曇《くも》り……。
(2)① こんな重大事は**にわか**に返答できかねる。

【解説】 (1) 急激《きゅうげき》に変化する様子を表す。ややマイナスよりのイメージの語。かなりかたい文章語で、日常会話にはあまり登場しない。例のように述語にかかる修飾語で用いることが最も多く、名詞にかかる修飾語になることも皆無《かいむ》ではないが、述語になることはない。

①②が最も一般的な意味、③は突然のことでという意味である。④は慣用句で、それまで晴れていた空が急に曇ってという意味で、事態が暗転《あんてん》することの象徴的《しょうちょうてき》なマクラ(前置き)として、講談《こうだん》などでよく用いられる表現である。

「にわか」はそれまでの安定していた状態から、急激に好ましくない状態に変化するというニュアンスをもち、好ましい状態に変化する場合には用いない。

× 注射をしたら病状《びょうじょう》がにわかによくなった。
→注射をしたら病状が急によくなった。

また、かなり客観的な状態の変化について用いることが多く、主観的に悪い状態になったという場合にはあまり用いられない。

? 満員電車の中でにわかに腹が痛くなってきた。
→満員電車の中で急に腹が痛くなってきた。

(2) 短時間内に行う様子を表すが、多くの場合打消しや否定を伴《ともな》って、すぐには〜できないという意味になる。これもかたい文章語で、日常会話にはあまり登場しない。プラスマイナスのイメージはない。

この「にわか」は「すみやか」に似ているが、「すみやか」では時間をおかずに行動した結果望ましい状態になるという暗示があり、用法が広い。

× 当局はにわかに対策を講《こう》じられなかった。

→当局はすみやかに対策を講じられなかった。

⇨「すみやか」「はやい」

ぬかみそくさい ［糠味噌臭い］ Nukamisokusai

① アメリカ人はバタ臭いというが、日本人だって**ぬかみそくさい**じゃないか。

② **ぬかみそくさい**古女房《ふるにょうぼう》なんざうんざりだね。

【解説】 糠味噌漬《ぬかみそづけ》のにおいのする様子を表す。マイナスイメージの語。「～くさい」は「～のにおいのする様子だ」という意味の形容詞を作る語尾。①が基本的な意味で、ほんとうに糠味噌漬のにおいのする様子を表す。ただし、「日本人がぬかみそくさい」というときには、しばしば日本人特有の臭気《しゅうき》があるという漠然《ばくぜん》とした意味になり、必ずしも具体的な糠味噌漬のにおいにこだわらないことが多い。

②は①の比喩的《ひゆてき》な用法である。「ぬかみそくさい(古)女房」の形で慣用的に用いられ、所帯《しょたい》ずれして新鮮味がないという意味である。「ぬかみそくさい」が未婚《みこん》女性や男性について用いられることはない。

× 糠味噌くさい娘(亭主)。

⇨「－くさい」

ぬきがたい ［抜き難い］ Nukigatai

① 彼の言動は**ぬきがたい**不信感を皆に植えつけた。

② いちど疑惑《ぎわく》をもたれてしまうと**ぬきがたい**ものだ。

【解説】 取り去ることがむずかしい様子を表す。ややマイナスイメージの語。「～がたい」は「～することがむずかしい」という意味の形容詞を作る語尾。かたい文章語で、日常会話にはあまり登場しない。「抜くことがむずかしい」という意味のほかに、不審《ふしん》や疑惑などについて、払拭《ふっしょく》することがむずかしいという意味で用いられる。好ましい傾向などについて用いられることはない。

× 彼はいつまでも抜きがたい希望を抱《いだ》いている。

→彼はいつまでも捨てがたい希望を抱いている。

⇨「－がたい」

ぬきさしならない ［抜き差し成らない］ Nukisashinaranai

① へたに口を出したばかりに、彼は**ぬきさしならない**羽目《はめ》に陥《おちい》った。

② 彼の立場は今や**ぬきさしならぬ**ところへ来ている。

【解説】 物事への対応が不可能である様子を表す。ややマイナスイメージの語。対応が不可能である結果、身動きがとれず、またそういう状況から離脱《りだつ》することもできないことを暗示する。

「ぬきさしならない」は「のっぴきならない」に似ているが、「のっぴきならない」は対象となる状況と主体との間に一定の距離が暗示されており、状況そのものの深刻さは「ぬきさしならない」ほど強くない。

× 抜き差しならない用事でパーティに欠席した。

→のっぴきならない用事でパーティに欠席した。

「ぬきさしならない」は「にっちもさっちもいかない」にも似ているが、「にっちもさっちもいかない」がそれ以上の進展が望めないことをやや客観的に暗示するのに対して、「ぬきさしならない」は容易ならぬ深刻な状況から離脱できないことを暗示する点で異なる。

× お互いに我を張ってたんじゃ、抜き差しならないよ。

→お互いに我を張ってたんじゃ、にっちもさっちもいかないよ。

⇨「のっぴきならない」「にっちもさっちもいかない」「どうしようもない」「どうにもならない」「ならない」

ぬけめない・ぬけめのない

[抜け目無い・抜け目の無い] Nukemenai・Nukemeno－nai

① 彼は**ぬけめなく**大臣に名刺を差し出した。

② 奴はもうけ話となると**ぬけめがない**。

【解説】 手ぬかりなく自分の利益をはかる様子を表す。マイナスイメージの語。述語にかかる修飾語として連用形で用いる場合には「ぬけめなく」を用い、名詞にかかる修飾語や述語で用いる場合には「ぬけめがない・ぬけめのない」などの連語の形を用いることが多い。

「ぬけめない」は、自分の利益をはかることに油断がなく、訪れた機会をむだにしない様子をやや客観的に述べるニュアンスがあり、怒りや慨嘆《がいたん》の暗示は少ない。

「ぬけめない」は「ずるがしこい」や「こざかしい」などに似ているが、「ずるがしこい」が悪意のある賢《かしこ》さを表し、嫌悪《けんお》の程度が高く、「こざかしい」では主体に対するはっきりした侮蔑《ぶべつ》の暗示のある点が異なる。

? あいつのように抜けめない男は大嫌《だいきら》いだ。

→あいつのようにずるがしこい男は大嫌いだ。

? 新米《しんまい》のくせに抜けめない真似をするな。

→新米のくせに小賢しい真似をするな。

⇨「ずるがしこい」「こざかしい」「りこう」「こりこう」「ずるい」「こずるい」「かしこい」「そつない」「はしっこい」

ぬるい

[温い・緩い] Nurui

(1) ① 玉露《ぎょくろ》は**ぬるい**お湯で入れる。

② 風呂が**ぬるく**て風邪《かぜ》を引いた。

③ ぼくは**ぬるく**つけた燗《かん》が好きだ。
④ 水が**ぬるく**なるともう春も間近だ。
⑤ 炭が切れて掘りごたつが**ぬるく**なった。
(2)① そんな**ぬるい**やり方では部下にしめしがつかない。

【解説】 温度に関する形容詞の一つ。(1)（ふつう「温い」と書くもの）と(2)（ふつう「緩い」と書くもの）の二つのグループに分けられる。

(1) もともと熱かったり冷たかったりすることが期待されているものが、その熱や冷たさが十分でなく、体温に近い温度になっている様子を表す。ややマイナスよりのイメージの語。もともと熱いことが期待されているものの温度が十分高くない場合(①~③⑤)と、もともと冷たいことが期待されているものの温度が十分低くない場合(④)とがあるが、普通は前者の意味で用いる。「ぬるい」ものとしては液体であることが多いが、⑤のように空気の温度について用いられることも皆無《かいむ》ではない。

「ぬるい」は、そのものに期待される温度が変わってしまって体温に近くなっている状態をやや客観的に表し、不快の暗示は「なまぬるい」ほど強くない。したがって、「ぬるい」ことが好ましい場合(③)もありうる。

ぬるいお茶。（温度が十分に高くないお茶）
なまぬるいお茶。（温度が高くなくてまずいお茶）

「ぬるい」の示す温度は「なまあたたかい」の示す温度と重なることが多いが、「なまあたたかい」は温度が適度に高いことが不快であるというニュアンスで、もともとの温度は問題にせず結果としての温度の不快を暗示し、「ぬるい」よりも不快感が強い。

× 傷口《きずぐち》から吹き出す血はぬるかった。
→傷口から吹き出す血は生温かかった。

(2) いい加減で厳《きび》しさがたりない様子を表す。ややマイナスイメージの語。ただし、この意味の場合にはよりはっきりした「なまぬるい」や「てぬるい」を用いることが多い。

そんなぬるいやり方では部下にしめしがつかない。
→そんななまぬるい（手ぬるい）やり方では部下にしめしがつかない。

⇨「なまぬるい」「なまあたたかい」「てぬるい」

ねがってもない ［願っても無い］ Negattemo-nai

① ノーアウト満塁《まんるい》とは**ねがってもない**反撃《はんげき》のチャンスが来た。
② あなたに御援助《ごえんじょ》いただけるとは**ねがってもない**ことです。

【解説】 非常に望ましい様子を表す。プラスイメージの語。普通では得られない好ましい状況が得られた場合に用いる。好ましくない状況については用いられない。

× 息子が落第《らくだい》するだなんて、願ってもないことだ。
→息子が落第するだなんて、思いもよらないことだ。

「ねがってもない」は好ましい状況がすでに実現したか、実現しそうなときに用いることが多く、一般的に好ましい状態を客観的に評するときには用いないことが多い。

? 彼女が結婚するとは願ってもないことだ。
（この文はふつう、彼女の結婚によって話者に非常に好《こう》都合《つごう》な事態が起こるという意味になる）
→彼女が結婚するとは思いがけないことだ。

× 部下にはきめの細かい配慮《はいりょ》が願ってもない。
→部下にはきめの細かい配慮が望ましい。

「ねがってもない」は「またとない」に似ているが、「またとない」がかなり客観的な表現であるのに対して、「ねがってもない」は主観的で、話者の喜びが暗示される点で異なる。全く同じ文脈で「ねがってもない」と「またとない」が用いられると、次のようなニュアンスの違いを生ずる。

願ってもないチャンスが訪れた。
（非常に好都合でうれしい）
またとないチャンスが訪れた。
（客観的にみて最高だ）

⇨「おもいもよらない」「おもいがけない」「のぞましい」「またとない」

ねがわしい ［願わしい］ Negawashii

① よろしくおとりなしのほど**ねがわしゅう**存じます。
② 次回の会合には委員の全員参加が**ねがわしい**。

【解説】 好ましいことを希望する様子を表す。ややプラスイメージの語。かなりかたい文章語で、例のように挨《あい》拶《さつ》や手紙、公式の発言などによく用いられる。肯定の文中において用いられるのが普通で、否定の文中で望まないという意味で打消しで用いられることは少ない。

? 一人でも欠席するのは願わしくない。
→一人でも欠席するのは望ましくない。

「ねがわしい」は「のぞましい」に似ているが、「のぞましい」がかなり客観的なよい状態を希望することを暗示するのに対して、「ねがわしい」は用法に制限があり、希望そのものもやや主観的である点が異なる。

? 願わしい二十一世紀の教育を考える。
→望ましい二十一世紀の教育を考える。

「ねがわしい」はまた「このましい」にも似ているが、「このましい」が話者の主観的な希望を暗示し、現在起こっている事態についても用いられるのに対して、「ねがわしい」はやや冷静《れいせい》で、現在起こっている事態については用いられず、将来の事態についてのみ用いられる点が異なる。

× 彼のさわやかさは願わしい印象を与えた。

→彼のさわやかさは好ましい印象を与えた。

⇩「のぞましい」「このましい」

ねぐるしい ［寝苦しい］ Negurushii

① 昨夜は暑くて**ねぐるしい**夜だった。

② ふとんが重くて**ねぐるしい**。

【解説】 不快感があって安眠できない様子を表す。マイナスイメージの語。不快感の原因は暑さ、圧迫感《あっぱくかん》などが最も普通で、寒さ、痛みなどは原因にならないことが多い。

? 昨夜《ゆうべ》は寒くて寝苦しい夜だった。

→昨夜は寒くて眠れなかった。

高温多湿《こうおんたしつ》の日本では、夏など夜間でも気温が下がらず、安眠《あんみん》を妨《さまた》げられることが少なくない。「ねぐるしい」はほとんど夜のむし暑さを表す専用の語であって、日本の気候の特徴を表した語だと言うことができる。

⇩「くるしい」「あつくるしい」

ねたましい ［妬ましい］ Netamashii

① 彼は他人の成功を**ねたましく**思っている。

② 彼女は美人の友人が**ねたましい**。

【解説】 めぐまれた物や状況にあこがれて、それを得ている者を憎悪《ぞうお》する様子を表す。ややマイナスイメージの語。文章語的で、日常会話ではあまり用いられない。

あこがれを表す語ではあるが、単なるあこがれではなく、自分よりめぐまれた(と思っている)状況を得ている者に対する憎しみにポイントのある点が、あこがれを暗示するにとどまる「うらやましい」と異なる。

めぐまれた状況といっても客観的にめぐまれているかどうかは問題でなく、あくまで主体の主観でみた自分よりもよい状況という意味である。また、憎悪の対象は心理的に対等に立てる立場の者であることが原則で、絶対的な相違《そうい》がありすぎて比較対照《ひかくたいしょう》しにくいものや、はっきり目上や目下だとわかっている人については、「ねたましい」を用いないことが多い。

× 中国は国土が広くてねたましい。

→中国は国土が広くてうらやましい。

? 彼女は母親が裁縫上手《さいほうじょうず》なのがねたましい。

→彼女は母親が裁縫上手なのがうらやましい。

○ 彼は妻にかわいがられている息子がねたましかった。

(この文では、彼が心理的に息子と同レベルになっていることが暗示されている)

「ねたましい」は、自分よりすぐれたものに対して率《そっ》直《ちょく》に賞賛の気持ちを表さず、逆にそれに嫉妬《しっと》して憎悪するという屈折《くっせつ》した心理を表した語である。この屈折した心理は、「おたかい」「きざ」「こころにくい」などにも表れている。

⇨「うらやましい」「にくらしい」「こころにくい」

ねちっこい Nechikkoi

① あの会社のセールスは**ねちっこい**。

② 彼はいつまでも**ねちっこく**つきまとった。

【解説】執着《しゅうちゃく》が濃厚《のうこう》な様子を表す。マイナスイメージの語。人間の行為や性格について用いることが多く、ものの性質が濃厚だという意味では用いないことが多い。

？ このソースはねちっこい。

→このソースはしつこい（くどい）。

？ ぼくはねちっこいデザインの服は好きじゃない。

→ぼくはくどい（どぎつい）デザインの服は好きじゃない。

「ねちっこい」は「しつこい」に似ているが、「しつこい」にはあきらめの悪さの暗示があり、不快感も強くないので、執着が濃厚であることが好ましい場合にも用いられる可能性があるのに対して、「ねちっこい」はもっと感覚的・直接的で不快の程度も高い。全く同じ文脈で「ねちっこい」と「しつこい」が用いられると、次のようなニュアンスの違いを生ずる。

ねちっこくつきまとう。（接触《せっしょく》が濃厚で不快だ）

しつこくつきまとう。（なかなかあきらめない）

また「ねちっこい」は「くどい」にも似ているが、「くどい」にある繰り返しの暗示は「ねちっこい」にはない。

× 君はねちっこいね。何度説明すればわかるんだ。

→君はくどいね。何度説明すればわかるんだ。

執着が濃厚であることを表す語としては、他に「どぎつい」や「あくどい」があるが、「どぎつい」は対象の濃厚な性質について広く用いられ、「あくどい」が悪意を感じるほどの濃厚さを暗示して、それぞれニュアンスの上で「ねちっこい」と異なる。

⇨「しつこい」「くどい」「どぎつい」「あくどい」「ねばっこい」

ねつっぽい［熱っぽい］Netsuppoi

(1)① 今日は朝から**ねつっぽい**。

(2)① 終始《しゅうし》**ねつっぽく**くどいたので商談《しょうだん》はまとまった。

② 彼は**ねつっぽい**調子で反戦《はんせん》を訴《うった》えた。

【解説】(1) 体温が高く感じる様子を表す。ややマイナスよりのイメージの語。述語で用いられることが多く、修飾語で用いられることは少ない。

？ 鏡を見たら熱っぽい顔をしていた。

? 額が熱っぽくほてっている。

「ねつっぽい」は自分自身で感じる体温が、病的《びょうてき》に高いというニュアンスをもち、体の一部分の温度が高い場合や、第三者については用いないことが多い。

? 傷口《きずぐち》が化膿《かのう》して熱っぽい。

↓傷口が化膿して熱をもっている（熱い）。

? 彼女は朝から熱っぽい。

↓彼女は朝から熱があるようだ。

(2) 情熱的である様子を表す。プラスマイナスのイメージはない。「ねつっぽい」が話者以外の対象について用いられた場合や、修飾語として用いられた場合には、(2)の意味になることが多い。

「あついⅡ」に似ているが、「あついⅡ」よりもさらに情熱がこもっていて、行為に感じられる情熱を暗示し、一般的な性格や感情・心理については用いられない点が、「あついⅡ」と異なる。

? 彼女は故郷への熱っぽい思いを語った。

↓彼女は故郷への熱い思いを語った。

また「あついⅡ」は特に愛情を暗示することがあるが、「ねつっぽい」には愛情の暗示はないことが多い。

? 彼女はアイドル歌手に熱っぽくなっている。

↓彼女はアイドル歌手に熱くなっている。

⇨「あついⅡ」

ねづよい ［根強い］ Nezuyoi

① そのベテラン俳優《はいゆう》には**ねづよい**人気がある。

② 住民は開発に**ねづよく**反対している。

【解説】 奥深いところが堅固《けんご》で動かない様子を表す。プラスマイナスのイメージはない。「ねづよい」は表面はともかく、奥深いところが動かないというニュアンスをもつ語で、好ましいことにも好ましくないことにも、心理の状態についても行為についても用いられる。

行為について用いられた場合には、執着《しゅうちゃく》の濃厚《のうこう》さを暗示することになるので、「ねばりづよい」などと似た意味になるが、「ねばりづよい」は逆境《ぎゃっきょう》や困難に耐える強さを暗示するのに対して、「ねづよい」は不動・不変の状態を暗示し、逆境や困難の暗示は少ない。

? 彼は上司を根強く説得した。

↓彼は上司を粘り強く説得した。

「ねづよい」が、植物の根が強いという文字通りの意味で用いられることはまれである。

? 藤《ふじ》は根強い。↓藤の根は強い。

⇨「ねばりづよい」「しつこい」「つよい」

ねばっこい ［粘っこい］ Nebakkoi

① 納豆《なっとう》みたいな**ねばっこい**おかずが好きだ。

② この力士は足腰《あしこし》が**ねばっこい**。
③ このチームはもっと**ねばっこく**野球をすれば、Aクラス入りはかたいだろう。

【解説】 粘《ねば》り気《け》のある様子を表す。プラスマイナスのイメージはない。具体物が粘液《ねんえき》を含《ふく》んで粘る様子を表す場合（①）と、しなやかで強靭《きょうじん》な様子を表す場合（②）、抽象的に根気強《こんきづよ》い性質を表す場合（③）とがある。③の意味のときは、「しつこい」「ねちっこい」などに似ているが、「ねばっこい」はもっと感覚的で快不快の暗示が少なく、状態をやや客観的に述べるニュアンスがある。全く同じ文脈で「ねばっこい」と「しつこい」「ねちっこい」が用いられると、次のようなニュアンスの違いを生ずる。

粘っこい野球。（ピンチにも簡単に屈《くっ》しない野球）
しつこい野球。（勝敗に強く執着《しゅうちゃく》する野球）
ねちっこい野球。（相手にいやがられるような野球）

「ねばっこい」は「ねばりづよい」にも似ているが、「ねばりづよい」には継続《けいぞく》の暗示がある。

？ 彼は英会話を独学《どくがく》で粘っこく勉強している。
→彼は英会話を独学で粘り強く勉強している。

⇨「しつこい」「ねちっこい」「ねばりづよい」

ねばりづよい［粘り強い］Nebarizuyoi

(1)① この力士は**ねばりづよい**足腰をしている。

(2)① 彼は英会話を独学《どくがく》で**ねばりづよく**勉強している。
③ **ねばりづよい**交渉《こうしょう》の結果、やっと金額が折り合った。

【解説】 (1) 弾力《だんりょく》があって強靭《きょうじん》な様子を表す。プラスイメージの語。弾力があって柔らかいだけでなく、外力に屈《くっ》しない強さを合わせもっているニュアンスの語である。
(2) 粘《ねば》り気《け》があってくじけない様子を表す。プラスイメージの語。この「ねばりづよい」は「ねばっこい」に似ているが、「ねばりづよい」には継続《けいぞく》の暗示があり、一回の動作や行為の執着《しゅうちゃく》の強さについては用いないことが多い。

？ このチームは粘り強い野球をする。
→このチームは粘っこい野球をする。

対象への執着の強さを暗示する意味で、「ねばりづよい」は「しつこい」や「ねちっこい」にも似ているが、「しつこい」や「ねちっこい」には執着が強いことについて不快の暗示のある点が、やや客観的な「ねばりづよい」と異なる。

彼は粘り強い性格だ。（＋）
彼はしつこい性格だ。（－）
彼はねちっこい性格だ。（－）

⇨「しなやか」「ねばっこい」「しつこい」「ねちっこい」「ねづよい」「つよい」

ねぶかい ［根深い］ Nebukai

(1)① 裏庭《うらにわ》に雑草《ざっそう》が**ねぶかく**はびこってしまった。

(2)① 会長と社長の対立は**ねぶかい**。

② その村には迷信《めいしん》が**ねぶかく**残っていた。

【解説】 (1) 植物の根が深く伸びている様子を表す。ややマイナスよりのイメージの語。ただし、この用法はあまり多くなく、たいていの場合、①のように好ましくない感想を伴《ともな》って用いられる。一般的な植物の根が深く伸びている場合には用いないことが多い。

？ この木は根深い。→この木は根が深い。

(2) 奥深いところに存在していて容易に取り除けない様子を表す。ややマイナスイメージの語。対立・抗争《こうそう》・迷信・偏見《へんけん》・憎悪《ぞうお》・怨恨《えんこん》・病気などあまり好ましくないものが、表面には出ずに、奥深いところに存在し続けている場合について用いることが多く、好ましいものが隠《かく》されている場合には用いない。

× 彼は彼女に根深い愛情を抱《いだ》いていた。
→彼は彼女にひそかな愛情を抱いていた。

⇨「－ふかい」

ねむい ［眠い］ Nemui

① 昼食後は**ねむく**てしかたがない。

② あなたはだんだん**ねむく**なる。（催眠術師《さいみんじゅつし》のセリフ）

③ **ねむい**目をこすって受験勉強する。

【解説】 眠りたい様子を表す。プラスマイナスのイメージはない。自分自身の主観的な体の感覚として眠って休息《きゅうそく》したいという意味を表し、客観的な状況として眠気《ねむけ》をさそうという意味ではあまり用いられない。

②は催眠術師が被験者《ひけんしゃ》に向かって、被験者がだんだん眠気を感じてくる(だろう)と言っているのであって、客観的に次第に眠っていくと言っているのではない。③の「ねむい目をこする」は慣用句で、眠気のために目が乾燥《かんそう》してよく見えなくなっているのをこするという意味である。

体の一部分について「ねむい」が用いられることは、こういう慣用句を除くとほとんどなく、たいていの場合全身状況として眠りたい気持ちだという意味で用いられる。

客観的な状況として眠気をさそうという意味のときは、「ねむたい」のほうを用いることが多い。

？ あの先生の講義《こうぎ》は眠い。
→あの先生の講義は眠たい。

⇨「ねむたい」

ねむたい［眠たい］Nemutai

① 昼食後は**ねむたく**てしかたがない。
② あの先生の講義《こうぎ》はいつ聞いても**ねむたい**。
③ 部長はふだんから**ねむたい**顔をしている。

【解説】 眠りたい様子を表す。プラスマイナスのイメージはない。「ねむい」よりも客観性があり、外から見ての眠さを暗示するニュアンスがある。②は講義がつまらないために眠気《ねむけ》をさそうという意味で、自分が眠くなるというよりは、講義そのもののつまらなさを強調するニュアンスになっている。③も外から見て眠りたそうな顔という意味で、本人が眠気を感じているかどうかには言及《げんきゅう》しない。

したがって、純粋に主観的な眠りたさを表す場合には、「ねむたい」を用いないことが多い。

？ あなたはだんだん眠たくなる。(催眠術師《さいみんじゅつし》のセリフ)
→あなたはだんだん眠くなる。

⇨「ねむい」

ねんごろ［懇ろ］Nengoro

(1)① 妻は夜遅い来客でも**ねんごろ**にもてなす。
② 彼は遺体《いたい》を**ねんごろ**に弔《とむら》った。
③ 彼女は初対面のぼくに**ねんごろ**な挨拶《あいさつ》をした。

(2)① 課長とは家族ぐるみで**ねんごろ**に付き合っている。
② 半年前から彼女と**ねんごろ**になった。

【解説】 (1) 丁寧《ていねい》で心がこもっている様子を表す。ややプラスイメージの語。ややかたい文章語で、日常会話にはあまり登場しない。例のように「もてなす・とむらう・挨拶する」などの状況で用いられることが多い。日常的には「丁寧」「丁重《ていちょう》」「てあつい」などを用いる。

「ねんごろ」は「てあつい」に比べてやや客観的で、対象との間に心理的な距離があり、「てあつい」にしばしば伴《ともな》う感動の暗示はないことが多い。

？ 彼女のねんごろなもてなしに感動した。
→彼女の手厚いもてなしに感動した。
× 彼女は初対面のぼくに手厚い挨拶をした。

(2) 人間関係が親密《しんみつ》でよく慣れている様子を表す。ややプラスよりのイメージの語。客観的に親密な状態を表すニュアンスが強いが、「したしい」よりも情愛がこまやかである暗示があり、しばしば②のように男女関係について、深い(性的)交渉《こうしょう》があるという意味で用いられる。

情愛が濃い関係という意味では「ねんごろ」は「むつまじい」にも似ているが、「むつまじい」は異性や子供どうしの親密な愛情関係について用いることが多い。

？ あの夫婦はねんごろだ。

→あの夫婦はむつまじい。

⇩「てあつい」「したしい」「むつまじい」

のこりすくない［残り少ない］Nokorisukunai

① ホスピスは**のこりすくない**生《せい》を全《まっと》うするための施《し》設《せつ》だ。

② 今年も**のこりすくなく**なりました。

【解説】 全体量の中で残っている部分が少ない様子を表す。プラスマイナスのイメージはない。かなり客観的な表現で、特定の思い入れや感想は暗示されていないことが多い。心理的に思い残すことはないという意味で用いられることはない。

⇩「すくない」「わずか」

のぞましい［望ましい］Nozomashii

① **のぞましい**二十一世紀の教育を考える時期だ。

② 一人でも欠席するのは**のぞましく**ない。

【解説】 好ましいことを希望する様子を表す。ややプラスイメージの語。かなりかたい文章語で、例のように挨《あい》拶《さつ》や手紙、公式の発言などによく用いられる。かなり客観的で冷《れい》静《せい》なニュアンスをもち、客観的にみてそうあることが歓《かん》迎《げい》されるという意味になる。

「のぞましい」は「ねがわしい」に似ているが、「ねがわしい」のほうが主観的で、話者の希望の実現を願うニュアンスが強いのに対して、「のぞましい」は客観的にみて実現が好ましいというニュアンスをもつ点が異なる。

？ よろしくおとりなしのほど、望ましゅう存じます。

→よろしくおとりなしのほど、願わしゅう存じます。

また、「のぞましい」は「このましい」にも似ているが、「このましい」は話者の個人的な好《こう》悪《お》を表し、客観的な根拠や一般性を暗示しない。

？ 彼はなかなか望ましい青年だ。

→彼はなかなか好ましい青年だ。

⇩「ねがわしい」「このましい」「おもわしい」「かんばしい」「はかばかしい」

のっぴきならない［退っ引き成らない］Noppikinaranai

① **のっぴきならない**用事でパーティに欠席した。

② 彼の立場はいよいよ**のっぴきならなく**なった。

【解説】 物事への対応が不可能である様子を表す。ややマイナスイメージの語。対応が不可能である結果、身動きがとれず、そういう状況から離《り》脱《だつ》することもできないことを暗示する。

「のっぴきならない」は「ぬきさしならない」に似ているが、「ぬきさしならない」よりも対象との間に一定の距離が暗示されており、事態そのものの深刻さもそれほど強くない。

× 抜き差しならない用事でパーティに欠席した。

「のっぴきならない」はまた「にっちもさっちもいかない」にも似ているが、「にっちもさっちもいかない」は状況からの離脱が不可能であるかどうかについて言及《げんきゅう》しない点が、「のっぴきならない」と異なる。

× お互いに我を張り合ってたんじゃ、のっぴきならないじゃないか。

→お互いに我を張り合ってたんじゃ、にっちもさっちもいかないじゃないか。

⇨「ぬきさしならない」「にっちもさっちもいかない」「どうにもならない」「どうしようもない」「ならない」

のどか［長閑］Nodoka

(1)① **のどか**な田舎《いなか》で老後を送る。

② どこまでも広がる田んぼはいかにも**のどか**だ。

③ 仕事を忘れて心**のどか**に湯治《とうじ》したい。

④ 彼には事態の深刻さがわかっていないから、あんな**のどか**な顔をしていられるんだ。

(2)① **のどか**な冬の昼下がり、縁側《えんがわ》で日向《ひなた》ぼっこする。

② 今日は一日**のどか**な陽気《ようき》だった。

【解説】 (1) 騒音《そうおん》が少なく快適《かいてき》な環境《かんきょう》で心が休まるような様子を表す。プラスイメージの語。①～③が基本的な用法であるが、④のように反語的にややマイナスイメージで用いられることもある。深刻にすべきときに、心がのびのびとしている様子を見せていることを揶揄《やゆ》する意味がある。

「おだやか」にも似た意味があるが、「おだやか」が客観的に落ち着いて静かな状態を暗示するのに対して、「のどか」はそういう状態によってもたらされる気分を述べるニュアンスがあり、かなり主観的な表現になっている。

(2) 気候がおだやかで暖かい様子を表す。プラスイメージの語。名詞にかかる修飾語で用いられることが多く、述語にもなるが、述語にかかる修飾語で用いられることは少ない。

? 空がのどかに晴れあがる。

→空がうららかに晴れあがる。

「のどか」は「うららか」に似ているが、「うららか」が暖かい温度を暗示し、ほとんど例外なく春の暖かく晴れた気候について用いられるのに対して、「のどか」は心休まる落ち着いた気分を暗示し、春以外の季節についても用いることのできる点が異なる。

⇨「おだやか」「うららか」

のびやか［伸びやか］Nobiyaka

① 彼は自由な雰囲気の家庭で**のびやか**に育った。

② 彼女の**のびやか**な歌声はじつにすばらしい。
③ 彼は鷹揚《おうよう》で**のびやか**な人柄だ。

【解説】 束縛《そくばく》がなく自由な様子を表す。プラスイメージの語。物理的に物の形態が伸びているという意味で用いられることはまれである。

　のびやかな手足。（自由に育った手足）
　のびのびした手足。（大きく成長した手足）

「のびやか」は客観的な状態としての自由さを暗示せず、そういう状態に接した者が受ける印象を述べるニュアンスがある。①や③がその典型的な用法である。

? 夫が出張中なので久し振りにのびやかにする。
→夫が出張中なので久し振りにのびのびとする。

のめっこい Nomekkoi

① 白玉《しらたま》だんごは**のめっこい**。
② 木綿豆腐《もめんどうふ》より**のめっこい**絹ごしのほうが好きだ。
③ 彼女は**のめっこい**から誰とでもすぐに仲よくなる。

【解説】 ものの表面の摩擦《まさつ》が少なくて、よくすべる様子を表す。プラスイメージの語。東日本方言から共通語化した語。①②のように食物の抵抗感《ていこうかん》のないのどごしについて用いることが多いが、③のように人の性質について用いることもある。人あたりがやわらかで、愛想《あいそう》がよいという意味である。

「のめっこい」は「すべっこい」に似ているが、「すべっこい」が客観的なものの状態について用いられるのに対して、「のめっこい」は主体の主観的な印象を暗示する点で異なる。

⇩「すべっこい」「なめらか」「きめこまかい」

のろい［鈍い］Noroi

① 昼間都会で車に乗ると歩くより**のろい**。
② 今度の新人は仕事が**のろく**て困る。
③ 頭の働きの**のろい**奴だな。

【解説】 速度に関する形容詞の一つ（↔はやい）。移動や進歩の速度が小さく、なかなか進まない様子を表す。ややマイナスイメージの語。①は具体的な移動速度が小さいという意味、②は進歩や進捗《しんちょく》の度合が少ないという意味である。③は頭の回転が鈍《にぶ》いという意味であるが、現在はあまり用いられず、この意味のときは「にぶい」や「とろい」が用いられることが多い。

「のろい」は速度が絶対的に小さいことが前提としてあるので、速いものどうしを比較する文中では用いられない。

× 音速は秒速三百四十メートルで光よりはのろい。
→音速は秒速三百四十メートルで光よりは遅い。

「のろい」は「とろい」に似ているが、「とろい」が動作や反応の速度が小さいことについて焦燥《しょうそう》や怒りの暗示があるのに対して、「のろい」はやや客観的で焦燥の暗示は強くなく、怒りの暗示はない。

× 新人なんだから仕事がとろいのは当然だ。
→新人なんだから仕事がのろい（遅い）のは当然だ。

⇨「おそい」「とろい」「にぶい」

のろわしい［呪わしい］Norowashii

① おろかなわが身が**のろわしい**。
② 静かな山村に突然**のろわしい**事件が起こった。

【解説】 非常に不快な様子を表す。マイナスイメージの語。①は非常に不快なので呪《のろ》いたい気持ちだという意味、②は呪いがかかっているのかと思われるほど不快だという意味である。非常に強い忌避感《きひかん》と主観的な嫌悪《けんお》を表し、客観的な根拠は示されないことが多い。
忌避感を表す語としては他に「おぞましい」「いとわしい」などがあるが、「おぞましい」が感覚的な強い忌避感を暗示し、「いとわしい」がやや弱い気分的な忌避感を暗示するのに対して、「のろわしい」は呪いを引き合いに出したぶん、暗く陰惨《いんさん》な暗示のある点が異なる。全く同じ文脈で「のろわしい」「おぞましい」「いとわしい」が用いられると、次のようなニュアンスの違いを生ずる。

呪わしい事件。
（呪いを感じるほど陰惨な事件）
おぞましい事件。
（背筋《せすじ》が寒くなるほどいやな事件）
いとわしい事件。
（聞きたくない不快な事件）

⇨「おぞましい」「いとわしい」「いや」

のんき［暖気・呑気・暢気］Nonki

① 彼は生まれつき**のんき**な性格だ。
② 老後は田舎《いなか》で**のんき**に暮らそうよ。
③ 叔父《おじ》は会社の顧問《こもん》という**のんき**な身分だ。
④ そんな**のんき**なことを言ってちゃ困るね。

【解説】 切迫感《せっぱくかん》がなくくつろいでいる様子を表す。原則としてプラスマイナスのイメージはない。①②が基本的な用法である。③はくつろいでいられる身分ということで、責任がなく気楽な身分という意味になる。④は反語的に用いられた例で、切迫した事態のときにくつろいで気楽でいることを揶揄《やゆ》する意味である。
「のんき」は人間の性格や気分について用いられ、客観的な状態について用いられることはまれである。

× のんきな田園風景。→のどかな田園風景。

⇨「のどか」

は　行

ばか [馬鹿・莫迦] **Baka**

(1)
① どうせあたしは**ばか**な女よ。
② お追従《ついしょう》で喜ぶほどぼくは**ばか**じゃないよ。
③ たまには**ばか**になって騒ぐのもいいだろう。
④ 彼は一流の学者だが、専門**ばか**ではない。
⑤ **ばか**の一つおぼえ。（ことわざ）
⑥ **ばか**と鋏《はさみ》は使いよう。（ことわざ）
⑦ **ばか**につける薬はない。（ことわざ）
⑧ **ばか**は死なきゃ治《なお》らない。（ことわざ）
⑨ このカメラは**ばか**チョンです。
⑩ お得意様を怒《おこ》らせるなんて**ばか**なまねはするな。
⑪ 「あなた、私が小金《こがね》を持っていたから結婚したのね」「**ばか**を言え、大金持ちだって結婚したさ」
⑫ 親子二代ローンでやっと手に入れた土地に、また税金がかかるだなんて**ばか**な話はない。
⑬ 痩《や》せても枯《か》れても父親だ。**ばか**にするな。
⑭ 家庭生活における老人の役割は**ばか**にできない。
⑮ 電話代も毎日となると**ばか**にならないもんです。
⑯ あんな寒い所で長いこと待って**ばか**を見た。
⑰ **ばかっ**。死んじゃだめだ。
⑱ うっふん。いやん、**ばか**。

(2)
① ドアの鍵《かぎ》が**ばか**になっていて、よく閉《し》まらない。
② 銀杏《ぎんなん》の皮むきを一時間もやってごらんなさい。鼻が**ばか**になって、においが全然わからなくなるから。

(3)
① きょうは**ばか**に寒い。
② 値段が**ばか**やすいときは気をつけたほうがいい。
③ 彼女は**ばか**ていねいなお辞儀《じぎ》をする。

【解説】 (1) 知的な能力や理解力・判断力がたりない様子を表す(↔りこう)。マイナスイメージの語。
日常会話としては、思慮がたりない、判断力が適切でないという意味で用いられること(①②)のほうが多く、知的な能力がたりない、頭が悪いという意味で用いられること(③④)はあまり多くない。しばしば侮蔑《ぶべつ》の暗示を伴《ともな》い、ののしりや自嘲《じちょう》(①)、否定(②)の場合に用いられることが多い。③は「ばかになる」で、ふだんまじめな人が知的な能力のたりない者のような振舞いをするという意味である。④は「□□ばか」という形で接尾語として他の名詞につく用法で、もっぱら□□をするだけで、他のことに全く疎《うと》いという意味になり、しばしば侮蔑の暗示を伴う。
⑤~⑨はことわざ、または慣用句となった用法で、こ

の場合には、知的な能力がたりない、頭が悪いという意味である。⑤は、知的な能力のたりない者は一つのことばかり覚え、どんな場合にも得意になってそれを持ち出すという意味。⑥は、切れない鋏が使い方によっては切れるように、知的な能力のたりない者でも、使いようによっては仕事をさせられるという意味。⑦⑧は同じ意味のことわざで、知的な能力のたりない者は治療《ちりょう》しても治しようがないという意味である。⑤〜⑧が比喩《ひゆ》として用いられた場合には、侮蔑の暗示が強い表現になる。

⑨の「ばかチョン」は「ばかでもちょんでも」を約した言葉で、どんな者でも何でもという意味になり、「ばかチョンカメラ」で非常に簡単に撮影《さつえい》できる(全自動焦点《ぜんじどうしょうてん》の)カメラを指す。

⑩〜⑫は思慮がたりない、判断力がたりないという様子を表す。⑪の「ばかを言え」は「ばかを言うな」という形でも用いられ、強く否定する意味を表す。

⑬〜⑯はこれらから一歩進んで、とるにたりず軽蔑《けいべつ》すべき様子を表す。⑬「ばかにする」、⑭「ばかにできない」、⑮「ばかにならない」、⑯「ばかを見る」はそれぞれ慣用句で、「軽蔑する」「軽視《けいし》できない」「問題にせざるを得ない」「損をする」という意味になる。⑭と⑮は似た意味になるが、⑮の「ばかにならない」は、おもに金銭面において相当の額になるという意味で用いられることが多い。

⑰〜⑱は感動詞的に用いられた例である。⑰は他人のある言動に接して、それを強く阻止《そし》・否定する意味をもつ。⑱はおもに女性が甘える場合にしばしば用いられる例で、特に意味はないが、内心の甘えの心理を直接的でなく表現する手段として用いられる。

(2) 本来の機能《きのう》を果たさない様子を表す。マイナスイメージの語。たいていの場合、「ばかになる」という慣用句の形をとる。①はドアの鍵がよくかからないという意味、②は強い刺激臭《しげきしゅう》の中にいたために嗅覚《きゅうかく》が鈍《にぶ》くなっているという意味である。「ばかになる」は本来もっていた機能が失われた場合に用いられる表現で、もともと不完全な機能しかないことがわかっている対象については用いられない。

(3) 程度がはなはだしい様子を表す。ややマイナスイメージの語。日常会話で用いられ、かたい文章中には登場しない。①のように「ばかに」という述語を修飾する形か、②③のように他の語に接頭語としてついて意味を強める形で用いられる。

「非常に」「たいへん」という意味であるが、程度のはなはだしいことを誇張《こちょう》するニュアンスがあり、やや主観的な表現になっている。②③のように、他の語について接頭語になった場合には、程度がはなはだしいことを侮蔑する暗示があり、後ろの語の価値を下げるニュアンスになる。

「ばか」は知能がたりない様子、思慮がたりない様子を表す最も一般的な語で、「おろか」「あさはか」などに近いが、ずっと意味・用法が広い。

⇩「ばかくさい」「ばかばかしい」「ばからしい」「あさはか」「おろか」「ばかたかい」「ばかでかい」「はなはだしい」「りこう」

ばかくさい ［馬鹿臭い・莫迦臭い］ Bakakusai

① こんな単純《たんじゅん》作業《さぎょう》は**ばかくさく**てやってられない。

② **ばかくさい**話につきあうほど暇じゃないんだ。

【解説】 非常に軽蔑《けいべつ》すべき様子を表す。マイナスイメージの語。「〜くさい」はいかにも〜のような感じであるという意味の、形容詞を作る語尾。「ばか」を侮蔑的《ぶべってき》に強調した語であるが、ふつう人間については用いられない。

× 彼はばかくさい男だ。→彼はばかな男だ。

「ばかくさい」は「ばか」よりもさらに侮蔑の程度が高く、対象を全然問題にしていない様子の暗示される語である。したがって、自分に関するものについては用いられないことが多い。

？ ぼくはなんてばかくさいことをしたんだろう。
→ぼくはなんてばかなことをしたんだろう。

「ばかくさい」は「ばかばかしい」に似ているが、「ばかばかしい」のほうがやや客観的で、侮蔑の暗示は少なく、程度を誇張《こちょう》する意味でも用いられる。

× その広場ときたら全くばかくさいほど大きい。
→その広場ときたら全くばかばかしいほど大きい。

「ばかくさい」はまた「ばからしい」にも似ているが、「ばからしい」のほうが侮蔑の暗示が少ない。

⇩「ばか」「ばかばかしい」「ばからしい」「あほくさい」「あほらしい」「くだらない」「ーくさい」

ばかたかい ［馬鹿高い・莫迦高い］ Bakatakai

① 銀座《ぎんざ》で買うとなんでも**ばかたかい**。

② その宝石には**ばかたかい**値札《ねふだ》がついていた。

【解説】 極端に高価である様子を表す。ややマイナスイメージの語。日常会話で用いられ、文章中には登場しない。「高い」を誇張的《こちょうてき》に表現した語であるが、ものの値段が高いことにかぎって用いられ、空間的位置が上にあることや、程度がはなはだしいことについては用いられない。

× 家の真ん前にばか高いビルが建った。
→家の真ん前にとても高いビルが建った。

× エイズは死亡率がばか高い。
→エイズは死亡率が非常に高い。

⇩「たかい」「ばか」

ばかでかい［馬鹿でかい・莫迦でかい］Bakadekai

① 女のくせに**ばかでかい**図体《ずうたい》をしている。
② あいつの声は**ばかでかく**てうるさい。

【解説】 大小を表す形容詞の一つ。形態《けいたい》・音量などが極端に大である様子を表す。ややマイナスイメージの語。俗語であって日常会話中心に用いられ、文章中にはふつう登場しない。また、かなり乱暴な語であるので、女性はあまり用いない傾向にある。

対象の形態や音量が極端に大きいことについて、慨嘆《がいたん》やあきれ、侮蔑《ぶべつ》などの暗示のある語で、かなり主観的な表現となっている。

「ばかでかい」は「どでかい」に似ているが、「どでかい」が「でかい」に驚きやあきれを伴《ともな》って誇張《こちょう》した表現で、原則としてプラスマイナスのイメージはないのに対して、「ばかでかい」には慨嘆や侮蔑などの暗示があり、ややマイナスイメージの語になっている点が異なる。

？ 彼ぐらいばかでかい声なら遠くても聞こえるよ。
→彼ぐらいどでかい声なら遠くても聞こえるよ。

また、「ばかでかい」は形態や音量などにかぎって用いられ、数量の大きさや程度・影響の深刻さなどについては、ふつう用いられない。

？ 金額があまりにもばかでかいからほっとけない。
→金額があまりにもでかいからほっとけない。
？ 会社は今度の不況《ふきょう》でばかでかい借金をしょいこんだ。
→会社は今度の不況ででかい借金をしょいこんだ。
？ 例の一件は昨夜《ゆうべ》の新聞にばかでかく報道されてたな。
→例の一件は昨夜の新聞にどでかく報道されてたな。

⇩「どでかい」「でかい」「おおきい」「ばか」

はかない［儚い・果敢ない］Hakanai

① カゲロウは羽化《うか》すれば二、三日の**はかない**命だ。
② 努力しない者の希望はいつも**はかない**。
③ 終わってみれば**はかない**恋だった。
④ 昨夜《さくや》三時、母は**はかなく**なりました。

【解説】 程度が低くて確かでない様子を表す。ややマイナスよりのイメージの語。抽象的なものについて用いられ、具体的なものの濃度の低さについては用いられない。

× 彼女ははかない緑色の服を着てきた。
→彼女は淡い（薄い）緑色の服を着てきた。

「はかない」は対象の程度が低いことについて、感傷《かんしょう》的《てき》に思う残念な気持ちがあり、対象への心理的な傾斜《けいしゃ》を示す語となっている。「あわい」も対象の程度が低いことについて、もっとよく感受したいという期待の暗示があるが、「はかない」よりは客観的な表現になっている。

「はかない」は「かすか」「あえか」などにも似ているが、「かすか」は対象の程度が低いことを客観的に表現し、特定の感情は暗示されていない。「あえか」は反対に、対象の程度が低いことについて美的に評価《ひょうか》するニュアンスのある点が異なる。

「はかない」の暗示する感傷は「むなしい」にもあるが、「むなしい」には感傷のほかに、対象についての無力《むりょく》感《かん》の暗示がある。

× 彼女は一晩中彼からの電話をはかなく待った。
→彼女は一晩中彼からの電話をむなしく待った。

⇨「あわい」「かすか」「あえか」「ほのか」「おぼろげ」「むなしい」

はかばかしい［捗々しい］Hakabakashii

① 部長にそれとなく打診《だしん》してみたが、**はかばかしい**返事は得られなかった。
② 父の容体《ようだい》は**はかばかしく**ない。
③ 研究は**はかばかしい**進展《しんてん》を見せなかった。

【解説】 物事が満足すべき状態に進んでいる様子を表すが、ふつう後ろに打消しの表現を伴って、全体として満足すべき状態に進んでいないという意味になる。ややマイナスイメージの語。①は望ましい返事が得られなかったという意味。②はあまりよくない、かなり悪いという意味。③はめだった進展がない、停滞《ていたい》しているという意味である。

「はかばかしい」は進捗《しんちょく》そのものの程度を示す語で、進捗した結果を示す語ではないので、結果として満足すべき状態かどうかには言及《げんきゅう》しない。①も完全に希望に合致《がっち》する返事が得られないというニュアンスではなく、希望に合致するまでのいくつかの段階のうちの、合格ラインに達しないというニュアンスがある。②も同様で、全く悪いと言っているのではなく、あまりよくないという途中段階を暗示する表現である。

「はかばかしい」は「おもわしい」に似ているが、「おもわしい」は満足すべき理想としての状態を暗示し、進捗の程度には言及しない点が異なる。

？ 不景気でなかなかはかばかしい仕事は見つからない。
→不景気でなかなか思わしい仕事は見つからない。

また、「はかばかしい」は「かんばしい」にも似ているが、「かんばしい」は客観的にみて実現が好ましいというニュアンスがあり、進捗の程度については言及しない。全く同じ文脈で「はかばかしい」と「かんばしい」が用いられると、次のようなニュアンスの違いを生ずる。

容体がはかばかしくない。
（あまりよくなっていない）
容体がかんばしくない。
（現在かなり悪い）
⇩「おもわしい」「かんばしい」「のぞましい」

ばかばかしい ［馬鹿馬鹿しい・莫迦莫迦しい］ Bakabakashii

(1) ① 毎度**ばかばかしい**お笑いを一席……。
② 道楽息子《どうらくむすこ》に金を出してやるだなんて、考えるだけで**ばかばかしい**。
(2) ① その部屋は住むには**ばかばかしい**ほど広かった。
② 一円だなんて**ばかばかしい**安値《やすね》でよくも大工事の入札《にゅうさつ》ができるもんだね。

【解説】 (1) ばかげていて、とるにたりない様子を表す。ややマイナスイメージの語。「ばか」を強調した語であるが、人間についてはふつう用いられない。
× 彼はばかばかしい男だ。→彼はばかな男だ。
①は寄席《よせ》において落語《らくご》の開口一番《かいこういちばん》に行われる挨拶語《あいさつご》で、これから話す話は非常にばかげていて、お客にとってとるにたりないだろうが、という謙遜《けんそん》をこめた用法である。
「ばかばかしい」は「ばからしい」や「ばかくさい」に似ているが、「ばからしい」「ばかくさい」には明らかな侮蔑《ぶべつ》の暗示がある。
× 毎度ばからしいお笑いを一席……。
(2) 程度が非常にはなはだしい様子を表す。ややマイナスイメージの語。このはなはだしさには、あきれと侮蔑の暗示を伴っており、客観的な表現ではない。「ばかばかしい」で説明される状態は、ふつうなら望ましいとされる状態の程度があまりにはなはだしいためにあきれているというニュアンスになることが多く、初めから望んでいない状態については用いられないことが多い。
？ その部屋はばかばかしいほど狭い。
？ その宝石にはばかばかしい高値がついていた。
⇩「ばからしい」「ばかくさい」「ばか」「くだらない」

はがゆい ［歯痒い］ Hagayui

① 彼のやり方はてぬるくてなんとも**はがゆい**。
② 作戦がことごとく裏目《うらめ》に出て、ベンチの監督《かんとく》はさぞ**はがゆい**思いをしたことだろう。

【解説】 思うようにならなくて焦燥《しょうそう》を感じる様子を表す。ややマイナスイメージの語。
「はがゆい」は見る者の焦燥を感じている心理を表す語であるので、人によっては同じ状況を、「はがゆく」感じたり感じなかったりすることがある。その意味でかなり主観的である。「はがゆい」が暗示する焦燥には、自分で行動しようと思えばできるのにそれがかなわないことから起こる不満の暗示があり、自分の力の及ばない対象についてはふつう用いられない。

× 彼は簡単な返事を渋っていてはがゆい。
→彼は簡単な返事を渋っていてじれったい。

「はがゆい」は「いらだたしい」にも似ているが、「いらだたしい」にある怒りの暗示は「はがゆい」にはないことが多い。

× 彼女ははがゆげにぼくの話をさえぎった。
→彼女はいらだたしげにぼくの話をさえぎった。

「はがゆい」はまた「もどかしい」にも似ているが、「もどかしい」が焦燥を感じた結果、将来なんらかの行動を起こすこと、あるいは起こしていることが前提となっているのに対して、「はがゆい」は焦燥と不満を感じている心理を表すのにとどまる点が異なる。

× 靴《くつ》をぬぐ間もはがゆく座敷《ざしき》に飛びこんだ。
→靴をぬぐ間ももどかしく座敷に飛びこんだ。

⇩「じれったい」「いらだたしい」「もどかしい」「まだるっこい」「まどろっこしい」

ばからしい [馬鹿らしい・莫迦らしい] Bakarashii

① お調子者《ちょうしもの》にまともにつきあうのは**ばからしい**。
② 彼の言い分は**ばからしく**て話にならないね。

【解説】 軽蔑《けいべつ》すべき様子を表す。マイナスイメージの語。「ばか」を侮蔑的《ぶべってき》に強調した語であるが、人間については、ふつう用いられない。また、侮蔑のニュアンスがあるので、自分に関するものについても用いられないことが多い。

「ばからしい」は「ばかばかしい」や「ばかくさい」に似ているが、「ばかばかしい」のほうがやや客観的、「ばかくさい」のほうが侮蔑の暗示が強い表現となっている。

⇩「ばかばかしい」「ばかくさい」「ばか」「あほくさい」「あほらしい」「くだらない」「-らしい」

はかりがたい [計り難い・測り難い] Hakarigatai

(1)① 会場に何人ぐらいいるのか**はかりがたい**。
(2)① 表情からは彼の心中《しんちゅう》は**はかりがたかっ**た。

【解説】 (1) 数量を数えることがむずかしい様子を表す。プラスマイナスのイメージはない。かたい文章語で日常会話に登場することはまれである。日常的には「数えられない」など、別の表現を用いる。

会場に何人ぐらいいるのか計りがたい。
→会場に何人ぐらいいるのか数えられない(わからない)。

(2) 推測《すいそく》することがむずかしい様子を表す。ややマイナスよりのイメージの語。「はかりがたい」とふつう言った場合には(2)のほうで用いられることが多い。ややかたい文章語で、報道用語などとしてよく用いられる。推測することがむずかしいのみならず、推測のむずかしい事態について危惧《きぐ》する暗示のある語である。したがって、好ましいことについては、あまり用いられない。

？ ぼくの顔を見て母がどんなに喜ぶか測りがたい。
→ぼくの顔を見て母がどんなに喜ぶか知れない。

⇨「はかりしれない」「—がたい」

はかりしれない ［計り知れない・測り知れない］ Hakarishirenai

① その湖の底深さは**はかりしれない**。
② あの人には**はかりしれない**恩を受けている。
③ 彼女の不安は**はかりしれない**。
④ その画家の才能には**はかりしれない**ものがあった。

【解説】 推測《すいそく》することができないほど程度がはなはだしい様子を表す。原則としてプラスマイナスのイメージはない。①は具体的な数量が非常に大きいという意味、②～④は抽象的なものの程度が非常に高いという意味である。

抽象的なもののうち、②は量的に非常に多くのという意味であるが、③④は程度がはなはだしいために実態《じったい》がつかめない、そら恐ろしいほどだという畏怖《いふ》の暗示を含む。したがって、抽象的なものについて用いられた場合、好ましい事柄については量的に非常に多いというニュアンスになることが多く、量の暗示を含まないときにはあまり好ましくないニュアンスになる傾向がある。

「はかりしれない」は「とほうもない」に似ているが、「とほうもない」には数量・程度の高いことについて、あきらめや放心の暗示があり、やや客観的な「はかりしれない」と異なる。

？ 彼の計り知れない意見にみんな唖然《あぜん》とした。
→彼の途方もない意見にみんな唖然とした。

⇨「とほうもない」「とてつもない」「はかりがたい」「かずかぎりない」「かぞえきれない」

はくい ［白い］ Hakui

① 奴は**ハクい**スケを連れて歩いてたぜ。
② 彼女は通る男がみんな振り返って見るほど**ハクい**。

【解説】 おもに女性の容貌《ようぼう》が美しい様子を表す。プラスイメージの語。もともとてき屋仲間などの隠語から共通語化したかなり特殊《とくしゅ》な語で、あまり一般的には用いられず、ヤクザ・不良仲間などの世界でよく用いられる傾向にある。しばしば「ハクい」とカタカナ書きされる。例のように名詞にかかる修飾語、または述語として用いられ、述語にかかる修飾語としては用いられない。

× 彼女はハクく育った。
↓彼女は別嬪《べっぴん》に育った。

「はくい」は単に「うつくしい」というのと違って、男心をそそるような性的な魅力の暗示を含む語である。したがって、対象は一定年齢以上の女性であることが原則で、少女の清純《せいじゅん》な美しさ、抽象的な美しさについては用いられない。

⇩「うつくしい」「きれい」「すてき」「あだっぽい」

はげしい［激しい・烈しい・劇しい］**Hageshii**

① 夜半《やはん》から風雨が**はげしく**なった。
② おりしも戦争の**はげしかっ**た頃のことだ。
③ 車は電柱《でんちゅう》に**はげしく**衝突《しょうとつ》してやっと止まった。
④ 開発計画は住民の**はげしい**反対に会った。
⑤ 彼らは首位を**はげしく**争っている。
⑥ 有名私立高校ともなると競争が**はげしい**。
⑦ 彼は感情を表に出す**はげしい**性格だ。
⑧ 二人は出会ってすぐ**はげしい**恋に落ちた。
⑨ この道は交通が**はげしい**。
⑩ 彼は暴走族《ぼうそうぞく》の少年を**はげしく**叱責《しっせき》した。
⑪ 右足に**はげしい**痛みを感じた。
⑫ 最近の世の中は変化が**はげしく**てついていけない。

【解説】 勢いが非常に強い様子を表す。原則としてプラスマイナスのイメージはない。①～③が最も基本的な意味である。④～⑧は抽象的なものについて用いられた例である。⑨～⑫はこれらから一歩進んで、程度がはなはだしい様子を表す。

程度のはなはだしいことを表す語としては、ほかにもたくさんあるが、「はげしい」は強く荒々しい勢いにポイントがあり、動的な暗示がある。意味の似た語と「はげしい」をそれぞれ全く同じ文脈において比べると、次のようなニュアンスの違いを生ずる。

風雨が激しい。（風雨の勢いが強い）
風雨がひどい。（風雨の被害が心配だ）
激しい反対。（抗議《こうぎ》行動を起こす）
強い反対。（反対の意思《いし》を強く表明する）
激しい性格。（感情の起伏《きふく》を表に出す性格）
荒々しい性格。（粗暴《そぼう》な性格）
激しい恋。（周囲の目を気にしない熱烈《ねつれつ》な恋）
深い恋。（相手を愛する心が深い）
激しい痛み。（ずきずきと長く続く痛み）
鋭い痛み。（一度だけの強い痛み）
激しい変化。（めまぐるしく変わる）
すごい変化。（変わった結果が驚くべき状態だ）

⇩「ひどい」「つよい」「あらあらしい」「ふかい」「するどい」「すごい」

はしたない［端ない］Hashitanai

① 来客の前では**はしたない**真似はするな。

② 彼女の言葉づかいは**はしたない**。

【解説】 慎《つつし》みがなくて下品な様子を表す。マイナスイメージの語。他人の前で自分の本性（育ちや日常の俗な言葉づかい）に忠実に振舞うことに対する嫌悪《けんおかん》感を表す語で、他人の目はどう見るかという社会性に裏づけられており、きわめて日本的な語である。

「はしたない」は「あさましい」や「みっともない」に似ているが、「はしたない」の暗示する嫌悪感は他人の目としての嫌悪感ではなく、話者の内心の不快を暗示する点で、「あさましい」「みっともない」と異なる。したがって、客観的に「みっともない」行為でも、話者にとって不快でなければ「はしたない」は用いない。

？ 下着が見えていてはしたないわね。

→下着が見えていてみっともないわね。

また「あさましい」が、他人の被害を考えることなく自己の欲望《よくぼう》に忠実に振舞うことについての嫌悪を表すのに対して、「はしたない」は欲望の充足《じゅうそく》についての嫌悪とはかぎらない。

？ 彼は財産目当てに結婚するようなはしたない男だ。

→彼は財産目当てに結婚するような浅ましい男だ。

「はしたない」は話者の内心の不快を表す語であるが、話者自身の言動については用いない。

× 大勢の前で失敗してはしたない思いをした。

→大勢の前で失敗して恥ずかしい思いをした。

「はしたない」は「あられもない」に似ているが、「あられもない」は女性の外見についてのみ用いられる。

× 来客の前であられもない真似はするな。

⇩「みっともない」「あさましい」「はずかしい」「あられもない」

はしっこい［捷っこい］Hashikkoi

① 野ウサギは**はしっこく**逃げた。

② 彼は**はしっこく**て、上役《うわやく》に上手に取り入る。

【解説】 動作が敏捷《びんしょう》でなかなか捕まらない様子を表す。ややマイナスよりのイメージの語。①のように客観的に動作が敏捷であることを表すのが基本的な意味である。②はこれから一歩進んで、動作が敏捷である結果、不利にならないように抜けめなく立ち回るという意味になっている。

ただし、現在では、①のように具体的な動作が敏捷だという意味では「すばしこい」のほうがよく用いられ、「はしっこい」はあまり用いられない傾向にある。

⇩「すばしこい」「ぬけめない」「はやい」

はじまらない［始まらない］Hajimaranai

① 今さら後悔《こうかい》したって**はじまらない**よ。
② ことここに至っては騒いでも**はじまらない**。

【解説】 動詞「はじまる」の打消しだが、「はじまる」の意味を打ち消す他に、「〜してもはじまらない」という条件句に呼応する述語で用いられ、「〜してもむだだ、何にもならない」という意味を表す。プラスマイナスのイメージはない。
「はじまらない」はある事態にたちいたってしまってから、その事態をあきらめをもって受け入れる際によく用いられ、将来起こる事態を甘受《かんじゅ》する意味では用いないことが多い。

？ あとで後悔しても始まらないよ。
→あとで後悔しても知らない（だめだ）よ。

「はじまらない」は意味としては「しかたがない」に似ているが、「しかたがない」が話者の主観的なあきらめや不本意《ふほんい》さの暗示をもつのに対して、「はじまらない」は対象との間に心理的な距離があり、やや客観的な表現になっている。全く同じ文脈で「はじまらない」と「しかたがない」が用いられると、次のようなニュアンスの違いを生ずる。

今さら文句を言っても始まらない。
（むだだからやめろ）
今さら文句を言ってもしかたがない。
（あきらめるほかなさそうだ）

⇩「しかたがない」「なんにもならない」

はずかしい［恥ずかしい］Hazukashii

(1)① 大勢の前で失敗をして**はずかしい**。
② そんな**はずかしい**恰好《かっこう》でよく通りを歩けるもんだ。
③ 「すばらしい作品ですなあ」「いや、お**はずかしい**かぎりです」
④ 大人として**はずかしく**ない行動をとるべきだ。
⑤ 彼は大家《たいか》といっても**はずかしく**ない腕をもつ。

(2)① 花嫁は**はずかしく**て顔も上げられない様子だった。
② 若い女の子と腕を組むなんて**はずかしい**。
③ 「君の歌はじょうずだねえ」「まあ、**はずかしい**」

【解説】 (1) 面目《めんぼく》を失う様子を表す。ややマイナスイメージの語。自分の欠点や失敗、いたらない点などを他人に見られるときに感ずる、いたたまれない心理を表した語である。自分の欠点そのものを反省する意味ではなく、それを他人に見られることによって引き起こされる不安定な心理を表すわけで、他人の視点を自己の位置づけの中心にすえる日本文化ならではの語である。
①のように、話者が自分の失敗について自分の面目を

失うという意味が、最も基本的な意味である。②は第三者の恰好について、話者が自分がそういう恰好をした場合に感ずる心理を投影した表現になっている。③はほめ言葉に対する謙遜《けんそん》の挨拶語《あいさつご》としてよく用いられる表現で、自分の面目を失うような出来ばえであると謙遜しているわけである。④⑤はこれらから一歩進んだ意味で、しばしば「はずかしくない□□」という打消しで名詞にかかる修飾語として用いられ、「さしつかえない」「じゅうぶん通用する」という意味になる。

(1)の「はずかしい」は「きまりわるい」や「ばつがわるい」に似ているが、「きまりわるい」「ばつがわるい」は話者自身のいたたまれない心理を表した語であって、第三者の事柄について自己の心理を投影《とうえい》して用いる用法はない。

×そんなきまり悪い恰好でよく通りを歩けるもんだ。

×「すばらしい作品ですなあ」「いや、ばつが悪いかぎりです」

(2) 人前で心理的な平静《へいせい》さを保《たも》つのがむずかしい様子を表す。プラスマイナスのイメージはない。特に自分に不利な点があるわけではないが、他人の前に出たときに平静な心理を保てない性格の人は、日本人にはきわめて多い。平静さを保てない結果、興奮《こうふん》し気持ちが上《うわ》ずって、本来とるべき行動がとれなくなる。そういう状態を俗に「あがる」というが、この「あがる」状態の根本にある心理が「はずかしい」である。

①②が基本的な意味で、特に自分に不利な点があるわけではないが、結婚式、若い女の子と腕を組むという状況の中で、心理的な平静さを保てないという意味である。③は歌がじょうずだというほめ言葉に対する、うれしさを隠す表現として、若い女性が好んで用いる。(1)③の「はずかしい」に非常によく似ているが、(1)③の「はずかしい」にある謙遜の暗示はなく、ほめられてうれしくなって平静さを保てない心理を感覚的に表現したにとどまっている点が(1)③と異なる。

(2)の「はずかしい」は「てれくさい」「おもはゆい」などにも似ているが、「てれくさい」「おもはゆい」には内心をくすぐられる快感の暗示があるのに対して、「はずかしい」には快感の暗示が少なく、やや客観的である。

？渋い男性と腕を組むなんておもはゆい(照れくさい)わ。

→渋い男性と腕を組むなんて恥ずかしいわ。

⇩「きまりわるい」「ばつがわるい」「きはずかしい」「てれくさい」「おもはゆい」「はなはずかしい」

ばたくさい［バタ臭い］Batakusai

① 日本人がぬかみそくさいのと同じで、外人はなん

となく**バタくさい**。

② 彼は**バタくさい**理論ばっかりふりかざす。

【解説】 欧米風《おうべいふう》の様子を表す。ややマイナスよりのイメージの語。通常「バタくさい」とカタカナ書きする。「くさい」は「〜のにおいがする」という意味の形容詞を作る語尾。「バターのにおいがする」という意味である。

①のように具体的な臭気《しゅうき》の表現として用いることはあまり多くない。②は西洋かぶれしているという意味である。西欧文明が広く普及《ふきゅう》し、珍しいものではなくなって、あこがれや価値観が下落《げらく》しつつある現在では、あまり用いられなくなっている語である。

⇩「ーくさい」

はださびしい ［肌寂しい］ Hadasabishii

① 未亡人は**はださびしい**夜を過ごす。

② 一人暮らしの孤独《こどく》なクリスマスにはふと**はださびしく**なる。

【解説】 異性《いせい》の肌が恋しい様子を表す。ややマイナスイメージの語。ベッドを共にする相手としての異性という意味で、親子や兄弟、友人関係は指さない。心理としては「ひとこいしい」などに通じるが、もっと直接的で孤独感の痛切《つうせつ》に感じられる表現となっている。

⇩「さびしい」「ひとこいしい」

はだざむい ［肌寒い］ Hadazamui

① 朝晩だいぶ**はだざむく**なってきました。

② 毎日**はだざむい**日が続く。

【解説】 温度を表す形容詞。からだに寒さを感じる様子を表す。ややマイナスイメージの語。はっきりした客観的な基準はなく、体感《たいかん》として温度が低く感じられることを表す。「すずしい」とは異なり、温度の低いことがマイナスイメージとしてとらえられている。

「はだざむい」は「さむい」よりも体感としての寒さを強調した表現になっているので、体温との比較において相対的に気温が低いというニュアンスがあり、絶対的に気温が低い場合には用いない。

× 東シベリアは世界でいちばん肌寒い所だ。
→東シベリアは世界でいちばん寒い所だ。

したがって、「はだざむい」が最もよく用いられる状況としては、それまで適温だった気温が急に下がったとき(晩秋《ばんしゅう》など)や、梅雨時《つゆどき》で低温が続くときなどである。

また、「はだざむい」は、気温が変化したときに感ずる寒さの意味で用いることが普通で、体温自体が変化したために寒さを感じるときには用いないことが多い。

？ 熱があって肌寒い。→熱があって寒気がする。

？ 風呂上がりは風が肌寒い。

↓風呂上がりは風が冷たい。

「はだざむい」は「うすらさむい」にも似ているが、「うすらさむい」のほうが感じる寒さの程度は小さい。

⇩「すずしい」「さむい」「うすらさむい」「つめたい」

ばつがわるい［ばつが悪い］Batsuga-warui

① 板書《ばんしょ》の間違いを生徒に指摘《してき》されて**ばつがわるい**思いをした。

② いちばん年下の自分が遅刻《ちこく》して**ばつがわるかっ**た。

【解説】 言動がその場の状況に適合《てきごう》しないため、恥を感じてその場にとどまっているのが不快な様子を表す。マイナスイメージの語。単に「恥ずかしい」のではなく、その場に適切な言動がとれないことに対する反省の暗示がある。そこで、この内心の恥ずかしさには不快感を伴《ともな》っており、回避《かいひ》したい（逃げ出したい）という願望《がんぼう》のうかがわれる点が、なんとなく恥ずかしい様子を客観的に表す「きはずかしい」と異なる。

「ばつがわるい」は「きまりわるい」に似ているが、「きまりわるい」のほうが内心に感ずる恥の程度が低いので、その場にいたたまれないほどの不快な恥ずかしさを暗示することは少ない。全く同じ文脈で「ばつがわるい」と「きまりわるい」が用いられると、次のようなニュアンスの違いを生ずる。

その話を聞いてばつが悪い思いをした。
（逃げ出したいような内容だった）
その話を聞いてきまり悪い思いをした。
（自分に不都合《ふつごう》な内容だった）

⇩「きまりわるい」「きはずかしい」「はずかしい」「まがわるい」

はで［派手］Hade

(1)① 彼女は**はで**な色を好む。

② この服はうちの母にはちょっと**はで**だわ。

③ この曲はトランペットが入る**はで**な曲だ。

④ この作家は、装飾的《そうしょくてき》な語句を駆使《くし》した**はで**な文体に特徴《とくちょう》がある。

(2)① 彼は昨夜《ゆうべ》酔っぱらって**はで**に立ち回ったらしい。

② 弟は金が入ると**はで**に遊びまくる。

③ 彼は女遊びが**はで**だ。

④ そんなに**はで**に泣くなよ。

【解説】 (1) 色彩などが周囲からきわだって人目をひく様子を表す（↔じみ）。プラスマイナスのイメージはない。①②のように目に見えるものについて用いるのが最も一般的であるが、③④のように音楽の華やかさや美文調《びぶんちょう》の文体について用いることもある。

「はで」は周囲からくっきりときわだって人目をひく

様子を客観的に表現し、対象の様子について特に感想を含んでいない点が、きわだっていることを美的に感じている「あざやか」「はなやか」や、感嘆の暗示を含む「みごと」「すばらしい」などと異なる。

(1)の「はで」は「あでやか」にも似ているが、「あでやか」がおもに女性の性的な魅力について言うのに対して、「はで」はもっと一般的で事物についても用いられ、特に性的な暗示は含まない。

(2) (1)の比喩《ひゆ》的《てき》な用法。行動のスケールが大きくて人目をひく様子を表す。ややマイナスよりのイメージの語。「はでに～する」という述語にかかる修飾語の形で用いられることが多い。「ぎょうぎょうしい」「大げさ」などに近いが、「はで」は「ぎょうぎょうしい」「大げさ」にある故意の暗示がなくて、行動の意図には言及《げんきゅう》せず、客観的に述べるニュアンスになっている。

⇨「あざやか」「はなやか」「みごと」「すばらしい」「あでやか」「はではでしい」「はでやか」「ぎょうぎょうしい」「じみ」

はてしない ［果てし無い］ Hateshinai

① 山脈の向こうに**はてしない**荒野《こうや》が続く。

② 彼女の愚痴《ぐち》は**はてしない**。

【解説】 際限《さいげん》がなく続く様子を表す。ややマイナスよりのイメージの語。連続して続くものの終わりが予測《よそく》できないという意味である。終わりが予測できないことについて原則として特定の感情は含まれていない点が、慨嘆《がいたん》の暗示をもつ「きりがない」「際限がない」などと異なる。

× 地球の周りにはきりがない宇宙が広がっている。
↓地球の周りには果てしない宇宙が広がっている。

「はてしない」は「かぎりない」に似ているが、「かぎりない」が好ましい対象について用いられることが多いのに対して、「はてしない」は対象があまり好ましくないという暗示をもつ点が異なる。

× 果てしない喜びにひたる。
↓限りない喜びにひたる。

⇨「かぎりない」

はではでしい ［派手派手しい］ Hadehadeshii

① 彼女は**はではでしい**ドレスを着て現れた。

② パーティの会場は**はではでしく**飾《かざ》られていた。

【解説】 色彩などが周囲からきわだって人目をひく様子を表す。原則としてプラスマイナスのイメージはない。「はで」を強調した意味の語で、対象の様子がいかにも派手であることについて、何らかの感想を含む。派手であることを好ましく感じているときには、「はではでしい」

は「はなやか」や「あでやか」に近くなり、不快に感じているときには「けばけばしい」に近くなる。

「はではでしい」は目に見えるものについて用いられることが多く、抽象的なものについて用いる用法はない。

⇩「はで」「はでやか」「はなやか」「あでやか」「けばけばしい」

はでやか［派手やか］Hadeyaka

① 彼は傍《かたわ》らに**はでやか**な女性を伴《ともな》っていた。
② 悲しいときほど**はでやか**に振舞ったほうがいい。

【解説】周囲からきわだって人目をひく様子を表す。ややプラスイメージの語。目に見えるものについて用いられることが多く、抽象的なものについては用いられない。

「はでやか」は「はなやか」や「きらびやか」に似ているが、「はなやか」にある美的な暗示、「きらびやか」にある輝きの暗示はなく、人目をひく様子をやや客観的に表している。

？ 悲しいときほど華やかに振舞ったほうがいい。

「はで」や「はではでしい」と基本的には同じ意味であるが、「はで」「はではでしい」が原則としてプラスマイナスのイメージがないのに対して、「はでやか」は対象が人目をひく様子をしていることについてややプラスイメージのある点が異なる。

⇩「はなやか」「きらびやか」「あでやか」「はで」「はではでしい」

はなはずかしい［花恥ずかしい］Hanahazukashii

(1)① 娘十八**はなはずかしい**年ごろだ。
(2)① これは**はなはずかしい**新婚《しんこん》時代の思い出の品です。

【解説】(1) 純真《じゅんしん》で美しい様子を表す。プラスイメージの語。「花も恥じらうほど美しい」という意味である。新鮮さ、純粋さの暗示を含み、対象はおもに若い女性であることが多く、男性や老人・子供について用いられることはない。

最近、(1)の意味で「はなはずかしい」を用いることは少なくなってきているが、これは、若い女性の美しさの質に変化が生じてきて、「はなはずかしい」を用いるにふさわしい状況が少なくなってきているからである。
(2) 非常に恥じらっている様子を表す。ややプラスよりのイメージの語。現代的な用法。「はずかしい」よりも恥じらう程度は高いが、自分に不利があるために恥を感じるという意味ではなく、(うれしさなどのために)内心の平静《へいせい》さを保《たも》てない心理を感覚的に表す。
？ これは恥ずかしい新婚時代の思い出の品です。

「はなはずかしい」は「てれくさい」や「おもはゆい」に似ているが、「てれくさい」や「おもはゆい」よりも恥ずかしさの程度が高く、内心をくすぐられる快感の暗示は少ない。また、恥ずかしさの原因は、外から与えられたものというよりは、自分の内部にある感情などであることが多い。

× ちょっとした業績《ぎょうせき》をほめられてはなはずかしい。
→ちょっとした業績をほめられて照れくさい（おもはゆい）。

⇨「はずかしい」「きはずかしい」「てれくさい」「おもはゆい」

はなはだしい［甚だしい］Hanahadashii

① この細菌《さいきん》は**はなはだしく**異《こと》なった環境《かんきょう》に順応《じゅんのう》できる。
② **はなはだしい**例をあげて説明しよう。
③ ぼくがやっただなんて誤解《ごかい》も**はなはだしい**。

【解説】 普通の程度をはるかに超えている様子を表す。ややマイナスイメージの語。①は客観的に非常に異なった環境に順応できるという意味で、特によい環境、悪い環境の暗示はない表現になっている。②は極端な例という意味で、しばしば悪いほうの極端な例という暗示がある。③は「□□もはなはだしい」という形の述語で用いられ、「ひどい□□だ、□□するのはけしからん」という意味になる。この場合も、悪いほうの程度の高いことについて言う暗示がある。

悪いほうの程度が高いという意味で、「はなはだしい」は「ひどい」に似ているが、「ひどい」にある被害者意識は「はなはだしい」にはなく、やや客観的な表現になっている点が異なる。

× 昨夜《ゆうべ》は甚だしい目にあった。
→昨夜はひどい目にあった。

また「はなはだしい」は「すごい」にも似ているが、「すごい」には驚きやあきれの暗示があるのに対して、「はなはだしい」はやや客観的で対象との間に心理的な距離のある表現になっている。全く同じ文脈で「はなはだしい」と「すごい」が用いられると、次のようなニュアンスの違いを生ずる。

甚だしい被害。（被害の程度が非常に大きい）
すごい被害。（被害の大きさに驚きあきれている）

⇨「ひどい」「すごい」「はげしい」「いちじるしい」「おびただしい」「このうえない」

はなばなしい［華々しい］Hanabanashii

① 彼の**はなばなしい**活躍《かつやく》でチームは優勝《ゆうしょう》した。
② 新人歌手が**はなばなしく**デビューした。

【解説】 言動が派手で人目をひく様子を表す。プラスイメージの語。センセーショナルな衝撃性《しょうげきせい》にポイントがあり、美的な暗示は含んでいない点が「はなやか」と異なる。また、対象は人間の言動であることが多く、雰囲気など無生物について用いることは少ない。

？ テーブルを華々しく飾りつける。
↓テーブルを華やかに飾りつける。

「はなばなしい」は「はで」に似ているが、「はで」は人目をひく様子を客観的に表すだけで、衝撃性の暗示はなく、対象を人間の言動にかぎらない点が「はなばなしい」と異なる。

× 彼女は華々しい衣装を着ている。
↓彼女は派手な衣装を着ている。

⇨「はなやか」「はで」「かがやかしい」

はなもちならない ［鼻持ち成らない］ Hanamochinaranai

① 彼の傲慢《ごうまん》さはまったく**はなもちならない**ね。
② 大学を出たからって**はなもちならない**女になるな。

【解説】 不快で我慢できない様子を表す。マイナスイメージの語。人間の言動・性格などについて用いる。「いや」「きらい」などに通じるが、もっと感覚的で、嫌《きら》っている理由は必ずしも明示されない。対象の言動や性格などが周囲に及ぼす不快な印象について用いられ、周囲にあまり影響を及ぼさない欠点については用いられないことが多い。

？ 彼の臆病《おくびょう》さはまったく鼻もちならない。
↓彼の臆病さはまったくどうしようもない（度しがたい）。

「はなもちならない」が具体的な臭気《しゅうき》の不快さについて用いられることは、現在ではまれである。

× 駅の公衆トイレは鼻もちならない。
↓駅の公衆トイレはくさくてたまらない。

⇨「いや」「きらい」「どうしようもない」「どしがたい」「くさい」「ならない」

はなやか ［華やか・花やか］ Hanayaka

(1)① 女性が一人いるとオフィスが**はなやか**になる。
② 正月には**はなやか**な装《よそお》いが似合う。
(2)① ニキビ**はなやか**な思春期《ししゅんき》の少年。
② 彼はギャンブルへの出入りが**はなやか**だ。

【解説】 (1) 明るく派手で美しい様子を表す。プラスイメージの語。具体的な物も抽象的なものも対象になる。「はで」に似ているが、「はで」よりも美的な華麗《かれい》さの暗示が強い。また「あでやか」にも似ているが、「あでやか」がおもに女性の性的な魅力を中心に言うのに対して、「はなやか」は対象とする範囲が広く、必ずしも女性の性的な魅力についてだけ言うとはかぎらない点が異なる。

？　女性が一人いるとオフィスが派手（あでやか）になる。

また、「きらびやか」にも似ているが、「きらびやか」にある豊富《ほうふ》な光による輝きの暗示は少ない。

(2)　盛んな様子を表す。プラスマイナスのイメージはない。①は、「□□はなやかな」という主語を直接説明する形で用いられ、□□が盛んで勢いがある様子を表す。①のような具体的な物も、次の例のような抽象的なものもとれる。

○　マルクス主義華やかなりし頃。

②は派手で目立つという意味になる。この場合には、しばしば揶揄《やゆ》的なニュアンスをもち、ややマイナスイメージの語になる。

(2)の「はなやか」は盛んである状態をやや客観的に表し、変化や衝撃性《しょうげきせい》については言及《げんきゅう》しない点が「はなばなしい」と異なる。

⇨「はで」「あでやか」「きらびやか」「はれやか」「はなばなしい」

ばばくさい ［婆臭い］ Babakusai

① そんな**ばばくさい**恰好《かっこう》はよしなさいよ。
② 彼女は若いくせに**ばばくさい**髪型《かみがた》を好む。

【解説】　女性がいかにも年寄りじみていて、不快な様子を表す（↔じじむさい）。マイナスイメージの語。「〜くさい」は「いかにも〜のように見える」という意味の、形容詞を作る語尾。ここでは必ずしもにおいを意味しない。「ばばくさい」は対象の外見が年寄りじみていやだという意味で用いられ、意見・思想など抽象的なものについては用いられない。

×　彼女は婆くさい考え方をする。

「ばばくさい」は、大人の女性について用いることが多く、男性・子供については用いられない。また、老人について用いることもまれである。一見老人と見られない女性が、老人のような外見をもっていることを、マイナスに評価して言う語である。

×　彼は婆くさい服を着ている。
→彼は爺むさい服を着ている。
×　隣の九十になるお姑《しゅうとめ》さんは婆くさい。
→隣の九十になるお姑さんはいかにも年だ。

⇨「じじむさい」

はばひろい ［幅広い］ Habahiroi

(1) ① その川は対岸が見えないほど**はばひろい**。
② 彼女は夫の**はばひろい**背中にもたれかかった。
(2) ① この俳優《はいゆう》は**はばひろい**人気がある。
② 大学教養部《きょうようぶ》では**はばひろい**知識を身につけるべ

きだ。
③ 彼女はデザインの分野で**はばひろく**活動している。

【解説】 (1) 空間的に横の広がりが大きい様子を表す。プラスマイナスのイメージはない。「ひろい」よりも横方向の長さを強調した表現である。したがって、縦方向との比較を前提としたものについて用いるのが普通で、縦方向との比較が前提にならないものについてはふつう用いられない。

？ 津軽海峡《つがるかいきょう》は幅広い。→津軽海峡は幅が広い。

(2) 範囲《はんい》が広い様子を表す。プラスイメージの語。この場合には、「幅」としての範囲を何らかの形で暗示することが普通で、①の例はしばしば「老人から子供まで」などという語句を伴《ともな》う。ただ漠然《ばくぜん》と「ひろい」というのではなく、範囲を暗示しているぶんだけ具体的で、現実《げんじつ》味《み》の濃い表現となっている。

⇨「ひろい」

はやい ［早い・速い・疾い］ Hayai

(1) ① 今年は桜が**はやく**咲いた。
② 今日はめずらしく朝**はやく**目が覚めた。
③ ここらで**はやい**昼飯《ひるめし》といきますか。
④ (妻が夫に)今夜は**はやく**帰ってきて。
⑤ どうせ手術するなら**はやい**ほうがいいだろう。
⑥ **はやく**夏休みにならないかなあ。
⑦ 老後の心配をするのはまだ**はやい**。
⑧ 先着二十名様に景品《けいひん》を差し上げます。**はやい**者勝ちですよ。
⑨ おそかれ**はやかれ**、勝ちはウチのもんですよ。
⑩ 議論《ぎろん》しているより直接交渉《こうしょう》したほうが**はやい**。
⑪ **はやい**とこ仕事をかたづけて飲みに行こうぜ。
⑫ **はやい**話が彼は振られたっていうことだ。
⑬ 彼はコートをとるが**はやい**か部屋を飛び出した。
⑭ 彼女は席に着くより**はやく**とうとう話し始めた。

(2) ① この子はクラスでいちばん足が**はやい**。
② この川は流れの**はやい**所と遅い所と交互《こうご》に来る。
③ 月日のたつのは**はやい**ものですね。
④ 今度の新人はのみこみが**はやく**て結構《けっこう》だ。
⑤ 彼女は仕事が**はやい**。
⑥ 奴の仕事は**はやかろ**う悪かろうだよ。
⑦ なにぐずぐずしてるの。**はやく**しなさい。

【解説】 時間・速度に関する基本的な形容詞の一つ(↕おそい)。(1)(ふつう「早い」と書くもの)と(2)(ふつう「速い」と書くもの)の二つに分けられる。

(1) 季節・時刻などが前である様子を表す。プラスマイナスのイメージはない。季節や時刻について「はやい」というとき、基準にすべき一定の時があって、それより時間的に前であることを表すのが普通である。①は例年の桜の開花《かいか》予想日、②は通常起床《きしょう》する時刻、③は通常の昼食の時刻、④は通常の帰宅《きたく》時刻がそれぞれその基準である。

⑤～⑨は現在の時を一方の基準において、将来のある一時点との間に時間差があるという意味である。⑤は、手術するべき時、⑥は夏休みが始まる時、⑦は老後の心配をすべき適当な時が、それぞれの将来の一時点にあたる。⑧の「はやい者勝ち」は慣用句で、時間的に前に行動を起こした人に利益があるという意味で、この場合には特に基準となる時を示していない。⑨の「遅かれはやかれ」も慣用句で、遅い早いの違いはあっても、いずれにしてもという意味で、具体的な時間をイメージしていないことが多い。

⑩～⑫はこれらから進んで、解決するのに時間がかからないという意味である。⑫の「はやい話が」は慣用句で、てっとり早く言えばという意味である。この「はやい」は「てっとりばやい」「てばやい」などに似ているが、「てっとりばやい」にある粗雑《そざつ》の暗示、「てばやい」にある所要時間の短さの暗示は少なく、やや客観的である。

⑬の「～するがはやいか」、⑭の「～するよりはやく」は慣用句で、「～するやいなや」「～するとすぐ」という意味である。

(2) 移動や進捗《しんちょく》の速度が大きく、よく進む様子を表す。ややプラスよりのイメージの語。①②は具体的な移動速度が大きいという意味、③は進歩や進捗の度合が大きいという意味である。

④の「のみこみがはやい」はこれらから一歩進んで、理解力があるという意味になる。⑤は仕事の進捗度合が大きいのみならず、処理能力《しょりのうりょく》が高いために仕事を消化する時間が短いという意味になる。⑥の「はやかろう悪かろう」は慣用句で、速くしあげるが、できあがりがよくないという意味である。⑦は動作にかかる所要時間を短くせよという意味にも、動作に着手するまでの時間を短くせよという意味にもとれる。

人間の動作について用いられる「はやい」は「てばやい」に似ているが、「てばやい」は動作にかかる所要時間が短いことを暗示し、動作の速度が大きいことは暗示しない。

？ 小麦粉は練らずに速く混ぜます。

→小麦粉は練らずに手早く混ぜます。

(2)の「はやい」は「すばやい」にも似ているが、「すばやい」は敏捷《びんしょう》さが強調され、瞬間としての動作の速度を意味し、継続《けいぞく》して速い速度で移動することは意味しない。

× 新幹線は素速い。

→新幹線は速い。
⇩「てばやい」「すばやい」「てっとりばやい」「きのはやい」「すばしこい」「はしっこい」「すみやか」「にわか」

はらぐろい［腹黒い］Haraguroi

① あいつは**はらぐろい**人間だから気をつけろ。
② 彼女は彼の**はらぐろい**たくらみを知らない。

【解説】 人の性格が陰険《いんけん》で悪事をたくらんでいる様子を表す。マイナスイメージの語。人間の性格にかぎって用いられる。対象は一定年齢以上の大人であることが多く、子供についてはふつう用いられない。

？ あの子は腹黒い子だ。→あの子は意地悪な子だ。

「はらぐろい」は心の中にある悪意にポイントがあり、単に行動が第三者にとって意地悪だったりするのと異なって、性格そのものを評する語である。その意味で「そこいじわるい」に近いが、「そこいじわるい」には悪事をたくらんでいるという暗示はない。

？ 彼女は彼の底意地悪いたくらみを知らない。
⇩「いじわる」「そこいじわるい」「くろい」

はらだたしい［腹立たしい］Haradatashii

① 彼は彼女の厚かましさを**はらだたしく**思った。
② 論争《ろんそう》に負けた課長は**はらだたし**げに席を立った。

【解説】 怒りを感じる様子を表す。マイナスイメージの語。ややかたい文章語で、日常会話にはあまり登場しない。「はらだたしい」は怒りを感じている主観的な心理を暗示し、対象の客観的な状態には左右されない。したがって名詞にかかる修飾語として用いられた場合、「はらだたしい」心理の表現されたものという意味になり、対象の性質は表さない。

彼は腹立たしい顔をした。
（彼の腹立たしい気持ちが顔に現れている）
彼は憎たらしい顔をした。
（見る者にとって彼の顔は憎たらしい。彼自身の気持ちには言及《げんきゅう》しない）

「はらだたしい」は「いまいましい」に似ているが、「いまいましい」は怒りの度合が大きく、不快な心理も相対的に強い。

× なんて腹立たしい風なんだ。
→なんていまいましい風なんだ。

また、「はらだたしい」は「なげかわしい」や「なさけない」にも似ているが、「なげかわしい」や「なさけない」にある慨嘆《がいたん》の暗示はなく、単に怒りを暗示するのにとどまる。

？ 犯罪者《はんざいしゃ》の半数以上が未成年とは腹立たしい。
→犯罪者の半数以上が未成年とは嘆かわしい（情け

ない)。

⇨「いまいましい」「にくたらしい」「なげかわしい」「なさけない」「けしからん」「くやしい」「なってない」

はるか［遥か］Haruka

① **はるか**彼方の山脈が雪をかぶっている。
② ブラジルは**はるか**に遠い国だ。
③ そんな**はるか**昔のことを言われても困るよ。
④ 少年たちは**はるか**な未来へ飛び立っていく。
⑤ 彼の絵は昔に比べて**はるか**にすばらしくなった。
⑥ A案のほうがB案より**はるか**に取り組みやすい。
⑦ まだ見ぬ生みの母に**はるか**な思慕《しぼ》を寄せる。

【解説】 非常に遠く隔《へだ》たっている様子を表す。プラスマイナスのイメージはない。①②は空間的に距離が非常に遠いという意味、③④は時間的に非常に離れているという意味、⑤⑥は述語にかかる修飾語「はるかに」の形で用いられ、比較した差異《さい》の程度がはなはだしい様子を表す。⑦は①~⑥を総合したような、心理的に漠然《ばくぜん》としたぼんやりとしたという意味である。

「はるか」は空間的・時間的な隔たりが非常に大きいことを感覚的に表す語で、具体的にどのくらい隔たったたら用いるという基準がない。したがって、隔たりの大きさを比較する文中では用いられない。

× ブラジルはアラスカより遥かだ。
→ブラジルはアラスカよりずっと遠い。

⇨「とおい」

はれがましい［晴れがましい］Haregamashii

① こんな**はれがましい**席に出るのは初めてだ。
② ぼくなんかが賞をいただけるなんて、たいへん**はれがましく**思っております。
③ 彼は引《ひ》っ込《こ》み思案《じあん》で**はれがましい**場所が苦手《にがて》だ。

【解説】 表だっていて華やかに見える様子を表す。プラスイメージの語。「~がましい」は「~のように見える」という意味の、形容詞を作る語尾。

「はなやか」「はれやか」などに似ているが、客観的に華麗《かれい》であるという意味ではなく、第三者の目に華麗に見えるという人間の視点を一度経由《けいゆ》した表現になっている。その結果、③のように平静《へいせい》を保《たも》てない心理を引き起こすことがあるが、心理そのものを表す語ではなく、あくまでも第三者から見た状況の様子を表すというニュアンスがある。

× ぼくなんかが賞をいただけるなんて、たいへん華やか(晴れやか)に思っております。

⇨「はなやか」「はれやか」「はずかしい」「ーがましい」

はれぼったい［腫れぼったい］Harebottai

① 彼は寝不足《ねぶそく》の**はれぼったい**顔をして出てきた。

② 一日立ちっぱなしだったので、足がなんとなく**はれぼったい**。

【解説】 体の一部分が全体的に腫《は》れてふくらんでいるような感じを表す。ややマイナスイメージの語。客観的に腫れているという意味ではなく、見る者、感じる者の感覚として腫れているようだという意味である。また、「はれぼったい」対象は体のある部分全体であることが多く、皮膚《ひふ》にできた傷《きず》が化膿《かのう》して腫れた場合などには、ふつう用いない。

? ニキビがうんで腫れぼったい。

→ニキビがうんで腫れた。

「はれぼったい」の示す状況は「あつぼったい」の示す状況と似ているが、「あつぼったい」は目で見ての重みを伴《ともな》った厚さの暗示があるので、自分の目で見えない部分については用いられない。

× 寝不足でどうもまぶたが厚ぼったい。

→寝不足でどうもまぶたが腫れぼったい。

⇨「あつぼったい」

はれやか［晴れやか］Hareyaka

① 台風一過《いっか》、空は**はれやか**に澄《す》みわたった。

② 恋人と仲直りした彼女は**はれやか**な顔をしていた。

③ **はれやか**な振袖姿《ふりそですがた》の美女がずらりと並んだ。

【解説】 曇りなく晴れて明るい様子を表す。プラスイメージの語。①が基本的な意味で、天候がよく晴れて明るい様子を表す。②は人間の心理について用いられた例で、心にわだかまりがなく明るい様子を表す。③は外見について用いられた例で、明るく華やかな様子を表す。

「はれやか」は「はればれしい」に似ているが、「はればれしい」はかたい文章語で、具体的な好天については用いられない。

× 台風一過、空は晴れ晴れしく澄みわたった。

③の「はれやか」は「はなやか」にも似ているが、「はなやか」が派手で目立つ美しさの暗示があるのに対して、「はれやか」は表に見える曇りのなさを暗示する点が異なる。全く同じ文脈で「はれやか」と「はなやか」が用いられると、次のようなニュアンスの違いを生ずる。

晴れやかな笑顔。（心に屈託《くったく》のない明るい笑顔）

華やかな笑顔。（よく目立つ美しい笑顔）

⇨「はなやか」

ひきもきらない［引きも切らない］Hikimo-kiranai

① 朝から問い合わせの電話が**ひきもきらない**。
② その神社は参詣《さんけい》客《きゃく》が**ひきもきらず**訪れている。

【解説】次々と途切れずにやってくる様子を表す。ややプラスよりのイメージの語。②のように「ひきもきらず」という形で述語にかかることが多く、述語になることもあるが、名詞を修飾することはまれである。

? 彼女には引きも切らない縁談《えんだん》がある。
→彼女には次々と縁談がある。

やってくるものとしては、好ましいものであることが多い。

? 不幸が引きも切らずに襲《おそ》ってくる。
→不幸が次から次へと襲ってくる。

ひくい［低い］Hikui

(1)
① 最近の女の子は背の**ひくい**男は嫌《きら》いだそうだ。
② 町の周囲に**ひくい**山なみが連なる。
③ もう少しかかとの**ひくい**靴をはいたほうがいい。
④ 雨降りの日はツバメが**ひくく**飛ぶ。
⑤ 山の中腹《ちゅうふく》に雨雲が**ひくく**垂《た》れこめている。
⑥ 天井《てんじょう》の**ひくい**部屋は圧迫感《あっぱくかん》があっていやだ。
⑦ 彼女は自分の鼻が**ひくい**のを気にしている。
⑧ 彼は大会社の社長なのに誰にでも腰《こし》が**ひくい**。

(2)
① テオ・アダムみたいな**ひくい**声の男性が好きだ。
② 彼は急に**ひくい**声でぼそぼそ話し出した。
③ テレビがうるさいから音を**ひくく**してくれ。

(3)
① 振袖《ふりそで》に比べると小紋《こもん》は格式《かくしき》がやや**ひくく**なる。
② 彼は年齢の割に地位が**ひくい**。
③ こんな格調《かくちょう》の**ひくい**式場で式をあげるのはいやだ。
④ 生まれつき知能が**ひくい**子もいる。
⑤ あんな程度の**ひくい**奴とつきあうな。
⑥ 一生アパート暮らしでいいなんて望みが**ひくい**な。
⑦ 彼は志が**ひくい**から出世《しゅっせ》しない。
⑧ 結局志気《しき》の**ひくい**チームは負ける。
⑨ 民意《みんい》の**ひくい**国では民主主義の定着はむずかしい。
⑩ 課長は君の実力を不当に**ひくく**評価している。
⑪ 彼女の語学力はまだまだ**ひくい**。
⑫ あんまり**ひくい**次元《じげん》の議論《ぎろん》をするなよ。
⑬ 見識《けんしき》の**ひくい**人の意見は聞いてもしかたがない。
⑭ この文献《ぶんけん》はどこにでもあって歴史的価値は**ひくい**。

(4)
① 原価《コスト》はできるだけ**ひくく**抑《おさ》えたい。
② 実用的で価格の**ひくい**商品がよく売れる。
③ 収入の**ひくい**層の利益を最優先《さいゆうせん》すべきだ。
④ 彼女は血圧が**ひくくて**朝に弱い。

⑤ マラソンするには湿度《しつど》が**ひくい**ほうがよい。
⑥ こんな**ひくい**点じゃ一流校はむりだね。
⑦ 課長は仕事のできる人だが、部長の採点は**ひくい**。
⑧ この病気は緯度《いど》の**ひくい**地方に発生する。
⑨ このコンパスは精度《せいど》が**ひくい**から正確に計れない。
⑩ 老人になると平熱《へいねつ》が**ひくい**ことがよくあるそうだ。
⑪ 初潮《しょちょう》年齢は最近どんどん**ひくく**なってきている。
⑫ 現実には非行に走る子の割合は依然《いぜん》として**ひくい**。
⑬ 六十歳過ぎて全く健康である人の比率《ひりつ》は**ひくい**。

【解説】 高低を表す最も基本的な形容詞の一つ(↔たかい)。

(1) 空間的に基準となる面からの距離が近い様子を表す。プラスマイナスのイメージはない。基準面が水平の場合、すなわち鉛直《えんちょく》方向に距離が近い場合が最も一般的である。

①~③は身長の平均や平地の高さ、靴のかかとの高さの平均などの基準に比べて低いという意味である。④~⑥は空間的に平均より低い位置に離れて存在している場合である。⑦は基準面が水平でない例である。反対語の「たかい」は頬骨《ほおぼね》・額《ひたい》などについても用いられるが、「ひくい」は頬骨についてはまれに用いられ、額については用いられない。⑧の「腰がひくい」は慣用句で、他人に対して丁寧《ていねい》であるという意味である。ただし積極的なプラスイメージはなく、礼儀《れいぎ》正しいというニュアンスはないことが多い。

「ひくい」が空間的な高低を問題にする場合、基準面を地平線上におかないことが多く、複数のものとの比較か、またはそのものの平均との比較において「ひくい」と言うことが多い。

× この草は根が低い。→この草は根が深い(浅い)。
× 階段で低く降りる。→階段で下に降りる。

(2) 音や声がめだたない様子を表す。プラスマイナスのイメージはない。①は音の振動数が小さいという意味、③は音量が小さいという意味である。②はどちらにもとれる。

(3) 抽象的なものの程度が大きくない様子を表す。ややマイナスイメージの語。⑤の「程度がひくい」は慣用的な表現で、人間性が下劣《げれつ》だという意味になり、具体的なものの程度は意味しない。⑫の「次元がひくい」も慣用的な表現で、あまりに現実的すぎてよくないという意味である。

(4) 数量や割合が小さい様子を表す。プラスマイナスのイメージはない。①~③は金銭的に額が少ないという意味である。「やすい」を用いるよりもかたい表現となるので、公式の発言などでよく用いられる。

④~⑪は具体的な数値が基準より小さい様子を表す。

⑫⑬は割合や比率が基準よりも小さい様子を表す。

「ひくい」は高低や程度の低さを表す最も一般的な形容詞であるが、意味が漠然《ばくぜん》として広く、反対語の「たかい」ほどに複合語は多くない。

⇩「たかい」「ふかい」「やすい」「あさい」

ひさしい［久しい］Hisashii

① 日露戦争《にちろせんそう》といえば**ひさしい**昔になってしまった。

② 彼とは**ひさしく**会っていない。

③ 奢《おご》れるものは**ひさしから**ず。〈名句〈平家物語〉〉

④ (同窓会で恩師《おんし》に)お**ひさしゅう**ございます。

【解説】 時間が長く経過《けいか》している様子を表す。プラスマイナスのイメージはない。ややかたい文章語で、日常会話にはあらたまった挨拶《あいさつ》を除いて、あまり登場しない。

お久しゅうございます。→久しぶりだなあ。

②のように述語にかかる修飾語の形か、④の挨拶語として用いるのが最も一般的で、①のように名詞にかかる修飾語として用いることは、現代語としてはあまり多くない。

「ひさしい」は「ふるい」に似ているが、「ふるい」が過去の一時点と現在との隔たりが大きいというニュアンスがあるのに対して、「ひさしい」は長い時間の経過を暗示する。

× 公園の中に久しい図書館が建っている。

→公園の中に古い図書館が建っている。

⇩「ふるい」

ひそか［密か・私か・窃か］Hisoka

① 彼は正式な交渉《こうしょう》の前に相手に**ひそか**に会った。

② 二人はどうやら**ひそか**に交際していたらしい。

③ 妻の留守《るす》に女装《じょそう》するのが彼の**ひそか**な楽しみだ。

④ 彼女は心**ひそか**に恩師《おんし》にあこがれていた。

【解説】 人に知られずに行動する様子を表す。ややマイナスイメージの語。具体的な行動(①～③)にも、心理(④)についても用いられる。

「ひそか」は、行動の結果としては「しずか」と同じになるが、人に知られないようにする意図にポイントがあり、その意図はしばしば悪意である暗示がある。

「ひそか」は「ひそやか」に似ているが、「ひそやか」は音や声の極端に少ない状況をやや客観的に表し、悪意による意図の暗示は少ない。全く同じ文脈で「ひそか」と「ひそやか」が用いられると、次のようなニュアンスの違いを生ずる。

ひそかに出発する。
(人に知られるとまずいことがある)

ひそやかに出発する。

（気づいた人はいない）

「ひそか」は「ひめやか」にも似ているが、「ひめやか」は繊細《せんさい》な音の弱さを暗示し、悪意の暗示はない。

× 妖精《ようせい》のひそかな歌が聞こえるようだ。

→妖精のひめやかな歌が聞こえるようだ。

⇩「しずか」「ひそやか」「ひめやか」

ひそやか［密やか］Hisoyaka

(1) ① 失意《しつい》の彼は田舎《いなか》で**ひそやか**に暮らしている。

(2) ① 人気《ひとけ》のない森は**ひそやか**に静まりかえっていた。

【解説】 (1) 人に知られずに静かにしている様子を表す。プラスマイナスのイメージはない。「ひそやか」は意図して静かにしている様子を表すが、その意図には悪意の暗示は少なくやや客観的である点で、「ひそか」と異なる。

? 彼は裏《うら》でひそやかに画策《かくさく》していた。

→彼は裏でひそかに画策していた。

(2) 極端に音や声が少ない様子を表す。プラスマイナスのイメージはない。述語にかかる修飾語として用いられた場合には、副詞の「ひっそり」に近い意味になる。この「ひそやか」は「しずか」に似ているが、「しずか」が音が少ないという客観的な意味を表すのに対して、「ひそやか」は音の量がもっと少なく、しばしば人がいないという暗示を伴《ともな》う点が異なる。

? ふだん賑《にぎ》やかな原宿《はらじゅく》も正月にはひそやかになる。

→ふだん賑やかな原宿も正月には静かになる。

「ひそやか」はまた「しめやか」にも似ているが、「しめやか」は音量が少ないことによって、その場の雰囲気が沈潜《ちんせん》し、気分が深く沈んでいく暗示があるのに対して、「ひそやか」はやや人為的《じんいてき》で人気のありなしに視点がある。

? 夜半《やはん》に木《き》の芽起《めお》こしの雨がひそやかに降った。

→夜半に木の芽起こしの雨がしめやかに降った。

音が少ないという意味では、「ひそやか」は「ひめやか」にも似ているが、「ひめやか」は人が意識して音声を抑《おさ》えている暗示があるのに対して、「ひそやか」には人のいないという暗示がある。

⇩「ひそか」「しずか」「しめやか」「ひめやか」「ものしずか」

ひたむき［直向き］Hitamuki

① 彼女の**ひたむき**さに打たれました。

② 仕事に対する**ひたむき**な姿勢《しせい》がいちばん大事だ。

【解説】 一つのことに熱中して他を顧《かえり》みない様子を表す。プラスイメージの語。人間の性格・行動などについて用い、人間以外のものについてはふつう用いられない。

× この包丁はひたむきに刺身《さしみ》を切るのに使う。

→この包丁はもっぱら刺身を切るのに使う。

「ひたむき」は周囲の思惑《おもわく》を気にせず、一つのことに熱中して行動しつづける様子をプラスに評価にした語で、周囲の思惑を行動の規範《きはん》にすえがちな日本人の考え方の特徴を裏から表した語である。ただし、「ひたむき」が用いられるのは、熱中することが客観的にみて好ましいことに限られ、好ましいことがはっきりしないものに熱中しているときには「ひたむき」を用いない。

？　課長はひたむきに彼の使い込みを信じていた。
→課長は一途(かたくな)に彼の使い込みを信じていた。

また、「ひたむき」には、熱中のしかたが謙虚《けんきょ》で静かである暗示があり、他へ影響《えいきょう》を及《およ》ぼしながら熱中している場合には用いないことが多い。

？　少女は救助《きゅうじょ》を求めてひたむきに叫んだ。
→少女は救助を求めてひたすら叫んだ。

⇨「かたくな」

ひっこみがつかない　［引っ込みが付かない］ Hikkomiga-tsukanai

① 今さらできなかったでは**ひっこみがつかない**。
② 彼は**ひっこみがつかず**に後始末を引き受けた。

【解説】　途中でやめられない様子を表す。ややマイナスよりのイメージの語。客観的にやめられない理由があるというよりは、本人のメンツや体面上やめるわけにいかないというニュアンスの語である。したがって、「引っ込みがつく」という形の反対の意味の表現はない。客観的な情勢《じょうせい》に関係なく、世間体《せけんてい》や他人の目によって行動の中止を決定するという発想は、きわめて日本的である。

⇨「ぬきさしならない」

ひどい　［酷い・非道い］ Hidoi

(1)① わが家は今度の戦争で**ひどい**目にあった。
② 今度悪く言ったら後で**ひどい**ぞ。
③ 恋人との約束を破るなんて**ひどい**人ねえ。
(2)① こんな**ひどい**成績ではとうてい第一志望はむりだ。
② 彼の家はおんぼろで実に**ひどい**。
③ このホテルは外見は立派だが設備《せつび》が**ひどい**。
(3)① 帰宅《きたく》途中**ひどく**降られた。
② この間から**ひどい**風邪《かぜ》をひいている。
③ 夜になると咳《せき》が**ひどく**て眠れない。
④ 彼はこの帽子が**ひどく**気に入っている。
⑤ その贈り物は老人に**ひどく**喜ばれた。

【解説】　(1)　残酷《ざんこく》で無情《むじょう》な様子を表す。マイナスイメージの語。例のように、名詞にかかる修飾語か述語で用いられることが多く、述語にかかる修飾語の形ではふつう用いられない。

？　彼女は夫の帰宅が遅いと子供にひどく当たる。
（この文はふつう(3)の意味になる）
↓彼女は夫の帰宅が遅いと子供に辛く（むごく）当たる。

(1)の「ひどい」は「むごい」に似ているが、「むごい」が残酷な様子をやや客観的に表すのに対して、「ひどい」は残酷さに対する被害者意識にポイントがある。

×　今度悪く言ったら後でむごいぞ。

(2)　(1)から進んで、非常に悪い様子を表す。マイナスイメージの語。(1)と同様、名詞にかかる修飾語か述語で用いられる。「悪い」という意味ではあるが、対象が度を超えて悪いことについて慨嘆《がいたん》の暗示を含み、客観的な表現にはなっていない。

(3)　程度がはなはだしい様子を表す。ややマイナスよりのイメージの語。例のように「ひどく」という述語にかかる修飾語の形で用いられることが多く、この場合には好ましい事柄についても用いられる。名詞にかかる修飾語(②)や述語(③)になった場合には、好ましい事柄については用いられない。

×　彼の奥さんはひどい美人だ。
↓彼の奥さんはすごい美人だ。

(3)の「ひどい」は「えらい」に似ているが、「えらい」は対象の程度がはなはだしいことについて、驚きや失望などの暗示を含むのに対して、「ひどい」は被害者意識が根本にある点が異なる。全く同じ文脈で「ひどい」と「えらい」が用いられると、次のようなニュアンスの違いを生ずる。

今日はひどく寒い。（耐えられないくらいだ）
今日はえらく寒い。（この時期には珍しいことだ）

⇨「つらい」「むごい」「わるい」「すごい」「えらい」「こっぴどい」「ものすごい」「はなはだしい」「はげしい」

ひとこいしい［人恋しい］Hitokoishii

①　雨の午後はなんとなく**ひとこいしく**なる時だ。
②　家の犬は夜になると**ひとこいしく**て寄ってくる。

【解説】　人に愛情を感じ、心ひかれる様子を表す。ややプラスイメージの語。「ひとこいしい」は現在人に会っていない状況にある主体が、他の人に愛情を感じ心ひかれる様子を表す点にポイントがあり、単なる寂《さび》しさとは異なる。

？　都会の雑踏《ざっとう》の中でこそ人恋しさを感じる。
↓都会の雑踏の中でこそ寂しさを感じる。

また、ここで示す「人」は特定の人を指さないことが普通で、誰でもよいから自分の相手になってくれる人という意味である。

× クリスマス・イブには故郷の彼が人恋しい。
→クリスマス・イブには故郷の彼が恋しい。
⇨「こいしい」「いとしい」「ひとなつかしい」

ひとしい［等しい・均しい・斉しい］Hitoshii

(1)① 二等辺三角形の両底角《りょうていかく》は**ひとしい**。
② 8は2の4倍に**ひとしい**。
③ 部長は女性を男性と**ひとしく**待遇《たいぐう》しようとしない。
(2)① 彼の約束はもう反故《ほご》に**ひとしく**なった。
② あんなあくどい商売は詐欺《さぎ》に**ひとしい**。
③ その子は乞食《こじき》に**ひとしい**身なりをしていた。
(3)① 新天皇の即位《そくい》を国民**ひとしく**祝賀《しゅくが》する。
② そこの住民は開発計画に**ひとしく**反対している。

【解説】 異同を表す基本的な形容詞の一つ。

(1) 複数のものが全く同じである様子を表す。プラスマイナスのイメージはない。「□□にひとしい」「□□とひとしい」のように、二つの助詞をとれる。ややかたい文章語であって、①②のように数学的な量についてよく用いられるが、日常会話の中にはあまり登場しない。日常的には「おなじ」を用いる。

「おなじ」は一つを取り上げてそれを他方にいちいち比較するというニュアンスがあるのに対して、「ひとしい」は双方から対等の距離をおいて客観的に比較しているニュアンスがある。また、「おなじ」では対象の性質について厳密《げんみつ》に規定《きてい》することが普通であるのに対して、「ひとしい」ではある面において同じ価値をもっているというニュアンスが前提にあるので、対象の性質を規定しなくても用いることができる。

× 二等辺三角形の両底角は同じだ。
→二等辺三角形の両底角の大きさは同じだ。

「ひとしい」には同一のものや同種のものを指す意味はない。

× 毎日彼と等しい電車で通う。
→毎日彼と同じ電車で通う。
× 事故機《じこき》と等しい型の飛行機です。
→事故機と同じ型の飛行機です。

(2) 「□□にひとしい」という形で用いられ、「□□も同然だ」という意味になる。ややマイナスよりのイメージの語。□□には好ましくないものの極端な例が入る。「おなじ」にも似たような用法があるが、「おなじ」を用いた場合のほうがやや感情的で誇張的《こちょうてき》な暗示があり、「ひとしい」を用いた場合はやや客観的で怒りの暗示は少なくなる。全く同じ内容の文脈で「ひとしい」と「おなじ」が用いられると、次のようなニュアンスの違いを生ずる。

そんなあくどい商売は詐欺に等しい。
（だまされないように気をつけよう）

そんなあくどい商売は詐欺も同じだ。
（まったくもってけしからん）

(3)「ひとしく〜する」という動詞を修飾する形をとり、全員そろって〜するという意味を表す。プラスマイナスのイメージはない。かたい文章語で、日常会話にはあまり登場しない。

⇨「おなじ」「あいひとしい」

ひとたまりもない［一溜まりも無い］Hitotamarimo-nai

① 猛烈《もうれつ》な竜巻《たつまき》に木造家屋《もくぞうかおく》は**ひとたまりもなく**吹き飛んだ。

② 彼の毒舌《どくぜつ》にかかったら課長など**ひとたまりもない**よ。

③ 彼は彼女の美しさに**ひとたまりもなく**降参《こうさん》した。

【解説】 わずかの間ももちこたえることができず、受け入れてしまう様子を表す。ややマイナスよりのイメージの語。例のように述語にかかる修飾語として用いることが多く、述語にもなるが、名詞にかかる修飾語として用いることはまれである。

「ひとたまりもない」は被害・敗北・容認《ようにん》など、事態の受容《じゅよう》のしかたが少しも抵抗《ていこう》できない様子を暗示し、能《のう》動的《どうてき》な行為については用いられない。

× 彼は彼女の美しさにひとたまりもなく結婚を申し込んだ。

また、「ひとたまりもない」は、もちこたえられない結果受容する行為を明示するのが普通で、我慢できない状況だけを述べるのではない点が「たまらない」「たえがたい」などと異なる。

× 一日十四時間もこきつかわれるのはひとたまりもない。

↓一日十四時間もこきつかわれるのはたまらない（たえがたい）。

受容する行為はあまり好ましくないことであることが普通で、③のように好ましいものを受容する例はあまり多くない。また受容するにあたっては、抵抗しようとしてできない点にポイントがあり、初めから抵抗をあきらめたり、喜んで受容したりする場合には用いられない。

？ 彼女は父親の申し出をひとたまりもなく受け入れた。

↓彼女は父親の申し出をしかたなく（喜んで）受け入れた。

⇨「たまらない」「たえがたい」「しかたがない」

ひとなつかしい［人懐かしい］Hitonatsukashii

① 研究室に閉じこもっていると時々**ひとなつかしく**なる。

② 一人暮らしの老人は**ひとなつかしい**気分になる。

【解説】 人に愛情を感じ、心ひかれる様子を表す。ややプラスイメージの語。「ひとなつかしい」は現在人に会っていない状況にある主体が、他の人に愛情を感じ心ひかれる様子を表す。

「ひとこいしい」に非常によく似ているが、「ひとこいしい」のほうが切実《せつじつ》で、人との接触《せっしょく》を強く望む気持ちが暗示されている。「ひとなつかしい」はこれよりやや気持ちが薄く気分的である。全く同じ文脈で「ひとなつかしい」と「ひとこいしい」が用いられると、次のようなニュアンスの違いを生ずる。

雨の日曜日は人なつかしくなる。
（人に会うとほほえみたくなる）
雨の日曜日は人恋しくなる。
（誰でもいいから来てほしい）

⇨「ひとこいしい」「なつかしい」「さびしい」

ひとなつこい・ひとなつっこい

［人懐こい・人懐っこい］ **Hitonatsukoi・Hitonatsukkoi**

① 彼は目が合うと**ひとなつっこい**微笑《びしょう》を浮かべた。

② ハスキー犬は外見に似合わず**ひとなつこい**。

【解説】 容易《ようい》に人に慣れてうちとける様子を表す。プラスイメージの語。大人について用いることはあまり多くなく、子供・動物などについてよく用いられる。対象が人に近づいて慣れるというニュアンスのある語で、人が近づきやすい雰囲気を対象がもっているという意味ではない点が「親しみやすい」と異なる。したがって、無生物については用いられない。

× 特急列車には人なつこい愛称《あいしょう》がついている。
→特急列車には親しみやすい愛称がついている。

ひなたくさい

［日向臭い］ **Hinatakusai**

① 縁側《えんがわ》に干した座蒲団《ざぶとん》の**ひなたくさ**さは、故郷の家を思い出させる。

② カップラーメンというのは**ひなたくさく**て、どうも好きになれないね。

③ 観光地《かんこうち》の土産物《みやげもの》は棚《たな》ざらしで**ひなたくさい**。

【解説】 直射日光の下に長時間さらした結果、焦《こ》げたような独特《どくとく》のにおいのする様子を表す。ややマイナスイメージの語。「〜くさい」は〜のにおいがする様子だという意味の、形容詞を作る語尾。

①が最も基本的な意味で、実際に日光の下に干したもののにおいについて用いる。②③はこれらから派生した意味で、おもに食品の乾燥して不快な臭気《しゅうき》について用いる。現在では食品のにおいについて用いることが多く、①のような用法は少ない。

⇩「―くさい」

ひにくっぽい［皮肉っぽい］Hinikuppoi

① 主任は部下の失敗を**ひにくっぽく**あげつらった。
② 「どうせできっこないよ」と彼は**ひにくっぽい**笑いを浮かべた。

【解説】 相手が不快に思うようなことを、わざと言ったりおこなったりする様子を表す。マイナスイメージの語。「～ぽい」は「～のように見える」という意味の、形容詞を作る語尾。前の名詞の程度を低める働きをする。

「ひにくっぽい」は、相手に対する故意（わざと）の行為に見えるという点にポイントがあり、実際に故意に行っているかどうかには言及《げんきゅう》しない。「ひにくっぽい」は「あてつけがましい」に似ているが、「あてつけがましい」は悪意の暗示が強く、行為が直接的であるのに対して、「ひにくっぽい」は外見がそのように見えるという意味で、やや間接的になり、悪意の暗示も少ない。

× 独り者の前で亭主《ていしゅ》といちゃいちゃするなんて、そんな皮肉っぽいことはできませんわ。
→独り者の前で亭主といちゃいちゃするなんて、そんなあてつけがましいことはできませんわ。

⇩「あてつけがましい」「いやみったらしい」「―ぽい」

ひめやか［秘めやか］Himeyaka

① 深い森の奥から妖精《ようせい》の**ひめやか**な歌が聞こえる。
② 「好きよ」と彼女は**ひめやか**にささやいた。

【解説】 人に知られずに非常に静かに行動する様子を表す。ややプラスイメージの語。「ひめやか」は「ひそか」に似ているが、「ひそか」にある悪意の暗示はない。

× 彼は裏《うら》でひめやかに画策《かくさく》していた。
→彼は裏でひそかに画策していた。

音声が極端に少なくなる結果、「ひめやか」は「ひそやか」にも似てくるが、「ひそやか」が人のいない暗示があるのに対して、「ひめやか」は人が意識して音や声を抑《おさ》えている暗示のある点が異なる。

× 人気《ひとけ》のない森はひめやかに静まりかえっていた。
→人気のない森はひそやかに静まりかえっていた。

「ひめやか」はまた「しめやか」にも似ているが、「しめやか」は音や声が少ないことによって、その場の雰囲気が沈潜《ちんせん》し、気分が重く沈んでいく暗示があるのに対して、「ひめやか」は繊細《せんさい》な静けさを暗示し、沈鬱《ちんうつ》さの暗示はない。

? 葬儀《そうぎ》はひめやかに行われた。
→葬儀はしめやかに行われた。

⇩「ひそか」「ひそやか」「しめやか」「さやか」「しずか」

ひもじい Himojii

① 腹が減って**ひもじく**なった。
② 冷蔵庫に何もなく**ひもじい**思いをした。

【解説】 空腹である様子を表す。ややマイナスイメージの語。ややかたい文章語で、日常会話にはあまり登場しない。日常的には「腹が減った、おなかがすいた」などと言う。肉体的に空腹である場合に用いられ、精神的に渇望《かつぼう》している場合には用いられない。

× 満腹はしていても愛情にはひもじい。
→満腹はしていても愛情には飢えている。

「ひもじい」は「腹が減った」などに比べると、空腹の程度が高く、ほとんど生存《せいぞん》にかかわるほどの空腹である暗示がある。

? ひもじいがまずいものは食べたくない。
→腹は減っているがまずいものは食べたくない。

ひやっこい [冷やっこい] Hiyakkoi

① ほてった足を谷川の**ひやっこい**水にひたすのはなんとも気持ちがいい。
② ドアのすきまから**ひやっこい**風が吹きこんできた。

【解説】 温度に関する形容詞の一つ。具体物の温度がある限度を超えて低い様子を表す。ややプラスよりのイメージの語。

「ひやっこく」なるものは、水(①)、空気(②)、物などであるが、いずれも触覚《しょっかく》として温度が低いことを感じるニュアンスがあり、気温が低い場合には「さむい」を用いる。

意味としては「つめたい」に近いが、「つめたい」が一般的に低温である様子を表し、温度の限界は原則としてないのに対して、「ひやっこい」では人間がある程度快く感じる程度の低温という暗示があり、極端に低温である場合には用いない。

× 真冬のひやっこい北風が真向《まっこう》から吹きつけた。
→真冬の冷たい北風が真向から吹きつけた。

また、「ひやっこい」では温度が低いことについて、驚きや感動などの感情が加わっており、客観的な表現にはなっていない。

? 青菜《あおな》の色出しにはひやっこい水がよい。
→青菜の色出しには冷たい水がよい。

「ひやっこい」には比喩《ひゆ》的《てき》な意味はない。

⇨「つめたい」「さむい」「ひややか」

ひややか [冷やか] Hiyayaka

(1) ① 冷蔵庫を開けると**ひややか**な風が下りてくる。
(2) ① 彼は**ひややか**なまなざしで見た。

② 姑《しゅうとめ》は**ひややか**に嫁を迎えた。

【解説】 (1) 温度が低い様子を表す。プラスマイナスのイメージはない。空気・水・物などについて用いる。「ひやっこい」に似ているがより冷静《れいせい》で、特定の感想や思い入れは暗示されていない。「つめたい」にも近いが、「つめたい」の一般的・客観的な表現に比べて、話者にとって冷たく感じるという主観性があり、客観的な低温状態は意味しない。

(2) 物に動かされず、愛情に乏《とぼ》しい様子を表す。ややマイナスイメージの語。愛情がないというよりは、感情が動かず、落ち着いているという冷静《れいせい》さの暗示のある語である。「つめたい」にも似た意味があるが、「つめたい」のほうが無情《むじょう》である暗示があり、程度が高くなっている。全く同じ文脈で「ひややか」と「つめたい」が用いられると、次のようなニュアンスの違いを生ずる。

冷ややかなまなざしで見た。
(冷淡《れいたん》だが敵意はあまりない)
冷たいまなざしで見た。
(愛情がなく敵意が感じられる)

⇨「ひやっこい」「つめたい」「つれない」

ひょろながい ［ひょろ長い］ Hyoronagai

① 日陰《ひかげ》の草は**ひょろながく**伸びる。

② 痩《や》せこけた胴体《どうたい》に**ひょろながい**手足がついている。

【解説】 異常に細くて長い様子を表す。ややマイナスイメージの語。「ほそながい」「ながほそい」などと違って、客観的に長さの比率《ひりつ》をいうのではなく、長さの比率が極端であることについて、奇異《きい》や驚きの暗示を伴《ともな》う表現である。

「ひょろながい」対象にはしばしば異常・不健康の暗示があり、そのものの標準的な比率として、長さと太さの比率が極端に異なるものについては用いられないことが多い。

? あの電柱はひょろ長い。→あの電柱は細くて高い。

「ひょろながい」は具体物の長さについて以外は用いられない。

⇨「ながい」「ながほそい」「ほそながい」「ほそい」

ひよわ ［ひ弱］ Hiyowa

① 彼女の息子は過保護《かほご》で**ひよわ**だ。

② 温室育ちの**ひよわ**な花は外気《がいき》にあてるとしおれる。

【解説】 病的《びょうてき》に弱い様子を表す。マイナスイメージの語。生物の体や精神の健康状態について用いられることが多く、無生物についてはふつう用いられない。

「ひよわ」は「かよわい」に似ているが、「かよわい」は先天的な弱さ、外見の弱さを暗示し、不健康状態の暗示はなく、無生物についても用いられる。

？ この程度の風で倒れるとは、土台がひよわなんだ。
→この程度の風で倒れるとは、土台がか弱いんだ。
？ ひよわな女の細腕《ほそうで》で一家を切り盛りしている。
→か弱い女の細腕で一家を切り盛りしている。

また「ひよわ」は「よわよわしい」にも似ているが、「よわよわしい」はいかにも弱そうな様子だという意味で、とれる対象が広く用法も広い。

× 病人はひよわな声で水を求めた。
→病人は弱々しい声で水を求めた。

⇩「かよわい」「よわよわしい」「よわい」

ひらたい［平たい］Hiratai

(1)① 材料を**ひらたい**鍋《なべ》に入れて煮ます。
② 日本人の顔は欧米人に比べて**ひらたい**。
(2)① もう少し**ひらたく**説明していただけませんか。
② この本は**ひらたい**言葉で書いてある。

【解説】 (1) 物の厚みが少なく、横に広がっている様子を表す。プラスマイナスのイメージはない。「ひらたい」は単に凹凸《おうとつ》がないというニュアンスではなく、断面《だんめん》方向から眺《なが》めたとき厚みが少ないという意味の語である。したがって、ものの表面の状態や、断面方向から眺めることが前提になっていないものについては、ふつう用いられない。

？ 壁のしっくいを平たく塗る。
→壁のしっくいを平らに塗る。
？ どこまでも平たい大地が続いていた。
→どこまでも平らな大地が続いていた。

「ひらたい」は「たいら」によく似ているが、「たいら」は物の厚みには言及《げんきゅう》せず、ただ表面の高低差のなさを暗示する。全く同じ文脈で「ひらたい」と「たいら」が用いられると、次のようなニュアンスの違いを生ずる。

平たい皿。（容量《ようりょう》としての厚みの少ない皿）
平らな皿。（上面が水平で起伏《きふく》がない皿）

「ひらたい」は「ひらべったい」にも似ているが、「ひらべったい」は厚みのなさをさらに強調した表現で、ややマイナスよりのイメージの語になる。

(2) 言葉や表現がやさしく、わかりやすい様子を表す。ややプラスよりのイメージの語。修飾語で用いることが多く、述語になることは少ない。

？ この本の表現は平たい。
→この本の表現はやさしい（わかりやすい）。

「やさしい」「わかりやすい」という意味であるが、客観的に容易《ようい》だといっているのではなく、「俗に言う」というニュアンスのある語で、必ずしも内容が正確に伝わることを期待しない暗示がある。全く同じ文脈で「ひらたい」と「やさしい」「わかりやすい」が用いられると、次のようなニュアンスの違いを生ずる。

　平たく説明する。
（日常的な言葉で説明する）
やさしく説明する。
（むずかしい言葉を使わないで説明する）
わかりやすく説明する。
（聞き手の理《り》解《かい》度《ど》を意識して説明する）

⇩「たいら」「ひらべったい」「うすい」「やさしい」「わかりやすい」

ひらべったい ［平べったい］ Hirabettai

① **ひらべったい**字は意外に読みやすい。
② 彼は痩《や》せぎすで胸《むね》が**ひらべったい**。

【解説】 物の厚みが少なく、横に広がっている様子を表す。ややマイナスよりのイメージの語。①は天地方向の長さが左右方向に比べて極端に少ない字という意味である。「ひらたい」よりもさらに厚みのなさを強調した語で、厚みがないことをややマイナスよりのイメージでとらえている。したがって、厚みが極端に少ないことが好ましいものについては、ふつう用いられない。

？ このおせんべいは平べったくてうまい。
→このおせんべいは薄くてうまい。

「ひらべったい」は「うすっぺら」に似ているが、「うすっぺら」には厚みが少なく軽いことについて侮蔑《ぶべつ》の暗示があるのに対して、「ひらべったい」はやや客観的に厚みが少なく横に広がっていることを述べる。

？ 彼のかばんは平べったくて、何も入っていないみたいだ。
→彼のかばんは薄っぺらで、何も入っていないみたいだ。

また、「うすべったい」にも似ているが、「うすべったい」には横に広がっているという暗示はない。

？ ぼくの賞与《しょうよ》の袋は部長のより平べったい。
→ぼくの賞与の袋は部長のより薄べったい。

「ひらべったい」は具体的な物の状態について用いられ、比《ひ》喩《ゆ》的《てき》な用法はない。

⇩「ひらたい」「うすい」「うすっぺら」「うすべったい」「たいら」

ひろい ［広い］ Hiroi

(1)① 揚子江《ようすこう》は対岸が見えないほど**ひろい**。
② 彼は肩幅《かたはば》が**ひろく**てがっちりした体格だ。
③ たまには子供を**ひろい**野原で遊ばせたい。
④ 狭い部屋でも整頓《せいとん》すれば**ひろく**使える。
⑤ この瓶《びん》は口が**ひろく**てうまく注げない。

⑥ 富士山は裾野《すその》が**ひろい**。
⑦ 山頂《さんちょう》に登ると眺望《ちょうぼう》が急に**ひろく**なる。

(2)
① 彼は業界《ぎょうかい》では顔が**ひろい**ことで通っている。
② その事件は世の中に**ひろく**知られている。
③ この二つの単語は**ひろい**意味では同義語《どうぎご》と言える。
④ 将来まで見通した**ひろい**視野《しや》をもつべきだ。
⑤ さすがに先生は知識が**ひろい**。
⑥ もっと市場《しじょう》を**ひろく**開放《かいほう》すべきだ。
⑦ 弟が表彰《ひょうしょう》されるとぼくまで肩身《かたみ》が**ひろい**。
⑧ 彼女は心の**ひろい**人だ。

【解説】 (1) 空間的に面積が大きい様子を表す(↔せまい)。プラスマイナスのイメージはない。細長いものの幅が大きい場合(①②)、全体としての空間の面積が大きい場合(③~⑤)、空間的に遠くまで続いている場合(⑥⑦)などがある。ただし、絶対的な大きさの基準はなく、中に入るべきものやそのものの平均的な大きさとの対比において、相対的に大きいことを言うので、たとえば同じ部屋でも状況によって「ひろく」なったり狭くなったりすることは十分にありうる(④)。

(2) (1)の比喩的《ひゆてき》な用法。抽象的な空間が大きく、余裕《よゆう》がある様子を表す(↔せまい)。ややプラスイメージの語。①の「顔がひろい」は慣用句で、交際範囲《こうさいはんい》が大きいという意味である。④⑤は知識やものの見方が広大で豊かだという意味、⑦は「肩身がひろい」で慣用句となり、得《とく》意《い》な気分であるという意味である。⑧は人間としての度《ど》量《りょう》が大きく寛容《かんよう》であるという意味である。

「ひろい」は物理的・抽象的空間の面積が大きいことを、中に入るべきものとの相対的な関係において客観的に述べる語であって、「おおきい」と似た意味で用いられることが多いが、「おおきい」が全体量としての大きさを暗示するのに対して、「ひろい」は平面的な面積の大きさを暗示するという違いがある。全く同じ文脈で「ひろい」と「おおきい」が用いられると、次のようなニュアンスの違いを生ずる。

広く窓を開ける。(開けた結果空間が広がった)
大きく窓を開ける。(窓を開ける角度が大きい)

⇨「おおきい」「だだっぴろい」「てびろい」「はばひろい」「せまい」

びんぼうくさい [貧乏臭い] Bimbôkusai

① そんな**びんぼうくさい**なりはやめろよ。
② 人に物を贈るときに少しでも安くなんて**びんぼうくさい**考え方だ。

【解説】 いかにも貧乏に感じられる様子を表す。マイナスイメージの語。「~くさい」は、いかにも~のような感じであるという意味の、形容詞を作る語尾。

「びんぼうくさい」は外見(①)についても、内面の心理(②)についても用いられる。具体的には、①は服が古かったり、汚らしかったりして、新しいきれいな衣服を買えないことを想像させるという意味。②は貧乏な家の人間なら考えそうな、吝嗇《りんしょく》な考え方という意味である。

「びんぼうくさい」は現実に貧乏ではない人間が、いかにも貧乏な人のように感じられる外見や行動をすることを、多少の憐《あわ》れみや侮蔑《ぶべつ》を伴《ともな》って表現する語である。

「びんぼうくさい」は「びんぼうたらしい」に似ているが、「びんぼうたらしい」には行動や外見が貧乏のように見えることについて、はっきりした侮蔑の暗示があるのに対して、「びんぼうくさい」には侮蔑の暗示は比較的少ない。

⇨「びんぼうたらしい」「まずしい」「―くさい」

びんぼうたらしい ［貧乏たらしい］ **Bimbôtarashii**

① なんだ、その**びんぼったらしい**恰好《かっこう》は。

② 残り物を持って帰るだなんて**びんぼうたらしい**。

【解説】 いかにも貧乏のように見える様子を表す。マイナスイメージの語。日常会話では、しばしば「びんぼったらしい」と発音される。「～たらしい」は、いかにも～のように感じられて不快だという意味の、形容詞を作る語尾。

「びんぼうたらしい」は対象の外見や行動が、いかにも貧乏な人のように見える様子を侮蔑的《ぶべってき》に評する語で、対象がもともと貧乏でないことが前提である。もともと貧乏であることがはっきりしている対象については、ふつう用いない。

？ 難民《なんみん》の子供たちは貧乏たらしい身なりをしていた。

→難民の子供たちは貧しい身なりをしていた。

「びんぼうたらしい」は「びんぼうくさい」に似ているが、「びんぼうくさい」よりも侮蔑の暗示が強い。また、目に見えない心理などについては用いられない。

？ 彼はいつも貧乏たらしい考え方をする。

→彼はいつも貧乏くさい考え方をする。

⇨「びんぼうくさい」「まずしい」「―たらしい」

ぶあつい ［分厚い・部厚い］ **Buatsui**

① 彼はいつも**ぶあつい**辞書をかばんに入れている。

② やけどした唇《くちびる》が**ぶあつく**腫《は》れあがった。

【解説】 平たいものの厚みがかなり大きい様子を表す。ややマイナスよりのイメージの語。厚さに絶対的な基準はなく、そのものに予想される平均的な厚さをかなり上回っている場合に用いられる。したがって、厚さ三センチの札束《さつたば》なら十分に「ぶあつい」が、同じ三センチの厚さの辞書は「ぶあつく」ない。

「ぶあつい」には、平たいものの厚みがかなり大きいことについての軽い驚きの暗示があり、完全に客観的な表現ではない。

「ぶあつい」は「あつぼったい」に似ているが、「あつぼったい」には量の大きいことに伴《ともな》う不快感が暗示されている。全く同じ文脈で「ぶあつい」と「あつぼったい」が用いられると、次のようなニュアンスの違いを生ずる。

分厚い唇。（ずいぶん厚い唇で驚いた）

厚ぼったい唇。（厚くてあまり感じがよくない）

⇩「あつぼったい」「あついI」

ふかい・ーふかい ［深い・ー深い］ Fukai・－fukai

(1)① 田沢湖《たざわこ》は日本でいちばん**ふかい**湖だ。

② スープはもっと**ふかい**皿でないとよそえない。

③ この雑草《ざっそう》は意外に根が**ふかい**。

④ 朝、表へ出てみたら雪が**ふかく**積もっていた。

⑤ こんな**ふかい**森へ迷いこんだら最後出られないぞ。

⑥ 山**ふかい**村里《むらざと》で一生を過ごすのも悪くないね。

⑦ 傷《きず》は心臓《しんぞう》に達する**ふかい**ものだった。

⑧ 彼は白人のように彫《ほ》りの**ふかい**顔だちをしている。

⑨ 襟《えり》ぐりを**ふかく**とってチョーカーをつけると素敵ね。

⑩ ソファに**ふかく**身を沈めてたばこをふかす。

(2)① 牧場《まきば》の朝はいちめんの**ふかい**霧でした。

② 彼はすぐに**ふかい**眠りに落ちた。

③ 恋人たちはしばしば**ふかい**ため息をつく。

④ 二人は入社してすぐ**ふかい**仲になった。

⑤ 彼女は情が**ふかく**てダメ男にすぐほだされる。

⑥ 愛児《あいじ》を失って**ふかい**悲しみに沈む。

⑦ ういういしい選手たちの姿はいまも印象が**ふかい**。

⑧ 彼の論は専門の**ふかい**理解に裏づけられている。

⑨ その一言には実に**ふかい**意味が隠されていた。

⑩ 待ってくれ。これには**ふかい**事情があるんだ。

⑪ (誘惑《ゆうわく》に乗らなかったときなど)あなたは思慮《しりょ》の**ふかい**女性ですね。

⑫ 純真《じゅんしん》な娘をだますなんて罪が**ふかい**ぞ。

⑬ なんて欲の**ふかい**女だ。

(3)① しだいに秋も**ふかく**なる。

(4)① 彼女は**ふかい**緑色の服がお好みだ。

② **ふかい**香りと味わいのコーヒーです。（CM）

(5)① その研究は学会の進歩にとって意義**ふかい**。

② 私ってなんて罪**ぶかい**女なんでしょうねえ。

③ 彼はひどく用心**ぶかい**人間だ。

【解説】 深浅《しんせん》を表す最も基本的な形容詞の一つ（↔あさい）。

(1) 空間的に、基準面からの距離が大きい様子を表す。

プラスマイナスのイメージはない。方向は鉛直《えんちょく》方向(①～④)が最も基本的で、基準面から下方へ向かう場合が多い。④は結果的に地表より上になっているが、基準面は雪の表面であり、地表を基準面にした場合には「たかい」を用いる。

　雪が深く積もる。(雪の表面が基準)

　雪が高く積もる。(地表面が基準)

⑤⑥は水平方向に距離が大きい様子を表す。ただし、この場合には距離が大きいのみならず、森や山の木々の密度《みつど》が大きいことをも暗示する。

⑦は基準面を皮膚とし、皮膚から遠いところまで達している傷という意味である。⑧の「彫りがふかい」は慣用句で、顔の造作《ぞうさく》の起伏《きふく》が激しいという意味であるが、鼻・額《ひたい》など出ている部分に基準を置き、ひっこんでいる程度が大きいというニュアンスになる。

⑨は湾曲《わんきょく》の程度が下方に大きいという意味、⑩はソファの下方に達するほど身を沈めるという意味である。

空間的に基準面からの距離が大きいという意味では、「ふかい」は「とおい」に似ているが、「とおい」が二点間の線的《せんてき》な距離を問題にしているのに対して、「ふかい」は対象の全体を頭に置き、その奥のほうというニュアンスになっている点が異なる。

× ここから駅までは深い。→ここから駅までは遠い。

深い森。(木々がたくさん生《お》い茂《しげ》っている森)

遠い森。(ここからの距離が大きい森)

(2) 程度がはなはだしい様子を表す。原則としてプラスマイナスのイメージはない。①は濃度《のうど》が大きいという意味である。④の「ふかい仲」は慣用句で、愛情関係を意味する。⑤の「情がふかい」も慣用句で、人をすぐに愛するような性質を意味する。⑨は表面的・辞書的な意味ではなく、言葉に表現されていないニュアンスや思惑《おもわく》などを指す。⑩は弁解《べんかい》のときなどによく用いられる表現で、簡単には説明できない事情という意味である。⑪の「思慮がふかい」もなかば慣用的に用いられる表現で、女性が男性の誘惑に乗らず、身もちが堅《かた》いことを、当の男性が揶揄《やゆ》をこめて賞賛するときにしばしば用いられる。

(3) 時間が十分に経過して、程度がはなはだしくなっている様子を表す。プラスマイナスのイメージはない。反対語の「あさい」は、時間そのものの経過が少ないという意味で「日があさい」などと用いられるが、「ふかい」にはこの用法がなく、「秋・夜」などごく限られた対象についてのみ用いられる。時間が経過するのみならず、対象の濃度や程度がはなはだしくなっていることを暗示する表現である。

(4) 色彩・味・香りなどの濃度が大きい様子を表す。ややプラスよりのイメージの語。色彩に関しては、反対語として「あさい緑」とは言えるが、味や香りについては「あさい味、あさい香り」は言えない。「こい」という客観的な表現ではなく、対象の濃度が大きいことを好ましく感じている表現で、かなり主観的である。

(5) 他の名詞について、程度がはなはだしい様子を表す。原則としてプラスマイナスのイメージはない。しばしば「～ぶかい」と濁音《だくおん》になる。

⇨「たかい」「とおい」「ひくい」「あさい」「こい」「うたがいぶかい」「うたぐりぶかい」「おくふかい」「かんがいぶかい」「かんがえぶかい」「くさぶかい」「けぶかい」「じひぶかい」「しゅうねんぶかい」「そこふかい」「ちゅういぶかい」「つつしみぶかい」「なさけぶかい」「ねぶかい」「まぶか」「よくふかい」

ふがいない［腑甲斐無い・不甲斐無い］Fugainai

① まだ一回も勝てないとは**ふがいない**奴だな。

② 失敗したわが身が**ふがいない**。

【解説】 物事をやりとおす気力が感じられない様子を表す。マイナスイメージの語。おもに人間の行為や結果について用いる。「ふがいない」は気力の感じられない行為やその結果の状態をやや客観的に暗示し、怒りや焦燥《しょうそう》・慨嘆《がいたん》などの感情はあまり強くない。この点で、怒りの暗示を含む「はらだたしい」、焦燥の暗示を含む「はがゆい」「じれったい」「もどかしい」「いらだたしい」、慨嘆の暗示を含む「なげかわしい」「なさけない」と異なる。

強い意志や気力が感じられないという意味では、「ふがいない」は「だらしない」に似ているが、「だらしない」には侮蔑《ぶべつ》の暗示があり、自分自身に関する事柄についてはふつう用いない。

× 失敗したわが身がだらしない。

⇨「はらだたしい」「はがゆい」「じれったい」「もどかしい」「いらだたしい」「なげかわしい」「なさけない」「だらしない」

ふくぶくしい［福々しい］Fukubukushii

① うちの祖父は**ふくぶくしい**顔をしている。

② 隣の奥さんの笑顔《えがお》は**ふくぶくしい**。

【解説】 頬《ほお》が柔らかくふくらんでいて、満ち足りている様子を表す。プラスイメージの語。人間の顔や表情などについて用いられることが多く、それ以外のものについて用いられることはまれである。

? 彼女は福々しい身なりをしている。

→彼女は裕福そうな身なりをしている。

「ふくぶくしい」顔は、全体に丸く、頬にふっくらと肉がついていて、いかにも健康そうである顔を指すことが多く、痩《や》せた顔や不健康にむくんだ顔などについては用いない。

× 彼は心臓病《しんぞうびょう》のむくみで福々しい顔になった。

また、「ふくぶくしい」は、顔に肉がついているのみならず、幸運・幸福・財産などに恵まれて満足している様子が暗示されている表現である。

「ふくぶくしい」は「ふくよか」に似ているが、「ふくよか」が体に肉がついて太っている状態だけを暗示するのに対して、「ふくぶくしい」は幸福・充足《じゅうそく》を暗示する点で異なる。

? 君はもう少し福々しくなったほうがいい。

→君はもう少しふくよかになったほうがいい。

⇨「ふくよか」「ゆたか」

ふくよか ［膨よか・脹よか］ Fukuyoka

(1)① たいていの男性は**ふくよか**な女性が好きだ。

② 彼女の胸は**ふくよか**だった。

(2)① 袋を開けると**ふくよか**な新茶《しんちゃ》の香りが漂《ただよ》う。

【解説】 (1) 柔らかく肉がついてふくらんでいる様子を表す。プラスイメージの語。人間の体について用いることが多く、それ以外のものについて用いることはまれである。

× 肉まんはふくよかでおいしい。

→肉まんはふっくらしておいしい。

「ふくよか」は肉がついてふくらんでいるだけでなく、弾力《だんりょく》や柔らかさの暗示があり、しばしば触感《しょっかん》としての柔らかさを暗示する点で、おもに見た目の柔らかさを意味する副詞の「ふっくら」とは異なる。

「ふくよか」は「ふくぶくしい」に似ているが、「ふくぶくしい」にある幸福・充足《じゅうそく》の暗示は「ふくよか」にはない。

(2) 香りが豊かに広がる様子を表す。プラスイメージの語。この用法は非常に限定されていて、例のようにお茶やコーヒーなど嗜好品《しこうひん》のにおいに限られる。香りそのものの表現というよりは、その香りによって得られる充実感《じゅうじっかん》や快感などを暗示する表現である。

⇨「ふくぶくしい」「やわらかい」「ゆたか」

ふさわしい ［相応しい］ Fusawashii

① 君にはもう少し年齢に**ふさわしい**思慮《しりょ》が必要だ。

② 彼こそ賞をもらうに**ふさわしい**。

③ 奴は紳士《しんし》の名に**ふさわしく**ない。

【解説】 ある状況における理想に合致《がっち》している様子を表す。プラスイメージの語。①はその年齢ならば当然もっている程度の思慮、②は賞をもらうべき業績《ぎょうせき》、③は紳士がその理想である。

「ふさわしい」は「につかわしい」や「にあわしい」

に似ているが、「につかわしい」や「にあわしい」は理想像までは暗示せず、対象の外見や雰囲気・条件などに合致する暗示のある点が異なる。

？ やわらかなもの言いがいかにも彼にふさわしい。

→やわらかなもの言いがいかにも彼に似つかわしい。

× 君にはもう少し年齢に似つかわしい(似あわしい)思慮が必要だ。

⇨「につかわしい」「にあわしい」「そぐわない」「にげない」

ふしだら Fushidara

① 彼は会社にも行かず**ふしだら**な生活をしている。

② 私は彼女みたいに、夫の留《る》守中《すちゅう》に他の男性と旅行に行くほど**ふしだら**じゃないわ。

【解説】 規律《きりつ》やけじめが感じられず不快な様子を表す。マイナスイメージの語。①は生活に規律がなくルーズであるという意味、②はこれから一歩進んで、男女関係にけじめがなく淫乱《いんらん》であるという意味である。②の意味では、特に女性について用いることが多い。

「ふしだら」は「みだら」に似ているが、「みだら」がもともとある性欲をとどめられないことを暗示するのに対して、「ふしだら」では社会的な枠組《わくぐみ》からはずれた無軌《むき》道《どう》さや淫乱さを暗示する点が異なる。

？ 彼はふしだらな目つきで少女を見た。

→彼はみだらな目つきで少女を見た。

「ふしだら」は「だらしない」にも似ているが、「だらしない」は規律やけじめのない様子を一般的に広く暗示し、用法が広い。

× 係長は仕事がふしだらだから部下が大変だ。

→係長は仕事がだらしないから部下が大変だ。

⇨「みだら」「だらしない」

ぶしつけ ［不躾］ Bushitsuke

① 挨拶《あいさつ》もしないなんて**ぶしつけ**な人ね。

② **ぶしつけ**なお願いで恐縮ですが、二万円貸していただけませんか。

【解説】 礼儀《れいぎ》をわきまえていない様子を表す。マイナスイメージの語。例のように名詞にかかる修飾語で用いられることが多い。「失礼」「不作法《ぶさほう》」などに比べてやや間接的な表現になっている。

②の「ぶしつけな□□で恐縮ですが」は依頼・質問などのマクラ(前置き)としてよく用いられる表現で、突然以下のような依頼や質問をすることは礼儀に反しているが、という卑下《ひげ》の表現であり、実際に話者が礼儀に反していると思っているとはかぎらない。

礼儀をわきまえていないという点で「ぶしつけ」は「あつかましい」にも似ているが、「あつかましい」が他人の迷惑をかえりみず傍若無人《ぼうじゃくぶじん》に行動することについての不快を暗示するのに対して、「ぶしつけ」は必ずしも行動は必要としない点が異なる。

× 挨拶もしないなんて厚かましい人ね。

⇩「あつかましい」「ずうずうしい」

ぶしょうったらしい ［無精ったらしい・不精ったらしい］ Bushôttarashii

① その**ぶしょうったらしい**ひげを剃《そ》れよ。

② 奴の恰好《かっこう》ときたら**ぶしょうったらしい**んだから。

【解説】 いかにも無精のように見える様子を表す。マイナスイメージの語。人間の外見について用いられるのが普通で、それ以外のものについてはふつう用いない。

「無精」とは面倒くさがって何もしないことを言うが、そのように感じられるような外見をもっているというのが「ぶしょうったらしい」である。「ぶしょうったらしい」が示す状況としては「だらしない」などと通じるが、「ぶしょうったらしい」は語の性格上、男性の外見について用いることが多く、女性や子供については用いられない点で、もっと一般的に広く用いられる「だらしない」と異なる。

× 彼女は着物を無精ったらしく着てきた。

→彼女は着物をだらしなく着てきた。

「ぶしょうったらしい」は「むさくるしい」にも似ているが、「むさくるしい」は乱雑で不潔な様子が不快だというニュアンスで、物についても用いられる。

× 無精ったらしい所ですが、おあがりください。

→むさ苦しい所ですが、おあがりください。

⇩「だらしない」「むさくるしい」「むさい」

ふつつか ［不束］ Futsutsuka

① **ふつつか**ですがよろしくお願いします。

② うちの**ふつつか**な娘をもらってくれるかね。

【解説】 思慮や配慮がたりず、ゆきとどかない様子を表す。マイナスイメージの語。ただし、現在では用法が非常に限定されていて、例のように自分または身内の者の性格を卑下《ひげ》・謙遜《けんそん》する場合にのみ用いられ、客観的な状態を意味しないことが多い。

? あいつはふつつかな奴だ。

→あいつはだめ(未熟)な奴だ。

⇩「だめ」「つたない」「いたらない」

ふてぶてしい ［太々しい］ Futebuteshii

① 彼は**ふてぶてしい**態度で開き直った。

② 自分の失敗を棚《たな》に上げて**ふてぶてしく**文句を言う。

【解説】 自分の非を認めずに無遠慮《ぶえんりょ》に振舞うのを不快に

思う様子を表す。マイナスイメージの語。「ふてぶてしい」は自分に非があるのに潔《いさぎよ》くそれを認めずに、大胆《だいたん》に行動することについての不快感を表す語で、自分の非を潔く認めることにプラスの評価を与える日本文化ならではの語である。

「ふてぶてしい」は「ずぶとい」に似ているが、「ずぶとい」は周囲の状況に動じない様子を暗示して、必ずしも主体に非があるとはかぎらない。

？ 一家は食糧難《しょくりょうなん》の時代でもふてぶてしく生き残った。

→一家は食糧難の時代でも図太く生き残った。

遠慮がないという意味では「あつかましい」や「ずうずうしい」にも似ているが、「ふてぶてしい」には非を認めないことについての明確な憎悪《ぞうお》の暗示がある。

× 彼は初対面の家へふてぶてしく上がりこんだ。

→彼は初対面の家へあつかましく(ずうずうしく)上がりこんだ。

⇩「ずぶとい」「あつかましい」「ずうずうしい」「おくめんもない」「ふとい」

ふとい ［太い］ Futoi

(1) ① 大型犬の散歩は**ふとい**綱でないと危ない。

② 彼の腕は丸太のように**ふとい**。

③ 重要な語句は**ふとい**字で書いてある。

④ 彼女は**ふとい**縞《しま》の入ったセーターを着ている。

⑤ あの俳優《はいゆう》は男らしい**ふとい**眉《まゆ》が魅力的だ。

⑥ **ふとく**短く生きるのが男のロマンなんだ。

⑦ ソプラノ歌手といえども年をとれば声は次第に**ふとく**なる。

(2) ① 彼女は女の割に肝《きも》っ玉《たま》が**ふとい**。

② もっと神経が**ふとく**なくちゃ世の中渡っていかれないよ。

③ このおれをまるめこもうだなんて**ふてえ**野郎だ。

【解説】 (1) 細長く伸びているものの幅があって量感《りょうかん》に満ちている様子を表す(↔ほそい)。プラスマイナスのイメージはない。①②は立体的に細長く伸びているものの断面積《だんめんせき》が大きいという意味、③~⑤は平面的に細長く伸びているものの幅が大きいという意味である。④の「ふとい縞」は一本一本の縞の幅が大きいという意味であって、縞と縞の間隔《かんかく》があいているという意味ではない。その場合には「あらい」を用いる。

⑥は比喩《ひゆ》的な用法で、「ふとく短く生きる」で慣用句となり、短くとも華々しく生きるという意味になる。⑦は人間の声について用いられた例で、声の質に幅があって、重いような感じを与える様子を表す。音の高さには原則として言及《げんきゅう》しない。

(1)の「ふとい」は細長く伸びるものの断面方向の幅が大きいという意味の一般的な形容詞で、形状としては似ていても対象の伸長《しんちょう》方向によっては用いられないことがある。

× 彼女の唇《くちびる》は太い。→彼女の唇は厚い。
（唇の「伸長」方向は上下と考えられる）

人間の体について用いる場合には、体の一部分について用い、全体は指さない。

× 彼女は最近太くなった。→彼女は最近太った。

(2) (1)の比喩的な用法。①②は「肝（っ玉）」「神経」「線」など、感受性《かんじゅせい》を比喩的に表す名詞を主語にとる述語となって、大胆で細かいことを気にしないという意味になる。この場合にはややプラスイメージの語となる。

③は、多くの場合「ふてえ（「太い」の俗語）□□」という名詞にかかる修飾語となり、ふてぶてしく居直《いなお》っている様子だという意味になる。この場合にはマイナスイメージの語となる。標準形の「ふとい」という形では、ふてぶてしいという意味に用いられることは少なく、より意味のはっきりした「ずぶとい」「ふてぶてしい」を用いる。

? なんてふとい女だ。
→なんてふてえ女だ。
→なんてずぶとい（ふてぶてしい）女だ。

⇨「あらい」「あつい I」「ずぶとい」「ふてぶてしい」「ほそい」

ふにおちない ［腑に落ちない］ Funi-ochinai

① 彼のその後の行動はどうも**ふにおちない**。
② 彼女の説明には**ふにおちない**点がある。

【解説】 納得《なっとく》がいかない様子を表す。ややマイナスイメージの語。述語または名詞にかかる修飾語として用いられることが多く、述語にかかる修飾語になることは少ない。

「ふにおちない」は主観的に納得がいかないという意味であって、何が疑問の点なのか明確にできないことも多い。また、ある事柄を理解しようとして納得できないという意味で用いられ、将来の未知な点については用いられない。

× これからどうして生きていくのか腑に落ちない。
→これからどうして生きていくのかわからない。

また、「ふにおちない」は納得のいかない対象について、その正当性を疑うというニュアンスがあり、自分の能力のなさは暗示しない点が「わからない」と異なる。

「ふにおちない」は「わりきれない」に似ているが、「わりきれない」が感情的に納得できない暗示があるのに対して、「ふにおちない」は理性的に納得できない暗示のある点で異なる。全く同じ文脈で「ふにおちない」と「わりきれない」が用いられると、次のようなニュアンスの違いを生ずる。

彼への処遇《しょぐう》は腑に落ちない。

（理屈に合わない）

彼への処遇は割り切れない。

（よくわからないが何か変だ）

「ふにおちない」は「うたがわしい」にも似ているが、「うたがわしい」が一つの結果に疑問を示すことによって、その対置物《たいちぶつ》を暗示するニュアンスがあるのに対して、「ふにおちない」は単に納得できないと述べるのにとどまる点が異なる。

× 彼が犯人かどうか腑に落ちない。

→彼が犯人かどうか疑わしい。

⇨「わからない」「わりきれない」「うたがわしい」「げせない」

ふるい ［古い・旧い］ Furui

(1) ① 坂の上に**ふるい**図書館がある。

② パンが**ふるく**なってカビが生えた。

③ 彼女は**ふるく**からの友人だ。

④ 今となってはもう**ふるい**話だ。

(2) ① うちの父は頭が**ふるく**てどうにもならない。

② スーパーの商品にはときどき**ふるい**値段が貼《は》ってあることがある。

③ 「やっぱりお見合いは歌舞伎座《かぶきざ》かねえ」「その手はもう**ふるい**よ」

④ 「彼女、本の虫が好きなんだってさ」「**ふっるーい**」

【解説】 新旧を表す最も一般的な形容詞の一つ（↕あたらしい）。

(1) 長い時間を経過している様子を表す。プラスマイナスのイメージはない。①②はできてから時間がたっているという意味。③は長い時間継続《けいぞく》しているという意味。④は遠い過去になってしまったという意味である。

(2) 現在の状況に合致《がっち》しない様子を表す。ややマイナスイメージの語。①の「頭がふるい」は慣用句で、考え方が時代遅れであるという意味である。②は現在通用していないという意味、③の「その手はふるい」も慣用的に用いられ、現在有効《ゆうこう》ではないという意味である。④は感動詞的に用いられた例で、現代的でないことを侮蔑《ぶべつ》の暗示を伴《ともな》って表現する。

「ふるい」は長い時間を経過している状態を客観的に表す語で、「ふるくさい」や「ふるぶるしい」のような侮蔑や嫌悪《けんお》の暗示、「ふるめかしい」のような貴重《きちょう》さの暗示は原則としてない。

古い話。　（0）

古くさい話。（一）
古めかしい話。（＋）
⇩「ふるくさい」「ふるぶるしい」「ふるめかしい」「ひさしい」「あたらしい」

ふるくさい［古臭い］Furukusai

① 父は**ふるくさい**腕時計を後生大事《ごしょうだいじ》に使っている。
② そういう**ふるくさい**考え方は好きじゃない。

【解説】 新旧を表す形容詞。長い時間が経過して新鮮さがなくなっている様子を表す。マイナスイメージの語。「〜くさい」はいかにも〜のように見えるという意味の、形容詞を作る語尾。「ふるくさい」は「ふるい」のみならず、新鮮さがないことについて侮蔑《ぶべつ》の暗示があり、客観的な表現にはなっていない。

× 砂漠《さばく》の中の古くさい遺跡《いせき》に感動した。
→砂漠の中の古い遺跡に感動した。

「ふるくさい」は「ふるぶるしい」にも似ているが、「ふるぶるしい」はいかにも古そうに見えるという、対象の外見の古さを暗示するのに対して、「ふるくさい」は新鮮味のなさを暗示し、抽象的なものについても用いられる点が異なる。

× 彼はふるぶるしい考え方をする。
⇩「ふるい」「ふるぶるしい」「かびくさい」「ーくさい」

ふるぶるしい［古々しい・旧々しい］Furuburushii

① 玄関の前に**ふるぶるしい**車が止まった。
② その寺は鎌倉時代《かまくらじだい》の建築《けんちく》でいかにも**ふるぶるしい**。

【解説】 新旧を表す形容詞。いかにも長い時間を経過していて、いたんでいるような様子を表す。ややマイナスイメージの語。具体物について用いられ、抽象的なものについて用いられることはまれである。

× なんてふるぶるしい人なんでしょう。
→なんて古くさい(古風な)人なんでしょう。

「ふるぶるしい」は単に「ふるい」というより、非常に長い時間を経過した結果、何らかの支障《ししょう》が生じているという暗示があり、古いことが好ましい場合にはあまり用いられない。

× 彼女はふるぶるしい家具が好きだ。
→彼女は古い家具が好きだ。

「ふるぶるしい」には「ふるくさい」にある侮蔑《ぶべつ》の暗示はない。
⇩「ふるい」「ふるくさい」「ふるめかしい」

ふるめかしい［古めかしい・旧めかしい］Furumekashii

① 応接間の家具はどっしりとして**ふるめかしい**。
② 彼の家では**ふるめかしい**しきたりが守られている。

【解説】 新旧を表す形容詞。長い時間を経過して価値が感じられる様子を表す。ややプラスよりのイメージの語。「ふるめかしい」は単に「ふるい」のみならず、長い時間を経過したことによって、何らかの価値が生じたという暗示があり、しばしば貴重《きちょう》であるというニュアンスになる。

「ふるめかしい」は「ふるくさい」に似ているが、「ふるくさい」は「ふるめかしい」とは逆に、時間が経過して現代的でないことを侮蔑《ぶべつ》する暗示のある点が異なる。

古めかしいしきたり。(古風で珍しい)

古くさいしきたり。(現代的でなくいやだ)

⇨「ふるい」「ふるくさい」「ふるぶるしい」「−めかしい」

ふるわない [振るわない] Furuwanai

① 今期《こんき》はどうも成績が**ふるわない**。

② 彼は一向に**ふるわない**商売に見切りをつけた。

【解説】 動詞「ふるう」の打消し。思うように繁栄《はんえい》しない様子を表す。マイナスイメージの語。述語として用いることが最も多く、名詞にかかる修飾語にもなるが、述語にかかる修飾語になることはない。用法は非常に限定されていて、「成績(結果)がふるわない」という形が最もよく用いられる。

「ふるわない」の表す状態としては、「かんばしくない」「おもわしくない」などに通じるが、「ふるわない」は客観的に繁栄しない、隆盛《りゅうせい》でないというニュアンスで用いられ、感想は原則として含まれていない。

× 胃の検査の結果は振るわなかった。

→胃の検査の結果はかんばしくなかっ(思わしくなかっ)た。

⇨「かんばしい」「おもわしい」

ふんべつくさい [分別臭い] Fumbetsukusai

① 父はいつも**ふんべつくさい**顔で説教《せっきょう》する。

② 奴は若いくせに**ふんべつくさい**ことばかり言う。

【解説】 物の道理《どうり》(分別《ふんべつ》)をわきまえているように振舞う様子を表す。ややマイナスイメージの語。「~くさい」はいかにも~のように見えるという意味の、形容詞を作る語尾。分別がある様子という意味ではない。本来分別の感じられない対象が、分別のありそうな振舞いをすることをやや侮蔑的《ぶべつてき》に評する語である。したがって、ほんとうに分別があると感心している場合には用いない。

× 彼は若いに似ず分別くさいので尊敬されている。

→彼は若いに似ず分別があるので尊敬されている。

へた [下手] Heta

(1)① 彼女の歌はいまだに**へた**だ。

② 彼は人づきあいの**へた**な人だ。
③ **へた**の横好き。(ことわざ)
④ **へた**の長談義《ながだんぎ》。(ことわざ)
⑤ **へた**な鉄砲《てっぽう》も数打ちゃ当たる。(ことわざ)
⑥ **へた**の考え休むに似たり。(ことわざ)

(2)① **へた**なことはしないほうがいい。
② **へた**すると元も子もなくすよ。
③ **へた**に手出しするとかえって危《あぶ》ない。
④ 彼は**へた**な学者よりよほど物知りだ。

【解説】 (1) 技術がたくみでない様子を表す(↔じょうず)。マイナスイメージの語。「へた」は「まずい」に似ているが、「まずい」には結果の悪さについて不快の暗示があるのに対して、「へた」は不快までは暗示せず、やや客観的に技術のなさを述べるのにとどまる。

③~⑥はことわざである。③は、技術がたくみでないにもかかわらず、好きで熱心に行うという意味。④は、話のたくみでない者にかぎってまとまりなく長い話をする(のが迷惑《めいわく》である)という意味。⑤は、たとえ技術がたくみでなくとも、回数を重ねればそのうちうまくいくことがあるという意味。⑥は、適当な知恵がないのにいくら考えても、効果がないから結果として何もしていないのと同じだという意味である。

(2) 中途半端である様子を表す。マイナスイメージの語。慣用句の形で用いられることが多い。②の「へた(を)すると」は適切に対応しないとという意味である。④の「へたな□□より~だ」は、中途半端な□□よりも~であるという意味で、□□には~の代表例となる名詞が入る。④の例では、物知りの代表である学者が□□である。

⇨「まずい」「つたない」「じょうず」

ーぽい　-poi

(1)① 彼女の話はどうもうそっ**ぽい**。
② やすっ**ぽい**身なりをしていると人に甘く見られる。

(2)① この子はあきっ**ぽく**て困る。
② 最近どうもわすれっ**ぽく**なった。
③ 彼女はおこりっ**ぽい**。

【解説】 (1) 名詞、形容詞の語幹《ごかん》などについて、~のように見えるという意味を表す。ややマイナスイメージの語。前にくる語の程度を弱める働きをする。話者の視点を中心とする感覚を通して対象を見るというニュアンスのある語で、対象の状態を客観的に述べるのではない。

「~めかしい」も~のように見えるという意味の形容詞を作るが、「~めかしい」は主体がもともと~でない暗示が強く、意図や印象を暗示するのに対して、「~ぽい」はもともと~であってもなくてもよい。全く同じ文脈で「~ぽい」と「~めかしい」が用いられると、次のようなニュアンスの違いを生ずる。

　色っぽい人。（色気の感じられる人）

　色めかしい人。（色気を作っている人）

(2)　動詞の連用形について、～しがちであるという意味を表す。ややマイナスイメージの語。あまり好ましくない傾向について用いることが多い。「～やすい」よりも全体の傾向を示し、人間の性格についていうときは、性格全体を言うことが多く、その場の状況は意味しないことが多い。

⇩「ーめかしい」「ーやすい」「ーたらしい」「ーらしい」「あおっぽい」「あかっぽい」「あきっぽい」「あだっぽい」「あらっぽい」「あわれっぽい」「いがらっぽい」「いろっぽい」「おこりっぽい」「おとこっぽい」「おとなっぽい」「おんなっぽい」「きざっぽい」「ぐちっぽい」「くろっぽい」「こどもっぽい」「ざらっぽい」「しけっぽい」「しめっぽい」「しろっぽい」「ぞくっぽい」「つやっぽい」「にがっぽい」「ねつっぽい」「ひにくっぽい」「ほこりっぽい」「ほねっぽい」「ほれっぽい」「みずっぽい」「むせっぽい」「やすっぽい」「りくつっぽい」「わすれっぽい」

ほかならない ［他ならない・外ならない］ Hokanaranai

①　国家の最高責任者とは総理大臣に**ほかならない**。

②　今日の成功は不断《ふだん》の努力の結果に**ほかならない**。

③　**ほかならない**犯人の声に彼女は仰天《ぎょうてん》した。

④　**ほかならぬ**君の頼みだから引き受けよう。

【解説】(1)　それ以外の何でもない様子を表す。プラスマイナスのイメージはない。「□□にほかならない」という形の述語か、名詞にかかる修飾語になることが多い。かなりかたい文章語で、日常会話にはあまり登場しない。①②の「□□にほかならない」は「まさに□□である」という内容の婉曲《えんきょく》的な表現である。「まさに□□である」というよりも客観的な判断の暗示がある。③はそれ以外のものではないという意味になる。④はこれに似ているが、特に二人称の名詞を後ろにとり、話者と特別な関係にある□□だからという意味になる。この場合には、好ましい関係を暗示し、関係が好ましくないときには用いないことが多い。

×ほかならぬ貴様の言うことなどきけない。

→貴様なんかの言うことなどきけない。

⇩「まぎれもない」

ほがらか ［朗らか］ Hogaraka

(1)①　彼女は**ほがらか**な性格でみんなに好かれている。

②　仲直りした彼は**ほがらか**に笑った。

(2)①　台風が去って空は**ほがらか**に晴れた。

【解説】(1)　明るくてこだわりがない様子を表す。プラスイメージの語。人間の性格全体について用いられ、②のように動作を修飾する場合でも、そのような性格の反映された動作を表すというニュアンスがある。

「ほがらか」は「あかるい」に似ているが、「あかるい」がただ漠然《ばくぜん》とした客観的な意味であるのに対して、「ほがらか」は細かいことにこだわらないという暗示がある。全く同じ文脈で「ほがらか」と「あかるい」が用いられると、次のようなニュアンスの違いを生ずる。

ほがらかな笑い。（心に屈託《くったく》がない様子だ）
明るい笑い。（笑顔《えがお》が楽しそうだ）

「ほがらか」は「おおらか」にも似ているが、「おおらか」にある寛容《かんよう》の暗示は「ほがらか」にはない。

× 彼はぼくの失敗をほがらかに許してくれた。
→彼はぼくの失敗をおおらかに許してくれた。

(2) 空が曇りなく晴れている様子を表す。プラスイメージの語。ただし、現在ではこの用法はあまり用いられない。

⇩「あかるい」「おおらか」「はれやか」

ほこらしい ［誇らしい］ Hokorashii

① 息子の受賞《じゅしょう》を聞いて**ほこらしい**気持ちになる。
② 東北大学を卒業したことを**ほこらしく**思います。
③ その子は捕まえた毛虫を**ほこらしげ**に差し出した。

【解説】 得意《とくい》に思う様子を表す。プラスイメージの語。かなり客観的なニュアンスのある語で、価値のある具体的な物や事柄について得意に思うというニュアンスがある。そこで、③のように毛虫を「ほこらしげ」に差し出した場合には、その子にとって毛虫が価値あるものであるというニュアンスが出てくる。

「ほこらしい」は得意に思っている主体の感情を表す語で、第三者から見た得意そうな様子は暗示しない。

主体が得意に思っている事柄について、第三者が不快に思う場合には「じまんたらしい」を用いる。

× 彼の誇らしい話なんか聞いていられない。
→彼の自慢たらしい話なんか聞いていられない。

⇩「ほこりたかい」「じまんたらしい」

ほこりたかい ［誇り高い］ Hokoritakai

① 中華民族《ちゅうかみんぞく》は**ほこりたかい**。
② 彼は**ほこりたかい**学者だ。

【解説】 自分に自信があって誇りに思っている様子を表す。プラスイメージの語。特に具体的な長所を示さず、自分が全般的《ぜんぱんてき》にすぐれていることを信じている様子を表す。「ほこりたかい」は客観的に主体が自分を誇っている様子を表す語であって、第三者の憎悪《ぞうお》・嫉妬《しっと》などの感想は特に含まれていない。

主体がある特定の事柄について、誇りを感じている様子を表す場合には「ほこらしい」を用いる。

？　首席で大学を卒業したことを誇り高く思います。

→首席で大学を卒業したことを誇らしく思います。

⇨「ほこらしい」

ほこりっぽい［埃っぽい］Hokorippoi

①バスは一日**ほこりっぽい**砂漠《さばく》の道を走る。

②古い座蒲団《ざぶとん》は**ほこりっぽい**においがする。

【解説】空気中に細かいごみが飛んでいるように感じる様子を表す。マイナスイメージの語。①が基本的な用法で、実際に埃《ほこり》が飛んでいる場所について用いる。②はにおいについて用いられた例で、必ずしも埃があるとはかぎらない。

⇨「―ぽい」

ほしい［欲しい］Hoshii

(1)①**ほしい**物は何でもあげるからついておいで。

②のどがかわいたから冷たいものが**ほしい**。

③総理の椅子《いす》はのどから手が出るほど**ほしかっ**た。

④「何か食べる？」「なんにも**ほしく**ない」

⑤(男性が女性に)君が**ほしい**んだ。

⑥彼にはもう少し明るさが**ほしい**ね。

(2)①もう少し静かに話して**ほしい**。

②旅先では慎重《しんちょう》に行動して**ほしい**。

【解説】(1)自分のものにしたいと思う様子を表す。プラスマイナスのイメージはない。①～③が基本的な意味である。③の「のどから手が出るほど」は「ほしい」を修飾する慣用句で、程度のはなはだしいことを誇張《こちょう》して修飾する。④⑤は特定のものを求めていることを言外《げんがい》に示した例である。④は食物、⑤は女性の肉体を指す。⑥は第三者に必要だという意味で、話者の希望を表明するニュアンスになる。

(2)「～てほしい」という動詞の連用形を受ける形の述語になり、話者の希望を述べて相手に～することを依頼《いらい》する意味になる。プラスマイナスのイメージはない。「のぞましい」よりも主観的で、話者の希望が強く出る。

「～てほしい」が依頼の意味で用いられた場合には、相手に直接依頼するわけではなく、話者の希望を主観的に表明するという形をとるぶん、やや尊大《そんだい》なニュアンスになり、はっきり目上とわかっている相手に対しては用いられない。

？　先生、もう少しやさしく講義《こうぎ》してほしいんです。

→先生、もう少しやさしく講義してください(くださいませんか)。

⇨「のぞましい」「ねがわしい」

ほそい［細い］Hosoi

(1)① 歯の間に**ほそい**毛がひっかかった。
② 彼女の指は**ほそく**て上品だ。
③ この高校は**ほそい**ズボンは禁止だ。
④ 彼女は**ほそい**が風邪《かぜ》ひとつひかない。
⑤ 峠にさしかかると山道は急に**ほそく**なった。
⑥ 弟の目は眠っているみたいに**ほそい**。
⑦ 祖父は目を**ほそく**して孫を迎《むか》えた。
⑧ 私はだんぜん**ほそく**長く生きたいわ。
⑨ 犠牲者《ぎせいしゃ》は**ほそい**声で救いを求めていた。
⑩ (料理番組で)五分たったら火を**ほそく**します。
(2)① この子は神経が**ほそく**てすぐに落ちこむ。
② 彼は背は高いがなんとなく線が**ほそい**。
③ 母は食が**ほそく**て一人前食べられない。

【解説】 (1) 細長く伸びているものの幅が少ない様子を表す(↔ふとい)。プラスマイナスのイメージはない。

①～④は立体的に細長く伸びているものの断面積《だんめんせき》が小さいという意味である。④は人を主語にとって「□□はほそい」という述語になり、痩《や》せているという意味を表す。反対語の「ふとい」にはこの用法はない。

⑤～⑦は平面的に細長く伸びているものの幅が小さいという意味である。⑦の「目をほそくする」は慣用句で、満足そうに笑ってという意味である。

⑧は比喩《ひゆ》的《てき》な用法で、「ほそく長く生きる」で慣用句となり、短期間に全力を出さないで、力をたくわえながら長く生きるという意味になる。

⑨は人間の声について用いられた例で、澄《す》んでいるが音量がない様子を表す。音の高さには原則として言及《げんきゅう》しない。

⑩は調理《ちょうり》する火の大きさについて用いられた例で、弱くするという意味である。調理以外の火についてはふつう用いない。

× たき火の火が細くなった。
→たき火の火が弱くなった。

(1)の「ほそい」は細長く伸びるものの断面方向の幅が小さいという意味の一般的な形容詞で、形状《けいじょう》としては似ていても、対象の伸長《しんちょう》方向によっては用いられないことがある。

× 彼女の唇《くちびる》は細い。→彼女の唇は薄い。
(唇の伸長方向は上下と考えられる)

(2) (1)の比喩的な用法。ややマイナスイメージの語。

①②は「神経」「線」など、感受性を比喩的に表す名詞を主語にとる述語となって、細かいことを気にする、ひよわだという意味になる。

③の「食がほそい」は慣用句で、たくさん食べられな

いという意味になる。この場合は、全体的な傾向としての小食《しょうしょく》さを表し、一時的に食欲がないときなどには用いない。

× 彼はさっき食事したから食が細い。
→彼はさっき食事したから食欲がない（そんなに食べられない）。

⇨「こまかい」「かぼそい」「ほそっこい」「ながほそい」「こころぼそい」「ほそながい」「ふとい」

ほそっこい［細っこい］Hosokkoi

① そんな**ほそっこい**腕でよく肉体労働《にくたいろうどう》ができるな。
② 彼の家の子供はみんな**ほそっこい**。

【解説】 細長く伸びているものの幅が少ない様子を表す。ややマイナスイメージの語。俗語的な語で日常会話でよく用いられ、かたい文章中には登場しない。対象が細いことについて侮蔑《ぶべつ》の暗示があり、細いことが好ましい場合には用いられない。

× モデルは細っこくないとつとまらない。
→モデルは細くないとつとまらない。

「ほそっこい」は物理的に物が細いことを侮蔑的に述べるだけで、弱々しさの暗示はなく、「ほそっこい」ことについて特に感想や思い入れは入っていない。

? 彼女の細っこい腕に一家の生活がかかっている。
→彼女のか細い腕に一家の生活がかかっている。

⇨「ほそい」「かぼそい」

ほそながい［細長い］Hosonagai

① 海岸に半島が**ほそながく**突き出ている。
② どこまでも**ほそながい**山道が続いている。

【解説】 ものの外形が細くて長い様子を表す。プラスマイナスのイメージはない。「ほそながい」は長方形または伸びている形のものの長辺が短辺よりも極端に長い様子を、短辺に視点をおいてやや客観的に表す語である。

「ほそながい」は「ながほそい」に似ているが、「ながほそい」は長辺に視点があり、ややマイナスよりのイメージになっていて、もともとひも状に長いことが前提となっているものについては用いられない。

? 長細いゴム。→細長いゴム。
? どこまでも長細い山道が続いている。

⇨「ながほそい」「ほそい」「ながい」「ひょろながい」

ほどちかい［程近い］Hodochikai

① 彼の新居《しんきょ》は実家から**ほどちかい**所にある。
② ぼくの家は駅に**ほどちかい**。

【解説】 空間的な隔《へだ》たりが大きくない様子を表す（↔ほどとおい）。ややプラスイメージの語。例のように対象と基点とを示して、対象が基点から空間的にそれほど隔たっていないという意味で用いることが多い。

「ほどちかい」の暗示する距離は、人間が足で歩いて行くのに適当な近い距離である。したがって、具体的には、少しは歩くが十五分以内ぐらいまでの距離を指すことが多い。すぐ近くにあって、ほとんど歩行を必要としない距離についてはふつう用いられない。また、人間が歩くことが前提となっていない距離についても、用いられない。

？ 駅前の交番は駅から程近い所にあります。
× 彼は辞書をいつも程近い所に置いておく。

「ほどちかい」は抽象的で客観的な「ちかい」に比べると、具体的・主観的で、一定の具体的な距離を暗示するため、比喩《ひゆ》的《てき》な用法ではふつう用いられない。

？ 程近い将来、会社は合併《がっぺい》する。
→近い将来、会社は合併する。
× この陸橋《りっきょう》は完成に程近い。
→この陸橋はもうすぐ完成（完成間近）だ。

⇩「ちかい」「まぢか」「ほどとおい」

ほどとおい［程遠い］Hodotôi

(1)① 三十分以上歩いたが、まだ目的地は**ほどとおい**。
② 彼の別荘《べっそう》は湖から**ほどとおから**ぬ所にある。

(2)① 博物館はまだ完成には**ほどとおい**。
② 彼は合格には**ほどとおい**実力だね。
③ 戦争と言っても庶民《しょみん》の実感からは**ほどとおい**ものがある。

【解説】 (1) 空間的な隔《へだ》たりがかなり大きい様子を表す（↔ほどちかい）。ややマイナスイメージの語。例のように対象と基点とを示して、対象が基点から空間的にかなり隔たっているという意味で用いることが多い。

「ほどとおい」の暗示する距離は、人間が足で歩いて行くのにかなり遠いと感じる距離である。したがって、乗り物に乗って行く場合などには、ふつう用いられない。

？ （東京発で）まだ名古屋《なごや》だから、博多《はかた》までは程遠い。
（この文はふつう(2)の比喩《ひゆ》的《てき》な意味になる）
→まだ名古屋だから、博多までは遠い（ずいぶんある）。

(2) (1)の比喩的な用法。抽象的なものが隔たっている様子を表す。ややマイナスイメージの語。①は時間的に完成までにかなりかかるという意味にも、出来上がりの程度が少ないという意味にもとれる。②は合格点を基準として、それから大きく隔たっているという意味である。③は、基準から対象が抽象的に隔たっている結果、関係が希薄《きはく》になっているという意味になる。

「ほどとおい」では、対象は基準を大きく下回っていることが暗示され、大きく上回っていることは暗示しない。

× 彼は合格点に程遠い成績で合格した。

→彼は合格点をはるかに上回る成績で合格した。

「ほどとおい」は「とおい」に比べて抽象性が低く、用法にも制限がある。

⇩「とおい」「ほどちかい」

ほどよい［程良い・程好い・程善い］Hodoyoi

① **ほどよい**時分を見計らって出発してください。

② マヨネーズは酸味《さんみ》の**ほどよい**ものを。（CM）

③ 彼は**ほどよく**日焼《ひや》けしていて好感《こうかん》がもてる。

【解説】 程度がはなはだしくなくて、都合がよい様子を表す。ややプラスイメージの語。「ほどよい」は具体物・抽象物の双方について、その程度が好適《こうてき》であることをやや主観的に表す語で、その程度が極端に大きくても極端に小さくても好ましくない対象について用い、最初から価値が決まっているものの程度がはなはだしくないという意味では用いないことが多い。

？ 彼は程よく音痴《おんち》だ。→彼は少し音痴だ。

？ 彼女は程よく美しい。→彼女はかなりきれいだ。

⇩「よい」「いい」

ほねっぽい［骨っぽい］Honeppoi

(1)① 小鯛《こだい》は味はいいが**ほねっぽく**て食べづらい。

② その孤児《こじ》は**ほねっぽい**体をしていた。

(2)① 彼にはなかなか**ほねっぽい**ところがある。

【解説】 (1) 骨が多くて不快な様子を表す。ややマイナスイメージの語。「〜ぽい」は「〜のように見える、感じられる」という意味の、形容詞を作る語尾。①は魚など食物について、食べるのに骨が多くて邪魔《じゃま》だという意味、②は人間の体などについて、見た目が痩《や》せて骨ばっているという意味である。ただし、この場合には不快の程度はそれほど大きくない。

(2) 意志が強くて信念《しんねん》を曲げない様子を表す。ややプラスイメージの語。人間の性格全体について用いられ、行動に表れた性格については用いないことが多い。

？ 彼は論争《ろんそう》に際して骨っぽく粘《ねば》った。

→彼は論争に際して根気よく粘った。

⇩「ーぽい」

ほのか［仄か］Honoka

① 蘇生術《そせいじゅつ》で患者の頬《ほお》に**ほのか**に赤みがさした。

② 床《とこ》の間《ま》の花は**ほのか**な香りを漂《ただよ》わせていた。

③ 駅伝《えきでん》のタスキには前のランナーの**ほのか**なぬくも

りが残っている。

④ 美しい歌声が**ほのか**に聞こえてきた。

⑤ 亡くなった祖母のことは**ほのか**に覚えている。

⑥ 彼は少女に**ほのか**な恋心をいだいた。

【解説】 濃淡《のうたん》の程度が非常に低い様子を表す。ややプラスイメージの語。「ほのか」の示す濃度の低さは、それが感覚にやっとふれる程度であることが原則で、そのように繊細《せんさい》な感覚を必要とする濃度の低さについて、もっとよく見たい、知りたいという期待の暗示があり、全体としてプラスイメージの語になっている。

「あえか」「はかない」などにも通じるが、対象の濃淡の程度の低いことをプラスに評価するのは、日本文化に特徴的であると言える。

「ほのか」は対象についての期待が暗示されているので、好ましくないものの程度が低い場合には、ふつう用いられない。

× 森の奥から野獣《やじゅう》の咆哮《ほうこう》がほのかに聞こえてきた。

→森の奥から野獣の咆哮がかすかに聞こえてきた。

「ほのか」は「あわい」に似ているが、「あわい」のほうが濃度がやや高く、眼前《がんぜん》にはっきり提示《ていじ》されているものについても用いられるのに対して、「ほのか」は感覚にふれる限界の濃度を示すので、眼前にはっきり提示されているものについては、ふつう用いられない。

? 彼女はほのかな黄色い服を着てきた。

→彼女は淡い黄色の服を着てきた。

また、「ほのか」は「あえか」にも似ているが、「あえか」のほうが美的な暗示が強い。

? 暗い谷間にほのかなスズランが咲いている。

→暗い谷間にあえかなスズランが咲いている。

濃度の低いことを表す語としては、これらのほかに「うすい」「かすか」「おぼろげ」「はかない」などがあるが、「うすい」「かすか」は客観的・一般的で特定の思い入れはなく、「おぼろげ」には存在は知っていても認知《にんち》がむずかしいという暗示があり、期待や美の暗示は少ない。また「はかない」には感傷《かんしょう》の暗示がある。

⇨「あわい」「あえか」「うすい」「かすか」「おぼろげ」「はかない」「そこはかとない」

ほのぐらい [仄暗い] Honogurai

① 彼は一日**ほのぐらい**部屋から出てこなかった。

② 母は朝まだ**ほのぐらい**うちに家を出た。

【解説】 明暗を表す形容詞。明るさがたりず、よく見えない様子を表す。ややマイナスよりのイメージの語。「ほのぐらい」の示す明るさは、客観的には「うすぐらい」や「うすあかるい」に近いが、「うすぐらい」が光の少ないことをマイナスイメージで、「うすあかるい」が光の少ないことをプラスイメージで、やや客観的にとらえているのに対して、「ほのぐらい」は光がたりない結果よく見えないという暗示があり、やや主観的である。

× そんなほの暗い所で本を読むと目を悪くしますよ。
↓そんな薄暗い所で本を読むと目を悪くしますよ。
× 東の空がやがてほの暗くなってきた。
↓東の空がやがて薄明るくなってきた。

⇩「うすぐらい」「うすあかるい」「ほのじろい」「こぐらい」「くらい」

ほのじろい ［仄白い］ Honojiroi

① 隣家《りんか》のピレネー犬の姿《すがた》が闇《やみ》に**ほのじろく**見えた。
② **ほのじろい**夜明けの空を背景にカラスが飛ぶ。

【解説】 ぼんやりと白く見える様子を表す。プラスマイナスのイメージはない。「ほのじろい」は色彩の表現というよりは明暗の表現といえ、①のように、暗いところを背景にして光を発散《はっさん》(反射)するものがぼんやり見えるというような状況でよく用いられる。ただし、「ほのぐらい」「うすぐらい」や「うすあかるい」のような明るさそのものの表現ではなく、明るさの程度が低いことを、色彩の感覚を借りて表現しているぶん、主観的になっている。全く同じ文脈で「ほのじろい」と「ほのぐらい」「うすぐらい」「うすあかるい」が用いられると、次のようなニュアンスの違いを生ずる。

ほの白い明かり。(闇の中にぼんやり見える)
ほの暗い明かり。(よく見えない)
薄暗い明かり。(少し暗い)
薄明るい明かり。(少し明るい)

⇩「ほのぐらい」「うすぐらい」「うすあかるい」

ほほえましい ［微笑ましい］ Hohoemashii

① 若いカップルが喫茶店《きっさてん》でもじもじしているのは、なんとなく**ほほえましく**なる光景《こうけい》だ。
② 幼《おさな》い兄妹《きょうだい》が仲良くしているのは**ほほえましい**。

【解説】 微笑《びしょう》をさそう様子を表す。プラスイメージの語。対象の好ましさ、和《なご》やかさなどに接して、思わず微笑してしまうようなという意味である。ただし、対象に対して心理的な距離があり、感動は暗示されていない点が「すばらしい」「みごと」などと異なる。

× 彼の絵は微笑ましい。
↓彼の絵はすばらしい。

また、対象が滑稽《こっけい》であるために笑いをさそうような場合には用いられない。

× 彼のぶざまな恰好《かっこう》はまったく微笑ましい。
↓彼のぶざまな恰好はまったくおかしい。

⇩「すばらしい」「みごと」「おかしい」「おもしろい」

ほれっぽい［惚れっぽい］Horeppoi

① 彼女はほれっぽくてダメ男に弱い。
② ほれっぽいたちの女は最近減《へ》ってきた。

【解説】 異性を簡単に好きになるような性質を表す。ややプラスよりのイメージの語。「～ぽい」は動詞の連用形について、容易に～しがちだという意味の、形容詞を作る語尾。かなり俗語的な語で、日常会話中心に用いられ、かたい文章中にはあまり登場しない。

人間の性格全体について用いられることが多い。また、対象は女性であることが多く、男性について用いることはあまり多くない。

異性以外の相手や物について「ほれっぽい」は、ふつう用いない。

× 彼女は惚れっぽくて、いろいろなゲームに手を出す。
→彼女は好奇心が強くて、いろいろなゲームに手を出す。

⇨「すき」「－ぽい」

ぼろい［襤褸い］Boroi

(1) ① 奴の車を見たか。てんでぼろいんでやんの。
② そんなぼろいセーター、いい加減でお払い箱にしなさいよ。

(2) ① 彼は株《かぶ》の売買でぼろいもうけを得た。
② 今度の仕事はリベートがうんと取れるからぼろい。

【解説】 (1) 物が古くて価値がない様子を表す。マイナスイメージの語。俗語であって、日常会話で用いられ、文章中には登場しない。また、若い人が好んで用い、一定年齢以上の大人、子供などは用いないことが多い。

古くて質が悪いという意味であるが、はっきりした侮《ぶ》蔑《べつ》の暗示がある。「ぼろっちい」も同じ意味であるが、侮蔑の暗示が「ぼろい」よりさらに強い。

(2) 元手《もとで》や手間に比べて利益が非常に大きい様子を表す。ややマイナスよりのイメージの語。関西方言から共通語化した意味で、日常会話中心に用いられ、かたい文章中には登場しない。この「ぼろい」には侮蔑や罪悪感《ざいあくかん》など、特定の感情は暗示されていない。

⇨「ふるい」「きたない」

ほろにがい［ほろ苦い］Horonigai

(1) ① ほろにがいフキノトウを食べると、春になったという実感がわいてくる。

(2) ① 初恋の思い出はほろにがい。
②

【解説】 味に関する形容詞の一つ。飲食物の味に関する具体的な意味と、比喩《ひゆてき》的な意味とがある。

(1) 飲食物の味が少しにがい様子を表す。ややプラスよりのイメージの語。「にがい」は不快な味と受け取られることが多いので、マイナスイメージの語になりやすいが、「ほろにがい」では多少の苦さが好ましいものとして受け取られている暗示がある。そこで、多少の苦さが好ましくない場合には「ほろにがい」は用いられない。

× フキノトウはうまいというけれど、ほろにがくてちっともうまくないじゃないか。

→フキノトウはうまいというけれど、にがっぽくてちっともうまくないじゃないか。

(2) (1)の比喩的な用法。少し心が痛む様子を表す。ややプラスよりのイメージの語。心理的な苦痛が自分の人生にとってプラスになっているという判断のもとに下される評価《ひょうか》である。したがって、かなり冷静《れいせい》な表現になっている。全く同じ文脈で「ほろにがい」と「にがい」が用いられると、次のようなニュアンスの違いを生ずる。

ほろにがい思い出。
(苦しかったが少しなつかしい気もする)

にがい思い出。
(苦しかったから二度と味わいたくない)

⇨「にがい」「にがっぽい」

ま行

まあたらしい［真新しい］Maatarashii

① 育児《いくじ》のためにまあたらしいガーゼを用意する。

② 一年生のランドセルはまあたらしい。

【解説】 新旧を表す形容詞。時間が経過《けいか》していなくて新鮮な様子を表す。ややプラスイメージの語。「あたらしい」ことを強調した意味で、具体物について非常に新しく見えるという意味で用いられる。例のように名詞を修飾する形、述語で用いられ、述語を修飾する形ではふつう用いない。

× 学校は図書館の建物を真新しくした。

→学校は図書館の建物を新しくした。

「まあたらしい」は「なまあたらしい」に近いが、「なまあたらしい」では時間が経過していないことが不快感を伴《ともな》って表現され、新しいことが好ましい場合には用いられない点が異なる。

× 一年生のランドセルは生新しい。

× また、抽象的なものについては用いられない。

× このデザインは真新しい。

→このデザインは全く新しい。

⇨「なまあたらしい」「あたらしい」「まっさら」

まがまがしい［禍々しい］Magamagashii

① その村にはまがまがしい言い伝えが残っている。

② 追い詰められた犯人はまがまがしい顔でにらんだ。

【解説】 悪いことが起こりそうで不快な様子を表す。マイナスイメージの語。かたい文章語で、日常会話にはほとんど登場しない。忌避《きひ》の暗示の非常に強い表現で、個人的な好悪《こうお》の範囲《はんい》を超えているニュアンスがある。その点で「いまわしい」に似ているが、「いまわしい」よりももっと忌避感が強い。

個人的な好悪を表す場合には「いとわしい」「いや」などを用いる。

⇨「いまわしい」「いとわしい」「いや」

まがもてない［間が持てない］Maga-motenai

(1)① 独り者の日曜日はまがもてない。

(2)① 会議中なんとなくまがもてないので折紙を折った。

【解説】 (1) することがなくて、時間をもてあます様子を表す。ややマイナスイメージの語。「たいくつ」に近いが、「たいくつ」のように時間が余っていることについて不快な感想を述べているわけではなく、やや客観的で、困惑《こんわく》の暗示がある。

？ 日曜日は間が持てなくて死にそうになる。

↓日曜日は退屈で死にそうになる。

(2) 相手との交流がとだえている様子を表す。ややマイナスイメージの語。遠く離れた相手ではなく、多くの場合目の前の相手との交流がうまくできない様子を表す。

うちとけて交流できないという意味では「きまずい」に似ているが、「きまずい」が不快の暗示をもつのに対して、「まがもてない」は困惑の暗示をもつのにとどまる。

× 彼はデートを断《ことわ》られて間が持てない思いをした。

↓彼はデートを断られて気まずい思いをした。

⇩「つまらない」「きまずい」「きまりわるい」

まがわるい・まのわるい ［間が悪い・間の悪い］ Maga-warui・Mano-warui

(1) ① 仕事中本を読んでいるのを課長に見つかって、じつに**まのわるい**思いをした。

(2) ① **まがわるい**ことに、転《ころ》んだところへ車が突っこんできた。

【解説】 (1) 言動がその場に適合《てきごう》しないため、恥《はじ》を感じる様子を表す。ややマイナスイメージの語。「まが(の)わるい思いをする」というような名詞にかかる修飾語句として用いられることが多い。

「まがわるい」は「きまりわるい」「ばつがわるい」などに似ているが、恥の暗示が比較的少ない。

(2) タイミングが悪い様子を表す。ややマイナスイメージの語。人為的《じんいてき》なタイミングではなく、自然発生的《しぜんはっせいてき》なタイミングの悪さを暗示する。したがって、自発的な行為についてはふつう用いられない。

× 彼の言動はいつも間が悪い。

↓彼の言動はいつも間が抜けている。

⇩「きまりわるい」「ばつがわるい」

まぎらわしい ［紛らわしい］ Magirawashii

① 台湾産《たいわんさん》のアオハブは緑色で木の葉と**まぎらわしい**。

② **まぎらわしい**言い方は誤解《ごかい》のもとだ。

【解説】 よく似ていて混同《こんどう》しがちである様子を表す。ややマイナスイメージの語。①が基本的な意味で、もともと異なる二つのものの外見や性質がよく似ていて、混同されがちであるという意味である。②は何と何が似ているかは具体的に示されていないが、内容の明確《めいかく》でない言い方という意味である。

「まぎらわしい」は異なるものがよく似ている結果、混同されがちであることにポイントがあり、単によく似ているだけでは用いない。

× 隣の姉妹《しまい》は紛らわしい。

→隣の姉妹はよく似ている。

「まぎらわしい」は「まちがえやすい」に似ているが、「まちがえやすい」は一方に基準があって、その基準と似ている正しくないものと基準とを混同しがちであるというニュアンスがあるのに対して、「まぎらわしい」は二者の双方から対等の距離をおいて比べている点が異なる。全く同じ文脈で「まぎらわしい」と「まちがえやすい」が用いられると、次のようなニュアンスの違いを生ずる。

コチドリの卵は小石と紛らわしい。
（よく似ていて見つけにくい）
コチドリの卵は小石と間違えやすい。
（卵を取ろうとして小石を取ってしまう）

⇨「まちがえやすい」

まぎれもない［紛れも無い］Magireme-nai

① この腕時計は**まぎれもなく**彼のだ。
② 彼がミスしたのは**まぎれもない**事実だ。

【解説】明白である様子を表す。プラスマイナスのイメージはない。例のように修飾語として用いることが多い。

話者の主観的な確信《かくしん》を暗示する語で、客観的な根拠の存在には言及《げんきゅう》しない。その意味で「たしか」に似ているが、「たしか」には知的な理解や保証の暗示があるのに対して、「まぎれもない」はやや感情的な表現になっている。全く同じ文脈で「まぎれもない」と「たしか」が用いられると、次のようなニュアンスの違いを生ずる。

紛れもない事実。（ぼくは事実だと信じている）

確かな事実。（事実だと保証してよい）

「まぎれもない」は「あきらか」にも似ているが、「あきらか」には誰にでもわかる客観性の暗示がある。

⇨「たしか」「あきらか」「まちがいない」「かくれもない」

まことしやか［誠しやか］Makotoshiyaka

① 彼は**まことしやか**な遅刻《ちこく》の言い訳をでっちあげた。
② その陳述《ちんじゅつ》は**まことしやか**で、みんなだまされた。

【解説】言動がまるで真実であるかのような様子を表す。マイナスイメージの語。「まことしやか」は、真実でないことを真実らしくみせかけることにポイントがあり、真実や、真実でないかどうか確信のもてないものについては用いられない。

× その事実はまことしやかなものだった。

また、「まことしやか」には真実でないことを真実と偽《いつわ》る悪意の暗示があり、余儀《よぎ》なく偽っている場合には用いないことが多い。

× 医者はガン患者にまことしやかにニセの病名を教える。
→医者はガン患者にもっともらしくニセの病名を教

える。

「まことしやか」は「もっともらしい」に似ているが、「もっともらしい」のほうが悪意の暗示が少ない。

⇩「もっともらしい」「しさいらしい」

まし［増し］Mashi

① 三人のうちでより**まし**な総理は誰か。
② もうちょっと**まし**な口はきけねえのかい。
③ たとえ小銭《こぜに》でもないより**まし**だ。
④ 奴と仲直りするくらいなら死んだほうが**まし**だ。

【解説】 少しよい様子を表す。ややマイナスよりのイメージの語。③は「ないよりまし」で慣用的な表現となり、全くないよりはよいが、大金を持っているような好ましい状態ではないという意味である。④の「〜するくらいなら死んだほうがましだ」も慣用句で、死ぬという最悪《さいあく》の結果のほうがまだよいという誇張的《こちょうてき》な表現になっていて、「絶対に〜したくない」という強い意志を表す。

「まし」はよりよいという意味ではあるが、客観的にみてよりよいというニュアンスではなく、比較の対象よりはよいが、依然《いぜん》として悪いほうの範囲《はんい》に属しているというニュアンスがある。したがって、客観的に二つのものを比べる場合や、好ましいものどうしを比べる場合にはふつう用いられない。

A君の成績のほうがB君よりましだ。
（A＞Bであるが、両方とも平均点以下だ）
A君の成績のほうがB君よりよい。
（A＞Bだけを示し、具体的な点数には言及《げんきゅう》しない）
× バラよりも百合《ゆり》のほうが香りがましだ。
→バラよりも百合のほうが香りがよい。

⇩「よりよい」「よい」「いい」「めぼしい」

まじめ［真面目］Majime

① 話を聞くと父は急に**まじめ**な顔になった。
② 遊んでないで**まじめ**に働け。
③ ほんの冗談《じょうだん》で言ったのに彼女は**まじめ**にとった。
④ 笑うなよ。ぼくは**まじめ**な話をしてるんだ。
⑤ 彼は**まじめ**な人間だ。
⑥ （刑務所《けいむしょ》の出所《しゅっしょ》に際して）今度は**まじめ**な仕事につくんだぞ。

【解説】 物事に真正面から全力であたる様子を表す。プラスイメージの語。①②は真剣《しんけん》だという意味。③④はうそや冗談でなく本当で大切だという意味。⑤⑥は堅実《けんじつ》で信頼《しんらい》できるという意味である。

真正面からぶつかるという意味では「まじめ」は「まとも」に似ているが、「まとも」には誠意《せいい》の暗示がない。全く同じ文脈で「まじめ」と「まとも」が用いられると、次のようなニュアンスの違いを生ずる。

まじめな人間。（誠実で信頼できる）

まともな人間。（ごく普通で異常《いじょう》なところがない）

「まじめ」は「まめ」にも似ているが、「まめ」には同じ行為を繰り返して行う暗示がある。

まじめに掃除《そうじ》する。（一生懸命掃除する）

まめに掃除する。（しばしば掃除する）

最近若い人の間では、「まじ」（マジ）という省略形でも用いられるが、「まじ」のほうが「まじめ」より用法が狭い。

○ それ、マジ？（本気かという意味）

⇩「まとも」「まめ」「りちぎ」「きまじめ」

まずい ［不味い・拙い］ Mazui

(1) ① あの店の料理は高くて**まずい**。

② 食事をすると酒が**まずく**なると言う人がいる。

③ こんな**まずい**薬でも効《き》くと思うから飲むんだ。

④ 空腹に**まずい**ものなし。（ことわざ）

⑤ 熱があるからなんとなく口が**まずい**。

(2) ① **まずい**歌でも伴奏《ばんそう》がいいとよく聞こえるもんだ。

② 彼女の字は相当に**まずい**。

(3) ① 彼は顔は**まずい**が心はやさしい。

② 母親が介入《かいにゅう》したばかりに夫婦仲《ふうふなか》は**まずく**なった。

(4) ① しまった。**まずい**こと言っちゃった。

② **まずい**ときに彼が現れたもんだ。

③ **まずい**ことに彼のミスは部長に知られてしまった。

④ 「例の見積もり通らなかったよ」「**まずい**なあ、課長になんて言い訳しようか」

【解説】 (1) 味が悪い様子を表す（↔うまい）。マイナスイメージの語。味が悪いことを直接的に表現するニュアンスが強いので、他人との交際《こうさい》の場面においてはあまり用いられず、そのときは「おいしくない」「うまくない」などの婉曲的《えんきょくてき》な表現が好んで用いられる。④はことわざで、空腹であると何を食べても味がよくおいしく感じられるという意味である。⑤の「口がまずい」は慣用句で、食事をまずく感じるという意味である。

「まずい」は飲食物以外のもの（たとえば③薬）についても、口に入れたとき味が悪ければ用いることができる。その反面、味わうことができるものであっても、口に入れないものについては用いられない。この点で「うまい」とは完全に反対語の関係になっていない。

× 都会のよごれた空気はまずい。

→都会のよごれた空気はくさい。

(2) 技術がたくみでない様子を表す。マイナスイメージの語。技術が未熟《みじゅく》であるのみならず、結果がよくないことを暗示する。

この「まずい」は「へた」に似ているが、「へた」がやや客観的に技術のなさを述べるのに対して、「まずい」は技術がたくみでないために結果がよくないというニュアンスがあり、よくない結果について慨嘆《がいたん》ないし不快の暗示がある。全く同じ文脈で「まずい」と「へた」が用いられると、次のようなニュアンスの違いを生ずる。

まずい歌。(芸術的に好ましくない歌)

へたな歌。(声や技術がたくみでない歌)

また「つたない」にも似ているが、「つたない」は文章語的で日常会話には登場せず、やや間接的なニュアンスのある点が異なる。

(3) (1)(2)から進んで結果的に好ましくない様子を表す。マイナスイメージの語。①の「顔がまずい」は、結果的には美しくない顔という意味であるが、生まれつきの造《ぞう》作《さく》だけでなく、表情を動かした結果まずくなった場合にも用いられる。

○ この子は自分の気に入らないとまずい顔をする。

②の「仲がまずくなる」は不仲になる、疎遠《そえん》になるという意味である。

(4) 自分にとって都合が悪い様子を表す(↔うまい)。ややマイナスイメージの語。客観的にみて不都合《ふつごう》という意味ではなく、話者にとって都合が悪いという意味である。④は感動詞的に用いられた例である。

この「まずい」は「やばい」に似ているが、「やばい」は俗語でやや下品なニュアンスがある語なので、用いられる場面や人に制限がある。また「まずい」よりももっと切迫感《せっぱくかん》が出る。

「警察だ！」「まずい、逃げようよ」

↓「警察だ！」「やばい、ずらかろうぜ」

⇨「へた」「つたない」「きまずい」「やばい」「いただけない」「いけない」「わるい」「うまい」「おいしい」

まずしい [貧しい] Mazushii

(1) ① 彼は**まずしい**家に生まれ育った。

② 一家五人で囲む食卓は**まずしい**。

③ 彼は施設《しせつ》を訪問《ほうもん》するとき、身なりをわざと**まずしく**する。

④ こんな**まずしい**設備《せつび》ではとうてい外国の研究に太《た》刀《ち》打ちできないだろう。

(2) ① あいつは心の**まずしい**奴だ。

② ぼくの**まずしい**語彙《ごい》にはその単語は入っていない。

【解説】 (1) 財産や金銭が少ない様子を表す。マイナスイメージの語。①②が基本的な意味で、財産や金銭が少ない結果、生活が苦しいという意味である。③④は金銭をかけていない様子を表す。

(2) 必要量にたりない様子を表す。マイナスイメージの語。①の「心がまずしい」は慣用的に用いられる表現で、人間として必要とされる余裕《よゆう》や思いやりに欠けているという意味である。②は語彙量がたりないという意味である。

(2)の「まずしい」は「とぼしい」に似ているが、「とぼしい」がやや客観的に必要量へのたりなさを述べるニュアンスがあるのに対して、「まずしい」には必要量にたりないことについて慨嘆《がいたん》の暗示がある。

× あいつは心の乏しい奴だ。

⇩「とぼしい」「すくない」「みすぼらしい」

またとない【又と無い】Matato-nai

① 外国留学《りゅうがく》の**またとない**チャンスが訪《おとず》れた。

② こんなお買い得な品は**またとありません**よ。

【解説】 非常に望ましい様子を表す。プラスイメージの語。二つとないほどすばらしい、好適《こうてき》だという意味である。好ましくない状況についてはふつう用いられない。

? 嵐《あらし》の海で難破《なんぱ》するようなまたとない目にあった。

→嵐の海で難破するようなとんでもない目にあった。

「またとない」は客観的にみて二つとないほど非常に好適であるという意味であって、主観的な貴重《きちょう》さの暗示はないことが多い。

× この写真は私にとってまたとない物です。

→この写真は私にとってかけがえがない物です。

「またとない」は「ねがってもない」に似ているが、「ねがってもない」にある話者の主観的な喜びの暗示は「またとない」にはない。

⇩「ねがってもない」「のぞましい」「このましい」「おもいがけない」

まだるっこい・まだるっこしい【間怠っこい・間怠っこしい】Madarukkoi・Madarukkoshii

① 彼女の仕事は**まだるっこしく**て見ていられない。

② 通訳《つうやく》が三人も間に入るなんて**まだるっこい**ね。

【解説】 思うようにならなくて焦燥《しょうそう》を感じる様子を表す。ややマイナスイメージの語。

「まだるっこい」は見る者の焦燥を感じている心理を表す語であるので、人によっては同じ状況を、「まだるっこく」感じたり感じなかったりすることがある。その意味でかなり主観的である。

「まだるっこい」は「じれったい」に似ているが、「じれったい」のほうが焦燥の暗示が強く、心理そのものを表すことが多いので、名詞にかかる修飾語として用いられることは少ない。

? 彼女はじれったい話し方をする。

→彼女はまだるっこい話し方をする。

焦燥の心理を表す語としては他に「いらだたしい」「はがゆい」「もどかしい」などがあるが、焦燥の他に「いらだたしい」には怒りの暗示、「はがゆい」「もどかしい」には不満の暗示があるのに対して、「まだるっこい」はやや冷静《れいせい》な表現になっている。全く同じ文脈で「まだるっこい」と「いらだたしい」「はがゆい」「もどかしい」が用いられると、それぞれ次のようなニュアンスの違いを生ずる。

　彼の話はまだるっこい。
（なかなか進まない）
彼の話はいらだたしい。
（ぐずぐずしていて腹立たしい）
彼の話ははがゆい。
（要領《ようりょう》よく話せばいいのに）
彼の話はもどかしい。
（自分が替わって話したいくらいだ）

⇩「じれったい」「いらだたしい」「はがゆい」「もどかしい」「まどろっこしい」「かったるい」

まぢか・まぢかい［間近・間近い］Majika・Majikai

① 台風が本土の**まぢか**に迫《せま》っている。
② コアラって**まぢか**で見ると意外に小さいのね。
③ 箱根《はこね》へ行くと富士山が**まぢかく**見える。
④ 陸橋《りっきょう》の完成はもう**まぢかい**。
⑤ 卒業**まぢか**でなんとなくあわただしい。

【解説】　空間的・時間的な隔《へだ》たりが非常に小さい様子を表す。プラスマイナスのイメージはない。①〜③は空間的な距離が小さいという意味、④⑤は時間的にもうすぐだという意味である。対象と話者との隔たりを問題にすることが多いが、①のように二点を示して相互の距離が非常に近い場合にも用いる。また、時間を表す場合には、対象が近い未来に起こることを示し、過去《かこ》の事柄については用いられない。

× リクルート事件はつい間近のことだった。
→リクルート事件はついこの間のことだった。

「まぢか」は抽象的で客観的な「ちかい」に比べると、具体的・主観的で、一定の具体的な時間や空間の距離を暗示するため、比《ひ》喩《ゆ》的《てき》な用法ではふつう用いられない。

× 彼は合格に間近な成績だった。
→彼はもう少しで合格する成績だった。

⇩「ちかい」「ほどちかい」

まちがいない［間違い無い］Machigainai

① この問題の答えは3に**まちがいない**。
② 彼女が美人であることに**まちがいない**。
③ 彼が約束《やくそく》を守るのは**まちがいない**。

④ 彼に任せておけば**まちがいない**よ。
⑤ 八時までに全員**まちがいなく**集合してください。
⑥ 今度の薬は**まちがいなく**効《き》きますよ。

【解説】 確実《かくじつ》である様子を表す。プラスマイナスのイメージはない。述語または述語にかかる修飾語の形で用いられることが多い。

①～③が基本的な意味である。④は必ずうまくやるという意味である。⑤⑥はきっと、必ずという意味である。

「まちがいない」は「ちがいない」に似ているが、「まちがいない」の表す確信《かくしん》は客観的な理由や根拠の裏づけがあることが多く、主観的な確信を表す「ちがいない」と異なる。

？ この問題の答えは3に違いない。

「まちがいない」は「たしか」にも似ているが、「たしか」には知的な理解や保証に基づいた信頼《しんらい》の暗示があるのに対して、「まちがいない」は確実であるという話者の判断を表すのにとどまる。全く同じ文脈で「まちがいない」と「たしか」が用いられると、次のようなニュアンスの違いを生ずる。

彼のやることなら間違いない。
（そつがなく失敗はしない）
彼のやることなら確かだ。
（確実で出来ばえには信頼がおける）

⇨「ちがいない」「そういない」「たしか」「まぎれもない」

まちがえやすい・まちがいやすい ［間違え易い・間違い易い］ Machigaeyasui · Machigaiyasui

① 外国へ行くとイエスとノーを**まちがえやすい**。
② 若いうちは進む道を**まちがいやすい**ものだ。

【解説】 容易《ようい》に誤《あやま》りがちである様子を表す。ややマイナスイメージの語。客観的にみて誤りをおこしがちであるという意味である。その場合、原因としては難解《なんかい》さ、複《ふく》雑《ざつ》さ、類似《るいじ》などがあげられる。類似している結果混同しやすい場合には「まぎらわしい」と似た意味になるが、「まぎらわしい」が似ている二つのものから対等の距離をおいて比較するニュアンスがあるのに対して、「まちがえやすい」は一方に基準をおき、その基準と似ていて正しくないものの双方を混同しがちであるというニュアンスになる点が異なる。

⇨「まぎらわしい」「－やすい」

まちどおしい ［待ち遠しい］ Machidôshii

① クリスマスが**まちどおしい**なあ。
② 友人の来日が**まちどおしく**てたまらない。
③ （食堂で）はい、お**まちどお**さまでした。

【解説】 好ましいことの実現を強く望んでいる様子を表

す。プラスマイナスのイメージはない。将来の好ましいことを早く実現してほしいという気持ちで待ち望む様子を表す。①②が基本的な意味である。③の「おまちどおさま」は慣用句で、人を待たせた場合に、その人の待ち望む気持ちをねぎらう意味で、「さぞ待ち遠しかったでしょう」という同情《どうじょう》の気持ちから発した表現である。ただし、現在ではかなり形式的になっていて、食堂やレストランで注文《ちゅうもん》された料理を届《とど》ける場合に用いられ、現実にどのくらい待たせたかは問題にしていない。待ち合わせをして相手を待たせた場合には、「お待たせしました」のほうがよく用いられる。

「まちどおしい」は「じれったい」に似ているが、「じれったい」ほど焦燥《しょうそう》の暗示が強くなく、「待つ」という行為そのものを楽しむ余裕の感じられる表現になっている。また、現実に進行している事態の進行のしかたについては用いない。

× 彼の仕事は遅《おそ》くて待ち遠しい。
→彼の仕事は遅くてじれったい。

⇨「じれったい」

まっくら［真っ暗］**Makkura**

(1)① **まっくら**な廊下《ろうか》を手探りで歩く。
② その話を聞いて目の前が**まっくら**になった。
③ **まっくら**な空から大粒の雨が落ちてきた。
(2)① うちの会社はお先**まっくら**だよ。

【解説】 明暗を表す形容詞の一つ。

(1) 光が非常に少ない様子を表す。マイナスイメージの語。「まっくら」では絶対的に光がたりない暗示があるが、実際の明暗にはかなり幅があり、完全な暗黒《あんこく》(①)、見えない状態(②)、灰色の濃いもの(③)などがある。③の「まっくらな空」は夜空をも、昼曇《くも》っているために暗い空をも意味しうる。「くらい」の意味を強調して表現した語である。

(2) 前途《ぜんと》に希望がない様子を表す。マイナスイメージの語。①の「お先まっくら」は慣用句で、先行きに希望が全くないという意味である。

「まっくら」には「くらい」の(3)(不幸や不正・犯罪《はんざい》の存在が感じられる様子)、(4)(知識がない様子)という意味はない。

⇨「くらい」

まっくろ・まっくろい
［真っ黒・真っ黒い］**Makkuro・Makkuroi**

(1)① 通りに**まっくろい**犬が歩いていた。
② 彼女の髪《かみ》は白人のくせに**まっくろ**だ。
③ アフリカの原住民《げんじゅうみん》の中には石炭のように**まっく**

ろい人もいる。
④ 彼は**まっくろ**に雪焼《ゆきや》けした顔をほころばせた。
⑤ お餅《もち》を**まっくろ**に焦《こ》がした。
⑥ 空全体を**まっくろい**雲がおおっている。
(2) ① そんな**まっくろ**な顔は洗ってこい。
② 何日も取り替えないからシャツが**まっくろ**だ。

【解説】 色彩を表す形容詞の一つ。

(1) 色彩が全くくろい様子を表す。プラスマイナスのイメージはない。「くろい」を強調して表現した語で、実際の色調自体は「くろい」と同様、完全な黒(①~③)、日焼けした肌や焦がした色(④⑤)、灰色の濃いもの(⑥)などがある。したがって、「まっくろい犬」と「くろい犬」とを比べたとき、前者のほうが黒の度合が強いという意味ではない。ただし、光沢《こうたく》など色彩以外の要素によって色彩としての鮮《あざ》やかさが増したと思われる場合に「まっくろ」を用いることが多いので、同じ黒でも光沢がなくて鈍《にぶ》いような色の場合には「まっくろ」を用いないことが多い。
? 喪中《もちゅう》の葉書は縁《ふち》が真っ黒だ。
→喪中の葉書は縁が黒い。

(2) 非常によごれている様子を表す。マイナスイメージの語。「くろい」よりもよごれを強調するニュアンスになるので、不快感が強くなる。

「まっくろ」は具体物の状態について用いられ、抽象的な状態や人間の心理については、原則として用いられない。
× 奴は腹が真っ黒だ。→奴は腹が黒い。
× 彼には真っ黒なうわさがつきまとっている。
→彼には黒いうわさがつきまとっている。

⇨「くろい」

まっこうくさい ［抹香臭い］ Makkôkusai

① 僧侶《そうりょ》の袈裟《けさ》はどうしても**まっこうくさく**なる。
② **まっこうくさい**お説教《せっきょう》はたくさんだ。
③ 他社の倒産《とうさん》だなんて**まっこうくさい**話をするな。

【解説】 抹香《まっこう》のにおいのする様子を表す。ややマイナスイメージの語。抹香とは仏前《ぶつぜん》で焼香《しょうこう》する際に用いる香である。「~くさい」は「~のにおいがする様子だ」という意味の、形容詞を作る語尾。①は具体的に抹香のにおいがするという意味である。②は抹香のにおいがするような、仏教的《ぶっきょうてき》なという意味、③はこれらから進んで、縁起《えんぎ》でもない、景気《けいき》の悪いという意味である。仏教や僧から葬式《そうしき》が連想《れんそう》されるところから、葬式を連想させるような不吉《ふきつ》なというニュアンスになる。ただし、忌避感《きひかん》はそれほど強くなく、軽い侮蔑《ぶべつ》の暗示がある。

⇨「-くさい」

まっさら ［真っ新］ Massara

① **まっさら**のフロッピーはもうなくなった。
② このノートは**まっさら**だ。

【解説】 全く新しくてまだ使われていない様子を表す。ややプラスよりのイメージの語。関西方言から共通語化した語。日常会話において用いられ、かたい文章中にはあまり登場しない。
非常に新しいという意味ではあるが、それだけでなくまだ使用されていない(未使用)という暗示がある。したがって、使用されることが前提となっていないものについてはふつう用いられない。

× この野菜はまっさらだ。
→この野菜は新しい(新鮮だ)。
× うちの父は年の割に考えがまっさらだ。
→うちの父は年の割に考えが新しい。

⇨「あたらしい」「まあたらしい」「あらた」

まっしろ・まっしろい ［真っ白・真っ白い］ Masshiro・Masshiroi

(1)① 朝起きると庭一面**まっしろ**だった。
② 秋田《あきた》の人はほんとうに色が**まっしろい**。
③ 何だ。君の答案《とうあん》は**まっしろ**じゃないか。
(2)① よごれたTシャツを**まっしろ**に洗いあげる。

【解説】 色彩を表す形容詞の一つ。
(1) 色彩が全くしろい様子を表す。プラスマイナスのイメージはない。「しろい」を強調して表現した語で、実際の色調自体は「しろい」と同様、完全な白(①)、肌色に近いもの(②)などがある。③は解答らんに何も書かれていないという意味で、余白が極端に多いことを「まっしろ」と強調して表現したもので、実際には問題や氏名、解答らんなどの文字は書かれているわけであるし、紙の色が完全に白色でなくてもよい。
(2) よごれが全くない様子を表す。プラスイメージの語。この意味では「しろい」はあまり用いられない。

？ よごれたTシャツを白く洗いあげる。

⇨「しろい」

まどお ［間遠］ Madô

① 雷鳴《らいめい》が**まどお**になって雨もやんだ。
② 脈拍《みゃくはく》が次第に弱く**まどお**になると最期《さいご》の時は近い。

【解説】 時間的に繰り返すものの間隔《かんかく》があいている様子を表す。プラスマイナスのイメージはない。例のように「まどおになる」という形で用いられることが多く、間隔が次第に大きくなっていくという意味になる。

「まどお」には「まぢか」の反対の意味の、距離や時間が遠いという意味はない。

× ここから駅までは間遠だ。
→ここから駅までは遠い。
× 橋の完成には間遠だ。
→橋の完成にはまだ間がある。
⇩「とおい」

まとも［真面］Matomo

(1)① 借金があるから彼の顔を**まとも**に見られない。
② オフィスは西日《にしび》を**まとも**に受ける。
③ あんな冗談《じょうだん》を**まとも**にとる奴があるか。
(2)① **まとも**な神経じゃとうてい渡れない世界だ。
② 何億《なんおく》も脱税《だつぜい》して平気だなんて、政治家の金銭感覚《きんせんかんかく》は**まとも**じゃない。
③ 兄貴《あにき》に比べれば弟はよほど**まとも**だ。
④ どうせ**まとも**な金じゃないにちがいない。
⑤ 戦争中の人間だから**まとも**に学校へ行っていない。

【解説】 (1) 真正面に向かい合う様子を表す。プラスマイナスのイメージはない。例のように「まともに～する」という述語にかかる修飾語として用いられる。①②は物理的に真正面から向かい合うという意味。③は比喩《ひゆ》的《てき》な用法で、冗談でなく本気にするという意味である。

(1)の「まとも」は「まっすぐ」に似ているが、「まっすぐ」は方向だけを示し、真正面に正対《せいたい》する暗示はない。

(2) 標準的《ひょうじゅんてき》である様子を表す。ややプラスイメージの語。例のように打消しや否定の表現を伴《ともな》うことが多い。①②は神経や金銭感覚が（責任や恥を感じるような繊細《せんさい》な）普通人《ふつうじん》のものでなく、もっと図太いという意味である。③は肯定文で用いられた例で、弟のほうが社会人としての標準にかなっているという意味で、この文には兄が正業《せいぎょう》についていないか、性格などに異常があるという暗示がある。④の「まともな金じゃない」も同様で、正《せい》当《とう》に働いて得た金ではなく、不正な手段によって得た金であることを示す。⑤は正規の期間、教育を受けていないという意味である。

(2)の「まとも」は「まじめ」に近いが、「まじめ」が誠《せい》意《い》の暗示をもつのに対して、「まとも」には誠意の暗示はなく、その社会の標準に合致《がっち》しているニュアンスをもつ点で異なる。

× 彼はまともな青年で娘の婿《むこ》にふさわしい。
→彼はまじめな青年で娘の婿にふさわしい。
⇩「まじめ」

まどろっこしい Madorokkoshii

① 彼の手つきは**まどろっこしく**て見ちゃいられない。

② いちいち通訳《つうやく》入れるなんて**まどろっこしい**。

【解説】 思うようにならなくて焦燥《しょうそう》を感じる様子を表す。ややマイナスイメージの語。「まだるっこい」よりもさらに俗語的で、日常会話中心に用いられる。「まだるっこい」と基本的に同じ意味であるが、焦燥がより強調されている。

⇨「まだるっこい」「じれったい」「もどかしい」「はがゆい」「いらだたしい」

まばゆい［目映い・眩い］Mabayui

① アルプスの新雪《しんせつ》が朝日に**まばゆく**光る。

② ライトを浴《あ》びた花嫁は**まばゆい**ばかりに美しい。

【解説】 正視《せいし》することがむずかしいほど光が豊富《ほうふ》にある様子を表す。ややプラスイメージの語。ややかたい文章語で、日常会話に登場することはあまり多くない。①が基本的な用法で、具体的な光の豊富さを意味する。②は比喩《ひゆ》的《てき》な意味で、「まばゆいばかりの〜」という形になり、おもに女性の美しさの形容になる。輝くように美しいという意味である。

光が豊富にあるという意味では「まばゆい」は「まぶしい」に似ているが、「まぶしい」では光が非常に豊富なために、しばしば目を開けていられない暗示があるのに対して、「まばゆい」は目を開けられないところまでは言《げん》及《きゅう》していない。

? あまりに太陽がまばゆくて目を開けていられない。

→あまりに太陽がまぶしくて目を開けていられない。

「まばゆい」が比喩的に用いられた場合には「きらびやか」にも似てくるが、「きらびやか」は美のほうに視点があり、光は副次的《ふくじてき》なニュアンスしかもっていないのに対して、「まばゆい」では光に視点がある。

× 彼女はまばゆく着飾《きかざ》っている。

→彼女はきらびやかに着飾っている。

⇨「まぶしい」「きらびやか」

まばら［疎ら］Mabara

① 灌木《かんぼく》の**まばら**に生《は》えた草原を行く。

② 雨降りの会場は人影《ひとかげ》も**まばら**だった。

③ 客席《きゃくせき》からは**まばら**な拍手《はくしゅ》しか返ってこなかった。

【解説】 空間的・時間的な間隔《かんかく》があいている様子を表す。ややマイナスよりのイメージの語。①②は空間的に物と物の間隔があいているという意味、③は時間的にある事柄と次に起こる事柄との間隔があいているという意味である。②③では間隔があいている結果、絶対量《ぜったいりょう》も少ない暗示がある。

「まばら」は「あらい」に似ているが、「あらい」が対象そのものの密度《みつど》の低さを暗示するのに対して、「まばら」は一個一個が離《はな》れて存在することを暗示する点が異なる。

× 雨降りの会場は人影も粗かった。

⇨「あらい」

まぶか［目深］Mabuka

① 男は帽子を**まぶか**にかぶって顔を隠《かく》していた。

【解説】 帽子など頭にのせるものを、目が隠れるほど深くかぶる様子を表す。プラスマイナスのイメージはない。用法は非常に限定されていて、ほとんどの場合例のように「□□をまぶかにかぶる」という形で用いられる。

「まぶか」にかぶることのできる帽子は、一定以上の深さがあることが原則で、ベレー帽のように浅い帽子を斜めにして目を隠す場合には「まぶか」は用いない。また、スカーフ・ショールなどすっぽりと頭をおおい得るものについても、ふつう用いられない。

⇨「ふかい」

まぶしい［眩しい］Mabushii

① **まぶしい**真夏の太陽が照りつける。

② 久しぶりに会ったせいか、今日は君が**まぶしい**。

【解説】 光が豊富《ほうふ》にあって目を開けていられない様子を表す。プラスマイナスのイメージはない。①が基本的な意味で、具体的に光が豊富にあるという意味である。②は比喩的《ひゆてき》な意味で、光のありなしには関係なく、相手が非常に美しく見えたり、自分に恥じるところがあったりして正視《せいし》できないという意味である。

「まぶしい」は対象を正視できないことにポイントがあり、光が発散《はっさん》している状態を客観的に述べているわけではない。光が非常に豊富にある点では「まばゆい」に似ているが、「まばゆい」は実際に正視できないかどうかまでは言及《げんきゅう》せず、光の豊富さを強調して表現するのにとどまる。

? 彼はまぶしいライトをじっと見つめた。

→彼はまばゆいライトをじっと見つめた。

最近若い人の間では、相手が非常に美しくて正視しにくいという意味にかぎり、「まぶい」(マブイ)という形でも用いられる。

⇨「まばゆい」

まめ［忠実］Mame

(1)① さっそく挨拶回《あいさつまわ》りに行くなんて**まめ**な人だね。

② 単語を覚えるには**まめ**に辞書をひくのがコツだ。

③ 先生は筆**まめ**でしばしば手紙をくださる。

(2)① 一家五人**まめ**に暮らしております。

② 一生この子の、ねんころろん、**まめ**なよに。(民謡)

【解説】 (1) 骨惜《ほねお》しみしないでよく行動する様子を表す。プラスイメージの語。③は「筆まめ」「口まめ」など名詞に直接ついて、繰り返し行動するのを好む意味になる。「筆まめ」は手紙を書くことを好む、「口まめ」はおしゃべりを好むという意味である。「まめ」は個々の行動を骨惜しみしないできちんと行う様子を表す語であって、しばしば同じ行動を繰り返し行う暗示があり、一つの行動を誠意《せいい》をこめて行うというニュアンスはないことが多い。この点で、一つの行動を全力で行うことを暗示する「まじめ」と異なる。

× 遊んでないでまめに働け。
→遊んでないでまじめに働け。

「こまめ」も似たような意味で用いられるが、「こまめ」のほうが直接行動に結びついた表現になっている。全く同じ文脈で「まめ」と「こまめ」が用いられると、次のようなニュアンスの違いを生ずる。

まめに掃除《そうじ》する。
(一般論として、骨惜しみしないで掃除する)
こまめに掃除する。
(折あるごとに実際に掃除する)

(2) 健康である様子を表す。プラスイメージの語。現代語としては、①のように「まめに暮らす」という形で用いられることが多い。②は中国地方の子守歌《こもりうた》の一節で、一生この子が健康であるようにとお宮参りで拝むという内容である。

「まめ」は病気をしないのみならず、よく体が動かせるような状態を暗示し、単に病気の自覚症状《じかくしょうじょう》がないという消極的《しょうきょくてき》な意味ではない。

⇨「まじめ」「こまめ」「まめまめしい」「りちぎ」

まめまめしい ［忠実忠実しい］ Mamemameshii

① 暮《く》れの大掃除《おおそうじ》には社員全員**まめまめしく**働いた。
② 彼は**まめまめしい**仕事ぶりで好感《こうかん》がもてる。

【解説】 よく体を動かして働く様子を表す。プラスイメージの語。「まめ」よりも外から見た行動の様子を暗示し、ある人の性格全体については用いないことが多い。

? 父はまめまめしい人だ。
→父はまめな人だ。

「まめまめしい」は「かいがいしい」に似ているが、「かいがいしい」が手際《てぎわ》よく働く様子が献身的《けんしんてき》に見えるというニュアンスで、女性について用いられることが多いのに対して、「まめまめしい」は実際の仕事ぶりについて用いられ、対象を女性に限定しない。

× 新妻《にいづま》のエプロン姿はまめまめしい。
→新妻のエプロン姿はかいがいしい。
× 彼はかいがいしい仕事ぶりで好感がもてる。

「まめまめしい」は「こまめ」にも似ているが、「こまめ」は個々の行動を一つずつ暗示するニュアンスがあるのに対して、「まめまめしい」は全体としてよく体を動かして行動することを暗示する。

？ ダニの予防には毎日まめまめしく掃除《そうじ》するのがよい。

→ダニの予防には毎日こまめに掃除するのがよい。

⇩「まめ」「こまめ」「かいがいしい」

まもない【間も無い】Mamo-nai

① 生まれて**まもない**赤ん坊が捨てられていた。

② 母は死んでまだ**まもない**。

③ **まもなく**上り電車が到着《とうちゃく》いたします。

【解説】 時間があまり経過《けいか》していない様子を表す。プラスマイナスのイメージはない。①②のように「〜てまもない」という動詞に呼応する形で用いられるか、③のように「まもなく」という述語にかかる修飾語(副詞)で用いられる。

実際に経過する時間は非常に幅があり、数秒から数年の間に及《およ》ぶが、いずれの場合にも、それぞれの状況において比較的少ない時間と主観的に判断される場合に用いられる。

まるい【丸い・円い】Marui

(1)① 中華料理《ちゅうかりょうり》は**まるい**テーブルで食べる。

② 画用紙《がようし》を**まるく**切り抜いた。

③ 彼女の顔は**まるい**。

④ 今夜の月はもうだいぶ**まるい**。

⑤ 目を**まるく**して驚《おどろ》いた。

⑥ 海岸に立つと水平線が**まるく**見える。

⑦ 地球は**まるい**。

⑧ ニコライ堂の**まるい**屋根が橋の上から見える。

⑨ 彼女は**まるい**肩を震《ふる》わせて泣いていた。

⑩ 彼は老人のように背中を**まるく**した。

⑪ 動物は寒い日には**まるく**なって寝る。

⑫ **まるい**卵も切りようで四角。(ことわざ)

⑬ 土星には**まるい**輪《わ》がある。

⑭ たき火を**まるく**囲んで合唱する。

⑮ 色鉛筆はすぐ芯《しん》が**まるく**なる。

⑯ 四角い部屋を**まるく**掃《は》く。(ことわざ)

(2)① 彼の仲介《ちゅうかい》でやっと事は**まるく**収まった。

② 若いころはきつかったが、最近父も**まるく**なった。

【解説】 (1) まるの形をしている様子を表す(↔しかくい)。プラスマイナスのイメージはない。立体的な物の場合には「丸い」、平面的な物の場合には「円い」と書くことが多い。

①〜⑤は円またはそれに近い形をしている様子を表す。⑤の「目をまるくする」は慣用句で、びっくりする、驚くという意味である。⑥は円《えん》弧状《こじょう》をなしているという意味である。

⑦〜⑪は球形《きゅうけい》またはそれに近い形をしている様子を表す。⑩の「背中をまるくする」は慣用的な表現で、背《せ》筋《すじ》を曲げて上半身をかがめるという意味である。⑫はことわざで、物事は扱い方いかんでどうにでもなるという意味である。

⑬⑭は環状《かんじょう》である様子を表す。⑮⑯は不定形ではあるが、角《かど》がないという意味で用いられている。⑯はことわざで、きちょうめんに仕事をしないという意味である。

「まるい」は曲線《きょくせん》をもって構成《こうせい》される物体に広く用いられる抽象度の高い語である。

(2) (1)の比喩《ひゆ》的《てき》な用法。おだやかで荒々しくない様子を表す。ややプラスイメージの語。例のように述語にかかる修飾語として用いられることが多い。①の「まるく収まる」は慣用句で、どこにも不満の残らないように解決するという意味である。

(2)の「まるい」が人間の性格について用いられた場合には「おだやか」などに似ているが、「おだやか」は感情の起伏《きふく》の少ない性格を客観的に暗示するのに対して、「まるい」はもっと比喩的で、しばしば問題を起こさないというニュアンスをもつ。

⇨「しかくい」「おだやか」「まるっこい」「まるまっちい」「まんまる」「まろやか」

まるっこい ［丸っこい］ Marukkoi

① 力士は**まるっこい**手を差し出した。

② 最近の若者は**まるっこい**字を書く。

【解説】 まるみを帯びている様子を表す。プラスマイナスのイメージはない。具体物の形状について用いられ、抽象的な用法はない。また、角《かど》がない様子だという意味ではふつう用いられない。

？ 鉛筆が丸っこくなった。→鉛筆が丸くなった。

「まるっこい」は「まるい」よりも親近感《しんきんかん》の感じられる表現で、比較的身近な物について、愛情や侮蔑《ぶべつ》など何らかの感想を伴《ともな》って用いられる傾向がある。全く同じ文脈で「まるっこい」と「まるい」が用いられると、次のようなニュアンスの違いを生ずる。

まるっこい字。

(まるくてかわいい字)

まるい字。

(形状が円形に近い、または角がとれている字)

「まるっこい」は「まるまっちい」にも似ているが、

「まるまっちい」はまるみを帯びているものを小さく感じている暗示があるのに対して、「まるっこい」は大小の暗示はない。

？ 力士はまるまっちい手を差し出した。

⇩「まるい」「まるまっちい」

まるまっちい［丸まっちい］Marumatchii

① こたつの上で子猫《こねこ》が**まるまっちく**なって寝ている。

② この子は**まるまっちい**顔をしていてかわいい。

【解説】 いかにもまるい様子を表す。ややプラスよりのイメージの語。具体物の形状について用いられ、抽象的なものや目に見えない内面については用いられない。また、角《かど》がとれているという意味でも用いられない。

「まるまっちい」はまるみを帯びているものを小さく感じるというニュアンスのある語で、明らかに大きいものについてはふつう用いない。

× まるまっちい形の山。→丸い形の山。

「まるまっちい」は「まるっこい」にも似ているが、「まるっこい」には大小の暗示がない。

⇩「まるい」「まるっこい」

まろやか［円やか］Maroyaka

(1)① 彼女の眉《まゆ》は**まろやか**にカーブしている。

② 夜空に**まろやか**な月が昇った。

(2)① ワインで煮《に》ると肉の味が**まろやか**になる。

② ハーブティーは**まろやか**な香りが好まれる。

【解説】 (1) まるみを帯びている様子を表す。プラスイメージの語。具体物の形状について用いられる。ただし、この用法は現在ではあまり用いられない。

→彼女の眉はなだらかにカーブしている。

(2) 味・香りなどがあまく豊かで複雑《ふくざつ》である様子を表す。プラスイメージの語。ただし、その味やにおいに含まれているあまみも豊かさも極端でなく、味覚や嗅覚《きゅうかく》におだやかに作用する程度なので、非常に好ましいものとして受け取られる。

「まろやか」はまるみを帯びている様子やおだやかな様子をプラスイメージでとらえた語で、まるみを帯びていることが好ましくない場合には用いられない。

× 包丁の刃がまろやかになって切れない。

→包丁の刃が丸くなって切れない。

⇩「まるい」「おだやか」「やわらかい」「ゆたか」

まわりくどい［回り諄い］Mawarikudoi

① 部長の話はいつも**まわりくどく**てわかりにくい。

② そんな**まわりくどい**説明はもうたくさんだ。

【解説】 直接的でなく遠回しであるのが不快な様子を表

す。マイナスイメージの語。説明や話など言語《げんご》活動《かつどう》に関することについて、直接論点《ろんてん》に言及《げんきゅう》せず、周辺の話や婉《えん》曲的《きょくてき》な表現を多用する場合に用いられる。遠回しという意味ではあるが、直接言及しないことについての不快の暗示がある。

⇩「くどい」

まんまる・まんまるい ［真ん円・真ん丸・真ん円い・真ん丸い］ Mammaru・Mammarui

① 見てごらん。**まんまる**なお月様だよ。
② 彼女は目を**まんまるく**見開いた。
③ 雪の朝、犬は**まんまる**になって縮《ちぢ》こまっていた。

【解説】 全くまるい様子を表す。プラスマイナスのイメージはない。具体物の形状《けいじょう》について用いられ、それ以外の比喩的《ひゆてき》な意味はもたない。

× 彼の性格はまんまるい。
↓彼の性格はまるい。

「まんまる」は「まるい」を強調した語である。したがって、客観的に完全にまるいかどうかには言及《げんきゅう》しない（③は完全に球形とはいえない例）。対象の形状が全くまるいことを、驚きや感動などの感想を伴《ともな》って表現する語である。

⇩「まるい」

みがる・みがるい ［身軽・身軽い］ Migaru・Migarui

① リスは**みがるく**木から木へと跳《と》び移《うつ》る。
② ハイキングには**みがる**な服装でいらっしゃい。
③ 荷物を預けて**みがる**になってから観光する。
④ ぼくには家族がないから**みがる**だ。
⑤ 係累《けいるい》のない**みがる**な身分になりたい。

【解説】 軽快に行動できる様子を表す。プラスイメージの語。①〜③は具体的に軽快に行動する様子を表す。①は動作が敏捷《びんしょう》であるという意味。②は軽快に行動できるような、運動に適した服装という意味。③は重い荷物を持っていないという意味である。④⑤は心理的に軽快だという意味で、責任や義務《ぎむ》・束縛《そくばく》がないために、自分の行動に制限《せいげん》がないという意味になる。

④⑤は「きがる」に似ているが、「きがる」が軽快な心理のみを暗示するのに対して、「みがる」では心理が軽快になった結果、行動が自由にできるという暗示のある点が異なる。

× お近くへおいでの節はお身軽にお寄りください。
↓お近くへおいでの節はお気軽にお寄りください。

⇩「きがる」「かるい」

みぎれい［身綺麗］Migirei

① 姉はいつも**みぎれい**にしている。
② 猫は**みぎれい**な動物だ。

【解説】 身のまわりを清潔《せいけつ》に整えている様子を表す。ややプラスイメージの語。衣服や髪型《かみがた》などが清潔で整備《せいび》されているというニュアンスのある語で、美的な暗示は少ない。

× 彼女はみぎれいに着飾《きかざ》って現れた。
→彼女は美しく(きれいに)着飾って現れた。

⇩「きれい」「うつくしい」

みぐるしい［見苦しい］Migurushii

① 彼の髪型《かみがた》はじつに**みぐるしい**。
② 部屋じゅう紙屑《かみくず》が**みぐるしく**散乱《さんらん》している。
③ お**みぐるしい**ところをお見せしました。
④ 同じ負けるんでも**みぐるしい**負け方はするな。

【解説】 見るのが不快な様子を表す(↔みよい)。マイナスイメージの語。①②は具体物が整理《せいり》されていなくて不快に見えるという意味。③④は行動が社会的(世間的)な常識にかなっていなくてみっともないという意味である。
③④の意味になった場合には、恥の暗示があり、他人の目を気にする特徴をもつ日本文化ならではの意味になっている。この場合には「みっともない」に近いが、「みっともない」は社会的な常識にかなっていなくて不快だというニュアンスで、個人的な好悪《こうお》の暗示は少ない。全く同じ文脈で「みぐるしい」と「みっともない」が用いられると、次のようなニュアンスの違いを生ずる。

見苦しい髪型。(整っていなくて不快だ)
みっともない髪型。(世間的に見ておかしい)

「みぐるしい」は「みにくい」にもよく似ているが、「みにくい」にはもっと客観性があり、物の性質としても用いられる点が異なる。

× 見苦しい心の人間になってはいけない。
→醜い心の人間になってはいけない。

⇩「みっともない」「みにくい」「みすぼらしい」「みよい」

みごと［見事・美事］Migoto

(1) ① 通りの桜並木《さくらなみき》はじつに**みごと**だね。
② 珠算《しゅざん》に関して彼は**みごと**な腕をもっている。
③ 花壇《かだん》いっぱいに花が**みごと**に咲いた。
④ 「とうとうあの渋いK社から注文をとったよ」「お**みごと**」

(2) ① 金目《かねめ》のものはあらいざらい**みごと**に盗まれていた。
② 心配していたら案《あん》の定《じょう》彼女は**みごと**に失敗した。

【解説】 (1) 非常にすぐれていて感嘆すべき様子を表

す。プラスイメージの語。①～③が基本的な用法、④は感動詞的な用法である。

「みごと」は感動を表す語ではあるがやや客観的で、しばしば対象と距離をおいて(上から)見ている暗示がある。感動を表す意味で「みごと」は「すばらしい」によく似ているが、「すばらしい」のほうがより主観的で、無条件の感動を暗示し、対象に対する心理的な傾斜《けいしゃ》の感じられる表現になっている。

？　私たちは見事な先生に教えてもらった。

→私たちはすばらしい先生に教えてもらった。

また、「すばらしい」は感動をさそう性質そのものを指すことが多いのに対して、「みごと」では結果としてのすばらしさを暗示する。

？　花壇いっぱいに花がすばらしく咲いた。

すぐれた対象を表す意味では「みごと」は「りっぱ」にも似ているが、「りっぱ」には感動の暗示が少ない。

×　花壇いっぱいに花が立派に咲いた。

(2)　(1)の反語的な用法。「みごとに～する」という動詞に呼応《こおう》する形で用いられ、完全に～するという意味になる。ややマイナスよりのイメージの語。ふつう好ましくない事柄について用いられる。完全に行われたことについて、感嘆・あきれなどの感想の暗示されている表現で、反語的な用法といっても揶揄《やゆ》の暗示は少ない。

⇨「すばらしい」「りっぱ」「あざやか」「めざましい」

みじかい［短い］Mijikai

(1)① 夏にはいつも髪を**みじかく**する。

② 二キロの距離は彼にとっては**みじかい**。

③ バッターはバットを**みじかく**構《かま》えて打席《だせき》に入った。

④ そんな**みじかい**スカートは主婦にはおかしいわ。

(2)① だんだん日が**みじかく**なってきた。

② その総理は在職期間《ざいしょくきかん》が**みじかかっ**た。

③ 老人は老先《おいさき》が**みじかい**。

(3)① 雑誌《ざっし》に**みじかい**文章を投稿《とうこう》する。

② 論文を**みじかく**要約《ようやく》する。

③ 全曲の終わりに**みじかい**コーダがついている。

(4)① うちの父は気が**みじかい**。

【解説】　長短を表す最も基本的な形容詞の一つ(↕ながい)。

(1)　空間的に連続《れんぞく》しているものの二点間の距離が小さい様子を表す。プラスマイナスのイメージはない。「みじかい」は二点間の隔《へだ》たりが小さいことを、両方の地点から対等な立場で(いわば横から見て)客観的に表現した語で、一方の点に中心を置いてそこからの隔たりが小さいという意味ではない。その場合には「ちかい」を用いる。

×　姉は実家から短い所へお嫁に行った。

→姉は実家から近い所へお嫁に行った。（実家に基点を置く）

全く同じ文脈で「みじかい」と「ちかい」が用いられると、次のようなニュアンスの違いを生ずる。

短い距離。（客観的な視点からみて距離が小さい）

近い距離。（話者のいる地点からの距離が小さい）

二点間の隔たりの方向は鉛直《えんちょく》方向（①④）、水平方向（②）を問わない。ただし、鉛直方向の場合には、位置を変更《へんこう》できることが原則で、位置を動かすことが前提となっていないものの場合には、「みじかい」は用いられない。

×下町には短い家並《やな》みが続いている。

→下町には低い家並みが続いている。

この木は根が短い。（掘り出して水平方向で計る）

この木は根が浅い。（木が生えている状態で計る）

(2) 二つの時点間の時間的な隔たりが小さい様子を表す。プラスマイナスのイメージはない。これも(1)の場合と同様、二つの時点の双方から対等の視点に立っての語で、どちらかに基点を置いている場合には「ちかい」を用いる。ただし、③の「老い先がみじかい」は慣用句で、現在を基点とし、その先の人生がいくらも残っていないという意味である。

(3) 規模《きぼ》が小さい様子を表す。プラスマイナスのイメージはない。結果として全体の量が少なくなるが、「みじかい」の表す規模の小ささは、時間的な量の小ささに置き換えられるもの（話・文章・曲など）が原則で、それ以外のもののスケールの小ささを一般的に表すときには用いない。

×不景気《ふけいき》で仕事が短い。

→不景気で仕事が少ない。

×ほんの短い計画だったが思わぬ効果を生んだ。

→ほんの小さな計画だったが思わぬ効果を生んだ。

(4) ⇩「きがみじかい」

⇩「ちかい」「ちいさい」「きがみじかい」「ながい」

みじめ ［惨め］ Mijime

① その少年は**みじめ**な境遇《きょうぐう》に生まれ育った。

② わがチームは十五対一で**みじめ**に負けた。

③ 彼女に振られて**みじめ**な思いをした。

【解説】 見ていられないほどはなはだしく悪い様子を表す。マイナスイメージの語。悲惨《ひさん》な状況をかなり客観的に表現しているので、自分以外のこと（①）についても、自分自身（③）についても用いることができる。

「みじめ」は「あわれ」や「なさけない」に似ているが、「あわれ」には対象の悲惨な状況についての同情の暗示、「なさけない」には慨嘆《がいたん》の暗示があって、いずれも対象への心理的な傾斜《けいしゃ》があるのに対して、「みじめ」はかなり客観的で心理的な傾斜は少ない。

× 彼女に振られてあわれな思いをした。

？ まだ一回も勝てないとはみじめだ。

→まだ一回も勝てないとは情けない。

「みじめ」な状況としては「ひどい」状況にも通じるが、「ひどい」は程度がはなはだしいことについて憤慨《ふんがい》の暗示があり、程度そのものを修飾することができる点で「みじめ」と異なる。

× ミスしておいて責任を取らないなんてみじめだ。

→ミスしておいて責任を取らないなんてひどい。

× 今日はみじめに寒い。→今日はひどく寒い。

⇨「あわれ」「なさけない」「ひどい」「むごい」「みじめったらしい」

みじめったらしい ［惨めったらしい］ Mijimettarashii

① いくら金がなくても、あんまり**みじめったらしい**恰好《かっこう》はできない。

② 今さら**みじめったらしく**助けてくれとは言えない。

【解説】 いかにも惨《みじ》めなように見えるのが不快な様子を表す。マイナスイメージの語。「〜たらしい」は「いかにも〜のように見えるのが不快だ」という意味の、形容詞を作る語尾。「みじめ」に見えるのがいやだという話者の不快感を表す語で、客観的に見て「みじめ」かどうかには言及《げんきゅう》しない。悲惨《ひさん》な状態に対する話者の侮蔑《ぶべつ》が暗示される語である。

⇨「みじめ」「ーたらしい」

みずくさい ［水臭い］ Mizukusai

① 夫婦なのに悩《なや》みを打ち明けてくれないなんて**みずくさい**わね。

② （資金援助《しきんえんじょ》の依頼《いらい》を遠慮《えんりょ》している場面で）君とぼくはそんなに**みずくさい**仲じゃないだろう。

【解説】 親しい間柄《あいだがら》にある者が遠慮してうちとけない様子を表す。ややマイナスイメージの語。多くの場合、相手が遠慮してうちとけないことを非難《ひなん》するニュアンスがある。また、もともと親しくない人については用いない。

「みずくさい」で表される行動は、親しい者には当然ないはずの遠慮がある行動であって、積極的な行動については用いられないことが多い。

？ 君とぼくは水くさい仲じゃないんだから、十万円ぐらい貸してくれたっていいだろう。

「みずくさい」は「よそよそしい」に似ているが、「よそよそしい」よりも状況や意味に制限があって、用法が狭い。また、「みずくさい」は実際に水のにおいがするという意味では、ふつうは用いられない。

⇨「よそよそしい」「ーくさい」

みずっぽい ［水っぽい］ Mizuppoi

① この酒、**みずっぽい**ね。
② 肉じゃがは先に水を入れると**みずっぽく**なる。
【解説】 水分を多く含《ふく》んで味が薄い様子を表す。ややマイナスイメージの語。飲食物の水分が多い結果まずいという意味である。したがって、水分の多いことが好ましい場合には用いられない。
× 毎日水っぽい野菜が食べたい。
→毎日みずみずしい野菜が食べたい。
また、「みずっぽい」はもともとかなり水分のある食物について用いることが普通で、乾燥《かんそう》している食品が水分を含んだ場合には用いないことが多い。
× ビスケットが水っぽくなった。
→ビスケットがしけっぽくなった。
⇨「みずみずしい」「しけっぽい」「しめっぽい」

みすぼらしい ［見窄らしい］ Misuborashii

① 彼の恰好《かっこう》はいつも**みすぼらしい**。
② 会社に**みすぼらしい**男が訪《たず》ねてきた。
【解説】 外見が非常に貧弱《ひんじゃく》な様子を表す。マイナスイメージの語。目に見えない内面については、ふつう用いられない。
× 彼は心のみすぼらしい男だ。
→彼は心の貧しい男だ。
「みすぼらしい」は「みぐるしい」に似ているが、「みぐるしい」は見る者の不快を暗示し、不快の内容については言及しないのに対して、「みすぼらしい」には貧困《ひんこん》の暗示があり、見る者の不快感は強くない。
× どうもみすぼらしいところをお目にかけました。
→どうも見苦しいところをお目にかけました。
⇨「まずしい」「みぐるしい」

みずみずしい ［瑞々しい］ Mizumizushii

① 毎日裏《うら》の畑で**みずみずしい**青菜《あおな》を摘《つ》んでくる。
② 祖母は健康で肌もまだ**みずみずしい**。
③ その女優《じょゆう》は**みずみずしい**魅力でいっぱいだ。
④ その詩は**みずみずしい**感覚にあふれている。
【解説】 水分を含《ふく》み光沢《こうたく》があって新鮮な様子を表す。プラスイメージの語。①②は具体物が水分を含んでつややかな様子を表す。③④は抽象的なものが新鮮で美しい印象を与える様子を表す。
「みずみずしい」の暗示する光沢は、水分による光沢であることが多く、油分《ゆぶん》やその他色気などはふつう暗示しない。
× じゃがいもをみずみずしく煮る。

→じゃがいもをつやよくに煮る。
みずみずしい声。(うるおいのある若々しい声)
つやっぽい声。(色気のある声)

新鮮である意味では「ういういしい」にも通じるが、「ういういしい」には光沢の暗示がない。

× ういういしい野菜。

「みずみずしい」が人について用いられた場合には「わかわかしい」に似ているが、「わかわかしい」は具体物が対象の場合、もともと若い人に関しては用いない。

× この子は若々しい肌をしている。
→この子はみずみずしい肌をしている。

⇨「つややか」「つやっぽい」「ういういしい」「わかわかしい」「みずっぽい」

みだら [淫ら・猥ら] Midara

① 彼は**みだら**な目つきで少女を見た。
② 絵を見ていたら急に**みだら**な考えがわいてきた。

【解説】 性欲をとどめられない様子を表す。マイナスイメージの語。ほとんど性欲専門《せんもん》に用いられる語である。「ふしだら」にも性的にけじめがない意味があるが、「ふしだら」が社会的枠組《わくぐみ》からはずれた淫乱《いんらん》さを暗示するのに対して、「みだら」はもともともっている性欲を抑《おさ》えられないニュアンスになっている点が異なる。全く同じ文脈で「みだら」と「ふしだら」が用いられると、次のようなニュアンスの違いを生ずる。

みだらな生活。(奔放《ほんぽう》に性欲を満喫《まんきつ》する生活)
ふしだらな生活。(異性交渉《いせいこうしょう》を含め規律《きりつ》のない生活)

⇨「ふしだら」「みだりがわしい」

みだりがわしい [猥りがわしい・濫りがわしい] Midarigawashii

① 夜人妻《ひとづま》と会っていると、人は**みだりがわしく**見るだろうね。
② ぼくは**みだりがわしい**話は好きじゃない。

【解説】 好色《こうしょく》な印象を受ける様子を表す。マイナスイメージの語。好色だと直接言っているわけではなく、第三者の印象として好色に見える(聞こえる)ようなという意味である。したがって、好色そのものの程度は「みだら」よりも程度が低くなる。全く同じ文脈で「みだりがわしい」と「みだら」が用いられると、次のようなニュアンスの違いを生ずる。

みだりがわしい話。(好色な印象を与える話)
みだらな話。(性的な話)

⇨「みだら」

みっともない［見っとも無い］Mittomo-nai

① 後ろからシャツがはみ出ていて**みっともない**。
② あんまり**みっともない**負け方はするな。
③ こんな話**みっともなくて**人には言えやしない。
④ あんたみたいな**みっともない**男と一緒に歩きたくないわ。

【解説】 見るのが不快なほど好ましくない様子を表す。マイナスイメージの語。①～③が基本的な意味、④は一歩進んで、外見がよくない、かっこわるいという意味である。

「みっともない」は社会的な常識をもった他者が見たとき不快に感ずるような様子を指す。したがって、「みっともない」は本人の感情ではなく、第三者の感想であるといえる。常識人としての他人の目を設定して、そこからの感想を中心に表す語があるのは、日本文化ならではのことである。④はその典型的な用法で、単にかっこわるい、みにくいと言っているのではなく、社会の誰が見ても不快に思うほどみにくいという意味で、第三者を持ち出しているぶん、辛辣《しんらつ》で侮蔑《ぶべつ》の程度も高い。

「みっともない」の表す不快には侮蔑の暗示があり、自分自身に関するものについては、ふつうあまり用いられない。

みっともないところをごらんに入れて、申し訳ありません。
↓お見苦しいところをごらんに入れて、申し訳ありません。

「みっともない」は「みぐるしい」に似ているが、「みぐるしい」は個人的な好悪《こうお》の暗示があるのに対して、「みっともない」は一般社会の常識に合致《がっち》しないという暗示のある点が異なる。

× 上級生が下級生に教わるなんてみっともない。
↓上級生が下級生に教わるなんて見苦しい。

外見の体裁《ていさい》が悪いという意味では「みっともない」は「みにくい」にも通じるが、「みにくい」はもっと客観性があり、目に見えない内面の性質についても用いられる。

× 人の業績《ぎょうせき》を横取りするみっともない心。
↓人の業績を横取りする醜い心。

⇨「みぐるしい」「みにくい」「あさましい」「さもしい」「かっこわるい」「はしたない」

みにくい［見難い・醜い］Minikui

(1)① テレビの画面《がめん》が光って**みにくい**。
② 天井桟敷《てんじょうさじき》は舞台《ぶたい》が**みにくい**。
(2)① 逮捕《たいほ》された犯人の顔は**みにくく**ゆがんだ。
② ハブの咬傷《こうしょう》は時に**みにくい**後遺症《こういしょう》を残す。

③　遺産《いさん》をめぐってみにくい骨肉《こつにく》の争いが起こった。
④　他人の陰口《かげぐち》は**みにくい**。

【解説】　(1)(ふつう「見難い」と書く)　見るのがむずかしい様子を表す(↔みやすい)。ややマイナスイメージの語。①は対象の状況によって「みにくい」場合、②は主体の位置によって「みにくい」場合である。心理的に抵《てい》抗《こう》があって見ることがむずかしい場合には、あまり用いられない。

？　借金を返してないから、彼の顔をまともに見にくい。
↓借金を返してないから、彼の顔をまともに見られない。

(2)(ふつう「醜い」と書く)　見るのが不快なほど悪い様子を表す(↔うつくしい)。マイナスイメージの語。①②は具体物の外見が整っていなくて、不快な様子を表す。③④は抽象的なものが模範《もはん》的《てき》でなくて、不快な様子を表す。

「みにくい」はかなり客観的な意味内容をもち、個人的な好悪《こうお》や慨嘆《がいたん》の感情は原則として入っていない。この点で、個人的な好悪を問題にする「みぐるしい」や、社会的な常識にはずれるために慨嘆・侮蔑《ぶべつ》の暗示がある「みっともない」と異なる。全く同じ文脈で「みにくい」と「みぐるしい」「みっともない」が用いられると、次のようなニュアンスの違いを生ずる。

醜い姿をさらす。(道徳的に模範的でない)
見苦しい姿をさらす。(自分が不快になる)
みっともない姿をさらす。(世間的に恥ずかしい)

⇨「みぐるしい」「みっともない」「みやすい」「うつくしい」「—にくい」

みみあたらしい［耳新しい］Mimiatarashii

①　どんな流行語も誕生《たんじょう》した当時は**みみあたらしい**ことだろうね。
②　その話は一般人には**みみあたらしい**。

【解説】　初めて聞く様子を表す。ややプラスよりのイメージの語。ややかたい文章語で、日常会話にはあまり登場しない。日常的には「初耳《はつみみ》」などを用いる。

↓その話は一般人には初耳だろうね。

①が基本的な意味、②は一歩進んで、あまり知られていないという意味である。

「みみあたらしい」は初めて聞く結果、新鮮さ、珍奇《ちんき》さなどの特定の感想や印象を与える暗示があり、単に初めて聞く内容だけを表さない。

？　耳新しい話には神経《しんけい》を遣《つか》う。
↓初めて聞く話には神経を遣う。

⇨「あたらしい」

みみざとい［耳聡い］Mimizatoi

① フクロウはじつに**みみざとい**動物だ。
② 彼はもうけ話を**みみざとく**聞きつけてやってきた。

【解説】 聴覚《ちょうかく》が鋭《するど》くて聞きのがさない様子を表す。ややプラスよりのイメージの語。
①が実際に聴覚が鋭い意味、②は人のうわさなどに敏《びん》感《かん》な様子を表す。②のように用いられた場合には、「ぬけめない」に近いニュアンスになり、ややマイナスよりのイメージになることがある。
⇨「さとい」

みみっちい Mimitchii

① 彼は香典《こうでん》の出し方が**みみっちい**。
② 係長はなんでも**みみっちく**考える。
③ 十年の間借《まが》り生活で**みみっちい**根性《こんじょう》が身についた。

【解説】 細かいことにこだわって行動の規模《きぼ》が異常に小さい様子を表す。マイナスイメージの語。①は金銭の消費《しょうひ》のしかたが異常に少ないという意味。②③は、比喩的《ひゆてき》にスケールが小さいという意味である。「みみっちい」が金銭について用いられた場合には、消費のしかたについて言うことが多い。
「みみっちい」は「けち」や「しみったれ」などに似ているが、「けち」が吝嗇《りんしょく》・一般を意味し、「しみったれ」が即物的《そくぶつてき》に消費を渋る現場で用いられるのに対して、「みみっちい」は細かいところまで神経をゆきわたらせた結果、金銭を少ししか出さないというニュアンスになる点が異なる。全く同じ文脈で「みみっちい」と「けち」が用いられると、次のようなニュアンスの違いを生ずる。
　みみっちい出し方。（金額を細かく刻む）
　けちな出し方。（出し惜しみしている）
また、「みみっちい」は「しぶい」にも似ているが、「しぶい」がなかなか支払わないという意味で用いられることが多いのに対して、「みみっちい」は支払った金が少額《しょうがく》だという意味で用いられることが多い。
　支払いのみみっちい会社。（少額しか払わない会社）
　支払いの渋い会社。（なかなか払わない会社）
②③のように、行動の規模が小さいという意味で用いられた場合には、「みみっちい」は「こまかい」に似てくるが、「こまかい」がやや客観的にスケールの小ささを暗示するのに対して、「みみっちい」はスケールの小さいことについての明らかな侮蔑《ぶべつ》の暗示がある。
× そんなみみっちいことまで詮索《せんさく》するなよ。
　→そんな細かいことまで詮索するなよ。
⇨「けち」「けちくさい」「しみったれ」「しぶい」「いじまし

い」「こまかい」

みみどおい［耳遠い］Mimidôi

(1)① 七十を過ぎたら急に**みみどおく**なった。
② 宇宙旅行など庶民《しょみん》には**みみどおい**話だとばかり思っていました。

【解説】 聴覚《ちょうかく》が鈍《にぶ》い様子を表す。ややマイナスイメージの語。①は実際に聴覚が鈍い意味、②は聞き慣れずなじみがない様子を表す。②のように用いられた場合には「えんどおい」などに似てくるが、あくまで聴覚関連《かんれん》の新奇《しんき》さであることが特徴である。

⇨「とおい」

みやすい［見易い］Miyasui

(1)① 交通標識《ひょうしき》は**みやすい**所にあるはずだ。
② **みやすい**紙面構成《しめんこうせい》を考える。
③ その席は二階の真ん中で舞台《ぶたい》がとても**みやすい**。
(2)① 彼に責任があるのは誰が考えても**みやすい**道理《どうり》だ。

【解説】 (1) 見るのが容易《ようい》な様子を表す(↔みにくい)。プラスイメージの語。①②は見る行為の対象の状態が「みやすい」場合、③は見る行為の主体の状態が「みやすい」場合である。

(2) 「みやすい道理」などの慣用句の形をとり、誰にでもすぐわかる理屈《りくつ》という意味を表す。プラスマイナスのイメージはない。

⇨「みにくい」「みよい」「－やすい」

みよい［見好い］Miyoi

(1)① さすがに高いだけあって指定席は**みよい**。
(2)① この子も来たときよりはだいぶ**みよく**なった。
② 夫婦喧嘩《ふうふげんか》はあまり**みよい**ものではない。

【解説】 (1) 見るのが容易《ようい》である様子を表す(↔みにくい)。プラスイメージの語。ただし、この意味ではあまり用いられず、もっぱら「みやすい」が用いられる。

→さすがに高いだけあって指定席は見やすい。

(2) 見た感じが好ましい様子を表す。ややプラスイメージの語。述語にかかる修飾語として用いる場合(①)と、打消しまたは否定の表現を伴《ともな》って、結果として見るのが不快な様子を表す場合(②)とがある。

①は「うつくしい」という積極的《せっきょくてき》な評価ではなく、最悪《さいあく》の状態よりはましだという消極的《しょうきょくてき》評価であって、しばしば最悪のものと比較する文中で用いられる。

②は結果として「みぐるしい」に似てくるが、「みぐるしい」が直接表現であるのに対して、「みよいものではない」は婉曲的《えんきょくてき》な表現になっていて、対象とはやや心理的な距離があり、客観的な表現になっている。したがって、

不快感や嫌悪感《けんおかん》は「みぐるしい」よりは少ない。ほぼ同じ内容の文脈でこの両者が用いられると、次のようなニュアンスの違いを生ずる。

見よい態度ではない。

(客観的に見てあまり感心しない)

見苦しい態度だ。

(自分が見て不愉快《ふゆかい》になる)

⇨「みやすい」「みぐるしい」「みっともない」

みれんがましい [未練がましい] Mirengamashii

① 彼は一度断《ことわ》られた相手に**みれんがましく**つきまとっている。

② いつまでも大臣の椅子《いす》にしがみついているのは**みれんがましい**ぞ。

③ 定年後も会社に残るだなんて**みれんがましい**ことはしたくない。

【解説】 いかにもあきらめきれないように見える様子を表す。マイナスイメージの語。「~がましい」は、第三者の目には~のように見えるという意味の、形容詞を作る語尾。

「未練《みれん》」とはどうにもならないことに対して、あきらめがつかない様子をマイナスに評価して言う語で、さっさと決断をして、結果については潔《いさぎよ》くあきらめる姿勢《しせい》をプラスに評価する日本文化の特徴を裏から表した語である。「みれんがましい」は「いかにも未練であるように見える」という意味であって、現実にあきらめきれないのかどうかまでは言及《げんきゅう》していない。②では他人の目には大臣の椅子があきらめられないように見えるぞと言って非《ひ》難《なん》しているわけであるし、③では他人の目にあきらめが悪く思われるのがいやだという意味である。

似た意味の語に「未練たらしい」があるが、「未練たらしい」は未練に思われるような行動について侮蔑《ぶべつ》している暗示がある。全く同じ文脈で「みれんがましい」と「未練たらしい」が用いられると、次のようなニュアンスの違いを生ずる。

未練がましい男だ。

(あきらめきれないらしい)

未練たらしい男だ。

(潔くあきらめないのは男らしくない)

⇨「―がましい」

むごい [惨い・酷い] Mugoi

① その将軍は流刑地《るけいち》で**むごい**死に方をした。

② 封建的《ほうけんてき》な姑《しゅうとめ》は嫁に**むごく**当たった。

③ 別れた恋人を結婚式に招待するなんて**むごい**ねえ。

【解説】 残酷《ざんこく》で無情《むじょう》な様子を表す。マイナスイメージの語。「むごい」は「ひどい」に似ているが、「ひどい」が残酷さに対する被害者意識にポイントがあり、対象への心理的な傾斜を暗示するのに対して、「むごい」はやや客観的で、残酷さの程度が高く、対象への心理的な傾斜は少ない表現になっている。

× 今度悪く言ったら後でむごいぞ。
→今度悪く言ったら後でひどいぞ。

「むごい」は「いたましい」にも似ているが、「いたましい」は対象を見て感ずる憐《あわ》れみや同情などの心理を暗示する。

× 彼の不幸な生《お》いたちは、なんともむごい。
→彼の不幸な生いたちは、なんともいたましい。

⇩「むごたらしい」「ひどい」「いたましい」「みじめ」「いたいたしい」「つらい」

むごたらしい ［惨たらしい・酷たらしい］ Mugotarashii

① 誘拐犯《ゆうかいはん》は人質《ひとじち》を**むごたらしく**殺した。
② 飛行機事故現場は**むごたらしい**ありさまだった。

【解説】 非常に残酷《ざんこく》で無情《むじょう》な様子を表す。マイナスイメージの語。具体物を外から見た様子が非常に残酷である様子を表し、目に見えないものや事柄については、あまり用いられない。

？ 別れた恋人を結婚式に招待するなんてむごたらしいねえ。
→別れた恋人を結婚式に招待するなんてむごいねえ。

「むごたらしい」は「むごい」よりも残酷さの程度がずっと高いので、殺人・事故などかなり特殊《とくしゅ》な状況で用いられ、日常生活の中にはあまり登場しない。

また、「むごたらしい」には、残酷な状況についての同情や憤慨《ふんがい》などの特別の感想は、原則として暗示されていない。

⇩「むごい」「いたましい」

むさい Musai

① 突然**むさい**男が訪《たず》ねてきた。
② 古い大学の学生寮というのはなんとも**むさい**。

【解説】 乱雑で不潔《ふけつ》な様子を表す。文章中にはあまり用いられない。「むさい」は「きたならしい」に似ているが、「きたならしい」が外見の不潔さ一般を暗示するのに対して、「むさい」では乱雑さの暗示があり、何も物のない場所の不潔さについては用いられない。

× その壁は煤《すす》やペンキでむさい。
→その壁は煤やペンキで汚らしい。

「むさい」が人間について用いられた場合には「ぶしょうったらしい」に似ているが、「ぶしょうったらしい」

が何もしない結果乱雑になったことを暗示するのに対して、「むさい」は乱雑で不潔な結果だけを暗示する点が異なる。全く同じ文脈で「むさい」と「ぶしょうったらしい」が用いられると、次のようなニュアンスの違いを生ずる。

むさい男。
（毛深くて感じの暑苦しい男）
無精ったらしい男。
（ひげや髪の毛が伸びていて衣服も汚れている男）

⇨「むさくるしい」「ぶしょうったらしい」「きたならしい」「だらしない」

むさくるしい［むさ苦しい］Musakurushii

① （来客に）**むさくるしい**所ですが、どうぞおあがりください。
② 彼の身なりは**むさくるしい**。

【解説】 乱雑で不潔《ふけつ》なのが不快な様子を表す。マイナスイメージの語。前項「むさい」に似ているが、不快感をより強調した表現である。したがって、①のように自分の家についての謙譲《けんじょう》・卑下《ひげ》の挨拶語《あいさつご》として用いる場合には、客観的に不潔である所と言っているわけではなく、乱雑で不潔である結果不快に思うだろうが、という相手の心情を思いやる表現になる。

「むさくるしい」は「むさい」と同様、物が散らかって乱雑になっていたり、髪・ひげなどが伸びている暗示があり、よごれのために不潔になっている状況については、ふつう用いられない。

「むさくるしい」は「ぶしょうったらしい」にも似ているが、「ぶしょうったらしい」はおもに男性の外見について用いられ、人以外のものについては用いられない。

× 無精ったらしい所ですが……。

⇨「むさい」「ぶしょうったらしい」「きたならしい」「だらしない」

むしあつい［蒸し暑い］Mushiatsui

① 日本の夏は**むしあつい**。
② **むしあつい**部屋に一日こもって仕事をする。

【解説】 温度に関する形容詞。気候が気温・湿度ともに高い様子を表す。ややマイナスイメージの語。高温多湿《こうおんたしつ》になる日本の夏（梅雨時《つゆどき》を含《ふく》む）の気候を、最もよく説明する語として用いられる。気候以外には原則として用いられない。

× 肉まんは蒸し暑い釜《かま》でふかすとおいしい。
→肉まんは熱い釜でふかすとおいしい。

気温・湿度の高さは絶対的なものではなく、人間が不快に感ずるならば「むしあつい」を用いることができる。

したがって、季節によって実際の気温や湿度は異なってくる。

⇩「あついII」

むしがすかない［虫が好かない］Mushiga-sukanai

① あいつはなんとなく**むしのすかない**奴だ。
② 株屋《かぶや》というのはどうも**むしがすかない**。

【解説】 物事や人を不快に感ずる様子を表す。マイナスイメージの語。感覚的・主観的な嫌悪《けんお》を表し、客観的な理由は本人にもわからないことが暗示されている。また「むしがすかない」は話者の嫌悪の心理を表すだけで、第三者の外見に現れた不快そうな様子は、原則として表さない。

彼は虫の好かない顔をしている。
（話者が彼の顔を好きでないという意味になる）
↓彼は不快な顔をしている。

主観的な嫌悪を表す意味で、「むしがすかない」は「きにくわない」に似ているが、「きにくわない」のほうが嫌悪の程度が高い。全く同じ文脈で「むしがすかない」と「きにくわない」が用いられると、次のようなニュアンスの違いを生ずる。

虫が好かない男。
（なぜだかわからないが好きになれない）
気に食わない男。
（やることなすこと気に障《さわ》る）

嫌悪を表す語としては他に「きらい」や「いや」などがあるが、「きらい」はかなり客観的で一般的な嫌悪感を暗示し、「いや」がその場かぎりの嫌悪を暗示するのに対して、「むしがすかない」は感覚的・主観的な嫌悪が継続《けいぞく》する暗示のある点が異なる。

？ 彼は曲がったことは虫が好かない。
↓彼は曲がったことは嫌いだ。
× いつも朝食はパンだが、その日に限って虫が好かなかった。
↓いつも朝食はパンだが、その日に限っていやだった。

⇩「きにくわない」「きらい」「いや」「きにいらない」「すかない」

むずかしい・むつかしい［難しい］Muzukashii・Mutsukashii

(1)① その大学の入試は**むずかしく**ない。
② 彼女は顔に似合わず**むずかしい**勉強をしている。
③ 操作《そうさ》の**むつかしい**パソコンは売れませんな。
④ 手続きが**むずかしく**てつい人まかせになった。
(2)① 中東情勢は解決がなかなか**むずかしい**。

② こんな実力では合格は**むずかしかろ**う。
③ 部下の離反《りはん》で彼は**むずかしい**立場に立たされた。
④ 母は**むずかしい**病気にかかっている。
⑤ ぐずぐずしていると事はいよいよ**むずかしく**なる。
⑥ 彼はなんでも**むずかしく**考えるくせがある。
⑦ 彼女は**むずかしい**顔で考えこんだ。
(3)① 部長は**むずかしく**て、部下はみな敬遠《けいえん》している。
② (泣きやまない幼児《ようじ》に)ほんとに**むずかしい**子だ。
③ 中学生ぐらいがいちばん**むずかしい**年ごろだ。
④ 今度のお客さまは食べ物に**むつかしい**からよくよく注意しなさい。

【解説】 難易《なんい》を表す基本的な形容詞の一つ(↔やさしい)。

(1) 難解《なんかい》な様子を表す。ややマイナスよりのイメージの語。理解するのに多くの能力や労力を必要とするという意味である。ただし、かなり主観的な表現で、客観的な基準は暗示されないことが多い。

②の「むずかしい勉強」とは、一般になじみのない勉強というニュアンスで用いられることが多く、勉強そのものの難解さは暗示しない。

(2) 困難《こんなん》な様子を表す。ややマイナスイメージの語。事態を解決したり実現したりするのに多くの能力や労力を必要とする、あるいは多くの能力や労力をもってしてもほとんど実現できないという意味になる。

③の「むずかしい立場」は積極的な行動を起こすのに困難を感じる立場という意味、④の「むずかしい病気」は治《なお》りにくい病気という意味である。⑥の「むずかしく考える」は慣用句で、(容易《ようい》な方法があるにもかかわらず)わざわざ困難で厄介《やっかい》なやり方を考えるという意味である。

⑦の「むずかしい顔」も慣用句で、困難さや厄介さを感じているような顔という意味である。この場合は、外から見て「むずかしく」見えるというだけであるので、実際に本人が困難さや厄介さを感じているかどうかには言《げん》及《きゅう》しない。

(3) 機嫌《きげん》がとりにくい様子を表す。マイナスイメージの語。③の「むずかしい年ごろ」は慣用句で、適切な対《たい》処《しょ》が困難な年ごろという意味で、(2)にも通じる。④は「□にむずかしい」という形をとり、好みが厳《きび》しい様子を表す。

(3)の「むずかしい」は「きむずかしい」に近いが、「きむずかしい」は機嫌のとりにくさのほかに怒りの暗示を含むのに対して、「むずかしい」は怒りまでは暗示しない。全く同じ文脈で「むずかしい」と「きむずかしい」が用いられると、次のようなニュアンスの違いを生ずる。

彼はむずかしい男だ。
(何を考えているかわからず、機嫌がとりにくい)

彼は気むずかしい男だ。
(好《す》き嫌《きら》いが激しく怒りっぽい)

④の「むずかしい」は「うるさい」にも似ているが、「うるさい」にある、一家言《いっかげん》をもっていて厄介だという不快の暗示は、「むずかしい」にはない。

食べ物にむずかしい人。
(好き嫌いがはっきりしている)
食べ物にうるさい人。
(文句が多い)

⇨「きむずかしい」「うるさい」「こむずかしい」「わかりにくい」「やさしい」「たやすい」

むずがゆい ［むず痒い］ Muzugayui

① 三日風呂に入らないと背中が**むずがゆい**。
② たまにほめられると**むずがゆい**気持ちになる。

【解説】 皮膚《ひふ》やからだがむずむずして、かきたいような様子を表す。ややマイナスイメージの語。①は具体的にからだがかゆいという意味、②はこれから進んで、内心の落ち着かない心理を表す。

「むずがゆい」は「かゆい」よりも落ち着かなさの暗示が強く、じっとしていられないようなかゆさを意味するので、②のように内心の落ち着きのなさについても用いることができる。この用法は「かゆい」にはない。

× たまにほめられるとかゆい気持ちになる。

②のような場合には「こそばゆい」にも似ているが、「こそばゆい」には内心をくすぐられる快感の暗示があるのに対して、「むずがゆい」には快感の暗示はなく、ただ落ち着きが悪くじっとしていられないような様子を暗示するのにとどまる。

? むずがゆい気持ちで感謝状《かんしゃじょう》を受け取った。
→こそばゆい気持ちで感謝状を受け取った。

⇨「かゆい」「こそばゆい」

むせっぽい ［咽っぽい・噎せっぽい］ Museppoi

① 庭の焚《た》き火《び》が**むせっぽい**。
② さっきのどに食べ物がつかえたが、まだ**むせっぽい**。

【解説】 のどが刺激されて咳《せき》が出るような様子を表す。マイナスイメージの語。対象の性質(①)としても、主観的なのどの状態(②)としても用いられる。

のどが刺激される状態を表す語としては「いがらっぽい」に似ているが、「いがらっぽい」がのどの不快感だけを暗示するのに対して、「むせっぽい」はもっと下の気管の不快感を示し、しばしば咳の出そうな暗示のある点が異なる。

× メロンは後でのどがむせっぽくなるのがいやだ。

→メロンは後でのどがいがらっぽくなるのがいやだ。

「むせっぽい」は「けむたい」にも似ているが、「けむたい」は煙が顔にかかって不快だというニュアンスで、煙以外については用いられない。

×さっきのどに食べ物がつかえたが、まだ煙たい。

⇩「いがらっぽい」「けむたい」

むつまじい［睦まじい］Mutsumajii

① 隣には**むつまじい**新婚の夫婦が住んでいる。

② 幼い姉妹《しまい》が仲**むつまじく**遊んでいる。

【解説】人間関係が親密《しんみつ》で深い愛情のある様子を表す。プラスイメージの語。夫婦・子供・恋人など近い関係にある人について用いられる。

×うちの会社では社員どうしむつまじい。

→うちの会社では社員どうし仲がよい。

「むつまじい」は「したしい」に似ているが、「したしい」は一般的に親密な人間どうしについて用いられ、身内や恋人どうしなどには用いられない。また「むつまじい」ほど深い愛情を暗示しない。

×隣には親しい新婚の夫婦が住んでいる。

（この文は話者と夫婦が親しいという意味になる）

⇩「したしい」「ちかしい」「ねんごろ」

むなくそがわるい［胸糞が悪い］Munakusoga-warui

① 政治家の汚職《おしょく》をきくと**むなくそがわるく**なる。

② そんな**むなくそわるい**中傷《ちゅうしょう》は聞きたくない。

【解説】非常に不快な様子を表す。マイナスイメージの語。俗語であって、日常会話中心に用いられ、文章中には用いられない。嫌《けん》悪《お》感《かん》が非常に強く、ほとんど生理的な不快感を暗示する。したがって、きわめて主観的で根拠は明示されず、妥協《だきょう》の余地の全くない表現になっている。

「むなくそがわるい」は「けったくそわるい」に似ているが、「けったくそわるい」が不快と侮蔑《ぶべつ》をやや客観的に暗示するのに対して、「むなくそがわるい」は侮蔑の暗示は少なく、もっと主観的である。

？そんな話は聞くだけでけったくそわるい。

「むなくそわるい」は「いまいましい」にも似ているが、「いまいましい」は怒りの暗示を強く含む。

×農民はむなくそが悪そうに、雲一つない夏空を見上げた。

→農民はいまいましそうに、雲一つない夏空を見上げた。

⇩「けったくそわるい」「いまいましい」「きらい」「いや」

むなぐるしい［胸苦しい］**Munagurushii**

① 夜中に**むなぐるしく**て目が覚めた。
② 裏切った友人のことを考えると**むなぐるしい**。

【解説】 胸を圧迫《あっぱく》されている感じで呼吸が苦しい様子を表す。マイナスイメージの語。①は具体的に胸が苦しいという意味、②は比喩《ひゆ》的《てき》に心理的な圧迫感があるという意味である。「むなぐるしい」は主観的な不快感を表し、物や状態を表す語としては、ふつう用いられない。

× 遭難《そうなん》現場は胸苦しい雰囲気に包まれていた。
→遭難現場は重苦しい雰囲気に包まれていた。

呼吸が苦しいという意味では「むなぐるしい」は「いきぐるしい」に似ているが、「いきぐるしい」はやや客観的で、個人の心理的な苦痛についてはふつう用いられない。

× 裏切った友人のことを考えると息苦しい。

⇨「おもくるしい」「いきぐるしい」「くるしい」

むなしい［空しい・虚しい］**Munashii**

(1)① いつまで**むなしい**議論《ぎろん》をやってるんだ。
② 人生は決して**むなしく**なんかないよ。
③ 彼女の微笑《びしょう》は**むなしかっ**た。
④ あくせくするだけの**むなしい**生活はもういやだ。
⑤ ただ時間だけが**むなしく**過ぎていった。

(2)① 彼の手は**むなしく**空《くう》をつかむばかりだった。
② 彼は依然《いぜん》として**むなしい**努力をしつづけた。
③ わがチームは善戦《ぜんせん》**むなしく**緒戦《しょせん》で敗退《はいたい》した。
④ 彼は画家になるという**むなしい**夢を捨てきれない。

【解説】 (1) あるべき内容がない様子を表す。ややマイナスイメージの語。③はただ顔が笑っているだけで、その微笑に愛情や好意などの感情がこもっていないという意味である。

(2) 期待するような結果が得られない様子を表す。ややマイナスイメージの語。③の「善戦むなしく〜する」は慣用句である。むだ、甲斐《かい》がないという意味であるが、「むなしい」は、結果が得られないことがわかっていて、なおその行為をするという事態についての感傷《かんしょう》と無力感の暗示があり、完全に客観的な表現ではない。また、結果のわからない事柄については、ふつう用いられない。

? いずれ独立するという虚しい希望を抱《いだ》く。
→いずれ独立するというほのかな（淡い）希望を抱く。

「むなしい」は「はかない」に似ているが、「はかない」には無力感の暗示は少ない。

× 彼女は一晩中彼からの電話をはかなく待った。
→彼女は一晩中彼からの電話をむなしく待った。

⇨「ほのか」「あわい」「かすか」「はかない」「おぼつかない」

むりもない・むりない

［無理も無い・無理無い］ **Murimo-nai・Murinai**

① 無断外泊すれば両親が怒るのは**むりもない**。

② 道路がこんでいるから遅れるのは**むりない**話だ。

【解説】 当然のこととして理解できる様子を表す。プラスマイナスのイメージはない。当然だと積極的に支持しているのではなく、望まないことながらその結果は十分に理解できるという消極的支持である。したがって、対象についての話者の寛容《かんよう》さが暗示される表現になっている。このため、話者自身の事柄については用いられない。

× ぼくが試験に落ちたのは無理もない。

→ぼくが試験に落ちたのはしかたがない。

また、無条件に好ましいことが必然的《ひつぜんてき》にわかる事柄についても、ふつう用いられない。

？ 君はずっと優等生だったから、第一志望に合格して御両親が喜ぶのは無理もない。

→君はあまりできのいいほうではなかったから、第一志望に合格して御両親が喜ぶのは無理もない。

⇨「しょうがない」「しかたがない」「やむをえない」

めあたらしい

［目新しい］ **Meatarashii**

① 彼の考えは何も**めあたらしい**ものではない。

② 個性のない奴ほど**めあたらしい**商品にすぐ飛びつく。

③ この車のデザインは**めあたらしい**。

【解説】 今までに見たことがなく、変わっている様子を表す。プラスマイナスのイメージはない。具体物について用いられることが多いが、①のように抽象的なものについて用いられることもある。新旧《しんきゅう》を問題にしているというよりは、今までに類似《るいじ》のものが存在していない珍奇《ちんき》さを暗示するので、新旧を比較する文脈では用いられない。

× この着物はあれより目新しい。

→この着物はあれより新しい。

珍奇という意味では「めあたらしい」は「めずらしい」に似ているが、「めずらしい」が変わっていることについて貴重さ、違和感《いわかん》などの暗示を伴《ともな》っているのに対して、「めあたらしい」はやや客観的で特定の感想は暗示されていないことが多い。

？ 南の海で目新しい動物を発見した。

→南の海で珍しい動物を発見した。

⇨「あたらしい」「めずらしい」

ーめかしい

ーmekashii

① 彼は冗談《じょうだん》**めかしく**本心を打ち明けた。

② 次第に春**めかしい**陽気《ようき》になってきた。
③ 彼は急に秘密《ひみつ》**めかしい**口振りで言った。
④ 丘の上に古**めかしい**洋館が建っている。

【解説】 名詞、形容詞の語幹《ごかん》などについて、まるで〜のように見えるという意味を表す。プラスマイナスのイメージはない。

「〜めかしい」が名詞についた場合には、本来□□でない物事の外見が□□のように見えるところにポイントがある。①は、冗談ではないが、冗談のように見える(聞こえる)言い方でという意味。②は、本格的な春ではないが、まるで春を思わせるような暖かい陽気という意味である。人間が行為の主体になった場合(③)には、しばしば故意に(わざと)そのように見せているという意図の暗示がある。

形容詞の語幹などについた場合(④)には、いかにも〜のようだという意味になり、本来そうであるかどうかには言及《げんきゅう》しない。

外見が〜のようだという意味を表す点で「〜めかしい」は「〜ぽい」に似ているが、「〜ぽい」は対象の状態を話者の感覚を通して表現するニュアンスがあり、主体の意図や印象を暗示する「〜めかしい」とは異なる。

⇨「ーぽい」「いろめかしい」「なまめかしい」「ふるめかしい」

めがない ［目が無い］ Mega-nai

(1) ① 絵を見る**めのない**奴の意見をきいてもしかたがない。
(2) ① クサヤですか。ぼくはこれに**めがない**んですよ。
② あの男は女に**めがない**から気をつけろ。

【解説】 (1) 物事の価値を判断する能力がない様子を表す。ややマイナスイメージの語。しばしば「見る目がない」という形をとる。かなり客観的な表現で、能力がないことについて侮蔑《ぶべつ》や嫌悪《けんお》などの感想は含まれていない。

(2) 非常に好む様子を表す。プラスマイナスのイメージはない。「□□にめがない」という形で述語になることが多く、□□を非常に好きであるという意味になる。□□には食物などの嗜好品《しこうひん》が入ることが多いが、②のように嗜好の対象としての女性が入ることもある。

「めがない」は「すき」よりも好む程度が高く、他のすべてのものをさしおいてもというニュアンスで、すぐに手を出して自分のものとして取りこむ様子が暗示されている表現である。したがって、好む程度が高くても自分の中に取りこむことのできない対象については、ふつう用いない。

× 彼女は仕事に目がない。
→彼女は仕事がとても好きだ。

⇨「すき」

めざとい［目敏い］Mezatoi

(1)① 彼女は園児《えんじ》の中から息子を**めざとく**見つけた。

(2)① 老人は**めざとく**て小さな物音でもすぐ目が覚める。

【解説】 (1) 視覚が鋭《するど》くてすぐに発見する様子を表す。ややプラスよりのイメージの語。例のように、「めざとく見つける」という述語にかかる修飾語で用いられることが多い。「めざとい」は発見に要する時間が短いだけでなく、発見が困難《こんなん》な状況にもかかわらず容易《ようい》に発見したというニュアンスになり、所要時間が短いことのみを暗示する「すばやい」とは異なる。

(2) 容易に目を覚ましやすい様子を表す。プラスマイナスのイメージはない。ただし、この用法は現在あまり用いられず、「眠りが浅い」などが用いられる。

→老人は眠りが浅くて小さな物音でもすぐ目が覚める。

⇨「さとい」

めざましい［目覚ましい］Mezamashii

① 最近のガンの研究は進歩が**めざましい**。

② 彼は会社再建《さいけん》にあたって**めざましい**働きをした。

【解説】 行為や活動の規模《きぼ》が非常に大きくて、感嘆すべき様子を表す。プラスイメージの語。「めざましい」は、対象の進歩・発展または行動などが非常にめだってすぐれていることについての感動を表す語で、必ず活動や行動について用いられ、状態については用いられない。状態がすぐれていて感嘆すべき様子のときには「すばらしい」を用いる。

× 日本の科学技術は目覚ましい。

→日本の科学技術はすばらしい。

→日本の科学技術の進歩は目覚ましい。

また「めざましい」の表す感動はかなり主観的で、貴《き》重《ちょう》さや価値の暗示をもたない点が「りっぱ」と異なる。全く同じ文脈で「めざましい」と「りっぱ」が用いられると、次のようなニュアンスの違いを生ずる。

目覚ましい働き。（活動が大きくてすばらしい）

立派な働き。（客観的に価値がある）

⇨「すばらしい」「りっぱ」「みごと」「あざやか」「いちじるしい」

めずらしい［珍しい］Mezurashii

(1)① 海岸で**めずらしい**貝を拾《ひろ》った。

② 先日は**めずらしい**お品をありがとうございました。

③ **めずらしい**趣向《しゅこう》をこらした芸で拍手喝采《はくしゅかっさい》を浴《あ》びた。

(2)① 彼には見るもの聞くものすべてが**めずらしかっ**た。

② それはまだテレビが**めずらしい**時代のことだった。
③ 東北海道では真夏にストーブをたくことも**めずらしく**ない。
④ **めずらしく**亭主《ていしゅ》の帰りが早いと思ったら、案《あん》の定《じょう》雪が降ったわ。
⑤ (飲み屋で)いやあ、**めずらしい**所で会ったね。

【解説】 (1) 同類《どうるい》のものが非常に少なくて価値がある様子を表す。ややプラスイメージの語。対象の絶対数の少なさとそれに伴《ともな》う貴重《きちょう》さを暗示する語である。②は相手の贈り物に対する謝礼《しゃれい》の挨拶《あいさつ》で、めったにない貴重なものをありがとうという意味である。したがって、好ましいものについて用いることが多いが、次のように好ましくないものについて用いられた場合には、話者の心理として通常とは異なる観点《かんてん》で価値を見出しているニュアンスになる。

○ 彼は珍しい病気にかかっている。
(学問的に研究の価値がある病気だ)
彼は変わった病気にかかっている。
(めったに聞かない病気だ)

(2) 見聞することが非常に少ない様子を表す。プラスマイナスのイメージはない。(1)から進んだ意味で、特に価値を見出せない場合に用いる。④の「めずらしく〜すると思ったら……だ」は慣用的な表現で、「〜するのは普通でないが、その結果……となった」という意味の、因《いん》果《が》関係を表す文になる。⑤の「めずらしい所」は、話者が相手と会う場所として「めずらしい」のであって、場所自体が「めずらしい」わけではない。この場合には「意外な」などと似た意味になる。

(2)の「めずらしい」は「めあたらしい」に似ているが、「めあたらしい」は単に見聞が初めてだというニュアンスであるのに対して、「めずらしい」は初めて見聞することについて好奇心《こうきしん》や違和感《いわかん》の暗示がある点が異なる。

× 東北海道では真夏にストーブをたくことも目新しくない。

「めずらしい」は「まれ」によく似ているが、「まれ」は一個しかないものについては用いられない。また、「まれ」は同類のものが非常に少ないことをやや客観的に暗示し、貴重さの暗示はないことが多い。

× これは日本に一個しかないまれな標本《ひょうほん》だ。
→これは日本に一個しかない珍しい標本だ。
× 先日はまれなお品をありがとうございました。

⇨「めあたらしい」「ものめずらしい」

めっそうもない [滅相も無い] Messômo-nai

(1) ① あんな危ない所へ行くなんて**めっそうもない**。
(2) ① 奴と組むなんて**めっそうもない**話だ。

② 「先日のお礼にぜひ御招待したいのですが」「**めっそうもない**。こちらこそいつもお世話になっております」

【解説】 (1) 常識にはずれていて非難《ひなん》すべき様子を表す。マイナスイメージの語。例のように名詞にかかる修飾語か、述語または感動詞として言い切りで用いられ、それ以外の修飾語になることはない。

× 彼の話はめっそうもなくナンセンスだ。
→彼の話はとんでもなくナンセンスだ。

(2) (1)から進んだ意味で、強い否定を表す。プラスマイナスのイメージはない。①のように述語で用いられるか、②のように感動詞的に言い切りで用いられる。

「めっそうもない」は「とんでもない」に似ているが、常識にはずれていること(好ましい場合もある)が自分にふりかかってきた際、強く否定してはらいのけるというニュアンスのある語で、自分に関係のない物事については、ふつう用いない。

× 奴が優秀《ゆうしゅう》だって？ めっそうもない。要領《ようりょう》がいいだけさ。
→奴が優秀だって？ とんでもない。要領がいいだけさ。

○ 「お宅のお嬢さん、おできになりますのねえ」「めっそうもない。体育は全然だめですわよ」

⇨「とんでもない」

めでたい ［芽出度い・目出度い］ Medetai

(1) ① (長男に嫁を迎えた男《しゅうと》の言葉)いや、本日はまことに**めでたい**。
② 愚息《ぐそく》も今春**めでたく**第一志望校に合格しました。
③ 最近は**めでたしめでたし**で終わる話は視聴者《しちょうしゃ》にあまり好まれない。

(2) ① 彼は入社まもないが、社長のおぼえが**めでたい**。

【解説】 (1) 祝福《しゅくふく》すべき様子を表す。プラスイメージの語。かなり古風で尊大《そんだい》な感じのする語であって、日常会話では②のように述語にかかる修飾語の形で用いられることが最も多く、述語や名詞にかかる修飾語として用いる場合には、丁寧語《ていねいご》の「お」をつけて「おめでたい」とすることが多い。

→本日はまことにおめでたい。

③の「めでたしめでたし」は「めでたい」の文語形を重ねたもので、物語の結末《けつまつ》がハッピーエンドであることを示す慣用句である。昔話によく用いられる。

「めでたい」は祝福すべき様子をやや客観的に暗示し、感動の暗示は少ない表現になっている。そのため、自分に関係する事柄を謙遜《けんそん》して紹介する場合(②)にも用いることができる。この点でやや主観的な喜びの暗示を含む

「よろこばしい」と異なる。

× 愚息も今春喜ばしく第一志望校に合格しました。

(2) 「おぼえがめでたい」の慣用句の形をとり、特別に厚く信頼《しんらい》されている様子を表す。プラスイメージの語句。かなり古風なニュアンスのある語句で、現在あまり用いられない。

→彼は入社まもないが、社長にかわいがられている。

「めでたい」が揶揄《やゆ》のニュアンスで用いられる場合は、丁寧語の「お」をつけて「おめでたい」の形になる。

× あいつは少々めでたい奴なんだ。

→あいつは少々おめでたい奴なんだ。

⇨「よろこばしい」「おめでたい」

めぼしい Meboshii

① 昨夜《ゆうべ》の泥棒《どろぼう》に**めぼしい**物はあらかた持っていかれた。

② 今回の学会では**めぼしい**発表はなかった。

【解説】 取り上げる価値のある様子を表す。ややプラスイメージの語。例のように名詞にかかる修飾語で用いられ、述語やその他の修飾語で用いられることは少ない。

「めぼしい」は多くの中の特にすぐれたもの(一つ)というニュアンスではなく、少しでも取り上げられそうな価値のあるものというニュアンスの語であるので、「めぼしいもの」と言ったとき、たいていの場合複数の暗示がある。また、対象を客観的に(上から)見て価値を判断している暗示があるので、人間について用いられた場合には、しばしば不遜《ふそん》なニュアンスをもつことがある。

昨夜のパーティにはめぼしい男はいなかったわ。

(男性を取捨選択《しゅしゃせんたく》の対象として物色《ぶっしょく》している)

昨夜のパーティには素敵な男はいなかったわ。

(魅力的な男性はいなかった)

⇨「まし」「よりよい」

めまぐるしい [目紛しい] Memagurushii

① 今年のパリーグは首位が**めまぐるしく**入れ替わる。

② 老人は**めまぐるしい**時代の変化についていけない。

【解説】 いちいち追いきれないほど変化や動きが激しい様子を表す。ややマイナスイメージの語。「めまぐるしい」は変化や動きが非常に激しいので、見ている者が追いきれないという当惑《とうわく》や疑問を暗示する語で、客観的な動きの激しさは暗示しない。

また、動きの方向としては、複数の方向へ細かく動く暗示があり、一定方向へ何度も大きく動く暗示はない。

? ネズミは狭い籠《かご》の中で激しく動きまわった。

→ネズミは狭い籠の中でめまぐるしく動きまわった。

⇨「はげしい」「あわただしい」

めめしい ［女々しい］ Memeshii

① いつまでも娘につきまとうなんて**めめしい**奴だ。

② いくら悲しくても男が泣くのは**めめしい**。

【解説】 おもに男性が勇気に欠け、思い切りの悪い様子を表す。マイナスイメージの語。男性の理想的な性質として、勇敢《ゆうかん》さ、思い切りのよさ（潔《いさぎよ》さ）などがあげられるので、そういう男性の理想的資質《ししつ》をもっていないことを侮蔑的《ぶべってき》に評するとき、男性と対置《たいち》される女性を引き合いに出して作られた語であって、男性が女性的であるという意味ではない。したがって、大人の男性以外について用いることはない。

大人の女性の思い切りの悪さを侮蔑的に表す場合には、「未練《みれん》たらしい」などを用いる。

× 彼女はいつまでも女々しく泣いていた。

→彼女はいつまでも未練たらしく泣いていた。

⇩「ふがいない」「なみだもろい」「おおしい」

めんどうくさい ［面倒臭い］ Mendôkusai

① 食事の支度《したく》が**めんどうくさい**からといって食べないのは、健康によくない。

② いちいち辞書をひくのは**めんどくさく**てかなわない。

【解説】 非常に手間がかかって不快な様子を表す。マイナスイメージの語。「〜くさい」は、いかにも〜のような感じであるという意味の、形容詞を作る語尾。日常会話ではしばしば「めんどくさい」と発音される。

「めんどうくさい」は「わずらわしい」に似ているが、「めんどうくさい」は実際に行ってみて手間がかかるので不快だというニュアンスではなく、行う前に手間がかかりそうだと予想するニュアンスで、しばしば行為を行わない暗示がある。この点で、行為をしたかしないかに言《げん》及《きゅう》しない「わずらわしい」と異なる。全く同じ文脈で「めんどうくさい」と「わずらわしい」が用いられると、次のようなニュアンスの違いを生ずる。

この仕事は面倒くさい。
（手間がかかるからやりたくない）
この仕事はわずらわしい。
（やっていると手間がかかっていやになる）

⇩「わずらわしい」「しちめんどうくさい」「かったるい」「—くさい」

もうしわけない ［申し訳無い］ Môshiwakenai

① 長いことお待たせして**もうしわけありません**でした。

② **もうしわけない**けど、この仕事家でやってきてく

れない？
③ **もうしわけありません**が、窓を開けていただけませんか。

【解説】 相手に対して悪いと思っている様子を表す。プラスマイナスのイメージはない。「もうしわけありません」は「もうしわけない」の丁寧語《ていねいご》である。悪いと思っている原因・理由によって、謝罪《しゃざい》①、依頼《いらい》②③の場面で用いられる。

「もうしわけない」は「すまない」に似ているが、「すまない」が自分の気持ちのすまなさを暗示して、直接謝罪の気持ちを表明していないのに対して、「もうしわけない」は相手に弁解《べんかい》する言葉がないという意味で、全面的に自分の非《ひ》を認める暗示がある。そこで、謝罪の言葉としては非常に丁寧な表現になり、目上に対しても失礼でなく用いることができる。

「もうしわけない」が目下に対して用いられた場合（②）、自分の依頼が無理な依頼であることを十分に承知しているがという気持ちを表明することになるので、非常に丁寧な表現になり、結果として依頼内容がかなり困《こん》難《なん》なものであったり、拒否《きょひ》の余地《よち》がなかったりする状況になることが多い。

⇨「すまない」

もだしがたい［黙し難い］Modashigatai

① 組合の要請《ようせい》**もだしがたく**会社はついに団交《だんこう》に応じた。
② 彼女への愛は**もだしがたい**ものがあった。

【解説】 そのままにほうっておくことがむずかしい様子を表す。プラスマイナスのイメージはない。かたい文章語で、日常会話の中には登場しない。

①のように「□□もだしがたく～する」という、名詞に直接ついて述語に呼応《こおう》する形で用いられることが多い。日常的には「捨てておけない」「どうしようもない」などを用いる。

⇨「どうしようもない」「－がたい」

もったいない［勿体無い］Mottainai

(1)① 食糧難《しょくりょうなん》の時代に育った母は残り物が**もったいなく**て捨てられない。
② こんなところでひっかかっていては時間が**もったいない**。
③ こんなやさしい仕事を彼にやらせるのは**もったいない**。
④ 君には**もったいない**くらいきれいな奥さんだな。
⑤ こんな高いおもちゃは子供には**もったいない**。

(2)① 天皇陛下から**もったいない**お言葉を賜《たまわ》った。
② お心づかい**もったいなく**存じます。

【解説】 (1) 有効に使われないのが残念な様子を表す。プラスマイナスのイメージはない。①②が基本的な意味で、残り物や時間が有効に使われないことが残念だという意味である。③は主体が示されていないが、彼の能力が仕事のやさしさのために有効に使われないことが残念だという意味で、「もったいない」のは「彼の能力」である。④⑤はこれらから一歩進んで、「君」「子供」に比べて対象がよすぎてその価値が有効に使われないという意味になる。

(1)の「もったいない」は「おしい」に非常によく似ているが、「おしい」は価値あるものへの愛惜《あいせき》の暗示が強く、対象を限定しないのに対して、「もったいない」では正当に消費《しょうひ》されないことへの不満・慨嘆《がいたん》の暗示があり、一つしかないものについては、ふつう用いられない。

? いくら無鉄砲《むてっぽう》な奴でも命はもったいない。
→いくら無鉄砲な奴でも命は惜しい。
× 大切な品だが君にあげるのならもったいなくない。
→大切な品だが君にあげるのなら惜しくない。

(2) 非常に尊く貴重《きちょう》である様子を表す。プラスイメージの語。ただし、民主主義の普及《ふきゅう》した現在、この言葉をもって表される存在自体がほとんどなくなっているので、日常的にはあまり登場しなくなっている。「ありがたい」よりも畏怖《いふ》の暗示が強く、しばしば自分が受けるにはよすぎるというニュアンスを含む。

⇨「おしい」「ありがたい」「かたじけない」「おそれおおい」

もったいらしい ［勿体らしい］ Mottairashii

① 叔父《おじ》は亡夫《ぼうふ》の葬儀《そうぎ》で**もったいらしく**挨拶《あいさつ》した。
② 課長は部長がいないと**もったいらしい**口をきく。

【解説】 実力に似合わず偉《えら》そうに振舞う様子を表す。ややマイナスイメージの語。「～らしい」は典型的であるという意味の、形容詞を作る語尾。

「もったい」とは威厳《いげん》や風格《ふうかく》を意味するが、本来実力がないにもかかわらず、威厳や風格があるようなそぶりをするのが「もったいらしい」である。したがって、実力とのギャップを知っている話者の侮蔑《ぶべつ》が暗示されており、ほめ言葉にはならない。

「もったいらしい」は「もっともらしい」に似ているが、「もっともらしい」が言動の内容がいかにも理屈《りくつ》が通っていそうなというニュアンスであるのに対して、「もったいらしい」は言動のしかたが偉そうだというニュアンスで、内容に関しては言及《げんきゅう》しない。全く同じ文脈で「もったいらしい」と「もっともらしい」が用いられると、次のようなニュアンスの違いを生ずる。

もったいらしい話をする。
（話し方が偉ぶっている）
もっともらしい話をする。
（話の内容が一応理屈が通っているように聞こえる）

⇩「もっともらしい」「ーらしい」

もっともらしい ［尤らしい］ Mottomorashii

① 彼女は仕事の失敗を**もっともらしく**言い訳した。
② 彼のうそは**もっともらしかっ**たので、みんなだまされた。
③ 子供のくせに**もっともらしい**顔で話を聞くのが、なんともおかしい。

【解説】 いかにも理屈《りくつ》が通っているように見える様子を表す。ややマイナスイメージの語。「〜らしい」は確実性の高い推量《すいりょう》を表す、形容詞を作る語尾。

「もっともらしい」は外見が正当で理屈が通っているように見える点にポイントがあり、しばしば実体と異なる不審《ふしん》の暗示がある（①②）。ただし「まことしやか」ほど悪意の暗示は少なくやや客観的であるので、③のように主体の意図に関係なく、外見が道理のわかっているように見えるというだけの意味で用いられることもある。

× 子供のくせにまことしやかな顔で話を聞くのが、なんともおかしい。

⇩「まことしやか」「もったいらしい」「しさいらしい」「しかつめらしい」「ーらしい」

もどかしい ［擬かしい］ Modokashii

① 彼女は**もどかしい**手つきで封を切った。
② 靴《くつ》をぬぐ間も**もどかしく**座敷《ざしき》に飛びこんだ。

【解説】 早く目的に達しようとして焦燥《しょうそう》を感じる様子を表す。ややマイナスイメージの語。「もどかしい」は目的に達しようとする主体が、なかなか目的に達せないことについて焦燥と不満を感じている心理を表す語である。①では開封して手紙を読むこと、②では座敷で何かをすることがその目的である。

見ている者の焦燥を表す場合でも、必ず主体の立場になったときに感じる焦燥というニュアンスで用いられる。この点が、見る者の焦燥を中心に表す「じれったい」「はがゆい」「まだるっこい」と異なる。

彼女はもどかしい手つきで封を切った。
（彼女が焦燥を感じている）
彼女はまだるっこい手つきで封を切った。
（話者が焦燥を感じている）

⇩「じれったい」「はがゆい」「まだるっこい」「まどろっこしい」「いらだたしい」「かったるい」

ものうい［物憂い・懶い］Monoui

① 春の午後はなんとなく**ものうい**。
② 自分から去っていった恋人を思うと**ものうい**。
③ 闘病《とうびょう》生活の長い彼は**ものうげ**に窓の外を見た。

【解説】 気分が重く沈んで積極的《せっきょくてき》な行動を起こしたくない様子を表す。ややマイナスイメージの語。「もの」は「なんとなく～の感じがする」という意味の接頭語。

「ものうい」は明確に言葉に表せるような心理ではなく、なんとなく快活になれない微妙《びみょう》な心理を表す。その意味で「けだるい」に似ているが、「ものうい」にはかすかな悲哀《ひあい》、辛《つら》さ、憂愁《ゆうしゅう》などの暗示があり、不活発な心理だけを表す「けだるい」と異なる。

？ 自分から去っていった恋人を思うとけだるい。

⇩「けだるい」

ものおそろしい［物恐ろしい］Monoosoroshii

① その話は**ものおそろしい**雰囲気を漂《ただよ》わせていた。
② 人気《ひとけ》のない盛り場は**ものおそろしい**。

【解説】 実体のつかめないものに恐怖や不安を感じる様子を表す。マイナスイメージの語。「もの」は「なんとなく～の感じがする」という意味の接頭語。「ものおそろしい」は話者の主観的な恐怖を表すが、実体が理性で認識《にんしき》できないものに対する恐怖であることがポイントで、具体物や理性で認知《にんち》できるものについての恐怖を表す場合には用いられない。

× 熱帯のジャングルには物恐ろしい毒蛇《どくへび》がいる。
→熱帯のジャングルには恐ろしい毒蛇がいる。

主観的な恐怖を表す意味では「ものおそろしい」は「そらおそろしい」に似ているが、「そらおそろしい」は恐怖や驚きの程度は非常に大きいが、実体が明確であって、不安の暗示は少ない点が、「ものおそろしい」と異なる。

× その計画は聞いただけで物恐ろしくなる。
→その計画は聞いただけで空恐ろしくなる。

⇩「おそろしい」「そらおそろしい」「おっかない」「こわい」

ものがたい［物堅い］Monogatai

① 彼はすべてにおいて**ものがたい**。
② 彼女は**ものがたく**て近所づきあいも欠かさない。

【解説】 堅実《けんじつ》で規範的《きはんてき》である様子を表す。ややプラスイメージの語。例のように述語で用いられることが多く、修飾語になることは少ない。

？ 本屋のようなものがたい商売なら安心だね。
→本屋のようなかたい商売なら安心だね。

× 一塁走者が出るとものがたくバントで送る。
→一塁走者が出ると手がたくバントで送る。

「ものがたい」は「かたい」の(5)や「てがたい」に似ているが、人間の性格全体について用いられることが多く、特定の行為における確実さは暗示しない。

⇩「かたい」「てがたい」

ものがなしい [物悲しい] Monoganashii

① 映画の背景《はいけい》に**ものがなしい**曲が流れた。

② 野猿《やえん》の鋭《するど》い声も荒涼《こうりょう》たる山で聞くと**ものがなしい**。

【解説】 はっきりした理由もないのになんとなく悲しい様子を表す。ややマイナスイメージの語。感情を表す語としても、そういう感情を起こさせる対象の性質を示す語としても用いられる。ただし、性質を示す場合も、あくまでも主体の心理の投影された対象の性質であるので、かなり主観的な表現になっている。

「ものがなしい」は「うらがなしい」に似ているが、「うらがなしい」は悲哀《ひあい》の程度がそれほど高くなく、感傷《かんしょう》の暗示があるのに対して、「ものがなしい」は悲哀の程度がやや高く、より切実で、感傷の暗示は少ない。全く同じ文脈で「ものがなしい」と「うらがなしい」が用いられると、次のようなニュアンスの違いを生ずる。

ものがなしい音楽。(涙をさそうような音楽)

うらがなしい音楽。(感傷的な音楽)

⇩「うらがなしい」「かなしい」

ものぐるおしい [物狂おしい] Monoguruoshii

① ハードロックの**ものぐるおしい**リズムで踊《おど》る。

② ある夜突然、彼女は**ものぐるおしい**思いに駆《か》られた。

【解説】 いまにも気が狂いそうな様子を表す。ややマイナスイメージの語。取り乱した心理を表す語としても、そういう心理をひきおこす対象の性質を示す語としても用いられる。「ものぐるおしい」ははっきりした原因・理由がわからないのに、なぜか興奮《こうふん》して取り乱している心理を表し、原因がわからないだけに解消《かいしょう》のしようがなく、取り乱す程度も高くなっている。

「ものぐるおしい」は「くるおしい」に似ているが、「くるおしい」では気が狂いそうに取り乱している原因がはっきりしていることが多く、状態をやや客観的に述べるニュアンスがあるが、「ものぐるおしい」は主観的な心理を述べる点が異なる。

? 彼女は愛児《あいじ》の死にもの狂おしい泣き声をあげた。

→彼女は愛児の死に狂おしい泣き声をあげた。

「ものぐるおしい」は、「くるおしい」同様、もともと精神に異常をきたしている人の心理については用いられない。

⇩「くるおしい」

ものさびしい［物寂しい・物淋しい］Monosabishii

① 車窓《しゃそう》から冬枯れの**ものさびしい**風景を眺《なが》める。
② 都会で老人たちは**ものさびしい**毎日を送っている。

【解説】 はっきりした理由もないのに、なんとなくさびしい様子を表す。ややマイナスイメージの語。感情を表す語としても、そういう感情を起こさせる対象の性質を示す語としても用いられる。ただし、性質を示す場合も、あくまでも主体の心理の投影された対象の性質であるので、かなり主観的な表現になっている。

「ものさびしい」は「うらさびしい」に似ているが、「うらさびしい」は寂しさそのものの程度がそれほど高くなく、感傷《かんしょう》の暗示があるのに対して、「ものさびしい」は寂しさの程度がやや高く、しばしば人のいない暗示がある点が異なる。全く同じ文脈で「ものさびしい」と「うらさびしい」が用いられると、次のようなニュアンスの違いを生ずる。

ものさびしい景色。（人気《ひとけ》がなくて寂しい景色）
うらさびしい景色。（孤独《こどく》を感じる景色）

⇩「うらさびしい」「さびしい」

ものしずか［物静か］Monoshizuka

① その一郭《いっかく》は大邸宅が多く、**ものしずか**なたたずまいを見せている。
② 父は**ものしずか**な人で、声を荒立てたことはない。
③ 教授は学生の鋭《するど》い質問に**ものしずか**に微笑《ほほえ》んだ。

【解説】 音や声が少なくて落ち着いている様子を表す。プラスイメージの語。①は具体的な音が少なくて、ひっそりしているという意味である。②は声の音量が大きくないだけでなく、あまり話をせず、落ち着いているという意味、③も落ち着いて冷静《れいせい》にという意味である。

「ものしずか」は「しずか」に似ているが、状況や人柄の全体としての音の少なさ、低さ、おだやかさを暗示し、音を発している物の相対的な音量の小ささや、具体的な行為の冷静さ、おだやかさは暗示しない。

× 「もの静かにしなさい」と先生は言った。
→「静かにしなさい」と先生は言った。
× 彼は故郷の山でもの静かに眠っている。
→彼は故郷の山で静かに眠っている。

⇩「しずか」「ひそやか」「しめやか」

ものすごい［物凄い］Monosugoi

(1) ① 追いつめられたトドは**ものすごい**顔でにらんだ。

② 現場は遺体《いたい》がバラバラに散乱して**ものすごい**光景だった。

(2) ① 連日の**ものすごい**暑さでアスファルトが融《と》け出《だ》した。

② きのう、通りで**ものすごい**美人を見たぜ。

③ 部長は部下の失敗を**ものすごく**怒った。

【解説】 (1) 非常に恐ろしい様子を表す。マイナスイメージの語。例のように名詞にかかる修飾語か述語で用いられることが多く、その他の修飾語では用いられない。

× トドはものすごく凶悪《きょうあく》な顔でにらんだ。

（この文はふつう(2)の意味になる）

「ものすごい」は非常に大きな恐怖を主観的に表明した語で、「すごい」よりも恐怖・憤慨《ふんがい》ともに程度が高い。また、客観的な恐怖は表さない点で「おそろしい」と異なる。

× タスマニアデビルという動物はものすごい。

↓タスマニアデビルという動物は恐ろしい。

非常に大きな恐怖を表すという意味で、「ものすごい」は「すさまじい」にも似ているが、「すさまじい」はあまりに恐怖が大きい結果、しばしば逃避《とうひ》してしまう暗示がある。

(2) 程度がはなはだしい様子を表す。原則としてプラスマイナスのイメージはない。かなり俗語的で、日常会話中心に用いられ、かたい文章中には登場しない。好ましいことについても(②)、好ましくないことについても(①③)用いられる。「すごい」よりもさらに誇張的《こちょうてき》なニュアンスがこもり、畏怖《いふ》や感動・驚きなど話者の感想を暗示する。

⇨「すごい」「おそろしい」「すさまじい」「はなはだしい」「ひどい」

ものたりない・ものたらない

［物足りない・物足らない］ Monotarinai・Monotaranai

① お昼はそばだったので、どうも**ものたんない**。

② ただ家事《かじ》に明け暮れるだけの生活を、彼女は**ものたりなく**感じ始めていた。

③ 彼の答えは学者としては**ものたらない**ものだった。

【解説】 不十分で満足できない様子を表す。ややマイナスイメージの語。対象が理想の状態に十分達しておらず、満足できない様子を客観的に表す語である。日常会話ではしばしば「ものたんない」という形になる。

「ものたりない」は「あきたりない」「おかったるい」「くいたりない」などに似ているが、「あきたりない」では満足すべき状態に対する欲求《よっきゅう》が強く暗示され、「くいたりない」では摂取《せっしゅ》の余力が、「おかったるい」では全部消化したうえでの許容量《きょようりょう》としての余地が暗示される点が異なる。
また、「ものたりない」は不満の心理を表すだけで、不足している具体物は示さない。

× 君にはやさしさがものたりない。
↓君にはやさしさがたりない。

⇩「あきたりない」「おかったるい」「くいたりない」

ものみだかい［物見高い］Monomidakai

① 彼の失敗は**ものみだかい**OLの恰好《かっこう》の話題となった。

② 姑《しゅうとめ》は**ものみだかく**て他人の秘密《ひみつ》に首を突っこみたがる。

【解説】 物事をすぐに知りたがる様子を表す。ややマイナスイメージの語。好奇心《こうきしん》が強いという意味ではあるが、知的な関心ではなく、世間話として俎上《そじょう》にのせるための材料に対する好奇心である。したがって、他人の失敗や秘密・タブー・事故など、あまりおおげさに公表されるのを憚《はばか》られる内容についての好奇心であることが多い。広く公表されることが期待されている事柄についての好奇心を表すときには、ふつう用いられない。

? 芥川賞《あくたがわしょう》の発表には物見高いマスコミがどっと押しかける。

⇩「たかい」

ものめずらしい［物珍しい］Monomezurashii

① 初めて大陸の土を踏んだ彼は**ものめずらし**そうにあたりを見回した。

② 彼には農村の習慣《しゅうかん》は**ものめずらしく**思えた。

【解説】 見聞《けんぶん》することが非常に少ない様子を表す。ややプラスよりのイメージの語。「もの」は「なんとなく〜の感じがする」という意味の接頭語。
「ものめずらしい」はなんとなく珍しいという意味ではあるが、ある特定の対象を初めて見聞したという意味で用いられることは少なく、そのような対象に出会ったときの雰囲気や心理などの違和感《いわかん》を全体的に述べることが多い。そのため、用法としては「ものめずらしげに、ものめずらしそうに〜する」という形で、第三者から見た様態《ようたい》で、しかも述語を修飾する形で用いられることが多い。特定の対象を初めて見聞した、あるいは見聞するのが非常に少ない対象を貴重だと思う場合には、「ものめずらしい」でなく「めずらしい」を用いる。

× 海岸でもの珍しい貝を拾《ひろ》った。
↓海岸で珍しい貝を拾った。

× もの珍しく亭主《ていしゅ》の帰りが早いと思ったら、案《あん》の定《じょう》雪が降ったわ。
↓めずらしく亭主の帰りが早いと思ったら、案の定雪が降ったわ。

⇩「めずらしい」

ものものしい［物々しい］Monomonoshii

① 総会会場には**ものものしい**警備《けいび》が敷《し》かれた。

② 玄関先で彼は**ものものしく**呼ばわった。

【解説】 いかにも重大で深刻そうな様子を表す。ややマイナスイメージの語。①は厳重《げんじゅう》なという意味、②はおおげさにという意味である。

重大で深刻である意味で「いかめしい」に似ているが、「ものものしい」は、実際に重大で深刻であるかどうかには関係せず、背後《はいご》にあまり好ましくないことを感じさせるようなという暗示がある点で、近寄りにくい威厳《いげん》の存在を暗示する「いかめしい」と異なる。全く同じ文脈で「ものものしい」と「いかめしい」が用いられると、次のようなニュアンスの違いを生ずる。

ものものしい顔。（重大事件がありそうな顔）

いかめしい顔。（威厳のある厳しい顔）

また、「ものものしい」は「ぎょうぎょうしい」にも似ているが、「ぎょうぎょうしい」はおおげさな状況をやや客観的に表す。

？ 事故現場の仰々しい雰囲気。

→事故現場のものものしい雰囲気。

⇩「いかめしい」「ぎょうぎょうしい」「ことごとしい」

ものやわらか［物柔らか］Monoyawaraka

① 彼女の**ものやわらか**な笑顔《えがお》が人気の秘密《ひみつ》だ。

② 君はもう少し**ものやわらか**に話したほうがいいね。

【解説】 人の性質や態度が柔和《にゅうわ》で落ち着いている様子を表す。ややプラスイメージの語。人の性質や態度にかぎって用いられ、それ以外のものについて用いることはまれである。

？ 彼はもの柔らかなタッチで絵をかく。

→彼は柔らかなタッチで絵をかく。

「ものやわらか」は、穏和《おんわ》な性質が外に現れた結果としての態度や言動のおだやかさを表し、性質そのものを説明するときにはあまり用いられない。

？ 彼女はもの柔らかな人だ。

→彼女は穏やかな人だ。

⇩「おだやか」「やわらかい」

もろい［脆い］Moroi

(1) ① このあたりの地盤《じばん》は**もろく**てすぐ崩《くず》れる。

② 青銅器《せいどうき》に比べて**もろい**鉄器《てっき》は出土《しゅつど》しにくい。

(2) ① 愛がこれほど**もろい**とは思ってもみなかった。

② 彼の壮大な計画は**もろく**もついえた。

(3)① 彼女は情に**もろく**て、ダメ男にすぐほだされる。
② 母は年をとって涙**もろく**なった。

【解説】 (1) 外からの力に対してこわれやすい様子を表す(↔こわい・かたい)。プラスマイナスのイメージはない。外力に抵抗《ていこう》できない結果、細かく砕《くだ》けてしまう暗示があり、真二つに折れたり、大きく割れたりする物については用いないことが多い。

? この窓ガラスはもろい。
→この窓ガラスは割れやすい。

「もろい」で表される対象は、固くて本来外力に抵抗することが期待されているものであって、もともと柔らかいものや、外力への抵抗を期待されていないものについては、ふつう用いられない。

× このケーキは脆い。
→このケーキは柔らかい。
× 母は体が脆い。
→母は体が弱い。
× 昔のガラス食器は熱に脆かった。
→昔のガラス食器は熱に弱かった。

(2) 外からの力に抵抗する力が弱い様子を表す。ややマイナスイメージの語。(1)の比喩的《ひゆてき》な用法である。①がその典型的な用法で、本来堅牢《けんろう》であることが期待されている抽象物(愛)に粘《ねば》り強さがたりないという意味である。②は「もろくも~する」という述語にかかる修飾語の形で用いられ、簡単に~する、あっけなく~するという意味になる。どちらの場合にも、大した抵抗もせずに打ち負かされてしまった対象に対する慨嘆《がいたん》の暗示がこもる。

(2)の「もろい」は「あっけない」に似ているが、「あっけない」にある失望の暗示は「もろい」にはない。

(3) 簡単に感動する様子を表す。ややプラスイメージの語。①のように「情にもろい」という慣用句、または②の「なみだもろい」の形で用いられる。自分にとってそれほど切実でない事柄について、心を動かされやすい性質を言う。

自分にとってほんとうに切実なことについては、「もろい」は用いられない。

× 女は恋をすると涙もろくなる。
→女は恋をするとよく泣くようになる。

「もろい」がプラスイメージで用いられるのは「情」についてだけで、逆に言えば、人情に心を動かされやすいことをプラスに評価する日本文化の特徴が垣間《かいま》見られる語である。

⇨「よわい」「やわらかい」「あっけない」「なみだもろい」「こわい」「かたい」

や　行

やかましい［喧しい］Yakamashii

(1) ① 隣の赤ん坊は**やかましく**てかなわない。
② **やかましい**、だまれ！
(2) ① 近所が**やかましい**から変な恰好《かっこう》をしないでほしい。
② 飲んだくれて帰ると女房《にょうぼう》が**やかましい**。
③ 子供はただ**やかましく**注意するだけではだめだ。
④ 自衛隊《じえいたい》の海外派遣《はけん》については世論《せろん》が**やかましい**。
⑤ 奴は借金を返せと**やかましく**言ってよこす。
⑥ 植物の持ち込みに関しては**やかましい**規則《きそく》がある。
⑦ 彼女は食事のマナーが**やかましい**家庭に育った。
⑧ 彼は酒の味に**やかましい**。

【解説】 (1) 音や声が大きくて不快な様子を表す。マイナスイメージの語。音の性質を問題にするというよりは、大きな音が不快だという心理のほうに視点のある語である。その意味で「うるさい」に近いが、「うるさい」のほうが不快感が強く、忌避感《きひかん》も強い暗示がある。

音が大きい意味では「さわがしい」「そうぞうしい」などにも似ているが、「さわがしい」「そうぞうしい」は複《ふく》雑《ざつ》にいりまじった音が不快だという暗示がある。

? 実《みの》りの秋には柿の木に群がる小鳥がやかましい。
→実りの秋には柿の木に群がる小鳥が騒がしい。

(2) 細かいところまで干渉《かんしょう》して言いたてる様子を表す。マイナスイメージの語。⑥はいちいち細かい点まで要求する厳《きび》しい規則という意味である。⑦⑧は「□□がやかましい、□□にやかましい」の形をとり、□□について厳しく要求するという意味になる。

「やかましい」は細かい点にまで干渉して言いたてる点にポイントがあり、ただの干渉ではなく言葉による干渉の暗示がある。一般的な干渉や執着《しゅうちゃく》の場合には「やかましい」は用いられない。

× 伸びた前髪《まえがみ》がやかましい。
→伸びた前髪がうるさい。
× 彼はセールスマンにやかましくつきまとわれた。
→彼はセールスマンにうるさくつきまとわれた。

言葉による干渉の意味をより強調する場合には、「くちやかましい」を用いることもある。

また「やかましい」では要求する側に視点があり、要求される側の不快感の暗示は「うるさい」ほど強くなく、やや客観的で、被害者意識は暗示されていない。

酒の味にやかましい。
(味を細かく吟味《ぎんみ》してうまい酒を要求する)

酒の味にうるさい。
(酒の味についてよく批判《ひはん》して厄介《やっかい》だ)
⇩「うるさい」「さわがしい」「そうぞうしい」「けたたましい」「わずらわしい」「くちやかましい」

やさしい [優しい・易しい] Yasashii

(1)① 最近の若い女性は**やさしい**男性がお好みだ。
② 彼女は気だてが**やさしい**娘だ。
③ 母犬がわが子を見つめるまなざしは**やさしい**。
④ 老人には**やさしい**心づかいが必要だ。
⑤ 祖父は**やさしく**孫の頭をなでた。
⑥ 動物は**やさしい**声の調子にはプラスに反応する。
⑦ 彼女の**やさしい**姿にぼくは参《まい》っているんです。
(2)① 日常会話には**やさしい**中学生英語で十分だ。
② 私立中学の入試問題は決して**やさしく**ない。
③ 人の欠点を批判《ひはん》するだけなら**やさしい**ことだ。

【解説】 (1)(ふつう「優しい」と書く) 相手をいたわる愛情に満ちている様子を表す。プラスイメージの語。主体の性質についても(①②)、そういう性質の表れた行為や状態についても(③~⑦)用いられる。

「やさしい」の暗示する愛情は、特定の相手に向けられる愛情ではなくて、初めから主体に属していて、主体が接するすべての相手に向けられる普遍的《ふへんてき》な愛情である点で「いとしい」「かわいい」などと異なる。

× あの人をやさしく思う。
→あの人をいとしく(かわいく)思う。

したがって、「やさしい」が修飾語として用いられた場合には、主体の性質を表す意味になることが普通で、話者の感情を表す意味にはならない。

やさしい彼。(彼はみんなにやさしい)
いとしい彼。(私は彼をいとしく思っている)
最近彼女が急にやさしくなった。
(彼女が私にやさしくしてくれるようになった)
最近彼女が急にいとしくなった。
(私が彼女を好きになった)

(1)の「やさしい」は「じひぶかい」や「なさけぶかい」にも似ているが、「じひぶかい」「なさけぶかい」がしばしば主体よりも劣《おと》った対象(の失敗・欠点)を受け入れる寛容《かんよう》さを暗示するのに対して、「やさしい」には寛容の暗示はなく、対象を限定しない。

× 仏とはやさしいものだ。
→仏とは慈悲深いものだ。

(2)(ふつう「易しい」と書く) 労力や能力を必要としない様子を表す(↔むずかしい)。ややプラスイメージの語。

「やさしい」は客観的な容易《ようい》さを暗示し、行為の主体にとっても受け手にとっても容易であることを意味する点で、おもに行為の主体にとって容易であることを暗示する「たやすい」と異なる。

× 日常会話にはたやすい中学生英語で十分だ。

容易であるという意味では「ぞうさない」「わけない」などにも似ているが、「ぞうさない」「わけない」には対象の解決や理解が容易であることについて気軽さや侮蔑《ぶべつ》の暗示があるのに対して、「やさしい」は客観的で、特定の感想は原則として暗示されていない。

⇨「いとしい」「かわいい」「じひぶかい」「なさけぶかい」「あたたかい」「たやすい」「ぞうさない」「わけない」「きがる」「なまやさしい」「やすい」「むずかしい」

やすい・－やすい ［安い・廉い・易い・－易い］ **Yasui・－yasui**

(1) ① 学生は**やすく**てうまい店を見つける天才だ。
② 編集《へんしゅう》は仕事がきつい割に給料が**やすい**。
③ アジアの国に外注するとコストが**やすく**つく。
④ あの店の品は**やすかろ**う悪かろうだ。
⑤ 君たち、朝からデートとはお**やすく**ないね。

(2) ① 彼の一言に彼女の心中は**やすから**ぬものがあった。

(3) ① 言うは**やすく**行うは難《かた》し。（ことわざ）
② 彼を説得《せっとく》するなんてお**やすい**ことだ。
③ お**やすい**御用だ。まかしとき。
④ 彼はおだてにのり**やすい**。
⑤ この本は字が大きくて読み**やすい**。

【解説】 (1)(2)（ふつう「安い・廉い」と書くもの）と(3)（ふつう「易い」と書くもの）の二つのグループに分けられる。

(1) 値段が相対的に高くない様子を表す（↕たかい）。原則としてプラスマイナスのイメージはない。「やすい」値段とはそのものに予想される標準的な値段との比較において決定される。したがって、一冊一万円のノートは絶対に「やすく」ないが、同じ一万円でも毛皮のコートなら特別に「やすい」と言える。

③の「やすくつく」は慣用句で、相対的に安い値段でできるという意味である。④の「やすかろう悪かろう」も慣用句で、値段が安いものは品質《ひんしつ》も悪いことが予想されるという意味である。⑤は「おやすい」参照。

(2) おだやかに落ち着いている様子を表す。プラスイメージの語。ただし、この意味では用法が非常に限定されていて、例のように「やすからぬ□□」という打消しの形で名詞にかかる修飾語にかぎって用いられ、おだやかでない□□という否定の意味になる。「やすからぬ」で修飾される名詞は「心中、思い」など心理を表す語が多い。

気持ちがおだやかで落ち着いているときには、「おだやか」「やすらか」などを用いる。

(3) 労力や能力を必要としない様子を表す。ややプラスイメージの語。ただし、かなりかたい文章語で、単独で用いるときは、①のことわざの形か、②③の「おやすい」の形に限られる。①は口で言うのは簡単だが実行するのはむずかしいという意味のことわざである。②③は「おやすい」参照。

④⑤は動詞の連用形について、「容易《ようい》に～する、～しがちである」という意味を表す。「容易に～する」という意味のときはややプラスイメージだが、「～しがちである」という意味のときはややマイナスイメージになる。

日常的に容易であることを表す場合には「やさしい」「簡単」などを用い、容易であることに気軽さや侮蔑《ぶべつ》などの暗示を伴《ともな》うときには「ぞうさない」「わけない」などを用いる。

⇩「おだやか」「やすらか」「やさしい」「たやすい」「おやすい」「やすっぽい」「やすらか」「ぞうさない」「わけない」「－ぽい」「よい」「いい」「むずかしい」「かたい」「－がたい」「－づらい」「あきやすい」「かんじやすい」「きやすい」「くみしやすい」「こころやすい」「まちがえやすい」「みやすい」「わかりやすい」

やすっぽい ［安っぽい］ Yasuppoi

① 彼女の靴はいかにも**やすっぽい**。

② 奴はだだっぴろい部屋に**やすっぽい**家具を並べて悦《えつ》に入っている。

③ あんまり軽々しい口をきくと人間が**やすっぽく**見られるぞ。

④ そんな**やすっぽい**同情なんかまっぴらだ。

【解説】 品質《ひんしつ》が劣《おと》っていて価値がない様子を表す。マイナスイメージの語。「～ぽい」は、いかにも～のように見えるという意味の、形容詞を作る語尾。俗語的で日常会話中心に用いられ、かたい文章中にはあまり登場しない。①②が基本的な用法で、具体的に値段が安く品質が劣っているようだという意味である。③④は比《ひ》喩《ゆ》的《てき》な用法で、人間の性質や心情などに深みがなく、表面的に見えるという意味である。

「やすっぽい」は値段が安そうに見えるという意味ではあるが、値段が安いのみならず品質が劣っていることを侮蔑《ぶべつ》する暗示がある。したがって値段が安いことが好ましい場合には用いられない。

× 彼女は安っぽい買い物をしたと喜んでいる。

→彼女は安い買い物をしたと喜んでいる。

⇩「やすい」「－ぽい」

やすらか［安らか］**Yasuraka**

① 世の中が**やすらか**に治《おさ》まるようにと願う。
② 隣の部屋で子供たちは**やすらか**な寝息《ねいき》をたてている。
③ ここに**やすらか**に眠る。（墓碑銘《ぼひめい》）

【解説】 静かで落ち着いている様子を表す。プラスイメージの語。「おだやか」に似ているが、「おだやか」よりも気分的で安心の暗示がある。その安心は見る者が感じる安心であって、主体の安心感は意味しない。①は暮らしている人々が安心できるような世の中という意味、②③は見る者(聞く者)が安心するようなという意味である。したがって、安心を受け取るような人間の視点が考えられないものについては、「やすらか」は用いられない。

× 海は安らかで波も静かだった。
→海はおだやかで波も静かだった。

「しずか」にも近いが、「しずか」は客観的に音や声が少ないという意味になる。

× 郊外の安らかな住宅地に住む。
→郊外の静かな住宅地に住む。

⇩「おだやか」「しずか」「やすい」

やばい **Yabai**

① 「警察だ！」「**やばい**、ずらかろうぜ」
② お前の持ってくるのは**やばい**仕事ばっかりだ。
③ 早く穴を埋めておかないと**やばい**ことになる。

【解説】 自分にとって不都合《ふつごう》な様子を表す。マイナスイメージの語。もと盗賊《とうぞく》・てきや仲間の隠語から共通語化した語で、日常会話で用いられる俗語である。品のよくない言葉であるから、女性はあまり用いない傾向にある。

→「警察だ！」「まずい、逃げようよ」

「やばい」は「まずい」に似ているが、「まずい」よりももっと切迫感《せっぱくかん》があり、しばしば危険というニュアンスになる。全く同じ文脈で「やばい」と「まずい」が用いられると、次のようなニュアンスの違いを生ずる。

やばい仕事。（犯罪《はんざい》など法律にふれる仕事）
まずい仕事。（仕事の出来ばえがよくない）

⇩「まずい」「あぶない」

やぼったい［野暮ったい］**Yabottai**

① このワンピースは**やぼったい**。
② そんな田舎者《いなかもの》みたいに**やぼったい**恰好《かっこう》はよせよ。

【解説】 身なり・服装などが洗練されていない様子を表す。マイナスイメージの語。おもに人間の外見について用いられ、それ以外について用いられることはまれである。

？ あの俳優《はいゆう》の演技は田舎芝居みたいに野暮ったい。
→あの俳優の演技は田舎芝居みたいに泥くさい。

「やぼったい」は「どろくさい」に似ているが、「どろくさい」は服装・外見以外のものについても用いられ、侮蔑《ぶべつ》の暗示が「やぼったい」よりも強い。

洗練されていない様子を表す語としては、他に「あかぬけない」「いなかくさい」「つちくさい」「ださい」などがあるが、「あかぬけない」「いなかくさい」はやや客観的で侮蔑の暗示が少なく、「つちくさい」は対象が好ましい場合にも用いられ、「ださい」は若い人が好んで用い、侮蔑が強いなどそれぞれニュアンスの違いがある。

⇩「どろくさい」「あかぬけない」「いなかくさい」「つちくさい」「ださい」

やましい［疚しい・疚しい］Yamashii

① 逃げ隠れするのは**やましい**所がある証拠《しょうこ》だ。
② わたしには**やましい**ことは何ひとつありません。

【解説】 人に知られては困ることがあって、それを後悔《こうかい》している様子を表す。マイナスイメージの語。例のように名詞にかかる修飾語として用いられることが多く、述語で用いられることはまれである。

× 彼のしたことはやましいにちがいない。
→彼はやましいことをしたにちがいない。

「人に知られては困ること」というのは、多く悪事である。②は証人喚問《しょうにんかんもん》などの際、申し開きの言葉としてよく使われる例である。

秘密《ひみつ》の悪事を後悔する点で「やましい」は「うしろめたい」に似ているが、「うしろめたい」が主体の深い後悔を暗示するのに対して、「やましい」は第三者が主体の後悔を憶測《おくそく》している暗示があり、必ずしも本人が悪事を後悔しているとはかぎらない点が「うしろめたい」と異なる。

？ 彼女に会うとやましい思いにかられる。
→彼女に会うと後ろめたい思いにかられる。

また、「やましい」は「うしろぐらい」にも似ているが、「うしろぐらい」では秘密の悪事をもっていることについて悩んでいることが暗示され、悪事そのものに対する反省ではないことが多い。

？ 今でもその件に関してはやましく思っている。
→今でもその件に関しては後ろ暗く思っている。

全く同じ文脈で「やましい」と「うしろめたい」「うしろぐらい」が用いられると、それぞれ次のようなニュアンスの違いを生ずる。

彼にはやましい所があるらしい。

（話者が彼の後悔を想像する）
彼には後ろ暗い所があるらしい。
（秘密の悪事があることを彼は悩んでいる）
彼には後ろめたい所があるらしい。
（秘密について彼は後悔している）
⇩「うしろぐらい」「うしろめたい」

やみがたい ［止み難い］ Yamigatai

① 彼女への慕情《ぼじょう》は**やみがたい**ものがあった。
② 望郷《ぼうきょう》の念は**やみがたかっ**た。

【解説】 抑制《よくせい》することがむずかしい様子を表す。プラスマイナスのイメージはない。かたい文章語で、日常会話には登場しない。例のように、ある感情を抑《おさ》えられないという意味で用いることが多い。客観的な表現で、感情を抑えられない切実《せつじつ》さの暗示はない。
⇩「たまらない」「こたえられない」「やりきれない」「－がたい」

やむをえない ［止むを得ない］ Yamuo-enai

① 彼が家を出たのには**やむをえない**事情があった。
② 全員参加が原則だが、多少の欠席は**やむをえない**。
③ 終電《しゅうでん》に乗り遅れ、**やむをえず**タクシーに乗った。

【解説】 望まないことを消極的に受け入れる様子を表す。ややマイナスよりのイメージの語。述語にかかる修飾語になるときは、③のように「やむをえず」という形になる。主体が自分の主観的な判断として事態を受容《じゅよう》するという意味で、その受容にははっきりした理由があることが多い。
「やむをえない」は「しかたがない」に似ているが、「しかたがない」が客観的に余儀《よぎ》ない状況に基づく判断を暗示するのに対して、「やむをえない」は主体の主観的な判断を暗示する。
× 今さら後悔《こうかい》したってやむをえないじゃないか。
→今さら後悔したってしかたがないじゃないか。
また、「しょうがない」にも似ているが、「しょうがない」はあきらめのニュアンスが強くて、とるべき方法がない結果、しばしば途中で投げ出してしまったり、何もしなかったりという、行動の放棄《ほうき》を暗示する点が、不本《ふほん》意《い》ながら事態を受容する暗示のある「やむをえない」と異なる。
× 彼とは別れるよりほかやむをえなかったんです。
→彼とは別れるよりほかしょうがなかったんです。
⇩「しかたがない」「しょうがない」「どうしようもない」「どうにもならない」「むりもない」「よぎない」「よんどころない」

ややこしい Yayakoshii

① この文は**ややこしい**構造《こうぞう》でわかりにくい。
② 政界と財界との関係は**ややっこしく**て、素人《しろうと》にはまず手が出せない。
③ 両家《りょうけ》の親が犬猿《けんえん》の仲《なか》だったものだから、話はいよいよ**ややこしく**なった。

【解説】 複雑《ふくざつ》にこみいっている様子を表す。ややマイナスイメージの語。日常会話ではしばしば「ややっこしい」と発音される。日常会話中心に用いられ、かたい文章中にはあまり登場しない。

「ややこしい」では、対象が複雑にこみいってわかりにくいことについて不快の暗示があるが、「わずらわしい」ほど忌《き》避《ひ》感《かん》は強くない。全く同じ文脈で「ややこしい」と「わずらわしい」が用いられると、次のようなニュアンスの違いを生ずる。

ややこしい関係。（複雑でわかりにくい関係）
わずらわしい関係。（煩雑《はんざつ》でできれば避《さ》けたい関係）

「ややこしい」は結果的には「わかりにくい」と同じ意味になるが、「わかりにくい」は対象の複雑さまでは言《げん》及《きゅう》していない。

× 彼の手紙は字が汚くてややこしい。
→彼の手紙は字が汚くてわかりにくい。

⇨「わずらわしい」「わかりにくい」

やりかねない［遣り兼ねない］ Yarikanenai

① 彼なら人の業績《ぎょうせき》を横取りするぐらい**やりかねない**。
② 遣《つか》いこみだってあいつなら**やりかねない**。

【解説】 好ましくないことをやる可能性が高い様子を表す。ややマイナスイメージの語。人間が主体のとき述語として用いられ、その人の現在の状況からみて好ましくないことをする可能性が高いという意味である。好ましいことをする場合には用いられない。

× 施設に寄《き》付《ふ》するのも彼ならやりかねない。
→施設に寄付するのも彼ならやりそうなことだ。

「やりかねない」の暗示する可能性はかなり高く、しばしばすでに起こってしまった事態の原因として考えている暗示がある。①ではすでに業績を横取りされてしまっているのだが、その犯人が「彼」である可能性が高いという意味、②では遣いこみの事実はすでに起こってしまったが、その犯人として「あいつ」を考えているという意味である。したがって、まだ起こっていない事態については、あまり用いられない。また、可能性の低い事態についても用いられない。

？ 彼なら万一の場合はあくどい手段もやりかねない。

↓彼なら万一の場合はあくどい手段もとりかねない。

？ 彼は真面目だが、強盗《ごうとう》ぐらいやりかねない。

↓彼は真面目だが、強盗ぐらいやるかもしれない。

⇩「─かねない」「─かもしれない」

やりきれない［遣り切れない］Yarikirenai

(1)① あまりに仕事が多くてとても**やりきれない**。

② 今日**やりきれない**分はあしたに回す。

(2)① こう暑くては**やりきれない**なあ。

② 毎日残業でこき使われるのは**やりきれない**。

【解説】 (1) 完全にやりとげることができない様子を表す。プラスマイナスのイメージはない。対象の絶対量《ぜったいりょう》の多さのためにやり残しが存在することを暗示し、能力の不足については言及《げんきゅう》しない。

？ この仕事は新人にはやりきれない。

（この文はふつう多すぎて消化しきれないという意味になる）

↓この仕事は新人にはこなせない。

(2) 我慢できない様子を表す。ややマイナスイメージの語。述語で用いられる。好ましくないものの程度がはなはだしくて、我慢できないことを慨嘆《がいたん》する暗示がある。ただし、対象の程度がはなはだしいこと自体は暗示しない。また、好ましいものの程度がはなはだしいときにも用いない。この点で「たえがたい」と異なる。

やりきれない暑さ。（暑くていやになる）

たえがたい暑さ。（非常に暑い）

× やりきれない喜び。

↓たえがたい喜び。

「やりきれない」は「しのびない」にも似ているが、「やりきれない」は我慢できない結果、何らかの行動を起こすかどうかまでは言及していない点で「しのびない」と異なる。似たような文脈で「やりきれない」と「しのびない」が用いられると、次のようなニュアンスの違いを生ずる。

悲惨《ひさん》な状況を見るのはやりきれない。

（かわいそうで嘆《なげ》かわしい）

悲惨な状況を見るに忍びない。

（あまりにかわいそうだから助けてやりたい）

また、「やりきれない」は「かなわない」にも近いが、「かなわない」のほうがはなはだしさの程度が低いので、慨嘆の度合も相対的に低い。

？ 母の死が悲しくてかなわない。

↓母の死が悲しくてやりきれない。

⇩「たえがたい」「しのびがたい」「しのびない」「かなわない」「たまらない」

やりにくい［遣り難い］Yarinikui

① 社長が見ていると仕事が**やりにくくて**困る。
② 副校長というのは万事《ばんじ》**やりにくい**立場だ。

【解説】　物事を進めるのがむずかしい様子を表す。ややマイナスイメージの語。主観的な困難《こんなん》さを暗示し、客観的な障害《しょうがい》の存在には言及《げんきゅう》しない。例のように、しばしば心情的な違和感《いわかん》や疎外感《そがいかん》を表すのに用いられるが、困難な状況についての慨嘆《がいたん》や憤慨《ふんがい》などの感想は、原則として含まれていない。

⇨「むずかしい」「－にくい」

やるせない［遣る瀬無い］Yarusenai

① 自分の気持ちを打ち明けられない**やるせな**さをわかってほしい。
② 世間の人に見捨てられて**やるせない**日々を送る。

【解説】　感情をもてあまして憂鬱《ゆううつ》になっている様子を表す。ややマイナスよりのイメージの語。感情があふれる原因としては、恋慕《れんぼ》（①）・孤独（②）・悲哀《ひあい》・苦痛などがあげられるが、相対的にあまり程度は高くなく、感傷《かんしょう》の暗示がある。

「やるせない」は「せつない」に似ているが、「せつない」は感情が高揚《こうよう》するあまり胸がしめつけられるような気持ちになるほど切迫《せっぱく》している暗示がある。

？ 子供をなくした母親はさぞやるせないことだろう。
→子供をなくした母親はさぞ切ないことだろう。

「やるせない」の暗示する感傷は「つらい」や「かなしい」にも含《ふく》まれうるが、「つらい」や「かなしい」はもっと直接的な表現で、「やるせない」の気分的な暗示はない。

⇨「せつない」「つらい」「かなしい」

やわらかい・やわらか［柔らかい・軟らかい・柔らか・軟らか］Yawarakai・Yawaraka

(1)
① 豆腐《とうふ》は**やわらかい**。
② 豆を**やわらかく**煮《に》る。
③ **やわらかい**鉛筆《えんぴつ》でデッサンする。
④ あまり**やわらか**なベッドは体に毒だ。
⑤ 焼きたてのパンは**やわらかくて**切りにくい。
⑥ 赤ちゃんの肌はとても**やわらかい**。
⑦ 絹の下着は**やわらか**な肌ざわりが好まれる。

(2)
① 体操選手の体は**やわらかい**。
② 少年は**やわらか**な身のこなしで跳《と》びのいた。
③ 先生は学者だが頭が**やわらかい**。
④ 彼も年をとってだいぶあたりが**やわらかく**なった。
⑤ 課長の奥さんは物腰《ものごし》が**やわらか**で感じがいい。

⑥ 怒られるかと覚悟《かくご》していたが、父の表情は**やわらか**だった。
⑦ この出版社は**やわらかい**本も作る。
(3)① **やわらかい**春の日ざしを浴《あ》びる。
② ベッドルームは間接照明《かんせつしょうめい》にして光を**やわらかく**してほしい。
③ 彼女は**やわらか**な色の服が好きだ。
④ 最近のたばこは昔のに比べるとずいぶん**やわらかい**。
⑤ ここの部分はもっと**やわらかい**声で歌いなさい。
⑥ アベックが土手で**やわらか**な風に吹かれている。

【解説】 硬軟《こうなん》を表す最も基本的な形容詞の一つ。

(1) 物が外からの力に対して変形したり影響《えいきょう》されたりしやすい様子を表す(↔かたい)。プラスマイナスのイメージはない。本来「やわらかい」物についても(①)、その物のもつ平均的な「やわらかい」よりも「やわらかい」という場合(②~⑤)にも用いられる。また、対象自体の性質ではなく、対象に触れる主体の感想として(⑥⑦)も用いられる。

(2) 外からの刺激《しげき》に容易《ようい》に反応する融通性《ゆうづうせい》のある様子を表す(↔かたい)。プラスイメージの語。①②は物理的に柔軟《じゅうなん》だという意味、③~⑦は比喩的《ひゆてき》な用法である。③の「頭がやわらかい」は慣用句で、あまり既成《きせい》の観念《かんねん》にとらわれず自由に考えられる能力があるという意味である。④の「あたりがやわらかい」も慣用的な表現で、相手に与える印象がやさしいという意味である。⑥は怒った顔をしていない、微笑《ほほえ》んでいるという意味、⑦の「やわらかい本」は通俗的《つうぞくてき》な内容の本という意味である。⑦の「やわらかい」は「やわらか」に置き換えられない。

この「やわらかい」は「しなやか」に似ているが、「しなやか」では柔軟さとともに弾力の暗示がある。

× やわらかい鞭《むち》。→しなやかな鞭。

また「なよやか」にも似ているが、「なよやか」には弱さの暗示があり、「やわらかい」の客観的な表現と異なる。

× なよやかなふとんをかける。
→やわらかいふとんをかける。

(3) 程度がはなはだしくなくて、刺激が少ない様子を表す。ややプラスイメージの語。光(①②)、色(③)、味(④)、音声(⑤)、風(⑥)などがあまり強くなく、刺激が少ないという意味である。

この「やわらかい」は「おだやか」や「まろやか」に似ているが、「おだやか」にある落ち着きの暗示、「まろやか」にある甘さの暗示は「やわらかい」にはない。

× ベッドルームは間接照明にして光をおだやかにしてほしい。

やわらかな味。（薄くて刺激の少ない味）

まろやかな味。（やや甘みのある豊かな味）

⇩「しなやか」「なよやか」「おだやか」「まろやか」「やさしい」「ものやわらか」「かたい」

やんごとない ［止ん事無い］ Yangotonai

① あの御婦人は**やんごとない**身分の出だそうだ。

② 庶民《しょみん》の苦しみなんて**やんごとない**お方にはわからんだろうよ。

【解説】 家柄や身分が非常に高い様子を表す。ややプラスイメージの語。①は高貴《こうき》な身分の家柄の出身という意味、②は揶揄《やゆ》的《てき》な意味で、庶民と「やんごとないお方＝生活の苦労を背負っていない気楽な人（金持ちなど）」とが対比《たいひ》されている。この場合には、必ずしも高貴な家柄の人を指さない。

「やんごとない」は人間の出自《しゅつじ》について用い、個人の性格や状況については用いない。天皇家や摂関家《せっかんけ》につながるような高貴な家柄や身分・血筋を指す言葉で、単に高貴であるという意味ではない。したがって、武家《ぶけ》の家柄の人間については、どんなに名家であっても用いない。

？ 徳川家《とくがわけ》のやんごとない血筋。

→徳川家の由緒ある血筋。

身分が非常に高いことを表す意味で「やんごとない」は「おそれおおい」や「もったいない」などに似ているが、「おそれおおい」や「もったいない」は高貴な身分の人に接した主体がもつ感想に視点があるのに対して、「やんごとない」は対象が高貴であることを客観的に表し、見る者の感想は暗示しない。

× 口に出すのもやんごとないことながら、……

→口に出すのも恐れ多いことながら、……

⇩「おそれおおい」「もったいない」「ありがたい」「かたじけない」「とうとい」

やんちゃ Yancha

① **やんちゃ**な息子をもつと母親は大変だ。

② あまり**やんちゃ**ばかり言うと連れていきませんよ。

③ 彼女はいまだに**やんちゃ**娘だ。

【解説】 子供が自分の欲求《よっきゅう》のままに振舞う様子を表す。ややマイナスよりのイメージの語。ほとんど子供専用《せんよう》の語で、子供以外の対象について用いる場合には、対象を子供扱いしているニュアンスになる。対象は男の子について用いることが多いが、女の子について用いることも皆無《かいむ》ではない（③）。

子供の欲求とはいたずらやわがままであるが、それらを不快なものとしてではなく、無邪気な心理の表れとして評価する暗示があり、マイナスの程度は高くない。したがって、大人の利己的《りこてき》な行動については用いないことが多い。

×課長はやんちゃで部下の迷惑《めいわく》を考えない。
→課長はわがままで部下の迷惑を考えない。

⇩「わがまま」「あどけない」「おさない」「おてんば」

ゆかしい［床しい］Yukashii

(1)① 彼女はめだたない**ゆかしい**人柄だ。
② 最近の若者はめだちたがりが多くて**ゆかし**さがない。
(2)① 即位式《そくいしき》は古式《こしき》**ゆかしく**とり行われた。

【解説】(1) 気品があって表だたない様子を表す。プラスイメージの語。ただし、この意味では現在あまり用いられず、より意味のはっきりした「おくゆかしい」を用いることが多い。大人の人柄や行為について、控えめで上品であることから、その内面に魅力を感じる様子を表す。自分の内面のすべてを表さないことを美徳《びとく》とする日本文化に特徴的な語である。

(2) 昔のことがしのばれる様子を表す。プラスイメージの語。この用法は非常に限定されていて、ほとんど「古式ゆかしく～する」という動詞に呼応《こおう》する慣用句の形で用いられる。

「古式ゆかしく」といっても、具体的にある古代の行事を思いおこさせるという意味ではなく、なんとなく古めかしい様子で、由緒《ゆいしょ》ありげにという程度の意味である。この場合には、いかにも歴史や伝統《でんとう》を感じさせるやり方をプラスに評価しているニュアンスになる。

⇩「おくゆかしい」「なつかしい」

ゆたか［豊か］Yutaka

(1)① 中東の国々は石油資源《しげん》が**ゆたか**だ。
② 日本は**ゆたか**な自然に恵《めぐ》まれている。
③ 実り**ゆたか**な秋になった。
④ 彼はモデルの**ゆたか**なバストに圧倒《あっとう》された。
⑤ 彼女は**ゆたか**な黒髪を振り乱して泣いた。
⑥ あの歌手は声量《せいりょう》が**ゆたか**だ。
⑦ 彼は才能**ゆたか**な青年だ。
⑧ さすがに彼は指導《しどう》の経験《けいけん》が**ゆたか**だ。
⑨ 儀式《ぎしき》は古式《こしき》**ゆたか**に行われた。
⑩ お茶の入れ方から二人の関係を見抜くなんて、君は想像力が**ゆたか**だねえ。
⑪ 彼の家は比較的**ゆたか**だ。
⑫ 両親は少しでも**ゆたか**な生活を得るために必死で働いた。
⑬ 収入は増えても**ゆたか**さの実感がない。
⑭ **ゆたか**な二十一世紀の社会を築《きず》こう。

(2) ① 彼女の婚約者は六尺**ゆたか**の美丈夫《びじょうぶ》だ。
② さまざまな分野の人とつきあうと心が**ゆたか**になる。
③ 同じおかずでも盛りつけ方で食卓が**ゆたか**になる。
④ 床《とこ》の間《ま》に**ゆたか**な山百合《やまゆり》を生ける。
⑤ 寺院の屋根は**ゆたか**な曲線を描《えが》いている。
⑥ 将軍は馬上**ゆたか**に進撃《しんげき》した。

【解説】 (1) 好ましいものが大量にある様子を表す(↔とぼしい)。プラスイメージの語。①~⑥は好ましい物を具体的に示して、それが大量にあるという意味である。⑦~⑩は抽象的なものが大量にある様子を表す。⑪~⑭は対象を具体的に示さない場合である。このときはしばしば金銭を暗示する。ただし、客観的に金銭が多いという意味ではなく、金銭が多いことによって生まれる満足感なども暗示されるので、⑬のような文も成り立つ。⑭では物質的に大量にあるだけでなく、精神的に満足感の得られる社会という意味である。

「ゆたか」は好ましいものが大量にあるという意味の一般的な語で、好ましくないと感じているものについては用いられない。この点で大量にあることを客観的に表す「おおい」と異なる。

× 髪が豊かで困っちゃうわ。
→髪が多くて困っちゃうわ。

(2) 好ましいものが必要量よりも多くて余っている様子を表す。プラスイメージの語。①の「六尺ゆたかの~」は慣用句で、一メートル八十センチを超える身長の高い男という意味である。慣用句であるために、前の名詞は六尺以外にはこない。また、男性についてのみ用いられる。

②③は普通の状態よりも余裕《よゆう》をもった印象を与えるという意味である。④⑤は美しさ、曲線が満足すべき水準を超えているという意味である。⑥も慣用句で「馬上ゆたかに~する」という動詞に呼応する形で用いられ、馬上の姿が堂々としてゆとりが感じられるように~するという意味である。

「ゆたか」は具体物や抽象物が大量にあることを、満足感を伴《ともな》って評する語で、見る者の感想を表す語だと言える。

⇨「おおい」「おびただしい」「ふくよか」「ふくぶくしい」「とぼしい」

ゆゆしい [由々しい] Yuyushii

① 校長の汚職《おしょく》は教育上**ゆゆしき**問題だ。
② 三年連続の赤字はわが社にとって**ゆゆしい**事態だ。

【解説】 軽視《けいし》できない様子を表す。マイナスイメージの語。例のように名詞にかかる修飾語で用いられることが多く、その他の形で用いられることはまれである。

? 校長の汚職は教育上の問題としてゆゆしい。

? 校長の汚職は教育上ゆゆしく深刻な問題だ。

かなり文章語的で、日常会話にはあまり登場せず、新聞・報道や公式の発言などによく用いられる。名詞にかかる修飾語としては「ゆゆしき」「ゆゆしい」の二通りがあるが、「ゆゆしき」のほうがよく用いられる。後にくる名詞は事態・問題などがくることが多い。

「ゆゆしい」は、好ましくないことがこのまま続くと、将来非常に不利益《ふりえき》な事態が生ずるという危惧《きぐ》の念の暗示されている語で、危惧のために軽視できないという意味である。したがって、好ましいことの程度が大きい場合や、将来に影響を及《およ》ぼさないような事柄については用いられない。

× 部下のめざましい進歩はゆゆしきことだ。

→部下のめざましい進歩はすばらしいことだ。

? いたずらをした子をなぐるのはゆゆしい事態だ。

→いたずらをした子をなぐるのはとんでもない(けしからん)事態だ。

「ゆゆしい」は「とんでもない」や「けしからん」などに似ているが、「とんでもない」「けしからん」にある憤慨《ふんがい》や怒りの暗示はなく、かなり客観的な表現になっている。

⇨「とんでもない」「けしからん」「まずい」

ゆるい［緩い］Yurui

(1)① こんな**ゆるい**ズボンをはいたらみっともない。

② セーターの上からベルトを**ゆるく**締《し》める。

③ このびんは栓《せん》が**ゆるく**て中身が漏《も》る。

④ 景気が上向いて消費者の財布のひももだいぶ**ゆるく**なった。

⑤ 乳児の便が**ゆるい**ときには離乳食《りにゅうしょく》を減らします。

⑥ うちの犬は昨日からおなかが**ゆるい**。

⑦ 胃腸をこわしたときは**ゆるい**お粥《かゆ》を食べるとよい。

⑧ 埋立地《うめたてち》は地盤《じばん》が**ゆるい**から要注意だ。

⑨ もう少し日程を**ゆるく**しないとくたびれるよ。

⑩ 日本の警察は相対的に取り締まりが**ゆるい**。

(2)① 丘陵《きゅうりょう》は**ゆるい**カーブをえがいて海に向かっている。

② 峠を越えると急に勾配《こうばい》が**ゆるく**なる。

③ こんな**ゆるい**坂ではスピードが出ない。

(3)① ときどき**ゆるい**球を交《まじ》えて投げると打たれない。

② この川は流れが**ゆるい**。

③ 子供が乗っているので車のスピードを**ゆるく**した。

④ この曲は速いテンポの部分と**ゆるい**テンポの部分が交互《こうご》に出てくる。

【解説】 (1) 結合の状態が弱い様子を表す(↔かたい・きつい)。原則としてプラスマイナスのイメージはない。対象にとって結合の状態の弱いことが好ましいかどうかで、プラスマイナスのイメージが決まってくる。

①〜③は具体物の結合の状態が弱いという意味である。④の「財布のひもがゆるい」は慣用句で、金をよく遣《つか》うという意味である。ただし、このときは「財布のひもがゆるむ」という動詞を用いることが多い。

⑤〜⑧は水分の量が相対的に多いという意味である。⑥の「おなか(腹)がゆるい」は⑤の「便がゆるい」と同じ意味である。

⑨⑩は抽象的なものの余裕《よゆう》があるという意味である。この意味のときは、反対語として「かたい」は用いられない。

(2) 程度がはなはだしくない様子を表す。プラスマイナスのイメージはない。例のように、曲線・勾配などについて用いることが多い。この「ゆるい」は「なだらか」にも似ているが、「なだらか」は傾斜《けいしゃ》が急でないことをプラスイメージでとらえており、傾斜が急でないことが好ましくない場合には、ふつう用いられない。

? こんなだらかな坂ではスピードが出ない。

(3) (2)が特に速度について用いられた場合で、速度が相対的に大きくない様子を表す。プラスマイナスのイメージはない。絶対的なスピードのなさは意味せず、それまでの速度が遅くなったとか、そのものの平均的な速度より遅いとかいう、相対的な速度の遅さを暗示する。

「ゆるい」は「ゆるやか」に似ているが、「ゆるやか」が結合の状態が弱いことや程度のはなはだしくないことをプラスイメージでとらえているのに対して、「ゆるい」はかなり客観的で、特定の感想は暗示されていない。全く同じ文脈で「ゆるい」と「ゆるやか」が用いられると、次のようなニュアンスの違いを生ずる。

ゆるい衣服。(ゆとりの多い衣服)
ゆるやかな衣服。(ゆとりが多くて楽な衣服)
流れがゆるい。(相対的に遅い)
流れがゆるやかだ。(遅くて快い)

⇨「なだらか」「ゆるやか」「かたい」「きつい」

ゆるぎない [揺るぎ無い] Yuruginai

① 地道《じみち》な努力で**ゆるぎない**地位を築《きず》く。
② 博士《はかせ》の信念は**ゆるぎない**。
③ 業務《ぎょうむ》提携《ていけい》によって、われわれの関係は**ゆるぎない**ものになるだろう。

【解説】 動かずに安定している様子を表す。ややプラスイメージの語。例のように抽象的なものについて用いることが多く、具体物が不動であるという意味ではあまり用いられない。

×　このビルは基礎が揺るぎないから地震《じしん》でも安心だ。
↓このビルは基礎がしっかりしているから地震でも安心だ。

安定して動かない対象は好ましいものであることが多く、好ましくない対象が停滞《ていたい》しているという意味では用いられない。

×　ここ数年彼の進歩は揺るぎない。
↓ここ数年彼の進歩は止まっている。

ゆるやか［緩やか］Yuruyaka

(1)① 彼女は**ゆるやか**な部屋着《へやぎ》を着て出てきた。
② 最近交通違反の取り締まりが**ゆるやか**になった。
(2)① その家は屋根の勾配《こうばい》が**ゆるやか**で豪壮《ごうそう》な感じだ。
② 彼の家は**ゆるやか**な坂を上った先にある。
(3)① 本流へ出ると流れが急に**ゆるやか**になった。
② 子守歌《こもりうた》には**ゆるやか**なテンポの曲が多い。

【解説】 (1) 結合の状態が弱い様子を表す。ややプラスイメージの語。「ゆるい」の(1)に対応するが、結合の状態が弱いことが好ましい対象について用いる。これは客観的に特定の状態を意味しない。主体にとって好ましいと感じられれば「ゆるやか」を用いることができるので、たとえば②で、取り締まりがゆるやかになったのは取り締まられる側にとっては好ましいことであるが、取り締まる側にとっては必ずしも好ましいとはかぎらない。

結合の状態が弱くゆとりがあることが好ましくなければ、「ゆるやか」は用いない。

×　病気をして痩《や》せたら服がゆるやかになった。
↓病気をして痩せたら服がゆるく（だぶだぶに）なった。

水分の量が相対的に多くて粘りが少ないという意味では、「ゆるやか」はあまり用いられない。

？　お粥《かゆ》はゆるやかなほうが消化がよい。
↓お粥はゆるいほうが消化がよい。

(2) 程度がはなはだしくない様子を表す。ややプラスイメージの語。「ゆるい」の(2)に対応するが、「ゆるい」よりももっとプラスイメージが強い。

この「ゆるやか」は「なだらか」に似ているが、「なだらか」がめだった凹凸《おうとつ》がないという暗示をもつのに対して、「ゆるやか」は全体としての傾きが少ないという暗示をもつ点が異なる。

？　女のゆるやかな肩の線は美しい。
↓女のなだらかな肩の線は美しい。

(3) 速度が相対的に大きくない様子を表す。ややプラスイメージの語。「ゆるい」の(3)に対応する。相対的な速度の遅さが好ましいものとしてとらえられている表現である。

⇨「ゆるい」「なだらか」

よい［好い・良い・善い］Yoi

(1) ① 彼の時計はきんきらきんであまり**よく**ない。
② 旅館の部屋はもっと眺《なが》めが**よく**なくちゃいやだ。
③ 彼女は女っぷりは**よく**ないが、気だてがいい。
④ 草津《くさつ》**よい**とこ、一度はおいで。（民謡）
⑤ あの医者は腕が**よい**という評判だ。
⑥ 今度の彼女の小説はなかなか**よく**書けている。
⑦ もっと姿勢《しせい》を**よく**しないと目が悪くなりますよ。
⑧ 彼は**よい**人間だ。
⑨ あの二人は仲が**よく**ない。
⑩ このおもちゃはうちの息子にちょうど**よい**。
⑪ ええ、本日はお日柄《ひがら》も**よく**、……（結婚式の挨拶《あいさつ》）
⑫ 繊維質《せんいしつ》の食べ物は健康に**よい**そうですね。
⑬ 今日はなんとなく気分が**よく**ない。
⑭ 彼の言い方は歯切《はぎ》れが**よく**なかった。
⑮ 病気が早く**よく**なるようお祈りしています。
⑯ あのときもっと一生懸命やっておけば**よかっ**た。
⑰ 望みがかなって**よかっ**たですね。
⑱ 自分さえ**よけれ**ばいいという人間が多くなった。
⑲ 国立が第一志望だったが、受かったんだから私立でも**よかろ**う。
⑳ 退院しても**よい**と先生がおっしゃったそうだ。
㉑ その事件は大勢《たいせい》に影響ないと見て**よい**だろう。
㉒ 自分ひとりで決めず先輩《せんぱい》に相談したほうが**よい**。
㉓ 遠いところを**よく**来たね。
㉔ 「先生、逆上《さかあ》がりできた」「**よく**やった」
㉕ 「会社の未来はおれの肩にかかっているんだ」「**よく**言うよ」

(2) ① 住み**よい**町づくりを目指す。（CM）
② キャップをつけたらペンが書き**よく**なった。

(3) ① **よし**、今度はおれもやるぞ。
② **よし**、わかった。万事《ばんじ》おれに任せておけ。
③ おお**よしよし**、泣くんじゃないよ。

【解説】 (1) 望ましく好ましい様子を表す（↔わるい）。非常に広い意味をもつ。プラスイメージの語。終止形・連体形では「いい」を用いることもあるが、「いい」のほうが口語的で日常会話中心に用いられる。「よい」を終止形・連体形で用いると、文章語的・規範的なニュアンスになる。

①は品質《ひんしつ》が上等である、高価であるという意味。②は美的にすぐれているという意味。③④は美的にすぐれている、または魅力があるという意味。⑤は技術が優秀《ゆうしゅう》だという意味。⑥は結果がすぐれているという意味。⑦は

標準的だ、基準に合致《がっち》しているという意味。⑧は善良《ぜんりょう》だという意味。⑨は親密《しんみつ》だという意味。⑩⑪は好都合《こうつごう》だという意味、⑫は利益になる、ためになるという意味。⑬⑭は快い、快適《かいてき》だという意味。⑮⑯は相対的に改善《かいぜん》されるという意味。⑰⑱は十分だ、満足すべき状態だという意味。⑲は「～で(も)よい」という形になり、許容《きょよう》を表す。⑳㉑は「～して(も)よい」という形になり、許可を表す。㉒は「～したほうがよい」という形になり、選択を表す。㉓～㉕は連用形が述語にかかる副詞として用いられた例で、行為そのものを賞賛する意味を表す。㉔は「よくやった」全体で感動詞的に用いられ、相手をほめたりねぎらったりする意味である。㉕の「よく言う」は慣用句で、相手の発言が分不相応だったり出過ぎていたりすると感じたとき、相手を揶揄《やゆ》する意味で、あきれている心理を表現するために用いられる現代語用法。この慣用句は若い人に好んで用いられる。

(1)の「よい」はさまざまの状態について好ましいことを表すので、それぞれの場面において、より具体的な表現(別の言葉)を用いることが可能である。「よい」を用いると、それらを具体的に表現することなく、ただ望ましい状態にあることだけを漠然《ばくぜん》と示すことになる。

(2)動詞の連用形について、「～しやすい」「～することが容易《ようい》だ」という意味を表す。ややプラスイメージの語。ただし、日常会話としては「～やすい」のほうが用いられ、「～よい」はあまり用いられない。この「よい」は対象から想定される行為にとって都合がよいというニュアンスになり、～しがちだという傾向は意味しない点で「～やすい」と異なる。

× 彼はおだてにのりよい。
→彼はおだてにのりやすい。

(3)「よし」から変わった感動詞的な用法。プラスマイナスのイメージはない。①はあいづちや自分の決意を表明する前に振るマクラ(前置き)である。②は相手の発言を理解し受容《じゅよう》したことを表す。③は「よしよし」と二つ重ねて用いられ、むずかっている子供をあやす場面でよく用いられる。

「よい」は「いい」と基本的に同じ意味であるが、文章語的であるために、用いる場面に制限がある。また、「いい」の(3)でとりあげた慣用句は、「よい」に置き換えられないものが多い。

? 奴が落選したんだって? よい気味よい気味。
× 上司の失敗の後始末ばかりで、全くよい面の皮だ。
× 君にだけおごるなんて、不公平もよいところだ。
? よい年をして、そんな恰好《かっこう》をしないでください。
× 名家の御曹子《おんぞうし》が落第したんじゃよい恥さらしだな。
× 毎日選挙の宣伝カーがうるさくてよい迷惑ですよ。

望ましく好ましい状態を表す語としては他に「よろしい」があるが、「よろしい」がいちおう理性的に判断したうえで好ましいと判断を加えるニュアンスがあるのに対して、「よい」は判断を加えず無条件に肯定するニュアンスのある点が異なる。

部長があまり遅刻《ちこく》ばかりするのはよくない。
（個人の意見としてよくないと思う）
部長があまり遅刻ばかりするのはよろしくない。
（部長としての立場、社員教育などに照らして）

また、「よろしい」のほうが丁寧《ていねい》なニュアンスがあるので、改まった場面などでは「よい」の代わりに用いられることも多い。

→ええ、本日はお日柄もよろしく、……

⇨「いい」「やすい」「よろしい」「きもちよい」「こきみよい」「ここちよい」「こころよい」「ほどよい」「みよい」「よりよい」「わるい」

よぎない【余儀無い】Yoginai

① 計画を断念《だんねん》したが**よぎない**ことであった。
② 所用《しょよう》のため**よぎなく**会議に欠席した。
③ 圧倒的な敵勢《てきぜい》の前に後退《こうたい》を**よぎなく**された。

【解説】　望まないことを消極的に受け入れる様子を表す。ややマイナスよりのイメージの語。ややかたい文章語で、日常会話にはあまり登場せず、公式の発言などによく用いられる。修飾語になることが多く、述語になることは少ない。③の「よぎなくされる」は慣用的な表現で、強いられる、強制されるという意味である。

かなり客観的な表現で、事態を受容《じゅよう》する話者の判断を表すが、客観的な根拠の存在が暗示されている。

「よぎない」は「やむをえない」や「よんどころない」に似ているが、「やむをえない」が話者の主観的な判断として受け入れるニュアンスであきらめの暗示があり、「よんどころない」には主体の不安定な心理の暗示があるのに対して、「よぎない」は客観的な根拠の存在が暗示されるので、あきらめなど特定の感想は表明されていない。全く同じ文脈で「よぎない」と「やむをえない」「よんどころない」が用いられると、次のようなニュアンスの違いを生ずる。

余儀ない事情がある。
（誰がみても納得《なっとく》する事情）
やむをえない事情がある。
（話者にとってしかたがない事情）
よんどころない事情がある。
（話者にとって避《さ》けられないので困った事情）

また、「よぎない」は、ほかにとるべき方法がない結果として、行動したのかしなかったのかまでは言及《げんきゅう》していない点で、行為の放棄《ほうき》を暗示する「しょうがない」などと異なる。

？ 今さら後悔《こうかい》しても余儀ないことだ。
↓今さら後悔してもしょうがない(しかたがない)ことだ。

⇩「やむをえない」「よんどころない」「しょうがない」「しかたがない」「どうしようもない」「ぜひない」

よくふかい・よくふか ［欲深い・欲深］ Yokufukai・Yokufuka

① 彼女は**よくふか**な継母《ままはは》に育てられた。
② あいつは**よくふかい**から損になることはしない。

【解説】 物欲(おもに金銭欲)が旺盛《おうせい》である様子を表す。マイナスイメージの語。人間の性格全体を表し、特定の行動に表れた欲望《よくぼう》の強さは意味しない。

× 彼はこの間の取引で欲深くもうけた。
↓彼はこの間の取引でがめつくもうけた。

また、物欲以外の欲望(食欲・性欲など)については、ふつう用いない。

？ この子は欲深でお菓子をひとりじめする。
↓この子は欲張りでお菓子をひとりじめする。

「よくふかい」は「がめつい」に似ているが、「がめつい」が対象についての強い嫌悪《けんお》を暗示するのに対して、「よくふかい」はやや客観的で嫌悪の暗示は少ない。全く同じ文脈で「よくふかい」と「がめつい」が用いられると、次のようなニュアンスの違いを生ずる。

欲深い男。(金銭に貪欲《どんよく》な男)
がめつい男。(金銭に異常に執着《しゅうちゃく》していやな男)

⇩「がめつい」「かんじょうだかい」「－ふかい」

よそよそしい ［余所余所しい］ Yosoyososhii

① よい番犬はやたらに人に尾を振らず、**よそよそしい**態度をするものだ。
② 久し振りに会った彼女は**よそよそしかっ**た。

【解説】 うちとけない様子を表す。ややマイナスイメージの語。もともと知らない人に対してうちとけない、親しみを見せないという場合(①)と、本来親しくあるべき仲の人が期待される親しみを見せないという場合(②)とがある。

「よそよそしい」は結果として「つめたい」や「つれない」に近い状態になるが、「つめたい」や「つれない」にある情の通わない冷淡《れいたん》さの暗示はなく、知らない人に対するかのような堅《かた》いあらたまった態度を言うことが多い。

？ よい番犬は冷たい(つれない)態度をするものだ。

「よそよそしい」は「みずくさい」にも似ているが、

「みずくさい」はもともと親しい間柄にある者が遠慮《えんりょ》しているという暗示があるのに対して、「よそよそしい」は用いられる対象も状況も広い。

？（資金援助《しきんえんじょ》の依頼《いらい》を遠慮している場面で）君とぼくはそんなによそよそしい仲じゃないだろう。
→君とぼくはそんなに水くさい仲じゃないだろう。
⇩「つめたい」「つれない」「みずくさい」

よどみない［澱み無い］Yodominai

① 彼の英語は**よどみない**。
② 上司の詰問《きつもん》にも彼女は**よどみなく**答えた。

【解説】停滞《ていたい》せずに進む様子を表す。ややプラスイメージの語。発言や発言を伴《ともな》った事柄について用いられることが多く、それ以外のものについて用いられることはあまりない。①は発音が流暢《りゅうちょう》だという意味、②は答え方が流暢であるのみならず、発言の内容もすじが通っているという意味である。

かなり客観的な表現で、流暢に発言することについて、特定の感想は暗示されていない。

⇩「なめらか」

よりよい［より好い・より良い・より善い］Yoriyoi

① **よりよい**社会を建設しよう。
② 去年に比べれば今年は職場《しょくば》環境《かんきょう》も**よりよく**なった。

【解説】比較してみて好ましさが増した様子を表す。プラスイメージの語。かなり抽象的な語で、どの程度増したか、それについての感想などは暗示されていない。

「よりよい」は複数の異なるものを比較するというよりは、同一のものが変化する前と後とを比較する場面で用いられ、変化して好ましくなったほうを中心に据えて、それと対置されるべき比較の対象を文章中に明示しないことが多い。複数の異なるものから対等の立場に立って比較する場合には、「よい」を用いる（助詞として比較の「より」を伴《ともな》うこともある）。

？彼の業績《ぎょうせき》は君のに比べてよりよい。
→彼の業績は君のに比べてよい（君のよりよい）。
一方が他方より好ましいという意味で、「よりよい」は「まし」に似ているが、「まし」が好ましくないものどうしを比較する暗示があるのに対して、「よりよい」は対象の制限がない。
× ましな社会を建設しよう。
⇩「まし」「めぼしい」「よい」「いい」

よろこばしい［喜ばしい・悦ばしい］Yorokobashii

① 部下が表彰《ひょうしょう》されるのはまことに**よろこばしい**。

② 留守《るす》家族にとって**よろこばしい**ニュースが届《とど》いた。

【解説】 歓迎《かんげい》すべき様子を表す。プラスイメージの語。かなり客観的で冷静《れいせい》な表現で、歓迎すべき事態についての感動や満足感の暗示はない点で「うれしい」と異なる。

？ 合格通知を受け取ったとき、とてもうれしかった。
→合格通知を受け取ったとき、とても喜ばしかった。

「よろこばしい」は「このましい」にも似ているが、「このましい」が話者の主観的な好悪《こうお》を暗示するのに対して、「よろこばしい」は客観的に見て歓迎すべき事態だという意味で、個人の好みは暗示されていない。

× 彼はなかなか喜ばしい青年だ。
→彼はなかなか好ましい青年だ。

⇨「うれしい」「このましい」

よろしい［宜しい］Yoroshii

(1)① 今度の彼女の小説はなかなか**よろしい**。
② ええ、本日はお日柄《ひがら》も**よろしく**、……(結婚式の挨《あい》拶《さつ》)
③ 御希望がかなって**よろしゅう**ございました。
④ 御都合《ごつごう》の**よろしい**ときにおいでください。
⑤ 恩師《おんし》の指導**よろしき**を得て学徒《がくと》たちは巣立っていく。
⑥ **よろしければ**、コーヒーもう一杯いかがですか。
⑦「もう一度説明しましょうか」「もう**よろしい**わ」
⑧ 君はもう来なくて**よろしい**。
⑨ 窓を開けても**よろしい**ですか。

(2)①「私におまかせください」「**よろしい**、任せよう」

【解説】 (1) 望ましく好ましい様子を表す。ややプラスイメージの語。①〜③は望ましく好ましいという意味、④〜⑥は好都合だという意味、⑦は不必要だという意味、⑧⑨の「〜てよろしい」は許可を表す。

この「よろしい」は改まった場面で「よい」「いい」の代わりに用いられ、「よい」「いい」よりも丁寧《ていねい》なニュアンスになる。ただし、「よい」「いい」が判断を加えずに無条件に肯定する暗示があるのに対して、「よろしい」はいちおう理性的な判断を下している暗示があるので、しばしば話者が対象を高所《こうしょ》から見下すニュアンスになり、使われ方によっては尊大《そんだい》な表現に受け取られる可能性がある。全く同じ文脈で「よろしい」と「よい」(「いい」)が用いられると、次のようなニュアンスの違いを生ずる。

君の考えはよろしい。
(理性的に判断してなかなかよい所がある)
君の考えはいい。
(無条件によい。賛成だ)

したがって、打消しで用いる場合には、「よろしくない」より「よくありません」のほうが丁寧な感じが出る。

君の考えはよろしくない。（けしからん）

君の考えはよくありません。（代案《だいあん》があります）

「よろしい」を用いて、「よい」より丁寧な感じになるか尊大な感じになるかの分かれめは、その文中の他の敬《けい》語《ご》の表現による。他に敬語を使用していれば「よろしい」が「よい」を丁寧にした意味で用いられることになるが、「よろしい」の他に敬語がなければ「よろしい」自体が尊大なニュアンスをもつ語として受け取られることになる。

わたくしはもううかがわなくてよろしいですか。
（謙譲語《けんじょうご》「うかがう」などがあるから丁寧の意味）

私はもう来なくてよろしいか。
（敬語が他にないから尊大なニュアンス）

(2) 感動詞的な用法。相手の発言を承知・受容《じゅよう》する際に用いられる。プラスマイナスのイメージはない。これも「よし」に比べると、やや尊大なニュアンスになる。

よろしい、任せよう。（自分が任せてやるんだぞ）

よし、任せよう。（頼んだぞ）

⇨「よい」「いい」「わるい」

よわい［弱い］Yowai

(1)① 台風の目が通りすぎてやっと風が**よわく**なった。
② 今朝八時ごろ**よわい**地震《じしん》がありました。
③ 高くて**よわい**声を出すのはとてもむずかしい。
④ 冬は日差しが**よわい**。
⑤ 赤外線カメラは**よわい**光にも反応して撮影《さつえい》できる。
⑥ 強火で二分煮たら火を**よわく**します。
⑦ この酒は**よわく**てうまくないね。
⑧ この眼鏡は度が**よわく**てよく見えない。
⑨ 胸に耳をつけても心臓《しんぞう》の鼓動《こどう》は**よわかっ**た。
⑩ 刺激《しげき》というものは、慣れてくるとだんだん**よわく**感じるようになるものだ。
⑪ 最初の勢いがだいぶ**よわく**なった。
⑫ この分子間の結合は**よわい**。
⑬ 彼は社内での影響力が**よわい**からあまりあてにできない。

(2)① 彼女は体が**よわい**。
② 年をとると足腰《あしこし》が**よわく**なる。
③ 絹は肌ざわりはいいが、**よわく**て切れやすい。
④ この家は基礎《きそ》が**よわい**から地震のときは危ない。
⑤ 間接税《かんせつぜい》は**よわい**立場の者には過酷《かこく》な税金だ。
⑥ 主任の意見は説得力《せっとくりょく》が**よわい**ね。
⑦ 臆病《おくびょう》な人間にかぎって**よわい**者いじめをする。
⑧ 彼は気が**よわく**て交渉《こうしょう》がへただ。
⑨ 体は立派だが芯《しん》の**よわい**人間が多くなった。
⑩ 病気の両親のことを考えると、心が**よわく**くじけそうになる。

(3)
① 彼女は見かけによらず腕力《わんりょく》は**よわく**ない。
② 今年のチームは守備《しゅび》が**よわい**のが欠点だ。
③ 外人は勘弁《かんべん》してよ。ぼく英語に**よわい**んだから。
④ 部長はメカに**よわく**てOA機器を扱《あつか》えない。
⑤ ぼくは将棋《しょうぎ》は強いが碁《ご》は**よわい**。
⑥ 頭が**よわい**んだからむずかしいことは言わないでくれよ。

(4)
① うちの犬は暑さに**よわい**。
② 肝臓《かんぞう》を患《わずら》って酒が**よわく**なった。
③ うちの社長は若い女に**よわい**。
④ 頑固《がんこ》おやじも娘には**よわい**。
⑤ 課長はふだん威張《いば》っているが権威《けんい》に**よわい**。
⑥ 借金の話を持ち出されると**よわい**んだなあ。

【解説】 強弱を表す最も基本的な形容詞の一つ(↔つよい)。

(1) 程度が相対的に低い様子を表す。プラスマイナスのイメージはない。①～⑨は数量的に計れるものの程度が低い様子を表す。⑩～⑬は抽象的な意味である。この「よわい」は程度のはなはだしいものとの比較において、相対的に程度が低いという場合(①～⑧⑪～⑬)と、そのものの平均的な程度より低いという場合(⑨)とがある。

数量的に計れるもののうちでも、色・におい・味についてはふつう「よわい」は用いられず、「うすい」「かすか」などを用いることが多い。

? 弱い色。 →薄い色。
? 弱いにおい。 →かすかなにおい。
? 弱い味。 →薄い味。

動詞を修飾する場合には、「つよい」の用いられる「縛る」「打つ」の反対語として「よわい」はふつう用いられない。

× 弱く縛る。 →ゆるく縛る。
× 弱く打つ。 →軽く打つ。

(2) 構造やつくりが軟弱《なんじゃく》な様子を表す。ややマイナスイメージの語。①～④は物理的な軟弱さについて言う。⑤～⑩は精神的な軟弱さについて言う。「つよい」が反対語になれる場合(①～③⑤⑧～⑩)となれない場合(④⑥⑦)とがある。⑦の「よわい者いじめ」は慣用句で、力の劣っている者を故意にいじめるという意味で、主体の卑《ひ》怯《きょう》さを暗示する表現である。

(3) 能力や技術が劣《おと》っている様子を表す。ややマイナスイメージの語。「□□がよわい」という場合と、「□□によわい」という場合とがある。□□には力量・技術・能力そのものがくる場合(①②⑥)と、技術や能力の対象がくる場合(③～⑤)とがある。どちらの意味になるかは文脈によって決まるので、次のような文脈においては二通りの意味になりうる。

彼は車に弱い。(車のことをよく知らない)
(車に酔いやすい)

⑥の「頭がよわい」は慣用句で、思考力や知能がたりない、判断力が鈍《にぶ》いという意味である。

(4) (3)から一歩進んで、外からの働きかけに対する抵《てい》抗力《こうりょく》が少ない様子を表す。ややマイナスイメージの語。(3)と同様「□□がよわい」「□□によわい」と、二つの助詞をとれる。「が」を用いると外からの刺激と積極的にかかわる力を暗示し、「に」を用いると外からの刺激を受け止める力を暗示する。

父は酒が弱い。(飲もうとしてもあまり飲めない)
父は酒に弱い。(飲むとすぐに酔っぱらう)

したがって、積極的な働きかけをふつうは行わない対象については(①③~⑤)、「が」は用いない。

⑥の「~されるとよわい」は慣用的な表現で、「~されると自分には弱みがあって、強い態度に出られない」という意味になる。

「よわい」はさまざまの物の軟弱さ、程度の低さについて客観的に述べる抽象度の高い語であって、「おだやか」「やわらかい」「ゆるい」「かるい」「やさしい」など他の語に置き換え可能であるが、それらの意味内容を特定の感情をまじえずに客観的に述べるニュアンスがある。また、「よわい」は他の語について複合語を作る。

⇩「おだやか」「やわらかい」「ゆるい」「かるい」「やさしい」「かすか」「つよい」「かよわい」「きよわ」「こころよわい」「ひよわ」「よわよわしい」

よわよわしい［弱々しい］Yowayowashii

① 病人は**よわよわしい**声で水を求めた。

② 日本の女子選手は外国選手に比べて**よわよわしく**見える。

【解説】 いかにも弱くてたよりなく感じられる様子を表す。ややマイナスイメージの語。生物の体や声など外から判断できるものについて用いることが多く、無生物については光などをのぞいて、ふつうあまり用いられない。

○ 洞窟《どうくつ》の奥に弱々しい光が差しこんでいる。
? この扇風機《せんぷうき》は風が弱々しくてちっとも涼《すず》しくない。
→この扇風機は風が弱くてちっとも涼しくない。

「よわよわしい」には対象の外見がいかにも弱そうに見える(感じられる)ことについての危惧《きぐ》が暗示されており、程度の低いことが好ましい場合には用いられない。

× 彼女は華奢《きゃしゃ》だから腕力《わんりょく》は弱々しい。
→彼女は華奢だから腕力は弱い。

「よわよわしい」は「かよわい」に似ているが、「かよわい」が対象の普遍的《ふへんてき》な性質について全般的《ぜんぱんてき》に述べる暗示があるのに対して、「よわよわしい」は対象の一時的な外見の弱さを暗示する点が異なる。

× 彼女は弱々しい女の身で単独登頂《たんどくとうちょう》に成功した。

→彼女はか弱い女の身で単独登頂に成功した。

また、「よわよわしい」は「ひよわ」にも似ているが、「よわよわしい」が不健康《ふけんこう》状態を暗示するのに対して、「ひよわ」には不健康状態の暗示は少ない。

× 温室育ちの弱々しい花は外気にあてるとしおれる。

→温室育ちのひ弱な花は外気にあてるとしおれる。

⇨「よわい」「かよわい」「ひよわ」

よんどころない ［拠ん所無い］ Yondokoronai

① 「あら、新年会に出られないの？」「うん、**よんどころない**用事があってね」

② 彼は**よんどころなく**その提案《ていあん》を受け入れた。

【解説】 望まないことを消極的に受け入れる様子を表す。ややマイナスよりのイメージの語。名詞にかかる修飾語で用いられることが最も多く、その他の修飾語にもなるが、述語としてはあまり用いられない。日常会話でおもに用いられ、かたい文章中にはあまり登場しない。

望まない事態を受容《じゅよう》することについて、困惑《こんわく》など主体の不安定な心理の暗示されている語で、しばしば①のように自分の行為の弁明《べんめい》に用いられる。この場合には、客観的にみて避《さ》けられない用事があるが、自分も困惑しているという意味になり、相手の同情を求めているニュアンスになる。

「よんどころない」は「よぎない」に非常によく似ているが、「よぎない」のほうが客観的で、主体の心理は特に表現されていない。

? その計画を断念《だんねん》したのはよんどころないことであった。

→その計画を断念したのは余儀ないことであった。

「よんどころない」は「やむをえない」にも似ているが、「やむをえない」が話者の主観的な判断を暗示するのに対して、「よんどころない」の暗示する判断はやや客観的である。

× 親戚《しんせき》でやむをえない行事があるから会社へは行かれない。

→親戚でよんどころない行事があるから会社へは行かれない。

⇨「よぎない」「やむをえない」「しょうがない」「しかたがない」「ぜひない」「どうしようもない」

ら 行

ーらしい　ーrashii

(1)
① どうも午後から雨**らしい**。
② あそこにいるのがうちの息子**らしい**。
③ 電話をかけたら奥さん**らしい**人が出てきた。
④ 「お返事しませんでしたっけ?」「そういえば、ずいぶん前に手紙**らしき**ものを受け取りました」
⑤ 彼は病欠《びょうけつ》と言った手前、いかにも重病《じゅうびょう》**らしく**見せる必要があった。
⑥ 彼の話はほんとう**らしい**。
⑦ 今度の会社は給料がとてもいい**らしい**。
⑧ 彼女の家は駅から歩いてすぐ**らしい**ね。
⑨ 今ごろ日本には台風がやってきている**らしい**。
⑩ 彼女は学生時代そうとうもてた**らしい**。
⑪ そんなあほ**らしい**話につきあっていられるか。
⑫ 彼の話はもっとも**らしく**て、みんなだまされた。
⑬ わざと**らしい**お世辞《せじ》を言われてもうれしくないさ。
⑭ 「来週は休講《きゅうこう》なの?」「**らしい**わね」

(2)
① 彼はいかにも外人**らしい**たどたどしい発音で言った。
② どんなに安い仕事でもいい加減にできないなんて、彼女**らしい**ね。
③ (画家の個展《こてん》で)「いかにもあなた**らしい**作品ですね」「ありがとうございます」
④ こんなつまらない失敗をするなんて、日頃《ひごろ》の彼**らしから**ぬへまだ。
⑤ 隠しごとをするなんて君**らしく**ないね。
⑥ 到着《とうちゃく》三日めにして、ようやく外国へやって来た**らしい**気分になれた。
⑦ この半年雨**らしい**雨は降っていない。
⑧ 先生はいかにも学者**らしい**学者だ。
⑨ 男**らしく**白状《はくじょう》したらどうだ。
⑩ マニキュアを塗った細い指がいかにも女**らしい**。

【解説】 (1) 他の語について確実性《かくじつせい》の高い推量を表す。プラスマイナスのイメージはない。助動詞として扱われることが多いが、接尾語扱いすることもあり、両者の違いは必ずしも厳密《げんみつ》にはつかない。①~⑥は名詞についた例、⑦は形容詞、⑧は副詞、⑨は動詞、⑩は助動詞についた例である。⑪~⑬のように結合が強くなると、全体で一語の形容詞として扱われる。⑭はこれらから一歩進んで、前の自立語を省略した用法で、日常会話だけに用いられる現代語用法。ある判断に対する応答《おうとう》として用いられ、「そのようだ、自分もそう思う」という意味になる。

意味としては、確実性の高い推量を表すが、そこには客観的な根拠のあることが多い。また、事実そのものを婉曲《えんきょく》に表す場合④にも用いられる。「〜のようだ」にも似ているが、「〜のようだ」は客観的な根拠の存在を暗示しない。

(2) 典型的《てんけいてき》である様子を表す。ややプラスよりのイメージの語。おもに名詞につく接尾語として扱われることが多い。前の名詞の特徴《とくちょう》が典型的に表れているという意味である。その内容を文中に明示しないときには、しばしば好ましい特徴を典型的に備えているというニュアンスになる。③がその例で、この「あなたらしい」という意味は「あなたの(よい)特徴がよく表れている」という意味になるので、「ありがとうございます」というお礼の挨拶《あいさつ》が成り立つわけである。

⑥は名詞につかない数少ない例の一つである。⑦⑧は「□□らしい□□」という形で用いられ、同じ名詞で前後をはさみ、全く典型的な□□という、強調した意味になる。また、(1)同様、前の語との結合の度合が強くなると、全体で一語の形容詞として扱われる(⑨⑩)。

⇨「ーたらしい」「ーぽい」「あいらしい」「あほらしい」「いじらしい」「いやらしい」「おとこらしい」「おんならしい」「かわいらしい」「きたならしい」「こにくらしい」「しおらしい」「しかつめらしい」「しさいらしい」「にくらしい」「ばからしい」「ほこらしい」「もったいらしい」「もっともらしい」「わざとらしい」

らちもない ［埒も無い］ Rachimo-nai

① ここで**らちもない**議論《ぎろん》をしていても始まらない。

② 女房《にょうぼう》の言う大事件は、たいてい**らちもない**。

【解説】 結果として一定の価値を生じない様子を表す。ややマイナスよりのイメージの語。名詞にかかる修飾語①になることが多く、述語②になることもあるが、述語にかかる修飾語になることはまれである。①はとりとめのないむだな議論という意味、②はたいしたことはないという意味である。

価値が生じないという意味で「らちもない」は「つまらない」に似ているが、「つまらない」にある慨嘆《がいたん》や不都《ふつ》合《ごう》の暗示は「らちもない」にはない。

× 彼はらちもない失敗を苦《く》に自殺した。
　↓彼はつまらない失敗を苦に自殺した。

× 息子にらちもない知恵をつけないでくれよ。
　↓息子につまらん知恵をつけないでくれよ。

「らちもない」はまた「たわいない」にも似ているが、「たわいない」は対象の幼児性《ようじせい》を暗示し、行為のしかたについても用いられるのに対して、「らちもない」は（行為はそれなりにしているが）結果として価値を生じないというニュアンスで、行為のしかたについては、ふつう用いられない。

×わがチームは全くらちもなく負けてしまった。
→わがチームは全くたわいなく負けてしまった。

らちもない話を聞かされる。
（話の体裁《ていさい》は整《ととの》っているが内容がない）
たわいない話を聞かされる。
（話の内容が子供っぽい）

⇨「つまらない」「たわいない」「とるにたりない」「くだらない」

りくつっぽい ［理屈っぽい・理窟っぽい］ Rikutsuppoi

① おれは**りくつっぽい**女は嫌《きら》いだ。
② 彼の話は**りくつっぽく**ていけない。

【解説】 必要以上に理屈《りくつ》を好むように見える様子を表す。ややマイナスイメージの語。「～ぽい」は～のように見えるという意味の、形容詞を作る語尾。

理屈とは世間一般に通用する道理・常識であるが、しばしば表向きの建前《たてまえ》という意味で用いられることがあり、人々が規範《きはん》と考えてはいるが、必ずしも厳格《げんかく》に守られていないものというニュアンスがある（その規範を厳格に守ることを、「融通《ゆうずう》がきかない」といって侮蔑的《ぶべってき》に評することがある）。

また、世間一般に通用する常識の名のもとに、自分に都合《つごう》のいいように議論《ぎろん》を組み立てることもあるわけで、そういう特定の個人だけに都合のよい議論のことをも理屈という。「理屈をこねる」というときの理屈がそれである。

「りくつっぽい」は、対象がこれらの理屈を好むように見える様子を表す。あくまで外見に見える様子であるから、受ける側の感想を表した語であって、主体がほんとうに理屈を好んでいるかどうかには言及《げんきゅう》しない。また、「りくつっぽい」には、対象に対する侮蔑や憎悪《ぞうお》など特定の感情は暗示されていない。

世間の常識を遵守《じゅんしゅ》するという意味では「りちぎ」にも通じるが、「りちぎ」は対象に対する感心の暗示があり、プラスイメージになっている点が異なる。

×彼は毎年取引先に理屈っぽく挨拶《あいさつ》して回る。
→彼は毎年取引先に律儀に挨拶して回る。

⇨「りちぎ」「ぎりがたい」「－ぽい」

りこう ［利口・利巧］ Rikô

(1) ① うちの犬は自慢《じまん》じゃないがとても**りこう**だ。
② その子は**りこう**そうな顔つきをしていた。

③ あいつが**りこう**かばかかはそのうちわかるさ。
④ なるほど、私も一つ**りこう**になりました。
⑤ 遠くの駅へ行くよりここでバスを待ってるほうが**りこう**だ。
⑥ 君たちはもっと**りこう**な方法を考えたほうがいい。

(2) ① ママが帰ってくるまでお**りこう**にしてるのよ。
② ぼうや、お**りこう**ねえ。いくつ？

(3) ① あいつは**りこう**だから、その手には乗らないよ。
② 彼は終戦直後の混乱期、万事《ばんじ》**りこう**に立ち回った。
③ 課長はなかなかの**りこう**者で、部長と係長をうまく操《あやつ》っている。

【解説】 (1) 頭の働きがよい様子を表す。プラスイメージの語。①②は知能が高いという意味、③④は一定の知識や判断力を備えているという意味、⑤は判断が適切だという意味、⑥は要領《ようりょう》がよいという意味である。

「りこう」は頭がよいという意味では「かしこい」に似ているが、「かしこい」は思慮が深いというニュアンスで用いられることが多いのに対して、「りこう」では判断の適切さ、要領のよさの暗示がある点が異なる。

？ りこうな奥様は余暇《よか》時間を上手に使います。
→賢い奥様は余暇時間を上手に使います。

(2) 「おりこう」の形で用いられ、子供が従順で聞き分けがよい様子を表す。プラスイメージの語。①は「おりこうにする」の形で用いられ、いたずらをしないでおとなしくするという意味、②は他人の子供に対する挨拶《あいさつ》語《ご》で、必ずしもほんとうに従順で聞き分けがよいとはかぎらない。やや追従《ついしょう》の暗示のある表現である。(2)の「おりこう」は、大人については原則として用いられない。

(3) (1)の反語的な用法。自分だけに都合《つごう》よく、抜けめなく行動する様子を表す。ややマイナスイメージの語。「ぬけめない」という意味であるが、「ぬけめない」ほど悪意の暗示は少なく、マイナスイメージも少ない。

？ あいつはりこうな奴だから注意したほうがいい。
→あいつは抜けめない奴だから注意したほうがいい。

反語的に用いられた「かしこい」にも抜けめない意味があるが、「かしこい」がいろいろ思慮をめぐらして立ち回るニュアンスがあるのに対して、「りこう」はもともと要領のよい資質《ししつ》をもっている主体がその能力を生かして立ち回るというニュアンスになる。全く同じ文脈で「りこう」と「かしこい」が用いられると、次のようなニュアンスの違いを生ずる。

りこうに立ち回る。
（持って生まれた能力でうまく世の中を渡る）
かしこく立ち回る。
（いろいろ考えて損にならないように行動する）

⇩「かしこい」「ぬけめない」「こりこう」「おとなしい」

りちぎ［律儀・律義］Richigi

① 彼は**りちぎ**な人でつまらない約束でも必ず守る。
② 彼は細かい部品を一つ一つ**りちぎ**に修繕《しゅうぜん》した。
③ あいつは**りちぎ**一辺倒《いっぺんとう》でおもしろみのない男だよ。
④ **りちぎ**者の子だくさん。（ことわざ）

【解説】 世間の常識に忠実《ちゅうじつ》に従う様子を表す。プラスイメージの語。

世間の常識とは社会生活を正常に営《いとな》むための規範《きはん》であるが、必ずすべての人が厳格《げんかく》に遵守《じゅんしゅ》しているわけではない。「りちぎ」はそういう世間の常識を厳格に遵守する人の性質や行動を評する語で、厳格に遵守していない立場から見た感心の暗示がある。また、実際の行動に際しては、一つ一つ丁寧《ていねい》にこなすという暗示がある。

①②が基本的な意味である。③は反語的に用いられた例で、世間の常識に厳格であることを揶揄《やゆ》するニュアンスになる。④はことわざで、律儀な者は夫婦生活も理想的に実行しているので、結果として子供が多くなるという意味で、現代ではしばしば揶揄的なニュアンスで用いられることが多い。

世間の常識を遵守するという意味で「りちぎ」は「ぎりがたい」に似ているが、「ぎりがたい」は他人との人間関係を尊重《そんちょう》する姿勢に限定するニュアンスがあり、行動一般に表れる規範意識《きはんいしき》は暗示しない。

× 彼は細かい部品を一つ一つ義理固く修繕した。

また、行動に規範意識が表れている点で「りちぎ」は「まじめ」にも似ているが、「まじめ」には全力で真正面からぶつかる誠意《せいい》の暗示があるのに対して、「りちぎ」は世間の常識に従う暗示があり、個人の意志に基づく行動については用いられない。

× 遊んでないで律儀に働け。
→遊んでないでまじめに働け。

⇨「ぎりがたい」「まじめ」「まめ」「きまじめ」

りっぱ［立派］Rippa

(1)① こんなに**りっぱ**な物をいただいて恐縮《きょうしゅく》です。
② 今日の課長の服装はとても**りっぱ**でまるで別人だ。
③ うちの犬は物品選別《ぶっぴんせんべつ》の部で**りっぱ**な成績《せいせき》を収めた。
④ 誹謗中傷《ひぼうちゅうしょう》にも動じない彼の態度は**りっぱ**だった。
⑤ この子は将来**りっぱ**な人になるに違いない。
⑥ 「先生、お久し振りです」「いやあ、**りっぱ**になったなあ」
⑦ 奴は言うことは**りっぱ**だが、やることは最低だ。
⑧ 「やっと課長のOKとったよ」「**リッパ**」
(2)① 彼女は難事業《なんじぎょう》を**りっぱ**にやりとげた。
② 小さな店だが、彼は母親と二人で**りっぱ**にやって

いる。

③ 十八にもなればもう**りっぱ**な大人だよ。

④ 変にお思いでしょうが、これには**りっぱ**な理由があるんです。

⑤ 他人の文章を丸写しするのは**りっぱ**な犯罪《はんざい》だと言える。

【解説】 (1) 非常にすぐれている様子を表す。プラスイメージの語。①②は非常に価値がある、高価だという意味、③は上位の成績という意味。④⑤は賞賛すべきだという意味。⑥は、全体的な印象が大きくて、すぐれているという意味である。⑦は揶揄《やゆ》的に用いられた例で、いちおう筋が通っているという意味である。⑧は感動詞的に用いられる現代語用法。しばしばカタカナ書きされる。相手の行為が賞賛に値するという意味ではあるが、感動の暗示は少なく、なかばあきれているニュアンスさえ暗示されている。

「りっぱ」は対象が非常にすぐれている様子を表す語であるが、その対象はある程度の大きさが必要で、威厳《いげん》・貫禄《かんろく》・高価・豪壮《ごうそう》などの暗示があり(⑥)、小さいものについてはあまり用いられない。

? 隣の家は立派なチワワ(犬)を飼っている。
○ 隣の家は立派な秋田犬を飼っている。
? 彼女は立派な宝石を買った。
→彼女は見事な宝石を買った。

「りっぱ」は対象がすぐれていることについて、かなり客観的なニュアンスがあり、対象についての感動などは原則として暗示しない。この点で「すばらしい」「みごと」と異なる。

× なんて立派な眺《なが》めなんだ。
→なんてすばらしい(見事な)眺めなんだ。

(2) 完全である様子を表す。プラスマイナスのイメージはない。①②は好ましい事柄を完全に行うという意味、③はある線に完全に到達《とうたつ》しているという意味、④は客観的にみて正当《せいとう》だという意味である。⑤は好ましくない事柄について用いられた例で、その範囲内《はんいない》に完全に収まっているという意味である。

「みごと」にも完全にやりとげる意味があるが、「みごと」は逆説的《ぎゃくせつてき》にあまり好ましくない事柄について用いられ、見る者の驚き・納得《なっとく》などの感想を伴《ともな》うのに対して、「りっぱ」はやや客観的で特定の感想は暗示されていない。

× 金目のものはあらいざらい立派に盗まれていた。
→金目のものはあらいざらい見事に盗まれていた。

⇨「すばらしい」「みごと」「えらい」

りりしい ［凛々しい］ Ririshii

① 新郎《しんろう》はまことに**りりしい**顔だちの青年だった。

② 新品の制服に身を包んだ息子は**りりしかっ**た。

【解説】 美しく勇壮《ゆうそう》で気持ちよい様子を表す。プラスイメージの語。男性の外見について用いられることが多く、それ以外の対象について用いられることはまれである。

？ 彼女はりりしいいでたちをしていた。

→彼女は勇ましいいでたちをしていた。

「りりしい」の暗示する勇壮さは、理想的な男性がもっているとされる勇気や潔さが外に表れたものである。したがって、単に「いさましい」というより美や気品が感じられ、野蛮《やばん》や乱暴の暗示はない。

「りりしい」は「おおしい」にも似ているが、「おおしい」のほうが美的な暗示が少なく、勇気の暗示の強い表現になっている。

？ 彼は困難にりりしく立ち向かった。

→彼は困難に雄々しく(勇ましく)立ち向かった。

⇨「いさましい」「おおしい」

れいぎただしい ［礼儀正しい］ Reigitadashii

① あの少年はいつも**れいぎただしく**挨拶《あいさつ》をする。

② 彼は**れいぎただしい**言葉づかいで好感《こうかん》がもてる。

【解説】 非常に丁寧《ていねい》な様子を表す。プラスイメージの語。

礼儀《れいぎ》とは社会生活上必要と考えられている規範《きはん》という意味であるが、具体的には他人に対する敬意《けいい》の表現ということになる。「れいぎただしい」は他人に対する敬意の表現を正しく行っている様子を表し、一定の法則や流派《りゅうは》に忠実に準拠《じゅんきょ》しているという意味ではない。①は挨拶の言葉が丁寧であるのみならず、お辞儀《じぎ》する頭の下げ方なども十分であるという意味である。したがって、「れいぎただしい」で表される状態は程度の上限がなくて、どれほど丁寧に行ってもよく、反語的・揶揄《やゆ》的《てき》な意味で用いられることはない。

「れいぎただしい」は「うやうやしい」に似ているが、「うやうやしい」には対象への尊敬の暗示があり、誰に対しても用いられる「れいぎただしい」よりも、対象の制限がある。

？ つきあうならうやうやしい人にしなさい。

→つきあうなら礼儀正しい人にしなさい。

丁寧さが度を超していると感じられた場合には、「ばかていねい」「くそまじめ」などの語を用いる。

⇨「うやうやしい」「おりめただしい」「ただしい」

れいれいしい ［麗々しい］ Reireishii

① 彼の事務所は、表通りに**れいれいしく**看板《かんばん》がかかっているからすぐわかる。

② 植木屋が造園《ぞうえん》研究家とはまた**れいれいしい**肩書《かたがき》を

考えたもんだな。

【解説】　目立つように表面を飾《かざ》る様子を表す。ややマイナスイメージの語。「れいれいしい」は人目に立つように故意に表面を飾るという意味の語で、作為《さくい》の感じられる表現である。したがって、飾られていること自体が好ましい場合には、ふつう用いられない。

？　パーティ会場は麗々しく飾られていた。

→パーティ会場は華やかに飾られていた。

また、故意に目立たせることについて話者の不快感が暗示されているので、目立たせることに必然的《ひつぜんてき》な理由が考えられる場合には用いられない。

？　大学では合格者リストを麗々しく掲《かか》げた。

（大規模《だいきぼ》に発表する必然性がある）

○　予備校では大学合格者リストを麗々しく掲げた。

（大規模に発表するのは宣伝のためである）

「れいれいしい」は「ぎょうぎょうしい」に似ているが、「ぎょうぎょうしい」が故意に大げさにした結果の美《び》観《かん》については言及《げんきゅう》しないのに対して、「れいれいしい」は故意に飾られた外見が整備《せいび》されている暗示がある点が異なる。全く同じ文脈で「れいれいしい」と「ぎょうぎょうしい」が用いられると、次のようなニュアンスの違いを生ずる。

麗々しい肩書。

（いかにも立派そうに見える肩書）

仰々しい肩書。

（必要以上に大げさに感じられる肩書）

⇨「はなやか」「はで」「ぎょうぎょうしい」「わざとらしい」

ろく［陸・碌］Roku

①　お前じゃどうせ**ろく**なざまにできやしない。

②　母は娘に**ろく**な支度《したく》もしてやれなかったと悔《く》やんでいる。

③　子供が泥棒《どろぼう》じゃ、親だって**ろく**な奴じゃない。

④　若い男が昼間家にいると**ろく**なことがない。

⑤　昨夜《ゆうべ》は**ろく**に寝てないんです。

⑥　なんだ、君は。**ろく**に字も書けないじゃないか。

⑦　家庭の主婦は**ろくろく**考えもしないで、簡単に証書にサインするから困る。

⑧　また、あいつが**ろく**でもないことをしでかしたな。

【解説】　後ろに打消しの表現を伴《ともな》って、全体として、満足できず不本意《ふほんい》な様子を表す。マイナスイメージの語句。俗語であって日常会話中心に用いられ、かたい文章中にはあまり登場しない。⑦は「ろくろく」と二つ重ねて副詞的に用いられる。⑧は「ろくでもない」という形容詞を作り、価値がないという意味で、侮蔑《ぶべつ》の暗示の強い表現である。

「ろく(な・に)～ない」は満足できない状態といっても、理想の状態から程遠く、しばしば平均以下で、どちらかといえば悪いほうの範囲に収まっているという暗示がある。①②は平均にも達していないという暗示がある。③は立派な人ではないという意味ではなくて、平均以下の好ましくない人物だという意味である。④は悪いことをするの婉曲的《えんきょくてき》な言い方である。⑤は睡眠《すいみん》時間がほとんどないことを暗示し、⑥は上手な字が書けないというよりは、字そのものをあまり知らなくてほとんど書けないというニュアンスになる。

「ろく(な・に)～ない」では満足できず不本意な状態について、しばしば侮蔑や自嘲《じちょう》の暗示があり、客観的な表現にはなっていない。

⇩「わるい」「つまらない」

ろこつ［露骨］Rokotsu

① 融資《ゆうし》の話を聞いて彼は**ろこつ**にいやな顔をした。
② 子犬を抱いた母犬は、飼い主以外の人間には**ろこつ**な敵意《てきい》を示す。
③ この本は描写《びょうしゃ》があまりに**ろこつ**で不快だ。

【解説】 物事が誰にでもわかるように表面に現れている様子を表す。マイナスイメージの語。③は対象が限定されている例で、しばしば性的な描写が度を超えているという意味になる。

「ろこつ」は本来隠《かく》されているべきもの(表面に見えることが好ましくないもの)が、意図的に表面に見える状態になっていることを嫌悪《けんお》の暗示を伴《ともな》って表す語である。したがって、好ましい対象については用いられない。

× 母は息子に再会して喜びを露骨にした。
→母は息子に再会して喜びをあらわにした。

「ろこつ」は、本来隠されているべき対象が現れていることについて、悪意の存在を暗示するが、あくまでも見る側の主観的な判断としての悪意であって、主体の側に立ってみれば率直《そっちょく》・正直《しょうじき》のつもりであることが往々にしてある(①)。また、主体は悪意をもつことのできる人間であることが普通で、無生物の意図的でない行為についてはふつう用いられない。

? 強烈《きょうれつ》なライトが顔のしわまで露骨に照らし出した。
→強烈なライトが顔のしわまであらわに照らし出した。

「ろこつ」は「あからさま」や「あらわ」に似ているが、「あからさま」には悪意の暗示が少なく、それによってひきおこされる嫌悪感も相対的に少ない。「あらわ」はさらに客観的な表現になっている。

⇩「あらわ」「あからさま」

わ　行

わかい ［若い］ Wakai

(1) ① だれにも**わかい**時はあった。
② 最近の**わかい**人は自分の考えをはっきり言う。
③ 母は年の割に**わかく**見える。
④ あの会社の女社長には**わかい**ツバメがいる。
⑤ 荷物運びならうちの**わかい**者にやらせましょう。
⑥ 今時《いまどき》の**わかい**者は口のきき方も知らない。
⑦ 彼とは同期《どうき》だが、年は彼のほうが二つ**わかい**。
⑧ 会長に面会したらずいぶん**わかい**んでびっくりした。
⑨ 去年創立《そうりつ》したばかりの**わかい**会社です。
⑩ この木はまだ**わかい**から実がならない。
⑪ 番号の**わかい**順に並んでください。
⑫ 三層下の**わかい**地層《ちそう》から恐竜《きょうりゅう》の化石《かせき》が出た。
(2) ① うちのおばあちゃんは気が**わかい**。
② 「おいくつですか」「七十になります」「いやあ、お**わかい**ですなあ」
(3) ① そんな**わかい**考え方じゃ世の中渡れないぞ。
② 二言目には正義《せいぎ》を口にするとは彼もまだ**わかい**ね。

【解説】 (1) おもに時間が起点に近い様子を表す。プラスマイナスのイメージはない。ふつう人間(①~⑧)について用いるが、人間以外の対象(⑨~⑫)についても用いられる。ただし、対象は時間とともに生成・発展するものであることが原則で、固着《こちゃく》したものについては用いられない。

× この家は若い。→この家は新しい。
若い菜。(生物として芽ぶいたばかりの菜)
新しい菜。(物体としてとれたばかりの菜)

人間について用いられた場合には、生まれてからの年齢が少ないという意味になる。この年齢は、絶対的に年齢が少ない場合(①②⑥)、相対的に年齢が少ない場合(③⑦⑧)とがある。絶対的に年齢が少ないといっても、ふつう子供については用いられず、思春期《ししゅんき》以降の人について用いる。

× 隣の二歳の息子は若い。
→隣の二歳の息子は幼い。

④の「わかいツバメ」は慣用句で、年下の男性の恋人という意味で、二十代の男性を指すことが多い。⑤の「わかい者」も慣用句で、会社や店などの組織の下働《したばたら》きをする者という意味になり、この場合には必ずしも年齢を問題にしていない。⑦⑧は比較に用いられた例であるが、

⑧のように比較の対象を示さない場合もある。⑨〜⑫は人間以外の対象について用いられた場合である。⑨は創立してからの時間が短いという意味、⑩は芽ぶいてからの時間が短いという意味である。⑪⑫は番号や数字、地層など順番に並んで進むものが起点(数字の場合は1、地層の場合には最古の部分)に近い様子を表す。

(2) 生気や活力にあふれている様子を表す。ややプラスイメージの語。人間についてのみ用いられる。(1)から派生した意味で、生まれてから時間がたっていない人間の性質だけを表す。①の「気がわかい」は活動的な精神をもっている、積極的な考え方をするという意味である。②の「おわかい」は挨拶語《あいさつご》としてよく用いられ、外見が実年齢《じつねんれい》に比べて生気があるという意味である。

(3) 未熟《みじゅく》である様子を表す。ややマイナスイメージの語。(1)から派生した意味で、起点に近いところから十分に成熟《せいじゅく》していないというニュアンスの語である。この場合には「あおくさい」などに近い意味になるが、「あおくさい」にある侮蔑《ぶべつ》の暗示は「わかい」には少ない。

⇨「あたらしい」「うらわかい」「わかい」「わかわかしい」「おさない」「あさい」「すくない」「あおくさい」

わがまま［我が儘］**Wagamama**

① 彼は末っ子で**わがまま**だ。

② 金持ちで**わがまま**に育った若者ほど手のつけられないものはない。

③ 私が社長になったからには**わがまま**を通させてもらいたい。

④ (瀕死《ひんし》の病人に)もっと**わがまま**を言ってくれていいんだよ。

【解説】 まわりのことを考えずに自分の思うとおりに振舞う様子を表す。マイナスイメージの語。①②が基本的な意味である。③は多少の障害《しょうがい》があっても自分の思いどおりにするという意味、④は(死にそうなんだから)他人のことなど考えずに自分の希望を言ってほしいという意味である。

自分の思うままに振舞うという意味では、「わがまま」は「きまま」に似ているが、「きまま」は個人の自由を尊《そん》重《ちょう》するというニュアンスで、必ずしもまわりの人間の迷《めい》惑《わく》さは暗示されていないが、「わがまま」では組織や社会のルールを乱す暗示のある点が異なる。

× 休日はわがままに過ごします。
→休日は気ままに過ごします。

⇨「きまま」

わからない［分からない・解らない・判らない］**Wakaranai**

(1) ① 奴の言うことはさっぱり**わからない**。

(2) ② 人間の運命なんて**わからない**ものですね。
(2) ① **わからない**奴だなあ。だめなものはだめだ。
② 部長はそれほど話の**わからない**人ではない。
(3) ① 彼は助からないかも**わからない**。
② 君のことをどんなに心配したか**わからない**。

【解説】 動詞「わかる」の打消し。

(1) 理解できない様子を表す。プラスマイナスのイメージはない。①が基本的な意味である。②は将来に関することについて用いられ、予測《よそく》できないという意味になる。

(2) 融通《ゆうずう》がきかず頑固《がんこ》な様子を表す。ややマイナスイメージの語。①は名詞にかかる修飾語で用いられ、こちらの言うことを理解しようとしない、頑固なという意味である。②は「話のわからない」で慣用句となり、融通がきかない、思いやりがないという意味になる。

(3) 「わからない」を使った慣用句。プラスマイナスのイメージはない。①は「〜かもわからない」という形になり、可能性の低い推量を表す。「〜かもしれない」より俗語的で、可能性も低いことが多い。②は「どんなに〜するかわからない」という疑問詞と動詞に呼応《こおう》する形で用いられ、非常に〜するという意味になる。

「わからない」は「融通がきかない」や「頑固」「〜かもしれない」など、それぞれの意味・用法によって他の語に置き換え可能であるが、それらの細かいニュアンスを表すことなく、かなり客観的に漠然《ばくぜん》と話者の無力さを暗示する。

⇩「―かもしれない」「きがしれない」「わりきれない」「げせない」「ふにおちない」「なんともいえない」

わかりにくい

［分かり難い・解り難い・判り難い］ **Wakarinikui**

① あの先生の講義《こうぎ》は**わかりにくい**。
② 卒論《そつろん》には**わかりにくい**文章を書いてはいけない。

【解説】 理解するのがむずかしい様子を表す（↔わかりやすい）。ややマイナスイメージの語。行為の受け手の困《こん》惑《わく》が暗示されており、対象の難解《なんかい》さを客観的に暗示する「むずかしい」とは異なる。全く同じ文脈で「わかりにくい」と「むずかしい」が用いられると、次のようなニュアンスの違いを生ずる。

わかりにくい話。
（話し方がまずいから理解できない）
むずかしい話。
（話自体が難解で自分の理解力を超えている）

⇩「むずかしい」「わかりやすい」「―にくい」

わかりやすい ［分かり易い・解り易い・判り易い］ Wakariyasui

① 子供にも**わかりやすい**文章を書く。
② 初心者に**わかりやすく**説明するのはむずかしい。

【解説】 理解するのが容易《ようい》な様子を表す（↔わかりにくい）。ややプラスイメージの語。行為の受け手の安心が暗示されており、対象の容易さを客観的に暗示する「やさしい」とは異なる。全く同じ文脈で「わかりやすい」と「やさしい」が用いられると、次のようなニュアンスの違いを生ずる。

　わかりやすい説明。（よく理解できてよかった）
　やさしい説明。（内容自体が簡単だ）

「たやすい」も似たような場面で用いられるが、「たやすい」が行為の主体の容易さを意味し、行為の受け手にとっての容易さは暗示しない。

× 先生の説明はとてもたやすい。
　→先生の説明はとてもわかりやすい（やさしい）。

⇨「やさしい」「たやすい」「わかりにくい」「—やすい」

わかわかしい ［若々しい］ Wakawakashii

① 母は還暦《かんれき》を過ぎたがいつまでも**わかわかしい**。
② 青年たちの**わかわかしい**情熱《じょうねつ》が大統領を動かした。

【解説】 生気や活力にあふれている様子を表す。プラスイメージの語。本来若いとはいえない人について（①）用いることが普通であるが、若い人の内面が活力にあふれている場合（②）にも用いられる。「わかわかしい」が若い人について用いられた場合には、内面の活力を表すことが多く、外見の若さを表すことは少ない。

　女子高生はさすがに若々しい肌をしている。
　→女子高生はさすがにみずみずしい肌をしている。

⇨「わかい」「みずみずしい」「うらわかい」

わけない ［訳無い］ Wakenai

① 駅は**わけなく**見つかった。
② こんな簡単な問題は**わけない**さ。

【解説】 手間がかからず気軽にできる様子を表す。ややプラスイメージの語。日常会話中心に用いられ、かたい文章中にはあまり登場しない。
「わけない」は問題の解決や理解が容易《ようい》であることについて軽い侮蔑《ぶべつ》の暗示があり、客観的な表現にはなっていない。また、行為の主体にとっての容易さを暗示し、行為の受け手にとっての容易さは暗示しない点で、「やさしい」と異なる。

× 彼なら初心者にもわけなく説明できる。

↓彼なら初心者にもやさしく(わかりやすく)説明できる。

「わけない」は「ぞうさない」に非常によく似ているが、「ぞうさない」がどちらかといえば行為の過程における容易さを暗示するのに対して、「わけない」は対象の単純さを侮蔑するニュアンスがあるので、行為の結果としての容易さを暗示するという違いがある。全く同じ文脈で「わけない」と「ぞうさない」が用いられると、次のようなニュアンスの違いを生ずる。

この料理はわけなくできた。

(結果として短時間でできた)

この料理はぞうさなくできた。

(めんどうな手間を必要としなかった)

容易である意味では「たやすい」にも似ているが、「たやすい」はかなりかたい文章語で、日常会話にはあまり登場せず、用法の広い点が異なる。

× 口で言うのはわけないが、実行するのは容易でない。

↓口で言うのはたやすいが、実行するのは容易でない。

⇨「やさしい」「ぞうさない」「たやすい」「きがる」

わざとらしい ［態とらしい］ Wazatorashii

① 彼女は姑《しゅうとめ》に**わざとらしい**笑顔《えがお》を作った。

② 主任は部下の手前**わざとらしく**部長に最敬礼《さいけいれい》した。

【解説】 思っていないことを故意に行う様子を表す。マイナスイメージの語。「わざとらしい」はその気持ちがないのに、故意にオーバーに振舞うことが不快だという意味の語で、真実の気持ちがないことが不自然《ふしぜん》な行為に表れているニュアンスがある。

「わざとらしい」は「あてつけがましい」に似ているが、「わざとらしい」には相手を傷つける悪意の暗示はない。

× 金のないおれの前で宝石をちゃらちゃらさせるなんて、わざとらしい女だ。

↓金のないおれの前で宝石をちゃらちゃらさせるなんて、あてつけがましい女だ。

また、故意に行う点では「れいれいしい」にも似ているが、「れいれいしい」は外見を飾《かざ》る場合にかぎって用いられる。

× 彼の事務所は、表通りにわざとらしく看板《かんばん》がかかっているからすぐわかる。

↓彼の事務所は、表通りにれいれいしく看板がかかっているからすぐわかる。

⇩「あてつけがましい」「れいれいしい」「ことごとしい」「ぎょうぎょうしい」「しらじらしい」「－らしい」

わずか【僅か・纔か】Wazuka

(1)① ゴールまであと**わずか**です。
② もう銀行預金は**わずか**しかない。
③ 彼は**わずか**な給料で一家七人の生活を支《ささ》えている。
④ 彼はほんの**わずか**の差で二位に敗《やぶ》れた。
⑤ その速球はストライクゾーンを**わずか**に外《はず》れた。
⑥ 手がかりは**わずか**しか残されていなかった。
⑦ 彼女はこの大仕事を**わずか**三日間でやりとげた。
⑧ かけつけたとき、父はまだ**わずか**に息をしていた。
⑨ 祖父のことは**わずか**に覚えている。
⑩ 行く手に**わずか**な光明《こうみょう》が見出せた。
⑪ 二人は**わずか**なことが元でいさかいを起こした。
⑫ 部屋の**わずか**な隙間《すきま》から秋風が吹きこむ。
(2)① 近隣《きんりん》では彼の家だけが**わずか**に焼け残った。
② 石神井池《しゃくじいいけ》の周辺は**わずか**に武蔵野《むさしの》の面影《おもかげ》をとどめている。

【解説】 (1) 数量・程度などが非常に少ない様子を表す。プラスマイナスのイメージはない。①〜⑦は数量的に計れるものが非常に少ない様子を表す。⑦は副詞として数量を表す名詞を直接修飾する形で用いられ、後ろの名詞の数量が非常に少ないという話者の判断を暗示する。⑧〜⑩は程度が非常に低いという意味、⑪⑫は非常に小さいという意味である。

「わずか」は数量や程度が非常に小さいことを客観的に表す語で、数量や程度が小さいことについて、特定の感想は原則として暗示されていない。具体的に表す数量としては「すくない」の表す数量よりも小さいことが多い。

程度が少ないという意味の「わずか」は「かすか」に似ているが、「かすか」は感覚にふれる程度が少ないというニュアンスで、数量的にはかれる程度の少なさは暗示しない。

× 隣の部屋でわずかな物音がした。
→隣の部屋でかすかな物音がした。

「わずか」はまた「あわい」「ほのか」などにも似ているが、「あわい」「ほのか」には対象についての期待の暗示のある点が、「わずか」の客観的な表現と異なる。

？ 間接照明《かんせつしょうめい》のわずかな光がロマンチックだ。
→間接照明の淡い光がロマンチックだ。

(2) 余裕《よゆう》がない様子を表す。ややプラスよりのイメージの語。「わずかに〜する」という述語に呼応《こおう》する形で用いられる。多くの場合、結果として非常に小さいものだけが残ったという状況で用いられ、残ったということについてプラスに評価しているニュアンスがある。

⇩「すくない」「かすか」「あわい」「ほのか」

わずらわしい［煩わしい］Wazurawashii

① 年をとると子供の相手をするのは**わずらわしい**。

② 家庭の**わずらわしい**問題にはもううんざりだ。

③ **わずらわしい**人間関係に疲《つか》れ果《は》てた。

【解説】 複雑《ふくざつ》で解決に手間がかかるのが不快な様子を表す。マイナスイメージの語。「わずらわしい」は対象そのものが複雑なために、その解決に多大の手間や労力を必要とするのが不快だというニュアンスの語である。したがって、主体に能力ややる気がなくて、単純な対象でも消化できないという場合には、ふつう用いられない。

？ いちいち辞書をひくのは煩わしくてかなわない。

→いちいち辞書をひくのは面倒くさくてかなわない。

また、「めんどうくさい」には手間がかかることを予想した結果、しばしば行為を行わない暗示があるのに対して、「わずらわしい」は行為をしたかしないかには言及《げんきゅう》しない。

「わずらわしい」は「かったるい」にも近いが、「かったるい」が対象の価値の低さを暗示するのに対して、「わずらわしい」は対象の複雑さを暗示する点が異なる。

？ こんな単純作業は煩わしくてやってられない。

→こんな単純作業はかったるくてやってられない。

ふりかかってくるものが不快だという意味では、「わずらわしい」は「うるさい」にも似ているが、「うるさい」は不快感そのものを表現するニュアンスで、対象の複雑さには言及しない。

× 煩わしい、だまれ！

→うるさい、だまれ！

⇩「めんどうくさい」「かったるい」「うるさい」「やかましい」「なやましい」「ややこしい」「しつこい」「くどい」

わすれがたい［忘れ難い］Wasuregatai

① 彼女の笑顔《えがお》は**わすれがたい**印象を残した。

② 学生時代の思い出は**わすれがたい**。

【解説】 忘れることがむずかしい様子を表す。ややプラスイメージの語。かなりかたい文章語で、日常会話にはあまり登場しない。

「わすれがたい」は好ましいことが忘れられないという意味になることが多く、好ましくないことが不快のあまり忘れられないという意味で用いられることはまれである。

？ 誘拐犯人《ゆうかいはんにん》の凶悪《きょうあく》な顔が忘れがたい。

→誘拐犯人の凶悪な顔が忘れられない。

⇩「－がたい」

わすれっぽい［忘れっぽい］Wasureppoi

① 老人は**わすれっぽい**から同じ話を何度でもする。

② 彼女は**わすれっぽく**て傘をしょっちゅうなくす。

【解説】 長く覚えていられない様子を表す。ややマイナスイメージの語。「～ぽい」は～しがちであるという意味の、形容詞を作る語尾。しばしば忘れがちであるという意味である。一度記憶したことを忘れやすいという場合(①)と、物を置き忘れやすいという場合(②)とがある。

⇩「―ぽい」

わびしい［侘しい］Wabishii

(1)① 単身赴任者《たんしんふにんしゃ》の食卓は**わびしい**。

② 課長は同僚《どうりょう》の出世《しゅっせ》を見て**わびしく**思った。

③ 彼は引退《いんたい》後、田舎《いなか》で**わびしい**暮らしを送った。

(2)① 冬枯れの**わびしい**風景の中にたたずむ。

② 彼のかく絵はどことなく**わびしい**。

(3)① 「宴会《えんかい》の予算が五千円残ったな。銀行に預金《よきん》でもするか」「あんまり**わびしい**こと言うなよ」

【解説】 (1) 欠けているものがあって心が痛む様子を表す。ややマイナスイメージの語。①は食事が豪華《ごうか》でないのみならず、食べる人間が少なく孤独《こどく》であるというニュアンスになる。②は同僚が出世して自分が取り残される逸脱感《いつだつかん》によって心が痛むという意味、③は物質的・金銭的に恵《めぐ》まれないだけでなく、訪《おとず》れてくる人も少ない孤独な暮らしという意味である。

(2) (1)から進んで、人に侘しい感情を起こさせるような様子を表す。ややマイナスイメージの語。対象そのものの性質としてではなく、対象から受ける人の感情を表すので、きわめて主観的な表現になっている。

(1)(2)の「わびしい」は「さびしい」によく似ているが、「さびしい」にある悲哀の暗示は「わびしい」には少なく、切実さの程度も「さびしい」より低い。

× 最近ちっとも訪ねてくれないからわびしいわ。

→最近ちっとも訪ねてくれないからさびしいわ。

(3) 精神的に余裕《よゆう》が感じられない様子を表す。マイナスイメージの語。日常会話でおもに用いられる。①では残金を気前よく使ってしまおうとせず、非常に現実的に対応しようとする発言に対して、精神的に余裕がないと慨嘆《がいたん》するニュアンスで用いられている。

この「わびしい」は「みじめったらしい」に近いが、「みじめったらしい」にある侮蔑《ぶべつ》の暗示はない。全く同じ文脈で「わびしい」と「みじめったらしい」が用いられると、次のようなニュアンスの違いを生ずる。

わびしいこと言うなよ。

（もう少し気前よくしたらどうだ）

みじめったらしいこと言うなよ。
（なんて君はけちなんだ）
⇩「さびしい」「みじめったらしい」「かなしい」

わりきれない［割り切れない］Warikirenai

(1) ① 彼の責任だとは一概《いちがい》に**わりきれない**。
② 肉親の感情は理屈《りくつ》では**わりきれない**。
(2) ① その処置《しょち》にはなにか**わりきれない**思いが残った。
② 彼はいちおう納得《なっとく》したが、まだ**わりきれない**顔をしている。

【解説】 「割り切る」の可能動詞「割り切れる」の打消し。「割り切れる」の意味を打ち消す他に、次のような意味を表す。

(1) 完全には解決できない様子を表す。プラスマイナスのイメージはない。①は断定《だんてい》できないという意味、②は解決できない、説明できないという意味である。かなり客観的な語で、完全には解決できない事態について、特定の感想は暗示されていない。

(2) 納得できない様子を表す。ややマイナスイメージの語。感情的に納得がいかない様子を表し、疑問の点を明確にできないことが多い。また、ある事柄を理解しようとして納得できないという慨嘆《がいたん》の暗示を含み、将来の未知な対象については用いられない。

× これからどうして生きていくのか割り切れない。
→これからどうして生きていくのかわからない。

(2)の「わりきれない」は「ふにおちない」に似ているが、「ふにおちない」が知的な理解ができないという暗示があるのに対して、「わりきれない」は感情的に納得できない暗示のある点が異なる。

？ 彼はいちおう納得したが、まだ腑に落ちない顔をしている。

感覚的に納得できないという意味で「わりきれない」は「あやしい」にも近いが、「あやしい」がもともと人間の知恵や感覚を超えたものに対する不審《ふしん》・不安・畏怖《いふ》などの暗示をもつのに対して、「わりきれない」は現実世界の出来事への不審であって、不安や畏怖の暗示はない。

⇩「わからない」「ふにおちない」「あやしい」「げせない」「うたがわしい」「－きれない」

わりない［理無い］Warinai

① 二人はいつしか**わりない**仲になった。

【解説】 男女が非常に深い関係にある様子を表す。ややプラスよりのイメージの語。用法も限定されていて、「わりない仲」という形で用いられることが多い。男女が恋愛関係にあるという意味であるが、しばしば肉体関係があるほど深い仲だというニュアンスで用いられる。

「わりない」は第三者が他人の恋愛関係を評して言う語であって、話者自身の男女関係について言うことはまれである。また、特定の感想は暗示されていない。

? ぼくたちはこの七月からわりない仲になった。

→ぼくたちはこの七月から他人でなく(深い仲に)なった。

⇩「ふかい」

わるい [悪い] Warui

(1) ① この家は造《つく》りが**わるい**から住みにくい。

② 夏場は食べ物がすぐ**わるく**なる。

③ 何か**わるい**ものを食べたらしくて腹が痛い。

④ あの店の品は安かろう**わるかろ**うだ。

⑤ 旅行中ずっと天気が**わるかっ**た。

⑥ 昨夜《ゆうべ》大雨が降ったから道が**わるい**。

⑦ あいつは心がけが**わるい**からろくなことはない。

⑧ 食事のしかたを見ると育ちの**わる**さがわかる。

⑨ 「お味いかがですか」「全く**わるく**ないね」

⑩ あの女優《じょゆう》は美人だが声が**わるい**。

⑪ 最近の子供は姿勢《しせい》が**わるい**。

⑫ あの医者は腕が**わるく**て患者《かんじゃ》があまり行かない。

⑬ 出来の**わるい**子をもつ親は苦労が絶えない。

⑭ この洗面所は吸いこみが**わるい**から掃除《そうじ》しなさい。

⑮ あいつは**わるい**奴だ。

⑯ **わるい**ことはいつかはばれるもんだ。

⑰ 娘に**わるい**虫がつかないうちに、はやいところ見合いをさせよう。

⑱ あの子は意地が**わるい**から遊んじゃいけません。

⑲ 彼女は口が**わるい**のが玉にきずだ。

⑳ ぼくを**わるく**思わないでほしい。

㉑ 彼女は同僚《どうりょう》を**わるく**言う癖《くせ》がある。

㉒ 会社の常務と専務は仲が**わるい**。

㉓ ぼくが**わるかっ**た。許してくれ。

㉔ 「約束の時間に十分遅れたら、彼女帰っちゃったんですよ」「そりゃあ君、遅れるほうが**わるい**よ」

㉕ バスに乗り遅れ、**わるい**ことに雨まで降り出した。

㉖ (夫婦喧嘩《ふうふげんか》の最中《さいちゅう》に訪問《ほうもん》して)こりゃ、**わるい**所へ来ちゃったな。

㉗ 君にとって**わるい**話じゃないはずだよ。

㉘ **わるく**すると時間に間に合わないかもしれない。

㉙ 彼は出発するとき妙に**わるい**予感《よかん》がした。

㉚ 社会が**わるい**、政治が**わるい**というのは簡単だ。

㉛ なんて間が**わるい**んだろう。

㉜ 彼は会長の一人息子でわがままときてるから始末《しまつ》が**わるい**。

㉝ 任せておきなさい。**わるい**ようにはしないから。

㉞ **わるい**ことは言わないから、あの会社はやめたほうがいい。
㉟ 酒の飲み過ぎは健康に**わるい**。
㊱ 向こうが十人でこっちが三人じゃ分《ぶ》が**わるい**ね。
㊲ だれだってほめられたら**わるい**気はしないもんだ。
㊳ 今日は気分が**わるい**。
㊴ お母さま、お**わるい**んですか。
㊵ 食べ過ぎて胃を**わるく**した。
㊶ そんなことを言ったら彼女に**わるい**よ。
㊷ ぼくばかりいい思いをして、みなさんに**わるい**ことをしました。
㊸ **わるい**けど、この仕事やっといてくれないか。
(2) ①「約束破るなんてひどいじゃないか」「いやあ、**わるいわるい**。よんどころない用事があってね」

【解説】 (1) 好ましくなく不都合《ふつごう》な様子を表す(↔よい・いい)。非常に広い意味をもつ。原則としてマイナスイメージの語。

①～⑨は品質《ひんしつ》や内容がよくないという意味である。④の「安かろうわるかろう」は慣用句で、値段の安いものは品質も劣《おと》っていることが予想されるという意味である。⑨の「わるくない」は会話でよく用いられ、「よい」という意味の婉曲《えんきょく》表現である。はっきり「よい」と言わないもったいぶった尊大《そんだい》な心理が暗示されている。

⑩⑪は美的でない、標準的でないという意味。⑫～⑭は性能や能力が劣っているという意味。⑮～㉑は道徳的に好ましくないという意味である。⑰の「わるい虫がつく」は慣用句で、(未婚の若い女性に)好ましくない男性の友人ができるという意味である。⑲の「口がわるい」も慣用句で、辛辣《しんらつ》な意見を言う、毒舌家《どくぜつか》であるという意味である。

㉒は人間関係が親密《しんみつ》でなく険悪《けんあく》であるという意味、㉓㉔は責任を問われるべきだという意味である。

㉕～㉜は不都合だという意味である。㉕は「わるいことに～する」という動詞に呼応する形で用いられ、「ある不都合なことに加えてさらに不都合なことには～する」という意味である。㉛の「間がわるい」、㉜の「始末がわるい」は慣用句で、それぞれ「運が悪い」「処置《しょち》に困る」という意味である。

㉝～㊱は不利益《ふりえき》になるという意味である。㉝の「わるいようにはしない」、㉞の「わるいことは言わない」も慣用的に用いられる表現である。

㊲㊳は不快を表す。㊲の「わるい気はしない」は打消しの形で用いられ、結果として快いという意味になるが、積極的に快いと言っているのではなく、内心をくすぐられる快感を暗示する。㊴㊵は不快感が肉体の健康について用いられた場合で、不健康という意味である。㊴のよ

うに日常の挨拶語《あいさつご》として「おわるい」の形でよく用いられる。

㊶〜㊸はすまないという意味を表す。ただし、罪《つみ》の意識は低くて、ほんとうに謝罪《しゃざい》する意志があるかどうかには言及《げんきゅう》しない。

(1)の「わるい」はさまざまの状態について好ましくないことを表すので、それぞれの場面において、より具体的な表現(別の言葉)を用いることが可能である。「わるい」を用いると、それらを具体的に表現することなく、ただ望ましくない状態にあることだけを漠然と示すことになる。

(2) (1)の㊶〜㊸から進んだ用法で、感動詞的に用いられ、謝罪の気持ちを表す。プラスマイナスのイメージはない。ただし、かなり乱暴な表現で、同輩《どうはい》以下について用いられ、はっきり目上であることがわかっている相手に対しては用いられない。

↓「約束を破るとはけしからんじゃないか」「どうも、申し訳ありません。よんどころない事情がございまして」

⇨「だめ」「まずい」「いけない」「いい」「よい」「いじわる」「うすきみわるい」「かっこわるい」「きまりわるい」「きみがわるい」「きもちわるい」「けったくそわるい」「そこいじわるい」「ばつがわるい」「まがわるい」「むなくそがわるい」

わるがしこい［悪賢い］ Warugashikoi

① あいつは**わるがしこい**奴だから要注意だ。

② 彼は人の弱みにつけこんで**わるがしこく**もうけた。

【解説】 悪事についてよく知恵がまわる様子を表す。マイナスイメージの語。悪事について知恵をめぐらした結果、自分に利益をもたらす場合に用いられることが多く、悪事を犯《おか》した結果不利益になる場合には用いない。

× 犯人は悪賢く立ち回って老女を殺した。

↓犯人は狡猾に立ち回って老女を殺した。

「わるがしこい」は「ずるがしこい」に似ているが、「ずるがしこい」にある狡猾さに対する強い嫌悪《けんお》の暗示は、「わるがしこい」ではそれほど強くない。

また、「わるがしこい」は「ずるい」にも似ているが、「ずるい」が先天的な性格としての要領《ようりょう》のよさを暗示するのに対して、「わるがしこい」は悪意の暗示のある点が異なる。

? 彼は悪賢いから絶対に損するようなことはしない。

↓彼はずるいから絶対に損するようなことはしない。

⇨「ずるがしこい」「ずるい」「ぬけめない」「わるい」「かしこい」

われにもない ［我にも無い］ Warenimo-nai

① **われにもなく**取り乱して申し訳ない。

② 日頃冷静《ひごろれいせい》な彼が**われにもない**大声を出したので、みんなびっくりした。

【解説】 予想《よそう》や意図《いと》を大きく上回る様子を表す。ややマイナスイメージの語。修飾語で用いることが多い。自分の無意識の行為が意図や予想に反していることを反省する場合(①)と、第三者の行為が大方《おおかた》の予想に反していることをやや客観的に表す場合(②)とがある。どちらの場合にも、予想外の結果についての意外さの暗示がある。

⇨「ない」

あ

い

う

え

お

か

き

く

こ

さ

し

す

せ

そ

た

ち

つ

て

と

な

に

ぬ

ね

ひ

ふ

へ

ほ

ま

み

も

や

ら

り

る

れ

ろ

わ

下接要素による分類語構成表

本表は、本辞典中の見出し語で同一の下接要素をもつものをグループ化し、それぞれ五十音順に配列しなおしたものである。下接語の語源は確定できないものも多いので、いちいち語源にさかのぼらず、同一の文字列のものを1グループとした。また、「あらあらしい」「りりしい」のように、同音の繰り返し（連濁を含む）に「しい」の付いた形容詞も最後にまとめておいた。本表によって、日本語形容詞を、語形と語構成の面から分析的に研究することができる。

〔あ行〕

■あおい
あおい
うすあおい
■あかい
あかい
うすあかい
■あかるい
あかるい
うすあかるい
■あたたかい
あたたかい
あったかい
なまあたたかい
なまあったかい
■あたらしい
あたらしい
ことあたらしい
なまあたらしい
まあたらしい
みみあたらしい
めあたらしい
■あつい
あついⅠ
あついⅡ
おあつい
てあつい
ぶあつい
むしあつい
■あらい
あらい
(てあら)
てあらい
■いい
いい
かっこいい
きもちいい
こきみがいい
■いたい
いたい
かたはらいたい
ていたい
■うすい
うすい
(てうす)
てうすい
■うるさい
うるさい
くちうるさい
こうるさい
■えない
ありえない
—ざるをえない
やむをえない
■えらい
えらい
どえらい
■おおい
おおい
おそれおおい
きがおおい
■おおきい
おおきい
おっきい
きがおおきい
■おかしい
おかしい
おもしろおかしい
ちゃんちゃらおかしい
■おしい
おしい
いとおしい
くるおしい
なごりおしい

まちどおしい
ものぐるおしい
■おそろしい
おそろしい
すえおそろしい
そらおそろしい
ものおそろしい
■おもい
おもい
(きおも)
きおもい

〔か行〕

■か
あえか
あさはか
あらたか
おおまか
おごそか
おろか
おろそか
かすか
さだか
したたか
たしか
にわか
のどか
ばか
はるか
ひそか
ふくよか
ふつつか
ほのか
ゆたか
わずか
■かしこい
かしこい
ずるがしこい
わるがしこい
■かたい・がたい
かたい
―がたい
ありがたい
いいがたい
えがたい
おかしがたい
おさえがたい
ぎりがたい
しのびがたい
たえがたい
てがたい
どしがたい
ぬきがたい
はかりがたい
もだしがたい
ものがたい
やみがたい
わすれがたい
■かなしい
かなしい
うらがなしい
ものがなしい
■かねない
―かねない
やりかねない
■がましい
―がましい
あてつけがましい
うらみがましい
おこがましい
おしつけがましい
おんきせがましい
さしでがましい
はれがましい
みれんがましい
■かゆい
かゆい
いたがゆい
はがゆい
むずがゆい
■からい
からい
あまからい
こすっからい
しおからい
せちがらい
■かるい
かるい
(きがる)
きがるい
(みがる)
みがるい
■きいろい
きいろい
あかきいろい
■きかない
きかない
きがきかない
きのきかない
■きたない
きたない
いぎたない
いじきたない
うすぎたない
くちぎたない
こきたない
こぎたない
■きつい
きつい
どぎつい
■きびしい

きびしい
てきびしい
■きよい
きよい
いさぎよい
■きれい
きれい
こぎれい
みぎれい
■きれない
―きれない
かぞえきれない
やりきれない
わりきれない
■くさい
くさい
―くさい
あおくさい
あせくさい
あほうくさい
あほくさい
いなかくさい
いんきくさい
うさんくさい
おとこくさい
おんなくさい
かなくさい
かびくさい
きなくさい
けちくさい
こげくさい
さけくさい
しちめんどうくさい
しゃらくさい
じゅくしくさい
しんきくさい
すえくさい

ちちくさい
ちなまぐさい
つちくさい
てれくさい
どろくさい
なまぐさい
ぬかみそくさい
ばかくさい
ばたくさい
ばばくさい
ひなたくさい
びんぼうくさい
ふるくさい
ふんべつくさい
まっこうくさい
みずくさい
めんどうくさい
■くどい
くどい
あくどい
まわりくどい
■くらい
くらい
うしろぐらい
うすぐらい
こぐらい
ほのぐらい
(まっくら)
■くるしい
くるしい
あいくるしい
あつくるしい
いきぐるしい
おもくるしい
かたくるしい
ききぐるしい
こころぐるしい

せまくるしい
ねぐるしい
みぐるしい
むさくるしい
むなぐるしい
めまぐるしい
■くろい
くろい
あおぐろい
あかぐろい
あさぐろい
うすぐろい
かぐろい
どすぐろい
はらぐろい
(まっくろ)
まっくろい
■こい
こい
あぶらっこい
しつこい
すばしこい
すべっこい
せまっこい
ちっこい
ねちっこい
ねばっこい
のめっこい
はしっこい
ひとなつこい
ひとなつっこい
ひやっこい
ほそっこい
まだるっこい
まるっこい
■こいしい
こいしい

ひとこいしい
■こまかい
こまかい
きめこまかい
(ことこまか)
■こわい
こわい
てごわい

〔さ行〕

■さかしい
さかしい
こざかしい
■さとい
さとい
あざとい
みみざとい
めざとい
■さびしい
さびしい
うらさびしい
くちさびしい
はださびしい
ものさびしい
■さむい
さむい
うすらさむい
うそさむい
おさむい
はだざむい
■しずか
しずか
ものしずか
■しない
あかぬけのしない
ありもしない
おしもおされもしない
■しれない
いいしれない
―かもしれない
きがしれない
―そこしれない
はかりしれない
■しろい
しろい
あおじろい
おもしろい
なまじろい
なまっちろい
ほのじろい
(まっしろ)
まっしろい
■すかない
すかない
いけすかない
むしがすかない
■すくない
すくない
のこりすくない
■すごい
すごい
ものすごい
■すっぱい
すっぱい
あまずっぱい
■ずるい
ずるい
こずるい
■せまい
せまい
(てぜま)
■せわしい
せわしい
きぜわしい

〔た行〕

■た
あかぬけた
あかぬけした
あらた
ありふれた
へた
■たい
あつぼったい
うしろめたい
うすべったい
おもたい
くすぐったい
くちはばったい
けむたい
じれったい
つめたい
ねむたい
はれぼったい
ひらたい
ひらべったい
やぼったい
■たかい
たかい
うずたかい
おたかい
かおりたかい
(かさだか)
かさだかい
かんじょうだかい
かんだかい
けだかい
こだかい
なだかい
ばかたかい
ほこりたかい

ものみだかい
■ただしい
ただしい
おりめただしい
きそくただしい
れいぎただしい
■だたしい
いらだたしい
はらだたしい
■たのもしい
たのもしい
すえたのもしい
■たらしい
—たらしい
いやみったらしい
きざったらしい
じまんたらしい
すけべったらしい
ながたらしい
にくたらしい
びんぼうたらしい
ぶしょうったらしい
みじめったらしい
むごたらしい
■たりない
あきたりない
くいたりない
とるにたりない
ものたりない
■たるい
あまったるい
おかったるい
かったるい
したたるい
■だるい
だるい
けだるい

■ちい
まるまっちい
みみっちい
■ちいさい
ちいさい
きがちいさい
きのちいさい
■ちかい
ちかい
ほどちかい
(まぢか)
まぢかい
■ちょろい
ちょろい
あまっちょろい
■つよい
つよい
がまんづよい
きづよい
こころづよい
しんぼうづよい
ちからづよい
ねづよい
ねばりづよい
■つらい
つらい
—づらい
いいづらい
いづらい
ききづらい
■でかい
でかい
でっかい
どでかい
ばかでかい
■とおい
とおい

えんどおい
ほどとおい
(まどお)
みみどおい

〔な行〕

■な
おおきな
おかしな
おっきな
かたくな
ちいさな
ちっちゃな
■ない
ない
あいいれない
あえない
あかぬけない
あきたらない
あじけない
あたらない
あっけない
あどけない
あぶない
あぶなげない
あらそえない
いけない
いただけない
いたたまれない
いたらない
いとけない
いなめない
えげつない
おさない
おしみない
おっかない
おとなげない

おぼつかない
おもいがけない
おもいもよらない
およばない
およびでない
およびもつかない
かぎらない
かぎりない
かずかぎりない
かたじけない
かなわない
かまわない
がんぜない
きがおけない
きがきでない
ぎこちない
ぎごちない
きにいらない
きにくわない
きのおけない
きわまりない
くえない
くだらない
くちさがない
げせない
こころない
こころもとない
こたえられない
このうえない
こよない
さえない
さりげない
しかたがない
しかたない
しがない
しどけない
しのびない

しまらない
しょうがない
しょざいない
じょさいない
すぎない
すくなくない
すぐれない
すげない
すまない
せつない
ぜひない
せわしない
そういない
ぞうさない
そぐわない
そこはかとない
そっけない
そつない
たえない
たまらない
たよりない
だらしない
たわいない
ちがいない
ちからない
つたない
つつがない
つまらない
つれない
とめどない
なさけない
なっていない
なってない
なにげない
なにごころない
なんともいえない
にあわない

にえきらない
にくめない
にげない
にっちもさっちもいかない
にてもにつかない
ぬけめない
はかない
はしたない
はじまらない
はてしない
ひきもきらない
ひっこみがつかない
ふがいない
ふにおちない
ふるわない
まがもてない
またとない
まちがいない
むりない
めがない
もうしわけない
もったいない
ものたらない
やるせない
やんごとない
ゆるぎない
よぎない
よどみない
よんどころない
わからない
わけない
わりない

■ながい

ながい
きがながい
きのながい
ひょろながい

ほそながい
■なつかしい
なつかしい
ひとなつかしい
■なまいき
なまいき
こなまいき
■ならない
ならない
どうにもならない
なくてはならない
なければならない
なんにもならない
ぬきさしならない
のっぴきならない
はなもちならない
ほかならない
■にがい
にがい
ほろにがい
■にくい
にくい
—にくい
いいにくい
かきにくい
ききにくい
こころにくい
こづらにくい
つらにくい
みにくい
やりにくい
わかりにくい
■にくらしい
にくらしい
こにくらしい
■ぬ
いいしれぬ
けしからぬ
そしらぬ
ただならぬ
■ぬるい
ぬるい
てぬるい
なまぬるい
■のない
あぶなげのない
きのない
そつのない
ぬけめのない

〔は行〕

■はずかしい
はずかしい
きはずかしい
はなはずかしい
■はやい
はやい
きがはやい
きのはやい
すばやい
てっとりばやい
てばやい
■ひどい
ひどい
こっぴどい
てひどい
■ひとしい
ひとしい
あいひとしい
■ひろい
ひろい
だだっぴろい
てびろい
はばひろい
■ふかい
ふかい
—ふかい
うたがいぶかい
うたぐりぶかい
おくふかい
かんがいぶかい
かんがえぶかい
くさぶかい
けぶかい
じひぶかい
しゅうねんぶかい
そこふかい
ちゅういぶかい
つつしみぶかい
なさけぶかい
ねぶかい
(まぶか)
(よくふか)
よくふかい
■ふとい
ふとい
ずぶとい
■ぽい
—ぽい
あおっぽい
あかっぽい
あきっぽい
あだっぽい
あらっぽい
あわれっぽい
いがらっぽい
いろっぽい
おこりっぽい
おとこっぽい
おとなっぽい
おんなっぽい

きざっぽい
ぐちっぽい
くろっぽい
こどもっぽい
ざらっぽい
しけっぽい
しめっぽい
しろっぽい
ぞくっぽい
つやっぽい
とっぽい
にがっぽい
ねつっぽい
ひにくっぽい
ほこりっぽい
ほねっぽい
ほれっぽい
みずっぽい
むせっぽい
やすっぽい
りくつっぽい
わすれっぽい

■ほそい

ほそい
かぼそい
こころぼそい
ながほそい

〔ま行〕

■ましい

あさましい
あつかましい
いさましい
いじましい
いたましい
うとましい
うらやましい
おぞましい
かしましい
けたたましい
このましい
せせこましい
たくましい
つつましい
つましい
なみだぐましい
なやましい
ねたましい
のぞましい
ほほえましい
めざましい
やましい

■まじめ

まじめ
きまじめ

■まずい

まずい
きまずい

■まめ

まめ
こまめ

■まるい

まるい
(まんまる)
まんまるい

■みじかい

みじかい
きがみじかい
きのみじかい
(てみじか)

■むさい

むさい
じじむさい

■むずかしい

むずかしい
きむずかしい
こむずかしい

■めかしい

—めかしい
いろめかしい
なまめかしい
ふるめかしい

■めずらしい

めずらしい
ものめずらしい

■めでたい

めでたい
おめでたい

■もない

あられもない
おくめんもない
おしげもない
かくれもない
こころにもない
このうえもない
どうしようもない
とっぴょうしもない
とてつもない
とほうもない
とめどもない
とんでもない
なんでもない
にべもない
ねがってもない
ひとたまりもない
まぎれもない
まもない
みっともない
むりもない
めっそうもない
らちもない

われにもない
■もろい
もろい
なみだもろい

〔や行〕

■やか
あざやか
あでやか
おだやか
かろやか
きらびやか
こまやか
ささやか
さやか
さわやか
しとやか
しなやか
しめやか
すこやか
すみやか
たおやか
つやつやか
なごやか
なよやか
にぎやか
のびやか
はでやか
はなやか
はれやか
ひそやか
ひめやか
ひややか
まことしやか
まろやか
ゆるやか
■やかましい
やかましい
くちやかましい
■やさしい
やさしい
なまやさしい
■やすい
やすい
—やすい
あきやすい
おやすい
かんじやすい
きやすい
くみしやすい
こころやすい
たやすい
まちがいやすい
まちがえやすい
みやすい
わかりやすい
■やわらか
やわらか
(やわらかい)
ものやわらか
■ゆかしい
ゆかしい
おくゆかしい
■よい
よい
きもちよい
こきみよい
ここちよい
こころよい
ほどよい
みよい
よりよい
■よわい
よわい
かよわい
(きよわ)
こころよわい
(ひよわ)

〔ら行〕

■ら
うすっぺら
たいら
つぶら
ふしだら
まっさら
まばら
みだら
■らか
あきらか
うららか
おおらか
きよらか
なだらか
なめらか
ほがらか
やすらか
■らしい
らしい
あいらしい
あほらしい
いじらしい
いやらしい
おとこらしい
おんならしい
かわいらしい
きたならしい
しおらしい
しかつめらしい
しさいらしい
すばらしい

ばからしい
ほこらしい
みすぼらしい
もったいらしい
もっともらしい
わざとらしい

■りこう

りこう
こりこう

〔わ行〕

■わかい

わかい
うらわかい

■わしい

いかがわしい
いたわしい
いとわしい
いまわしい
うたがわしい
うるわしい
うれわしい
おもわしい
かぐわしい
きづかわしい
くわしい
けがらわしい
けわしい
したわしい
なげかわしい
にあわしい
にぎわしい
につかわしい
ねがわしい
のろわしい
ふさわしい
まぎらわしい
みだりがわしい
わずらわしい

■わるい

わるい
(いじわる)
いじわるい
うすきみわるい
かっこわるい
きまりがわるい
きまりわるい
きみがわるい
きみわるい
きもちがわるい
きもちわるい
けったくそわるい
そこいじがわるい
そこいじわるい
ばつがわるい
まがわるい
まのわるい
むなくそがわるい

〔○×○×しい〕

あらあらしい
いたいたしい
いまいましい
ういういしい
うやうやしい
おおしい
おどろおどろしい
おもおもしい
かいがいしい
かどかどしい
かるがるしい
ぎょうぎょうしい
くだくだしい
くどくどしい
けばけばしい
こうごうしい
ことごとしい
しらじらしい
ずうずうしい
すがすがしい
そうぞうしい
そらぞらしい
たけだけしい
たどたどしい
どくどくしい
とげとげしい
ながながしい
なまなましい
なれなれしい
にがにがしい
にぎにぎしい
にくにくしい
はかばかしい
ばかばかしい
はではでしい
はなばなしい
ふくぶくしい
ふてぶてしい
ふるぶるしい
まがまがしい
まめまめしい
みずみずしい
めめしい
ものものしい
ゆゆしい
よそよそしい
よわよわしい
りりしい
れいれいしい
わかわかしい

現代形容詞イメージ一覧

本表は本辞典中の見出し語1010語について、日本人の共通の評価ともいうべきイメージを「意味の核」によって分類して一覧表としたものである。イメージの記号は本文中の以下の記述に対応している。●の個数は、そのイメージの「意味の核」の個数を示す。

＋＋＋	……	**プラス**イメージの語
＋＋	……	**ややプラス**イメージの語
＋	……	**ややプラスより**のイメージの語
0	……	プラスマイナスのイメージはない
−	……	**ややマイナスより**のイメージの語
−−	……	**ややマイナス**イメージの語
−−−	……	**マイナス**イメージの語

	−−−	−−	−	0	＋	＋＋	＋＋＋
あいいれない				●			
あいくるしい							●
あいひとしい				●			
あいらしい							●
あえか							●
あえない		●					
あおい	●●			●			
あおくさい	●		●				
あおぐろい				●			
あおじろい			●				
あおっぽい	●			●			
あかい	●			●●			
あかきいろい				●			
あかぐろい				●			

	−−−	−−	−	0	+	++	+++
あかっぽい				●			
あかぬけた あかぬけした							●
あかぬけない あかぬけのしない	●						
あからさま	●						
あかるい							●●●●
あきたりない あきたらない		●					
あきっぽい	●						
あきやすい	●						
あきらか				●			
あくどい	●●						
あこぎ	●						
あさい		●		●●●			
あさぐろい				●			
あざとい	●●						
あさはか	●						
あさましい	●						
あざやか							●●
あじけない	●						
あせくさい	●						
あたたかい あったかい						●	●●
あだっぽい							●
あたらしい				●		●	●
あたらない				●			
あついⅠ			●	●		●	
あついⅡ			●	●●			

	−−−	−−	−	0	+	++	+++
あつかましい	●						
あつくるしい	●						
あっけない		●					
あつぼったい		●					
あてつけがましい	●						
あでやか							●
あどけない							●
あぶない	●	●●				●	
あぶなげない あぶなげのない						●	
あぶなっかしい		●					
あぶらっこい				●			
あほくさい あほうくさい	●						
あほらしい	●						
あまい	●●	●		●			●
あまからい				●			
あまずっぱい				●			
あまったるい		●●●●					
あまっちょろい	●						
あやうい		●●				●	
あやしい	●	●		●		●	
あらあらしい		●					
あらい	●	●		●●●●			
あらそえない				●			
あらた				●			
あらたか							●

	−−−	−−	−	0	＋	＋＋	＋＋＋
あらっぽい		●		●			
あられもない	●						
あらわ			●				
ありえない				●			
ありがたい				●		●	●●
ありふれた			●				
ありもしない		●					
あわい				●		●	
あわただしい		●●					
あわれ				●●			
あわれっぽい				●			
いい	●			●			●
いいがたい				●			
いいしれぬ いいしれない				●			
いいづらい				●			
いいにくい				●			
いかがわしい	●						
いかつい		●					
いかめしい			●				
いがらっぽい	●						
いきぐるしい	●						
いぎたない	●						
いけずうずうしい	●						
いけすかない	●						
いけない	●		●				

	−−−	−−	−	0	+	++	+++
いさぎよい							●
いさましい							●
いじきたない	●						
いじましい	●						
いじらしい							●
いじわる いじわるい	●						
いそがしい			●	●			
いたい	●●●			●			
いたいけ						●	
いたいたしい			●				
いたがゆい		●					
いただけない	●						
いたたまれない		●					
いたましい		●					
いたらない	●						
いたわしい			●				
いちじるしい				●			
いづらい		●					
いとおしい							●●
いとけない							●
いとしい							●
いとわしい	●						
いなかくさい	●						
いなせ							●
いなめない				●			

	−−−	−−	−	0	+	++	+++
いぶかしい				●			
いまいましい	●						
いまわしい	●						
いや	●			●			
いやしい	●●						
いやみったらしい	●						
いやらしい	●						
いらだたしい	●						
いろっぽい							●
いろめかしい					●		
いんきくさい	●						
ういういしい							●
うかつ		●					
うさんくさい	●						
うしろぐらい	●						
うしろめたい		●					
うすあおい				●			
うすあかい				●			
うすあかるい						●	
うすい		●		●●●			
うすぎたない	●						
うすきみわるい		●					
うすぐらい		●					
うすぐろい				●			
うずたかい				●			

	−−−	−−	−	0	+	++	+++
うすっぺら		●					
うすべったい			●				
うすらさむい		●					
うそさむい			●				
うたがいぶかい		●					
うたがわしい	●						
うたぐりぶかい	●						
うつくしい							●●
うっとうしい	●						
うとい			●	●			
うとましい	●						
うぶ					●		
うまい						●	●●
うやうやしい							●
うらがなしい			●				
うらさびしい			●				
うらみがましい		●					
うらめしい		●					
うらやましい				●			
うららか							●
うらわかい							●
うるさい	●●						
うるわしい							●●●
うれしい							●
うれわしい	●						

	−−−	−−	−	0	+	++	+++
えがたい				●		●	
えぐい えごい	●	●					
えげつない	●						
えらい	●			●●		●	●
えんどおい			●	●			
おあつい				●●			
おいしい							●●
おおい				●			
おおきい おっきい				●●●			
おおきな おっきな				●●●			
おおしい							●
おおまか				●			
おおらか							●
おかしい		●		●			
おかしがたい					●		
おかしな		●		●			
おかったるい			●				
おくふかい				●			
おくめんもない	●						
おくゆかしい							●
おこがましい	●						
おごそか						●	
おこりっぽい	●						
おさえがたい				●			
おさない		●		●			

	−−−	−−	−	0	+	++	+++
おさむい	●			●			
おしい				●●			
おしげもない			●				
おしつけがましい	●						
おしみない						●	
おしもおされもしない							●
おそい		●●					
おぞましい	●●						
おそれおおい				●			●
おそろしい	●		●	●			
おたかい	●			●			
おだやか	●						●
おつ			●	●		●	
おっかない	●						
おてんば			●				
おとこくさい		●		●			
おとこっぽい						●	
おとこらしい							●
おとなげない	●						
おとなしい						●	●
おとなっぽい						●	
おどろおどろしい	●						
おなじ おなし				●●●			
おびただしい			●	●			
おぼしい			●				

	−−−	−−	−	0	+	++	+++
おぼつかない		●●					
おぼろげ				●			
おめでたい	●						●
おも				●			
おもい				●●			
おもいがけない					●		
おもいもよらない			●				
おもおもしい				●			
おもくるしい	●						
おもしろい						●	●
おもしろおかしい							●
おもたい				●			
おもはゆい					●		
おもわしい	●						
おやすい				●			
およばない			●●●				
およびでない	●						
およびもつかない						●	
おりめただしい							●
おろか	●			●			
おろかしい	●						
おろそか		●					
おんきせがましい	●						
おんなくさい			●				
おんなっぽい						●	

	―――	――	―	0	＋	＋＋	＋＋＋
おんならしい							●
かいがいしい							●
かおりたかい							●
かがやかしい							●
かきにくい				●			
かぎらない				●●●			
かぎりない					●		
かくれもない				●			
かぐろい				●			
かぐわしい							●
かさだかい かさだか	●			●			
がさつ	●						
かしこい		●					●
かしましい	●						
かすか				●			
かずかぎりない				●			
かぞえきれない				●			
かたい	●			●●●	●		●
-がたい				●			
かたくな	●						
かたくるしい	●						
かたじけない							●
かたはらいたい	●						
かっこいい							●
かっこわるい	●						

	−−−	−−	−	0	+	++	+++
かったるい	●●	●					
かどかどしい	●						
かなくさい	●						
かなしい	●						
かなわない		●●		●●			
-かねない		●					
かびくさい	●						
かぼそい		●					
-がましい		●					
かまびすしい	●						
かまわない		●		●			
がまんづよい							●
がめつい	●						
-かもしれない				●			
かゆい かいい		●					
かよわい		●					
からい	●	●		●●			
かるい				●●			
かるがるしい	●						
かろやか							●
かわいい						●●	●
かわいそう		●					
かわいらしい						●	●
かんがいぶかい				●			
かんがえぶかい						●	

	−−−	−−	−	0	+	++	+++
かんじやすい				●			
かんじょうだかい	●						
がんぜない		●				●	
かんだかい		●					
かんばしい	●						●
きいろい				●●			
きおも きおもい	●						
きがおおい		●					
きがおおきい		●					
きがおけない きのおけない	●						●
きがきかない きのきかない	●						
きがきでない		●					
きがしれない	●						
きがちいさい きのちいさい	●						
きかない		●					
きがながい きのながい				●			
きがみじかい きのみじかい		●					
きがる きがるい							●●
ききぐるしい	●						
ききづらい				●			
ききにくい				●			
ぎごちない ぎこちない		●					
きざ	●						
きさく							●
きざったらしい	●						

	－－－	－－	－	0	＋	＋＋	＋＋＋
きざっぽい		●					
きぜわしい	●●						
きそくただしい							●
きたない	●●●●						
きたならしい	●●●●						
きつい	●	●					
きづかわしい		●					
きづよい				●		●	
きなくさい		●●					
きにいらない			●				
きにくわない		●					
きのどく		●		●			
きのない				●			
きのはやい きがはやい			●				
きはずかしい				●			
きびしい	●	●●					
きまじめ			●			●	
きまずい	●						
きまま				●			
きまりわるい きまりがわるい	●						
きみがわるい きみわるい	●						
きむずかしい	●						
きめこまかい							●●
きもちよい きもちいい							●
きもちわるい きもちがわるい	●						

	−−−	−−	−	0	+	++	+++
きやすい						●	
きよい							●●●
ぎょうぎょうしい		●					
きよらか							●●
きよわ			●				
きらい	●	●		●			
きらびやか							●
ぎりがたい							●
きれい				●		●	●●
-きれない				●			
きわどい		●					
きわまりない		●					
くいたりない		●					
くえない	●	●●					
くさい -くさい	●●●● ●●						
くさぶかい			●				
くすぐったい				●	●		
くだくだしい	●						
くだらない	●						
くちうるさい	●						
くちぎたない	●						
くちさがない	●						
くちさびしい			●				
ぐちっぽい		●					
くちはばったい		●					

	−−−	−−	−	0	+	++	+++
くちやかましい	●						
くどい	●●						
くどくどしい	●						
くみしやすい						●	
くやしい			●				
くらい	●●●●						
くるおしい			●				
くるしい	●●	●●	●				
くろい	●	●		●			
くろっぽい				●			
くわしい					●	●	
けがらわしい	●						
けしからん けしからぬ	●						
げせない		●					
けだかい							●
けたたましい	●						
けだるい		●					
けち	●●●						
けちくさい	●●						
けったくそわるい	●						
けなげ							●
けばけばしい	●						
けぶかい			●				
けむい		●					
けむたい	●	●					

	―――	――	―	0	＋	＋＋	＋＋＋
けわしい	●	●	●				
こい				●●		●	
こいしい							●
こうごうしい							●
こうばしい							●
こうるさい	●						
こぎたない こきたない	●						
こきみよい こきみがいい						●	
こぎれい					●		
こぐらい			●	●			
こげくさい		●					
ここちよい							●
こころぐるしい		●					
こころづよい						●	
こころない	●						
こころにくい						●	
こころにもない		●					
こころぼそい		●●					
こころもとない		●					
こころやすい						●	
こころよい							●●
こころよわい		●					
こざかしい	●●						
こすい	●						
こすっからい	●						

	−−−	−−	−	0	+	++	+++
こずるい	●						
こそっぱい		●●					
こそばゆい				●	●		
こたえられない							●
こだかい				●			
ごつい		●					
こっぴどい		●					
こづらにくい		●					
ことあたらしい				●●			
ことごとしい		●					
ことこまか				●			
こどもっぽい				●			
こなまいき	●						
こにくらしい		●					
このうえない このうえもない							●
このましい このもしい							●
こまかい			●	●●●●	●		
こまめ						●	
こまやか				●			●
こむずかしい		●					
こよない							●
こりこう	●						
こわい	●●●			●	●		
さえない	●						
さかしい		●				●	

	−−−	−−	−	0	+	++	+++
さけくさい		●					
ささやか						●	
さしでがましい	●						
さだか				●			
ざつ		●					
さとい			●		●		
さびしい		●●●	●●				
さむい		●	●				
さもしい	●						
さやか							●●
ざらっぽい		●					
さりげない					●		
-ざるをえない				●			
さわがしい	●●						
さわやか							●●
しおからい		●					
しおらしい						●	●
しかくい		●		●			
しかたがない しかたない		●	●	●			
しかつめらしい	●						
しがない		●					
しけっぽい			●				
しさいらしい				●			
じじむさい	●						
しずか							●●●

	−−−	−−	−	0	+	++	+++
したしい				●			●
したたか	●			●			
したたるい	●						
したわしい							●
しちめんどうくさい	●						
しつこい	●	●●					
しどけない		●					
しとやか							●
しなやか							●
しのびがたい		●					
しのびない		●					
じひぶかい							●
しぶい	●●	●●				●	
しぶとい					●		
しまらない		●					
じまんたらしい		●					
じみ				●			
しみったれ	●						
しめっぽい			●	●			
しめやか					●		
しゃらくさい		●					
しゅうねんぶかい	●						
じゅくしくさい	●						
しょうがない		●	●	●			
じょうず			●	●			●

	―――	――	―	0	＋	＋＋	＋＋＋
しょざいない			●				
じょさいない		●					
しょっぱい	●	●	●				
しらじらしい	●						
じれったい		●					
しろい				●			●
しろっぽい		●		●			
しわい	●						
しんきくさい	●	●					
しんどい	●	●					
しんぼうづよい							●
ずうずうしい	●						
すえおそろしい		●			●		
すえくさい	●						
すえたのもしい							●
すがすがしい							●
すかない	●						
すき		●	●●				●
すぎない				●			
すくない				●			
すくなくない				●			
すぐれない		●●					
すげない	●						
すけべったらしい	●						
すごい	●			●	●		

	−−−	−−	−	0	+	++	+++
すこやか							●
すさまじい	●	●	●				
すずしい		●					●●
すっぱい			●				
すてき							●
すばしこい				●			
すばやい					●		
すばらしい							●
ずぶとい		●					
すべっこい						●	
すまない すみません				●●			
すみやか							●
ずるい	●						
ずるがしこい	●						
するどい				●		●●	
せこい	●						
せせこましい	●						
せちがらい	●	●					
せっかち		●					
せつない			●				
ぜひない			●				
せまい		●		●			
せまくるしい	●						
せまっこい		●					
せわしい		●●					

	−−−	−−	−	0	+	++	+++
せわしない		●					
そういない				●			
ぞうさない					●		
そうぞうしい	●●						
ぞくっぽい		●					
そぐわない	●						
そこいじわるい そこいじがわるい	●						
そこしれない			●				
そこはかとない						●	
そこふかい			●				
そしらぬ		●					
そそっかしい		●					
そっけない		●					
そつない そつのない			●				
そらおそろしい	●						
そらぞらしい	●						
たいら				●●		●	
たえがたい		●					
たえない				●●●			
たおやか							●
たかい				●●●●		●	
たくましい		●					●
たけだけしい	●		●				
ださい	●						
たしか				●			●

	−−−	−−	−	0	+	++	+++
ただしい							●●
だだっぴろい		●					
ただならぬ			●				
たっとい							●●
たどたどしい	●						
たのしい							●
たのもしい							●●
たまらない	●			●			●
だめ	●●●	●●					
たやすい						●	
たよりない		●●					
-たらしい	●						
だらしない	●●						
だるい	●						
たわいない				●			
ちいさい ちっちゃい				●●			
ちいさな ちっちゃな				●●			
ちかい				●●			
ちがいない				●●			
ちかしい							●
ちからづよい							●●
ちからない		●					
ちちくさい	●			●			
ちっこい				●			
ちなまぐさい	●						

	―――	――	―	0	＋	＋＋	＋＋＋
ちゃいろい				●			
ちゃんちゃらおかしい	●						
ちゅういぶかい			●		●		
ちょろい	●●●						
つたない		●●	●				
つちくさい				●●			
つつがない						●	
つつしみぶかい							●
つつましい					●		●
つぶら							●
つましい		●					
つまらない	●●●	●					
つめたい	●			●●			
つやっぽい							●
つややか							●
つよい				●		●●	
つらい	●●						
-づらい			●				
つらにくい		●					
つれない	●						
てあつい							●
てあら てあらい		●					
ていたい	●						
てうす てうすい		●					
でかい でっかい				●●●			

	―――	――	―	0	＋	＋＋	＋＋＋
てがたい						●●	
てきびしい		●					
てごわい					●		
てぜま		●					
てっとりばやい			●				
てぬるい		●					
てばやい						●	
てひどい		●					
てびろい						●●	
てみじか					●		
てれくさい					●		
どうしようもない				●●			
とうとい							●●●
どうにもならない			●●				
どえらい	●			●			
とおい		●		●●			
どぎつい	●						
どくどくしい	●						
とげとげしい	●						
どしがたい		●					
どすぐろい	●●						
とっぴょうしもない			●				
とっぽい			●		●		
どでかい				●●			
とてつもない				●			

	−−−	−−	−	0	+	++	+++
とほうもない			●				
とぼしい	●						
とめどない とめどもない			●				
とるにたりない	●						
とろい	●			●			
どろくさい	●		●				
とんでもない	●	●		●			
ない				●●			
なうい なう							●
なおざり		●					
ながい				●●●●			
ながたらしい		●●					
ながながしい			●				
ながほそい			●				
なくてはならない				●	●		
なげかわしい	●						
なければならない				●●			
なごやか							●
なごりおしい			●				
なさけない	●●						
なさけぶかい							●
なだかい							●
なだらか							●●
なつかしい							●
なってない なっていない	●						

	−−−	−−	−	0	+	++	+++
なにげない				●			
なにごころない				●			
なまあたたかい なまあったかい		●					
なまあたらしい		●					
なまいき	●						
なまぐさい	●●						
なまじろい なまっちろい		●					
なまなましい		●					
なまぬるい		●●					
なまめかしい							●
なまやさしい		●					
なみだぐましい							●
なみだもろい					●		
なめらか							●●
なやましい			●		●		
なよやか							●
ならない		●	●	●●●			
なれなれしい	●						
なんでもない			●	●			
なんともいえない			●	●			
なんにもならない		●					
にあわしい						●	
にあわない		●					
にえきらない		●					
にがい	●			●			

	−−−	−−	−	0	+	++	+++
にがっぽい		●					
にがにがしい		●					
にぎにぎしい						●	
にぎやか						●	●
にぎわしい							●
にくい -にくい	●		●				●
にくたらしい	●						
にくにくしい	●						
にくめない						●	
にくらしい		●				●	
にげない				●			
につかわしい							●
にっちもさっちもいかない		●					
にてもにつかない		●					
にぶい		●●		●			
にべもない	●						
にわか			●	●			
ぬかみそくさい	●						
ぬきがたい		●					
ぬきさしならない		●					
ぬけめない ぬけめのない	●						
ぬるい		●	●				
ねがってもない							●
ねがわしい						●	
ねぐるしい	●						

	−−−	−−	−	0	+	++	+++
ねたましい		●					
ねちっこい	●						
ねつっぽい			●	●			
ねづよい				●			
ねばっこい				●			
ねばりづよい							●●
ねぶかい		●	●				
ねむい				●			
ねむたい				●			
ねんごろ					●	●	
のこりすくない				●			
のぞましい						●	
のっぴきならない		●					
のどか							●●
のびやか							●
のめっこい							●
のろい		●					
のろわしい	●						
のんき				●			
ばか	●●	●					
ばかくさい	●						
ばかたかい		●					
ばかでかい		●					
はかない			●				
はかばかしい		●					

	ーーー	ーー	ー	0	＋	＋＋	＋＋＋
ばかばかしい		●●					
はがゆい		●					
ばからしい	●						
はかりがたい			●	●			
はかりしれない				●			
はくい							●
はげしい				●			
はしたない	●						
はしっこい			●				
はじまらない				●			
はずかしい		●		●			
ばたくさい			●				
はださびしい		●					
はださむい		●					
ばつがわるい	●						
はで			●	●			
はてしない			●				
はではでしい				●			
はでやか						●	
はなはずかしい					●		●
はなはだしい		●					
はなばなしい							●
はなもちならない	●						
はなやか				●			●
ばばくさい	●						

	−−−	−−	−	0	+	++	+++
はばひろい				●			●
はやい				●	●		
はらぐろい	●						
はらだたしい	●						
はるか				●			
はれがましい							●
はれぼったい		●					
はれやか							●
ひきもきらない					●		
ひくい		●		●●●			
ひさしい				●			
ひそか		●					
ひそやか				●●			
ひたむき							●
ひっこみがつかない			●				
ひどい	●●		●				
ひとこいしい						●	
ひとしい			●	●●			
ひとたまりもない			●				
ひとなつかしい						●	
ひとなつこい ひとなつっこい							●
ひなたくさい		●					
ひにくっぽい	●						
ひめやか						●	
ひもじい		●					

	−−−	−−	−	0	+	++	+++
ひやっこい					●		
ひややか		●		●			
ひょろながい		●					
ひよわ	●						
ひらたい				●	●		
ひらべったい			●				
ひろい				●		●	
びんぼうくさい	●						
びんぼうたらしい	●						
ぶあつい			●				
ふかい -ふかい				●●●●	●		
ふがいない	●						
ふくぶくしい							●
ふくよか							●●
ふさわしい							●
ふしだら	●						
ぶしつけ	●						
ぶしょうったらしい	●						
ふつつか	●						
ふてぶてしい	●						
ふとい				●		●	
ふにおちない		●					
ふるい		●		●			
ふるくさい	●						
ふるぶるしい		●					

	−−−	−−	−	0	+	++	+++
ふるめかしい					●		
ふるわない	●						
ふんべつくさい		●					
へた	●●						
-ぽい		●●					
ほかならない				●			
ほがらか							●●
ほこらしい							●
ほこりたかい							●
ほこりっぽい	●						
ほしい				●●			
ほそい		●		●			
ほそっこい		●					
ほそながい				●			
ほどちかい						●	
ほどとおい		●●					
ほどよい						●	
ほねっぽい		●				●	
ほのか						●	
ほのぐらい			●				
ほのじろい				●			
ほほえましい							●
ほれっぽい					●		
ぼろい	●						
ほろにがい					●●		

	−−−	−−	−	0	＋	＋＋	＋＋＋
まあたらしい						●	
まがまがしい	●						
まがもてない		●●					
まがわるい まのわるい		●●					
まぎらわしい		●					
まぎれもない				●			
まことしやか	●						
まし			●				
まじめ							●
まずい	●●●	●					
まずしい	●●						
またとない							●
まだるっこい まだるっこしい		●					
まぢか まぢかい				●			
まちがいない				●			
まちがえやすい まちがいやすい		●					
まちどおしい				●			
まっくら	●●						
まっくろ まっくろい	●			●			
まっこうくさい		●					
まっさら					●		
まっしろ まっしろい				●			●
まどお				●			
まとも				●		●	
まどろっこしい		●					

	−−−	−−	−	0	＋	＋＋	＋＋＋
まばゆい						●	
まばら			●				
まぶか				●			
まぶしい				●			
まめ							●●
まめまめしい							●
まもない				●			
まるい				●		●	
まるっこい				●			
まるまっちい					●		
まろやか							●●
まわりくどい	●						
まんまる まんまるい				●			
みがる みがるい							●
みぎれい						●	
みぐるしい	●						
みごと			●				●
みじかい		●		●●●			
みじめ	●						
みじめったらしい	●						
みずくさい		●					
みずっぽい		●					
みすぼらしい	●						
みずみずしい							●
みだら	●						

	−−−	−−	−	0	+	++	+++
みだりがわしい	●						
みっともない	●						
みにくい	●	●					
みみあたらしい					●		
みみざとい			●		●		
みみっちい	●						
みみどおい		●					
みやすい				●			●
みよい						●	●
みれんがましい	●						
むごい	●						
むごたらしい	●						
むさい	●						
むさくるしい	●						
むしあつい		●					
むしがすかない	●						
むずかしい むつかしい	●	●	●				
むずがゆい		●					
むせっぽい	●						
むつまじい							●
むなくそがわるい	●						
むなぐるしい	●						
むなしい		●●					
むりもない むりない				●			
めあたらしい				●			

	−−−	−−	−	0	＋	＋＋	＋＋＋
-めかしい				●			
めがない		●		●			
めざとい				●	●		
めざましい							●
めずらしい				●		●	
めっそうもない	●			●			
めでたい							●●
めぼしい						●	
めまぐるしい		●					
めめしい	●						
めんどうくさい	●						
もうしわけない				●			
もだしがたい				●			
もったいない				●			●
もったいらしい		●					
もっともらしい		●					
もどかしい		●					
ものうい		●					
ものおそろしい	●						
ものがたい						●	
ものがなしい		●					
ものぐるおしい		●					
ものさびしい		●					
ものしずか							●
ものすごい	●			●			

	−−−	−−	−	0	＋	＋＋	＋＋＋
ものたりない ものたらない		●					
ものみだかい		●					
ものめずらしい					●		
ものものしい		●					
ものやわらか						●	
もろい		●		●		●	
やかましい	●●						
やさしい						●	●
やすい -やすい				●		●	●
やすっぽい	●						
やすらか							●
やばい	●						
やぼったい	●						
やましい	●						
やみがたい				●			
やむをえない			●				
ややこしい		●					
やりかねない		●					
やりきれない		●		●			
やりにくい		●					
やるせない			●				
やわらかい やわらか				●		●	●
やんごとない						●	
やんちゃ			●				
ゆかしい							●●

	−−−	−−	−	0	+	++	+++
ゆたか							●●
ゆゆしい	●						
ゆるい				●●●			
ゆるぎない						●	
ゆるやか						●●●	
よい				●		●	●
よぎない			●				
よくふかい よくふか	●						
よそよそしい		●					
よどみない						●	
よりよい							●
よろこばしい							●
よろしい				●		●	
よわい		●●●		●			
よわよわしい		●					
よんどころない			●				
-らしい				●	●		
らちもない			●				
りくつっぽい		●					
りこう		●					●●
りちぎ							●
りっぱ				●			●
りりしい							●
れいぎただしい							●
れいれいしい		●					

	−−−	−−	−	0	+	++	+++
ろく	●						
ろこつ	●						
わかい		●		●		●	
わがまま	●						
わからない		●		●●			
わかりにくい		●					
わかりやすい						●	
わかわかしい							●
わけない						●	
わざとらしい	●						
わずか				●	●		
わずらわしい	●						
わすれがたい						●	
わすれっぽい		●					
わびしい	●	●●					
わりきれない		●		●			
わりない					●		
わるい	●			●			
わるがしこい	●						
われにもない		●					

索　　引

1．本索引は、本辞典に掲載されたすべての見出し語、関連語、関連事項を五十音順に配列したものである。見出し語はページを太字で示した。

2．項目の先頭についているシンボルマークは、「形容詞」の用法、意味やニュアンスの区分、類語関係などを立体的にとらえるための試みである。

……おもに文章中で用いる語か、日常会話で用いる語か、俗語か、などの文体を示すマーク。

……だれがおもに用いる語か、だれに対して用いる語か、などの使用者・使用対象を示すマーク。

……「色彩・温度・大小」など、意味のジャンルを示すマーク。

……その語にどんなニュアンスがこめられているか、どんな気持ちでその語を使うか、また、その語の意味にどんな文化的な背景が隠されているか、などの心理やニュアンス・文化を示すマーク。

マークをたよりに検索すれば、たとえば次のような「形容詞」を集めることができる。

例(ア)　俗語の「形容詞」

……「俗語」から検索する。

(イ)　弱い者や女性・子供について用いられる「形容詞」

……「弱者」「女性」「子供」から検索する。

(ウ)　「におい」や「香り」を表す「形容詞」

……「におい」「香り」から検索する。

(エ)　「賞賛」の暗示を含む「形容詞」

……「賞賛」から検索する。

(オ)　他人や第三者の目が意味・ニュアンスの上に重要な役割を果たしている「形容詞」

……「他人(第三者)の目」から検索する。

3．類似の語句は、収録にあたって適宜一つの語形のもとに一括して示した。

(例)　色・色彩→色彩
快い・快感→快感
いいにおい・よいにおい→いいにおい

付　　録

著者略歴

飛田良文（ひだ　よしふみ）
昭和八年千葉県に生まれる。昭和三八年東北大学大学院文学研究科博士課程修了。国立国語研究所言語変化研究部長、国際基督教大学大学院比較文化研究科教授をへて、現在同大学アジア文化研究所顧問。国立国語研究所名誉所員、日本英学史学会編集委員、日本近代語研究会会長、『三省堂国語辞典』編集委員。編著に『日本語学研究事典』（明治書院）、『和英語林集成　初版・再版・三版対照総索引』（巷の人）、『現代日葡辞典』（小学館）によりロドリゲス通事賞を受賞。『明治のことば辞典』（東京堂出版）などがある。

浅田秀子（あさだ　ひでこ）
辞書編集者・日本語研究者・日本語教師。昭和二八年東京都に生まれる。東北大学文学部国語学専攻卒業。博士（文学）。出版社勤務を経て、現在、日本語コスモス代表、日本大学非常勤講師。元・中国河北大学外文系日語科教師。主な著書に『現代副詞用法辞典』『現代擬音語擬態語用法辞典』（いずれも共著、東京堂出版）、『敬語の原理及び発展の研究』『現代感動詞用法辞典』（東京堂出版）、『敬語マニュアル』（南雲堂）、『「敬語」論—ウタから敬語へ』（勉誠出版）などがある。

現代形容詞用法辞典　新装版

＊本書は、一九九一年七月に小社から刊行した『現代形容詞用法辞典』（四六判）の新装版です。新装に際し、A5判に拡大しています。

二〇一八年六月一五日　初版発行
二〇二四年六月一〇日　三版発行

著　者　飛田良文
　　　　浅田秀子
発行者　金田功
編　集　有限会社日本語コスモス
本文組版　株式会社アートジュール
印刷・製本　中央精版印刷株式会社

発行所　株式会社　東京堂出版
東京都千代田区神田神保町一―一七（〒一〇一―〇〇五一）
電話　〇三―三二三三―三七四一
https://www.tokyodoshuppan.com

ISBN978-4-490-10902-3 C0581